# 2022

# 四川调查年鉴

## SICHUAN SURVEY YEARBOOK

国家统计局四川调查总队　编

Compiled by Survey Office of the National Bureau of Statistics in Sichuan

图书在版编目（CIP）数据

四川调查年鉴. 2022 / 国家统计局四川调查总队编. -- 北京 : 中国统计出版社, 2022.6
ISBN 978-7-5037-9812-2

Ⅰ. ①四… Ⅱ. ①国… Ⅲ. ①统计资料－四川－2022－年鉴 Ⅳ. ①C832.71-54

中国版本图书馆 CIP 数据核字（2022）第 088195 号

四川调查年鉴-2022

作　　者 / 国家统计局四川调查总队
责任编辑 / 张　洁
封面设计 / 李雪燕
出版发行 / 中国统计出版社有限公司
通信地址 / 北京市丰台区西三环南路甲 6 号　邮政编码 /100073
电　　话 / 邮购（010）63376909　书店（010）68783171
网　　址 / http://www.zgtjcbs.com/
印　　刷 / 河北鑫兆源印刷有限公司
经　　销 / 新华书店
开　　本 / 880mm×1230mm　1/16
字　　数 / 460 千字
印　　张 / 17.25　2 彩页
版　　别 / 2022 年 6 月第 1 版
版　　次 / 2022 年 6 月第 1 次印刷
定　　价 / 318.00 元

本书附同版本 CD-ROM 一张，光盘内容以书面文字为准。
如有印装差错，由本社发行部调换。

2021 年 1 月 19 日，国家统计局四川调查总队召开全省国家调查工作视频会议

2021 年 3 月 29 日，国家统计局四川调查总队与国家统计局重庆调查总队
签订成渝地区双城经济圈民生经济监测战略合作协议

2021 年 4 月 7 日，国家统计局四川调查总队举办
“知史励行健步走、幸福乡村忆初心”活动

2021 年 5 月 26 日，国家统计局党组成员、副局长、机关党委书记毛有丰带队
赴四川总队督导党建和党史学习教育工作

2021 年 6 月 4 日，国家统计局四川调查总队荣获第六届“全国文明单位”揭牌仪式在总队机关举行

2021 年 6 月 21 日，国家统计局四川调查总队举办
“颂歌献给党 调查立新功”庆祝中国共产党成立 100 周年歌咏会

2021 年 6 月 22 日，国家统计局四川调查队系统先进表彰大会在成都召开

2021 年 7 月 13 日，国家统计局四川调查队系统统计法治宣传月活动启动仪式

2021 年 7 月 15 日，国家统计局四川调查总队召开上半年国家调查主要数据新闻发布会

2021 年 10 月 9 日，国家统计局四川调查总队召开巡察工作动员会

2021 年 9 月 10 日，国家统计局四川调查总队在绵阳市梓潼县举办
“第十二届中国统计开放日四川分会场”活动

2021 年 10 月 26 日，国家统计局四川调查总队机关工会举办
“庆百年•迎大运•强体魄•展风采”广播体操比赛

2021 年 11 月 4 日，四川省副省长尧斯丹到国家统计局四川调查总队检查指导工作

2021 年 11 月 25 日，国家统计局四川调查总队参加成都市青羊区
选举第八届人大代表投票

# 咬定目标再奋斗　担当实干争一流

—— 国家统计局四川调查总队党组书记、总队长 赵太想

## 一、学史力行，奋发作为，2021 年工作取得优异成绩

2021 年是中国共产党成立一百周年，是我国全面建成小康社会、开启全面建设社会主义现代化国家新征程的关键之年，也是推进“十四五”统计现代化改革的开局之年。一年来，系统各级党组织大力弘扬伟大建党精神，认真贯彻落实党中央、国务院及国家统计局党组各项决策部署，以创建“四个一流”目标为牵引，统筹推进疫情防控和统计调查工作，不断深化四川国家调查改革发展，吹响了改革奋进的集结号，展开了奋发作为的新实践，取得了令人鼓舞的新成绩。总队在国家局业务考核中获得 11 个优秀、11 个良好，优秀数量较上年增加 6 个。

**（一）系统党的建设坚强有力。** 我们坚决贯彻落实党中央决策部署，围绕建党百年这个主题，统筹推进系统党建工作。深化政治机关建设，健全“五级联动”学习机制，各级党组认真执行“第一议题”制度，深入学习贯彻党的十九届五中、六中全会精神，跟进学习习近平总书记最新重要讲话和指示批示精神，落实意识形态工作责任制，出台加强和改进系统思想政治工作的实施意见。扎实开展党史学习教育，抓好统筹谋划、组织实施，不折不扣完成“规定动作”，创新开展“自选动作”，开展形式多样的主题学习、专题讲座、培训研讨活动，举办系统青年学党史知识竞赛，得到国家局肯定和新华社关注；抓实“我为群众办实事”实践活动，全系统制定具体措施 1699 项并推动落地见效，广泛开展基层党组织结对共建和党员志愿服务，从严从实开展现场巡回指导，不断掀起党史学习教育热潮。精心组织建党 100 周年庆祝活动，总队参加国家局“永远跟党走”网络歌咏比赛，荣获二等奖，成功举办系统“颂歌献给党·调查立新功”歌咏会，激励表彰系统党建工作先进集体、先进个人和优秀党员辅调员、党员记账户，组织编印《见证辉煌》《脱普印记》《四川国家调查优秀报告集》等主题宣传资料。深入推进“党建 +”工程，实施党建与劳动力调查双融共促行动，鼓励基层党组织探索党建业务融合新路径，系统多个基层党建业务融合新模式被国家局党建刊物刊载。弘扬新时代国家调查队精神，积极推进系统精神文明建设，总队荣获全国统计系统首批创建模范机关先进单位、64 个市县队成功创建各层级文明单位，系统涌现出

大批“先进基层党组织”“优秀共产党员”“脱贫攻坚先进集体和先进个人”等先进典型。

**（二）国家重点任务落实到位。**我们认真贯彻落实国家统计局工作部署，积极推进劳动力调查扩样工作，争取省政府印发《关于加强劳动力调查工作的通知》，落实调查工作经费保障，建立就业形势统计研判联席会议制度，协调省就业办发文部署分市（州）劳动力调查扩样工作，做好全省就业统计监测分析。深化农业调查归口管理改革，持续推进非大县粮食产量抽样调查和主要畜禽重点调查，搞准搞实粮食生猪数据。加强重要商品和房地产价格监测，高效推进2021年轮国际比较项目调查，精心组织全国社会心态调查、全面从严治党民意调查、全国文明城市测评等国家局重大专项调查，圆满完成脱贫攻坚普查后续工作。积极推进新技术应用，首次完成主要粮食品种播种面积和长势监测遥感测量，利用无人机技术开展夏粮播面数据事后质量抽查，优化推进住户电子记账，住户E调查走在全国前列，稳步推进CPI调查大数据应用，商超扫描数据试点扩大至14个市县22个调查点。加强保密和网络安全管理，迁移总队OA自动化办公系统，完成系统信创项目实施和内外网升级改造，参加国家局保密宣传教育作品征集评选活动，总队选送作品获奖数量居全国调查系统之首。认真落实对口援疆工作部署，研究制定援疆总体方案和年度计划，统筹系统资源抓好援疆工作。

**（三）调查数据质量有效保障。**我们坚持依法统计依法治统，组织对中央《意见》《办法》《规定》《监督意见》等重要文件进行再学习、再领会、再深化，推动落实防惩统计造假弄虚作假责任制。加强统计法治建设，制定系统“八五”普法规划，广泛开展统计法治宣传教育，组织两轮统计执法监督检查，抽查9个市州、20个县区统计机构；深入实施“双随机”统计执法，连续三年保持21个市州队全覆盖。加强数据质量保障制度建设，修订完善调查工作规范化规程、专业数据质量评估办法及其实施细则，建立住户调查代记账管理办法。狠抓数据质量监管，建立劳动力调查数据质量通报机制和消价分片区抽查核查机制，对居民收支、农民工监测以及工价数据、PMI数据，定期开展电话抽查和实地核查，确保数据真实可信。加强统计调查基层基础工作，全面推行住户调查基层网点星级管理机制，建立工价调查企业动态增补库，优化采购经理调查样本，加大劳动力调查陪访和回访力度，规范企业调查台账管理，全省统一推行模板化的企业调查流程和工作记录。修订系统辅助调查员管理办法，规范辅助调查员选用、培训、考核、监督等工作，并选树先进典型，集中表彰全省558名优秀辅助调查员。加强系统调查项目管理，严格审批地方调查项目49项。

**（四）统计服务工作亮点纷呈。**我们着力加强信息分析工作，成立专门工作领导小组，出台信息分析和课题研究工作管理办法，细化分解年度目标任务，实行挂图作战、压茬推进。狠抓课题研究，全系统确定重点课题28个，其中获全国统计科研立项1项、国家局年度重点选题调研5项；同时，积极参与省委重大课题，协同开展四川共同富裕课题研究、成都市生活成本竞争力评价指标体系研究。加强信息报送，聚焦民生保障领域的热点难点问题，编发各类信息分析2233篇，其中中办国办、国家局及省“两办”采用717篇次，省部级以上领导批示43篇次，在国家局网络信息得分位居调查系统第2位，在省“两办”信息工作考核中位居前列。加强统计调查战略合作，与重庆调查总队、成都信息工程大学、遂宁和资阳市委市政府签订合作协议，建立战略合作工作机制，探索统计调查现代化改革创新。开拓重大专项调查，与省文明办、省教育厅等部门合作开展省级文明城市测评、省一级示范高中社会评价、四川生态环境满意度等调查工作，服务地方经济社会发展。加强统计新闻宣传，精心组织“统计开放日”等重大节点宣传，开展“我的入党故事”“最美调查人”“口述统计历史”等主题宣传报道，积极发挥“两微一抖”等新媒体矩阵作用，四川国家调查微信公众号影响力位居全国统计系统前列。

**（五）人才队伍建设成效明显。**我们大力加强干部队伍建设规划，出台《四川调查队系统领导班子建设三年规划》《四川调查队系统打造一流人才队伍工作实施方案》《首席统计师管理办法》，提高干部工作科学化水平。选优配强各级领导班子，用活用好职务职级资源，对31个市县队领导班子共计61名干部进行调整与配备，全系统晋升干部职级165人次，系统处级领导干部平均年龄同比下降1岁。大力培养年轻干部，完善优秀年轻干部人才库，建立系统县处级储备干部库，畅通基层干部职业发展渠道，组织开展2批系统内遴选工作。加强干部能力素质培养，首次举办系统青年统计建模比赛，组建24支优秀青年参赛队伍，提升系统青年干部分析研究能力；组织参加四川省机关公文写作技能大赛，总队机关获得组织奖，3名干部获得二、三等奖，实现零的突破。健全干部正向激励机制，制定市县调查队领导班子考评办法，探索建立干部考核评价机制，开展干部业绩档案和负面清单试填。加强人文关怀，制定关心爱护干部职工身心健康若干措施，研究出台民族地区县队干部工作意见，抓好干部思想政治工作。系统干部对党建工作、选人用人工作满意度比去年同期分别增长2.8和7.3个百分点，超八成职工对目前工作满意、对统计调查工作前景充满信心。

**（六）全面从严治党纵深推进。**我们坚持全面从严管党治队，压实各级党组主体责任，印发系统全面从严治党、党风廉政建设和反腐败工作任务清单，定期召开会议专题会商，认真分析研判形势，推动问题整改落实。健全制度机制，制定《内部监督工作贯通协同机制的实施办法》《关于加强和改进纪检工作的实施意见》等重要规定文件，推动各类监督形成合力。加强“关键少数”监督，出台加强对“一把手”和领导班子监督的实施方案，开展两轮系统巡察和一轮巡察整改回访，实现系统巡察全覆盖。加强风险防控，全面梳理系统各单位、各部门、各专业权力运行环节的风险点，及时制定完善12项制度，堵塞廉政风险漏洞。严肃财经纪律，加强内部审计监督，开展系统脱普经费使用管理、审计发现问题整改情况、财务管理程序规范性自查，完善市县队津补贴发放审核机制。强化警示教育，充分利用国家统计局、驻委纪检组通报案件，召开 4 次系统警示教育会议，开展“一案一宣讲”活动，编印以案释纪警示录和廉政风险防控手册，通报系统巡察问题清单，筑牢拒腐防变思想防线。严格监督执纪问责，严肃查处违反中央八项规定精神问题，按规定给予 1 名干部党内警告处分、5 名干部批评教育处理、4 名干部诫勉谈话处理。加强纪检干部能力建设，配齐配强市县队纪检组长，举办系统纪检干部综合业务培训班，不断增强纪检干部能力。

过去一年，全系统政务管理、人事管理、财务管理、网络安全、对口帮扶、群团工会、后勤服务和老干部工作也取得了明显进步。

上述成绩的取得，是国家统计局党组坚强领导的结果，是各级党政和部门关心支持的结果，是社会各界和调查对象积极配合的结果，更是系统各级党组织和广大干部职工恪尽职守、辛勤耕耘的结果。一年来，总队机关和各市县队广大干部职工聚焦目标、击楫勇进、奋力奔跑，共同为四川调查事业发展添砖加瓦。在此，我代表总队党组和领导班子向大家致以亲切慰问和崇高敬意！

## 二、接续奋斗，勇争一流，努力实现调查事业高质量发展

历史车轮滚滚向前，时代潮流浩浩荡荡。习近平总书记在庆祝建党一百周年大会上庄严宣告，我国已经完成了第一个百年奋斗目标、实现了全面建成小康社会，正在向着全面建成社会主义现代化强国的第二个百年奋斗目标迈进。统计工作面临的时代方位和使命任务已发生深刻变化。站在新的历史起点，四川国家调查队系统必须立足“两个大局”、聚焦“国之大者”、面向“三个新机”，弘扬伟大建党精神，赓续中国共产党人的精神谱系，从时代发展的要求审视自我，以创业奋进的姿态砥砺前行，在新征程中接续奋斗、再立新功，推动四川调查事业高质量发展，为加快构建现代化统计调查体系、全面建成社会主义现代化强国贡献更大力量。

**（一）奋斗历程启迪我们必须敢于创新求发展。**四川国家调查队改革发展 15 年奋斗历程，最核心、最重要的一条经验，就是始终坚持发展是第一要务，扭住发展不放，在服务国家宏观调控、助力经济社会发展的过程中，注重实现自身发展，努力提高调查能力水平，保证完成国家调查任务，更好履行国家调查职责。我们在建队初创阶段着力健全机构、独立运转、破解资源短缺矛盾，在爬坡上坎阶段着力理顺业务职责分工，改善基础设施条件，实现发展壮大。但当前，四川调查队系统仍然存在发展不足的问题，一些市县队保障条件不足，办公环境有待改善，常年工作经费还不稳固；系统干部内外交流还不顺畅，学习培训机会不多，成长空间还不宽广；同城同待遇政策还没有很好落实；系统影响力与所担当的职责还不匹配等等。这些矛盾和问题在实践中制约了国家调查职能的发挥，影响了干部队伍士气和调查工作成效，需要我们在发展中加以解决。15 年的改革历程，我们始终坚持党的解放思想、实事求是的思想路线，以改革创新为动力，立足省情队情，将党中央方针政策和国家统计局决策部署与自身发

展和地方实际结合起来，创造性地加以贯彻落实。在改革建队初期，我们坚持“单独建队、单建党组”改革思路，大胆探索加强党的领导，提升党建工作水平的途径方法，推进调查业务改革和信息化建设，坚持双向服务，构建双重保障体系，建立“省管系统，以市带（代）县”管理模式，在全国调查队系统机构组建、资源整合、品牌打造、干部交流、调查服务、党的建设等方面创造了四川特色，得到了国家统计局和兄弟单位的普遍认可。在新的发展征程上，我们还要继续发扬改革创新精神，增强创新的意识，坚持以改革的思路推进事业发展、破解前进中的难题，以创新的办法化解深层次矛盾，真正将创新的理念、创新的方法、创新的手段，贯穿到事业发展的各领域、各方面。要增强创新的魄力，敢于解放思想，主动在加强系统党的建设、改进调查组织模式、优化系统管理机制、更好解决保障条件、深化干部队伍建设、发挥统计监督职能作用等方面，大胆闯、大胆试、大胆干，积极探索四川方案和四川智慧，着力打造四川国家调查的党建品牌、业务品牌、服务品牌、干部品牌，在全国调查队系统中具有鲜明特色的党建工作、高质量的调查产品、有影响力的管理模式、有代表性的领军人才，努力创出新时代的四川新经验、四川新样板。

**（二）形势任务要求我们必须顺应时势抓机遇。**党的十八大以来，以习近平同志为核心的党中央高度重视统计工作，中央先后出台《意见》《办法》《规定》等9部重大统计改革文件，特别是中央最新出台的《监督意见》，明确要求国家调查队在依法独立开展统计监测评价、加强高质量发展统计监督和统计执法工作中充分发挥优势；国家统计局党组出台“十四五”时期深化国家调查队改革的意见，提出要将国家调查队打造成为确保数据质量的“直属队”、统计抽样调查的“轻骑兵”、民生统计监测的“主力军”、执法监督检查的“生力军”；各级党委政府更加重视统计调查工作，近期总队正争取省政府印发《进一步加强四川国家调查工作的通知》，从政策上明确支持国家调查队建设发展。这些战略性的、制度性的重大政策安排，既要求我们扛起政治责任、积极主动作为、认真履行职责、切实抓好上级部署的贯彻落实，同时也为我们加快调查事业发展提供了宽广舞台和前所未有的机遇。抓住机遇才能赢得未来。历史机遇总是稍纵即逝，加快发展时不我待。在过往的工作历程中，我们都可以感受到，很多事情“过了这个村就没有这个店”。对当前调查事业发展难得的战略机遇、政策红利，我们要有“主动抢”的意识，准确把握时度效，顺应时势、准确识变、积极应变、主动求变，善于育先机、开新局，以等不及的紧迫感、慢不得的危机感、坐不住的责任感，快马加鞭，抢抓机遇，加快落地，推动发展；还要有“善于抢”的本领，把上级文件与本单位工作实践紧密衔接，找准着力点、切入点，比如对中央最新出台的《监督意见》、对省政府出台支持国家调查工作的文件，应该如何准确把握、应该如何贯彻落实，我们要在吃透上级精神的前提下，认真分析谋划，结合本地区工作实际，结合本单位发展需求，有针对性的充分利用机遇，解决发展实际问题，力争释放政策文件的最大效应。

**（三）时代使命呼唤我们必须担当拼搏争一流。**四川调查队系统机构编制数全国第一，人员编制数全国第三，是全国调查工作大省，但从近年国家局的考核结果来看，我们与沿海先进兄弟总队相比还有不少距离，四川在全国调查队系统有特色有影响的工作较少，服务精品不多，有影响力的专业领军人才匮乏，大而不强的发展特征非常明显；横向比较，我们工作成效与所拥有的资源相比还不够匹配，例如去年四川总队的网络信息得分全国第二，进步很大，但与排名第一的总队相比，我们的人均贡献率还有很大的差距。进入新时代、面对新形势，总队党组鲜明提出打造“四个一流”的发展目标，目的就是全面推动四川调查事业向高质量发展，实现由调查工作大省向调查工作强省跨越。实现一流的发展目标，既是国家局对我们的希望期待，更是加强四川调查队自身建设、促进干部更好成长的现实要求，我们必须勇担使命，以永不懈怠的赶考精神抓发展，以一往无前的奋进姿态争一流。抓发展、争一流，必须破解短板差距。当前，系统内部发展不够平衡，部分领域工作还有不少短板，市县队之间、专业之间发展差距较大；有的对系统竞相发展的竞争形势不太适应，面对困难问题束手无策、绕道走；有的对目标任务、工作要求嫌高、嫌重、嫌累，争一流的主动意识不强，甚至自甘落后；有的抓班子、带队伍、促发展的能力不强，缺乏凝聚力、战斗力；有的党员干部干事创业激情退化，自我要求不严，“躺平”心态浓厚；有的党员干部对全面从严治党的新态势、新要求尚未入脑入心，对新政策没有吃透吃准。对这些问题不足，我们必须深刻检视，增强忧患意识，着力破解问题，在补短板、强弱项、防风险中推动发展。抓发展、争一流，必须鲜明标准导向，紧扣“四个一流”目标，坚持高标准严要求，做到精益求精，努力使每项工作都做到一流，不能得过且过。抓发展、争一流，必须提振担当精神。要增强担当魄力，增强担当能力，对各地各部门大胆先行先试的，要积极鼓励、敢于撑腰，坚持“三个区分开来”，探索容错纠错机制，形成勇担当、善担当、敢担当的良好氛围。抓发展、争一流，必须弘扬实干作风。坚持干字当头，咬定一流目标，结合工作实际，细化具体标准，拿出实在招数，干出实在成效，以实干作风创造一流业绩。

## 三、锐意进取，真抓实干，扎实做好 2022 年重点工作

2022 年将召开党的二十大，这是党和国家政治生活中的一件大事。明年我们也将迎来新中国政府统计机构成立 70 周年。全省调查队系统工作的总体思路是：以习近平新时代中国特色社会主义思想为指导，认真贯彻党的十九大和十九届历次全会以及中央、省委经济工作会议精神，全面落实全国统计工作会议部署，弘扬伟大建党精神，坚持和加强党的全面领导，以提高统计数据质量为中心，以推进统计现代化改革为主线，紧扣“四个一流”发展目标，持续深化重点领域改革，有效发挥统计监督职能作用，着力提高调查服务能力水平，奋力推动国家调查工作高质量发展，以优异成绩迎接党的二十大胜利召开。

**（一）提高综合调查能力。** 畅通统计政令，聚焦主责主业，积极主动作为，增强调查业务能力，统筹抓好国家局重点改革、重点任务落地落实，力争总队在国家局业务工作考核中优良率再提升。高质量抓好民生指标监测。围绕宏观调控主要目标，高质量开展分省劳动力调查，积极稳妥推进分市州劳动力调查工作，加强大城市失业率水平监测，做好分市州调查失业率数据评估测算。扎实开展居民消费价格调查，密切关注鲜菜、猪肉等重要民生商品价格变化。加强房地产价格统计，探索在成都市开展分区域商品住宅销售价格指数测算。加强疫情下居民增收、农民工就业情况调查监测，持续开展脱贫县农村住户跟踪监测。主动对接国家局建立共同富裕统计监测体系部署，加强居民收入分配统计监测，适时开展中等收入群体规模测算。持续深化农业调查归口管理改革，进一步抓好粮食生猪大县产量调查，深入推进粮食非大县抽样调查监测和生猪非大县重点调查，服务国家粮食安全和生猪稳产保供。扎实抓好重大专项调查。精心组织实施文明城市测评、全面从严治党民意调查、社会心态调查、生态环境满意度调查、省一级示范高中动态监测评价等专项调查工作，认真开展网购用户和服务零售结构调查，继续做好 ICP 和邮政快递价格调查工作，有序开展地方调查项目实施。其他常规调查工作也要高标准落实，确保各项调查业务高质量完成。

**（二）确保调查数据质量。** 牢固树立质量第一的理念，认真履行独立调查、独立报告和独立监督的职能，确保统计调查数据真实可信。认真落实各级领导班子保证数据质量的主体责任。健全数据质量保障责任制和追溯问责制，进一步完善全程、全员、全域数据质量控制体系，强化对党员领导干部责任落实的监督检查。严格执行国家统计调查制度要求，进一步抓好基层调查网点标准化建设，培养树立规范化典型，汇编形成先进性经验成果，指导各地更好保证数据质量。规范实施调查样本优化轮换。规范有序推进住户调查新一轮大样本轮换，统筹抓好宣传动员、样本摸底核实、新户培训、入户调查等各环节工作，保证调查样本代表性，实现新旧样本数据平稳衔接；加强劳动力调查网点管理，做好分省与分市州样本数据的衔接工作；动态优化 PMI 调查样本，更加准确反映四川经济发展状况，尽可能满足市级 PMI 指数编制；积极做好粮食产量调查基期轮换准备工作。强化数据质量监管。加强民族地区代记账的管理指导，统筹开展各专业基础工作和数据质量检查，加大基层调查走访和数据回访力度，探索运用无人机航拍等新技术手段加强源头数据管控，多视角开展重点数据核查。改革完善数据评估办法。积极探索利用行政记录数据校准相关收入数据，对调查数据进行评估验证，多部门、多维度抓好各专业数据评估，严格禁止印象数、人情数。

**（三）发挥统计监督职能。** 坚持依法治统，强化统计法治建设，充分发挥监督职能作用，推动统计监督走在全国调查队系统前列。精心谋划部署。按照中央《监督意见》要求和国家统计局部署，切实履行主体责任，加强沟通、深入研究、系统谋划，结合四川调查工作实际，拿出具体举措，认真制定贯彻实施方案，推动各级抓好任务落实。

加强统计法治宣传。落实“八五”统计普法规划要求，持续学习宣传中央《意见》《办法》《规定》《监督意见》和统计法律法规，有针对性地抓好关键对象、关键环节的普法宣传，创新方式手段开展统计法治教育，推动各级落实防惩统计造假弄虚作假责任。加大统计执法力度。坚持系统一盘棋，统筹运用执法力量，持续开展“双随机”统计执法检查，进一步拓展执法专业领域，鼓励县级队主动开展统计执法。坚持刀刃向内，加强对市县调查队和县级统计机构的统计执法监督检查，确保三年全覆盖。强化执法队伍建设。加强统计执法技能培训和实践锻炼，推动更多干部通过行政执法证资格考试，积极参与国家统计督察和统计执法，不断壮大系统统计执法骨干人才库。探索建立统计监督协同机制。主动加强与地方纪检监察、组织人事和经济管理等各监督部门的沟通联络，建立健全日常工作紧密协调机制，共同探索推进统计监督与其他监督贯通协同的具体举措。

**（四）提升统计服务质效。**坚持把服务决策需求和自身发展需求结合起来，创新服务方式，提高服务效益，扩大调查服务品牌影响力。进一步加强工作统筹。整合系统力量，借力国家局、省级部门和社会研究资源，探索组建研究分析中心（四川民生发展研究中心）和快速调查中心，提高重点研究课题和约稿信息调查的实效性；坚持目标导向，统筹下达课题研究、信息分析、媒体宣传年度目标任务，提高统计服务的计划性。进一步提高信息分析质效。坚持党政决策需求导向，围绕保持经济运行在合理区间，加强民生经济指标监测分析，强化“六稳”“六保”和经济社会热点焦点重点问题的专题调研，切实提升信息分析质量，提高信息分析采用率、批示率，力争国家统计局的采用率达到50%，省“两办”考核实现升位。进一步加强课题研究工作。各单位主要负责人要带头抓课题，突出课题研究的时代性、政治性、敏锐性，从今年开始，除国家局下达的专业领域研究课题外，不再将进度分析作为选题方向，要紧紧围绕党和国家重大决策部署开展实证研究，不断增强重点课题的决策参考作用。进一步加强新闻宣传工作。优化新媒体平台，抓好“四川国调”官方微信平台改版，集中力量打造主要指标数据发布、重要调查成果展示和各地工作经验交流的工作平台；加强调查数据新闻发布和深度解读，抓好党的二十大和统计开放日等重大节点宣传，主动引导正向舆论。

**（五）加快信息化建设应用。**主动拥抱现代信息技术，大胆创新实践，推动系统信息化建设应用取得更大进展。深化现代调查技术应用。强化空分遥感和无人机技术在农业农村调查中的应用，综合运用遥感底图、地块图斑、定位技术，扩大测量覆盖范围，提升对地遥感抽样调查实效。积极推广电子记账和住户“E调查”，有序推进分市县住户调查数据处理环境由iHAPS向住户调查应用系统平台内网全面迁移。拓展各专业大数据应用。积极跟进国家局推进二手房网签数据指数测算以及细化颗粒度在房价指数编制中应用，研究改进金属加工机床、载货汽车等大型机电类产品的采价方法。

加快推进网络交易价格、商超电子扫描数据在CPI数据采集中的应用，探索网签数据、部门行政记录等大数据在住户、农业、劳动力等调查领域的新应用，尽快形成实践成果。研究开发数据管理集成系统。融合现代化调查技术，加快项目研究论证，探索在农业农村调查领域开发数据集成系统，整合集成数据处理、数据查核、数据管理和平台展示，提高调查业务与现代技术融合效应。建强信息化管理技术保障。根据网络安全保障和工作推进需求，实施总队网站集群改版和FTP系统升级，推动市县队视频会议系统更新改造，研究运用云视频。认真落实网络安全责任制，确保系统网络安全。

（六）加强干部队伍建设。坚持党管干部原则，统筹抓好人才队伍建设，推动四川国家调查干部品牌建设取得新成效。加强队伍建设长远规划。落实一流人才队伍实施方案，着眼系统干部队伍年龄梯队结构，提前谋划省、市、县三级干部配备，通过加大公招力度、实施系统遴选、开展个别选调和利用社会资源等方式，有序充实各级调查队人员力量，确保调查事业持续健康发展。坚持正确用人导向。紧扣领导班子三年规划目标，健全培养选拔机制，按照德才兼备、以德为先、任人唯贤原则，选优配强各级领导班子，调整优化班子结构。坚持业绩导向，完善干部业绩档案及负面清单考核评价机制，用好干部职务职级资源，大力选拔使用敢担当善作为的优秀年轻干部，激发干部干事创业活力。创新干部工作机制。积极推动与地方组织部门建立人才培养使用常态机制，加强国家调查队与地方干部的交流，拓展干部任职渠道。加强年轻干部培养，鼓励优秀年轻干部到艰苦地区实践历练、到上级部门跟班学习，有序组织系统干部内部帮助工作。加快专业领军人才培养。统筹抓好干部教育培训，充分利用高校合作平台，开拓地方党校干部培训资源，推动组建系统党校（干部行政学院），分层分类组织干部开展系统理论教育和业务技能培训，提高干部综合素质。搭建人才培养平台，启动实施首席统计师聘任工作，组织调查业务技能竞赛，鼓励专业骨干人才到高校开讲座，不断提升干部业务能力。

（七）优化调查工作环境。今年，总队将争取省政府办公厅印发《关于进一步加强四川国家调查工作的通知》，加快推动四川调查事业发展。积极推动省政府文件落实。各市县队要吃透文件精神，主动向地方党委政府专题汇报，加强与相关职能部门沟通，争取地方党政支持。总队将加强工作协调，通过系统上下联动，推动省政府文件落地见效。统筹资源保障发展。主动反映四川发展实际，争取国家局更多支持。统筹用好调查职能资源，服务地方经济社会发展，争取地方党委政府关心支持，为国家调查工作改善发展环境。坚持勤俭办调查，精打细算办公运行、会议差旅、后勤保障等各项开支，从严加强“三公”经费管理，保障重点工作推进，把钱花在刀刃上。改善基层工作条件。进一步加强与地方党委政府的协调对接，帮助市县队建立调查经费长效保障机制，确保基层调查工作顺利开展。坚持资源下沉，预算安排适度向基层倾斜、向重点工作倾斜、向艰苦边远地区倾斜，支持基层改善办公设施条件、营造良好工作环境。

提升系统管理效能。坚持重点工作推进调度机制，加强重点任务落实情况跟踪检查。完善人事管理制度，加强干部人事基础工作。严格干部公务外出管理，规范公务接待管理，切实减轻基层负担。强化机关政务管理，加强系统保密工作，强化安全保密检查。严格预算绩效管理，健全内部控制体系，切实提高资金使用绩效。

## 四、党建引领，正风肃纪，推动全面从严治党向纵深发展

党的建设是机关建设的根本保证，站在接续奋斗创建“四个一流”目标的新征程，必须把党的建设摆在更加突出位置，坚定不移深化全面从严治党，确保四川调查事业发展行稳致远。

（一）突出抓好政治机关建设。坚持把党的政治建设摆在首位，加强党对统计调查工作的全面领导，坚守国家调查队政治机关定位，深刻理解“两个确立”的决定性意义，坚决落实“两个维护”的政治要求，不断提高政治判断力、政治领悟力、政治执行力，确保党中央关于统计工作重大决策部署和各项方针政策在四川调查队系统落地落实。进一步深化模范机关创建，创新创建载体、丰富特色内容，见到新的成效。弘扬新时代国家调查队精神，加强机关文化建设，巩固提升文明单位创建成果。持续绷紧疫情防控这根弦，统筹做好常态化疫情防控和统计调查工作。扎实推进对口援疆工作，继续抓好定点帮扶工作。

（二）切实强化政治理论武装。坚持思想建党、理论强党，深入学习贯彻习近平新时代中国特色社会主义思想，精心组织党的十九届六中全会精神集中轮训，认真抓好党的二十大精神学习宣传。严格落实“第一议题”制度，第一时间传达学习习近平总书记最新重要讲话精神，第一时间贯彻落实习近平总书记关于统计工作重要指示批示，切实把增强“四个意识”、坚定“四个自信”、做到“两个维护”的要求落实到行动中。巩固深化党史学习教育，把党史学习教育融入日常党建工作中，长期坚持下去，充分发挥四川红色资源富集的优势，加强对党员干部的理想信念教育。严格履行意识形态工作责任制，抓牢干部思想政治工作，定期开展干部思想动态调查分析，凝聚党员干部干事创业精神力量。研究建立总队领导接待制度，推动“我为群众办实事”实践活动制度化常态化，在政策范围内努力帮助解决干部职工实际困难，真正把好事办好。

（三）着力提升党建工作效能。认真落实新时代党的建设总要求，深化“抓机关带系统”党建工作大格局，优化条块结合工作机制，形成机关党建与系统党建一起抓、系统党建与地方党建一盘棋的格局。紧扣“围绕中心、建设队伍、服务群众”定位，加强基层党组织标准化规范化建设，深化“五好党支部”创建，全面提升系统党建工作质量。适时召开系统党建工作现场会，认真总结提炼特色鲜明的基层党建工作经验，推动先进典型示范引领，更好激励广大党员干部立足岗位创先争优。深化系统党建品牌建设，进一步推动党建与业务深度融合，着力塑造有影响力的典型案例、典型经验，彰显四川调查系统党建工作特色品牌。

（四）压紧压实管党治队责任。严格落实《党委（党组）落实全面从严治党主体责任》规定，研究制定落实全面从严治党、党风廉政建设和反腐败工作任务清单，定期会商研判全面从严治党形势，督促问题整改落实，推动各级党组织和领导班子切实扛起主体责任。加强全面从严治党“两个责任”落实情况的监督、检查、考核，打通责任链条的“最后一公里”。紧盯“关键少数”，加强对一把手及领导班子的监督，强化对重点部门、重点领域和重点岗位的监管，进一步规范权力运行。加强纪检干部队伍建设，支持纪检部门发挥专责监督作用。

（五）持续加强党风廉政建设。抓实抓细廉政风险防控，探索系统监督管理新方式，建立专项监督检查机制，结合巡察“回头看”，对市县队开展机动专项巡察，着重加强对财经纪律执行、津贴补贴发放、数据质量保障等易发多发问题的监督检查，坚决消除“问题存量”、遏制“问题增量”。严格贯彻中央八项规定精神，加强财务审计监督，确保实现内部审计全覆盖。常抓廉政警示教育，用好典型案件通报，推动警示教育入脑入心。严格监督执纪问责，贯通运用“四种形态”，对违规违纪违法问题严肃查处，让党员领导干部知敬畏、存戒惧、守底线，一体推进不敢腐、不能腐、不想腐。

## 2007-2021 年四川城镇居民人均可支配收入

（单位：元）

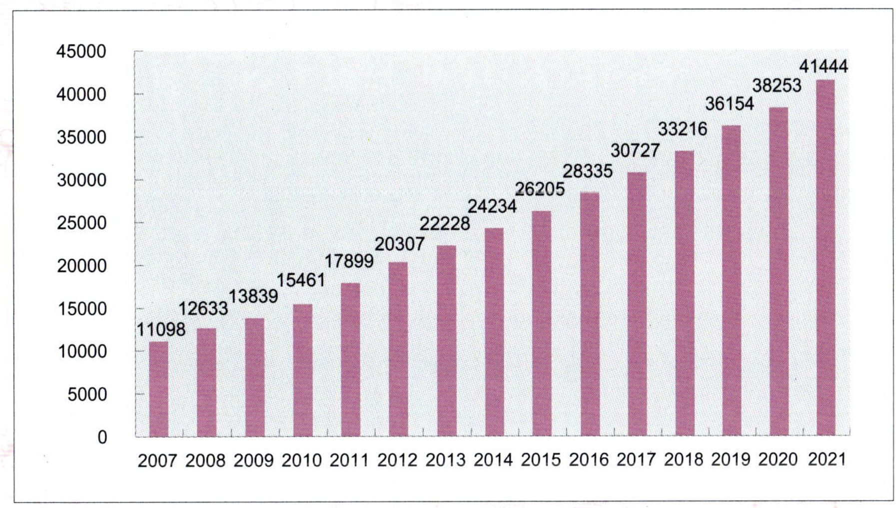


## 2007-2021 年四川城镇居民人均生活消费支出

（单位：元）

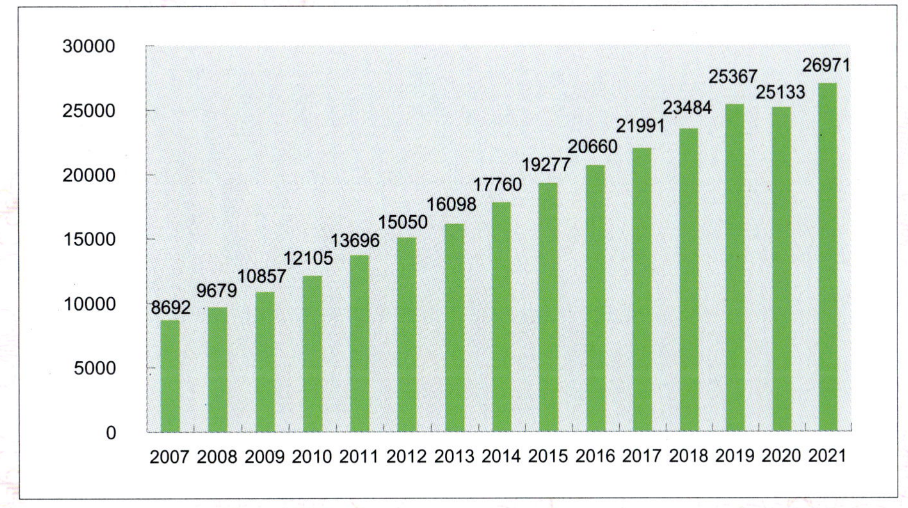

## 2007-2021 年四川农村居民人均可支配收入

（单位：元）

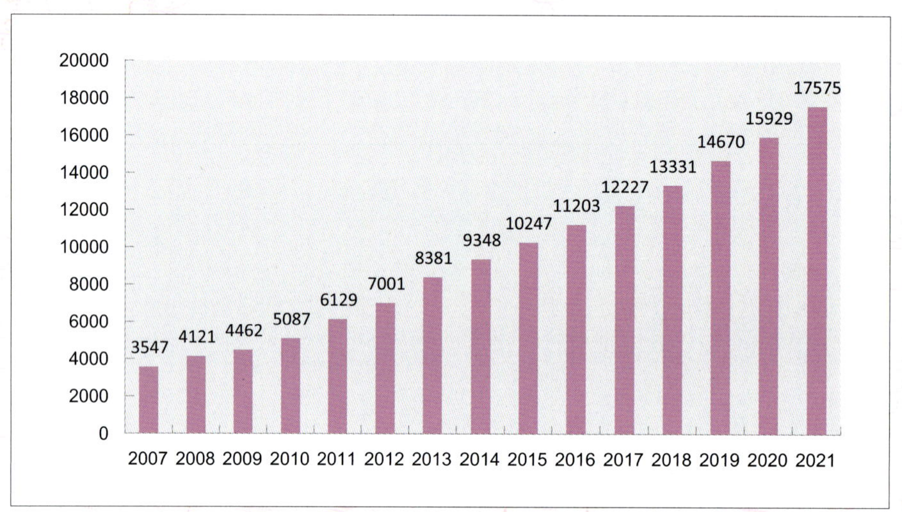


## 2007-2021 年四川农村居民人均生活消费支出

（单位：元）

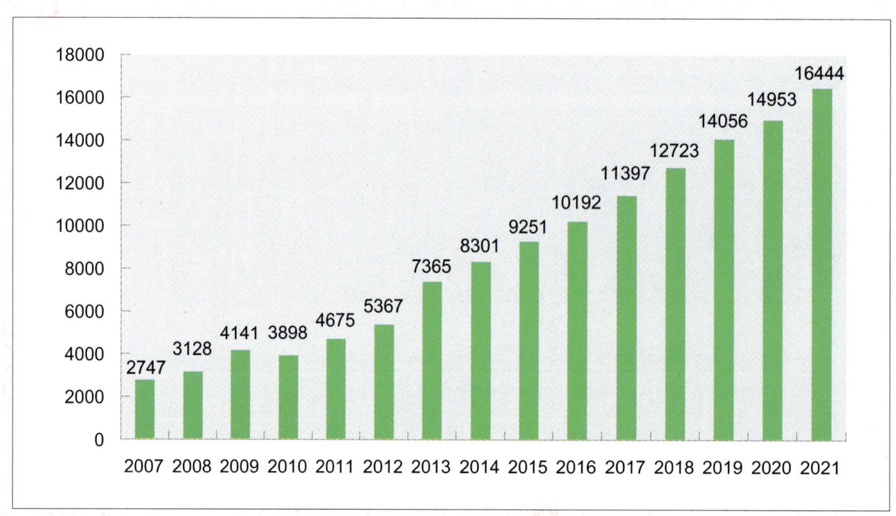

## 2001-2021 年四川居民消费价格指数（上年 =100）

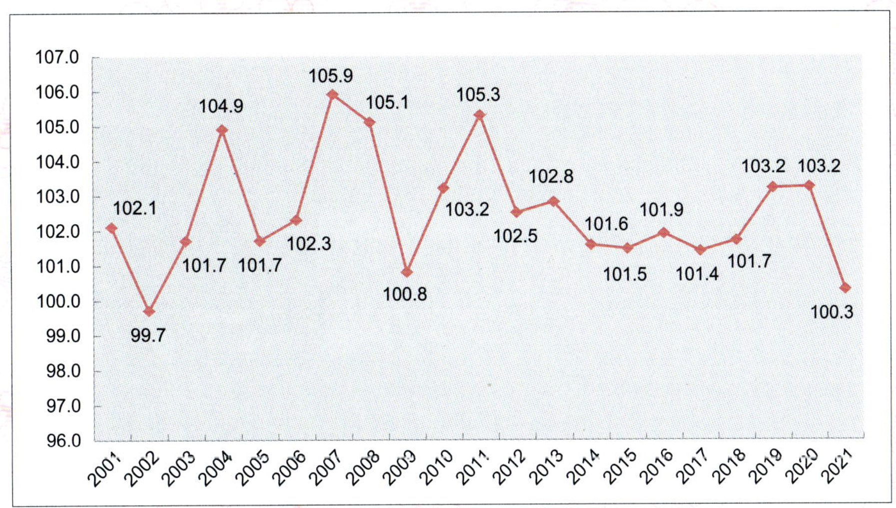


## 2001-2021 年四川城市居民消费价格指数（上年 =100）

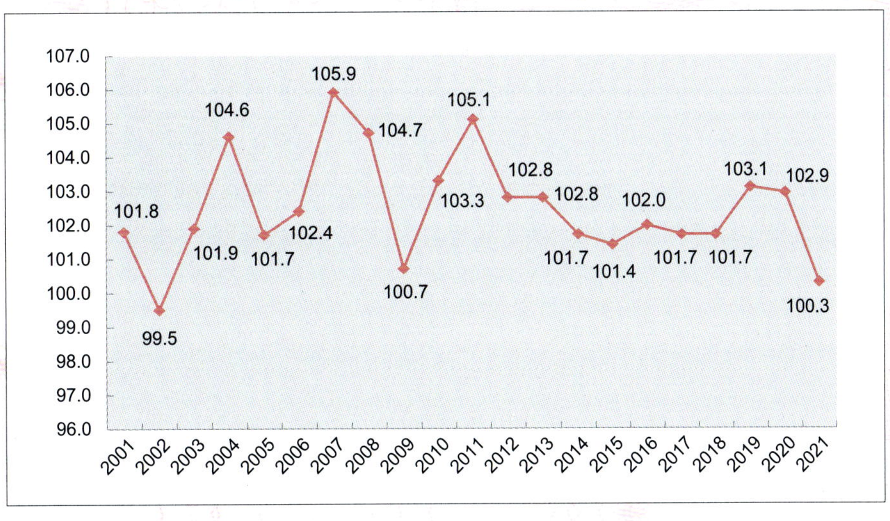


## 2001-2021 年四川农村居民消费价格指数（上年 =100）

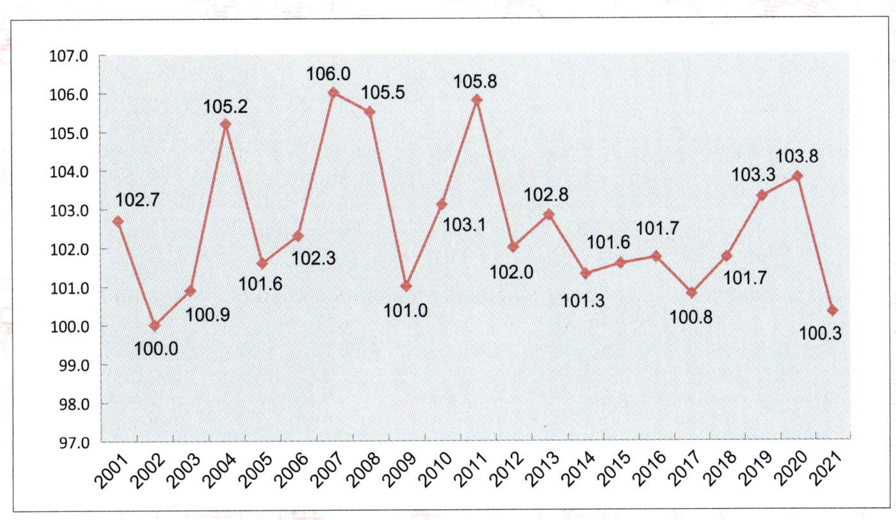

## 2001-2021 年四川商品零售价格指数（上年 =100）

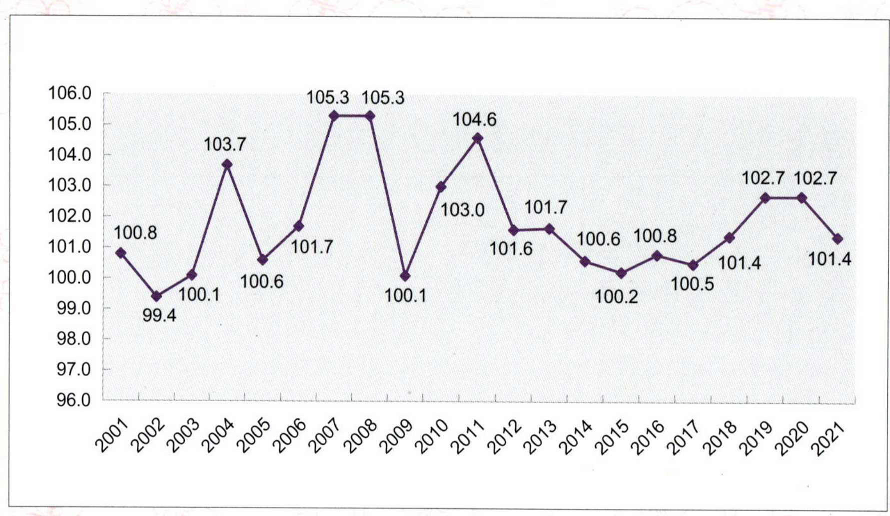


## 2001-2021 年四川城市商品零售价格指数（上年 =100）

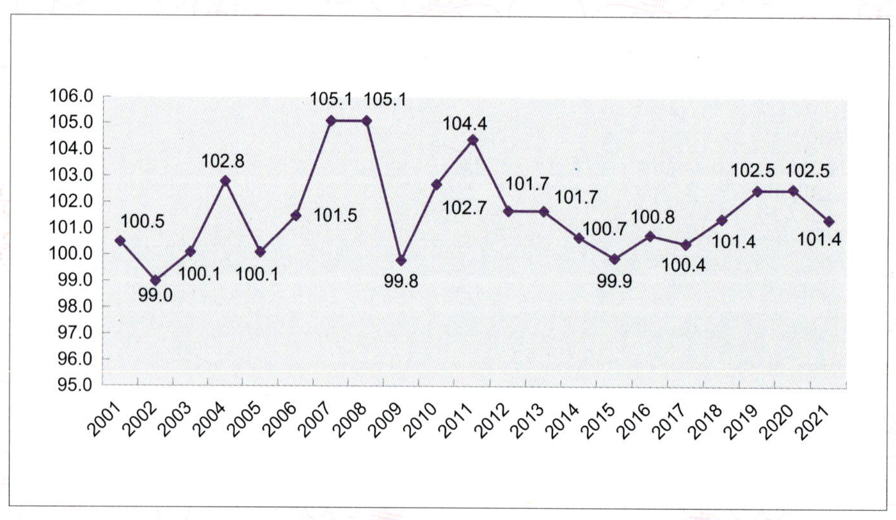


## 2001-2021 年四川农村商品零售价格指数（上年 =100）

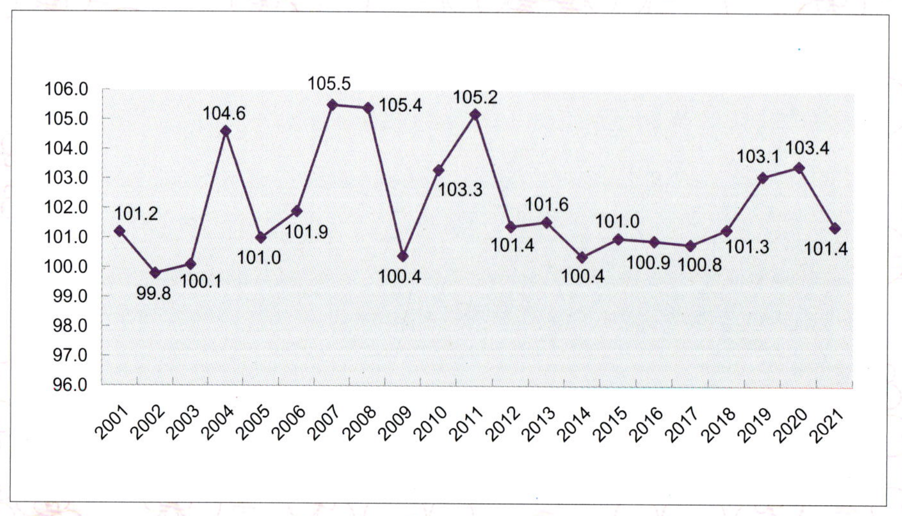

## 2011-2021 年四川农产品生产者价格指数（上年 =100）

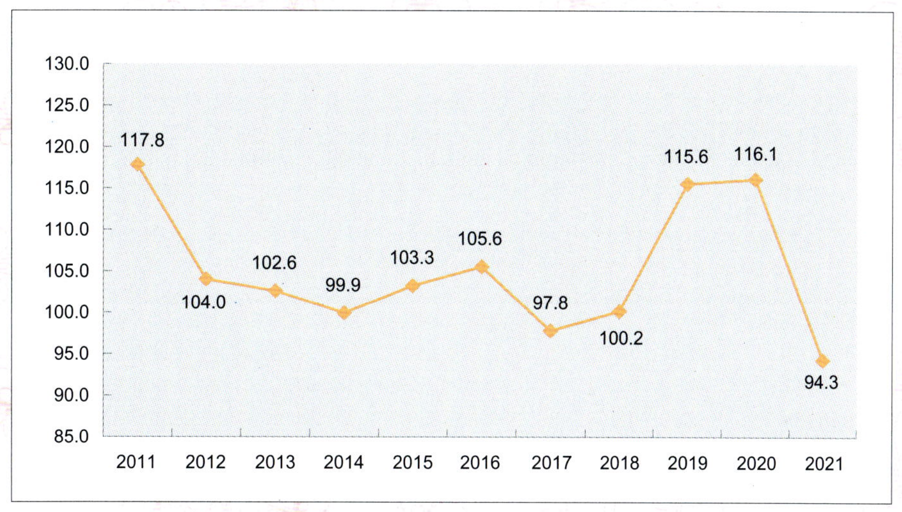


## 2021 年四川分月工业生产者出厂价格环比指数

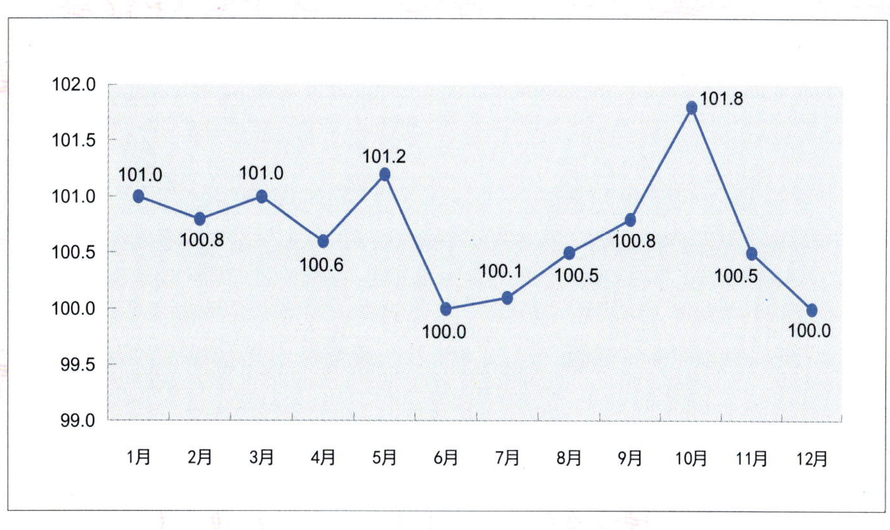


## 2021 年四川分月工业生产者购进价格环比指数

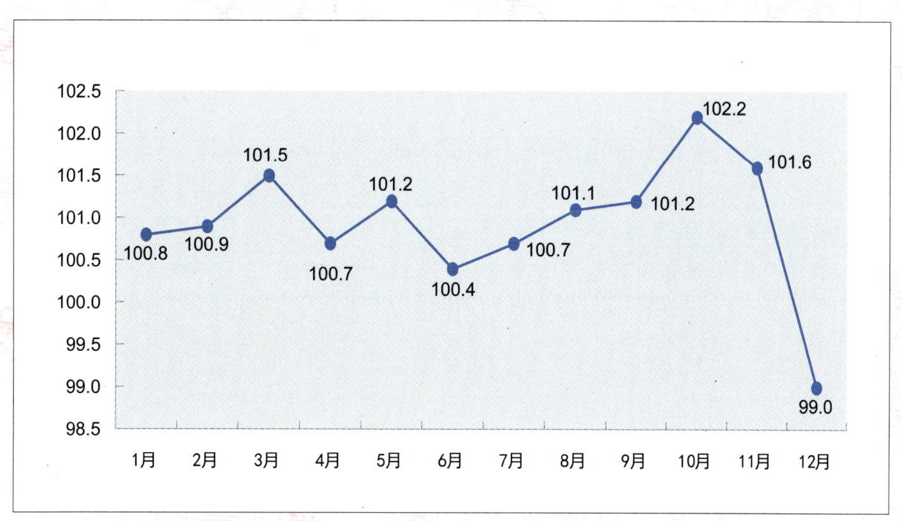

## 四川工业生产者出厂价格指数（上年 =100）

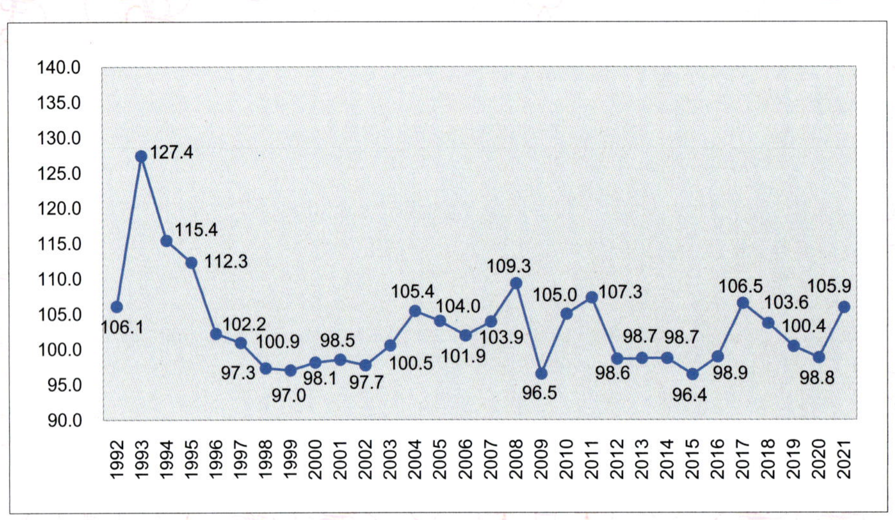


## 四川工业生产者购进价格指数（上年 =100）

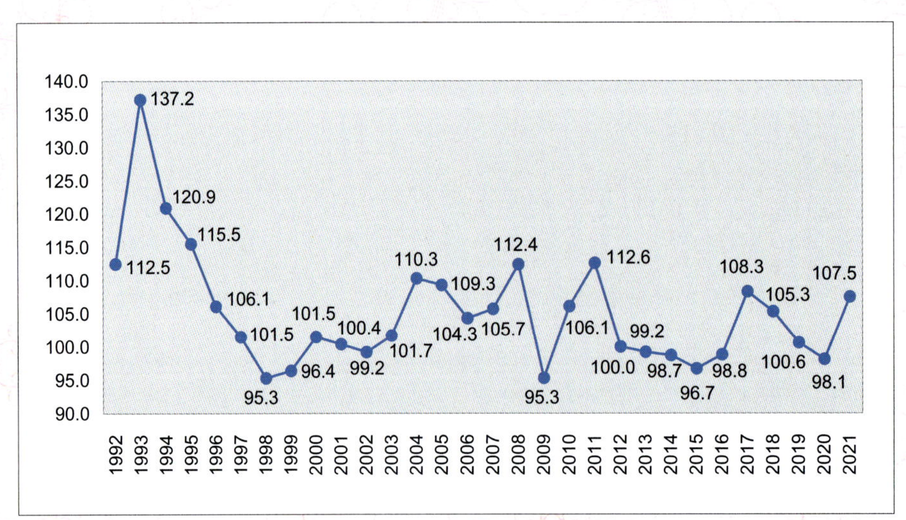

## 2014-2021 年四川生猪生产情况

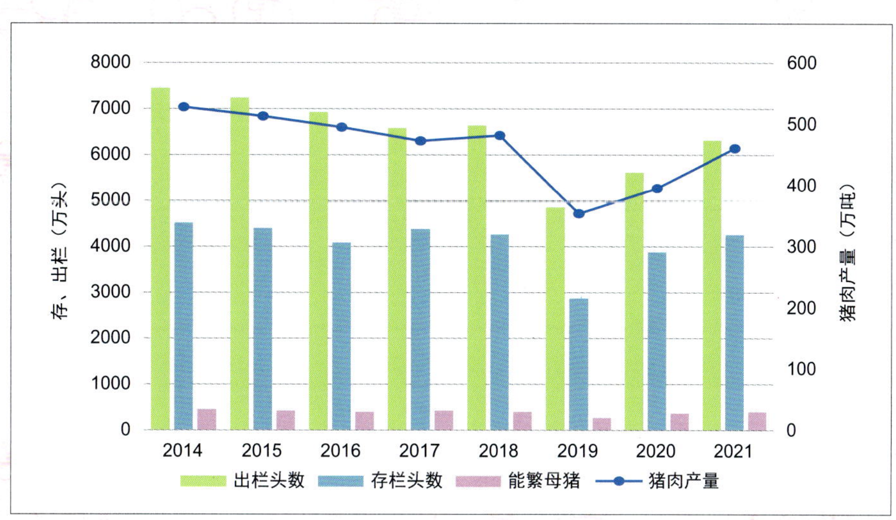


## 2014-2021 年四川牛生产情况

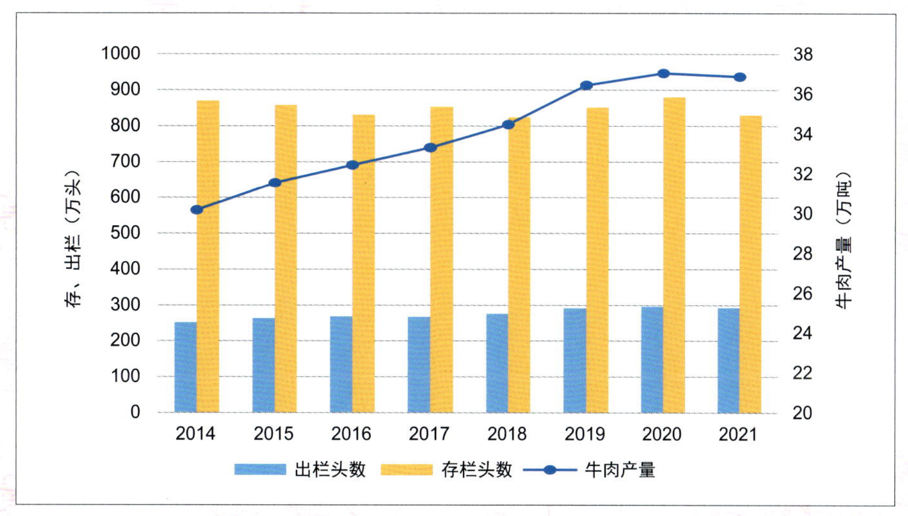

## 2014-2021 年四川羊生产情况

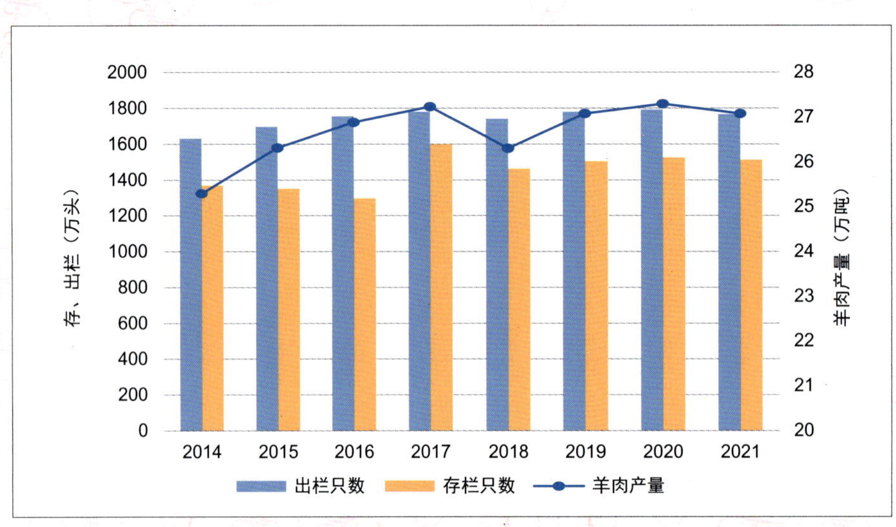


## 2014-2021 年四川家禽生产情况

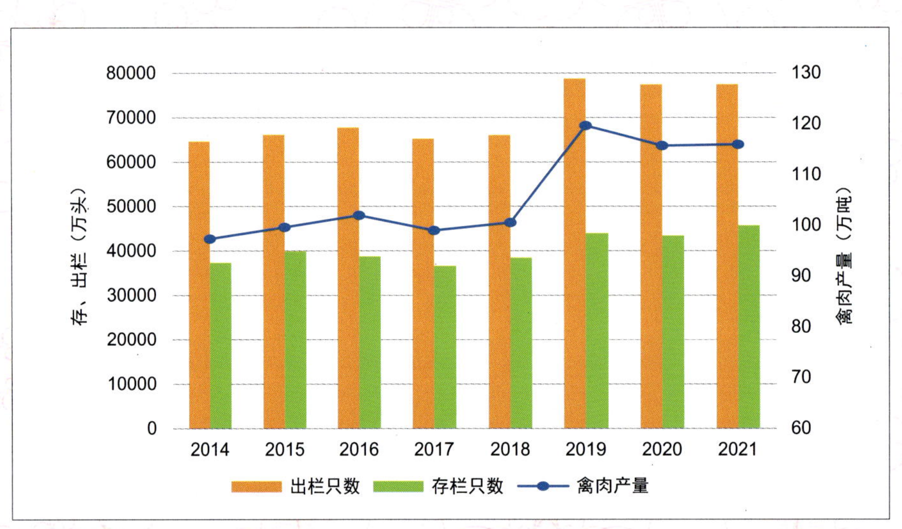

## 2000-2021 年四川粮食产量走势

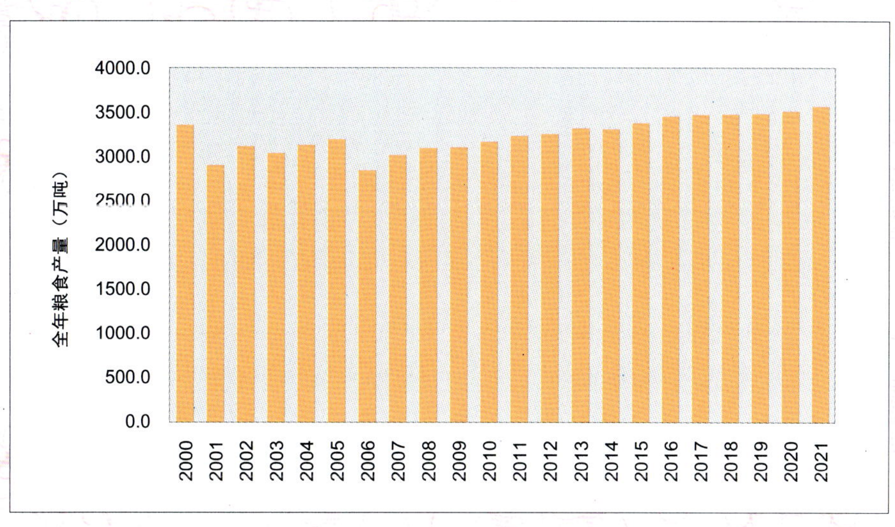


## 2000-2021 年四川粮食产量增长情况

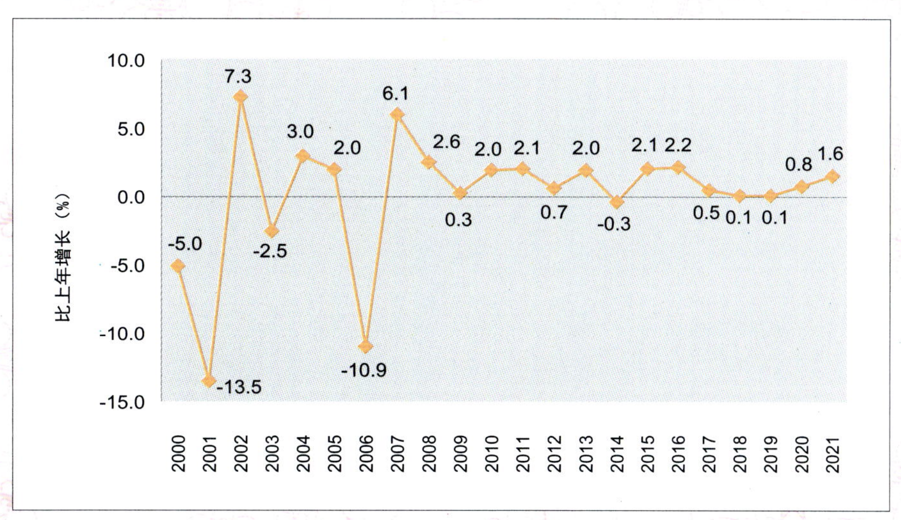

## 2000-2021 年四川夏收粮食产量走势

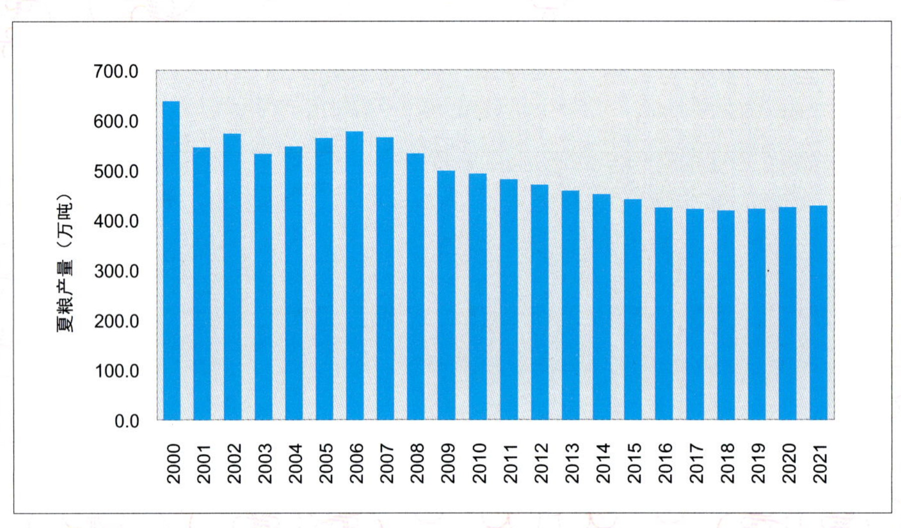


## 2000-2021 年四川夏收粮食产量增长情况

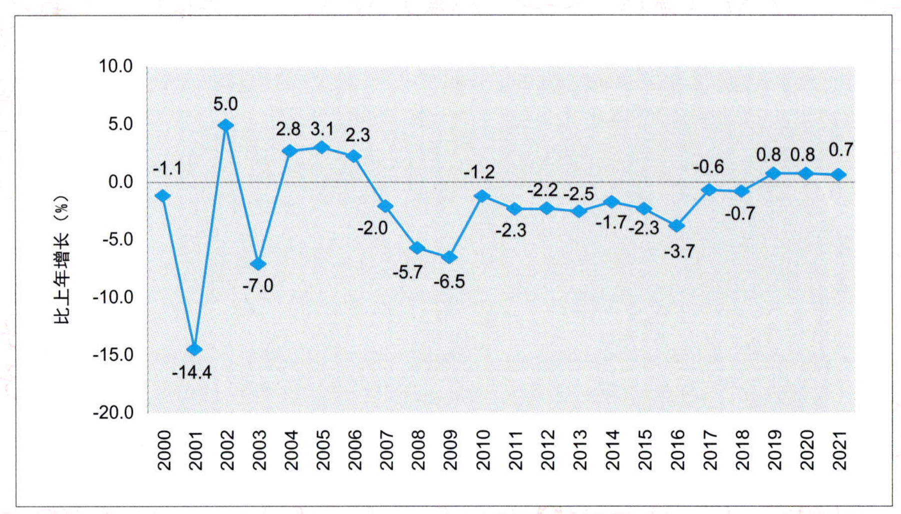

## 2000-2021 年四川秋收粮食产量走势

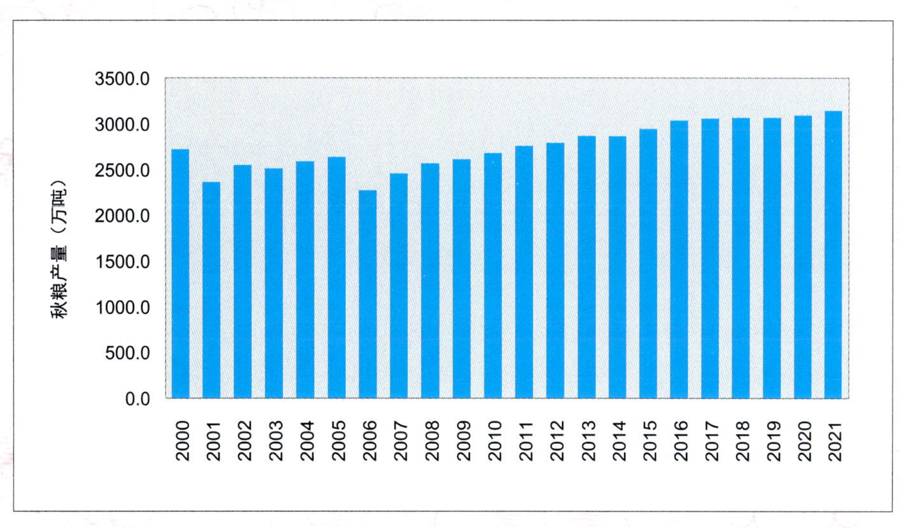


## 2000-2021 年四川秋收粮食产量增长情况

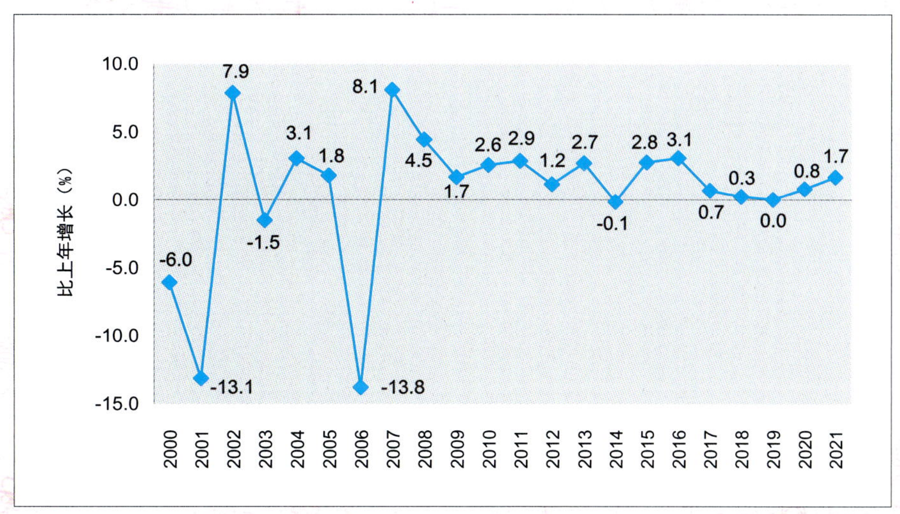

## 2020-2021 年全国农民工数量变化

（单位：万人）

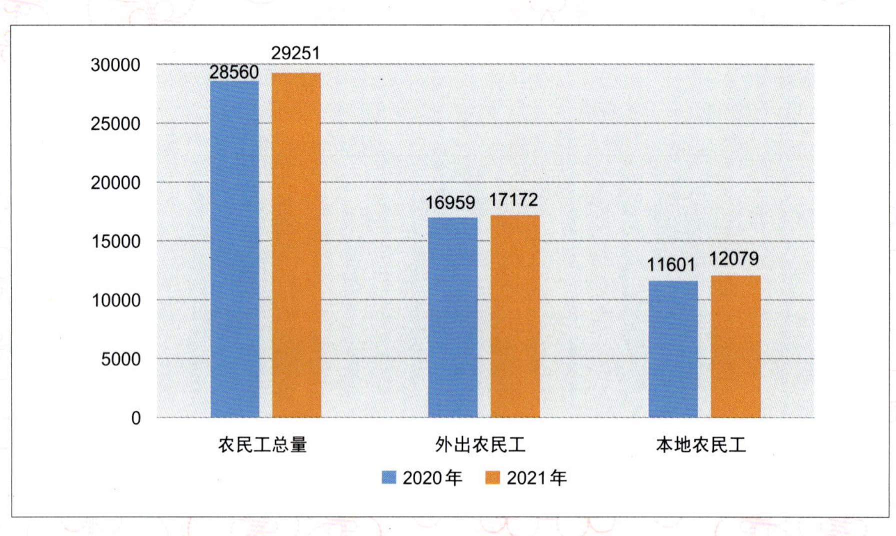


## 2020-2021 年四川农民工数量变化

（单位：万人）

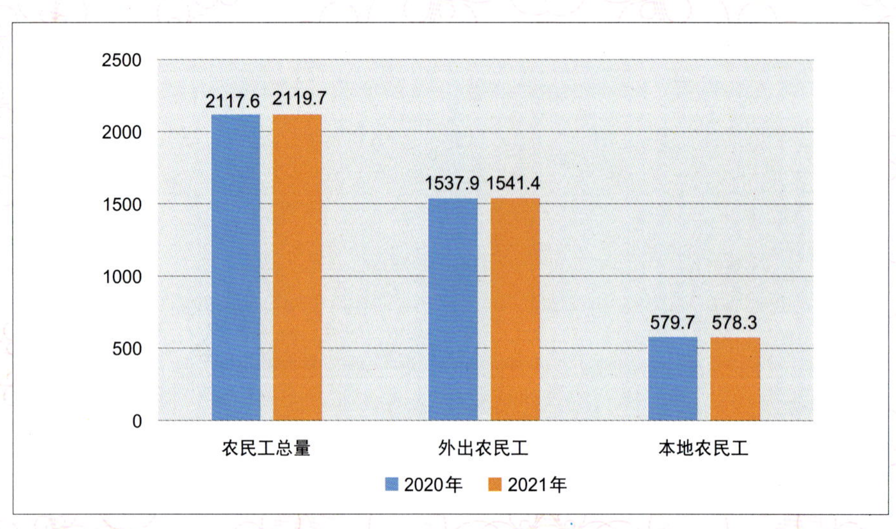

# 《四川调查年鉴-2022》
# 编委会和编辑人员

## 编辑委员会

**主　　任**：赵太想

**副 主 任**：黄加才　岳忠诚　李诗刚　陈山俊　谢承渊
杜先继　白　焰

**编　　委**：何春德　景培朗　杨　彬　袁　泉　冯作仁
梁玉均　许伦泉　石文格　吕　伟　钟碧海
贺　娟　干晓艳　彭东泽　罗　鹏　孙　磊
肖成刚　陈晓茹　韩　燕　李　凌　李传军
黄　强

## 编 辑 部

**主　　编**：黄加才

**副 主 编**：冯作仁

**执行编辑**：李永刚

**编辑人员**：（按姓氏笔画为序）
林　俊　陈劲竹　张淑珍　吴金箍　李　洋
叶　芸

# 编者说明

一、《四川调查年鉴-2022》是国家统计局四川调查总队编辑出版的大型资料性年刊，本《年鉴》收录了近年全省农村、城市等方面的各项统计调查数据，以及全国和各省区市重要年份的主要经济、社会指标。

二、全书内容分为5个篇章，即1.综合；2.住户调查；3.价格调查；4.农业调查；5.附录.全国及各省区市主要统计调查指标。为方便读者使用，主要篇章末附有《主要统计指标解释》。

三、资料中所使用的度量衡单位均采用国际统一标准计量单位。

四、本《年鉴》总量指标计算所采用的价格均为现行价格。

五、本《年鉴》部分数据合计数或相对数对于单位取舍不同产生的计算误差均未作机械调整。

六、符号使用说明：

“…”或“0.0”表示数据不足本表最小计量单位数；

“#”表示其中的主要项；

“ ”表示没有、不详或未掌握该项数据；

“①”表示本表下有注解。

七、在本年鉴的编辑过程中，得到了许多单位和同志的大力支持，在此我们深表谢意。限于我们的水平，年鉴中的错误和不足之处在所难免，恳请广大读者给予批评指正。

# 目　　录

## 第一篇　综　　合



## 第二篇　住户调查

## 第三篇 价格调查

## 第四篇 农业调查

## 附　录

# 一　综　合

# 收入恢复性增长 消费持续改善

## ——2021年四川城乡居民收支情况分析

2021年，面对复杂严峻的国际环境和国内省内疫情散发多发等多重挑战，全省上下持续做好“六稳”工作，全面落实“六保”任务，加大保供稳价和助企纾困力度，全省经济运行稳中恢复、稳中求进，民生保障有力，全省城乡居民收入保持恢复性增长，居民消费支出持续改善。

## 一、2021年四川城乡居民收支基本情况

### （一）城乡居民可支配收入保持恢复性增长

2021年，四川全体居民人均可支配收入29080元，较上年增长9.6%，与2019年相比两年平均增长8.5%。分城乡看，城镇居民人均可支配收入41444元，较上年增长8.3%，两年平均增长7.1%；农村居民人均可支配收入17575元，较上年增长10.3%，两年平均增长9.5%。

表1　2021年四川居民人均可支配收入情况

| 指　标 | 全体居民 | | | 城镇居民 | | | 农村居民 | | |
|---|---|---|---|---|---|---|---|---|---|
| | 2021年水平（元） | 比上年增长（%） | 两年平均增速（%） | 2021年水平（元） | 比上年增长（%） | 两年平均增速（%） | 2021年水平（元） | 比上年增长（%） | 两年平均增速（%） |
| 可支配收入 | 29080 | 9.6 | 8.5 | 41444 | 8.3 | 7.1 | 17575 | 10.3 | 9.5 |
| 工资性收入 | 14392 | 10.4 | 9.3 | 23934 | 9.0 | 8.1 | 5514 | 10.8 | 8.8 |
| 经营净收入 | 5758 | 8.9 | 6.7 | 4799 | 10.7 | 4.5 | 6651 | 8.1 | 8.6 |
| 财产净收入 | 1905 | 10.8 | 9.3 | 3322 | 8.6 | 7.2 | 587 | 15.0 | 13.4 |
| 转移净收入 | 7024 | 8.4 | 8.2 | 9389 | 5.4 | 5.8 | 4823 | 12.5 | 11.1 |

### （二）居民消费支出持续改善

2021年，四川全体居民人均消费支出21518元，较上年增长8.8%，与2019年相比两年平均增长5.5%。分城乡看，城镇居民人均消费支出26971元，较上年增长7.3%，两年平均增长3.1%；农村居民人均消费支出16444元，较上年增长10.0%，两年平均增长8.2%。

表2　2021年四川居民人均消费支出情况

| 指　标 | 全体居民 | | | 城镇居民 | | | 农村居民 | | |
|---|---|---|---|---|---|---|---|---|---|
| | 2021年水平（元） | 比上年增长（%） | 两年平均增速（%） | 2021年水平（元） | 比上年增长（%） | 两年平均增速（%） | 2021年水平（元） | 比上年增长（%） | 两年平均增速（%） |
| 生活消费支出 | 21518 | 8.8 | 5.5 | 26971 | 7.3 | 3.1 | 16444 | 10.0 | 8.2 |
| 食品烟酒 | 7549 | 7.4 | 8.0 | 9246 | 5.8 | 5.7 | 5969 | 9.0 | 10.6 |
| 衣着 | 1315 | 10.5 | 4.1 | 1831 | 9.4 | 2.9 | 835 | 10.9 | 4.8 |
| 居住 | 4035 | 4.7 | 4.8 | 5158 | 4.2 | 4.3 | 2991 | 4.3 | 4.3 |
| 生活用品及服务 | 1388 | 12.4 | 7.5 | 1724 | 7.8 | 6.3 | 1075 | 18.7 | 8.2 |
| 交通通信 | 2807 | 13.9 | 4.4 | 3530 | 15.6 | 1.1 | 2135 | 10.3 | 8.7 |
| 教育文化娱乐 | 1892 | 14.6 | 2.1 | 2558 | 13.5 | -2.1 | 1273 | 15.0 | 9.3 |
| 医疗保健 | 2072 | 8.6 | 3.5 | 2281 | 4.0 | -0.3 | 1877 | 13.8 | 7.6 |
| 其他用品和服务 | 459 | 1.5 | 0.6 | 643 | -3.8 | -2.6 | 289 | 12.1 | 5.8 |

## 二、2021 年四川城乡居民收支主要特点

### （一）收入增幅前高后低，全年增速逐季放缓

2021 年，全省城乡居民收入保持恢复性增长，消费支出持续改善，但受下半年散发疫情增多、大宗商品价格波动幅度加大和上年同期基数逐季升高等多重因素影响，全年城乡居民人均可支配收入和消费支出两方面增幅均呈现前高后低、逐季放缓的趋势。其中，可支配收入增幅从一季度的 13.8%回落到全年的 9.6%，居民消费支出增幅从 12.9%回落到 8.8%。分城乡看，城镇居民可支配收入增幅从一季度的 11.5%回落到全年的 8.3%，农村居民可支配收入增幅从一季度的 16.3%回落到 10.3%。

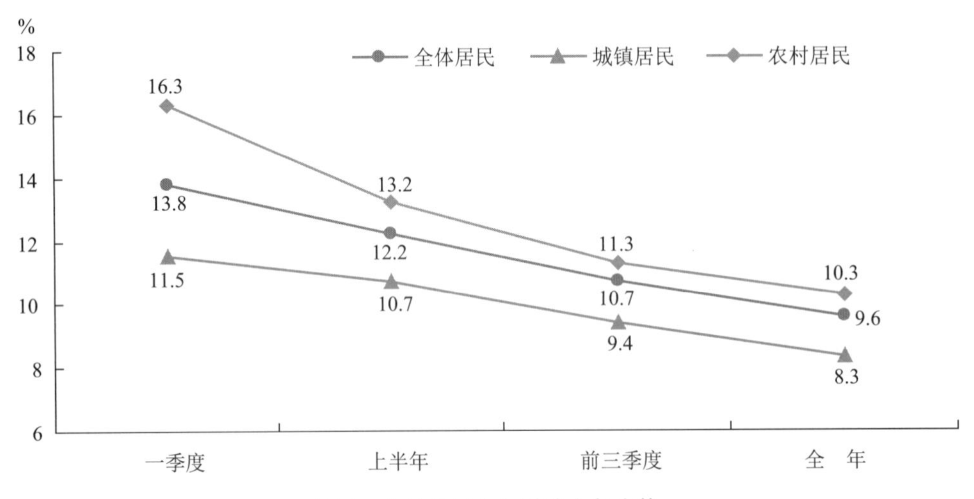


图 1　全省居民收入增速全年走势

### （二）收入增幅农村高于城镇，城乡收入差距持续缩小

从城乡居民人均可支配收入增速看，继续保持了农村快于城镇的态势。全年农村居民人均可支配收入增速高于城镇居民两个百分点，两年平均增速农村高于城镇 2.4 个百分点。城乡居民可支配收入之比为 2.36，比 2020 年下降 0.04，比 2019 年下降 0.1，城乡居民收入相对差距持续缩小。

### （三）工资性收入稳定增长，持续发挥“压舱石”作用

2021 年，全省经济持续恢复，就业优先政策持续强化，城乡居民就业形势稳中向好，城镇调查失业率自 2 月份以后总体下降，外出务工农村劳动力月均工资持续增长，居民工资性收入稳定增加。全年全省居民人均工资性收入 14392 元，比上年增长 10.4%，两年平均增长 9.3%，是四大项收入中平均增速最快项。从结构看，工资性收入在全省居民可支配收入中占比达 49.5%，比 2020 年提高 0.5 个百分点，比 2019 年提高 0.7 个百分点，工资性收入对全省居民可支配收入增长的“压舱石”作用持续显现。

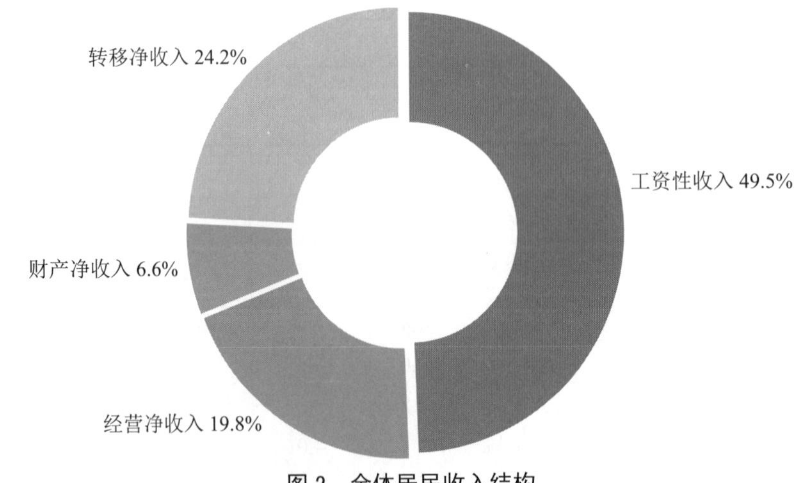


图 2　全体居民收入结构

（四）经营净收入两年增长农村明显快于城镇

受 2020 年低基数影响，2021 年城镇居民人均经营净收入增速虽较农村略高一些，但两年平均增速仅 4.5%，而农村居民人均经营净收入两年平均增速为 8.6%，明显快于城镇。在乡村振兴战略实施、乡村产业发展带动、疫情影响农村小于城镇、“近郊游”“乡村游”逐步成为新旅游热点等多重因素影响下，农村居民人均经营净收入在可支配收入中占比及两年平均增速均好于城镇。

（五）农村居民消费增长快于城镇居民

随着居民收入持续恢复性增长以及疫情形势不断好转，居民消费需求逐步释放，消费支出持续改善。分城乡看，全年农村居民人均消费支出增幅高出城镇居民 2.7 个百分点，农村居民消费增长快于城镇居民。从消费结构看，城镇居民八类消费支出由 2020 年的“五降三增”转为“一降七增”，其他用品和服务类支出较上年仍下降 3.8%；农村居民由 2020 年的“三降五增”全部转为正增长，且除食品烟酒和居住类支出外，其他六大类消费支出全部实现两位数增长。

（六）“双减”政策对全省居民教育支出影响显著

受义务教育阶段“双减”政策的影响，全省居民教育支出增幅大幅回落。受上年低基数影响，全体居民人均教育支出虽比上年增长 14.6%，但增幅较 2019 年回落 10.5 个百分点，两年平均仅增长 2.1%，其中人均小学教育支出增幅较 2019 年回落 8.6 个百分点，人均中学教育支出增幅回落 7.2 个百分点。

（七）文化娱乐支出尚未达到 2019 年水平

2021 年，虽然全省旅游、餐饮等消费市场积极恢复，“五一”“十一”黄金周旅游市场火爆，但受多次散发疫情影响，居民文化娱乐消费总体仍较低迷，全省居民人均文化娱乐支出 500 元，仅相当于 2019 年的 77.9%。

## 三、2021 年全省居民收入增长因素分析

（一）全省经济回升态势巩固

2021 年，面对国内外风险挑战增多的复杂局面，全省上下统筹调控疫情防控和经济社会运行工作，经济社会发展成效继续显现，保供稳价情况较好，经济发展韧性增强，回升态势继续巩固，为全省居民增收创造了有利条件。

（二）农业生产稳定增产形势良好

全省农业经济工作以省委经济工作会议和省委 1 号文件精神为指导，围绕全年发展目标，着力稳步提高粮食产量、保障生猪等“菜篮子”产品供应，取得了良好成效，粮食和主要经济作物均实现增产增收。

（三）多重因素带动工资收入增长

一是就业形势稳定。2021 年四川全力做好保居民就业工作，安排资金 39.1 亿元支持重点群体就业创业，实施以工代训，重点帮助中小微企业以训稳岗，组织实施各类职业技能培训 183.2 万人次，拨付补贴资金 18.8 亿元，截至 11 月底，全省城镇新增就业人数达到 98.17 万人。二是工资补偿性上涨。2020 年受疫情影响，多数企业未上调工资，2021 年企业在产销两旺情况下普遍上调职工工资。从调查的全省 99 家企业情况来看，截至 11 月有 86 家企业上调职工工资，平均上调幅度为 10.0%。三是高新产业带动。近年来四川积极培育经济发展新动能，推动产业链创新链深度融合，吸引大批新产业、新业态企业落户四川，推动全省企业职工工资水平不断走高。

（四）旅游市场积极恢复

2021 年，随着全国疫情形势平稳可控，旅游者信心不断恢复，四川作为全国旅游资源大省，旅游消费市场快速增长。“五一”假期全省共接待游客 5658.3 万人次，实现旅游收入 388.3 亿元，同比分别增长 167.2% 和 236.4%；“十一”黄金周期间接待游客数量 6782 万人次，实现旅游综合收入 509 亿元，全省 702 家 A 级旅游景区接待人次和门票收入分别恢复至 2019 年同期的 75.6%和 95.0%。随着旅游人数的恢复性增长，景区商户收入普遍增长。

### （五）消费市场显现较强韧劲发挥双向带动作用

2021 年，全省疫情多点散发，为四川消费市场带来一定冲击，但得益于全省疫情防控有力，消费市场经受住疫情考研，基本面持续向好，显示较强韧劲，并为全省居民收入和消费支出起到双向带动作用。

## 四、当前需重点关注的问题

### （一）经济社会发展面临压力收入增长不确定性增加

2022 年我国经济发展将面临需求收缩、供给冲击、预期转弱三重压力，疫情冲击下外部环境更加复杂严峻，全球通胀和供应链紧张的影响持续存在、国际环境更加复杂多变、出口势头或因各国经济复苏有所减弱，这为全省经济增长和居民收入增长带来更多不确定性。

### （二）疫情影响下居民收入预期下降并影响消费意愿

当前，全国包括四川省疫情形势总体处于平稳可控状态，但各地散发多发态势仍对普通百姓收入预期带来影响。行业前景不明、企业经营不稳对从业人员的收入预期造成严重影响，并进一步影响到消费信心。如成都兴三和汽车服务有限公司反映，由于 2021 年成都两次散发疫情影响，到店客流量同比下降 50%左右。

### （三）疫情期间惠民助企的各项政策红利逐步减弱

2020 年疫情以来，四川省先后出台了各项惠民助企的政策，如发放市民消费券、为企业减免税赋、发放稳岗补贴、为中小微企业减免租金等，对稳定经济和带动城乡居民收入增长带来实实在在的好处。但是，当新冠疫情从“遭遇战”转变为“持久战”，各项惠民助企政策力度正逐步减弱，并且随着疫情继续，各级政府抗疫成本将还会增加，地方财政进一步吃紧，惠民助企的政策红利还将减弱。

### （四）惠农政策对农村居民增收的拉动作用逐渐减弱

近年来，脱贫攻坚力度不断加大，惠农资金对拉动农村居民增收作用凸显，但随着消除绝对贫困、全面建成小康社会，政策性惠农资金投入力度难免减弱。同时从脱贫攻坚到乡村振兴，政策关注的对象由个人（贫困户）向群体（农民、农村）转变，惠农资金带动农民收入增长的作用期变长，并且由于各项补贴标准更加稳定，补贴范围更加精准，随着财政投入边际效益递减，对农民收入增长尤其是转移性收入增长的拉动作用逐渐减弱。加之受经济转型、新冠疫情等多方面因素的影响，财政收入增速放缓，依靠增加政策性补贴来拉动农民收入增长的能力受限。

# 粮食产量创历史新高

## ——2021年四川粮食产量情况分析

2021年是实行粮食安全生产党政同责的第一年，四川各级党政高度重视，层层压实责任，采取超常规手段和有力举措来推动、挖潜和发展粮食生产。据国家统计局四川调查总队调查，经国家统计局核定，2021年四川粮食总产量达3582.1万吨，比上年增产54.7万吨，增长1.6%。继2020年粮食总产量时隔二十年突破3500万吨大关后，2021年再创历史新高。

### 一、2021年粮食生产的主要特点

#### （一）粮食播种面积扩大

2021年，各地层层压实粮食生产责任，落实最严格的耕地保护制度，坚决遏制耕地“非农化”、防止“非粮化”，进一步加大粮食生产扶持力度，支持复垦撂荒地，提高农民种粮积极性，推动四川粮食播种面积扩大。四川粮食播种面积6357.7千公顷，比上年增加45.1千公顷，增长0.7%。

分季节来看，虽然夏粮播种面积略有减少，但占大头的秋粮播种面积扩大，推动全年粮食播种面积增加。2021年，四川夏粮播种面积1090.4千公顷，比上年减少4.6千公顷，减少0.4%；秋粮播种面积5267.3千公顷，比上年增加49.7千公顷，增长1%。

表1　2021年四川粮食播种面积分季节情况表

单位：千公顷

| 指　　标 | 2021年 | 2020年 | 增减额 | 增减幅（%） |
|---|---|---|---|---|
| 夏　　粮 | 1090.4 | 1095.0 | -4.6 | -0.4 |
| 秋　　粮 | 5267.3 | 5217.6 | 49.7 | 1.0 |
| 全年粮食 | 6357.7 | 6312.6 | 45.1 | 0.7 |

分品种来看，谷物、豆类、薯类面积全面增长，种植结构不断调整优化。

表2　2021年四川粮食播种面积分品种情况表

单位：千公顷

| 指　　标 | 2021年 | 2020年 | 增减额 | 增减幅（%） |
|---|---|---|---|---|
| 全年粮食 | 6357.7 | 6312.6 | 45.1 | 0.7 |
| 1.谷物 | 4463.3 | 4444.3 | 19.0 | 0.4 |
| 其中：稻谷 | 1875 | 1866.3 | 8.7 | 0.5 |
| 小麦 | 582.9 | 596.8 | -13.9 | -2.3 |
| 玉米 | 1849.4 | 1839.4 | 10.0 | 0.5 |
| 高粱 | 64 | 54.9 | 9.1 | 16.6 |
| 2.豆类 | 615.2 | 599.5 | 15.8 | 2.6 |
| 其中：大豆 | 443.4 | 432.7 | 10.7 | 2.5 |
| 3.薯类 | 1279.3 | 1268.9 | 10.4 | 0.8 |
| 其中：马铃薯 | 688.3 | 683.6 | 4.7 | 0.7 |
| 甘薯 | 591 | 585.3 | 5.7 | 1.0 |

四川谷物播种面积4463.3千公顷，比上年增加19千公顷，增长0.4%。其中：稻谷播种面积1875千公顷，比上年增加8.7千公顷，增长0.5%；玉米播种面积1849.4千公顷，比上年增加10千公顷，增长0.5%；高粱播种面积64千公顷，比上年增加9.1千公顷，增长16.6%；受比较效益低的影响，小麦播种面积582.9千公顷，比上年减少13.9千公顷，减少2.3%。

豆类播种面积615.2千公顷，比上年增加15.8千公顷，增长2.6%。其中：大豆播种面积443.4千公顷，比上年增加10.7千公顷，增长2.5%。

薯类播种面积1279.3千公顷，比上年增加10.4千公顷，增长0.8%。其中：马铃薯播种面积688.3千公顷，比上年增加4.7千公顷，增长0.7%；甘薯播种面积591千公顷，比上年增加5.7千公顷，增长1%。

### （二）粮食单产提高

2021年粮食生产期间，农业气候整体好于上年，光温水匹配良好，利于各类作物的积极生长，加上科技兴农水平稳步提高，防灾减灾措施有力，病虫危害偏轻，干旱、洪涝灾害轻于上年，为产量形成提供了有利条件，粮食作物单产普遍提高。全年粮食综合单产5634公斤/公顷，提高46公斤/公顷，提高0.8%。

分季节来看，夏粮、秋粮单产均有所提高。2021年，四川夏粮单产3936公斤/公顷，比上年提高43公斤/公顷，提高1.1%；秋粮单产5986公斤/公顷，比上年提高42公斤/公顷，提高0.7%。

表3　2021年四川粮食单产分季节情况表

单位：公斤/公顷

| 指　　标 | 2021年 | 2020年 | 增减额 | 增减幅（%） |
|---|---|---|---|---|
| 夏　　粮 | 3936 | 3893 | 43 | 1.1 |
| 秋　　粮 | 5986 | 5944 | 42 | 0.7 |
| 全年粮食 | 5634 | 5588 | 46 | 0.8 |

分品种来看，谷物、豆类、薯类单产普遍提高，主要品种除高粱单产保持上年水平外，其余作物单产均有不同程度提高。

2021年，四川谷物单产6451公斤/公顷，比上年提高68公斤/公顷，提高1.1%。其中，稻谷7965公斤/公顷，比上年提高60公斤/公顷，提高0.8%；小麦4208公斤/公顷，比上年提高74公斤/公顷，提高1.8%；玉米5865公斤/公顷，比上年提高75公斤/公顷，提高1.3%；高粱4965公斤/公顷，保持上年水平。

豆类单产2333公斤/公顷，比上年提高18公斤/公顷，提高0.8%。其中，大豆2355公斤/公顷，比上年提高15公斤/公顷，提高0.6%。

表4　2021年四川粮食单产分品种情况表

单位：公斤/公顷

| 指　　标 | 2021年 | 2020年 | 增减额 | 增减幅（%） |
|---|---|---|---|---|
| 全年粮食 | 5634 | 5588 | 46 | 0.8 |
| 1.谷物 | 6451 | 6383 | 68 | 1.1 |
| 其中：稻谷 | 7965 | 7905 | 60 | 0.8 |
| 小麦 | 4208 | 4134 | 74 | 1.8 |
| 玉米 | 5865 | 5790 | 75 | 1.3 |
| 高粱 | 4965 | 4965 | 0 | 0.0 |
| 2.豆类 | 2333 | 2315 | 18 | 0.8 |
| 其中：大豆 | 2355 | 2340 | 15 | 0.6 |
| 3.薯类 | 4371 | 4349 | 22 | 0.5 |
| 其中：马铃薯 | 4248 | 4225 | 23 | 0.5 |
| 甘薯 | 4514 | 4492 | 22 | 0.5 |

薯类单产4371公斤/公顷，比上年提高22公斤/公顷，提高0.5%。其中，马铃薯4248公斤/公顷，比上年提高23公斤/公顷，提高0.5%；甘薯4514公斤/公顷，比上年提高22公斤/公顷，提高0.5%。

**（三）粮食总产量增长**

2021年，四川粮食总产量3582.1万吨，比上年增加54.7万吨，增长1.6%。

分季节来看，秋粮对全年粮食产量增长的贡献占主导地位。2021年，四川夏粮产量429.2万吨，比上年增加2.9万吨，增长0.7%；秋粮产量3152.9万吨，比上年增加51.8万吨，增长1.7%。秋粮产量占全年粮食产量的比重为88%，秋粮增产量占全年粮食增产量的94.7%。

表5　2021年四川粮食产量分季节情况表

单位：万吨

| 指　　标 | 2021年 | 2020年 | 增减额 | 增减幅（%） |
|---|---|---|---|---|
| 夏　　粮 | 429.2 | 426.3 | 2.9 | 0.7 |
| 秋　　粮 | 3152.9 | 3101.1 | 51.8 | 1.7 |
| 全年粮食 | 3582.1 | 3527.4 | 54.7 | 1.6 |

分品种来看，谷物、豆类、薯类产量均有增长，主要作物产量除小麦略有减产外，其余品种保持增产态势。

2021年，四川谷物产量2879.4万吨，比上年增加42.6万吨，增长1.5%。其中：稻谷产量1493.4万吨，比上年增加18.1万吨，增长1.2%；玉米产量1084.7万吨，比上年增加19.7万吨，增长1.9%；高粱产量31.8万吨，比上年增加4.5万吨，增长16.5%；小麦产量245.3万吨，比上年减少1.4万吨，减少0.6%。

豆类产量143.5万吨，比上年增加4.7万吨，增长3.4%。大豆产量104.4万吨，比上年增加3.2万吨，增长3.1%。

薯类产量559.2万吨，比上年增加7.4万吨，增长1.3%。

其中：马铃薯产量292.4万吨，比上年增加3.6万吨，增长1.3%；甘薯产量266.8万吨，比上年增加3.9万吨，增长1.5%。

表6　2021年四川粮食产量分品种情况表

单位：万吨

| 指　　标 | 2021年 | 2020年 | 增减额 | 增减幅（%） |
|---|---|---|---|---|
| 全年粮食 | 3582.1 | 3527.4 | 54.7 | 1.6 |
| 1.谷物 | 2879.4 | 2836.8 | 42.6 | 1.5 |
| 其中：稻谷 | 1493.4 | 1475.3 | 18.1 | 1.2 |
| 小麦 | 245.3 | 246.7 | -1.4 | -0.6 |
| 玉米 | 1084.7 | 1065.0 | 19.7 | 1.9 |
| 高粱 | 31.8 | 27.3 | 4.5 | 16.5 |
| 2.豆类 | 143.5 | 138.8 | 4.7 | 3.4 |
| 其中：大豆 | 104.4 | 101.2 | 3.2 | 3.1 |
| 3.薯类 | 559.2 | 551.8 | 7.4 | 1.3 |
| 其中：马铃薯 | 292.4 | 288.8 | 3.6 | 1.3 |
| 甘薯 | 266.8 | 262.9 | 3.9 | 1.5 |

## 二、四川粮食生产在全国的地位

**（一）四川粮食产量居全国第9位**

2021年，全国粮食总产量达68285.1万吨，比上年增加1336.1万吨，增长2.0%。

2021 年，四川粮食总产量在全国 31 个省（区、市）中居第 9 位。排在前 8 位的分别是黑龙江（7867.7 万吨）、河南（6544.2 万吨）、山东（5500.7 万吨）、安徽（4087.6 万吨）、吉林（4039.2 万吨）、内蒙古（3840.3 万吨）、河北（3825.1 万吨）、江苏（3746.1 万吨），排在四川后两位的是湖南（3074.4 万吨）、湖北（2764.3 万吨）。

（二）四川粮食播种面积居全国第 7 位

2021 年，全国粮食播种面积 117631.5 千公顷，比上年增加 863.5 千公顷，增长 0.7%。

2021 年，四川粮食播种面积 6357.7 千公顷，比上年增加 45.1 千公顷，增长 0.7%，居全国第 7 位。排在前 6 位的分别是黑龙江（14551.3 千公顷）、河南（10772.3 千公顷）、山东（8355.1 千公顷）、安徽（7309.6 千公顷）、内蒙古（6884.3 千公顷）、河北（6428.6 千公顷），排在四川后 2 位的分别是吉林（5721.3 千公顷）、江苏（5427.5 千公顷）。

（三）四川粮食单产居全国第 18 位

2021 年，全国粮食单产 5805 公斤/公顷，比上年增加 71 公斤/公顷，增长 1.2%。

2021 年，四川粮食单产 5634 公斤/公顷，提高 46 公斤/公顷，提高 0.8%。由于受粮食作物结构影响，四川粮食单产水平在全国各省区处于中游位置，居第 18 位。与周边省市相比，四川单产水平处于相对高位。其中，比重庆（5428 公斤/公顷）高 3.8%，比云南（4605 公斤/公顷）高 22.4%，比贵州（3928 公斤/公顷）高 43.5%。

## 三、影响四川粮食生产的主要因素

（一）党委政府齐心协力狠抓粮食生产

今年是实行粮食安全生产党政同责的第一年，四川各级党委和政府高度重视，压实粮食安全责任制，切实扛起粮食安全重责。及早下达粮食面积、粮食产量目标任务，把粮食扩面增产目标任务纳入市、县党委政府目标考核，及时下达遏制耕地“非农化”、防止“非粮化”的文件精神，建立了“周监测、月调度、季盘点”的工作机制，努力实现四川粮食扩面增产。

（二）政策多元化充分调动农民种粮积极性

1.认真落实各项惠农政策。四川各地认真落实耕地地力保护补贴、稻谷补贴、农机购置补贴、种粮大户补贴、产粮大县奖励、农业保险保费补贴等，新增种粮农民一次性补贴。今年上半年四川农林水总支出达到 473.69 亿元，国家新增四川 2021 年实际种粮农民一次性补贴 10.6617 亿元。各级地方加大政策奖励力度。

2.实行最低收购价，市场粮价普遍上涨。今年国家实行稻谷最低收购价，早籼稻、中晚籼稻和粳稻分别为每 50 公斤 122 元、128 元和 130 元，比上年提高 1 元、1 元和 0 元。粮食市场价格普遍上涨，调动了农民的种粮积极性。据国家统计局四川调查总队农产品生产价格调查数据显示，今年上半年稻谷价格指数 105.4、玉米 120.0、大豆 107.5、薯类 105.8。

（三）深挖潜力扩大粮食播种面积

1.加大撂荒地复耕。开展撂荒地专项整治攻坚，通过强化补贴，鼓励各地通过代耕代管、土地流转等途径有力推动撂荒地复耕。据调查，各地安排涉农专项资金补助鼓励撂荒地复耕复种，补贴标准平均每亩达 200 元~300 元。据四川省农业农村厅初步统计，今年四川共治理撂荒耕地 62.72 万亩，其中，复耕复种粮食作物 51.57 万亩。

2.改革耕作制度提高耕地利用率。今年以来，四川强化耕作制度创新和种植技术模式的改进提升，因地制宜发展一年三熟，大力推广套种、间种种植技术，发展粮经复合、稻渔综合种养，提高耕地复种指数，做足房前屋后田坎文章，努力扩大粮食面积。

3.整治耕地非农化、非粮化，积极调整种植结构增加粮食播种。采取“长牙齿”的硬措施，落实最严格的耕地保护制度，坚决遏制耕地“非农化”和防止耕地“非粮化”。各地要求粮食作物播种面积不能减少，粮食生产功能区恢复粮食生产。

（四）农业气象正常偏丰奠定增产基础

夏粮生产期间，四川大部分地区农业气候条件较为平稳，降水充足，土壤墒情适宜，干旱灾害轻于常年；整体气温正常略偏高，光热条件好于常年；光、温、水等农业气候条件匹配较好，为小麦等夏粮作物的生长发育创造了有利条件。秋粮生产期间，四川降水分布较均匀，最大程度抵御或消除了阶段性春、夏、伏旱影响，有利于水稻、玉米等主要秋收作物的生长和产量形成。

（五）农业技术支撑

1.推广优良品种。2021 年，四川各地积极推广高产、优质、多抗、适应市场需求的优良品种。小麦重点发展蜀麦 830、绵麦 902 等优良品种。稻谷重点推广宜香优 2115、川优 6203、川种优 3877、千优 531 等优良品种。玉米主推荣玉 1608、中玉 335、众星玉 188、正红 212 等优良品种。

2.推广先进技术。深化与四川省农科院、川农大等院校合作，启动水稻、薯类、大豆等农业重大技术协同推广。加强农业科技社会化服务体系建设，开展土地托管、统耕统种、统防统治、统收统烘统储等社会化服务。实施新一轮农机购置补贴，开展以“五良”融合为牵引的全程机械化技术集成行动，推广应用现代化农业新装备新技术。大力推广集中育秧、机械化育插秧、测土配方施肥、绿色防控、全程机械化等重大实用增产增收、省工节本降耗技术。

3.强化粮食园区建设的引领作用。今年累计落实中央、四川省粮食项目资金 9.5 亿元，集中打造 200 万亩酿酒专用粮生产基地、200 万亩粮油绿色高质高效示范区、600 万亩玉米粮饲兼用高效示范区、700 万亩“稻香杯”优质稻生产示范区。

（六）主要病虫危害、干旱及洪涝灾害等较常年偏轻

开展“科学防灾减损失”行动，及早谋划提前部署，制定了农业重大自然灾害应急预案、农作物重大有害生物灾害应急预案、蝗虫灾害应急预案、农业暴雨洪涝巨灾预案。实行科学防灾减灾，切实减轻了灾害对粮食生产造成的损失。

1.病虫危害偏轻。根据省农业农村厅资料，截至 2021 年 9 月 9 日，四川主要农作物病虫害累计发生 4572 万亩次，同比增长 6%；防治 7219.8 万亩次，同比增长 12.7%。预计四川病虫害平均防治效果超过 90%，预计危害损失率可控制在 3%以下，病虫危害损失轻于上年。

2.干旱、洪涝灾害轻于常年。今年四川粮食生产期间，气候条件总体有利，局部地区虽有不同程度的阶段性春、夏旱发生，但由于雨水来得及时，降水过程多且均匀，四川未发生大面积春夏伏旱。入汛以后，达州、巴中、南充等市的局部地方出现强降水，使农业生产受到一定洪涝灾害影响，但对四川粮食生产影响十分有限，暴雨洪涝灾害损失轻于去年同期。

# 生猪产能持续恢复　牛羊禽生产基本稳定

## ——2021年四川主要畜禽产销形势分析

2021年，四川省委、省政府高度重视生猪等畜禽生产发展，综合施策上下联动，克服资源环境约束和疫情冲击，畜牧业生产形势总体良好。生猪产能恢复目标提前完成，价格亦重回正常区间；牛羊禽生产保持稳定；肉蛋奶有效供给水平进一步提升，人民群众“菜篮子”消费需求得到有效保障。

### 一、主要畜禽生产情况

#### （一）生猪：出栏增加，供应宽松

从全省主要畜禽监测调查情况看，生猪生产稳步回升，供给充足。2021年末全省生猪存栏4255.1万头，同比增长9.8%，与三季度相比下降2.2%。其中，能繁母猪存栏405.2万头，同比增长8.9%，与三季度相比下降5.6%。二、三季度因产能恢复供给增加，市场价格下跌，补栏势头放缓，养殖户顺势淘汰低产能母猪，自三季度起，生猪、能繁母猪存栏环比开始下降，但仍稳定在较高水平。

2021年全年生猪出栏6314.8万头，供应相对宽松，较上年增加700.4万头，增长12.5%。其中，四季度出栏1913.0万头，同比下降13.9%，较三季度增长29.9% 。

#### （二）牛羊禽：牛羊生产小幅减少，家禽存栏有所增加

从存栏情况看，2021年末牛存栏830.5万头，同比减少5.7%；羊存栏1511.7万头，同比略减0.9%；家禽存栏45682.6万只，同比增加5.2%。

从出栏情况看，全年牛出栏293.1万头，同比减少1.1%；羊出栏1766.2万头，同比减少1.4%；家禽出栏77467.3万只，与上年基本持平。

#### （三）畜禽产品：猪肉增幅明显，其他产品基本稳定

受生猪供给增加带动，主要畜禽肉类产量有所增长。全年猪牛羊禽肉类总产量为640.5万吨，较上年增长11.4%。其中猪肉产量460.5万吨，同比增长16.6%；牛肉产量36.9万吨，同比略减0.5%；羊肉产量27.1万吨，同比略减0.8%；禽肉产量116.0万吨，同比略增0.2%。禽蛋、牛奶需求向好，产量稳中有增，禽蛋产量169.2万吨，同比略增0.8%；牛奶产量68.3万吨，同比略增0.5%。

### 二、主要畜禽市场价格运行情况

#### （一）生猪先跌后涨，仔猪快速回落

一是生猪价格呈长跌短涨的“V”型走势。全年全省生猪出栏平均价格为21.6元/公斤，较上年同期下跌39.5%。分季度看，生猪出栏平均价格每公斤分别为33.6元、20.1元、14.9元、17.6元，同比分别下降11.8%、40.3%、60.3%、48.1%。

随着收储“托市”效果逐步显现，叠加秋冬和两节猪肉消费趋旺、需求增加，四季度生猪价格反弹上涨，至12月下旬，全省生猪出栏均价约19.1元/公斤，较10月上旬全年最低点（约12.9元/公斤）上涨48.1%。从养殖收益看，在经历了年初高利润到年中深度亏损后，随着四季度猪价回暖，生猪养殖由亏转盈，头均盈利200元~500元。

二是仔猪价格持续回落。全年全省仔猪出售均价为48.2元/公斤，同比下跌33.8%。分季度看，仔猪出售均价分别为73.7元/公斤、58.8元/公斤、33.6元/公斤、26.5元/公斤，较上年同期分别下降31.3%、22.3%、

58.9%、64.6%，跌幅自二季度起逐季拉大。至 12 月下旬，仔猪价格跌至 26.4 元/公斤，较 1 月价格高位下跌 64.9%。

（二）牛羊禽高位上涨，鸡蛋小幅回落

全年肉牛出栏均价 35.1 元/公斤，较上年同期上涨 4.5%。其中，一季度肉牛出栏均价 33.5 元/公斤，同比上涨 6.3%；二季度均价 34.6 元/公斤，同比上涨 3.5%；三季度均价 34.9 元/公斤，同比上涨 4.8%；四季度均价 35.3%，同比上涨 2.3%。

肉羊出栏价格保持在 40 元以上，全年均价 42.1 元/公斤，较上年同期上涨 6.0%。其中，一季度肉羊出栏均价 42.7 元/公斤，同比上涨 6.1%；二季度均价 41.3 元/公斤，同比上涨 6.1%；三季度均价 41.8 元/公斤，同比上涨 8.4%；四季度均价 42.7 元/公斤，同比上涨 3.9%。

全年肉鸡、土鸡均价分别为 24.2 元/公斤、39.8 元/公斤，同比上涨 0.4%、1.3%。其中，四季度肉鸡均价 25.3 元/公斤，较上年同期上涨 5.9%，较三季度上涨 10.0%；四季度土鸡均价 40.7 元/公斤，较上年同期上涨 4.6%，较三季度上涨 3.8%。

从鸡蛋情况看，全年全省鸡蛋均价 15.0 元/公斤，同比下降 1.3%。其中，四季度鸡蛋均价 15.8 元/公斤，较上年同期上涨 3.9%，较三季度上涨 7.5%。

## 三、后期生产形势研判

（一）有利因素

一是出台生猪产能调控方案，巩固产能恢复成果。2021 年 12 月 29 日，四川省农业农村厅印发《四川生猪产能调控实施方案（暂行）》，以能繁母猪存栏量变化率为核心调控指标（即设定四川能繁母猪正产保有量稳定在 400 万头，最低保有量不低于 360 万头），细化“三抓两保”（抓产销大市、养殖大县、养殖大场，保能繁母猪存栏量底线、保规模猪场数量底线）任务，分级建立生猪产能调控基地，构建上下联动、响应及时的生猪生产逆周期调控机制，力争用 5~10 年时间，基本形成产出高效、产品安全、资源节约、环境友好、调控有效的生猪产业高质量发展新格局。

二是猪肉进口总量趋减。2021 年，国内生猪产能快速恢复，猪肉总体供大于求。在此情况下，减少进口猪肉量，有益于缓解猪价大幅下降走势。海关总署数据显示，1—12 月累计进口猪肉 371 万吨，同比减少 15.5%，且自 2022 年 1 月 1 日起，进口猪肉关税从目前的 8%恢复至 12%，猪肉进口量或将进一步下降。合理利用国际市场对保障国内猪肉供应、稳定猪价会带来积极影响。

三是规模养殖助力熨平“猪周期”。近两年，全省大力推进生猪标准化养殖，成效明显。至 12 月全省生猪大县大型养殖户存栏量与 2019 年 12 月相比增长 282.9%，能繁母猪存栏量增长 197.6%，大型养殖企业（场）存栏量占大县总量的比重由 2019 年 12 月的 11.5%提升至 20.2%，对稳定生猪产能起到积极作用。另据生猪大县监测数据显示，12 月大型养殖企业（场）能繁母猪存栏月度环比有所增加，而中小型养殖企业（场）环比有所回落。

（二）不利因素

一是下行周期叠加高成本，养殖户生产信心不足。2021 年玉米和豆粕的价格一直处于高位，导致养殖成本一直不断增加。四季度调研显示，96.7%的养殖户反映饲料、人工等养殖成本高，59.6%的养殖户反映当前面临资金短缺难题。同时，市场供给充足，价格下跌，养殖收益减少，养殖成本继续偏高运行，导致养殖户生产信心稍显不足，生产更偏保守。四季度调研显示，仅有 6.9%的养殖户预计后期扩大生产。

二是防疫及环保压力犹存。当前非洲猪瘟等动物疫情总体平稳可控，但是疫情反弹的风险仍然存在，且随着畜禽养殖污染防治监管力度不断加强，生产环节对环境治理的投入不断增大。四季度调研显示，60.4%的养殖户反映目前存在防疫困难，53.8%的养殖户认为当前畜禽生产的环境治理难度大，投入过高，影响生产稳定。

（三）综合判断

生猪方面：养殖户在经历深度亏损后开始进入产能调整阶段，能繁母猪存栏继续下降，但产能调整尚需时日。春节前生猪供应相对充足，加之节日提振，需求支撑，预计春节前生猪价格或波动企稳并有一定上升空间。此外，2021 年 6 月为能繁母猪存栏高点，根据生猪生长周期推算，2022 年 4、5 月生猪出栏量有望增大，但按照惯例，春节过后需求偏弱且天气转热，需求整体处于下跌趋势，预计春节后生猪价格回落概率较大。

牛羊禽方面：当前生产基本稳定，价格波动幅度不大，预计后期生产仍以稳定为主，价格受节日需求提振或有一定上升空间。

# PPI同比大幅上涨
## ——2021年四川工业生产者价格运行情况分析

2021年，受国际大宗商品价格上涨、部分行业供应偏紧及需求扩张等多因素影响，四川工业生产者价格涨幅较大、涨速较快，工业生产者出厂价格指数（PPI）和工业生产者购进价格指数（IPI）同比一度创近十三年新高。年底，随着国家保供稳价政策落实力度不断加大，部分能源和原材料价格快速上涨势头得到有效遏制，四川PPI和IPI同比涨幅高位回落。

### 一、2021年四川工业生产者价格运行情况

#### （一）同比持续上涨，年底涨幅略有回落

2021年1—10月，四川工业生产者价格持续上涨，PPI和IPI同比分别在10月、11月达到高点，涨幅分别为9.7%、14.1%，创2009年以来新高。年底，随着煤炭、金属、化工等能源和原材料价格涨幅初步得到遏制，12月，PPI同比上涨8.4%，IPI同比上涨11.9%，涨幅呈回落趋势。全年，PPI同比上涨5.9%，IPI同比上涨7.5%。

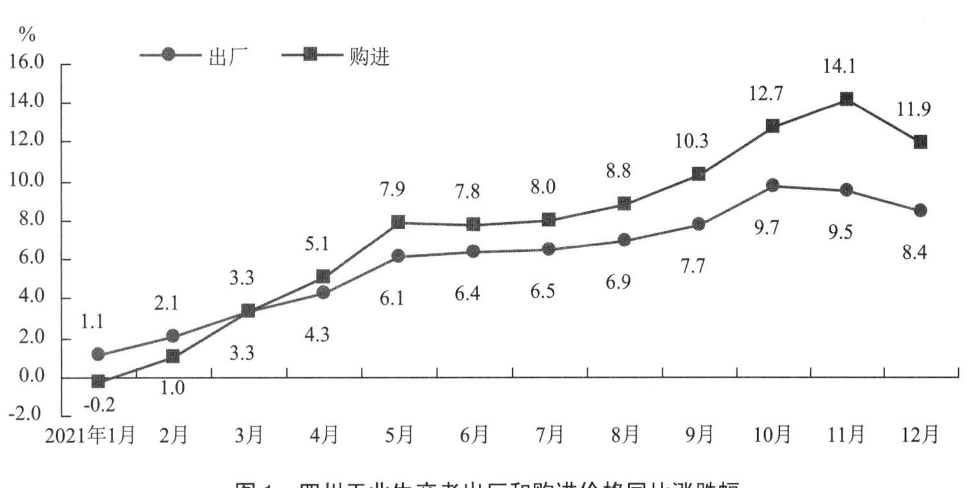


图1　四川工业生产者出厂和购进价格同比涨跌幅

#### （二）环比上半年波动上涨，下半年呈倒“V”型走势

2021年，四川工业生产者价格呈现出“匀速-加速-放缓”上涨的运行趋势。上半年，环比涨速较稳定。7—10月，环比涨幅连续四个月扩大，10月，PPI环比上涨1.8%；IPI环比上涨2.2%，涨幅创年内新高。11—12月，环比涨幅回落，12月，PPI环比持平，IPI环比下降1.0%。

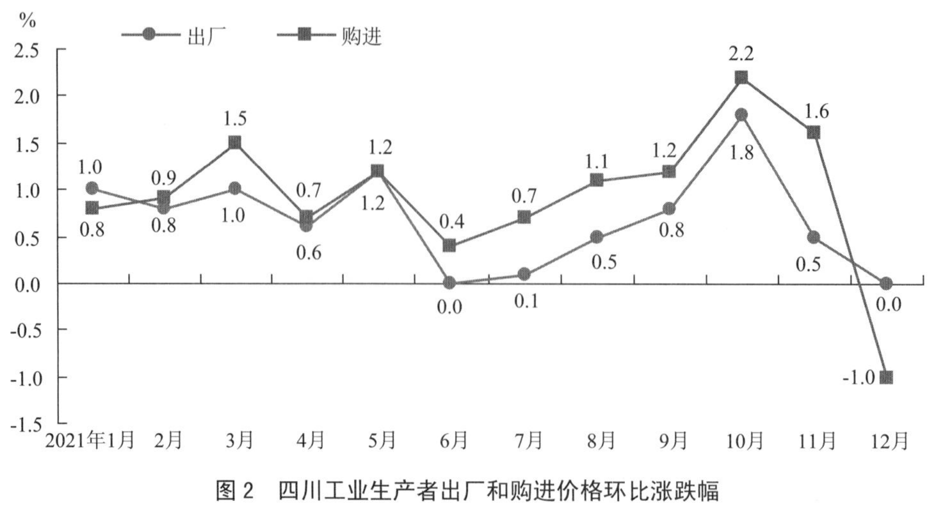


图 2　四川工业生产者出厂和购进价格环比涨跌幅

## 二、四川工业生产者价格运行特点

### （一）生产资料价格上涨成为 PPI 上行主要动力

在 2021 年的上涨行情中，处于上游的采掘和原材料行业价格涨幅较大，而下游生活资料行业上涨幅度较小，PPI 结构性上涨特征明显。全年，四川生产资料价格同比上涨 7.3%，影响 PPI 总水平上涨约 5.26 个百分点，贡献率达 89.2%，其中，采掘、原材料、加工业分别上涨 11.6%、12.2%、5.5%。生活资料价格同比上涨 2.3%，影响 PPI 总水平上涨约 0.64 个百分点，贡献率为 10.8%，其中食品、一般日用品、耐用消费品分别上涨 1.5%、1.9%、6.2%，衣着下降 2.2%。

### （二）PPI 行业大类上涨面约八成

2021 年，调查的 39 个行业大类同比“31 涨 1 平 7 降”，上涨面为 79.4%，比 2020 年扩大 38.5 个百分点。对 PPI 影响位居前五的是黑色金属冶炼和压延加工业、化学原料和化学制品制造业、计算机通信和其他电子设备制造业、有色金属冶炼和压延加工业、石油煤炭及其他燃料加工业，分别上涨 22.4%、18.9%、4.1%、24.3%、23.8%，共拉动 PPI 上涨约 3.7 个百分点，此外，煤炭开采和洗选业涨幅最大，上涨 26.3%。

表 1　2021 年四川工业出厂价格影响度前十行业

| 工业行业分类 | 2021 年同比涨幅（%） | 对总指数影响（百分点） |
|---|---|---|
| **总指数** | **5.9** | |
| 黑色金属冶炼和压延加工业 | 22.4 | 1.16 |
| 化学原料和化学制品制造业 | 18.9 | 1.06 |
| 计算机、通信和其他电子设备制造业 | 4.1 | 0.53 |
| 有色金属冶炼和压延加工业 | 24.3 | 0.50 |
| 石油、煤炭及其他燃料加工业 | 23.8 | 0.44 |
| 非金属矿物制品业 | 3.7 | 0.34 |
| 煤炭开采和洗选业 | 26.3 | 0.32 |
| 农副食品加工业 | 4.0 | 0.23 |
| 电气机械和器材制造业 | 6.2 | 0.21 |
| 酒、饮料和精制茶制造业 | 2.2 | 0.15 |

（三）IPI 九大类原材料全面上涨

2021 年，九大类原材料同比价格指数全部上涨，其中，涨幅居首的是燃料动力类，上涨 19.3%；有色金属材料及电线类、黑色金属材料类、化工原料类涨幅靠前，分别上涨 18.2%、15.7%、11.7%；此外，纺织原料类上涨 9.2%。

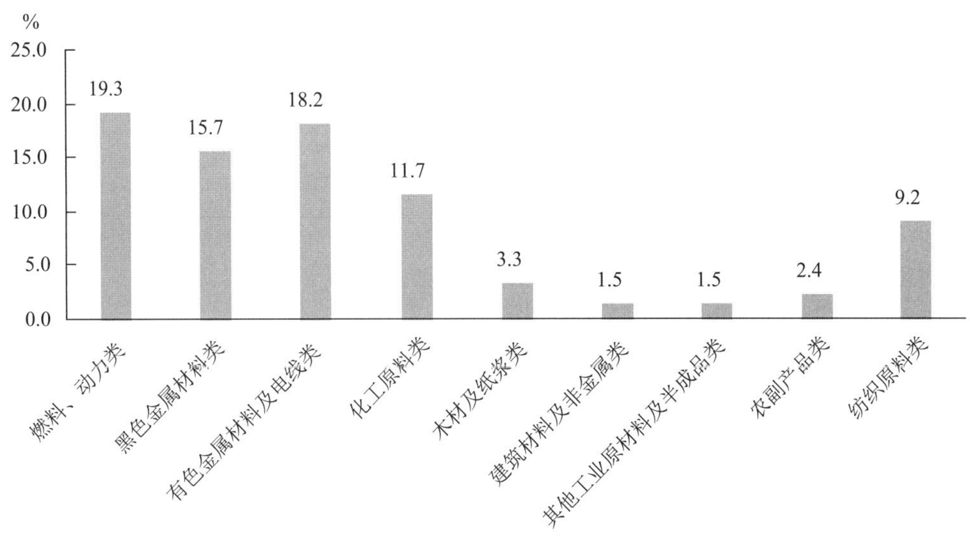


图 3　四川工业生产者购进九大类原材料价格同比涨跌幅

（四）购销价格“高进低出”

2021 年，大宗商品迎来“涨价潮”，企业原材料成本价格持续攀升，与此同时，下游的产成品涨价幅度不及原材料，“高进低出”使 PPI 和 IPI 价格倒挂。从 4 月份起，IPI 同比涨幅超过 PPI，11 月同比差额达 4.6 个百分点，为年内最大差额，12 月同比差额回落至 3.5 个百分点。

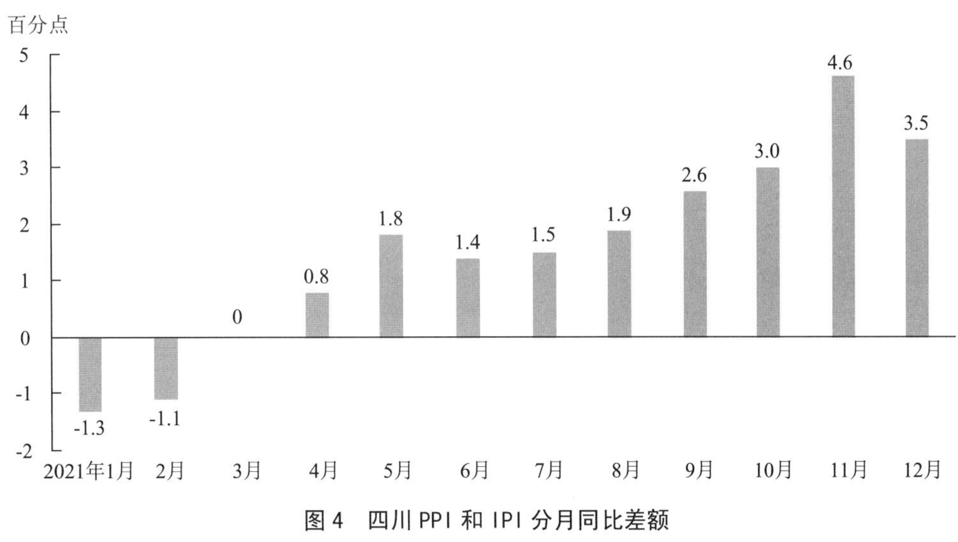


图 4　四川 PPI 和 IPI 分月同比差额

（五）四川 PPI 和 IPI 涨幅在全国排名靠后

2021 年，四川工业生产者价格指数趋势与全国基本一致，涨幅低于全国。全年，PPI 低于全国 2.2 个百分点，涨幅居全国 31 个省（区、市）第 22 位，居西部 12 个省（区、市）第 10 位。IPI 低于全国 3.5 个百分点，涨幅居全国 30 个省（区、市）（不包括西藏）第 26 位，居西部 11 个省（区、市）（不包括西藏）第 10 位。

## 三、主要行业出厂价格变动情况

### （一）煤炭相关行业涨势突出

2021 年 1—8 月，受疫后需求恢复和出口量增大影响，制造业对能源的需求加大，煤炭价格波动上行。进入 9 月份，加之能耗双控、环保限产导致煤炭供应严重不足，推动煤价大幅上涨，9—10 月，煤炭相关行业价格累计上涨约 21.5%。11 月份以来，随着煤炭供应量增加，价格过快上涨的情况得到遏制，12 月，煤炭相关行业环比下降 0.5%。全年，煤炭相关行业价格上涨 31.7%，拉动 PPI 上涨约 0.58 个百分点。

### （二）石油化工相关行业涨幅较大

2021 年，国际原油价格持续上行带动国内成品油价格的上调，此外，下半年部分地区化工行业产能受限，短期内供不应求，价格快速拉升，12 月，随着产能有效释放，供需紧张情况有所缓解。全年，石油化工相关行业价格上涨 13.5%，拉动 PPI 上涨约 1.62 个百分点。

### （三）金属相关行业价格由升转降

2021 年以来，焦炭、铁矿石、废钢、铜矿、铅锌矿金属原材料价格居高不下，下游需求旺盛，推动黑色、有色金属价格上涨，10 月达到年内高点。随着铁矿石价格回落以及粗钢压减政策落地影响，钢材价格回落。有色金属方面，全年国家粮食和物资储备局共向市场投放四批储备铜、铝、锌，加之海外铜矿供应有所增加，11 月，黑色、有色价格均出现明显下降。全年，金属相关行业价格上涨 16.9%，拉动 PPI 上涨约 2.03 个百分点。

### （四）非金属矿物制品价格稳中有涨

2021 年，水泥和玻璃的价格走势有所不同，水泥相关产品价格先抑后扬，玻璃相关产品价格先扬后抑，二者价格走势的转换点集中在 10 月份附近。进入第四季度，水泥厂停窑限供情况增多，短期内供应不足，加之原料和煤炭价格上涨导致水泥成本增加，价格大幅回升。玻璃相关产品受房地产市场遇冷影响，价格高位回落。全年，非金属矿物制品业价格同比上涨 3.7%，拉动 PPI 上涨 0.33 个百分点。

### （五）农副食品加工业与食品制造业温和上涨

2021 年，食品加工和食品制造业各类别走势差异较大。受成本上涨和需求增加影响，饲料、植物油加工等大幅上涨。猪肉价格持续偏弱整理，牲畜屠宰价格低位运行，四季度有所回升，此外，蔬菜价格存在季度性变化，综合来看，农副食品加工业与食品制造业温和上涨。全年，农副食品加工业与食品制造业价格同比上涨 3.0%，拉动 PPI 上涨约 0.25 个百分点。

### （六）计算机、通信和其他电子设备制造业小幅上涨

2021 年初，受原料价格上涨和电子器件需求旺盛影响，价格小幅上涨，年中涨跌互现，表现平稳。进入第四季度，受产品升级换代和打折促销活动增加影响，笔记本计算机、平板电脑、液晶电视出厂价格小幅下调。电子器件进入销售淡季，下游需求疲软，集成电路、液晶显示屏等电子器件价格下调。全年，计算机、通信和其他电子设备制造业上涨 4.1%，拉动 PPI 上涨 0.53 个百分点。

## 四、上涨原因分析

### （一）国际大宗商品价格传导效应影响

一是流动性泛滥。2021 年，部分主要发达经济体实施宽松的货币政策导致流动性泛滥，大宗商品金融属性增强，推升了国际大宗商品价格。二是供应链不畅。全球供应链受疫情冲击，主要原材料供给持续不足，国际航运价格飙升，特别是原油和天然气等能源供给受地缘政治影响，价格大幅上涨。三是能源结构转型。全球处在新旧能源供应交替期，在绿色转型的背景下，传统能源供给不足、新能源又不能完全取代传统能源的缺口，能源供需矛盾凸显。我国工业初级品和加工品进口依存度相对较高，国际大宗商品价格上涨快速传导至国内能源和原料市场。

（二）部分行业供需错配影响

需求方面，2021 年，国内疫情得到有效控制，经济稳中向好，出口和内需的持续回暖，对能源和原料的需求增大；供应方面，“双碳”目标对钢铁、煤炭等限产短期内造成一定的供需缺口，“能耗双控”、限电限产对高耗能产业形成制约，部分行业供应偏紧。

（三）“低基数”影响

2020 年，受疫情冲击和大宗商品价格大幅下行影响，四川 PPI 同比连续 11 个月处于下跌区间，2020 年 5 月触及低点-2.5%。2021 年，PPI 走势受到较大的低基数影响，同比涨幅相对较大。

## 五、需关注的问题及建议

（一）中下游企业经营受困

本轮价格上涨中，处于上游的能源和原料价格上涨幅度较大，运输费用大幅增加，中下游企业消化涨价成本的压力增大。在四川的工业结构中，中间产品和最终产品产值占比大，行业集中在工业体系的中下游。由于订单式生产模式、市场竞争激烈、缺乏话语权等原因，中下游企业产品涨价幅度跟不上成本上涨幅度，利润大幅压缩甚至面临亏损。建议一是加大保供稳价力度。深入推进重点能源、原料的保供稳价措施，对供需矛盾较大的行业加大储备调节力度，降低企业生产成本，改善企业预期。二是打击囤积居奇哄抬价格的行为。加强市场监管，防控供应垄断、囤积和价格哄抬，稳定市场预期，保持价格基本稳定。三是实施助企纾困政策。加大对中下游企业、中小微企业的支持力度，从减税降费、政策激励、金融扶持等多方面着手，帮助企业渡过难关。

（二）价格的传导效应有所显现

2021 年，四川 PPI 持续上涨而 CPI 温和运行，总体并没有表现出显著的传导效应，但从近两月的监测数据显示，下游部分产品价格涨幅开始扩大。最典型的食品类，12 月，食品制造业环比上涨 1.1%，涨幅比上月扩大 0.5 个百分点，其中，食用盐、味精制造环比分别上涨 33.4%和 8.0%，均创下全年单月最高涨幅，明显超季节性上涨。价格传导机制在不同的行业中表现有所不同，如食品类需求较为刚性，价格传导相对顺畅，但部分工业品由于供应量和需求弹性等多方面原因，成本上涨的压力传导路径则相对不畅。考虑到价格传导效应的滞后性，预计 2022 年 PPI 对 CPI 的传导作用可能会逐步显现。建议加强对重点行业的价格监测预警，深入了解上中下游价格变动和供需力量变化情况，针对问题及时采取应对措施。

# CPI 低位运行

## ——2021 年四川居民消费价格运行情况分析

2021 年以来，国际环境不确定、不稳定因素增多，国内经济运行也面临疫情散发多发、有效需求不足、大宗商品价格高企等挑战与风险。面对国内外复杂形势，国家加大了保供稳价的调控力度，使得输入性通胀风险总体可控，PPI 传导有限。另一方面生猪产能恢复，猪肉价格明显下跌拉低了食品价格，而疫情反复使得服务价格复苏缓慢，叠加上年高基数以及罕见负翘尾影响，2021 年四川居民消费价格指数（CPI）与上年相比上涨 0.3%，涨幅创下 2003 年以来近 19 年的新低。2022 年我国经济发展基调以“稳”为主，控物价的有利条件和风险因素并存，预计四川 CPI 可能低位反弹，但全年上涨幅度整体可控。

### 一、主要特点

#### （一）同比温和上涨，处于历史同期低位

2021 年以来四川 CPI 整体呈现探底、反弹、回落、再反弹、再回落的走势。年初在负翘尾和基数效应叠加影响下，四川 CPI 同比出现下跌，其中 2 月份下跌 0.9%，创下 2002 年 11 月以来月度新低。3 月份开始 CPI 出现反弹，5 月份上涨 0.9%，达到阶段高点后，受猪肉价格跌幅加大，疫情反复以及负翘尾再度出现影响，CPI 开始回落，其中 8、9 月 CPI 同比分别下跌 0.3%和 0.4%。10 月、11 月由于上年同期基数较低，加之鲜菜季节性上涨，猪肉价格反弹，CPI 同比回升，其中 11 月上涨 2.0%，达到年内高点。随着 12 月鲜菜、猪肉价格回落，翘尾影响归零，CPI 同比涨幅回落至 1.0%。

从全年来看，2021 年四川 CPI 仅上涨 0.3%，创下 2003 年以来新低，扣除食品和能源的核心 CPI 上涨 0.8%，低于 2019 年 0.3 个百分点，但比 2020 年高 0.2 个百分点，且明显高于同期 CPI，显示虽然 2021 年四川 CPI 同比低位运行，甚至一度出现负增长，但并非通缩，而是处于温和上涨状态。

#### （二）环比相对稳定，短期因素影响明显

2021 年四川 CPI 环比涨跌互现。1、2 月受春节节日效应影响，叠加低温天气、局部地区疫情反弹影响，四川 CPI 环比分别上涨 0.8%和 0.6%。3 月节日影响消退 CPI 环比下跌 0.5%。4、5、6 月随着猪肉价格连续下跌，叠加菜价下降，CPI 环比分别下跌 0.2%、0.3%和 0.7%。7 月受暑假游旺季带动相关旅游、交通类价格上涨以及 PPI 传导有所显现，CPI 环比上涨 0.3%。8 月由于四川以及全国部分地区疫情反弹，暑假游旺季提前结束，CPI 环比仅上涨 0.1%，明显低于历史同期水平。9 月疫情影响尚未完全消退，猪肉价格继续探底影响 CPI 环比下跌 0.1%，历史同期罕见。10、11 月受鲜菜价格季节性上涨以及猪肉价格触底反弹影响，CPI 环比分别上涨 0.7%和 0.8%，均明显高于历史同期水平。12 月再度受到疫情反弹影响，加之肉、菜价格回落，CPI 环比下跌 0.4%。2021 年四川 CPI 环比高低相差 1.5 个百分点，波动幅度分别比 2019 年低 0.7 个百分点、比 2020 年低 1.6 个百分点，走势相对稳定。

#### （三）食品价格“降温”，上涨动能转换

2021 年随着全国以及四川生猪产能逐步恢复，猪肉价格加速下行，带动四川食品价格走低。另一方面 PPI 快速攀升拉动工业消费品价格上涨，同时服务价格出现反弹，非食品价格温和上扬。分月看，2021 年以来四川食品价格高开低走，非食品价格稳步上扬。1 月份食品价格同比上涨 1.4%，非食品价格下跌 1.2%。6 月份，食品价格同比下跌 4.9%，非食品价格上涨 1.4%。9 月份，食品价格同比下跌 9.2%，达到年内低点，非食品价格上涨 1.7%。12 月份，食品价格同比下跌 3.9%，非食品价格上涨 2.3%。全年食品价格下跌 4.0%，

拉低 CPI 约 0.8 个百分点，非食品价格上涨 1.4%，推高 CPI 约 1.1 个百分点。食品降，非食品涨使得四川 CPI 上涨动能罕见的从食品端切换到非食品端。

2021 年与居民生活息息相关的主要食品中，鲜菜、鸡蛋、鲜果、大米全年价格相对稳定，涨幅分别为 3.2%、2.7%、2.1%和 1.0%。淡水鱼、食用植物油价格涨幅较大，分别上涨 18.3%和 7.4%。而猪肉和鸡肉价格跌幅较大，分别下跌 32.2%和 7.2%，其中猪肉价格由于跌幅大，拉低 2021 年四川食品价格指数约 5 个百分点，拉低 CPI 约 1 个百分点。

**（四）PPI 传导显现，工业消费品价格创新高**

2021 年以来，在需求复苏，国际大宗商品价格上涨，疫情冲击全球产业链、供应链背景下，国内 PPI 屡屡刷新近年新高。其中对 CPI 中工业消费品价格的传导影响有所显现，其价格走势与 PPI 基本一致。如随着 1—3 月 PPI 持续上涨四川工业消费品价格同比从 3 月份开始由跌转涨，结束了此前连续 12 个月的下跌。到 5 月份 PPI 加速上涨同比涨幅达到 6.1%，创下阶段新高，同期四川工业消费品价格同比上涨 2.5%，也创下编制该指数以来的单月新高。随后 6—8 月四川 PPI 涨势略有放缓，同期四川工业消费品价格涨幅也略有回落，但随着能源价格的上涨，9 月份四川 PPI 上涨 7.7%，10 月份进一步跳涨至 9.7%再度创下近年新高，同期四川工业消费品价格也从 9 月份的 2.2%涨至 3.4%，刷新了 5 月份的新高纪录。11 月、12 月四川 PPI 涨幅略有回落，四川工业消费品价格在 11 月达到 4.0%历史新高后，12 月回落至 3.1%。总的来看与 PPI 走势基本同步。2021 年四川工业消费品价格上涨 1.8%，拉动 CPI 约 0.6 个百分点，同期服务价格推动 CPI 约 0.3 个百分点，食品烟酒拉低 CPI 约 0.6 个百分点，工业消费品罕见成为 CPI 的领涨板块。在消费需求还未恢复到常态的背景下，工业消费品价格的上涨更多体现了上游成本上涨的影响，显示了 PPI 的传导效应。其中能源类产品尤其突出，2021 年四川汽、柴油价格分别上涨 17.5%和 18.5%，其他水电燃料上涨 7.5%、液化石油气上涨 6.3%、其他车用能源上涨 2.9%。

**（五）疫情散发多发，服务价格走势较弱**

2021 年以来一方面受益于国内新冠肺炎疫情防控的良好态势，居民服务消费需求逐步回暖，带动服务价格回升，从 4 月份开始服务价格同比由跌转涨，7 月份一度达到 2.2%的年内高点。但另一方面国内疫情散发多发，存在反复，导致疫情影响难以完全消除，服务价格整体走势依然较弱，8—12 月四川服务价格同比维持在 1.2%~1.8%的小幅上涨态势，反映了在疫情影响下，四川服务消费尚未恢复到正常水平，价格仍较低迷。从全年来看，四川服务价格仅上涨 0.9%，处于历史同期较低位置。在 72 个调查的基本分类中，上涨的有 54 个，占 75%；持平的 4 个，占 6%；下跌的 14 个，占 19%。虽然上涨的类占比较大，但涨幅相对较小，其中只有飞机票、临床非手术治疗两个类涨幅超过 10%，分别为 16.5%和 11.8%，有 19 个类涨幅不到 1%，10 个类涨幅不到 2%，其余 23 个类涨幅在 2.5%~7.3%之间。上涨的类主要集中在医疗服务和家政服务、宠物服务、母婴护理服务等劳动力密集型行业。受疫情影响较大的交通、旅游、住宿等行业价格出现分化，飞机票、长途汽车、出租汽车、市内公共交通、宾馆住宿等价格呈现不同程度的恢复性上涨，分别上涨 16.5%、0.9%、0.7%、0.2%、0.5%。旅行社收费、网约车、其他交通费、交通工具租赁费等价格则不同程度下跌，分别下跌 4.6%、5.0%、12.8%、2.3%。

**（六）四川 CPI 低于全国，排位靠后**

2021 年四川居民消费价格上涨 0.3%，涨幅比全国平均水平低 0.6 个百分点，在全国 31 个省区市从高到低排位中居第 27 位。其中 12 月四川 CPI 环比下跌 0.4%，跌幅比全国多 0.1 个百分点，居第 27 位。同比上涨 1.0%，比全国低 0.5 个百分点，居第 26 位。2021 年四川 CPI 低于全国，一方面因为四川食品价格跌幅大于全国。2021 年四川食品价格下跌 4.0%，比全国多跌 2.6 个百分点。另一方面和基数也有关系。2020 年四川 CPI 上涨 3.2%，比全国高 0.7 个百分点。

## 二、CPI 温和上涨原因

### （一）粮食丰收，粮价稳定

2021 年全国粮食总产量 13657 亿斤，比上年增长 2.0%，连续七年保持在 1.3 万亿斤以上。同期全省粮食总产量达 716.42 亿斤，比上年增长 1.6%，再创历史新高。“一粮带百价”，在国际粮价上涨的背景下，全国粮食丰收，四川粮食产量创新高，2021 年四川粮价仅上涨 1.6%，涨幅温和，对稳定通胀预期有积极作用。

### （二）生猪产能恢复，肉价深跌

全国以及四川生猪产能逐步恢复，供给增加，四川猪肉价格环比一度连续 8 个月下跌。9 月份同比跌幅一度达到 49.4%，2021 年全年平均下跌 32.2%，拉低 2021 年四川食品价格指数约 5 个百分点，拉低 CPI 约 1 个百分点。

### （三）疫情反复，制约服务价格回升

2021 年以来四川服务价格出现反弹，从 4 月份开始，服务价格同比已由跌转涨，但国内疫情散发多发，存在反复，服务消费尚未恢复到常态。2021 年四川服务价格仅上涨 0.9%，虽然较 2020 年明显回升，但涨幅低于 2019 年疫情前同期水平 0.3 个百分点，仍处于历史同期低位。

### （四）PPI 传导对 CPI 影响有限

由于我国工业门类齐全，市场供应充足，加之国内生产恢复速度快于消费，以及市场竞争激烈，PPI 上涨对 CPI 的传导影响有限，2021 年其传导效应仅在工业消费品价格上有所显现，在四川以及全国 PPI 屡创新高的同时，CPI 保持低位运行，两者形成较为明显的差异。

### （五）高基数叠加负翘尾

一方面 2020 年四川 CPI 月度涨幅一度超过 6%，虽然下半年快速回落，但全年仍上涨 3.2%，平了 2012 年以来纪录。另一方面 2020 年 10 月、11 月四川 CPI 环比分别下跌 0.5%和 0.8%，明显低于历史均值，造成 2021 年平均翘尾为-0.27 个百分点，而历史上基本为正。

# 收入较快增长　消费持续恢复

## ——2021年四川脱贫县农村居民收支情况分析

2021 年，全省各地深入贯彻落实党中央、国务院和省委、省政府各项决策部署，紧紧围绕巩固拓展脱贫攻坚成果同乡村振兴有效衔接，接续推进脱贫地区发展，在脱贫攻坚圆满收官之后，实现了平稳有序衔接，交出了亮眼答卷，全省脱贫县农村居民收入较快增长，消费持续恢复。

### 一、脱贫县农村居民收入较快增长

#### （一）从总体看，收入增速回归正常水平

2021 年，四川省脱贫县农村居民人均可支配收入 14909 元，较上年增长 12.6%，与 2019 年相比两年平均增长 11.5%，表明全省脱贫县农村居民收入增长总体恢复至疫情前水平。

#### （二）从全国看，绝对值和增幅均高于全国水平

2021 年，全省脱贫县农村居民人均可支配收入 14909 元，比全国脱贫县农村居民人均可支配收入高 858 元；全省脱贫县农村居民人均可支配收入增长 12.6%，比全国增幅高 1 个百分点，绝对值和增幅均高于全国平均水平。

#### （三）从构成看，四大项收入全面增长

1.工资性收入稳步增长。2021 年，政府各部门全面落实就业优先战略，积极推进农村居民就业创业，外出务工农村劳动力月均工资持续增长，农村居民工资性收入稳步增长。全年脱贫县农村居民人均工资性收入 4831 元，同比增长 13.0%，是居民收入增长的主动力。

2.经营净收入小幅增长。全省经济基本面稳定、旅游市场持续恢复、主要农牧产品价格上涨等有效带动经营净收入继续稳步增长。全年脱贫县农村居民人均经营净收入 4916 元，同比增长 9.6%。

3.财产净收入增幅最快。随着疫情防控常态化，省内生产生活秩序基本恢复，各地房屋租赁市场逐步恢复。全年脱贫县农村居民人均财产净收入 302 元，同比增长 22.8%，在四大项收入中增幅最快。

4.转移净收入快速增长。今年以来，各项民生保障支出只增不减，基本医疗保险补助、基本公共卫生服务补助、特困人员救助供养和居民最低生活保障等标准逐年提高，养老金、离退休金持续上涨等带动转移净收入增长。全年脱贫县农村居民人均转移净收入 4860 元，同比增长 14.8%。

#### （四）从季度看，增幅前高后低，逐季放缓

2021 年，全省城乡居民收入保持恢复性增长，消费支出持续改善，但受下半年散发疫情增多和上年同期基数逐季升高等多重因素影响，全年脱贫县农村居民收入增幅呈现前高后低、逐季放缓的趋势，从一季度 17.4%下降到全年 12.6%。

#### （五）从对比看，与全省农村居民收入水平差距缩小

2021 年，全省脱贫县农村居民人均可支配收入同比增长 12.6%，与 2019 年相比两年平均增长 11.5%，分别比全省农村居民收入同期增幅高出 2.3 和 2.0 个百分点。在此拉动下，全省脱贫县农村居民人均可支配收入占全省农村居民人均可支配收入之比达 84.8%，比上年同期提高了 1.5 个百分点，这说明脱贫县农村居民收入与全省农村平均水平差距正逐步缩小。

### 二、脱贫县农村居民消费水平持续恢复

随着脱贫县农村居民收入快速增长以及各项促进消费政策措施的实施，有效拉动了全省脱贫县农村居

民消费，消费需求进一步得到释放。2021 年，全省脱贫县农村居民人均生活消费支出 13359 元，同比增长 14.6%，与 2019 年相比，两年平均增长 12.1%，消费支出保持恢复性反弹态势。

表 1　2021 年全年四川脱贫县农村居民人均生活消费支出情况

| 指标名称 | 本年（元） | 上年（元） | 比上年±（元） | 增幅（%） |
|---|---|---|---|---|
| 生活消费支出 | 13359 | 11660 | 1699 | 14.6 |
| 食品烟酒 | 5093 | 4712 | 381 | 8.1 |
| 衣着 | 727 | 625 | 102 | 16.4 |
| 居住 | 2455 | 2141 | 314 | 14.6 |
| 生活用品及服务 | 855 | 766 | 89 | 11.5 |
| 交通通信 | 1560 | 1269 | 291 | 23.0 |
| 教育文化娱乐 | 1102 | 913 | 189 | 20.7 |
| 医疗保健 | 1324 | 1020 | 304 | 29.9 |
| 其他用品和服务 | 243 | 214 | 29 | 13.8 |

（一）八大类消费支出全面增长

2021 年全省脱贫县农村居民人均八大类消费全面增长。其中，医疗保健支出增长最快，同比增长 29.9%；其次是交通通信支出，同比增长 23.0%；第三是教育文化娱乐支出，同比增长 20.7%；衣着、居住、生活用品及服务、其他用品和服务、食品烟酒支出同比分别增长了 16.4%、14.6%、13.8%、11.5%、8.1%。

（二）生存型消费稳定增长

2021 年，全省统筹推进疫情防控和民生保障，各项保民生政策持续落地见效，加之受食品价格稳定、猪肉价格同比大幅下跌等因素影响，基本消费支出保持稳定增长，吃、穿、住等生存型消费人均支出 8275 元，占生活消费支出的比重为 61.9%，其中食品烟酒支出仍是中坚力量，支出 5093 元，占比最高。

（三）发展型消费较快增长

随着社会经济的不断发展，发展型消费需求获得充分释放，教育、交通通信、医疗保健等发展型生活消费支出 3986 元，占生活消费支出的 29.8%，同比增长 2.3 个百分点，医疗保健、交通通信、教育等支出增幅位列八大类消费支出前三。

## 三、需要关注的问题及建议

（一）农村居民持续增收承压较大

受疫情冲击下外部环境更加复杂严峻，全球通胀和供应链紧张的影响持续存在、国际环境更加复杂多变、出口势头或因各国经济复苏有所减弱等外部环境挑战，以及惠农资金对收入增长的拉动作用逐渐减弱，脱贫县农村居民收入持续增长压力加大。建议，一是持续优化就业环境，提高就业总量和水平；二是继续稳步提高基本养老保险待遇、最低生活保障标准、特困人员救助供养标准、基本医疗保险补助等惠民政策标准，保住"兜底线"，确保居民收入稳步增长；三是加大乡村振兴政策实施力度，进一步完善农村居民增收政策支持体系。

（二）农村居民消费结构有待优化

全省脱贫县农村居民消费中，吃、穿、住等生存型消费占生活消费支出的比重为 61.9%，教育、交通通信、医疗保健等发展型消费支出占生活消费支出的比重仅为 29.8%，发展型消费支出潜力较大，消费结构有待优化。建议，一是继续加大发放消费优惠券的范围和力度，释放消费需求；二是继续完善农村基础设施建设，大力发展农村电商；三是继续营造良好的消费环境，推动新型消费模式健康发展。

# 二 住户调查

# 2-1 全体居民人均可支配收入(2016-2021年)

单位：元/人

| 指　　标 | 2016 | 2017 | 2018 | 2019 | 2020 | 2021 |
|---|---|---|---|---|---|---|
| **全体居民人均可支配收入** | **18808.3** | **20579.8** | **22460.6** | **24703.1** | **26522.1** | **29080.1** |
| **工资性收入** | **9278.2** | **10013.6** | **11069.9** | **12048.8** | **13031.6** | **14392.4** |
| 工资 | 8600.9 | 9393.2 | 10304.8 | 11460.5 | 12420.1 | 13693.1 |
| 按月发放的工资 | 7561.4 | 7875.6 | 8598.0 | 9321.4 | 9954.8 | 10537.9 |
| 补发工资 | 203.0 | 239.7 | 299.7 | 315.5 | 302.6 | 250.5 |
| 不按月发放的奖金、津贴、过节费等 | 836.5 | 1277.9 | 1407.1 | 1823.6 | 2162.7 | 2904.7 |
| 实物福利 | 49.1 | 59.4 | 70.1 | 90.9 | 103.9 | 135.8 |
| 从单位或雇主得到的实物产品折价 | 9.6 | 10.2 | 11.2 | 19.5 | 22.0 | 22.6 |
| 食品 | 6.9 | 8.1 | 7.5 | 13.3 | 15.4 | 17.6 |
| 谷物、薯类及豆类 | 1.5 | 1.6 | 2.0 | 4.9 | 6.5 | 7.5 |
| 食用油(植物油) | 1.7 | 1.7 | 1.6 | 2.5 | 2.9 | 2.3 |
| 蔬菜及制品 | 0.1 |  | 0.1 |  | 0.1 | 0.1 |
| 肉、禽、蛋、奶及制品 | 1.2 | 0.9 | 0.8 | 1.7 | 1.4 | 1.2 |
| 水产品及制品 |  |  |  | 0.1 | 0.1 | 0.0 |
| 糖、烟、酒、饮料类 | 1.2 | 1.5 | 1.7 | 2.7 | 2.5 | 4.4 |
| 干鲜瓜果类 | 0.2 | 0.2 | 0.3 | 0.6 | 0.7 | 0.9 |
| 其他类食品 | 1.0 | 2.2 | 1.0 | 0.8 | 1.2 | 1.2 |
| 衣着 | 0.2 | 0.2 | 0.1 | 0.3 | 0.7 | 0.4 |
| 居住 |  |  | 0.1 |  | 0.0 | 0.0 |
| 家庭设备和日用品 | 0.9 | 0.8 | 1.3 | 3.1 | 3.0 | 1.7 |
| 交通、通信工具及用品 | 0.2 | 0.5 | 1.0 | 1.3 | 0.5 | 0.6 |
| 教育文化娱乐用品 |  |  | 0.2 | 0.1 | 0.1 | 0.0 |
| 医疗保健用品 | 0.3 | 0.1 | 0.2 | 0.2 | 0.7 | 0.6 |
| 其他用品 | 1.0 | 0.6 | 0.7 | 1.3 | 1.6 | 1.7 |
| 从单位或雇主得到的服务折价 | 39.5 | 49.2 | 58.9 | 71.4 | 81.9 | 113.1 |
| 免费或低价提供的工作餐 | 38.3 | 47.1 | 55.3 | 65.7 | 76.5 | 106.3 |
| 免费或低价提供的住宿 | 0.3 | 1.0 | 1.5 | 4.1 | 2.8 | 4.4 |
| 单位缴纳的水电费、取暖费、物业费等 | 0.1 |  | 0.1 | 0.1 | 0.3 | 0.1 |
| 免费或低价提供的交通和通信服务 | 0.1 | 0.1 | 0.5 | 0.5 | 0.4 | 0.8 |
| 单位缴纳的教育入学赞助费 |  | 0.1 | 0.1 |  | 0.0 | 0.0 |
| 免费或低价提供的旅游服务 | 0.2 | 0.5 | 0.2 | 0.1 | 0.0 | 0.6 |
| 其他服务 | 0.5 | 0.2 | 1.2 | 0.8 | 1.9 | 0.9 |
| 单位或雇主实物福利报销所得 |  |  |  |  |  | 0.0 |
| 其他 | 628.2 | 560.9 | 694.9 | 497.4 | 507.6 | 563.5 |
| 住房公积金 | 270.9 | 311.2 | 328.7 | 397.6 | 457.7 | 479.1 |
| 辞退金 | 6.9 | 5.6 | 6.1 | 0.6 | 3.8 | 25.5 |
| 自由职业劳动所得(如稿费、翻译费) | 6.6 | 6.5 | 13.5 | 25.8 | 21.9 | 41.7 |
| 安家费 | 0.7 |  | 5.9 | 3.0 | 1.1 | 4.0 |
| 股票期权 | 0.1 | 0.4 |  |  |  | 0.0 |
| 其他劳动所得 | 343.0 | 237.3 | 340.7 | 70.5 | 23.0 | 13.1 |
| **经营净收入** | **3993.2** | **4263.7** | **4558.1** | **5058.1** | **5289.3** | **5758.4** |
| 第一产业经营净收入 | 2015.9 | 2099.8 | 2088.4 | 2260.2 | 2364.3 | 2338.2 |
| 农业 | 1183.7 | 1241.5 | 1278.8 | 1278.6 | 1275.3 | 1503.0 |
| 林业 | 123.3 | 147.8 | 201.8 | 212.5 | 169.8 | 213.9 |
| 牧业 | 668.4 | 676.5 | 576.6 | 733.6 | 882.6 | 599.3 |
| 渔业 | 40.5 | 33.9 | 31.2 | 35.4 | 36.6 | 22.0 |

## 2-1 续表 1

单位：元/人

| 指　　标 | 2016 | 2017 | 2018 | 2019 | 2020 | 2021 |
|---|---|---|---|---|---|---|
| 第二产业经营净收入 | 125.4 | 139.0 | 150.5 | 247.5 | 273.6 | 371.5 |
| 采矿业 | 8.3 | -0.5 | 3.0 | -0.7 | 0.3 | 0.0 |
| 制造业 | 51.7 | 66.1 | 73.0 | 69.5 | 83.2 | 151.6 |
| 电力、热力、燃气及水生产和供应业 | 4.4 | 12.0 | 6.3 | 9.0 | 10.3 | 1.5 |
| 建筑业 | 60.9 | 61.5 | 68.2 | 169.7 | 179.8 | 218.4 |
| 第三产业经营净收入 | 1851.9 | 2024.9 | 2319.2 | 2550.5 | 2651.3 | 3048.7 |
| 批发和零售业 | 964.4 | 987.0 | 1131.6 | 1257.1 | 1361.1 | 1555.4 |
| 交通运输、仓储和邮政业 | 235.2 | 302.1 | 313.0 | 314.5 | 365.1 | 407.9 |
| 住宿和餐饮业 | 258.7 | 297.3 | 370.9 | 423.6 | 399.9 | 460.0 |
| 房地产业 | 5.7 | 1.4 | 3.9 | -2.1 | 2.7 | -0.2 |
| 租赁和商务服务业 | 15.3 | 15.5 | 27.8 | 11.5 | -13.1 | -51.8 |
| 居民服务、修理和其他服务业 | 312.5 | 334.8 | 376.6 | 378.3 | 367.9 | 538.1 |
| 其他 | 47.4 | 74.9 | 88.2 | 147.7 | 156.2 | 131.1 |
| 农林牧渔服务业 | 12.7 | 11.9 | 7.2 | 19.9 | 11.7 | 8.1 |
| **财产净收入** | **1198.5** | **1362.9** | **1443.1** | **1593.3** | **1719.6** | **1905.3** |
| 利息净收入 | 40.9 | 54.3 | 60.7 | -45.2 | -36.2 | 32.3 |
| 红利收入 | 101.5 | 104.8 | 131.3 | 229.9 | 315.7 | 366.5 |
| 集体分配的红利 | 16.0 | 17.4 | 42.0 | 27.1 | 14.5 | 15.6 |
| 其他红利收入 | 85.7 | 88.0 | 89.3 | 202.8 | 301.2 | 350.9 |
| 储蓄性保险净收益 | 2.2 | 4.8 | 6.6 | 3.8 | 1.8 | 3.8 |
| 转让承包土地经营权租金净收入 | 71.0 | 83.0 | 87.0 | 105.0 | 112.9 | 121.2 |
| 出租房屋财产性收入 | 413.6 | 458.5 | 419.6 | 487.9 | 532.2 | 526.9 |
| 出租机械、专利、版权等资产的收入 | 18.4 | 24.8 | 38.1 | 48.8 | 30.1 | 23.4 |
| 其他财产净收入 | 16.0 | 16.3 | 21.0 | 14.5 | 2.8 | 13.6 |
| 房屋虚拟租金 | 534.9 | 616.5 | 678.8 | 748.7 | 760.4 | 817.6 |
| **转移净收入** | **4338.3** | **4939.6** | **5389.4** | **6002.9** | **6481.6** | **7024.1** |
| 转移性收入 | 5538.1 | 6244.7 | 6778.1 | 7444.2 | 7953.4 | 8652.9 |
| 养老金或离退休金 | 3418.1 | 3844.4 | 3720.7 | 3991.2 | 4330.1 | 4433.6 |
| 离退休金 | 2625.6 | 2896.2 | 2662.5 | 2802.8 | 3018.3 | 3157.9 |
| (城镇)居民社会养老保险 | 512.5 | 552.3 | 698.3 | 747.7 | 836.5 | 789.1 |
| 新型农村养老保险 | 144.4 | 169.0 | 172.0 | 190.4 | 212.2 | 222.6 |
| 其他养老金 | 135.6 | 227.0 | 188.0 | 250.3 | 263.1 | 264.0 |
| 社会救济和补助 | 133.4 | 159.5 | 187.2 | 176.8 | 202.8 | 247.1 |
| 最低生活保障费 | 47.8 | 53.3 | 61.4 | 64.1 | 77.4 | 94.0 |
| 五保户救助金 | 1.3 | 1.7 | 7.3 | 9.3 | 10.4 | 12.8 |
| 扶贫款 | 19.0 | 32.6 | 29.1 | 5.7 | 6.0 | 0.9 |
| 救灾款 | 2.2 | 2.3 | 0.5 | 0.4 | 0.5 | 0.3 |
| 抚恤金 | 34.7 | 40.3 | 38.3 | 56.8 | 72.8 | 91.6 |
| 医疗救助专项补贴 |  |  |  |  | 8.3 | 15.5 |
| 教育救助专项补贴 |  |  |  |  | 6.3 | 5.3 |
| 其他社会救济收入 | 28.3 | 29.2 | 39.5 | 40.4 | 21.0 | 26.8 |
| 政策性生活补贴 | 44.4 | 53.6 | 129.5 | 131.5 | 126.2 | 129.2 |
| 家电补贴 | 1.3 | 1.7 | 0.6 |  | 0.1 | 0.2 |
| 能源补贴 | 0.8 | 1.3 | 0.1 | 0.3 | 0.0 | 0.0 |
| 免费或低价提供的住宿(廉租房) |  | 0.7 | 0.5 | 0.2 | 0.3 | 0.2 |
| 居住专项补贴 |  |  |  |  | 10.0 | 9.3 |

## 2-1 续表 2

单位：元/人

| 指　　标 | 2016 | 2017 | 2018 | 2019 | 2020 | 2021 |
|---|---|---|---|---|---|---|
| 　　建房改造专项补贴 | | | | | 12.7 | 14.1 |
| 　　其他生活补贴 | 42.3 | 50.6 | 66.1 | 131.0 | 103.1 | 105.5 |
| 　报销医疗费 | 247.8 | 253.9 | 296.3 | 426.0 | 419.3 | 504.0 |
| 　家庭外出从业人员寄回带回收入 | 976.1 | 1103.1 | 1515.5 | 1685.3 | 1798.3 | 2192.9 |
| 　赡养收入 | 466.1 | 566.2 | 635.3 | 710.0 | 780.3 | 803.2 |
| 　其他经常转移收入 | 102.2 | 103.3 | 131.4 | 117.2 | 131.0 | 145.6 |
| 　　失业保险金 | 10.0 | 11.4 | 18.0 | 23.0 | 25.2 | 29.0 |
| 　　经常性捐赠收入 | 4.6 | 6.5 | 6.3 | 4.9 | 8.3 | 0.5 |
| 　　经常性赔偿收入 | 2.3 | 3.7 | 5.2 | 10.4 | 3.8 | 8.3 |
| 　　社保支出专项补贴 | | | | | 6.1 | 7.9 |
| 　　扶贫补助金孳息收入 | | | | | 0.4 | 0.1 |
| 　　扶贫贷款利息补助收入 | | | | | 0.3 | 0.0 |
| 　　其他转移性收入 | 85.4 | 81.7 | 96.1 | 78.9 | 87.0 | 99.9 |
| 　从政府和组织得到的实物产品和服务折价 | 40.4 | 53.0 | 58.9 | 46.9 | 42.0 | 63.7 |
| 　　食品 | 12.9 | 11.5 | 16.0 | 18.9 | 17.8 | 25.8 |
| 　　　谷物、薯类及豆类 | 2.4 | 2.7 | 3.7 | 3.2 | 3.8 | 5.4 |
| 　　　食用油(植物油) | 2.7 | 2.9 | 3.8 | 3.9 | 5.1 | 7.9 |
| 　　　蔬菜及制品 | | | | | 0.0 | 0.0 |
| 　　　肉、禽、蛋、奶及制品 | 5.8 | 2.6 | 3.1 | 5.9 | 5.7 | 8.5 |
| 　　　水产品及制品 | 0.1 | 0.2 | | | 0.0 | 0.0 |
| 　　　糖、烟、酒、饮料类 | 0.4 | 0.5 | 0.3 | 1.8 | 0.2 | 0.7 |
| 　　　干鲜瓜果类 | | | 0.1 | 0.2 | 0.1 | 0.1 |
| 　　　其他类食品 | 1.5 | 2.6 | 5.0 | 3.9 | 2.7 | 3.1 |
| 　　衣着 | 0.2 | 2.7 | 0.3 | 0.2 | 0.1 | 0.1 |
| 　　居住 | 0.3 | 2.9 | 0.7 | | 0.2 | 0.1 |
| 　　家庭设备和日用品 | 4.9 | 6.8 | 17.2 | 14.0 | 9.4 | 7.9 |
| 　　交通、通信工具及用品 | 0.1 | 0.3 | 0.3 | 0.4 | 0.0 | 2.5 |
| 　　教育文化娱乐用品 | 0.1 | 0.3 | 2.6 | 0.3 | 0.1 | 0.2 |
| 　　医疗保健用品 | 0.3 | 0.1 | 0.3 | 0.2 | 0.3 | 9.1 |
| 　　其他用品 | 1.6 | 6.6 | 2.3 | 1.9 | 2.2 | 0.4 |
| 　　其他服务折价(不含廉租房) | 20.0 | 21.7 | 19.2 | 11.0 | 11.8 | 17.7 |
| 　现金政策性惠农补贴 | 109.5 | 107.8 | 103.3 | 159.4 | 123.5 | 133.6 |
| 转移性支出 | 1199.8 | 1305.1 | 1388.7 | 1441.3 | 1471.8 | 1628.9 |
| 　个人所得税 | 33.6 | 35.2 | 70.1 | 61.8 | 62.6 | 54.4 |
| 　社会保障支出 | 955.1 | 1099.6 | 1106.5 | 1194.1 | 1239.2 | 1374.2 |
| 　　个人缴纳的养老保险 | 637.0 | 742.1 | 703.5 | 746.3 | 748.7 | 859.2 |
| 　　个人缴纳的医疗保险 | 275.8 | 301.8 | 347.5 | 375.9 | 406.2 | 440.4 |
| 　　个人缴纳的失业保险 | 23.6 | 23.2 | 20.8 | 25.6 | 27.3 | 26.1 |
| 　　其他社会保障支出 | 18.7 | 32.6 | 34.7 | 46.3 | 57.0 | 48.5 |
| 　外来从业人员寄给家人的支出 | 7.4 | 0.4 | 2.2 | 5.0 | 5.4 | 3.9 |
| 　赡养支出 | 129.5 | 117.8 | 140.1 | 118.1 | 113.9 | 141.6 |
| 　其他转移性支出 | 74.2 | 52.2 | 69.9 | 62.4 | 50.7 | 54.8 |
| 　　经常性捐赠支出 | 26.2 | 14.2 | 16.0 | 16.4 | 9.8 | 4.8 |
| 　　经常性赔偿支出 | 0.4 | 0.1 | 0.2 | 0.8 | 0.1 | 0.2 |
| 　　其他经常转移支出 | 47.6 | 37.9 | 53.7 | 45.2 | 40.8 | 49.8 |

## 2-2 全体居民人均总收入(2016-2021年)

单位：元/人

| 指　　标 | 2016 | 2017 | 2018 | 2019 | 2020 | 2021 |
|---|---|---|---|---|---|---|
| **全体居民人均总收入** | **23501.8** | **25784.7** | **28583.0** | **31022.4** | **32919.3** | **36775.7** |
| **工资性收入** | **9278.2** | **10013.6** | **11069.9** | **12048.8** | **13031.6** | **14392.4** |
| 工资 | 8600.9 | 9393.2 | 10304.8 | 11460.5 | 12420.1 | 13693.1 |
| 实物福利 | 49.1 | 59.4 | 70.1 | 90.9 | 103.9 | 135.8 |
| 其他 | 628.2 | 560.9 | 694.9 | 497.4 | 507.6 | 563.5 |
| **经营性收入** | **7396.4** | **8071.1** | **9103.0** | **9694.2** | **9945.5** | **11593.9** |
| 第一产业经营收入 | 3895.6 | 3989.8 | 4051.1 | 4329.1 | 4237.0 | 4514.1 |
| 第一产业经营收入(不含惠农补贴) | 3895.6 | 3989.8 | 4051.1 | 4329.1 | 4237.0 | 4514.1 |
| 农业 | 1666.8 | 1749.4 | 2017.2 | 2025.3 | 1901.3 | 2285.9 |
| 林业 | 136.0 | 164.0 | 226.1 | 231.7 | 192.7 | 230.8 |
| 牧业 | 2011.2 | 2004.2 | 1738.9 | 2003.2 | 2075.6 | 1936.1 |
| 渔业 | 81.7 | 72.2 | 68.8 | 68.9 | 67.4 | 61.3 |
| 第二产业经营收入 | 398.9 | 432.9 | 574.6 | 603.3 | 616.6 | 662.0 |
| 采矿业 | 9.6 | 1.7 | 7.3 | 0.6 | 0.4 | 0.0 |
| 制造业 | 130.6 | 169.8 | 230.0 | 217.9 | 257.4 | 282.5 |
| 电力、热力、燃气及水生产和供应业 | 26.5 | 24.2 | 9.7 | 10.9 | 13.4 | 2.9 |
| 建筑业 | 232.1 | 237.1 | 327.5 | 373.9 | 345.4 | 376.6 |
| 第三产业经营收入 | 3101.9 | 3648.4 | 4477.3 | 4761.8 | 5091.8 | 6417.9 |
| 批发和零售业 | 1551.6 | 1803.5 | 2436.1 | 2487.6 | 2762.6 | 3460.5 |
| 交通运输、仓储和邮政业 | 501.1 | 528.6 | 501.3 | 552.6 | 594.3 | 711.1 |
| 住宿和餐饮业 | 424.8 | 661.2 | 659.8 | 669.8 | 632.4 | 1163.6 |
| 房地产业 | 5.7 | 2.3 | 4.7 | 0.8 | 4.4 | 0.0 |
| 租赁和商务服务业 | 21.8 | 38.0 | 44.6 | 103.2 | 107.9 | 77.1 |
| 居民服务、修理和其他服务业 | 480.1 | 475.7 | 655.8 | 645.2 | 692.5 | 777.6 |
| 其他 | 91.6 | 116.1 | 154.6 | 266.4 | 266.5 | 211.1 |
| 农林牧渔服务业 | 25.0 | 23.1 | 20.5 | 36.3 | 31.3 | 16.9 |
| **财产性收入** | **1289.1** | **1455.2** | **1632.0** | **1835.1** | **1988.8** | **2136.5** |
| 利息收入 | 127.4 | 144.8 | 146.3 | 191.9 | 226.0 | 258.6 |
| 红利收入 | 101.5 | 104.8 | 232.1 | 229.9 | 315.7 | 366.5 |
| 储蓄性保险净收益 | 2.2 | 4.8 | 6.6 | 3.8 | 1.8 | 3.8 |
| 转让承包土地经营权租金净收入 | 71.0 | 83.0 | 87.0 | 105.0 | 112.9 | 121.2 |
| 出租房屋财产性净收入 | 413.6 | 458.5 | 419.6 | 487.9 | 532.2 | 526.9 |
| 出租机械、专利、版权等资产的净收入 | 18.4 | 24.8 | 38.1 | 48.8 | 30.1 | 23.4 |
| 其他财产净收入 | 20.0 | 18.1 | 23.6 | 19.2 | 9.7 | 18.6 |
| 房屋虚拟租金 | 534.9 | 616.5 | 678.8 | 748.7 | 760.4 | 817.6 |
| **转移性收入** | **5538.1** | **6244.8** | **6778.1** | **7444.2** | **7953.4** | **8652.9** |
| 养老金或离退休金 | 3418.1 | 3844.4 | 3720.7 | 3991.2 | 4330.1 | 4433.6 |

## 2-2 续表

单位：元/人

| 指　　标 | 2016 | 2017 | 2018 | 2019 | 2020 | 2021 |
|---|---|---|---|---|---|---|
| 社会救济和补助 | 133.4 | 159.5 | 187.2 | 176.8 | 202.8 | 247.1 |
| 政策性生活补贴 | 44.4 | 53.6 | 129.5 | 131.5 | 126.2 | 129.2 |
| 家庭外出从业人员寄回带回收入 | 976.1 | 1103.1 | 1515.5 | 1685.3 | 1798.3 | 2192.9 |
| 赡养收入 | 466.1 | 566.2 | 635.3 | 710.0 | 780.3 | 803.2 |
| 报销医疗费 | 247.8 | 253.9 | 296.3 | 426.0 | 419.3 | 504.0 |
| 从政府和组织得到的实物产品和服务折价 | 40.4 | 53.0 | 58.9 | 46.9 | 42.0 | 63.7 |
| 现金政策性惠农补贴 | 109.5 | 107.8 | 103.3 | 159.4 | 123.5 | 133.6 |
| 其他转移性收入 | 102.2 | 103.3 | 131.4 | 117.2 | 131.0 | 145.6 |
| **非收入所得** | **1564.3** | **2135.3** | **2339.9** | **2954.5** | **2707.4** | **2960.2** |
| 出售资产所得 | 347.6 | 816.7 | 723.9 | 1009.2 | 817.6 | 721.5 |
| 出售住房本金所得 | 19.0 | 66.4 | 242.7 | 171.8 | 126.7 | 247.2 |
| 出售住房溢价所得(含亏损) | 0.1 | 6.4 | 1.7 | 50.0 | 31.2 | 52.5 |
| 出售股票、基金、收藏品本金所得 | 19.7 | 41.6 | 0.8 | 2.4 | 3.7 | 0.8 |
| 出售股票、基金、收藏品所得(含亏损) | 4.2 | 1.4 | 5.0 | 3.1 | 14.4 | 2.6 |
| 出售生产性固定资产所得 | 35.3 | 32.0 | 18.5 | 35.3 | 30.6 | 33.2 |
| 拆迁征地补偿所得 | 227.9 | 513.5 | 377.2 | 678.7 | 530.5 | 291.2 |
| 出售其他财物和收回其他投资本金所得 | 41.4 | 155.4 | 78.0 | 67.9 | 80.5 | 94.0 |
| 非经常性转移所得 | 1210.2 | 1308.9 | 1608.1 | 1938.3 | 1881.9 | 2221.0 |
| 博彩所得 | 30.4 | 27.9 | 104.0 | 70.1 | 56.1 | 139.9 |
| 婚丧嫁娶礼金所得 | 545.8 | 440.4 | 556.1 | 562.9 | 439.3 | 586.2 |
| 遗产及一次性馈赠所得 | 207.1 | 218.6 | 338.4 | 411.0 | 402.0 | 548.6 |
| 一次性赔偿所得 | 54.0 | 133.7 | 84.3 | 79.4 | 125.9 | 81.6 |
| 提取住房公积金 | 27.0 | 20.2 | 60.3 | 146.9 | 106.0 | 141.8 |
| 调查补贴 | 310.4 | 397.6 | 448.7 | 637.7 | 721.5 | 692.6 |
| 其他非经常性转移所得 | 35.5 | 70.4 | 16.3 | 30.2 | 31.0 | 30.5 |
| 其他非收入所得 | 6.5 | 9.7 | 7.9 | 6.9 | 7.9 | 17.7 |
| **借贷性所得** | **2425.3** | **2111.3** | **2525.0** | **2628.0** | **2008.9** | **2199.8** |
| 提取储蓄存款 | 1832.5 | 1565.3 | 1773.2 | 1750.0 | 1355.0 | 1592.0 |
| 借入款 | 365.1 | 296.0 | 399.5 | 404.1 | 272.0 | 235.6 |
| 收回借出款 | 138.0 | 112.2 | 161.0 | 166.9 | 101.3 | 117.4 |
| 收回储蓄性保险本金 | 3.2 | 1.1 | 5.4 | 1.0 | 0.2 | 3.6 |
| 住房贷款 | 7.3 | 35.4 | 51.9 | 163.5 | 146.7 | 148.1 |
| 汽车贷款 | 0.8 | 5.9 | 10.6 | 52.1 | 18.9 | 13.0 |
| 教育贷款 | 3.0 | 4.5 | 11.3 | 8.9 | 6.2 | 4.7 |
| 其他贷款 | 61.6 | 78.9 | 94.5 | 72.3 | 101.3 | 64.6 |
| 其他借贷所得 | 13.8 | 12.0 | 17.7 | 9.2 | 7.4 | 20.9 |

# 2-3 全体居民人均总支出(2016-2021年)

单位：元/人

| 指　　标 | 2016 | 2017 | 2018 | 2019 | 2020 | 2021 |
|---|---|---|---|---|---|---|
| **全体居民人均总支出** | **24381.1** | **26197.5** | **29924.1** | **32330.6** | **31649.6** | **35720.9** |
| **消费支出** | **14838.5** | **16179.9** | **17663.6** | **19338.3** | **19783.4** | **21518.0** |
| 食品烟酒 | 5321.2 | 5632.2 | 5937.9 | 6466.8 | 7026.4 | 7549.0 |
| 食品 | 3865.1 | 3977.1 | 4004.1 | 4224.8 | 4908.2 | 4930.8 |
| 谷物 | 537.4 | 527.6 | 515.7 | 487.5 | 532.4 | 515.8 |
| 薯类 | 106.3 | 100.3 | 101.2 | 107.1 | 109.4 | 103.0 |
| 豆类 | 57.0 | 61.3 | 58.1 | 60.1 | 66.3 | 63.6 |
| 食用油 | 205.7 | 195.4 | 186.2 | 175.2 | 215.1 | 225.3 |
| 蔬菜和食用菌 | 545.0 | 562.7 | 519.8 | 521.9 | 588.7 | 579.9 |
| 肉类 | 1093.3 | 1129.3 | 1138.7 | 1230.3 | 1652.4 | 1672.3 |
| 禽类 | 293.9 | 288.3 | 279.8 | 352.4 | 407.4 | 387.3 |
| 水产品 | 134.0 | 149.0 | 148.2 | 189.9 | 204.3 | 218.9 |
| 蛋类 | 123.0 | 115.1 | 126.8 | 139.0 | 151.7 | 135.4 |
| 奶类 | 194.9 | 217.6 | 277.2 | 265.4 | 256.5 | 278.3 |
| 干鲜瓜果类 | 295.3 | 338.9 | 345.7 | 383.3 | 383.8 | 402.1 |
| 糖果糕点类 | 107.2 | 116.1 | 130.6 | 132.9 | 130.5 | 144.3 |
| 其他食品 | 172.0 | 175.4 | 176.2 | 179.7 | 209.5 | 204.6 |
| 烟酒 | 500.8 | 545.1 | 638.0 | 708.3 | 741.6 | 828.0 |
| 烟草 | 342.0 | 360.6 | 441.2 | 515.7 | 555.9 | 649.9 |
| 酒类 | 158.7 | 184.5 | 196.8 | 192.6 | 185.6 | 178.1 |
| 饮料 | 85.9 | 90.3 | 106.0 | 117.7 | 122.7 | 142.5 |
| 饮食服务 | 869.5 | 1019.7 | 1189.7 | 1416.0 | 1254.0 | 1647.8 |
| 食堂用餐 | 176.1 | 201.9 | 168.0 | 187.6 | 190.2 | 268.8 |
| 其他在外饮食 | 682.7 | 805.7 | 1010.5 | 1219.6 | 1055.4 | 1369.0 |
| 食品加工服务费 | 10.8 | 12.1 | 11.2 | 8.8 | 8.4 | 10.0 |
| 衣着 | 1140.8 | 1152.7 | 1173.8 | 1213.0 | 1190.4 | 1315.4 |
| 衣类 | 868.9 | 880.2 | 922.4 | 954.2 | 936.8 | 1032.0 |
| 鞋类 | 271.9 | 272.5 | 251.4 | 258.8 | 253.6 | 283.4 |
| 居住 | 2734.4 | 2946.8 | 3368.0 | 3678.8 | 3855.7 | 4035.5 |
| 租赁房房租 | 95.3 | 77.6 | 120.4 | 148.2 | 130.5 | 145.5 |
| 住房维修及管理 | 434.0 | 462.1 | 526.9 | 591.1 | 681.8 | 746.0 |
| 水电燃料及其他 | 559.8 | 619.1 | 657.2 | 678.8 | 703.8 | 719.9 |
| 自有住房折算租金 | 1645.2 | 1788.0 | 2063.6 | 2260.7 | 2339.7 | 2424.1 |
| 生活用品及服务 | 967.2 | 1062.9 | 1182.2 | 1201.3 | 1234.8 | 1387.6 |
| 家具及室内装饰品 | 142.8 | 165.9 | 173.7 | 184.8 | 182.4 | 215.8 |
| 家用器具 | 240.7 | 293.8 | 321.4 | 297.8 | 301.7 | 336.5 |
| 家用纺织品 | 90.3 | 90.1 | 99.2 | 101.9 | 100.6 | 117.6 |
| 家庭日用杂品 | 305.5 | 294.3 | 302.9 | 295.5 | 316.7 | 328.1 |
| 个人用品 | 160.2 | 187.7 | 234.8 | 268.2 | 282.4 | 330.4 |
| 家庭服务 | 27.8 | 31.0 | 50.1 | 53.1 | 50.9 | 59.3 |
| 交通通信 | 1850.3 | 2200.0 | 2398.8 | 2576.4 | 2465.1 | 2807.4 |
| 交通 | 1237.0 | 1543.2 | 1717.2 | 1914.2 | 1715.5 | 2011.0 |
| 交通工具 | 476.0 | 655.4 | 576.9 | 655.1 | 592.3 | 687.9 |

## 2-3 续表 1

单位：元/人

| 指　　标 | 2016 | 2017 | 2018 | 2019 | 2020 | 2021 |
|---|---|---|---|---|---|---|
| 交通费 | 186.5 | 206.3 | 303.3 | 352.0 | 263.8 | 280.2 |
| 交通工具用燃料 | 359.2 | 446.2 | 525.0 | 521.2 | 468.8 | 561.8 |
| 交通工具使用及维修 | 215.3 | 235.4 | 312.0 | 385.9 | 390.6 | 481.1 |
| 其中：车辆保险支出 | 78.9 | 78.2 | 101.5 | 134.8 | 147.6 | 186.5 |
| 通信 | 613.4 | 656.8 | 681.6 | 662.3 | 749.7 | 796.4 |
| 通信工具 | 156.4 | 174.8 | 211.1 | 172.9 | 211.9 | 236.5 |
| 通信服务 | 456.9 | 482.0 | 470.5 | 489.3 | 537.8 | 559.8 |
| 教育文化娱乐 | 1284.8 | 1468.2 | 1599.7 | 1813.5 | 1650.5 | 1891.9 |
| 教育 | 658.9 | 751.8 | 936.2 | 1171.4 | 1171.8 | 1391.8 |
| 学前教育 | 72.3 | 84.1 | 156.4 | 199.3 | 168.3 | 240.1 |
| 小学教育 | 87.3 | 103.1 | 156.4 | 206.5 | 207.8 | 256.7 |
| 初中教育 | 88.0 | 102.0 | 126.7 | 163.6 | 170.5 | 207.9 |
| 高中教育 | 115.3 | 127.1 | 148.5 | 200.0 | 221.1 | 254.3 |
| 中专职高教育 | 19.2 | 24.1 | 17.7 | 11.9 | 22.1 | 19.0 |
| 大专及以上教育 | 213.8 | 255.2 | 261.6 | 322.2 | 324.5 | 349.7 |
| 成人教育 | 63.0 | 56.1 | 68.9 | 67.8 | 57.5 | 64.2 |
| 文化娱乐 | 625.9 | 716.4 | 663.5 | 642.1 | 478.7 | 500.1 |
| 文娱耐用消费品 | 101.0 | 112.3 | 108.8 | 111.4 | 135.6 | 118.4 |
| 其他文娱用品 | 95.9 | 112.2 | 146.3 | 158.2 | 151.8 | 176.6 |
| 文化娱乐服务 | 429.0 | 491.9 | 408.4 | 372.5 | 191.3 | 205.1 |
| 医疗保健 | 1172.6 | 1320.2 | 1568.6 | 1934.9 | 1908.0 | 2071.9 |
| 医疗器具及药品 | 432.0 | 423.3 | 485.2 | 493.8 | 511.3 | 530.5 |
| 医疗服务 | 740.6 | 896.9 | 1083.4 | 1441.1 | 1396.7 | 1541.4 |
| 门诊总费用 | 278.7 | 347.7 | 423.4 | 518.1 | 498.8 | 617.4 |
| 住院总费用 | 461.9 | 549.2 | 660.1 | 923.0 | 897.9 | 924.0 |
| 其他用品及服务 | 367.1 | 396.8 | 434.5 | 453.7 | 452.4 | 459.3 |
| 其他用品 | 144.6 | 157.6 | 173.0 | 180.7 | 187.3 | 193.9 |
| 其他服务 | 222.5 | 239.3 | 261.5 | 273.0 | 265.1 | 265.3 |
| **生产经营费用支出** | **3096.7** | **3465.5** | **4187.2** | **4264.0** | **4313.0** | **5450.8** |
| 第一产业经营费用支出 | 1762.4 | 1753.6 | 1825.7 | 1939.8 | 1750.5 | 2015.9 |
| 农业 | 418.6 | 426.4 | 655.3 | 661.1 | 557.9 | 676.1 |
| 林业 | 12.6 | 16.0 | 23.5 | 17.7 | 22.1 | 15.4 |
| 牧业 | 1291.6 | 1276.0 | 1110.2 | 1228.9 | 1140.8 | 1289.8 |
| 渔业 | 39.7 | 35.2 | 36.8 | 32.2 | 29.7 | 34.5 |
| 第二产业经营费用支出 | 252.5 | 267.3 | 394.4 | 335.6 | 325.2 | 269.5 |
| 采矿业 | 1.2 | 2.1 | 3.5 | 0.3 | 0.1 | 0.0 |
| 制造业 | 74.9 | 91.4 | 149.8 | 142.4 | 166.9 | 121.9 |
| 电力、热力、燃气及水生产和供应业 | 20.4 | 10.5 | 2.3 | 1.5 | 2.7 | 0.5 |
| 建筑业 | 156.0 | 163.3 | 238.9 | 191.5 | 155.5 | 147.1 |
| 第三产业经营费用支出 | 1081.8 | 1444.6 | 1967.1 | 1988.6 | 2237.3 | 3165.4 |
| 批发和零售业 | 512.6 | 734.9 | 1212.3 | 1123.9 | 1307.3 | 1824.1 |
| 交通运输、仓储和邮政业 | 225.9 | 191.8 | 158.5 | 199.3 | 189.6 | 260.1 |
| 住宿和餐饮业 | 147.1 | 347.8 | 262.1 | 215.7 | 214.3 | 664.8 |

## 2-3 续表 2

单位：元/人

| 指　　标 | 2016 | 2017 | 2018 | 2019 | 2020 | 2021 |
|---|---|---|---|---|---|---|
| 房地产业 | 0.1 | 0.8 | 0.7 | 2.9 | 1.7 | 0.2 |
| 租赁和商务服务业 | 4.5 | 10.5 | 13.1 | 84.4 | 95.6 | 123.4 |
| 居民服务、修理和其他服务业 | 142.1 | 117.1 | 252.4 | 240.6 | 307.3 | 211.9 |
| 其他 | 41.9 | 36.1 | 57.3 | 108.7 | 105.5 | 75.1 |
| 农林牧渔服务业 | 7.5 | 5.6 | 10.6 | 12.9 | 16.0 | 5.8 |
| **财产性支出** | **90.6** | **92.3** | **188.9** | **241.8** | **269.2** | **231.2** |
| 生活贷款利息支出 | 86.6 | 90.4 | 186.4 | 237.1 | 262.3 | 226.3 |
| 住房贷款利息支出 | 79.5 | 82.1 | 169.7 | 225.8 | 250.5 | 215.4 |
| 其他生活贷款利息支出 | 7.1 | 8.3 | 16.7 | 11.3 | 11.7 | 10.9 |
| 其他财产性支出 | 4.0 | 1.9 | 2.5 | 4.7 | 7.0 | 5.0 |
| 非储蓄性财产保险支出 | 0.9 | 0.2 | 0.6 | 0.8 | 0.4 | 0.6 |
| 其他财产性支出 | 3.1 | 1.6 | 1.9 | 3.9 | 6.6 | 4.3 |
| **转移性支出** | **1199.8** | **1305.1** | **1388.7** | **1441.3** | **1471.8** | **1628.9** |
| 个人所得税 | 33.6 | 35.2 | 70.1 | 61.8 | 62.6 | 54.4 |
| 社会保障支出 | 955.1 | 1099.6 | 1106.5 | 1194.1 | 1239.2 | 1374.2 |
| 个人缴纳的养老保险 | 637.0 | 742.1 | 703.5 | 746.3 | 748.7 | 859.2 |
| 个人缴纳的医疗保险 | 275.8 | 301.8 | 347.5 | 375.9 | 406.2 | 440.4 |
| 个人缴纳的失业保险 | 23.6 | 23.2 | 20.8 | 25.6 | 27.3 | 26.1 |
| 其他社会保障支出 | 18.7 | 32.6 | 34.7 | 46.3 | 57.0 | 48.5 |
| 外来从业人员寄给家人的支出 | 7.4 | 0.4 | 2.2 | 5.0 | 5.4 | 3.9 |
| 赡养支出 | 129.5 | 117.8 | 140.1 | 118.1 | 113.9 | 141.6 |
| 其他转移性支出 | 74.2 | 52.2 | 69.9 | 62.4 | 50.7 | 54.8 |
| **部分商业保险支出** | **44.7** | **61.3** | **137.9** | **143.2** | **150.3** | **208.6** |
| 意外伤害保险 | 8.6 | 10.4 | 19.0 | 19.5 | 22.5 | 29.2 |
| 商业医疗保险(含大病保险) | 14.9 | 24.0 | 64.0 | 70.4 | 75.2 | 105.7 |
| 其他非储蓄性商业保险 | 5.8 | 10.1 | 17.7 | 19.9 | 12.3 | 16.2 |
| 其他储蓄性商业保险 | 15.2 | 16.7 | 37.2 | 33.4 | 40.4 | 57.5 |
| **购置资产及非经常性转移支出** | **3072.2** | **3085.9** | **3757.3** | **4569.7** | **3581.6** | **4493.1** |
| 购置资产支出 | 914.4 | 877.8 | 1317.5 | 1896.2 | 1446.4 | 1555.0 |
| 建造住房支出 | 312.4 | 171.5 | 247.0 | 376.2 | 288.5 | 198.8 |
| 建造住房材料 | 227.6 | 109.1 | 153.0 | 261.3 | 223.8 | 144.4 |
| 建造住房雇工 | 84.8 | 62.4 | 52.8 | 66.4 | 51.9 | 40.3 |
| 购买住房支出 | 441.7 | 539.2 | 834.2 | 1298.9 | 846.1 | 1091.6 |
| 购建第一产业生产性固定资产支出 | 75.3 | 92.2 | 76.6 | 99.7 | 130.3 | 121.8 |
| 购买或建造农业生产性用房 | 25.9 | 28.3 | 15.0 | 46.3 | 42.5 | 37.9 |
| 购买用房建筑材料 | 16.7 | 21.2 | 12.3 | 30.4 | 27.0 | 26.3 |
| 建筑农业生产用房雇工 | 7.8 | 6.5 | 2.0 | 9.1 | 3.8 | 2.6 |
| 购买农业生产用房 | 0.7 |  | 0.2 | 3.9 | 10.0 | 3.6 |
| 其他 | 0.8 | 0.7 | 0.4 | 2.8 | 1.7 | 5.5 |
| 购买役畜 | 5.3 | 11.2 | 6.7 | 9.1 | 2.1 | 5.7 |
| 购买产品畜 | 7.6 | 14.7 | 5.2 | 7.8 | 31.1 | 16.0 |
| 购买或建造农业设施 | 13.2 | 18.0 | 19.2 | 19.4 | 19.1 | 27.4 |
| 大棚、温室 | 10.9 | 16.4 | 15.8 | 14.3 | 7.8 | 22.6 |

## 2-3 续表 3

单位：元/人

| 指 标 | 2016 | 2017 | 2018 | 2019 | 2020 | 2021 |
|---|---|---|---|---|---|---|
| 自备井 |  | 0.4 | 0.8 | 0.8 | 3.0 | 0.7 |
| 喷灌设施 | 0.1 | 0.2 | 1.3 | 1.2 | 4.8 | 1.6 |
| 其他农业设施 | 2.2 | 0.9 | 1.4 | 3.1 | 3.7 | 2.6 |
| 购买农业机械 | 23.2 | 20.1 | 30.5 | 17.2 | 35.5 | 34.8 |
| 大中型农用拖拉机 | 0.3 | 2.2 | 6.6 | 1.0 | 0.7 | 3.1 |
| 小型(手扶)农用拖拉机 | 1.2 | 1.1 | 2.3 | 1.1 | 2.0 | 0.2 |
| 农用排灌动力机械 | 0.6 | 0.5 | 0.5 | 0.2 | 0.8 | 0.7 |
| 插秧机 | 1.4 | 0.1 |  | 0.1 | 12.8 | 0.0 |
| 收割机 | 3.4 | 1.0 | 1.2 | 0.3 | 3.9 | 3.6 |
| 脱粒机 | 1.3 | 1.2 | 2.5 | 1.0 | 2.3 | 1.9 |
| 其他农业机械 | 15.1 | 13.9 | 17.5 | 13.3 | 12.9 | 25.2 |
| 购建第二产业生产性固定资产支出 | 7.1 | 13.0 | 2.7 | 5.5 | 8.0 | 16.2 |
| 采矿业 |  |  |  |  |  | 0.0 |
| 制造业 | 4.3 | 5.6 | 0.5 | 0.4 | 0.9 | 1.7 |
| 电力、热力、燃气及水生产和供应业 | 2.4 | 0.8 |  | 0.6 |  | 0.4 |
| 建筑业 | 0.4 | 6.6 | 2.2 | 4.6 | 7.2 | 14.1 |
| 购建第三产业生产性固定资产支出 | 62.2 | 56.6 | 143.5 | 100.6 | 147.2 | 101.8 |
| 批发和零售业 | 10.9 | 14.9 | 33.1 | 10.4 | 21.8 | 55.4 |
| 交通运输、仓储和邮政业 | 36.5 | 16.8 | 32.7 | 67.3 | 70.0 | 25.7 |
| 住宿和餐饮业 | 11.1 | 9.5 | 56.1 | 5.6 | 40.5 | 9.3 |
| 房地产业 |  |  | 1.0 |  | 1.3 | 1.9 |
| 租赁和商务服务业 | 0.6 | 1.7 | 0.2 | 11.8 | 2.5 | 1.4 |
| 居民服务、修理和其他服务业 | 1.3 | 7.7 | 10.9 | 5.3 | 10.8 | 3.5 |
| 其他 | 1.7 | 6.0 | 9.3 | 0.1 | 0.4 | 4.7 |
| 购建其他资产支出 | 15.8 | 5.5 | 13.5 | 15.3 | 26.3 | 24.7 |
| 非经常性转移支出 | 2157.8 | 2208.1 | 2439.8 | 2673.4 | 2135.2 | 2938.2 |
| 博彩支出 | 30.4 | 24.4 | 51.1 | 63.2 | 50.1 | 110.2 |
| 婚丧嫁娶礼金支出 | 1558.9 | 1546.4 | 1617.8 | 1628.4 | 1286.2 | 1612.5 |
| 一次性赔偿支出 | 8.0 | 9.8 | 3.7 | 27.5 | 3.1 | 19.2 |
| 一次性馈赠支出 | 331.8 | 377.0 | 478.7 | 679.4 | 574.4 | 862.2 |
| 其他非经常性转移支出 | 61.3 | 60.2 | 288.5 | 274.8 | 221.4 | 28.4 |
| **借贷性支出** | **2038.7** | **2007.4** | **2600.5** | **2332.3** | **2080.2** | **2190.3** |
| 存入储蓄款 | 1093.1 | 1129.8 | 953.3 | 807.3 | 777.8 | 855.4 |
| 借出款 | 100.4 | 72.7 | 72.6 | 55.1 | 76.5 | 54.5 |
| 归还借款 | 221.3 | 191.1 | 312.2 | 317.3 | 207.8 | 210.5 |
| 购买有价证券 | 60.6 | 27.5 | 84.3 | 43.1 | 21.9 | 10.1 |
| 其他投资支出 | 16.8 | 24.6 | 111.1 | 70.3 | 35.8 | 108.0 |
| 归还住房贷款 | 377.5 | 391.1 | 674.7 | 798.6 | 677.3 | 699.0 |
| 归还汽车贷款 | 85.3 | 87.1 | 179.5 | 163.4 | 144.5 | 163.8 |
| 归还教育贷款 | 0.8 | 0.4 | 2.5 | 6.3 | 2.4 | 1.7 |
| 归还其他贷款 | 41.0 | 27.9 | 149.3 | 50.9 | 90.4 | 75.8 |
| 其他借贷支出 | 41.9 | 55.1 | 61.0 | 20.0 | 45.8 | 11.3 |

# 2-4 全体居民人均现金收入(2016-2021年)

单位：元/人

| 指　　标 | 2016 | 2017 | 2018 | 2019 | 2020 | 2021 |
|---|---|---|---|---|---|---|
| **全体居民现金收入** | **21573.9** | **23777.7** | **26512.6** | **28778.9** | **30595.0** | **34153.5** |
| **现金工资性收入** | **9229.1** | **9954.2** | **10999.8** | **11957.9** | **12927.7** | **14256.6** |
| 工资 | 8600.9 | 9393.2 | 10304.8 | 11460.5 | 12420.1 | 13693.1 |
| 其他工资性收入 | 628.2 | 560.9 | 694.9 | 497.4 | 507.6 | 563.5 |
| **现金经营性收入** | **6340.7** | **7046.9** | **8136.6** | **8763.2** | **8946.8** | **10492.8** |
| 第一产业现金经营收入 | 2840.0 | 2965.6 | 3084.7 | 3398.1 | 3238.3 | 3412.9 |
| 农业 | 962.9 | 1049.4 | 1377.6 | 1423.6 | 1296.4 | 1539.1 |
| 林业 | 94.2 | 127.8 | 176.2 | 184.3 | 148.0 | 191.9 |
| 牧业 | 1706.6 | 1721.3 | 1465.6 | 1724.6 | 1730.3 | 1623.8 |
| 渔业 | 76.3 | 67.2 | 65.2 | 65.6 | 63.6 | 58.1 |
| 第二产业现金经营收入 | 398.9 | 432.9 | 574.6 | 603.3 | 616.6 | 662.0 |
| 采矿业 | 9.6 | 1.7 | 7.3 | 0.6 | 0.4 | 0.0 |
| 制造业 | 130.6 | 169.8 | 230.0 | 217.9 | 257.4 | 282.5 |
| 电力、热力、燃气及水生产和供应业 | 26.5 | 24.2 | 9.7 | 10.9 | 13.4 | 2.9 |
| 建筑业 | 232.1 | 237.1 | 327.5 | 373.9 | 345.4 | 376.6 |
| 第三产业现金经营收入 | 3101.9 | 3648.4 | 4477.3 | 4761.8 | 5091.8 | 6417.9 |
| 批发和零售业 | 1551.6 | 1803.5 | 2436.1 | 2487.6 | 2762.6 | 3460.5 |
| 交通运输、仓储和邮政业 | 501.1 | 528.6 | 501.3 | 552.6 | 594.3 | 711.1 |
| 住宿和餐饮业 | 424.8 | 661.2 | 659.8 | 669.8 | 632.4 | 1163.6 |
| 房地产业 | 5.7 | 2.3 | 4.7 | 0.8 | 4.4 | 0.0 |
| 租赁和商务服务业 | 21.8 | 38.0 | 44.6 | 103.2 | 107.9 | 77.1 |
| 居民服务、修理和其他服务业 | 480.1 | 475.7 | 655.8 | 645.2 | 692.5 | 777.6 |
| 其他行业 | 91.6 | 116.1 | 154.6 | 266.4 | 266.5 | 211.1 |
| 农林牧渔服务业 | 25.0 | 23.1 | 20.5 | 36.3 | 31.3 | 16.9 |
| **现金财产性收入** | **754.2** | **838.7** | **953.3** | **1086.4** | **1228.4** | **1318.9** |
| 利息收入 | 127.4 | 144.8 | 146.3 | 191.9 | 226.0 | 258.6 |
| 红利收入 | 101.5 | 104.8 | 232.1 | 229.9 | 315.7 | 366.5 |
| 储蓄性保险收益 | 2.2 | 4.8 | 6.6 | 3.8 | 1.8 | 3.8 |
| 转让承包土地经营权租金收入 | 71.0 | 83.0 | 87.0 | 105.0 | 112.9 | 121.2 |
| 出租房屋财产性净收入 | 413.6 | 458.5 | 419.6 | 487.9 | 532.2 | 526.9 |
| 出租机械、专利、版权等资产的净收入 | 18.4 | 24.8 | 38.1 | 48.8 | 30.1 | 23.4 |
| 其他财产性收入 | 20.0 | 18.1 | 23.6 | 19.2 | 9.7 | 18.6 |
| **现金转移性收入** | **5249.9** | **5937.8** | **6422.9** | **6971.3** | **7492.1** | **8085.2** |
| 养老金或离退休金 | 3418.1 | 3844.4 | 3720.7 | 3991.2 | 4330.1 | 4433.6 |

## 2-4 续表

单位：元/人

| 指　　标 | 2016 | 2017 | 2018 | 2019 | 2020 | 2021 |
|---|---|---|---|---|---|---|
| 社会救济和补助 | 133.4 | 159.5 | 187.2 | 176.8 | 202.8 | 247.1 |
| 政策性生活补贴 | 44.4 | 53.6 | 129.5 | 131.5 | 126.2 | 129.2 |
| 家庭外出从业人员寄回带回收入 | 976.1 | 1103.1 | 1515.5 | 1685.3 | 1798.3 | 2192.9 |
| 赡养收入 | 466.1 | 566.2 | 635.3 | 710.0 | 780.3 | 803.2 |
| 其他转移性收入 | 102.2 | 103.3 | 131.4 | 117.2 | 131.0 | 145.6 |
| 现金政策性惠农补贴 | 109.5 | 107.8 | 103.3 | 159.4 | 123.5 | 133.6 |
| **非收入所得** | **1564.3** | **2135.3** | **2339.9** | **2954.5** | **2707.4** | **2960.2** |
| 出售资产所得 | 347.6 | 816.7 | 723.9 | 1009.2 | 817.6 | 721.5 |
| 出售住房本金所得 | 19.0 | 66.4 | 242.7 | 171.8 | 126.7 | 247.2 |
| 出售住房溢价所得(含亏损) | 0.1 | 6.4 | 1.7 | 50.0 | 31.2 | 52.5 |
| 出售股票、基金、收藏品本金所得 | 19.7 | 41.6 | 0.8 | 2.4 | 3.7 | 0.8 |
| 出售股票、基金、收藏品所得(含亏损) | 4.2 | 1.4 | 5.0 | 3.1 | 14.4 | 2.6 |
| 出售生产性固定资产所得 | 35.3 | 32.0 | 18.5 | 35.3 | 30.6 | 33.2 |
| 拆迁征地补偿所得 | 227.9 | 513.5 | 377.2 | 678.7 | 530.5 | 291.2 |
| 出售其他财物和收回其他投资本金所得 | 41.4 | 155.4 | 78.0 | 67.9 | 80.5 | 94.0 |
| 非经常性转移所得 | 1210.2 | 1308.9 | 1608.1 | 1938.3 | 1881.9 | 2221.0 |
| 博彩所得 | 30.4 | 27.9 | 104.0 | 70.1 | 56.1 | 139.9 |
| 婚丧嫁娶礼金所得 | 545.8 | 440.4 | 556.1 | 562.9 | 439.3 | 586.2 |
| 遗产及一次性馈赠所得 | 207.1 | 218.6 | 338.4 | 411.0 | 402.0 | 548.6 |
| 一次性赔偿所得 | 54.0 | 133.7 | 84.3 | 79.4 | 125.9 | 81.6 |
| 提取住房公积金 | 27.0 | 20.2 | 60.3 | 146.9 | 106.0 | 141.8 |
| 调查补贴 | 310.4 | 397.6 | 448.7 | 637.7 | 721.5 | 692.6 |
| 其他非经常性转移所得 | 35.5 | 70.4 | 16.3 | 30.2 | 31.0 | 30.5 |
| 其他非收入所得 | 6.5 | 9.7 | 7.9 | 6.9 | 7.9 | 17.7 |
| **借贷性所得** | **2425.3** | **2111.3** | **2525.0** | **2628.0** | **2008.9** | **2199.8** |
| 提取储蓄存款 | 1832.5 | 1565.3 | 1773.2 | 1750.0 | 1355.0 | 1592.0 |
| 借入款 | 365.1 | 296.0 | 399.5 | 404.1 | 272.0 | 235.6 |
| 收回借出款 | 138.0 | 112.2 | 161.0 | 166.9 | 101.3 | 117.4 |
| 收回储蓄性保险本金 | 3.2 | 1.1 | 5.4 | 1.0 | 0.2 | 3.6 |
| 住房贷款 | 7.3 | 35.4 | 51.9 | 163.5 | 146.7 | 148.1 |
| 汽车贷款 | 0.8 | 5.9 | 10.6 | 52.1 | 18.9 | 13.0 |
| 教育贷款 | 3.0 | 4.5 | 11.3 | 8.9 | 6.2 | 4.7 |
| 其他贷款 | 61.6 | 78.9 | 94.5 | 72.3 | 101.3 | 64.6 |
| 其他借贷所得 | 13.8 | 12.0 | 17.7 | 9.2 | 7.4 | 20.9 |

# 2-5 全体居民人均现金支出(2016-2021年)

单位：元/人

| 指　　标 | 2016 | 2017 | 2018 | 2019 | 2020 | 2021 |
|---|---|---|---|---|---|---|
| **全体居民人均现金支出** | **21355.2** | **23070.9** | **26554.2** | **28678.7** | **27914.8** | **31740.9** |
| **现金消费支出** | **12136.2** | **13346.4** | **14573.6** | **15923.0** | **16223.2** | **17767.8** |
| 食品烟酒 | 4572.9 | 4909.7 | 5295.8 | 5820.3 | 6298.8 | 6806.1 |
| 食品 | 3155.1 | 3301.8 | 3417.4 | 3644.1 | 4257.2 | 4294.5 |
| 谷物 | 384.4 | 382.5 | 398.6 | 379.7 | 425.6 | 405.3 |
| 薯类 | 46.4 | 48.0 | 51.6 | 54.9 | 63.0 | 57.7 |
| 豆类 | 52.3 | 57.0 | 54.9 | 56.8 | 63.2 | 60.8 |
| 食用油 | 152.8 | 143.8 | 142.5 | 135.1 | 160.2 | 169.9 |
| 蔬菜和食用菌 | 425.4 | 438.5 | 436.8 | 444.5 | 502.4 | 488.3 |
| 肉类 | 906.4 | 966.3 | 971.2 | 1066.4 | 1468.0 | 1505.5 |
| 禽类 | 222.7 | 211.2 | 223.8 | 290.9 | 313.2 | 285.0 |
| 水产品 | 128.6 | 143.9 | 144.6 | 186.5 | 200.5 | 215.7 |
| 蛋类 | 75.3 | 75.8 | 80.6 | 89.3 | 97.3 | 94.8 |
| 奶类 | 194.5 | 217.2 | 276.3 | 261.4 | 256.5 | 278.3 |
| 干鲜瓜果类 | 292.4 | 336.1 | 341.3 | 378.9 | 378.5 | 396.3 |
| 糖果糕点类 | 105.6 | 114.1 | 128.7 | 128.4 | 127.8 | 139.1 |
| 其他食品 | 168.3 | 167.6 | 166.5 | 171.2 | 201.0 | 197.8 |
| 烟酒 | 500.7 | 545.1 | 638.0 | 708.3 | 741.5 | 828.0 |
| 烟草 | 341.9 | 360.5 | 441.2 | 515.7 | 555.9 | 649.9 |
| 酒类 | 158.7 | 184.5 | 196.8 | 192.6 | 185.6 | 178.1 |
| 饮料 | 85.9 | 90.3 | 106.0 | 117.6 | 122.6 | 142.2 |
| 饮食服务 | 831.3 | 972.6 | 1134.4 | 1350.3 | 1177.5 | 1541.4 |
| 食堂用餐 | 138.5 | 155.9 | 113.7 | 122.7 | 114.5 | 162.5 |
| 其他在外饮食 | 682.0 | 804.5 | 1009.4 | 1218.8 | 1054.7 | 1369.0 |
| 食品加工服务费 | 10.8 | 12.1 | 11.2 | 8.8 | 8.4 | 10.0 |
| 衣着 | 1140.4 | 1149.7 | 1173.3 | 1212.5 | 1189.6 | 1314.9 |
| 衣类 | 868.5 | 877.2 | 921.9 | 953.7 | 936.0 | 1031.5 |
| 鞋类 | 271.9 | 272.5 | 251.4 | 258.8 | 253.6 | 283.4 |
| 居住 | 1046.3 | 1118.3 | 1251.9 | 1366.6 | 1468.9 | 1568.4 |
| 租赁房房租 | 95.3 | 77.6 | 120.4 | 148.2 | 130.5 | 145.5 |
| 住房维修及管理 | 434.0 | 462.1 | 526.9 | 591.1 | 681.8 | 746.0 |
| 水电燃料及其他 | 517.0 | 578.6 | 604.6 | 627.3 | 656.6 | 676.8 |
| 生活用品及服务 | 958.1 | 1051.3 | 1161.0 | 1183.3 | 1221.6 | 1377.2 |
| 家具及室内装饰品 | 139.4 | 161.8 | 171.0 | 183.9 | 181.7 | 215.1 |
| 家用器具 | 240.7 | 293.8 | 321.4 | 297.8 | 301.7 | 336.5 |
| 家用纺织品 | 90.3 | 90.1 | 99.2 | 101.9 | 100.6 | 117.6 |
| 家庭日用杂品 | 299.7 | 286.8 | 284.4 | 278.4 | 304.3 | 318.4 |
| 个人用品 | 160.2 | 187.7 | 234.8 | 268.2 | 282.4 | 330.4 |
| 家庭服务 | 27.8 | 31.0 | 50.1 | 53.1 | 50.9 | 59.3 |
| 交通通信 | 1849.9 | 2199.1 | 2397.0 | 2574.2 | 2464.1 | 2803.5 |
| 交通 | 1236.5 | 1542.3 | 1715.4 | 1911.9 | 1714.5 | 2007.1 |
| 交通工具 | 476.0 | 655.4 | 576.9 | 655.1 | 592.3 | 687.9 |
| 交通费 | 186.0 | 205.4 | 301.5 | 349.7 | 262.8 | 276.3 |
| 交通工具用燃料 | 359.2 | 446.2 | 525.0 | 521.2 | 468.8 | 561.8 |

## 2-5 续表 1

单位：元/人

| 指　　标 | 2016 | 2017 | 2018 | 2019 | 2020 | 2021 |
|---|---|---|---|---|---|---|
| 交通工具使用及维修 | 215.3 | 235.4 | 312.0 | 385.9 | 390.6 | 481.1 |
| 其中：车辆保险支出 | 78.9 | 78.2 | 101.5 | 134.8 | 147.6 | 186.5 |
| 通信 | 613.4 | 656.8 | 681.6 | 662.3 | 749.7 | 796.4 |
| 通信工具 | 156.4 | 174.8 | 211.1 | 172.9 | 211.9 | 236.5 |
| 通信服务 | 456.9 | 482.0 | 470.5 | 489.3 | 537.8 | 559.8 |
| 教育文化娱乐 | 1284.4 | 1467.2 | 1596.6 | 1813.0 | 1650.3 | 1891.1 |
| 教育 | 658.8 | 751.6 | 936.2 | 1171.4 | 1171.8 | 1391.8 |
| 学前教育 | 72.3 | 84.1 | 156.4 | 199.3 | 168.3 | 240.1 |
| 小学教育 | 87.3 | 103.1 | 156.4 | 206.5 | 207.8 | 256.7 |
| 初中教育 | 88.0 | 102.0 | 126.7 | 163.6 | 170.5 | 207.9 |
| 高中教育 | 115.3 | 127.1 | 148.5 | 200.0 | 221.1 | 254.3 |
| 中专职高教育 | 19.2 | 24.1 | 17.7 | 11.9 | 22.1 | 19.0 |
| 大专及以上教育 | 213.8 | 255.2 | 261.6 | 322.2 | 324.5 | 349.7 |
| 成人教育 | 62.9 | 56.0 | 68.9 | 67.8 | 57.5 | 64.2 |
| 文化娱乐 | 625.5 | 715.6 | 660.4 | 641.6 | 478.5 | 499.2 |
| 文娱耐用消费品 | 101.0 | 112.3 | 108.8 | 111.4 | 135.6 | 118.4 |
| 其他文娱用品 | 95.8 | 111.9 | 143.4 | 157.9 | 151.6 | 176.4 |
| 文化娱乐服务 | 428.8 | 491.4 | 408.2 | 372.4 | 191.3 | 204.5 |
| 医疗保健 | 923.7 | 1066.2 | 1271.0 | 1508.2 | 1487.7 | 1558.3 |
| 医疗器具及药品 | 431.5 | 423.1 | 484.6 | 493.4 | 510.2 | 520.9 |
| 医疗服务(不含报销医疗费) | 492.3 | 643.0 | 786.4 | 1014.8 | 977.4 | 1037.5 |
| 门诊费用(不含报销医疗费) | 223.3 | 283.0 | 370.8 | 440.0 | 414.6 | 524.7 |
| 住院费用(不含报销医疗费) | 269.0 | 360.0 | 415.6 | 574.8 | 562.8 | 512.8 |
| 其他用品及服务 | 360.6 | 384.8 | 427.1 | 445.0 | 442.2 | 448.3 |
| 其他用品 | 142.0 | 150.3 | 169.9 | 177.5 | 183.5 | 191.9 |
| 其他服务 | 218.6 | 234.5 | 257.1 | 267.4 | 258.7 | 256.4 |
| **生产经营现金费用支出** | **2773.1** | **3172.5** | **3907.3** | **4027.4** | **4138.4** | **5221.0** |
| 第一产业经营现金费用支出 | 1438.8 | 1460.5 | 1545.8 | 1703.2 | 1575.9 | 1786.1 |
| 农业 | 364.2 | 383.8 | 606.6 | 638.7 | 542.0 | 660.5 |
| 林业 | 12.6 | 16.0 | 23.5 | 17.7 | 22.1 | 15.4 |
| 牧业 | 1022.5 | 1025.8 | 879.1 | 1015.3 | 982.2 | 1078.0 |
| 渔业 | 39.5 | 34.9 | 36.7 | 31.5 | 29.6 | 32.1 |
| 第二产业经营现金费用支出 | 252.5 | 267.3 | 394.4 | 335.6 | 325.2 | 269.5 |
| 采矿业 | 1.2 | 2.1 | 3.5 | 0.3 | 0.1 | 0.0 |
| 制造业 | 74.9 | 91.4 | 149.8 | 142.4 | 166.9 | 121.9 |
| 电力、热力、燃气及水生产和供应业 | 20.4 | 10.5 | 2.3 | 1.5 | 2.7 | 0.5 |
| 建筑业 | 156.0 | 163.3 | 238.9 | 191.5 | 155.5 | 147.1 |
| 第三产业经营现金费用支出 | 1081.8 | 1444.6 | 1967.1 | 1988.6 | 2237.3 | 3165.4 |
| 批发和零售业 | 512.6 | 734.9 | 1212.3 | 1123.9 | 1307.3 | 1824.1 |
| 交通运输、仓储和邮政业 | 225.9 | 191.8 | 158.5 | 199.3 | 189.6 | 260.1 |
| 住宿和餐饮业 | 147.1 | 347.8 | 262.1 | 215.7 | 214.3 | 664.8 |
| 房地产业 | 0.1 | 0.8 | 0.7 | 2.9 | 1.7 | 0.2 |
| 租赁和商务服务业 | 4.5 | 10.5 | 13.1 | 84.4 | 95.6 | 123.4 |
| 居民服务、修理和其他服务业 | 142.1 | 117.1 | 252.4 | 240.6 | 307.3 | 211.9 |
| 其他 | 41.9 | 36.1 | 57.3 | 108.7 | 105.5 | 75.1 |
| 农林牧渔服务业 | 7.5 | 5.6 | 10.6 | 12.9 | 16.0 | 5.8 |

## 2-5 续表 2

单位：元/人

| 指　　标 | 2016 | 2017 | 2018 | 2019 | 2020 | 2021 |
|---|---|---|---|---|---|---|
| **现金财产性支出** | **90.6** | **92.3** | **188.9** | **241.8** | **269.2** | **231.2** |
| 生活贷款利息支出 | 86.6 | 90.4 | 186.4 | 237.1 | 262.3 | 226.3 |
| 住房贷款利息支出 | 79.5 | 82.1 | 169.7 | 225.8 | 250.5 | 215.4 |
| 其他生活贷款利息支出 | 7.1 | 8.3 | 16.7 | 11.3 | 11.7 | 10.9 |
| 其他财产性支出 | 4.0 | 1.9 | 2.5 | 4.7 | 7.0 | 5.0 |
| 非储蓄性财产保险支出 | 0.9 | 0.2 | 0.6 | 0.8 | 0.4 | 0.6 |
| 其他财产性支出 | 3.1 | 1.6 | 1.9 | 3.9 | 6.6 | 4.3 |
| **现金转移性支出** | **1199.8** | **1305.1** | **1388.7** | **1441.3** | **1471.8** | **1628.9** |
| 个人所得税 | 33.6 | 35.2 | 70.1 | 61.8 | 62.6 | 54.4 |
| 社会保障支出 | 955.1 | 1099.6 | 1106.5 | 1194.1 | 1239.2 | 1374.2 |
| 个人缴纳的养老保险 | 637.0 | 742.1 | 703.5 | 746.3 | 748.7 | 859.2 |
| 个人缴纳的医疗保险 | 275.8 | 301.8 | 347.5 | 375.9 | 406.2 | 440.4 |
| 个人缴纳的失业保险 | 23.6 | 23.2 | 20.8 | 25.6 | 27.3 | 26.1 |
| 其他社会保障支出 | 18.7 | 32.6 | 34.7 | 46.3 | 57.0 | 48.5 |
| 外来从业人员寄给家人的支出 | 7.4 | 0.4 | 2.2 | 5.0 | 5.4 | 3.9 |
| 农村外来从业人员寄给家人的支出 | 6.6 | 0.3 | 2.0 | 1.4 | 2.6 | 2.9 |
| 城镇外来从业人员寄给家人的支出 | 0.8 | 0.1 | 0.2 | 3.7 | 2.8 | 1.0 |
| 赡养支出 | 129.5 | 117.8 | 140.1 | 118.1 | 113.9 | 141.6 |
| 其他转移性支出 | 74.2 | 52.2 | 69.9 | 62.4 | 50.7 | 54.8 |
| 经常性捐赠支出 | 26.2 | 14.2 | 16.0 | 16.4 | 9.8 | 4.8 |
| 经常性赔偿支出 | 0.4 | 0.1 | 0.2 | 0.8 | 0.1 | 0.2 |
| 其他经常转移支出 | 47.5 | 37.9 | 53.7 | 45.2 | 40.8 | 49.8 |
| **部分商业保险支出** | **44.7** | **61.3** | **137.9** | **143.2** | **150.3** | **208.6** |
| 意外伤害保险 | 8.6 | 10.4 | 19.0 | 19.5 | 22.5 | 29.2 |
| 商业医疗保险(含大病保险) | 14.9 | 24.0 | 64.0 | 70.4 | 75.2 | 105.7 |
| 其他非储蓄性商业保险 | 5.8 | 10.1 | 17.7 | 19.9 | 12.3 | 16.2 |
| 其他储蓄性商业保险 | 15.2 | 16.7 | 37.2 | 33.4 | 40.4 | 57.5 |
| **购置资产及非经常性转移支出** | **3072.2** | **3085.9** | **3757.3** | **4569.7** | **3581.6** | **4493.1** |
| 购置资产支出 | 914.4 | 877.8 | 1317.5 | 1896.2 | 1446.4 | 1555.0 |
| 建造住房支出 | 312.4 | 171.5 | 247.0 | 376.2 | 288.5 | 198.8 |
| 建造住房材料 | 227.6 | 109.1 | 153.0 | 261.3 | 223.8 | 144.4 |
| 建造住房雇工 | 84.8 | 62.4 | 52.8 | 66.4 | 51.9 | 40.3 |
| 购买住房支出 | 441.7 | 539.2 | 834.2 | 1298.9 | 846.1 | 1091.6 |
| 购建第一产业生产性固定资产支出 | 75.3 | 92.2 | 76.6 | 99.7 | 130.3 | 121.8 |
| 购买或建造农业生产性用房 | 25.9 | 28.3 | 15.0 | 46.3 | 42.5 | 37.9 |
| 购买用房建筑材料 | 16.7 | 21.2 | 12.3 | 30.4 | 27.0 | 26.3 |
| 建筑农业生产用房雇工 | 7.8 | 6.5 | 2.0 | 9.1 | 3.8 | 2.6 |
| 购买农业生产用房 | 0.7 |  | 0.2 | 3.9 | 10.0 | 3.6 |
| 其他 | 0.8 | 0.7 | 0.4 | 2.8 | 1.7 | 5.5 |
| 购买役畜 | 5.3 | 11.2 | 6.7 | 9.1 | 2.1 | 5.7 |
| 购买产品畜 | 7.6 | 14.7 | 5.2 | 7.8 | 31.1 | 16.0 |
| 购买或建造农业设施 | 13.2 | 18.0 | 19.2 | 19.4 | 19.1 | 27.4 |

2-5 续表 3

单位：元/人

| 指　　标 | 2016 | 2017 | 2018 | 2019 | 2020 | 2021 |
|---|---|---|---|---|---|---|
| 大棚、温室 | 10.9 | 16.4 | 15.8 | 14.3 | 7.8 | 22.6 |
| 自备井 | | 0.4 | 0.8 | 0.8 | 3.0 | 0.7 |
| 喷灌设施 | 0.1 | 0.2 | 1.3 | 1.2 | 4.8 | 1.6 |
| 其他农业设施 | 2.2 | 0.9 | 1.4 | 3.1 | 3.7 | 2.6 |
| 购买农业机械 | 23.2 | 20.1 | 30.5 | 17.2 | 35.5 | 34.8 |
| 大中型农用拖拉机 | 0.3 | 2.2 | 6.6 | 1.0 | 0.7 | 3.1 |
| 小型(手扶)农用拖拉机 | 1.2 | 1.1 | 2.3 | 1.1 | 2.0 | 0.2 |
| 农用排灌动力机械 | 0.6 | 0.5 | 0.5 | 0.2 | 0.8 | 0.7 |
| 插秧机 | 1.4 | 0.1 | | 0.1 | 12.8 | 0.0 |
| 收割机 | 3.4 | 1.0 | 1.2 | 0.3 | 3.9 | 3.6 |
| 脱粒机 | 1.3 | 1.2 | 2.5 | 1.0 | 2.3 | 1.9 |
| 其他农业机械 | 15.1 | 13.9 | 17.5 | 13.3 | 12.9 | 25.2 |
| 购建第二产业生产性固定资产支出 | 7.1 | 13.0 | 2.7 | 5.5 | 8.0 | 16.2 |
| 采矿业 | | | | | | 0.0 |
| 制造业 | 4.3 | 5.6 | 0.5 | 0.4 | 0.9 | 1.7 |
| 电力、热力、燃气及水生产和供应业 | 2.4 | 0.8 | | 0.6 | | 0.4 |
| 建筑业 | 0.4 | 6.6 | 2.2 | 4.6 | 7.2 | 14.1 |
| 购建第三产业生产性固定资产支出 | 62.2 | 56.6 | 143.5 | 100.6 | 147.2 | 101.8 |
| 批发和零售业 | 10.9 | 14.9 | 33.1 | 10.4 | 21.8 | 55.4 |
| 交通运输、仓储和邮政业 | 36.5 | 16.8 | 32.7 | 67.3 | 70.0 | 25.7 |
| 住宿和餐饮业 | 11.1 | 9.5 | 56.1 | 5.6 | 40.5 | 9.3 |
| 房地产业 | | | 1.0 | | 1.3 | 1.9 |
| 租赁和商务服务业 | 0.6 | 1.7 | 0.2 | 11.8 | 2.5 | 1.4 |
| 居民服务、修理和其他服务业 | 1.3 | 7.7 | 10.9 | 5.3 | 10.8 | 3.5 |
| 其他行业 | 1.7 | 6.0 | 9.3 | 0.1 | 0.4 | 4.7 |
| 购建其他资产支出 | 15.8 | 5.5 | 13.5 | 15.3 | 26.3 | 24.7 |
| 非经常性转移支出 | 2157.8 | 2208.1 | 2439.8 | 2673.4 | 2135.2 | 2938.2 |
| 博彩支出 | 30.4 | 24.4 | 51.1 | 63.2 | 50.1 | 110.2 |
| 婚丧嫁娶礼金支出 | 1558.9 | 1546.4 | 1617.8 | 1628.4 | 1286.2 | 1612.5 |
| 一次性赔偿支出 | 8.0 | 9.8 | 3.7 | 27.5 | 3.1 | 19.2 |
| 一次性馈赠支出 | 331.8 | 377.0 | 478.7 | 679.4 | 574.4 | 862.2 |
| 其他非经常性转移支出 | 61.3 | 60.2 | 43.5 | 274.8 | 221.4 | 28.4 |
| **借贷性支出** | **2038.7** | **2007.4** | **2600.5** | **2332.3** | **2080.2** | **2190.3** |
| 存入储蓄款 | 1093.1 | 1129.8 | 953.3 | 807.3 | 777.8 | 855.4 |
| 借出款 | 100.4 | 72.7 | 72.6 | 55.1 | 76.5 | 54.5 |
| 归还借款 | 221.3 | 191.1 | 312.2 | 317.3 | 207.8 | 210.5 |
| 购买有价证券 | 60.6 | 27.5 | 84.3 | 43.1 | 21.9 | 10.1 |
| 其他投资支出 | 16.8 | 24.6 | 111.1 | 70.3 | 35.8 | 108.0 |
| 归还住房贷款 | 377.5 | 391.1 | 674.7 | 798.6 | 677.3 | 699.0 |
| 归还汽车贷款 | 85.3 | 87.1 | 179.5 | 163.4 | 144.5 | 163.8 |
| 归还教育贷款 | 0.8 | 0.4 | 2.5 | 6.3 | 2.4 | 1.7 |
| 归还其他贷款 | 41.0 | 27.9 | 149.3 | 50.9 | 90.4 | 75.8 |
| 其他借贷支出 | 41.9 | 55.1 | 61.0 | 20.0 | 45.8 | 11.3 |

# 2-6 按五等份分组的全体居民人均可支配收入(2021年)

单位：元/人

| 指　　标 | 总平均 | 低收入户 | 中低收入户 | 中等收入户 | 中高收入户 | 高收入户 |
|---|---|---|---|---|---|---|
| **全体居民人均可支配收入** | **29080.1** | **6834.7** | **16618.8** | **25155.2** | **37950.1** | **69518.2** |
| **工资性收入** | **14392.4** | **3157.9** | **6190.6** | **11543.7** | **19868.9** | **37009.0** |
| 工资 | 13693.1 | 3075.5 | 6055.2 | 11243.5 | 19186.4 | 34253.4 |
| 按月发放的工资 | 10537.9 | 1814.9 | 4195.3 | 8970.0 | 15710.7 | 26177.9 |
| 补发工资 | 250.5 | 54.1 | 133.2 | 186.3 | 279.7 | 711.1 |
| 不按月发放的奖金、津贴、过节费等 | 2904.7 | 1206.5 | 1726.7 | 2087.2 | 3195.9 | 7364.4 |
| 实物福利 | 135.8 | 51.0 | 81.7 | 144.3 | 175.2 | 262.0 |
| 从单位或雇主得到的实物产品折价 | 22.6 | 6.7 | 11.3 | 20.2 | 20.5 | 64.0 |
| 食品 | 17.6 | 6.0 | 8.8 | 14.6 | 15.9 | 50.0 |
| 谷物、薯类及豆类 | 7.5 | 2.2 | 3.1 | 5.4 | 7.0 | 23.5 |
| 食用油(植物油) | 2.3 | 0.5 | 1.4 | 1.6 | 2.6 | 6.5 |
| 蔬菜及制品 | 0.1 | 0.1 | 0.1 | 0.1 | 0.0 | 0.2 |
| 肉、禽、蛋、奶及制品 | 1.2 | 0.9 | 0.7 | 0.6 | 1.1 | 2.9 |
| 水产品及制品 | 0.0 | 0.0 | 0.0 | 0.1 | 0.0 | 0.0 |
| 糖、烟、酒、饮料类 | 4.4 | 1.7 | 2.6 | 5.4 | 3.5 | 10.5 |
| 干鲜瓜果类 | 0.9 | 0.2 | 0.4 | 0.6 | 0.8 | 2.9 |
| 其他类食品 | 1.2 | 0.5 | 0.7 | 0.9 | 1.0 | 3.5 |
| 衣着 | 0.4 | 0.0 | 0.3 | 0.5 | 0.4 | 1.0 |
| 居住 | 0.0 | 0.0 | 0.0 | 0.0 | 0.0 | 0.0 |
| 家庭设备和日用品 | 1.7 | 0.5 | 1.0 | 2.0 | 1.2 | 4.6 |
| 交通、通信工具及用品 | 0.6 | 0.0 | 0.1 | 1.3 | 1.6 | 0.2 |
| 教育文化娱乐用品 | 0.0 | 0.0 | 0.0 | 0.0 | 0.1 | 0.0 |
| 医疗保健用品 | 0.6 | 0.0 | 0.8 | 0.7 | 0.3 | 1.2 |
| 其他用品 | 1.7 | 0.2 | 0.2 | 1.0 | 1.0 | 7.0 |
| 从单位或雇主得到的服务折价 | 113.1 | 44.3 | 70.4 | 124.1 | 154.8 | 198.0 |
| 免费或低价提供的工作餐 | 106.3 | 40.5 | 65.7 | 120.0 | 148.2 | 180.7 |
| 免费或低价提供的住宿 | 4.4 | 0.9 | 3.7 | 3.2 | 5.6 | 10.2 |
| 单位缴纳的水电费、取暖费、物业费等 | 0.1 | 0.0 | 0.0 | 0.0 | 0.0 | 0.2 |
| 免费或低价提供的交通和通信服务 | 0.8 | 0.2 | 0.7 | 0.0 | 0.7 | 2.7 |
| 单位缴纳的教育入学赞助费 | 0.0 | 0.0 | 0.0 | 0.0 | 0.0 | 0.0 |
| 免费或低价提供的旅游服务 | 0.6 | 2.5 | 0.1 | 0.0 | 0.0 | 0.2 |
| 其他服务 | 0.9 | 0.2 | 0.1 | 0.8 | 0.3 | 4.0 |
| 单位或雇主实物福利报销所得 | 0.0 | 0.0 | 0.0 | 0.0 | 0.0 | 0.0 |
| 其他 | 563.5 | 31.3 | 53.7 | 155.9 | 507.3 | 2493.6 |
| 住房公积金 | 479.1 | 13.4 | 31.6 | 100.4 | 463.5 | 2157.5 |
| 辞退金 | 25.5 | 0.0 | 2.0 | 3.8 | 3.0 | 143.3 |
| 自由职业劳动所得(如稿费、翻译费) | 41.7 | 7.0 | 6.7 | 24.3 | 26.4 | 172.1 |
| 安家费 | 4.0 | 2.1 | 0.6 | 13.4 | 0.0 | 3.7 |
| 股票期权 | 0.0 | 0.0 | 0.0 | 0.0 | 0.0 | 0.0 |
| 其他劳动所得 | 13.1 | 8.8 | 12.9 | 13.9 | 14.4 | 16.9 |
| **经营净收入** | **5758.4** | **268.9** | **4806.0** | **6536.4** | **7504.0** | **11539.8** |
| 第一产业经营净收入 | 2338.2 | 1463.2 | 2890.5 | 2605.8 | 2378.1 | 2515.7 |
| 农业 | 1503.0 | 1014.5 | 1783.6 | 1673.5 | 1521.6 | 1611.7 |
| 林业 | 213.9 | 446.6 | 243.8 | 196.3 | 71.0 | 45.6 |
| 牧业 | 599.3 | 28.8 | 824.4 | 706.1 | 754.2 | 809.7 |
| 渔业 | 22.0 | -26.6 | 38.7 | 29.9 | 31.3 | 48.7 |

## 2-6 续表 1

单位：元/人

| 指　　标 | 总平均 | 低收入户 | 中低收入户 | 中等收入户 | 中高收入户 | 高收入户 |
|---|---|---|---|---|---|---|
| 第二产业经营净收入 | 371.5 | -55.5 | 215.2 | 354.1 | 621.3 | 881.0 |
| 采矿业 | 0.0 | 0.0 | 0.0 | 0.0 | 0.0 | 0.0 |
| 制造业 | 151.6 | -66.5 | 151.2 | 234.2 | 247.1 | 241.2 |
| 电力、热力、燃气及水生产和供应业 | 1.5 | 0.0 | 0.0 | 0.0 | -0.7 | 9.8 |
| 建筑业 | 218.4 | 11.0 | 64.0 | 119.9 | 374.8 | 630.0 |
| 第三产业经营净收入 | 3048.7 | -1138.8 | 1700.3 | 3576.5 | 4504.6 | 8143.1 |
| 批发和零售业 | 1555.4 | -809.4 | 888.2 | 1978.6 | 2309.0 | 4245.0 |
| 交通运输、仓储和邮政业 | 407.9 | 59.5 | 351.5 | 434.2 | 482.9 | 840.9 |
| 住宿和餐饮业 | 460.0 | -206.1 | 150.8 | 487.3 | 587.2 | 1579.1 |
| 房地产业 | -0.2 | 0.0 | 0.0 | 0.0 | 0.0 | -0.9 |
| 租赁和商务服务业 | -51.8 | -268.6 | 0.2 | -3.8 | -0.3 | 67.1 |
| 居民服务、修理和其他服务业 | 538.1 | 72.4 | 277.5 | 486.7 | 978.0 | 1043.9 |
| 其他 | 131.1 | 17.0 | 34.9 | 193.9 | 116.0 | 347.9 |
| 农林牧渔服务业 | 8.1 | -3.7 | -2.7 | -0.4 | 31.8 | 20.3 |
| **财产净收入** | **1905.3** | **253.3** | **591.7** | **1239.1** | **2507.4** | **5908.3** |
| 利息净收入 | 32.3 | 23.2 | 100.1 | 22.9 | -25.9 | 43.7 |
| 红利收入 | 366.5 | 27.1 | 58.7 | 96.2 | 297.9 | 1628.2 |
| 集体分配的红利 | 15.6 | 3.7 | 8.2 | 12.7 | 20.3 | 39.2 |
| 其他红利收入 | 350.9 | 23.4 | 50.5 | 83.6 | 277.6 | 1589.0 |
| 储蓄性保险净收益 | 3.8 | 0.4 | 0.4 | 3.2 | 7.3 | 9.0 |
| 转让承包土地经营权租金净收入 | 121.2 | 80.5 | 141.4 | 127.9 | 161.2 | 97.8 |
| 出租房屋财产性收入 | 526.9 | 39.2 | 109.9 | 406.5 | 793.9 | 1543.7 |
| 出租机械、专利、版权等资产的收入 | 23.4 | 2.7 | 2.3 | 15.9 | 15.9 | 96.2 |
| 其他财产净收入 | 13.6 | -2.8 | 0.4 | -1.2 | 0.7 | 86.2 |
| 房屋虚拟租金 | 817.6 | 82.9 | 178.5 | 567.7 | 1256.3 | 2403.7 |
| **转移净收入** | **7024.1** | **3154.6** | **5030.5** | **5835.9** | **8069.8** | **15061.1** |
| 转移性收入 | 8652.9 | 3836.3 | 5938.0 | 7101.0 | 10146.3 | 18802.2 |
| 养老金或离退休金 | 4433.6 | 905.3 | 1711.5 | 3173.4 | 6078.5 | 12254.2 |
| 离退休金 | 3157.9 | 174.0 | 458.7 | 1685.3 | 4337.3 | 11006.8 |
| (城镇)居民社会养老保险 | 789.1 | 262.5 | 602.3 | 949.3 | 1282.9 | 965.4 |
| 新型农村养老保险 | 222.6 | 277.8 | 343.6 | 233.4 | 162.6 | 56.7 |
| 其他养老金 | 264.0 | 190.9 | 306.9 | 305.6 | 295.7 | 225.2 |
| 社会救济和补助 | 247.1 | 277.7 | 340.9 | 216.4 | 203.7 | 180.3 |
| 最低生活保障费 | 94.0 | 140.0 | 163.1 | 84.9 | 41.7 | 19.3 |
| 五保户救助金 | 12.8 | 18.9 | 33.5 | 6.3 | 1.2 | 0.9 |
| 扶贫款 | 0.9 | 3.0 | 0.9 | 0.2 | 0.0 | 0.0 |
| 救灾款 | 0.3 | 0.1 | 0.5 | 0.3 | 0.0 | 0.7 |
| 抚恤金 | 91.6 | 70.1 | 98.6 | 77.1 | 127.5 | 88.2 |
| 医疗救助专项补贴 | 15.5 | 7.1 | 19.6 | 19.9 | 19.2 | 12.2 |
| 教育救助专项补贴 | 5.3 | 8.5 | 9.8 | 4.5 | 2.1 | 0.5 |
| 其他社会救济收入 | 26.8 | 30.0 | 14.9 | 23.1 | 12.1 | 58.4 |
| 政策性生活补贴 | 129.2 | 68.5 | 101.6 | 169.3 | 93.7 | 239.9 |
| 家电补贴 | 0.2 | 0.0 | 0.0 | 0.0 | 0.1 | 1.2 |
| 能源补贴 | 0.0 | 0.0 | 0.0 | 0.0 | 0.0 | 0.0 |
| 免费或低价提供的住宿(廉租房) | 0.2 | 0.4 | 0.4 | 0.0 | 0.0 | 0.2 |
| 居住专项补贴 | 9.3 | 3.8 | 0.4 | 27.5 | 0.4 | 16.0 |

## 2-6 续表 2

单位：元/人

| 指　　标 | 总平均 | 低收入户 | 中低收入户 | 中等收入户 | 中高收入户 | 高收入户 |
|---|---|---|---|---|---|---|
| 建房改造专项补贴 | 14.1 | 12.1 | 15.2 | 21.7 | 3.3 | 19.1 |
| 其他生活补贴 | 105.5 | 52.5 | 86.0 | 120.1 | 90.0 | 203.5 |
| 报销医疗费 | 504.0 | 180.3 | 346.2 | 419.3 | 552.2 | 1194.1 |
| 家庭外出从业人员寄回带回收入 | 2192.9 | 1623.0 | 2058.3 | 1964.6 | 2218.2 | 3402.6 |
| 赡养收入 | 803.2 | 538.9 | 1050.6 | 829.9 | 651.1 | 1019.9 |
| 其他经常转移收入 | 145.6 | 50.2 | 78.2 | 146.2 | 199.9 | 295.2 |
| 失业保险金 | 29.0 | 11.6 | 17.8 | 41.7 | 43.1 | 34.1 |
| 经常性捐赠收入 | 0.5 | 0.0 | 0.3 | 0.6 | 1.2 | 0.3 |
| 经常性赔偿收入 | 8.3 | 0.2 | 3.6 | 5.0 | 30.4 | 3.3 |
| 社保支出专项补贴 | 7.9 | 8.4 | 9.9 | 9.7 | 4.7 | 6.3 |
| 扶贫补助金孳息收入 | 0.1 | 0.0 | 0.0 | 0.3 | 0.0 | 0.0 |
| 扶贫贷款利息补助收入 | 0.0 | 0.0 | 0.0 | 0.0 | 0.2 | 0.0 |
| 其他转移性收入 | 99.9 | 30.0 | 46.7 | 88.8 | 120.3 | 251.1 |
| 从政府和组织得到的实物产品和服务折价 | 63.7 | 75.7 | 77.0 | 52.8 | 53.5 | 56.4 |
| 食品 | 25.8 | 33.6 | 23.5 | 18.6 | 23.2 | 29.9 |
| 谷物、薯类及豆类 | 5.4 | 3.6 | 5.1 | 4.9 | 6.0 | 8.5 |
| 食用油(植物油) | 7.9 | 4.6 | 7.2 | 6.7 | 9.7 | 12.9 |
| 蔬菜及制品 | 0.0 | 0.0 | 0.0 | 0.0 | 0.0 | 0.0 |
| 肉、禽、蛋、奶及制品 | 8.5 | 21.4 | 6.3 | 3.4 | 3.8 | 4.9 |
| 水产品及制品 | 0.0 | 0.0 | 0.0 | 0.0 | 0.0 | 0.0 |
| 糖、烟、酒、饮料类 | 0.7 | 0.4 | 0.7 | 0.7 | 1.3 | 0.7 |
| 干鲜瓜果类 | 0.1 | 0.1 | 0.1 | 0.1 | 0.3 | 0.3 |
| 其他类食品 | 3.1 | 3.5 | 4.2 | 2.8 | 2.1 | 2.6 |
| 衣着 | 0.1 | 0.3 | 0.0 | 0.0 | 0.0 | 0.0 |
| 居住 | 0.1 | 0.0 | 0.3 | 0.1 | 0.0 | 0.0 |
| 家庭设备和日用品 | 7.9 | 6.2 | 7.9 | 7.5 | 9.1 | 9.6 |
| 交通、通信工具及用品 | 2.5 | 2.0 | 2.1 | 2.2 | 3.7 | 2.5 |
| 教育文化娱乐用品 | 0.2 | 0.1 | 0.0 | 0.7 | 0.1 | 0.1 |
| 医疗保健用品 | 9.1 | 7.8 | 11.4 | 9.3 | 9.8 | 6.7 |
| 其他用品 | 0.4 | 0.4 | 0.2 | 0.3 | 0.4 | 0.7 |
| 其他服务折价(不含廉租房) | 17.7 | 25.3 | 31.4 | 14.2 | 7.2 | 6.9 |
| 现金政策性惠农补贴 | 133.6 | 116.7 | 173.7 | 128.9 | 95.4 | 159.8 |
| 转移性支出 | 1628.9 | 681.7 | 907.6 | 1265.1 | 2076.5 | 3741.1 |
| 个人所得税 | 54.4 | 51.6 | 5.0 | 5.9 | 48.9 | 184.3 |
| 社会保障支出 | 1374.2 | 544.4 | 776.9 | 1128.0 | 1770.6 | 3088.2 |
| 个人缴纳的养老保险 | 859.2 | 272.7 | 440.3 | 689.2 | 1147.6 | 2051.8 |
| 个人缴纳的医疗保险 | 440.4 | 264.6 | 321.0 | 413.7 | 552.7 | 729.6 |
| 个人缴纳的失业保险 | 26.1 | 3.6 | 6.7 | 13.5 | 33.6 | 87.8 |
| 其他社会保障支出 | 48.5 | 3.6 | 8.9 | 11.6 | 36.8 | 219.0 |
| 外来从业人员寄给家人的支出 | 3.9 | 4.5 | 3.9 | 4.7 | 2.2 | 4.2 |
| 赡养支出 | 141.6 | 47.2 | 77.4 | 98.1 | 206.1 | 328.1 |
| 其他转移性支出 | 54.8 | 33.9 | 44.3 | 28.4 | 48.7 | 136.4 |
| 经常性捐赠支出 | 4.8 | 5.0 | 0.9 | 2.7 | 5.4 | 11.3 |
| 经常性赔偿支出 | 0.2 | 0.9 | 0.0 | 0.0 | 0.0 | 0.0 |
| 其他经常转移支出 | 49.8 | 28.0 | 43.4 | 25.7 | 43.3 | 125.1 |

# 2-7 按五等份分组的全体居民人均总收入(2021年)

单位：元/人

| 指　　标 | 总平均 | 低收入户 | 中低收入户 | 中等收入户 | 中高收入户 | 高收入户 |
| --- | --- | --- | --- | --- | --- | --- |
| **全体居民人均总收入** | **36775.7** | **16494.7** | **21475.3** | **31404.2** | **44849.3** | **80649.0** |
| **工资性收入** | **14392.4** | **3157.9** | **6190.6** | **11543.7** | **19868.9** | **37009.0** |
| 工资 | 13693.1 | 3075.5 | 6055.2 | 11243.5 | 19186.4 | 34253.4 |
| 实物福利 | 135.8 | 51.0 | 81.7 | 144.3 | 175.2 | 262.0 |
| 其他 | 563.5 | 31.3 | 53.7 | 155.9 | 507.3 | 2493.6 |
| **经营性收入** | **11593.9** | **9192.2** | **8662.4** | **11343.7** | **12028.6** | **18296.5** |
| 第一产业经营收入 | 4514.1 | 4170.5 | 5135.3 | 4528.5 | 4133.3 | 4679.5 |
| 第一产业经营收入(不含惠农补贴) | 4514.1 | 4170.5 | 5135.3 | 4528.5 | 4133.3 | 4679.5 |
| 农业 | 2285.9 | 1867.4 | 2572.8 | 2340.3 | 2143.9 | 2623.8 |
| 林业 | 230.8 | 463.2 | 261.0 | 217.0 | 84.1 | 62.4 |
| 牧业 | 1936.1 | 1789.4 | 2243.9 | 1909.0 | 1849.5 | 1907.3 |
| 渔业 | 61.3 | 50.6 | 57.6 | 62.2 | 55.8 | 86.0 |
| 第二产业经营收入 | 662.0 | 233.9 | 466.3 | 577.0 | 880.1 | 1341.5 |
| 采矿业 | 0.0 | 0.0 | 0.0 | 0.0 | 0.0 | 0.0 |
| 制造业 | 282.5 | 72.8 | 327.3 | 347.3 | 297.9 | 422.2 |
| 电力、热力、燃气及水生产和供应业 | 2.9 | 0.0 | 0.0 | 0.0 | 0.0 | 17.5 |
| 建筑业 | 376.6 | 161.2 | 139.0 | 229.7 | 582.2 | 901.8 |
| 第三产业经营收入 | 6417.9 | 4787.7 | 3060.7 | 6238.1 | 7015.3 | 12275.5 |
| 批发和零售业 | 3460.5 | 2459.5 | 1729.8 | 3623.0 | 3681.5 | 6492.7 |
| 交通运输、仓储和邮政业 | 711.1 | 488.8 | 532.9 | 654.8 | 687.7 | 1334.7 |
| 住宿和餐饮业 | 1163.6 | 1327.7 | 305.9 | 961.8 | 998.8 | 2420.3 |
| 房地产业 | 0.0 | 0.0 | 0.0 | 0.0 | 0.0 | 0.0 |
| 租赁和商务服务业 | 77.1 | 262.7 | 13.7 | 1.6 | 7.1 | 71.6 |
| 居民服务、修理和其他服务业 | 777.6 | 184.2 | 418.3 | 665.3 | 1385.9 | 1456.0 |
| 其他 | 211.1 | 59.3 | 51.8 | 325.2 | 213.8 | 472.2 |
| 农林牧渔服务业 | 16.9 | 5.5 | 8.4 | 6.4 | 40.4 | 28.0 |
| **财产性收入** | **2136.5** | **308.3** | **684.3** | **1415.9** | **2805.4** | **6541.2** |
| 利息收入 | 258.6 | 73.6 | 188.5 | 195.6 | 268.7 | 667.2 |
| 红利收入 | 366.5 | 27.1 | 58.7 | 96.2 | 297.9 | 1628.2 |
| 储蓄性保险净收益 | 3.8 | 0.4 | 0.4 | 3.2 | 7.3 | 9.0 |
| 转让承包土地经营权租金净收入 | 121.2 | 80.5 | 141.4 | 127.9 | 161.2 | 97.8 |
| 出租房屋财产性净收入 | 526.9 | 39.2 | 109.9 | 406.5 | 793.9 | 1543.7 |
| 出租机械、专利、版权等资产的净收入 | 23.4 | 2.7 | 2.3 | 15.9 | 15.9 | 96.2 |
| 其他财产净收入 | 18.6 | 1.8 | 4.5 | 2.8 | 4.1 | 95.5 |
| 房屋虚拟租金 | 817.6 | 82.9 | 178.5 | 567.7 | 1256.3 | 2403.7 |
| **转移性收入** | **8652.9** | **3836.3** | **5938.0** | **7101.0** | **10146.3** | **18802.2** |
| 养老金或离退休金 | 4433.6 | 905.3 | 1711.5 | 3173.4 | 6078.5 | 12254.2 |

2-7 续表

单位：元/人

| 指　　标 | 总平均 | 低收入户 | 中低收入户 | 中等收入户 | 中高收入户 | 高收入户 |
|---|---|---|---|---|---|---|
| 社会救济和补助 | 247.1 | 277.7 | 340.9 | 216.4 | 203.7 | 180.3 |
| 政策性生活补贴 | 129.2 | 68.5 | 101.6 | 169.3 | 93.7 | 239.9 |
| 家庭外出从业人员寄回带回收入 | 2192.9 | 1623.0 | 2058.3 | 1964.6 | 2218.2 | 3402.6 |
| 赡养收入 | 803.2 | 538.9 | 1050.6 | 829.9 | 651.1 | 1019.9 |
| 报销医疗费 | 504.0 | 180.3 | 346.2 | 419.3 | 552.2 | 1194.1 |
| 从政府和组织得到的实物产品和服务折价 | 63.7 | 75.7 | 77.0 | 52.8 | 53.5 | 56.4 |
| 现金政策性惠农补贴 | 133.6 | 116.7 | 173.7 | 128.9 | 95.4 | 159.8 |
| 其他转移性收入 | 145.6 | 50.2 | 78.2 | 146.2 | 199.9 | 295.2 |
| **非收入所得** | **2960.2** | **1936.1** | **1932.3** | **2109.6** | **2997.5** | **6640.1** |
| 出售资产所得 | 721.5 | 164.3 | 259.2 | 195.3 | 777.7 | 2641.6 |
| 出售住房本金所得 | 247.2 | 0.0 | 0.0 | 16.4 | 529.8 | 840.4 |
| 出售住房溢价所得(含亏损) | 52.5 | 0.0 | 0.0 | 0.0 | 0.0 | 316.6 |
| 出售股票、基金、收藏品本金所得 | 0.8 | 0.0 | 0.0 | 0.0 | 1.1 | 3.4 |
| 出售股票、基金、收藏品所得(含亏损) | 2.6 | 0.0 | 0.0 | 0.0 | 0.0 | 15.9 |
| 出售生产性固定资产所得 | 33.2 | 66.1 | 32.8 | 5.0 | 6.3 | 54.3 |
| 拆迁征地补偿所得 | 291.2 | 40.4 | 195.4 | 101.5 | 117.6 | 1197.9 |
| 出售其他财物和收回其他投资本金所得 | 94.0 | 57.7 | 30.9 | 72.4 | 122.9 | 213.0 |
| 非经常性转移所得 | 2221.0 | 1770.2 | 1660.2 | 1902.5 | 2217.6 | 3927.0 |
| 博彩所得 | 139.9 | 81.6 | 88.4 | 83.3 | 116.9 | 380.8 |
| 婚丧嫁娶礼金所得 | 586.2 | 615.5 | 462.7 | 531.1 | 618.7 | 724.3 |
| 遗产及一次性馈赠所得 | 548.6 | 368.7 | 414.4 | 451.2 | 537.2 | 1096.0 |
| 一次性赔偿所得 | 81.6 | 173.1 | 12.5 | 101.7 | 51.0 | 49.1 |
| 提取住房公积金 | 141.8 | 2.2 | 6.9 | 11.8 | 109.7 | 698.5 |
| 调查补贴 | 692.6 | 511.9 | 646.3 | 693.6 | 746.5 | 935.3 |
| 其他非经常性转移所得 | 30.5 | 17.2 | 29.0 | 29.9 | 37.6 | 43.0 |
| 其他非收入所得 | 17.7 | 1.6 | 12.9 | 11.8 | 2.2 | 71.5 |
| **借贷性所得** | **2199.8** | **1548.0** | **1622.3** | **2158.9** | **2713.7** | **3248.6** |
| 提取储蓄存款 | 1592.0 | 1065.4 | 1116.2 | 1640.5 | 1775.5 | 2625.4 |
| 借入款 | 235.6 | 269.9 | 141.6 | 184.0 | 292.6 | 297.4 |
| 收回借出款 | 117.4 | 148.7 | 86.6 | 108.9 | 112.7 | 127.4 |
| 收回储蓄性保险本金 | 3.6 | 1.2 | 0.0 | 5.8 | 0.0 | 13.1 |
| 住房贷款 | 148.1 | 0.0 | 108.8 | 131.3 | 433.0 | 83.9 |
| 汽车贷款 | 13.0 | 12.7 | 0.0 | 27.3 | 0.0 | 26.9 |
| 教育贷款 | 4.7 | 5.4 | 6.7 | 9.0 | 1.5 | 0.0 |
| 其他贷款 | 64.6 | 43.6 | 124.0 | 52.0 | 59.3 | 43.4 |
| 其他借贷所得 | 20.9 | 1.1 | 38.5 | 0.0 | 39.2 | 31.1 |

# 2-8 按五等份分组的全体居民人均总支出(2021年)

单位：元/人

| 指 标 | 总平均 | 低收入户 | 中低收入户 | 中等收入户 | 中高收入户 | 高收入户 |
|---|---|---|---|---|---|---|
| **全体居民人均总支出** | **35720.9** | **26203.8** | **24872.1** | **30910.4** | **39193.1** | **63962.2** |
| **消费支出** | **21518.0** | **13724.2** | **15752.6** | **19316.6** | **24883.4** | **38098.4** |
| 食品烟酒 | 7549.0 | 5011.0 | 5940.6 | 7097.2 | 8660.8 | 12278.6 |
| 食品 | 4930.8 | 3638.4 | 4293.7 | 4799.7 | 5591.0 | 6886.1 |
| 谷物 | 515.8 | 501.8 | 522.5 | 500.9 | 496.4 | 568.7 |
| 薯类 | 103.0 | 114.6 | 120.3 | 100.8 | 87.2 | 87.5 |
| 豆类 | 63.6 | 51.1 | 64.2 | 62.4 | 67.4 | 77.3 |
| 食用油 | 225.3 | 206.7 | 218.2 | 224.3 | 234.2 | 250.5 |
| 蔬菜和食用菌 | 579.9 | 373.1 | 460.9 | 567.6 | 710.0 | 873.2 |
| 肉类 | 1672.3 | 1235.5 | 1482.7 | 1665.2 | 1895.4 | 2258.4 |
| 禽类 | 387.3 | 263.8 | 336.0 | 397.2 | 458.7 | 524.8 |
| 水产品 | 218.9 | 114.6 | 159.9 | 207.2 | 283.8 | 373.0 |
| 蛋类 | 135.4 | 103.8 | 127.0 | 135.4 | 151.1 | 171.0 |
| 奶类 | 278.3 | 154.9 | 236.6 | 248.7 | 341.1 | 462.9 |
| 干鲜瓜果类 | 402.1 | 251.9 | 280.4 | 361.1 | 475.7 | 722.4 |
| 糖果糕点类 | 144.3 | 108.0 | 112.6 | 125.5 | 164.7 | 232.1 |
| 其他食品 | 204.6 | 158.7 | 172.4 | 203.4 | 225.2 | 284.4 |
| 烟酒 | 828.0 | 555.5 | 712.5 | 822.5 | 888.7 | 1282.6 |
| 烟草 | 649.9 | 438.5 | 568.5 | 677.0 | 708.8 | 940.1 |
| 酒类 | 178.1 | 117.0 | 144.0 | 145.5 | 179.9 | 342.5 |
| 饮料 | 142.5 | 109.0 | 113.2 | 127.0 | 149.0 | 236.4 |
| 饮食服务 | 1647.8 | 708.1 | 821.2 | 1348.0 | 2032.1 | 3873.5 |
| 食堂用餐 | 268.8 | 221.7 | 198.6 | 292.1 | 308.0 | 344.2 |
| 其他在外饮食 | 1369.0 | 478.2 | 610.7 | 1044.9 | 1714.6 | 3519.9 |
| 食品加工服务费 | 10.0 | 8.1 | 11.9 | 11.1 | 9.6 | 9.3 |
| 衣着 | 1315.4 | 741.8 | 800.9 | 1112.1 | 1591.4 | 2661.9 |
| 衣类 | 1032.0 | 547.6 | 610.5 | 855.5 | 1258.5 | 2167.0 |
| 鞋类 | 283.4 | 194.3 | 190.4 | 256.5 | 333.0 | 494.9 |
| 居住 | 4035.5 | 2551.3 | 2788.9 | 3644.5 | 4782.0 | 7212.5 |
| 租赁房房租 | 145.5 | 71.3 | 74.0 | 136.1 | 180.5 | 305.8 |
| 住房维修及管理 | 746.0 | 526.4 | 420.0 | 668.7 | 882.6 | 1380.6 |
| 水电燃料及其他 | 719.9 | 534.5 | 639.6 | 695.5 | 794.2 | 1018.0 |
| 自有住房折算租金 | 2424.1 | 1419.0 | 1655.3 | 2144.2 | 2924.7 | 4507.9 |
| 租赁房房租中租赁公房房租 | 9.0 | 0.9 | 1.9 | 12.1 | 11.1 | 22.9 |
| 租赁房房租中租赁私房房租 | 136.5 | 70.4 | 72.1 | 124.0 | 169.4 | 283.0 |
| 住房维修及管理中物业管理费 | 97.9 | 19.1 | 27.8 | 62.9 | 133.8 | 293.4 |
| 生活用品及服务 | 1387.6 | 897.4 | 979.7 | 1180.9 | 1554.8 | 2622.0 |
| 家具及室内装饰品 | 215.8 | 155.8 | 123.9 | 174.2 | 264.2 | 404.6 |
| 家用器具 | 336.5 | 212.2 | 252.2 | 281.5 | 359.9 | 652.1 |
| 家用纺织品 | 117.6 | 67.1 | 84.5 | 100.0 | 126.2 | 239.4 |
| 家庭日用杂品 | 328.1 | 254.3 | 287.4 | 303.0 | 344.7 | 491.6 |
| 个人用品 | 330.4 | 177.5 | 188.7 | 286.5 | 401.9 | 684.5 |
| 家庭服务 | 59.3 | 30.5 | 42.9 | 35.8 | 57.9 | 149.8 |
| 其中：家政服务 | 27.5 | 13.9 | 17.1 | 8.5 | 24.1 | 86.6 |

## 2-8 续表 1

单位：元/人

| 指　　标 | 总平均 | 低收入户 | 中低收入户 | 中等收入户 | 中高收入户 | 高收入户 |
|---|---|---|---|---|---|---|
| 交通通信 | 2807.4 | 1768.1 | 1886.3 | 2375.7 | 3324.4 | 5291.7 |
| 交通 | 2011.0 | 1222.3 | 1289.5 | 1652.5 | 2375.0 | 3995.4 |
| 交通工具 | 687.9 | 493.1 | 442.8 | 553.0 | 831.4 | 1252.3 |
| 交通费 | 280.2 | 207.8 | 220.4 | 222.5 | 281.4 | 523.3 |
| 交通工具用燃料 | 561.8 | 304.2 | 345.3 | 479.3 | 699.1 | 1122.3 |
| 交通工具使用及维修 | 481.1 | 217.2 | 281.1 | 397.6 | 563.1 | 1097.4 |
| 其中：车辆保险支出 | 186.5 | 64.8 | 110.3 | 152.6 | 231.5 | 437.1 |
| 通信 | 796.4 | 545.8 | 596.7 | 723.2 | 949.3 | 1296.4 |
| 通信工具 | 236.5 | 145.4 | 156.7 | 189.7 | 296.3 | 447.1 |
| 通信服务 | 559.8 | 400.4 | 440.0 | 533.5 | 653.0 | 849.3 |
| 教育文化娱乐 | 1891.9 | 1240.4 | 1407.9 | 1819.7 | 2247.5 | 3053.8 |
| 教育 | 1391.8 | 1012.5 | 1143.7 | 1422.9 | 1656.9 | 1868.3 |
| 学前教育 | 240.1 | 152.3 | 178.9 | 260.8 | 292.5 | 348.9 |
| 小学教育 | 256.7 | 168.7 | 189.0 | 223.5 | 308.0 | 441.4 |
| 初中教育 | 207.9 | 210.5 | 175.1 | 220.3 | 230.9 | 201.2 |
| 高中教育 | 254.3 | 171.9 | 224.7 | 247.4 | 296.0 | 363.8 |
| 中专职高教育 | 19.0 | 30.8 | 24.2 | 20.4 | 6.9 | 9.4 |
| 大专及以上教育 | 349.7 | 241.3 | 312.0 | 378.1 | 457.8 | 382.7 |
| 成人教育 | 64.2 | 37.1 | 39.8 | 72.4 | 64.7 | 121.1 |
| 文化娱乐 | 500.1 | 227.9 | 264.2 | 396.8 | 590.6 | 1185.5 |
| 文娱耐用消费品 | 118.4 | 52.8 | 68.0 | 101.9 | 129.5 | 277.9 |
| 其他文娱用品 | 176.6 | 109.8 | 124.7 | 154.7 | 195.8 | 337.1 |
| 文化娱乐服务 | 205.1 | 65.3 | 71.5 | 140.2 | 265.3 | 570.5 |
| 医疗保健 | 2071.9 | 1251.9 | 1666.2 | 1783.5 | 2234.7 | 3870.0 |
| 医疗器具及药品 | 530.5 | 364.6 | 435.3 | 464.8 | 551.0 | 934.1 |
| 医疗服务 | 1541.4 | 887.3 | 1230.9 | 1318.7 | 1683.7 | 2936.0 |
| 门诊总费用 | 617.4 | 439.3 | 515.1 | 533.2 | 712.5 | 980.9 |
| 住院总费用 | 924.0 | 448.1 | 715.8 | 785.5 | 971.2 | 1955.1 |
| 其他用品及服务 | 459.3 | 262.2 | 282.0 | 303.1 | 487.9 | 1107.9 |
| 其他用品 | 193.9 | 107.3 | 140.0 | 132.8 | 224.8 | 418.9 |
| 其他服务 | 265.3 | 154.9 | 142.1 | 170.3 | 263.0 | 689.0 |
| **生产经营费用支出** | **5450.8** | **8417.2** | **3551.3** | **4467.1** | **4158.2** | **6368.4** |
| 第一产业经营费用支出 | 2015.9 | 2446.1 | 2072.3 | 1797.4 | 1648.0 | 2054.4 |
| 农业 | 676.1 | 680.1 | 676.9 | 575.1 | 552.4 | 941.2 |
| 林业 | 15.4 | 14.4 | 14.9 | 19.1 | 12.4 | 16.5 |
| 牧业 | 1289.8 | 1691.8 | 1362.5 | 1171.1 | 1060.2 | 1060.5 |
| 渔业 | 34.5 | 59.9 | 17.9 | 32.0 | 23.0 | 36.2 |
| 第二产业经营费用支出 | 269.5 | 265.6 | 235.2 | 205.4 | 236.4 | 435.2 |
| 采矿业 | 0.0 | 0.0 | 0.0 | 0.0 | 0.0 | 0.0 |
| 制造业 | 121.9 | 119.3 | 170.4 | 103.7 | 49.6 | 175.1 |
| 电力、热力、燃气及水生产和供应业 | 0.5 | 0.0 | 0.0 | 0.0 | 0.0 | 3.2 |
| 建筑业 | 147.1 | 146.3 | 64.8 | 101.6 | 186.8 | 257.0 |
| 第三产业经营费用支出 | 3165.4 | 5705.4 | 1243.8 | 2464.3 | 2273.8 | 3878.7 |
| 批发和零售业 | 1824.1 | 3181.4 | 801.6 | 1550.6 | 1278.6 | 2157.6 |
| 交通运输、仓储和邮政业 | 260.1 | 386.0 | 151.4 | 177.7 | 163.8 | 432.8 |

## 2-8 续表 2

单位：元/人

| 指　　标 | 总平均 | 低收入户 | 中低收入户 | 中等收入户 | 中高收入户 | 高收入户 |
|---|---|---|---|---|---|---|
| 住宿和餐饮业 | 664.8 | 1476.8 | 150.9 | 452.3 | 345.1 | 798.2 |
| 房地产业 | 0.2 | 0.0 | 0.0 | 0.0 | 0.0 | 0.9 |
| 租赁和商务服务业 | 123.4 | 513.4 | 13.4 | 1.6 | 4.5 | 4.5 |
| 居民服务、修理和其他服务业 | 211.9 | 101.4 | 106.6 | 158.2 | 378.1 | 361.9 |
| 其他 | 75.1 | 41.7 | 11.4 | 119.7 | 96.2 | 118.7 |
| 农林牧渔服务业 | 5.8 | 4.7 | 8.5 | 4.3 | 7.5 | 4.1 |
| **财产性支出** | **231.2** | **55.0** | **92.6** | **176.8** | **298.0** | **632.9** |
| 生活贷款利息支出 | 226.3 | 50.3 | 88.4 | 172.8 | 294.6 | 623.5 |
| 住房贷款利息支出 | 215.4 | 39.4 | 76.4 | 166.2 | 282.9 | 609.8 |
| 其他生活贷款利息支出 | 10.9 | 11.0 | 12.0 | 6.6 | 11.7 | 13.8 |
| 其他财产性支出 | 5.0 | 4.7 | 4.1 | 4.0 | 3.4 | 9.4 |
| 非储蓄性财产保险支出 | 0.6 | 1.1 | 0.6 | 0.2 | 0.6 | 0.7 |
| 其他财产性支出 | 4.3 | 3.6 | 3.6 | 3.8 | 2.8 | 8.7 |
| **转移性支出** | **1628.9** | **681.7** | **907.6** | **1265.1** | **2076.5** | **3741.1** |
| 个人所得税 | 54.4 | 51.6 | 5.0 | 5.9 | 48.9 | 184.3 |
| 社会保障支出 | 1374.2 | 544.4 | 776.9 | 1128.0 | 1770.6 | 3088.2 |
| 个人缴纳的养老保险 | 859.2 | 272.7 | 440.3 | 689.2 | 1147.6 | 2051.8 |
| 个人缴纳的医疗保险 | 440.4 | 264.6 | 321.0 | 413.7 | 552.7 | 729.6 |
| 个人缴纳的失业保险 | 26.1 | 3.6 | 6.7 | 13.5 | 33.6 | 87.8 |
| 其他社会保障支出 | 48.5 | 3.6 | 8.9 | 11.6 | 36.8 | 219.0 |
| 外来从业人员寄给家人的支出 | 3.9 | 4.5 | 3.9 | 4.7 | 2.2 | 4.2 |
| 赡养支出 | 141.6 | 47.2 | 77.4 | 98.1 | 206.1 | 328.1 |
| 其他转移性支出 | 54.8 | 33.9 | 44.3 | 28.4 | 48.7 | 136.4 |
| **部分商业保险支出** | **208.6** | **98.4** | **110.6** | **156.7** | **242.9** | **504.3** |
| 意外伤害保险 | 29.2 | 28.5 | 19.7 | 22.0 | 30.6 | 49.1 |
| 商业医疗保险(含大病保险) | 105.7 | 45.3 | 49.5 | 81.8 | 131.8 | 256.4 |
| 其他非储蓄性商业保险 | 16.2 | 4.8 | 6.6 | 21.2 | 12.4 | 42.0 |
| 其他储蓄性商业保险 | 57.5 | 19.9 | 34.9 | 31.7 | 68.2 | 156.7 |
| **购置资产及非经常性转移支出** | **4493.1** | **2364.2** | **3252.2** | **3964.3** | **5147.8** | **8841.3** |
| 购置资产支出 | 1555.0 | 553.5 | 1054.9 | 1220.7 | 1698.3 | 3800.3 |
| 购建造住房支出 | 198.8 | 280.0 | 239.7 | 116.2 | 217.3 | 115.8 |
| 建造住房材料 | 144.4 | 208.3 | 201.5 | 69.1 | 165.9 | 53.3 |
| 建造住房雇工 | 40.3 | 59.6 | 23.0 | 25.4 | 48.2 | 43.3 |
| 购买住房支出 | 1091.6 | 45.5 | 674.5 | 768.8 | 1172.7 | 3358.6 |
| 购建第一产业生产性固定资产支出 | 121.8 | 158.2 | 110.9 | 78.8 | 154.8 | 97.9 |
| 购买或建造农业生产性用房 | 37.9 | 67.9 | 47.8 | 20.0 | 34.6 | 10.1 |
| 购买用房建筑材料 | 26.3 | 53.6 | 22.7 | 14.6 | 24.3 | 9.0 |
| 建筑农业生产用房雇工 | 2.6 | 3.0 | 2.3 | 3.0 | 4.5 | 0.0 |
| 购买农业生产用房 | 3.6 | 9.5 | 1.3 | 0.0 | 4.6 | 1.1 |
| 其他 | 5.5 | 1.7 | 21.6 | 2.4 | 1.2 | 0.0 |
| 购买役畜 | 5.7 | 9.7 | 7.1 | 0.0 | 10.2 | 0.0 |
| 购买产品畜 | 16.0 | 27.2 | 5.2 | 14.8 | 13.9 | 17.4 |
| 购买或建造农业设施 | 27.4 | 30.4 | 21.7 | 20.0 | 46.9 | 16.3 |
| 大棚、温室 | 22.6 | 19.5 | 19.7 | 15.5 | 42.0 | 15.9 |

2-8 续表 3

单位：元/人

| 指 标 | 总平均 | 低收入户 | 中低收入户 | 中等收入户 | 中高收入户 | 高收入户 |
|---|---|---|---|---|---|---|
| 自备井 | 0.7 | 2.1 | 0.9 | 0.0 | 0.0 | 0.0 |
| 喷灌设施 | 1.6 | 2.0 | 0.5 | 2.1 | 2.8 | 0.3 |
| 其他农业设施 | 2.6 | 6.8 | 0.6 | 2.5 | 2.2 | 0.2 |
| 购买农业机械 | 34.8 | 23.1 | 29.1 | 24.0 | 49.1 | 54.0 |
| 大中型农用拖拉机 | 3.1 | 4.9 | 0.0 | 9.8 | 0.0 | 0.0 |
| 小型(手扶)农用拖拉机 | 0.2 | 0.3 | 0.0 | 0.3 | 0.4 | 0.0 |
| 农用排灌动力机械 | 0.7 | 0.3 | 2.3 | 0.0 | 0.9 | 0.0 |
| 插秧机 | 0.0 | 0.0 | 0.0 | 0.0 | 0.0 | 0.0 |
| 收割机 | 3.6 | 0.4 | 0.0 | 0.0 | 0.9 | 20.1 |
| 脱粒机 | 1.9 | 2.8 | 2.0 | 1.3 | 2.3 | 1.1 |
| 其他农业机械 | 25.2 | 14.4 | 24.9 | 12.6 | 44.6 | 32.8 |
| 购建第二产业生产性固定资产支出 | 16.2 | 7.8 | 9.6 | 4.7 | 54.4 | 4.7 |
| 采矿业 | 0.0 | 0.0 | 0.0 | 0.0 | 0.0 | 0.0 |
| 制造业 | 1.7 | 0.8 | 1.5 | 4.7 | 0.0 | 1.6 |
| 电力、热力、燃气及水生产和供应业 | 0.4 | 0.8 | 0.0 | 0.0 | 0.0 | 1.3 |
| 建筑业 | 14.1 | 6.2 | 8.1 | 0.0 | 54.4 | 1.8 |
| 购建第三产业生产性固定资产支出 | 101.8 | 59.5 | 17.2 | 243.5 | 77.6 | 117.6 |
| 批发和零售业 | 55.4 | 24.7 | 16.2 | 130.7 | 22.5 | 92.2 |
| 交通运输、仓储和邮政业 | 25.7 | 28.9 | 0.0 | 70.2 | 19.0 | 5.5 |
| 住宿和餐饮业 | 9.3 | 3.8 | 0.0 | 11.8 | 22.7 | 9.0 |
| 房地产业 | 1.9 | 0.0 | 0.0 | 0.0 | 9.6 | 0.0 |
| 租赁和商务服务业 | 1.4 | 0.0 | 0.1 | 6.9 | 0.0 | 0.0 |
| 居民服务、修理和其他服务业 | 3.5 | 2.2 | 0.3 | 3.3 | 3.3 | 9.5 |
| 其他 | 4.7 | 0.0 | 0.7 | 20.6 | 0.4 | 1.4 |
| 购建其他资产支出 | 24.7 | 2.4 | 3.0 | 8.6 | 21.6 | 105.5 |
| 非经常性转移支出 | 2938.2 | 1810.7 | 2197.4 | 2743.7 | 3449.5 | 5041.0 |
| 博彩支出 | 110.2 | 49.0 | 67.4 | 74.9 | 123.8 | 274.5 |
| 婚丧嫁娶礼金支出 | 1612.5 | 1134.7 | 1401.6 | 1635.8 | 1707.6 | 2392.9 |
| 一次性赔偿支出 | 19.2 | 63.4 | 5.3 | 4.0 | 7.2 | 7.1 |
| 一次性馈赠支出 | 862.2 | 309.7 | 467.8 | 675.1 | 1331.4 | 1783.6 |
| 婚丧嫁娶宴请支出 | 305.8 | 247.4 | 245.7 | 339.5 | 262.5 | 470.1 |
| 其他非经常性转移支出 | 28.4 | 6.6 | 9.5 | 14.4 | 17.1 | 112.7 |
| **借贷性支出** | **2190.3** | **863.1** | **1205.3** | **1563.8** | **2386.2** | **5775.9** |
| 存入储蓄款 | 855.4 | 284.2 | 491.7 | 757.8 | 757.1 | 2331.0 |
| 借出款 | 54.5 | 53.6 | 66.3 | 26.4 | 62.6 | 66.5 |
| 归还借款 | 210.5 | 186.4 | 185.5 | 132.0 | 238.6 | 338.1 |
| 购买有价证券 | 10.1 | 0.0 | 3.5 | 14.3 | 9.7 | 27.6 |
| 其他投资支出 | 108.0 | 7.3 | 140.2 | 25.1 | 126.6 | 289.3 |
| 归还住房贷款 | 699.0 | 134.4 | 156.3 | 449.1 | 840.3 | 2285.2 |
| 归还汽车贷款 | 163.8 | 121.2 | 102.8 | 102.3 | 204.3 | 324.9 |
| 归还教育贷款 | 1.7 | 3.0 | 2.4 | 0.2 | 2.2 | 0.5 |
| 归还其他贷款 | 75.8 | 72.6 | 33.0 | 49.5 | 120.7 | 111.3 |
| 其他借贷支出 | 11.3 | 0.5 | 23.7 | 7.1 | 24.0 | 1.6 |

# 2-9 居民家庭基本情况(2021年)

| 指　标 | 单位 | 全体居民 | 城镇常住居民 | 农村常住居民 |
|---|---|---|---|---|
| **住户常住地** | | | | |
| 城镇住户 | % | 16.2 | 33.3 | 0.0 |
| 农村住户 | % | 17.3 | 0.0 | 33.3 |
| 居委会住户 | % | 13.5 | 26.8 | 1.1 |
| 村委会住户 | % | 19.9 | 6.5 | 32.3 |
| 城镇居委会住户 | % | 13.0 | 26.8 | 0.0 |
| 城镇村委会住户或农村住户 | % | 20.5 | 6.5 | 33.3 |
| **户主文化程度** | | | | |
| 未上过学 | % | 2.6 | 0.9 | 4.2 |
| 小学 | % | 28.9 | 16.0 | 40.8 |
| 初中 | % | 43.3 | 39.5 | 46.9 |
| 高中 | % | 13.4 | 20.4 | 7.0 |
| 大学专科 | % | 7.4 | 14.3 | 1.0 |
| 大学本科 | % | 4.1 | 8.3 | 0.1 |
| 研究生 | % | 0.3 | 0.6 | 0.0 |
| **住户经营情况** | | | | |
| 生产经营户 | % | 64.6 | 37.5 | 86.9 |
| #农业户 | % | 42.7 | 14.1 | 66.4 |
| #农业兼业户 | % | 2.7 | 0.8 | 4.3 |
| #非农兼业户 | % | 4.4 | 2.0 | 6.5 |
| #非农业户 | | 14.8 | 20.7 | 10.0 |
| 非生产经营户 | % | 35.6 | 62.5 | 13.3 |
| **按家庭规模分的住户类型** | | | | |
| 一人户 | % | 8.0 | 7.2 | 8.6 |
| 二人户 | % | 34.8 | 32.3 | 37.2 |
| 三人户 | % | 25.1 | 29.2 | 21.3 |
| 四人户 | % | 16.6 | 17.2 | 16.1 |
| 五人户 | % | 9.5 | 9.3 | 9.7 |
| 六人及以上户 | % | 6.0 | 4.8 | 7.1 |
| **按世代分的住户类型** | | | | |
| 一代户 | % | 29.7 | 29.6 | 29.7 |
| 二代户 | % | 38.6 | 44.8 | 32.8 |
| 三代户 | % | 30.6 | 25.0 | 35.9 |
| 四代及以上户 | % | 1.1 | 0.6 | 1.6 |
| **住户特征** | | | | |
| 纯老人户 | % | 28.1 | 22.4 | 32.9 |
| 家中有未成年子女户 | % | 70.7 | 75.5 | 66.7 |
| 年轻夫妻无子女户 | % | 0.5 | 1.1 | 0.0 |
| 无劳动力户 | % | 0.7 | 0.9 | 0.4 |

## 2-10 居民家庭人口和就业情况(2021年)

| 指　　标 | 单位 | 全体居民 | 城镇常住居民 | 农村常住居民 |
|---|---|---|---|---|
| **期内住户家庭常住成员数** | **人/户** | **3.1** | **3.0** | **3.1** |
| **常住成员情况** | | | | |
| 性别 | | | | |
| 男性 | % | 48.4 | 47.8 | 49.0 |
| 女性 | % | 51.6 | 52.2 | 51.0 |
| 年龄 | | | | |
| 5岁及以下 | % | 5.3 | 5.3 | 5.2 |
| 6-15岁 | % | 13.8 | 12.4 | 15.1 |
| 16-19岁 | % | 4.2 | 3.8 | 4.6 |
| 20-24岁 | % | 3.2 | 3.5 | 2.8 |
| 25-29岁 | % | 3.4 | 4.1 | 2.7 |
| 30-34岁 | % | 5.0 | 6.8 | 3.4 |
| 35-40岁 | % | 6.4 | 7.9 | 4.9 |
| 41-50岁 | % | 15.9 | 18.3 | 13.6 |
| 51-60岁 | % | 19.7 | 19.1 | 20.1 |
| 61-65岁 | % | 6.2 | 5.5 | 7.0 |
| 66岁及以上 | % | 17.1 | 13.3 | 20.6 |
| 民族 | | | | |
| 汉族 | % | 93.2 | 96.2 | 90.4 |
| 壮族 | % | 0.1 | 0.2 | 0.1 |
| 回族 | % | 0.1 | 0.1 | 0.1 |
| 苗族 | % | 0.2 | 0.1 | 0.4 |
| 维吾尔族 | % | 0.0 | 0.0 | 0.0 |
| 蒙古族 | % | 0.0 | 0.0 | 0.0 |
| 藏族 | % | 3.6 | 1.7 | 5.3 |
| 满族 | % | 0.0 | 0.0 | 0.0 |
| 其他民族 | % | 2.7 | 1.6 | 3.8 |
| 户口性质 | | | | |
| 农业 | % | 66.9 | 38.7 | 93.1 |
| 非农业 | % | 28.6 | 55.4 | 3.7 |
| 2006年后转的非农户 | | 4.1 | 5.1 | 3.1 |
| 其他 | % | 0.4 | 0.8 | 0.1 |
| 参加医疗保险情况 | | | | |
| 新型农村合作医疗 | % | 16.3 | 8.1 | 24.2 |
| 城镇职工基本医疗保险 | % | 15.4 | 28.2 | 2.8 |
| 城镇居民基本医疗保险 | % | 64.3 | 57.2 | 71.6 |
| 公费医疗 | % | 0.0 | 0.0 | 0.0 |
| 商业医疗保险 | % | 1.7 | 2.8 | 0.5 |
| 其他医疗保险 | % | 0.9 | 1.3 | 0.5 |
| 没有参加任何医疗保险 | % | 1.4 | 2.4 | 0.5 |
| 住户成员受教育程度(6周岁以上) | | | | |
| 未上过学 | % | 4.8 | 2.3 | 7.2 |
| 小学 | % | 33.5 | 23.3 | 42.9 |

2-10 续表 1

| 指　　标 | 单位 | 全体居民 | 城镇常住居民 | 农村常住居民 |
| --- | --- | --- | --- | --- |
| 初中 | % | 34.4 | 32.7 | 36.0 |
| 高中 | % | 14.7 | 19.4 | 10.3 |
| 大学专科 | % | 7.6 | 13.1 | 2.5 |
| 大学本科 | % | 4.6 | 8.4 | 1.0 |
| 研究生 | % | 0.4 | 0.8 | 0.1 |
| 住户成员婚姻状况(15周岁以上) | | | | |
| 未婚 | % | 12.8 | 13.0 | 12.6 |
| 有配偶 | % | 79.3 | 78.8 | 79.7 |
| 离婚 | % | 2.1 | 3.1 | 1.2 |
| 丧偶 | % | 5.8 | 5.1 | 6.5 |
| **常住从业人员情况** | | | | |
| 劳动力人数 | 人/户 | 2.2 | 2.3 | 2.2 |
| 整劳动力人数 | 人/户 | 0.8 | 1.0 | 0.6 |
| 半劳动力人数 | 人/户 | 1.4 | 1.3 | 1.5 |
| 性别 | | | | |
| 男性 | % | 47.5 | 46.3 | 48.7 |
| 女性 | % | 52.5 | 53.7 | 51.3 |
| 年龄 | | | | |
| 16-19岁 | % | 0.4 | 0.1 | 0.6 |
| 20-24岁 | % | 2.0 | 1.9 | 2.0 |
| 25-29岁 | % | 4.5 | 5.3 | 3.7 |
| 30-34岁 | % | 6.9 | 9.0 | 4.7 |
| 35-40岁 | % | 8.8 | 10.6 | 6.9 |
| 41-50岁 | % | 21.8 | 24.4 | 19.1 |
| 51-60岁 | % | 26.9 | 25.5 | 28.2 |
| 61-65岁 | % | 8.4 | 7.1 | 9.6 |
| 66岁及以上 | % | 20.5 | 15.9 | 25.1 |
| 住户成员受教育程度 | | | | |
| 未上过学 | % | 4.8 | 2.0 | 7.6 |
| 小学 | % | 30.3 | 18.0 | 42.4 |
| 初中 | % | 38.4 | 36.2 | 40.6 |
| 高中 | % | 13.7 | 20.0 | 7.5 |
| 大学专科 | % | 8.2 | 14.9 | 1.6 |
| 大学本科 | % | 4.2 | 8.1 | 0.3 |
| 研究生 | % | 0.4 | 0.7 | 0.0 |
| 是否离退休人员 | | | | |
| 行政事业单位离退休 | % | 1.7 | 3.1 | 0.4 |
| 其他单位离退休 | % | 7.8 | 14.1 | 1.6 |
| 未退休 | % | 90.5 | 82.7 | 98.0 |
| 参加养老保险情况 | | | | |
| 城镇职工基本养老保险 | % | 24.2 | 41.1 | 6.2 |
| 城乡居民基本养老保险 | % | 55.2 | 35.2 | 76.2 |
| 企业年金(职业年金) | % | 3.0 | 5.9 | 0.2 |
| 商业养老保险 | % | 0.8 | 1.1 | 0.6 |

2-10 续表 2

| 指　　标 | 单位 | 全体居民 | 城镇常住居民 | 农村常住居民 |
|---|---|---|---|---|
| 其他养老保险 | % | 4.8 | 3.9 | 5.6 |
| 没有参加任何养老保险 | % | 12.0 | 12.9 | 11.2 |
| 本季度就业类型 | | | | |
| 雇主 | % | 0.3 | 0.6 | 0.1 |
| 公职人员 | % | 1.2 | 2.8 | 0.1 |
| 事业单位人员 | % | 2.9 | 6.3 | 0.3 |
| 国有企业雇员 | % | 1.5 | 3.4 | 0.1 |
| 其他雇员 | % | 44.9 | 61.3 | 32.4 |
| 农业自营 | % | 36.1 | 9.8 | 56.3 |
| 非农自营 | % | 12.9 | 15.8 | 10.7 |
| 从事主要行业 | | | | |
| 第一产业 | % | 37.2 | 10.7 | 57.6 |
| 第二产业 | % | 18.1 | 18.3 | 18.0 |
| 采矿业 | % | 0.4 | 0.5 | 0.3 |
| 制造业 | % | 6.4 | 6.7 | 6.2 |
| 电力、热力、燃气及水生产供应业 | % | 1.0 | 1.7 | 0.4 |
| 建筑业 | % | 10.3 | 9.5 | 11.0 |
| 第三产业 | % | 44.7 | 71.0 | 24.4 |
| 批发和零售业 | % | 10.3 | 15.3 | 6.5 |
| 交通运输、仓储和邮政业 | % | 4.3 | 5.9 | 3.1 |
| 住宿和餐饮业 | % | 4.8 | 6.7 | 3.3 |
| 信息传输、软件业和信息技术服务业 | % | 0.9 | 1.8 | 0.2 |
| 金融业 | % | 0.9 | 1.9 | 0.2 |
| 房地产业 | % | 0.5 | 1.0 | 0.1 |
| 租赁和商务服务业 | % | 0.6 | 1.2 | 0.2 |
| 科学研究和技术服务业 | % | 0.1 | 0.2 | 0.0 |
| 水利、环境和公共设施管理业 | % | 0.6 | 0.9 | 0.3 |
| 居民服务、修理和其他服务业 | % | 10.6 | 278.8 | 6.0 |
| 教育 | % | 2.7 | 5.1 | 0.8 |
| 卫生和社会工作 | % | 2.3 | 3.8 | 1.2 |
| 文化、体育和娱乐业 | % | 0.9 | 1.5 | 0.4 |
| 公共管理、社会保障和社会组织 | % | 5.2 | 9.1 | 2.2 |
| 国际组织 | % | 0.0 | 0.0 | 0.0 |
| 从事主要职业 | | | | |
| 国家机关、党群组织、企业、事业单位负责人 | % | 1.2 | 2.4 | 0.2 |
| 专业技术人员 | % | 7.2 | 11.1 | 4.1 |
| 办事人员和有关人员 | % | 15.5 | 25.7 | 7.6 |
| 商业、服务业人员 | % | 26.3 | 37.4 | 17.8 |
| 农、林、牧、渔、水利业生产人员 | % | 37.3 | 10.5 | 57.8 |
| 生产、运输设备操作人员及有关人员 | % | 8.4 | 7.4 | 9.2 |
| 军人 | % | 0.0 | 0.0 | 0.0 |
| 不便分类的其他从业人员 | % | 4.2 | 5.5 | 3.3 |

# 2-11　居民家庭住房基本情况(2021年)

| 指　　标 | 单位 | 全体居民 | 城镇常住居民 | 农村常住居民 |
|---|---|---|---|---|
| **现住房建筑面积** | **平方米/人** | **42.4** | **37.6** | **46.9** |
| 现住房情况 | | | | |
| 居住空间样式 | | | | |
| 单栋楼房 | % | 41.9 | 21.8 | 60.6 |
| 单栋平房 | % | 18.9 | 5.2 | 31.6 |
| 四居室及以上单元房 | % | 2.5 | 4.4 | 0.8 |
| 三居室单元房 | % | 20.4 | 39.2 | 2.9 |
| 二居室单元房 | % | 12.6 | 24.4 | 1.6 |
| 一居室单元房 | % | 1.7 | 3.5 | 0.1 |
| 筒子楼或连片平房 | % | 0.7 | 0.9 | 0.5 |
| 其他 | % | 1.2 | 0.5 | 2.0 |
| 主要建筑材料 | | | | |
| 钢筋混凝土 | % | 44.7 | 64.3 | 26.4 |
| 砖混材料 | % | 39.7 | 31.1 | 47.8 |
| 砖瓦砖木 | % | 14.3 | 4.3 | 23.7 |
| 竹草土坯 | % | 0.3 | 0.1 | 0.5 |
| 其他 | % | 0.9 | 0.1 | 1.6 |
| 现住房房屋来源 | | | | |
| 租赁公房 | % | 0.8 | 1.6 | 0.0 |
| 租赁私房 | % | 3.2 | 5.3 | 1.3 |
| 自建住房 | % | 61.0 | 27.9 | 91.9 |
| 购买商品房 | % | 22.8 | 43.7 | 3.3 |
| 购买房改住房 | % | 2.5 | 4.7 | 0.4 |
| 购买保障性住房 | % | 1.0 | 2.0 | 0.0 |
| 拆迁安置房 | % | 7.5 | 13.0 | 2.4 |
| 继承或获赠住房 | % | 0.5 | 0.6 | 0.3 |
| 免费借用房 | % | 0.4 | 0.7 | 0.1 |
| 雇主提供免费住房 | % | 0.0 | 0.1 | 0.0 |
| 其他来源 | % | 0.2 | 0.4 | |
| 现住房建筑面积 | | | | |
| 10平方米以内 | % | 0.0 | 0.0 | 0.0 |
| 10-20平方米 | % | 0.1 | 0.2 | 0.0 |
| 20-30平方米 | % | 0.3 | 0.5 | 0.1 |
| 30-60平方米 | % | 4.8 | 7.6 | 2.2 |
| 60-90平方米 | % | 19.5 | 27.4 | 12.1 |
| 90-120平方米 | % | 36.1 | 36.0 | 36.2 |
| 120-200平方米 | % | 29.9 | 22.3 | 37.0 |
| 200平方米以上 | % | 9.3 | 6.0 | 12.4 |
| 现住房建筑年份 | | | | |
| 当年新建 | % | 0.1 | 0.0 | 0.2 |
| 1-5年 | % | 7.9 | 4.6 | 10.9 |
| 6-10年 | % | 18.8 | 20.4 | 17.4 |
| 11-20年 | % | 40.1 | 44.1 | 36.7 |
| 21-50年 | % | 32.4 | 30.7 | 33.8 |
| 51-99年 | % | 0.7 | 0.3 | 1.0 |
| 100年以上 | % | 0.0 | 0.0 | 0.0 |

## 2-12 居民家庭固定资产投资及拥有情况(2021年)

| 指　　标 | 单位 | 全体居民 | 城镇常住居民 | 农村常住居民 |
|---|---|---|---|---|
| **农业生产投资情况** | | | | |
| 主要农业生产性固定资产数量 | | | | |
| 生产性用房及建筑物 | 平方米/户 | 1271.5 | 314.3 | 2317.5 |
| 大中型农用拖拉机 | 台/百户 | 0.6 | 0.2 | 0.9 |
| 小型农用拖拉机 | 台/百户 | 3.2 | 0.8 | 5.3 |
| 农用排灌动力机械 | 台/百户 | 4.6 | 1.3 | 7.7 |
| 插秧机 | 台/百户 | 0.0 | 0.0 | 0.1 |
| 收割机 | 台/百户 | 1.3 | 0.2 | 2.2 |
| 脱粒机 | 台/百户 | 8.4 | 1.5 | 14.8 |
| 产品畜 | 头/百户 | 30.4 | 7.2 | 53.4 |
| 期末农业生产性固定资产原价 | | | | |
| 农业固定资产原价 | 元/人 | 1603.1 | 551.0 | 2582.2 |
| 生产性用房及建筑物 | 元/人 | 908.3 | 225.2 | 1543.8 |
| 役畜 | 元/人 | 78.3 | 2.4 | 148.8 |
| 农业设施 | 元/人 | 225.7 | 228.1 | 223.5 |
| 农业机械 | 元/人 | 222.2 | 55.3 | 377.5 |
| 林业固定资产原价 | 元/人 | 21.9 | 2.5 | 40.0 |
| 生产性用房及建筑物 | 元/人 | 9.6 | 2.3 | 16.3 |
| 机械设备 | 元/人 | 4.2 | 0.1 | 8.0 |
| 牧业固定资产原价 | 元/人 | 704.1 | 106.6 | 1260.1 |
| 生产性用房及建筑物 | 元/人 | 475.3 | 74.6 | 848.1 |
| 产品畜 | 元/人 | 188.8 | 24.7 | 341.4 |
| 渔业固定资产原价 | 元/人 | 71.1 | 18.3 | 120.2 |
| 农林牧渔服务业固定资产原价 | 元/人 | 43.7 | 6.7 | 78.2 |
| 期内农业生产性固定资产投资及资金来源 | | | | |
| 期内自建农业生产性用房 | | | | |
| 期内自建农业生产性用房建筑面积 | 平方米/人 | 0.5 | 0.1 | 0.9 |
| 期内自建农业生产性用房价值 | 元/人 | 353.8 | 45.6 | 640.5 |
| 期内固定资产投资总额 | 元/人 | 499.3 | 149.9 | 824.4 |
| 来自银行、信用社贷款 | 元/人 | 21.5 | 8.2 | 33.9 |
| 来自亲友借款 | 元/人 | 34.9 | 0.1 | 67.4 |
| 来自自筹资金 | 元/人 | 430.4 | 129.3 | 710.5 |
| 来自其他资金 | 元/人 | 11.4 | 12.3 | 10.5 |

## 2-12 续表

| 指　　标 | 单位 | 全体居民 | 城镇常住居民 | 农村常住居民 |
|---|---|---|---|---|
| **非农业生产投资情况** | | | | |
| 期末非农产业固定资产原价 | | | | |
| 采矿业 | 元/人 | 0.0 | 0.0 | 0.0 |
| 制造业 | 元/人 | 133.7 | 96.2 | 168.5 |
| 电力、热力、燃气及水生产和供应业 | 元/人 | 13.2 | 26.1 | 1.2 |
| 建筑业 | 元/人 | 167.0 | 223.5 | 114.3 |
| 批发和零售业 | 元/人 | 1214.4 | 1816.9 | 653.7 |
| 交通运输、仓储和邮政业 | 元/人 | 645.7 | 672.5 | 620.7 |
| 住宿和餐饮业 | 元/人 | 582.1 | 962.8 | 227.8 |
| 房地产业 | 元/人 | 12.4 | 0.0 | 24.0 |
| 租赁和商务服务业 | 元/人 | 82.6 | 133.7 | 35.0 |
| 居民服务、修理和其他服务业 | 元/人 | 414.7 | 646.3 | 199.2 |
| 其他行业 | 元/人 | 73.1 | 111.8 | 37.1 |
| 期内非农产业固定资产投资及资金来源 | | | | |
| 期内非农产业固定资产投资总额 | 元/人 | 1115.0 | 1736.9 | 536.2 |
| 期内非农产业固定资产投资构成 | | | | |
| 生产性用房及建筑物 | 元/人 | 257.1 | 405.3 | 119.3 |
| 机械设备 | 元/人 | 372.1 | 516.5 | 237.7 |
| 其他 | 元/人 | 474.7 | 792.3 | 179.2 |
| 期内非农产业固定资产投资资金来源 | | | | |
| 银行、信用社贷款 | 元/人 | 42.1 | 56.8 | 28.5 |
| 亲友借款 | 元/人 | 34.0 | 57.1 | 12.4 |
| 自筹资金 | 元/人 | 1006.0 | 1553.4 | 496.5 |
| 其他资金 | 元/人 | 43.1 | 89.3 | 0.1 |
| **生活投资情况** | | | | |
| 期内新建住房情况 | | | | |
| 期内新建住房竣工建筑面积 | 平方米/人 | 0.0 | 0.0 | 0.0 |
| 期内新建住房总费用 | 万元/人 | 0.0 | 0.0 | 0.0 |
| 期内新建住房资金来源 | | | | |
| 银行、信用社贷款 | 万元/人 | 0.0 | 0.0 | 0.0 |
| 亲友借款 | 万元/人 | 0.0 | 0.0 | 0.0 |
| 自筹资金 | 万元/人 | 0.0 | 0.0 | 0.0 |
| 其他资金 | 万元/人 | 0.0 | 0.0 | 0.0 |
| 期内住房大修或装修费用 | 万元/人 | 0.2 | 0.3 | 0.1 |

# 2-13 居民家庭主要食品消费量(2021年)

单位：公斤/人

| 指 标 | 全体居民 | 城镇常住居民 | 农村常住居民 |
|---|---|---|---|
| **粮食消费量** | **147.4** | **118.3** | **174.4** |
| 谷物消费量 | 134.2 | 105.7 | 160.6 |
| 小麦 | 27.5 | 24.3 | 30.4 |
| 稻谷 | 95.8 | 71.6 | 118.3 |
| 玉米 | 5.6 | 4.9 | 6.3 |
| 其他谷物 | 5.3 | 5.0 | 5.6 |
| 薯类消费量 | 4.0 | 3.5 | 4.4 |
| 红薯 | 1.1 | 0.7 | 1.5 |
| 马铃薯 | 2.4 | 2.2 | 2.5 |
| 其他薯类 | 0.5 | 0.6 | 0.4 |
| 豆类消费量 | 9.2 | 9.1 | 9.3 |
| 大豆 | 0.9 | 0.5 | 1.2 |
| 其他豆类 | 8.3 | 8.5 | 8.1 |
| **油脂类消费量** | **12.2** | **11.8** | **12.6** |
| 植物油 | 10.9 | 10.8 | 10.9 |
| 动物油 | 1.4 | 1.0 | 1.7 |
| **蔬菜及菜制品消费量** | **123.3** | **125.4** | **121.2** |
| 鲜菜 | 119.9 | 120.9 | 118.9 |
| 干菜及菜制品 | 1.3 | 1.6 | 0.9 |
| 鲜菌 | 2.0 | 2.7 | 1.3 |
| 干菌及菌制品 | 0.2 | 0.2 | 0.1 |
| **肉类** | **42.4** | **44.4** | **40.4** |
| 猪肉 | 36.3 | 35.8 | 36.7 |
| 牛肉 | 1.9 | 2.7 | 1.2 |
| 羊肉 | 0.5 | 0.6 | 0.4 |
| 其他肉类及制品 | 3.7 | 5.3 | 2.2 |
| **禽类** | **13.1** | **13.0** | **13.3** |
| 鸡 | 7.8 | 7.3 | 8.2 |
| 鸭 | 3.6 | 3.5 | 3.6 |
| 鹅 | 0.2 | 0.2 | 0.2 |
| 其他禽类及制品 | 1.6 | 2.0 | 1.2 |
| **水产品** | **9.9** | **11.5** | **8.5** |
| 鱼类 | 8.3 | 9.1 | 7.6 |
| 虾、贝、蟹类 | 0.8 | 1.4 | 0.4 |
| 藻类 | 0.4 | 0.4 | 0.3 |
| 其他 | 0.4 | 0.6 | 0.2 |
| **蛋类及蛋制品** | **10.0** | **9.9** | **10.1** |
| 鲜蛋 | 9.7 | 9.5 | 9.9 |
| 蛋制品 | 0.3 | 0.4 | 0.2 |
| **奶和奶制品** | **11.5** | **15.4** | **7.8** |
| 鲜奶 | 8.6 | 11.5 | 5.8 |
| 酸奶 | 1.8 | 2.5 | 1.1 |
| 奶粉 | 0.6 | 0.8 | 0.4 |
| 其他奶制品 | 0.6 | 0.6 | 0.5 |
| **干鲜瓜果类** | **49.4** | **57.7** | **41.7** |
| 鲜瓜果 | 44.3 | 51.7 | 37.4 |
| 瓜果制品 | 0.5 | 0.7 | 0.3 |
| 坚果类 | 4.6 | 5.3 | 3.9 |
| **糖果糕点类** | **6.3** | **6.4** | **6.3** |
| 食糖 | 1.7 | 1.3 | 2.0 |
| 糖果 | 0.8 | 0.8 | 0.9 |
| 糕点 | 3.4 | 3.8 | 3.0 |
| 其他糖果糕点 | 0.4 | 0.5 | 0.4 |
| **饮料** | **0.3** | **0.3** | **0.3** |
| 茶叶 | 0.3 | 0.3 | 0.3 |
| **烟叶消费量** | **42.0** | **34.9** | **48.6** |
| **酒** | **8.6** | **7.0** | **10.1** |
| 白酒 | 4.1 | 3.3 | 4.8 |
| 啤酒 | 4.5 | 3.6 | 5.3 |
| 果酒 | 0.1 | 0.1 | 0.1 |

# 2-14 居民家庭农产品自产自用情况(2021年)

单位：元/人

| 指 标 | 全体居民 | 城镇常住居民 | 农村常住居民 |
|---|---|---|---|
| **农产品自产自用** | **1101.2** | **236.0** | **1906.2** |
| **农业产品** | **746.8** | **144.3** | **1307.4** |
| 谷物 | 423.6 | 75.0 | 748.1 |
| 薯类 | 124.6 | 19.9 | 222.0 |
| 豆类 | 16.1 | 1.7 | 29.6 |
| 棉花 | 0.0 | 0.0 | 0.0 |
| 麻类 | 0.0 | 0.0 | 0.0 |
| 油料 | 69.8 | 15.6 | 120.3 |
| 糖料 | 0.0 | 0.0 | 0.0 |
| 烟草 | 0.0 | 0.0 | 0.0 |
| 蔬菜及食用菌 | 91.5 | 27.8 | 150.8 |
| 水果 | 4.0 | 1.4 | 6.4 |
| 果用瓜 | 0.1 | 0.0 | 0.2 |
| 干制水果及水果籽 | 0.0 | 0.0 | 0.0 |
| 坚果 | 0.6 | 0.2 | 1.0 |
| 饮料原料 | 0.3 | 0.1 | 0.4 |
| 香料原料 | 0.0 | 0.0 | 0.0 |
| 中草药 | 0.0 | 0.0 | 0.0 |
| 初加工农产品 | 0.7 | 0.0 | 1.3 |
| 其他农产品 | 15.2 | 2.5 | 27.1 |
| **林业产品** | **38.9** | **7.8** | **67.9** |
| 人工林产品 | 0.3 | 0.1 | 0.4 |
| 采集林产品 | 0.4 | 0.0 | 0.7 |
| 其他林产品 | 38.3 | 7.7 | 66.8 |
| **牧业产品** | **312.2** | **83.3** | **525.3** |
| 家畜 | 157.2 | 40.6 | 265.8 |
| 家禽 | 102.2 | 31.1 | 168.4 |
| 蛋类 | 40.6 | 10.5 | 68.6 |
| 奶类 | 0.0 | 0.0 | 0.0 |
| 其他牧业产品 | 11.8 | 1.0 | 21.7 |
| 其他动物 | 0.4 | 0.1 | 0.7 |
| 狩猎和捕捉野生动物 | 0.0 | 0.0 | 0.0 |
| **渔业产品** | **3.2** | **0.6** | **5.6** |
| 养殖产品 | 2.5 | 0.4 | 4.3 |
| 捕捞产品 | 0.7 | 0.2 | 1.2 |
| 其他渔业产品 | 0.0 | 0.0 | 0.1 |

# 2-15 全省居民平均每百户年末主要耐用消费品拥有量(2016-2021年)

| 指 标 | 单位 | 2016 | 2017 | 2018 | 2019 | 2020 | 2021 |
|---|---|---|---|---|---|---|---|
| 家用汽车 | 辆 | 20.4 | 22.6 | 26.9 | 28.2 | 29.1 | 29.4 |
| 摩托车 | 辆 | 35.9 | 35.9 | 34.7 | 34.5 | 32.5 | 33.8 |
| 助力车 | 台 | 25.8 | 28.0 | 31.4 | 32.6 | 35.4 | 40.1 |
| 洗衣机 | 台 | 91.5 | 94.0 | 95.7 | 97.9 | 98.7 | 99.5 |
| 电冰箱(柜) | 台 | 94.6 | 98.1 | 99.5 | 102.0 | 103.0 | 105.6 |
| 微波炉 | 台 | 27.8 | 30.4 | 29.1 | 29.1 | 30.3 | 31.3 |
| 彩色电视机 | 台 | 117.9 | 120.8 | 118.4 | 119.7 | 120.3 | 119.3 |
| 空调 | 台 | 73.1 | 81.4 | 99.1 | 103.8 | 108.1 | 125.2 |
| 热水器 | 台 | 75.1 | 79.8 | 86.2 | 87.3 | 92.0 | 93.9 |
| 洗碗机 | 台 | 0.5 | 0.7 | 0.9 | 0.9 | 0.9 | 1.2 |
| 排油烟机 | 台 | 32.9 | 35.9 | 45.7 | 45.6 | 47.7 | 48.7 |
| 固定电话 | 线 | 26.5 | 26.1 | 22.5 | 14.8 | 13.0 | 6.4 |
| 移动电话 | 部 | 238.0 | 243.5 | 257.2 | 257.6 | 257.3 | 264.4 |
| 其中：接入互联网 | 部 | 80.8 | 99.8 | 167.9 | 178.1 | 215.2 | 228.7 |
| 计算机 | 台 | 38.8 | 40.5 | 39.9 | 37.1 | 38.9 | 32.9 |
| 其中：接入互联网 | 台 | 30.3 | 31.2 | 31.1 | 30.2 | 32.8 | 28.9 |
| 照相机 | 台 | 10.3 | 11.0 | 7.9 | 7.9 | 7.8 | 5.0 |
| 中高档乐器 | 架 | 1.6 | 2.1 | 2.9 | 3.1 | 3.2 | 3.1 |
| 健身器材 | 台 | 1.7 | 2.2 | 3.5 | 4.0 | 4.6 | 3.3 |
| 空气净化器(含新风系统) | 套 |  | 0.3 | 2.6 | 3.2 | 3.3 | 3.2 |
| 吸尘器 | 台 |  | 0.3 | 4.0 | 4.8 | 5.5 | 4.6 |

注：根据国家制度，空气净化器(含新风系统)、吸尘器拥有量2017年开始统计调查。

# 2-16 土地经营和主要农产品产量情况(2021年)

| 指　　标 | 单位 | 全体居民 | 城镇常住居民 | 农村常住居民 |
|---|---|---|---|---|
| **家庭实际经营土地情况** | | | | |
| 期末实际经营土地面积 | 亩/人 | 1.44 | 0.29 | 2.50 |
| 耕地面积 | 亩/人 | 0.93 | 0.22 | 1.58 |
| 其中：有效灌溉面积 | 亩/人 | 0.53 | 0.14 | 0.89 |
| 林地面积 | 亩/人 | 0.38 | 0.04 | 0.70 |
| 园地面积 | 亩/人 | 0.08 | 0.01 | 0.15 |
| 牧草地面积 | 亩/人 | 0.01 | 0.00 | 0.01 |
| 养殖水面面积 | 亩/人 | 0.04 | 0.01 | 0.06 |
| **期内土地种植情况** | | | | |
| 期内主要粮食播种面积 | 亩/人 | 0.90 | 0.13 | 1.61 |
| 小麦播种面积 | 亩/人 | 0.15 | 0.02 | 0.27 |
| 水稻播种面积 | 亩/人 | 0.30 | 0.05 | 0.52 |
| 玉米播种面积 | 亩/人 | 0.31 | 0.04 | 0.57 |
| 大豆播种面积 | 亩/人 | 0.04 | 0.00 | 0.07 |
| 薯类播种面积 | 亩/人 | 0.10 | 0.02 | 0.18 |
| 期内主要经济作物播种面积 | 亩/人 | 0.36 | 0.13 | 0.57 |
| 棉花播种面积 | 亩/人 | 0.00 | | 0.00 |
| 油料作物播种面积 | 亩/人 | 0.13 | 0.03 | 0.23 |
| 糖料作物播种面积 | 亩/人 | 0.00 | 0.00 | 0.00 |
| 蔬菜播种面积 | 亩/人 | 0.10 | 0.03 | 0.16 |
| 其中：设施蔬菜播种面积 | 亩/人 | 0.02 | 0.01 | 0.02 |
| 水果播种面积 | 亩/人 | 0.13 | 0.07 | 0.18 |
| 其中：设施水果播种面积 | 亩/人 | 0.01 | 0.01 | 0.01 |
| 农业生产技术应用情况 | 亩/人 | 0.95 | 0.13 | 1.71 |
| 1.机耕面积 | 亩/人 | 0.39 | 0.06 | 0.70 |
| 2.机播面积 | 亩/人 | 0.10 | 0.01 | 0.20 |
| 3.机收面积 | 亩/人 | 0.30 | 0.03 | 0.54 |
| 4.机电灌溉面积 | 亩/人 | 0.16 | 0.03 | 0.28 |
| **主要农产品产量** | | | | |
| 谷物产量 | 公斤/人 | 334.57 | 50.04 | 599.33 |
| 面积 | 亩/人 | 0.84 | 0.18 | 1.45 |
| 小麦产量 | 公斤/人 | 56.08 | 6.21 | 102.48 |
| 面积 | 亩/人 | 0.16 | 0.02 | 0.29 |
| 稻谷产量 | 公斤/人 | 162.31 | 29.07 | 286.29 |
| 面积 | 亩/人 | 0.31 | 0.06 | 0.55 |
| 玉米产量 | 公斤/人 | 112.51 | 14.29 | 203.91 |
| 面积 | 亩/人 | 0.35 | 0.11 | 0.58 |

2-16 续表

| 指　　标 | 单位 | 全体居民 | 城镇常住居民 | 农村常住居民 |
|---|---|---|---|---|
| 高粱产量 | 公斤/人 | 2.29 | 0.13 | 4.30 |
| 面积 | 亩/人 | 0.01 | 0.00 | 0.01 |
| 谷子产量 | 公斤/人 | 0.00 | 0.00 | 0.00 |
| 面积 | 亩/人 | 0.00 | 0.00 | 0.00 |
| 青稞产量 | 公斤/人 | 0.00 | 0.00 | 0.00 |
| 面积 | 亩/人 | 0.00 | 0.00 | 0.00 |
| 其他谷物产量 | 公斤/人 | 1.39 | 0.34 | 2.36 |
| 面积 | 亩/人 | 0.01 | 0.00 | 0.01 |
| 薯类产量 | 公斤/人 | 20.59 | 3.14 | 36.83 |
| 面积 | 亩/人 | 0.14 | 0.06 | 0.21 |
| 红薯产量 | 公斤/人 | 16.65 | 2.70 | 29.63 |
| 面积 | 亩/人 | 0.11 | 0.05 | 0.17 |
| 马铃薯产量 | 公斤/人 | 3.90 | 0.42 | 7.14 |
| 面积 | 亩/人 | 0.02 | 0.00 | 0.04 |
| 其他薯类产量 | 公斤/人 | 0.04 | 0.02 | 0.06 |
| 面积 | 亩/人 | 0.00 | 0.00 | 0.00 |
| 豆类产量 | 公斤/人 | 5.46 | 0.66 | 9.92 |
| 面积 | 亩/人 | 0.04 | 0.01 | 0.08 |
| 大豆产量 | 公斤/人 | 5.06 | 0.57 | 9.24 |
| 面积 | 亩/人 | 0.04 | 0.00 | 0.07 |
| 其他豆类产量 | 公斤/人 | 0.39 | 0.08 | 0.68 |
| 面积 | 亩/人 | 0.00 | 0.00 | 0.01 |
| 棉花产量 | 公斤/人 | 0.00 | 0.00 | 0.00 |
| 面积 | 亩/人 | 0.00 | 0.00 | 0.00 |
| 油料产量 | 公斤/人 | 24.46 | 4.50 | 43.04 |
| 面积 | 亩/人 | 0.16 | 0.04 | 0.26 |
| 花生产量 | 公斤/人 | 3.30 | 0.81 | 5.62 |
| 面积 | 亩/人 | 0.02 | 0.00 | 0.03 |
| 芝麻产量 | 公斤/人 | 0.03 | 0.00 | 0.06 |
| 面积 | 亩/人 | 0.00 | 0.00 | 0.00 |
| 油菜籽产量 | 公斤/人 | 21.10 | 3.69 | 37.29 |
| 面积 | 亩/人 | 0.14 | 0.04 | 0.23 |
| 葵花籽产量 | 公斤 | 0.03 | 0.00 | 0.05 |
| 面积 | 亩 | 0.00 | 0.00 | 0.00 |
| 其他油料产量 | 公斤 | 0.01 | 0.00 | 0.01 |
| 面积 | 亩 | 0.00 | 0.00 | 0.00 |

# 2-17 城镇居民人均收支及恩格尔系数(1980-2021年)

| 年 份 | 城镇居民人均可支配收入 | | 城镇居民人均消费性支出 | | 恩格尔系数(%) |
|---|---|---|---|---|---|
| | 绝对数(元) | 比上年±% | 绝对数(元) | 比上年±% | |
| 1980 | 391 | | 364 | | 58.5 |
| 1981 | 412 | 5.4 | 396 | 9.0 | 59.5 |
| 1982 | 445 | 8.0 | 407 | 2.6 | 59.8 |
| 1983 | 493 | 10.8 | 457 | 12.3 | 59.0 |
| 1984 | 581 | 17.8 | 517 | 13.1 | 57.3 |
| 1985 | 695 | 19.6 | 680 | 31.5 | 51.4 |
| 1986 | 849 | 22.2 | 787 | 15.8 | 52.7 |
| 1987 | 948 | 11.7 | 889 | 13.0 | 52.9 |
| 1988 | 1130 | 19.2 | 1086 | 22.1 | 51.8 |
| 1989 | 1349 | 19.4 | 1184 | 9.0 | 55.7 |
| 1990 | 1490 | 10.5 | 1281 | 8.3 | 53.8 |
| 1991 | 1691 | 13.5 | 1488 | 16.1 | 51.9 |
| 1992 | 1989 | 17.6 | 1651 | 11.0 | 54.1 |
| 1993 | 2408 | 21.1 | 2034 | 23.2 | 52.1 |
| 1994 | 3297 | 37.0 | 2806 | 38.0 | 51.7 |
| 1995 | 4003 | 21.4 | 3429 | 22.2 | 51.3 |
| 1996 | 4406 | 10.1 | 3733 | 8.9 | 51.6 |
| 1997 | 4723 | 7.2 | 4093 | 9.6 | 49.1 |
| 1998 | 5127 | 8.5 | 4383 | 7.1 | 44.9 |
| 1999 | 5478 | 6.8 | 4499 | 2.7 | 43.9 |
| 2000 | 5894 | 7.6 | 4856 | 7.9 | 41.5 |
| 2001 | 6360 | 7.9 | 5176 | 6.6 | 40.2 |
| 2002 | 6611 | 3.9 | 5413 | 4.6 | 39.8 |
| 2003 | 7042 | 6.5 | 5759 | 6.4 | 38.9 |
| 2004 | 7710 | 9.5 | 6371 | 10.6 | 40.2 |
| 2005 | 8386 | 8.8 | 6891 | 8.2 | 39.3 |
| 2006 | 9350 | 11.5 | 7525 | 9.2 | 37.7 |
| 2007 | 11098 | 18.7 | 8692 | 15.5 | 41.2 |
| 2008 | 12633 | 13.8 | 9679 | 11.4 | 44.0 |
| 2009 | 13839 | 9.5 | 10857 | 12.2 | 40.4 |
| 2010 | 15461 | 11.7 | 12105 | 11.5 | 39.5 |
| 2011 | 17899 | 15.8 | 13696 | 13.1 | 40.7 |
| 2012 | 20307 | 13.5 | 15050 | 9.9 | 40.4 |
| 2013 | 22228 | 10.1 | 16098 | 8.6 | 34.9 |
| 2014 | 24234 | 9.0 | 17760 | 10.3 | 34.9 |
| 2015 | 26205 | 8.1 | 19277 | 8.5 | 35.2 |
| 2016 | 28335 | 8.1 | 20660 | 7.2 | 34.5 |
| 2017 | 30727 | 8.4 | 21991 | 6.4 | 33.3 |
| 2018 | 33216 | 8.1 | 23484 | 6.8 | 31.8 |
| 2019 | 36154 | 8.8 | 25367 | 8.0 | 32.6 |
| 2020 | 38253 | 5.8 | 25133 | -0.9 | 34.8 |
| 2021 | 41444 | 8.3 | 26971 | 7.3 | 34.3 |

注：从2013年起，国家统计局开展了城乡一体化住户收支和生活状况调查，与2012年前的分城镇和农村住户调查的调查范围、调查方法、指标口径有所不同。

# 2-18 城镇居民人均可支配收入(2016-2021年)

单位：元/人

| 项 目 | 2016 | 2017 | 2018 | 2019 | 2020 | 2021 |
|---|---|---|---|---|---|---|
| **城镇居民人均可支配收入** | **28335.3** | **30726.9** | **33216.0** | **36153.7** | **38253.1** | **41443.8** |
| **工资性收入** | **16219.1** | **17299.3** | **18530.0** | **20479.2** | **21950.7** | **23933.7** |
| 工资 | 15179.3 | 16244.6 | 17260.1 | 19409.9 | 20816.6 | 22659.5 |
| 按月发放的工资 | 13654.3 | 13905.2 | 14766.5 | 16188.7 | 17225.8 | 17928.4 |
| 补发工资 | 351.4 | 425.3 | 470.6 | 483.5 | 469.4 | 389.7 |
| 不按月发放的奖金、津贴、过节费等 | 1173.7 | 1914.0 | 2023.1 | 2737.7 | 3121.4 | 4341.4 |
| 实物福利 | 75.2 | 89.5 | 94.1 | 111.8 | 138.4 | 167.8 |
| 从单位或雇主得到的实物产品折价 | 13.1 | 16.0 | 17.4 | 29.3 | 34.1 | 33.1 |
| 食品 | 9.8 | 12.6 | 11.3 | 19.4 | 24.5 | 25.9 |
| 谷物、薯类及豆类 | 2.2 | 2.5 | 3.7 | 8.7 | 11.6 | 12.9 |
| 食用油(植物油) | 3.0 | 3.2 | 2.5 | 3.7 | 4.6 | 3.7 |
| 蔬菜及制品 | 0.1 | 0.1 | 0.1 |  | 0.1 | 0.1 |
| 肉、禽、蛋、奶及制品 | 1.3 | 1.4 | 1.1 | 1.1 | 1.8 | 1.3 |
| 水产品及制品 |  |  |  | 0.1 | 0.1 | 0.0 |
| 糖、烟、酒、饮料类 | 1.1 | 1.4 | 2.2 | 3.7 | 3.6 | 4.9 |
| 干鲜瓜果类 | 0.3 | 0.2 | 0.4 | 0.9 | 1.1 | 1.4 |
| 其他类食品 | 1.8 | 3.8 | 1.4 | 1.2 | 1.6 | 1.6 |
| 衣着 | 0.3 | 0.4 | 0.1 | 0.4 | 1.4 | 0.5 |
| 居住 |  |  | 0.2 |  | 0.0 | 0.0 |
| 家庭设备和日用品 | 1.5 | 1.1 | 2.2 | 4.5 | 3.6 | 2.3 |
| 交通、通信工具及用品 |  | 0.8 | 1.9 | 2.3 | 1.1 | 1.2 |
| 教育文化娱乐用品 |  | 0.1 | 0.3 | 0.1 | 0.1 | 0.1 |
| 医疗保健用品 | 0.7 | 0.2 | 0.4 | 0.3 | 0.8 | 0.2 |
| 其他用品 | 0.8 | 0.8 | 0.9 | 2.2 | 2.5 | 2.9 |
| 从单位或雇主得到的服务折价 | 62.1 | 73.5 | 76.7 | 82.5 | 104.3 | 134.7 |
| 免费或低价提供的工作餐 | 60.6 | 71.5 | 70.2 | 74.6 | 96.5 | 126.1 |
| 免费或低价提供的住宿 |  | 0.1 | 2.4 | 5.6 | 2.7 | 5.7 |
| 单位缴纳的水电费、取暖费、物业费等 |  |  | 0.2 | 0.3 | 0.6 | 0.1 |
| 免费或低价提供的交通和通信服务 | 0.1 | 0.1 | 1.1 | 0.8 | 0.6 | 1.3 |
| 单位缴纳的教育入学赞助费 | 0.1 | 0.2 |  |  |  | 0.0 |
| 免费或低价提供的旅游服务 | 0.3 | 1.2 | 0.4 | 0.2 | 0.1 | 0.1 |
| 其他服务 | 1.0 | 0.4 | 2.3 | 0.9 | 3.8 | 1.6 |
| 单位或雇主实物福利报销所得 |  |  |  |  |  | 0.0 |
| 其他 | 964.6 | 965.2 | 1175.8 | 957.5 | 995.7 | 1106.4 |
| 住房公积金 | 573.1 | 643.6 | 664.8 | 808.4 | 912.9 | 956.5 |
| 辞退金 | 12.0 | 11.3 | 6.6 |  | 3.6 | 49.3 |
| 自由职业劳动所得(如稿费、翻译费) | 7.7 | 9.2 | 14.5 | 52.2 | 42.0 | 77.2 |
| 安家费 | 1.3 |  | 12.1 | 5.4 | 2.0 | 1.3 |
| 股票期权 | 0.2 | 0.9 |  |  |  | 0.0 |
| 其他劳动所得 | 370.2 | 300.2 | 477.8 | 91.5 | 35.2 | 22.2 |
| **经营净收入** | **3326.7** | **3586.2** | **3849.0** | **4392.8** | **4333.8** | **4798.8** |
| 第一产业经营净收入 | 498.6 | 527.8 | 419.1 | 486.9 | 398.0 | 544.1 |
| 农业 | 267.2 | 280.9 | 252.4 | 299.1 | 198.0 | 463.7 |
| 林业 | 7.5 | 1.8 | 27.9 | 26.0 | 21.2 | 26.8 |
| 牧业 | 201.1 | 240.1 | 129.9 | 149.0 | 166.5 | 48.0 |
| 渔业 | 22.8 | 5.0 | 8.9 | 12.8 | 12.2 | 5.5 |

## 2-18 续表 1

单位：元/人

| 项　　目 | 2016 | 2017 | 2018 | 2019 | 2020 | 2021 |
|---|---|---|---|---|---|---|
| 第二产业经营净收入 | 78.0 | 88.9 | 99.1 | 292.3 | 308.5 | 375.2 |
| 采矿业 | -0.5 | -3.7 | 6.9 | -2.6 | -0.2 | 0.0 |
| 制造业 | 19.3 | 16.0 | 17.4 | 35.3 | 40.1 | 127.6 |
| 电力、热力、燃气及水生产和供应业 | 12.5 | 26.5 | 14.0 | 19.4 | 21.9 | 3.2 |
| 建筑业 | 46.8 | 50.1 | 60.8 | 240.2 | 246.7 | 244.3 |
| 第三产业经营净收入 | 2750.1 | 2969.4 | 3330.9 | 3613.6 | 3627.3 | 3879.5 |
| 批发和零售业 | 1475.2 | 1492.8 | 1602.0 | 1716.6 | 1843.2 | 1995.5 |
| 交通运输、仓储和邮政业 | 169.8 | 255.2 | 326.0 | 345.3 | 393.7 | 479.8 |
| 住宿和餐饮业 | 478.5 | 534.7 | 627.3 | 715.6 | 641.1 | 609.9 |
| 房地产业 | 11.7 | 3.1 | 7.3 | -2.8 | 6.0 | -0.2 |
| 租赁和商务服务业 | 29.0 | 32.7 | 33.5 | 11.0 | -32.0 | -110.3 |
| 居民服务、修理和其他服务业 | 492.0 | 520.9 | 584.9 | 545.8 | 493.0 | 733.2 |
| 其他 | 78.9 | 123.7 | 146.9 | 278.2 | 278.9 | 163.4 |
| 农林牧渔服务业 | 15.0 | 6.4 | 2.9 | 3.9 | 3.4 | 8.1 |
| **财产净收入** | **2363.5** | **2626.8** | **2820.0** | **2890.9** | **3058.9** | **3322.4** |
| 利息净收入 | -0.8 | 18.6 | -192.2 | -189.7 | -171.9 | -90.8 |
| 红利收入 | 184.7 | 192.4 | 476.6 | 414.0 | 545.3 | 622.0 |
| 集体分配的红利 | 26.3 | 29.7 | 80.9 | 35.7 | 23.2 | 24.8 |
| 其他红利收入 | 158.7 | 162.8 | 395.6 | 378.5 | 522.1 | 597.2 |
| 储蓄性保险净收益 | 2.1 | 7.3 | 9.1 | 3.6 | 2.7 | 5.5 |
| 转让承包土地经营权租金净收入 | 41.6 | 44.5 | 54.3 | 54.2 | 66.7 | 60.3 |
| 出租房屋财产性收入 | 865.9 | 928.4 | 830.3 | 906.1 | 963.7 | 959.4 |
| 出租机械、专利、版权等资产的收入 | 36.5 | 44.9 | 72.1 | 84.4 | 53.0 | 38.1 |
| 其他财产净收入 | 28.4 | 25.3 | 23.6 | 15.1 | -3.1 | 31.7 |
| 房屋虚拟租金 | 1205.0 | 1365.5 | 1546.2 | 1603.2 | 1602.6 | 1696.3 |
| **转移净收入** | **6426.0** | **7214.6** | **8017.2** | **8390.9** | **8909.7** | **9388.9** |
| 转移性收入 | 8435.3 | 9286.1 | 10450.0 | 10775.2 | 11261.6 | 12009.6 |
| 养老金或离退休金 | 6727.5 | 7262.8 | 7249.7 | 7216.4 | 7677.8 | 7683.3 |
| 离退休金 | 5614.5 | 6058.1 | 5722.5 | 5604.2 | 5935.0 | 6079.7 |
| (城镇)居民社会养老保险 | 918.9 | 975.6 | 1279.7 | 1272.3 | 1391.5 | 1211.9 |
| 新型农村养老保险 | 46.9 | 51.1 | 77.8 | 77.8 | 87.6 | 96.0 |
| 其他养老金 | 147.3 | 177.9 | 169.7 | 262.1 | 263.8 | 295.7 |
| 社会救济和补助 | 107.8 | 113.7 | 131.3 | 114.6 | 139.0 | 152.3 |
| 最低生活保障费 | 52.1 | 53.3 | 41.1 | 38.7 | 47.4 | 48.3 |
| 五保户救助金 | 0.3 | 0.3 | 2.9 | 2.4 | 2.0 | 3.0 |
| 扶贫款 | 1.3 | 2.5 | 1.2 | 0.7 | 3.0 | 0.4 |
| 救灾款 |  | 1.8 |  |  | 0.5 | 0.2 |
| 抚恤金 | 31.2 | 38.3 | 35.2 | 43.0 | 60.8 | 67.7 |
| 医疗救助专项补贴 |  |  |  |  | 4.1 | 5.1 |
| 教育救助专项补贴 |  |  |  |  | 2.1 | 2.3 |
| 其他社会救济收入 | 22.9 | 17.5 | 50.9 | 29.7 | 19.2 | 25.3 |
| 政策性生活补贴 | 23.7 | 54.0 | 51.8 | 107.4 | 85.4 | 121.8 |
| 家电补贴 | 0.6 | 1.0 | 1.0 |  |  | 0.0 |
| 能源补贴 | 1.4 | 0.3 | 0.2 |  | 0.0 | 0.0 |
| 免费或低价提供的住宿(廉租房) |  | 0.1 | 0.7 | 0.1 | 0.1 | 0.1 |
| 居住专项补贴 |  |  |  |  | 4.3 | 8.7 |

2-18 续表 2

单位：元/人

| 项　目 | 2016 | 2017 | 2018 | 2019 | 2020 | 2021 |
|---|---|---|---|---|---|---|
| 建房改造专项补贴 | | | | | 4.3 | 7.4 |
| 其他生活补贴 | 21.7 | 52.5 | 49.9 | 107.3 | 76.7 | 105.6 |
| 报销医疗费 | 279.9 | 273.6 | 326.9 | 548.2 | 511.0 | 584.4 |
| 家庭外出从业人员寄回带回收入 | 616.4 | 780.3 | 1711.3 | 1800.8 | 1851.6 | 2435.1 |
| 赡养收入 | 500.9 | 628.0 | 732.1 | 777.7 | 813.0 | 768.9 |
| 其他经常转移收入 | 137.6 | 127.6 | 177.7 | 142.0 | 125.4 | 180.5 |
| 失业保险金 | 17.1 | 22.7 | 23.5 | 26.9 | 25.3 | 33.3 |
| 经常性捐赠收入 | 0.9 | 3.7 | 10.5 | 8.4 | 11.7 | 0.5 |
| 经常性赔偿收入 | 4.2 | 4.7 | 6.8 | 9.9 | 7.9 | 15.9 |
| 社保支出专项补贴 | | | | | 4.2 | 5.8 |
| 扶贫补助金孳息收入 | | | | | | 0.1 |
| 扶贫贷款利息补助收入 | | | | | | 0.0 |
| 其他转移性收入 | 115.3 | 96.4 | 137.0 | 96.8 | 76.3 | 124.8 |
| 从政府和组织得到的实物产品和服务折价 | 18.3 | 30.2 | 45.5 | 35.0 | 31.4 | 44.9 |
| 食品 | 9.4 | 9.6 | 15.7 | 14.9 | 15.3 | 23.1 |
| 谷物、薯类及豆类 | 2.8 | 3.4 | 5.4 | 3.9 | 4.3 | 6.4 |
| 食用油(植物油) | 3.5 | 3.5 | 5.2 | 4.6 | 6.7 | 9.9 |
| 蔬菜及制品 | | | | | 0.0 | 0.0 |
| 肉、禽、蛋、奶及制品 | 2.1 | 0.9 | 1.6 | 1.8 | 2.1 | 3.8 |
| 水产品及制品 | | | | | 0.0 | 0.0 |
| 糖、烟、酒、饮料类 | 0.3 | 0.8 | 0.3 | 1.9 | 0.2 | 1.0 |
| 干鲜瓜果类 | 0.1 | | 0.1 | 0.3 | 0.3 | 0.2 |
| 其他类食品 | 0.7 | 0.9 | 3.1 | 2.4 | 1.5 | 1.8 |
| 衣着 | 0.1 | 2.0 | 0.1 | 0.2 | 0.0 | 0.0 |
| 居住 | | 0.3 | 1.5 | | | 0.0 |
| 家庭设备和日用品 | 3.8 | 7.8 | 16.9 | 12.9 | 10.2 | 8.6 |
| 交通、通信工具及用品 | | 0.1 | 0.1 | 0.8 | 0.0 | 2.7 |
| 教育文化娱乐用品 | 0.1 | 0.2 | 3.5 | 0.1 | 0.0 | 0.4 |
| 医疗保健用品 | 0.3 | 0.1 | 0.1 | 0.1 | 0.3 | 6.2 |
| 其他用品 | 1.3 | 5.5 | 1.8 | 1.3 | 1.5 | 0.3 |
| 其他服务折价(不含廉租房) | 3.4 | 4.7 | 5.8 | 4.7 | 4.1 | 3.5 |
| 现金政策性惠农补贴 | 23.2 | 15.8 | 23.6 | 33.1 | 26.9 | 38.5 |
| 转移性支出 | 2009.3 | 2071.6 | 2432.8 | 2384.3 | 2351.8 | 2620.7 |
| 个人所得税 | 72.7 | 74.4 | 155.5 | 126.9 | 124.4 | 108.3 |
| 社会保障支出 | 1594.4 | 1698.1 | 1911.4 | 1958.7 | 1954.0 | 2214.8 |
| 个人缴纳的养老保险 | 1096.7 | 1153.8 | 1292.1 | 1293.9 | 1246.3 | 1452.4 |
| 个人缴纳的医疗保险 | 414.4 | 439.3 | 506.1 | 524.9 | 545.1 | 620.6 |
| 个人缴纳的失业保险 | 48.6 | 44.5 | 43.4 | 48.4 | 51.4 | 48.4 |
| 其他社会保障支出 | 34.7 | 60.5 | 69.8 | 91.5 | 111.2 | 93.3 |
| 外来从业人员寄给家人的支出 | 1.7 | 0.2 | 2.9 | 9.3 | 7.4 | 4.4 |
| 赡养支出 | 236.7 | 219.7 | 266.0 | 202.3 | 198.0 | 218.6 |
| 其他转移性支出 | 103.7 | 79.1 | 97.0 | 87.1 | 68.1 | 74.5 |
| 经常性捐赠支出 | 38.9 | 20.5 | 21.1 | 22.6 | 13.4 | 7.6 |
| 经常性赔偿支出 | 1.0 | 0.2 | 0.4 | 1.7 | 0.1 | 0.0 |
| 其他经常转移支出 | 63.8 | 58.4 | 75.6 | 62.8 | 54.6 | 66.8 |

# 2-19 城镇居民人均总支出(2016-2021年)

单位：元/人

| 指　　标 | 2016 | 2017 | 2018 | 2019 | 2020 | 2021 |
|---|---|---|---|---|---|---|
| **城镇居民人均总支出** | **31489.8** | **33570.8** | **38626.1** | **39568.5** | **39164.0** | **43887.0** |
| **消费支出** | **20659.8** | **21990.6** | **23483.9** | **25367.4** | **25133.2** | **26970.8** |
| 食品烟酒 | 7118.4 | 7329.3 | 7462.3 | 8279.4 | 8741.1 | 9246.5 |
| 食品 | 5002.0 | 4995.3 | 4794.0 | 5073.8 | 5893.7 | 5674.8 |
| 谷物 | 601.6 | 558.0 | 504.1 | 491.4 | 539.4 | 488.9 |
| 薯类 | 81.4 | 81.0 | 75.8 | 79.9 | 88.4 | 77.1 |
| 豆类 | 76.5 | 80.3 | 72.5 | 69.4 | 73.8 | 67.4 |
| 食用油 | 248.9 | 223.8 | 200.7 | 184.9 | 215.1 | 224.7 |
| 蔬菜和食用菌 | 777.2 | 787.3 | 717.7 | 712.2 | 793.4 | 740.0 |
| 肉类 | 1393.2 | 1379.4 | 1279.7 | 1412.6 | 1978.9 | 1904.4 |
| 禽类 | 389.6 | 363.4 | 347.2 | 432.4 | 477.7 | 435.3 |
| 水产品 | 203.8 | 221.9 | 217.6 | 267.7 | 280.9 | 289.3 |
| 蛋类 | 129.4 | 129.8 | 131.5 | 142.0 | 154.2 | 144.1 |
| 奶类 | 294.5 | 314.2 | 385.9 | 367.0 | 356.8 | 375.1 |
| 干鲜瓜果类 | 438.7 | 489.7 | 485.7 | 535.4 | 523.7 | 522.4 |
| 糖果糕点类 | 147.1 | 151.6 | 170.6 | 170.4 | 163.0 | 174.5 |
| 其他食品 | 220.1 | 214.9 | 205.0 | 208.5 | 248.5 | 231.8 |
| 烟酒 | 571.4 | 623.9 | 684.3 | 758.5 | 777.1 | 867.2 |
| 烟草 | 376.0 | 389.4 | 457.9 | 532.7 | 570.7 | 655.4 |
| 酒类 | 195.4 | 234.5 | 226.4 | 225.8 | 206.4 | 211.9 |
| 饮料 | 116.7 | 111.0 | 130.1 | 141.6 | 147.4 | 164.7 |
| 饮食服务 | 1428.2 | 1599.1 | 1854.0 | 2305.4 | 1922.7 | 2539.8 |
| 食堂用餐 | 219.0 | 242.4 | 184.8 | 209.5 | 218.2 | 302.8 |
| 其他在外饮食 | 1202.2 | 1349.0 | 1661.4 | 2089.9 | 1697.5 | 2228.0 |
| 食品加工服务费 | 7.1 | 7.6 | 7.7 | 6.0 | 7.1 | 9.0 |
| 衣着 | 1767.5 | 1723.3 | 1712.6 | 1729.6 | 1674.5 | 1831.4 |
| 衣类 | 1369.9 | 1335.3 | 1370.6 | 1385.0 | 1340.6 | 1471.1 |
| 鞋类 | 397.5 | 388.0 | 342.0 | 344.6 | 333.9 | 360.3 |
| 居住 | 3756.5 | 3906.2 | 4470.2 | 4741.6 | 4951.4 | 5158.2 |
| 租赁房房租 | 183.3 | 140.7 | 200.6 | 223.0 | 190.6 | 227.8 |
| 租赁房房租中租赁公房房租 | | | | | 14.6 | 900.1 |
| 租赁房房租中租赁私房房租 | | | | | 176.0 | 808.8 |
| 住房维修及管理 | 619.2 | 614.6 | 620.7 | 676.5 | 806.3 | 3221.5 |
| 住房维修及管理中物业管理费 | | | | | 181.7 | 17.4 |
| 水电燃料及其他 | 759.9 | 783.9 | 828.8 | 794.5 | 841.1 | 210.3 |
| 自有住房折算租金 | 2194.0 | 2367.1 | 2820.1 | 3047.7 | 3113.4 | 178.3 |
| 生活用品及服务 | 1311.1 | 1403.8 | 1562.0 | 1525.4 | 1599.6 | 1723.8 |
| 家具及室内装饰品 | 198.4 | 224.5 | 211.6 | 214.2 | 228.5 | 262.2 |
| 家用器具 | 305.0 | 380.7 | 406.6 | 352.9 | 369.5 | 393.5 |
| 家用纺织品 | 131.0 | 123.0 | 141.0 | 141.9 | 136.3 | 153.2 |
| 家庭日用杂品 | 389.4 | 349.9 | 350.8 | 330.4 | 367.7 | 359.4 |
| 个人用品 | 247.7 | 281.6 | 369.7 | 405.7 | 418.2 | 473.8 |
| 家庭服务 | 39.5 | 44.1 | 82.3 | 80.2 | 79.5 | 81.8 |
| 家政服务 | | 24.1 | 50.6 | 45.9 | 43.4 | 44.5 |

## 2-19 续表 1

单位：元/人

| 指　　标 | 2016 | 2017 | 2018 | 2019 | 2020 | 2021 |
|---|---|---|---|---|---|---|
| 交通通信 | 2697.6 | 3198.3 | 3365.5 | 3453.4 | 3052.2 | 3529.8 |
| 交通 | 1778.8 | 2256.4 | 2395.1 | 2610.0 | 2104.0 | 2545.6 |
| 交通工具 | 689.1 | 1047.3 | 770.2 | 895.0 | 652.3 | 779.7 |
| 交通费 | 218.5 | 229.3 | 405.0 | 466.9 | 317.6 | 342.9 |
| 交通工具用燃料 | 577.3 | 681.7 | 788.9 | 700.1 | 610.8 | 754.2 |
| 交通工具使用及维修 | 293.8 | 298.2 | 431.0 | 548.0 | 523.4 | 668.9 |
| 其中：车辆保险支出 | 114.3 | 104.2 | 140.4 | 190.3 | 194.9 | 273.9 |
| 通信 | 918.8 | 942.0 | 970.4 | 843.5 | 948.2 | 984.1 |
| 通信工具 | 229.8 | 237.2 | 289.1 | 216.3 | 280.4 | 313.6 |
| 通信服务 | 689.0 | 704.7 | 681.4 | 627.2 | 667.8 | 670.5 |
| 教育文化娱乐 | 2008.4 | 2221.9 | 2383.8 | 2667.6 | 2253.0 | 2557.5 |
| 教育 | 849.0 | 924.7 | 1252.6 | 1649.9 | 1534.0 | 1812.7 |
| 学前教育 | 95.6 | 102.1 | 238.2 | 306.1 | 252.7 | 346.2 |
| 小学教育 | 121.1 | 139.9 | 231.4 | 315.8 | 293.1 | 387.2 |
| 初中教育 | 123.1 | 129.7 | 166.2 | 221.3 | 209.6 | 234.3 |
| 高中教育 | 146.5 | 148.3 | 188.5 | 256.2 | 259.8 | 308.5 |
| 中专职高教育 | 11.9 | 12.8 | 14.4 | 8.9 | 13.1 | 9.1 |
| 大专及以上教育 | 257.7 | 319.9 | 326.9 | 457.8 | 432.4 | 446.3 |
| 成人教育 | 93.1 | 72.0 | 86.9 | 83.9 | 73.2 | 81.1 |
| 文化娱乐 | 1159.4 | 1297.2 | 1131.2 | 1017.6 | 719.0 | 744.8 |
| 文娱耐用消费品 | 148.5 | 154.8 | 144.7 | 148.4 | 185.7 | 170.1 |
| 其他文娱用品 | 127.9 | 144.3 | 204.7 | 209.2 | 206.1 | 233.1 |
| 文化娱乐服务 | 883.0 | 998.1 | 781.8 | 660.1 | 327.2 | 341.7 |
| 医疗保健 | 1423.4 | 1595.6 | 1861.4 | 2293.3 | 2193.4 | 2281.1 |
| 医疗器具及药品 | 611.1 | 542.7 | 1241.6 | 602.5 | 641.9 | 624.8 |
| 医疗服务 | 812.3 | 1052.9 | 515.0 | 1690.8 | 1551.5 | 1656.3 |
| 门诊总费用 | 304.8 | 420.7 | 213.6 | 634.5 | 597.4 | 713.1 |
| 住院总费用 | 507.5 | 632.3 | 301.4 | 1056.3 | 954.1 | 943.1 |
| 其他用品及服务 | 577.1 | 612.1 | 666.2 | 677.1 | 668.1 | 642.5 |
| 其他用品 | 202.8 | 212.8 | 241.9 | 248.7 | 257.1 | 248.1 |
| 其他服务 | 374.3 | 399.3 | 424.2 | 428.4 | 411.0 | 394.4 |
| **生产经营费用支出** | **2192.0** | **2805.8** | **3600.5** | **3659.3** | **4048.6** | **5398.7** |
| 第一产业经营费用支出 | 408.1 | 457.5 | 368.7 | 343.2 | 410.1 | 593.2 |
| 农业 | 111.0 | 121.6 | 203.6 | 191.7 | 197.9 | 247.0 |
| 林业 | 8.8 | 5.4 | 5.8 | 5.6 | 8.0 | 9.2 |
| 牧业 | 267.2 | 327.7 | 153.8 | 138.2 | 196.9 | 317.2 |
| 渔业 | 21.2 | 2.8 | 5.6 | 7.7 | 7.4 | 19.8 |
| 第二产业经营费用支出 | 390.9 | 343.9 | 636.2 | 497.8 | 434.7 | 267.0 |
| 采矿业 | 1.0 | 3.9 | 7.0 | 0.4 | 0.2 | 0.0 |
| 制造业 | 65.1 | 85.6 | 196.4 | 158.7 | 222.5 | 78.8 |
| 电力、热力、燃气及水生产和供应业 | 43.3 | 23.3 | 4.6 | 3.1 | 5.6 | 1.0 |
| 建筑业 | 281.5 | 231.1 | 428.2 | 335.5 | 206.4 | 187.1 |
| 第三产业经营费用支出 | 1393.0 | 2004.4 | 2595.6 | 2818.4 | 3203.8 | 4538.5 |
| 批发和零售业 | 555.4 | 852.5 | 1527.0 | 1527.0 | 1794.6 | 2538.5 |
| 交通运输、仓储和邮政业 | 243.6 | 158.3 | 153.0 | 163.5 | 167.8 | 291.2 |

## 2-19 续表 2

单位：元/人

| 指　　标 | 2016 | 2017 | 2018 | 2019 | 2020 | 2021 |
|---|---|---|---|---|---|---|
| 住宿和餐饮业 | 242.9 | 705.3 | 345.3 | 330.5 | 296.2 | 1009.5 |
| 房地产业 | 0.2 | 0.4 | 1.2 | 4.6 | 3.3 | 0.2 |
| 租赁和商务服务业 | 9.0 | 20.0 | 25.9 | 178.1 | 195.5 | 246.6 |
| 居民服务、修理和其他服务业 | 260.0 | 195.4 | 430.4 | 388.2 | 541.1 | 338.2 |
| 其他 | 77.4 | 68.6 | 111.0 | 222.8 | 204.2 | 110.1 |
| 农林牧渔服务业 | 4.4 | 3.9 | 1.9 | 3.8 | 1.0 | 4.1 |
| **财产性支出** | **178.9** | **183.3** | **370.3** | **447.2** | **491.1** | **406.1** |
| 生活贷款利息支出 | 173.5 | 181.0 | 367.8 | 440.5 | 482.0 | 401.2 |
| 住房贷款利息支出 | 164.7 | 168.5 | 337.8 | 427.0 | 467.8 | 388.0 |
| 其他生活贷款利息支出 | 8.8 | 12.5 | 29.9 | 13.5 | 14.2 | 13.2 |
| 其他财产性支出 | 5.4 | 2.2 | 2.5 | 6.7 | 9.1 | 5.0 |
| 非储蓄性财产保险支出 | 1.3 | 0.1 | 0.6 | 1.1 | 0.1 | 0.4 |
| 其他财产性支出 | 4.1 | 2.1 | 2.0 | 5.7 | 9.0 | 4.6 |
| **转移性支出** | **2009.2** | **2071.6** | **2301.2** | **2384.3** | **2351.8** | **2620.7** |
| 个人所得税 | 72.7 | 74.4 | 147.1 | 126.9 | 124.4 | 108.3 |
| 社会保障支出 | 1594.4 | 1698.1 | 1808.0 | 1958.7 | 1954.0 | 2214.8 |
| 个人缴纳的养老保险 | 1096.7 | 1153.8 | 1222.1 | 1293.9 | 1246.3 | 1452.4 |
| 个人缴纳的医疗保险 | 414.4 | 439.3 | 478.8 | 524.9 | 545.1 | 620.6 |
| 个人缴纳的失业保险 | 48.6 | 44.5 | 41.1 | 48.4 | 51.4 | 48.4 |
| 其他社会保障支出 | 34.7 | 60.5 | 66.0 | 91.5 | 111.2 | 93.3 |
| 外来从业人员寄给家人的支出 | 1.7 |  | 2.7 | 9.3 | 7.4 | 4.4 |
| 赡养支出 | 236.7 | 219.7 | 251.6 | 202.3 | 198.0 | 218.6 |
| 其他转移性支出 | 103.6 | 79.2 | 91.8 | 87.1 | 68.1 | 74.5 |
| **部分商业保险支出** | **45.6** | **83.8** | **214.7** | **217.9** | **238.5** | **319.4** |
| 意外伤害保险 | 7.4 | 11.1 | 24.0 | 26.1 | 31.8 | 33.8 |
| 商业医疗保险(含大病保险) | 20.6 | 33.9 | 105.0 | 110.2 | 120.0 | 168.8 |
| 其他非储蓄性商业保险 | 5.0 | 16.1 | 31.7 | 32.8 | 21.2 | 26.3 |
| 其他储蓄性商业保险 | 12.7 | 22.7 | 54.0 | 48.8 | 65.5 | 90.5 |
| **购置资产及非经常性转移支出** | **2972.5** | **2891.3** | **4221.6** | **4379.9** | **4133.8** | **5121.0** |
| 购置资产支出 | 750.2 | 514.2 | 1634.7 | 1470.4 | 1742.0 | 1870.7 |
| 建造住房支出 | 43.1 | 26.5 | 68.1 | 104.6 | 152.7 | 68.4 |
| 建造住房材料 | 38.1 | 18.8 | 51.7 | 49.8 | 122.2 | 43.1 |
| 建造住房雇工 | 5.1 | 7.7 | 16.1 | 19.4 | 26.3 | 17.9 |
| 购买住房支出 | 580.0 | 376.5 | 1280.5 | 1195.5 | 1356.6 | 1583.3 |
| 购建第一产业生产性固定资产支出 | 30.9 | 33.9 | 21.1 | 15.9 | 17.2 | 53.3 |
| 购买或建造农业生产性用房 | 15.1 | 1.8 | 1.9 | 5.2 | 5.0 | 4.4 |
| 购买用房建筑材料 | 9.8 | 1.5 | 0.9 | 3.3 | 4.1 | 4.0 |
| 建筑农业生产用房雇工 | 4.7 | 0.1 | 0.8 | 0.5 | 0.4 | 0.0 |
| 购买农业生产用房 |  |  |  | 1.2 |  | 0.4 |
| 其他 | 0.7 | 0.2 | 0.1 | 0.2 | 0.5 | 0.0 |
| 购买役畜 | 0.7 | 8.8 | 0.2 | 0.2 |  | 0.0 |
| 购买产品畜 | 0.4 | 1.7 | 2.0 | 0.2 | 1.9 | 8.3 |
| 购买或建造农业设施 | 10.3 | 10.2 | 14.7 | 8.4 | 6.3 | 33.6 |
| 大棚、温室 | 7.4 | 9.5 | 14.3 | 8.2 | 4.0 | 30.0 |

2-19 续表 3

单位：元/人

| 指 标 | 2016 | 2017 | 2018 | 2019 | 2020 | 2021 |
|---|---|---|---|---|---|---|
| 自备井 | | 0.6 | 0.1 | | 0.9 | 0.8 |
| 喷灌设施 | 0.2 | 0.1 | | 0.2 | 0.2 | 1.5 |
| 其他农业设施 | 2.6 | | 0.2 | | 1.1 | 1.4 |
| 购买农业机械 | 4.4 | 11.3 | 2.4 | 2.0 | 4.0 | 7.0 |
| 大中型农用拖拉机 | | | | | | 0.0 |
| 小型(手扶)农用拖拉机 | 0.3 | 2.4 | 0.2 | 0.2 | | 0.2 |
| 农用排灌动力机械 | 0.5 | 0.1 | 0.1 | 0.1 | 0.2 | 0.0 |
| 插秧机 | | | | 0.2 | | 0.0 |
| 收割机 | | | 0.2 | | 0.3 | 0.3 |
| 脱粒机 | 0.2 | 0.5 | 0.4 | 0.5 | 0.3 | 1.1 |
| 其他农业机械 | 3.4 | 8.3 | 1.5 | 1.0 | 3.1 | 5.4 |
| 购建第二产业生产性固定资产支出 | 1.0 | 4.5 | 4.1 | 1.1 | 2.8 | 22.8 |
| 采矿业 | | | | | | 0.0 |
| 制造业 | | 0.5 | 1.1 | 0.3 | 1.4 | 0.6 |
| 电力、热力、燃气及水生产和供应业 | 0.3 | 0.8 | | | | 0.5 |
| 建筑业 | 0.7 | 3.1 | 3.0 | 0.8 | 1.5 | 21.8 |
| 购建第三产业生产性固定资产支出 | 73.2 | 68.5 | 242.2 | 133.7 | 165.0 | 94.9 |
| 批发和零售业 | 15.9 | 25.4 | 53.1 | 21.2 | 15.2 | 52.3 |
| 交通运输、仓储和邮政业 | 29.8 | 6.6 | 36.8 | 73.3 | 35.0 | 18.8 |
| 住宿和餐饮业 | 24.3 | 21.1 | 122.1 | 11.4 | 85.3 | 10.8 |
| 房地产业 | | | 2.2 | 0.1 | 2.6 | 0.0 |
| 租赁和商务服务业 | | | 0.5 | 17.0 | 5.2 | 0.0 |
| 居民服务、修理和其他服务业 | 1.5 | 2.6 | 7.5 | 10.7 | 20.8 | 4.8 |
| 其他 | 1.6 | 12.9 | 20.0 | | 0.9 | 8.2 |
| 购建其他资产支出 | 21.9 | 4.4 | 18.8 | 19.5 | 47.5 | 48.0 |
| 非经常性转移支出 | 2222.3 | 2377.1 | 2586.9 | 2909.5 | 2391.9 | 3250.4 |
| 博彩支出 | 39.3 | 30.8 | 59.2 | 80.6 | 71.9 | 150.1 |
| 婚丧嫁娶礼金支出 | 1537.2 | 1572.0 | 1642.8 | 1674.4 | 1362.5 | 1671.4 |
| 一次性赔偿支出 | 2.6 | 8.2 | 3.6 | 52.6 | 4.7 | 5.9 |
| 一次性馈赠支出 | 473.6 | 531.1 | 668.2 | 866.3 | 750.9 | 1160.7 |
| 婚丧嫁娶宴请支出 | | 174.1 | 189.1 | 208.7 | 189.3 | 225.4 |
| 其他非经常性转移支出 | 50.7 | 61.0 | 23.9 | 26.9 | 12.6 | 36.9 |
| **借贷性支出** | **3431.8** | **3544.4** | **4433.8** | **3112.5** | **2766.9** | **3050.2** |
| 存入储蓄款 | 1921.8 | 2144.5 | 1650.9 | 890.7 | 853.9 | 1128.7 |
| 借出款 | 140.0 | 109.4 | 119.2 | 30.6 | 45.4 | 34.8 |
| 归还借款 | 178.0 | 165.7 | 334.0 | 280.9 | 226.4 | 184.1 |
| 购买有价证券 | 136.0 | 61.0 | 178.3 | 89.7 | 45.1 | 18.0 |
| 其他投资支出 | 36.6 | 45.1 | 224.4 | 81.7 | 38.0 | 123.4 |
| 归还住房贷款 | 770.7 | 782.6 | 1253.4 | 1384.7 | 1190.2 | 1230.9 |
| 归还汽车贷款 | 166.1 | 154.2 | 317.5 | 265.0 | 178.7 | 243.9 |
| 归还教育贷款 | 0.5 | 0.8 | 3.0 | 13.4 | 3.5 | 0.7 |
| 归还其他贷款 | 17.1 | 9.0 | 265.0 | 45.8 | 98.8 | 80.9 |
| 其他借贷支出 | 64.9 | 72.1 | 88.2 | 30.1 | 87.0 | 4.7 |

# 2-20 城镇居民人均总收入(2016-2021年)

单位：元/人

| 指　标 | 2016 | 2017 | 2018 | 2019 | 2020 | 2021 |
|---|---|---|---|---|---|---|
| **城镇居民总收入** | **33016.1** | **36135.8** | **39853.8** | **43051.2** | **45500.2** | **50227.6** |
| **工资性收入** | **16219.1** | **17299.3** | **19032.7** | **20479.2** | **21950.7** | **23933.7** |
| 工资 | 15179.3 | 16244.6 | 17728.3 | 19409.9 | 20816.6 | 22659.5 |
| 实物福利 | 75.2 | 89.5 | 96.6 | 111.8 | 138.4 | 167.8 |
| 其他 | 964.6 | 965.2 | 1207.7 | 957.5 | 995.7 | 1106.4 |
| **经营性收入** | **5819.4** | **6740.3** | **7865.8** | **8458.7** | **8737.9** | **10555.8** |
| 第一产业经营收入 | 928.3 | 1022.3 | 818.7 | 857.0 | 835.6 | 1182.5 |
| 第一产业经营收入(不含惠农补贴) | 928.3 | 1022.3 | 818.7 | 857.0 | 835.6 | 1182.5 |
| 农业 | 392.4 | 427.9 | 474.7 | 511.1 | 411.7 | 747.4 |
| 林业 | 16.3 | 7.3 | 34.2 | 31.7 | 29.3 | 36.2 |
| 牧业 | 475.6 | 574.5 | 295.1 | 293.2 | 374.2 | 372.4 |
| 渔业 | 44.0 | 12.6 | 14.7 | 21.0 | 20.5 | 26.5 |
| 第二产业经营收入 | 495.0 | 470.5 | 772.2 | 816.6 | 758.9 | 665.3 |
| 采矿业 | 0.4 | 0.3 | 15.7 |  | 0.0 | 0.0 |
| 制造业 | 88.3 | 113.6 | 222.3 | 200.3 | 267.3 | 212.9 |
| 电力、热力、燃气及水生产和供应业 | 59.5 | 53.5 | 18.9 | 23.4 | 28.2 | 6.0 |
| 建筑业 | 346.8 | 303.1 | 515.3 | 592.9 | 463.4 | 446.4 |
| 第三产业经营收入 | 4396.1 | 5247.5 | 6274.9 | 6785.1 | 7143.4 | 8708.0 |
| 批发和零售业 | 2159.5 | 2481.9 | 3302.7 | 3425.4 | 3794.0 | 4655.2 |
| 交通运输、仓储和邮政业 | 457.8 | 447.4 | 523.2 | 557.9 | 603.5 | 815.9 |
| 住宿和餐饮业 | 748.9 | 1268.0 | 1029.5 | 1098.2 | 965.4 | 1683.5 |
| 房地产业 | 11.9 | 3.4 | 8.6 | 1.8 | 9.3 | 0.0 |
| 租赁和商务服务业 | 42.5 | 76.3 | 66.5 | 203.2 | 216.8 | 145.2 |
| 居民服务、修理和其他服务业 | 797.9 | 758.6 | 1061.0 | 970.0 | 1057.3 | 1114.5 |
| 其他 | 157.9 | 201.5 | 278.4 | 520.3 | 492.0 | 281.0 |
| 农林牧渔服务业 | 19.8 | 10.5 | 5.2 | 8.4 | 5.0 | 12.6 |
| **财产性收入** | **2542.4** | **2810.1** | **3066.6** | **3338.1** | **3549.9** | **3728.5** |
| 利息收入 | 172.7 | 199.6 | 184.0 | 250.8 | 310.1 | 310.4 |
| 红利收入 | 184.7 | 192.4 | 455.7 | 414.0 | 545.3 | 622.0 |
| 储蓄性保险净收益 | 2.1 | 7.3 | 8.7 | 3.6 | 2.7 | 5.5 |
| 转让承包土地经营权租金净收入 | 41.6 | 44.5 | 51.9 | 54.2 | 66.7 | 60.3 |
| 出租房屋财产性净收入 | 865.9 | 928.4 | 793.9 | 906.1 | 963.7 | 959.4 |
| 出租机械、专利、版权等资产的净收入 | 36.5 | 44.9 | 68.9 | 84.4 | 53.0 | 38.1 |
| 其他财产净收入 | 33.8 | 27.5 | 25.1 | 21.9 | 5.9 | 36.7 |
| 房屋虚拟租金 | 1205.0 | 1365.5 | 1478.4 | 1603.2 | 1602.6 | 1696.3 |
| **转移性收入** | **8435.3** | **9286.1** | **9888.6** | **10775.2** | **11261.6** | **12009.6** |
| 养老金或离退休金 | 6727.5 | 7262.8 | 6860.2 | 7216.4 | 7677.8 | 7683.3 |

2-20 续表

单位：元/人

| 指　　标 | 2016 | 2017 | 2018 | 2019 | 2020 | 2021 |
|---|---|---|---|---|---|---|
| 社会救济和补助 | 107.8 | 113.7 | 124.3 | 114.6 | 139.0 | 152.3 |
| 政策性生活补贴 | 23.7 | 54.0 | 49.0 | 107.4 | 85.4 | 121.8 |
| 家庭外出从业人员寄回带回收入 | 616.4 | 780.3 | 1619.3 | 1800.8 | 1851.6 | 2435.1 |
| 赡养收入 | 500.9 | 628.0 | 692.7 | 777.7 | 813.0 | 768.9 |
| 报销医疗费 | 279.9 | 273.6 | 309.4 | 548.2 | 511.0 | 584.4 |
| 从政府和组织得到的实物产品和服务折价 | 18.3 | 30.2 | 43.1 | 35.0 | 31.5 | 44.9 |
| 现金政策性惠农补贴 | 23.2 | 15.8 | 22.4 | 33.1 | 26.9 | 38.5 |
| 其他转移性收入 | 137.6 | 127.6 | 168.2 | 142.0 | 125.4 | 180.5 |
| **非收入所得** | **1424.2** | **1901.1** | **2385.7** | **3279.9** | **3129.9** | **3668.1** |
| 出售资产所得 | 388.6 | 738.1 | 763.5 | 1218.1 | 1184.4 | 1215.5 |
| 出售住房本金所得 | 42.9 | 123.1 | 477.9 | 342.1 | 267.0 | 487.4 |
| 出售住房溢价所得(含亏损) |  | 0.3 | 3.7 | 107.1 | 59.1 | 56.3 |
| 出售股票、基金、收藏品本金所得 | 39.8 | 92.2 | 1.8 | 5.2 | 7.8 | 1.6 |
| 出售股票、基金、收藏品所得(含亏损) | 9.5 | 2.4 | 10.8 | 6.5 | 29.7 | 5.5 |
| 出售生产性固定资产所得 | 10.9 | 40.9 | 23.7 | 28.8 | 2.0 | 24.1 |
| 拆迁征地补偿所得 | 245.5 | 418.9 | 161.8 | 654.3 | 737.6 | 512.7 |
| 出售其他财物和收回其他投资本金所得 | 40.0 | 60.3 | 83.8 | 74.1 | 81.2 | 127.9 |
| 非经常性转移所得 | 1029.6 | 1157.8 | 1613.2 | 2051.1 | 1934.5 | 2419.0 |
| 博彩所得 | 29.4 | 35.6 | 169.1 | 81.6 | 67.5 | 182.1 |
| 婚丧嫁娶礼金所得 | 333.7 | 334.1 | 425.9 | 415.6 | 340.3 | 436.7 |
| 遗产及一次性馈赠所得 | 178.2 | 202.7 | 381.0 | 459.1 | 486.7 | 682.1 |
| 一次性赔偿所得 | 32.7 | 77.8 | 8.3 | 79.8 | 49.7 | 32.2 |
| 提取住房公积金 | 60.8 | 44.5 | 123.4 | 311.2 | 211.5 | 292.9 |
| 调查补贴 | 365.4 | 437.1 | 493.6 | 685.6 | 767.4 | 756.5 |
| 其他非经常性转移所得 | 29.4 | 26.1 | 11.9 | 18.3 | 11.3 | 36.5 |
| 其他非收入所得 | 6.1 | 5.2 | 9.0 | 10.7 | 11.0 | 33.6 |
| **借贷性所得** | **2441.5** | **2261.9** | **2363.2** | **2263.6** | **1941.5** | **2197.0** |
| 提取储蓄存款 | 2206.9 | 1844.8 | 1680.1 | 1422.7 | 1184.3 | 1544.5 |
| 借入款 | 130.5 | 198.0 | 311.9 | 318.8 | 236.5 | 184.8 |
| 收回借出款 | 79.6 | 109.2 | 180.2 | 187.4 | 83.8 | 95.9 |
| 收回储蓄性保险本金 | 5.7 | 0.3 | 0.6 | 0.4 | 0.5 | 7.0 |
| 住房贷款 | 0.2 | 43.7 | 95.3 | 201.6 | 306.6 | 261.8 |
| 汽车贷款 | 1.1 | 6.9 | 22.4 | 55.6 | 20.7 | 26.9 |
| 教育贷款 |  | 1.5 | 5.9 | 4.1 | 3.1 | 5.7 |
| 其他贷款 | 6.6 | 44.6 | 45.1 | 59.8 | 99.1 | 47.2 |
| 其他借贷所得 | 10.8 | 12.9 | 21.7 | 13.1 | 6.9 | 23.2 |

# 2-21 城镇居民人均现金收入(2016-2021年)

单位：元/人

| 指　标 | 2016 | 2017 | 2018 | 2019 | 2020 | 2021 |
|---|---|---|---|---|---|---|
| **城镇居民人均现金收入** | **31290.2** | **34218.1** | **37748.9** | **40581.7** | **43033.2** | **47498.3** |
| **现金工资性收入** | **16143.9** | **17209.8** | **18936.0** | **20367.5** | **21812.3** | **23765.9** |
| 工资 | 15179.3 | 16244.6 | 17728.3 | 19409.9 | 20816.6 | 22659.5 |
| 其他工资性收入 | 964.6 | 965.2 | 1207.7 | 957.5 | 995.7 | 1106.4 |
| **现金经营性收入** | **5671.8** | **6581.4** | **7688.5** | **8287.3** | **8554.4** | **10319.8** |
| 第一产业现金经营收入 | 780.7 | 863.4 | 641.3 | 685.6 | 652.1 | 946.5 |
| 农业 | 302.9 | 326.7 | 363.3 | 406.3 | 314.4 | 603.1 |
| 林业 | 11.3 | 2.9 | 28.2 | 24.3 | 20.6 | 28.4 |
| 牧业 | 423.0 | 522.2 | 235.8 | 235.0 | 297.4 | 289.1 |
| 渔业 | 43.5 | 11.6 | 13.9 | 20.1 | 19.7 | 25.9 |
| 第二产业现金经营收入 | 495.0 | 470.5 | 772.2 | 816.6 | 758.9 | 665.3 |
| 采矿业 | 0.4 | 0.3 | 15.7 |  | 0.0 | 0.0 |
| 制造业 | 88.3 | 113.6 | 222.3 | 200.3 | 267.3 | 212.9 |
| 电力、热力、燃气及水生产和供应业 | 59.5 | 53.5 | 18.9 | 23.4 | 28.2 | 6.0 |
| 建筑业 | 346.8 | 303.1 | 515.3 | 592.9 | 463.4 | 446.4 |
| 第三产业现金经营收入 | 4396.1 | 5247.5 | 6274.9 | 6785.1 | 7143.4 | 8708.0 |
| 批发和零售业 | 2159.5 | 2481.9 | 3302.7 | 3425.4 | 3794.0 | 4655.2 |
| 交通运输、仓储和邮政业 | 457.8 | 447.4 | 523.2 | 557.9 | 603.5 | 815.9 |
| 住宿和餐饮业 | 748.9 | 1268.0 | 1029.5 | 1098.2 | 965.4 | 1683.5 |
| 房地产业 | 11.9 | 3.4 | 8.6 | 1.8 | 9.3 | 0.0 |
| 租赁和商务服务业 | 42.5 | 76.3 | 66.5 | 203.2 | 216.8 | 145.2 |
| 居民服务、修理和其他服务业 | 797.9 | 758.6 | 1061.0 | 970.0 | 1057.3 | 1114.5 |
| 其他行业 | 157.9 | 201.5 | 278.4 | 520.3 | 492.0 | 281.0 |
| 农林牧渔服务业 | 19.8 | 10.5 | 5.2 | 8.4 | 5.0 | 12.6 |
| **现金财产性收入** | **1337.4** | **1444.6** | **1588.2** | **1734.9** | **1947.4** | **2032.3** |
| 利息收入 | 172.7 | 199.6 | 184.0 | 250.8 | 310.1 | 310.4 |
| 红利收入 | 184.7 | 192.4 | 455.7 | 414.0 | 545.3 | 622.0 |
| 储蓄性保险收益 | 2.1 | 7.3 | 8.7 | 3.6 | 2.7 | 5.5 |
| 转让承包土地经营权租金收入 | 41.6 | 44.5 | 51.9 | 54.2 | 66.7 | 60.3 |
| 出租房屋财产性净收入 | 865.9 | 928.4 | 793.9 | 906.1 | 963.7 | 959.4 |
| 出租机械、专利、版权等资产的净收入 | 36.5 | 44.9 | 68.9 | 84.4 | 53.0 | 38.1 |
| 其他财产性收入 | 33.8 | 27.5 | 25.1 | 21.9 | 5.9 | 36.7 |
| **现金转移性收入** | **8137.0** | **8982.3** | **9536.2** | **10192.0** | **10719.1** | **11380.3** |
| 养老金或离退休金 | 6727.5 | 7262.8 | 6860.2 | 7216.4 | 7677.8 | 7683.3 |

2-21 续表

单位：元/人

| 指标 | 2016 | 2017 | 2018 | 2019 | 2020 | 2021 |
|---|---|---|---|---|---|---|
| 社会救济和补助 | 107.8 | 113.7 | 124.3 | 114.6 | 139.0 | 152.3 |
| 政策性生活补贴 | 23.7 | 54.0 | 49.0 | 107.4 | 85.4 | 121.8 |
| 家庭外出从业人员寄回带回收入 | 616.4 | 780.3 | 1619.3 | 1800.8 | 1851.6 | 2435.1 |
| 赡养收入 | 500.9 | 628.0 | 692.7 | 777.7 | 813.0 | 768.9 |
| 其他转移性收入 | 137.6 | 127.6 | 168.2 | 142.0 | 125.4 | 180.5 |
| 现金政策性惠农补贴 | 23.2 | 15.8 | 22.4 | 33.1 | 26.9 | 38.5 |
| **非收入所得** | **1424.2** | **1901.1** | **2385.7** | **3279.9** | **3129.9** | **3668.1** |
| 出售资产所得 | 388.6 | 738.1 | 763.5 | 1218.1 | 1184.4 | 1215.5 |
| 出售住房本金所得 | 42.9 | 123.1 | 477.9 | 342.1 | 267.0 | 487.4 |
| 出售住房溢价所得(含亏损) |  | 0.3 | 3.7 | 107.1 | 59.1 | 56.3 |
| 出售股票、基金、收藏品本金所得 | 39.8 | 92.2 | 1.8 | 5.2 | 7.8 | 1.6 |
| 出售股票、基金、收藏品所得(含亏损) | 9.5 | 2.4 | 10.8 | 6.5 | 29.7 | 5.5 |
| 出售生产性固定资产所得 | 10.9 | 40.9 | 23.7 | 28.8 | 2.0 | 24.1 |
| 拆迁征地补偿所得 | 245.5 | 418.9 | 161.8 | 654.3 | 737.6 | 512.7 |
| 出售其他财物和收回其他投资本金所得 | 40.0 | 60.3 | 83.8 | 74.1 | 81.2 | 127.9 |
| 非经常性转移所得 | 1029.6 | 1157.8 | 1613.2 | 2051.1 | 1934.5 | 2419.0 |
| 博彩所得 | 29.4 | 35.6 | 169.1 | 81.6 | 67.5 | 182.1 |
| 婚丧嫁娶礼金所得 | 333.7 | 334.1 | 425.9 | 415.6 | 340.3 | 436.7 |
| 遗产及一次性馈赠所得 | 178.2 | 202.7 | 381.0 | 459.1 | 486.7 | 682.1 |
| 一次性赔偿所得 | 32.7 | 77.8 | 8.3 | 79.8 | 49.7 | 32.2 |
| 提取住房公积金 | 60.8 | 44.5 | 123.4 | 311.2 | 211.5 | 292.9 |
| 调查补贴 | 365.4 | 437.1 | 493.6 | 685.6 | 767.4 | 756.5 |
| 其他非经常性转移所得 | 29.4 | 26.1 | 11.9 | 18.3 | 11.3 | 36.5 |
| 其他非收入所得 | 6.1 | 5.2 | 9.0 | 10.7 | 11.0 | 33.6 |
| **借贷性所得** | **2441.5** | **2261.9** | **2363.2** | **2263.6** | **1941.5** | **2197.0** |
| 提取储蓄存款 | 2206.9 | 1844.8 | 1680.1 | 1422.7 | 1184.3 | 1544.5 |
| 借入款 | 130.5 | 198.0 | 311.9 | 318.8 | 236.5 | 184.8 |
| 收回借出款 | 79.6 | 109.2 | 180.2 | 187.4 | 83.8 | 95.9 |
| 收回储蓄性保险本金 | 5.7 | 0.3 | 0.6 | 0.4 | 0.5 | 7.0 |
| 住房贷款 | 0.2 | 43.7 | 95.3 | 201.6 | 306.6 | 261.8 |
| 汽车贷款 | 1.1 | 6.9 | 22.4 | 55.6 | 20.7 | 26.9 |
| 教育贷款 |  | 1.5 | 5.9 | 4.1 | 3.1 | 5.7 |
| 其他贷款 | 6.6 | 44.6 | 45.1 | 59.8 | 99.1 | 47.2 |
| 其他借贷所得 | 10.8 | 12.9 | 21.7 | 13.1 | 6.9 | 23.2 |

# 2-22 城镇居民人均现金支出(2016-2021年)

单位：元/人

| 指　　标 | 2016 | 2017 | 2018 | 2019 | 2020 | 2021 |
|---|---|---|---|---|---|---|
| **城镇居民人均现金支出** | **28763.5** | **30665.3** | **35245.1** | **35674.8** | **35204.1** | **39668.1** |
| **现金消费支出** | **17975.5** | **19118.4** | **20141.0** | **21503.8** | **21195.3** | **22788.8** |
| 食品烟酒 | 6927.2 | 7126.8 | 7353.7 | 8055.2 | 8468.5 | 8914.9 |
| 食品 | 4871.6 | 4864.5 | 4718.7 | 4924.4 | 5717.8 | 5469.4 |
| 谷物 | 575.6 | 534.4 | 480.9 | 459.3 | 503.0 | 443.8 |
| 薯类 | 75.3 | 75.5 | 71.0 | 71.9 | 82.3 | 70.7 |
| 豆类 | 75.8 | 79.7 | 73.1 | 68.9 | 73.3 | 66.8 |
| 食用油 | 235.5 | 209.7 | 187.1 | 169.0 | 195.5 | 200.1 |
| 蔬菜和食用菌 | 753.6 | 763.0 | 706.2 | 692.9 | 770.8 | 712.2 |
| 肉类 | 1360.8 | 1351.6 | 1260.2 | 1376.5 | 1933.9 | 1858.7 |
| 禽类 | 375.1 | 346.5 | 339.1 | 417.9 | 454.4 | 404.1 |
| 水产品 | 203.3 | 220.9 | 220.0 | 266.7 | 280.0 | 288.6 |
| 蛋类 | 120.9 | 122.6 | 123.9 | 132.3 | 143.2 | 133.6 |
| 奶类 | 294.5 | 314.2 | 391.4 | 366.8 | 356.7 | 375.1 |
| 干鲜瓜果类 | 438.1 | 489.1 | 491.8 | 532.8 | 520.9 | 519.2 |
| 糖果糕点类 | 145.7 | 149.4 | 170.6 | 164.8 | 159.2 | 168.6 |
| 其他食品 | 217.5 | 207.9 | 203.4 | 204.4 | 244.6 | 228.0 |
| 烟酒 | 571.3 | 623.8 | 694.2 | 758.5 | 777.1 | 867.2 |
| 烟草 | 375.9 | 389.2 | 464.6 | 532.7 | 570.7 | 655.4 |
| 酒类 | 195.4 | 234.5 | 229.7 | 225.8 | 206.4 | 211.9 |
| 饮料 | 116.7 | 111.0 | 131.9 | 141.5 | 147.4 | 164.5 |
| 饮食服务 | 1367.6 | 1527.6 | 1808.8 | 2230.8 | 1826.2 | 2413.7 |
| 食堂用餐 | 159.9 | 173.4 | 117.7 | 136.6 | 123.2 | 176.7 |
| 其他在外饮食 | 1200.6 | 1346.5 | 1683.3 | 2088.3 | 1695.9 | 2228.0 |
| 食品加工服务费 | 7.1 | 7.6 | 7.8 | 6.0 | 7.1 | 9.0 |
| 衣着 | 1767.1 | 1721.0 | 1712.3 | 1729.0 | 1673.1 | 1830.9 |
| 衣类 | 1369.5 | 1333.0 | 1370.3 | 1384.4 | 1339.2 | 1470.6 |
| 鞋类 | 397.5 | 388.0 | 342.0 | 344.6 | 333.9 | 360.3 |
| 居住 | 1557.4 | 1534.1 | 1609.8 | 1680.7 | 1826.1 | 1923.2 |
| 租赁房房租 | 183.3 | 140.7 | 197.1 | 223.0 | 190.6 | 227.8 |
| 住房维修及管理 | 619.2 | 614.6 | 609.6 | 676.5 | 806.3 | 900.1 |
| 水电燃料及其他 | 754.9 | 778.9 | 803.1 | 781.2 | 829.2 | 795.3 |
| 生活用品及服务 | 1304.4 | 1394.2 | 1543.4 | 1507.7 | 1585.0 | 1712.9 |
| 家具及室内装饰品 | 196.9 | 223.8 | 211.3 | 213.8 | 227.8 | 262.1 |
| 家用器具 | 305.0 | 380.7 | 406.6 | 352.9 | 369.5 | 393.5 |
| 家用纺织品 | 131.0 | 123.0 | 141.0 | 141.9 | 136.3 | 153.2 |
| 家庭日用杂品 | 384.2 | 341.0 | 332.6 | 313.1 | 353.8 | 348.6 |
| 个人用品 | 247.7 | 281.6 | 369.7 | 405.7 | 418.2 | 473.8 |
| 家庭服务 | 39.5 | 44.1 | 82.3 | 80.2 | 79.5 | 81.8 |
| 交通通信 | 2697.4 | 3197.2 | 3362.3 | 3449.5 | 3050.4 | 3524.5 |
| 交通 | 1778.6 | 2255.3 | 2391.9 | 2606.0 | 2102.2 | 2540.4 |
| 交通工具 | 689.1 | 1047.3 | 770.2 | 895.0 | 652.3 | 779.7 |
| 交通费 | 218.4 | 228.2 | 401.8 | 462.9 | 315.8 | 337.7 |
| 交通工具用燃料 | 577.3 | 681.7 | 788.9 | 700.1 | 610.8 | 754.2 |

2-22 续表 1

单位：元/人

| 指　　标 | 2016 | 2017 | 2018 | 2019 | 2020 | 2021 |
|---|---|---|---|---|---|---|
| 交通工具使用及维修 | 293.8 | 298.2 | 431.0 | 548.0 | 523.4 | 668.9 |
| 其中：车辆保险支出 | 114.3 | 104.2 | 140.4 | 190.3 | 194.9 | 273.9 |
| 通信 | 918.8 | 942.0 | 970.4 | 843.5 | 948.2 | 984.1 |
| 通信工具 | 229.8 | 237.2 | 289.1 | 216.3 | 280.4 | 313.6 |
| 通信服务 | 689.0 | 704.7 | 681.4 | 627.2 | 667.8 | 670.5 |
| 教育文化娱乐 | 2007.8 | 2220.3 | 2379.7 | 2667.1 | 2252.8 | 2557.0 |
| 教育 | 848.9 | 924.5 | 1252.6 | 1649.9 | 1534.0 | 1812.7 |
| 学前教育 | 95.6 | 102.1 | 238.2 | 306.1 | 252.7 | 346.2 |
| 小学教育 | 121.1 | 139.9 | 231.4 | 315.8 | 293.1 | 387.2 |
| 初中教育 | 123.1 | 129.7 | 166.2 | 221.3 | 209.6 | 234.3 |
| 高中教育 | 146.5 | 148.3 | 188.5 | 256.2 | 259.8 | 308.5 |
| 中专职高教育 | 11.9 | 12.8 | 14.4 | 8.9 | 13.1 | 9.1 |
| 大专及以上教育 | 257.7 | 319.9 | 326.9 | 457.8 | 432.4 | 446.3 |
| 成人教育 | 93.0 | 71.8 | 86.9 | 83.9 | 73.2 | 81.1 |
| 文化娱乐 | 1158.9 | 1295.8 | 1127.1 | 1017.2 | 718.8 | 744.4 |
| 文娱耐用消费品 | 148.5 | 154.8 | 144.7 | 148.4 | 185.7 | 170.1 |
| 其他文娱用品 | 127.8 | 144.0 | 201.0 | 208.9 | 206.0 | 232.6 |
| 文化娱乐服务 | 882.7 | 996.9 | 781.4 | 659.9 | 327.1 | 341.7 |
| 医疗保健 | 1142.1 | 1321.9 | 1521.2 | 1744.7 | 1681.2 | 1690.3 |
| 医疗器具及药品 | 610.1 | 542.4 | 609.5 | 602.1 | 640.8 | 618.4 |
| 医疗服务(不含报销医疗费) | 532.0 | 779.5 | 911.7 | 1142.6 | 1040.5 | 1072.0 |
| 门诊费用(不含报销医疗费) | 244.2 | 349.4 | 459.7 | 526.0 | 491.8 | 602.3 |
| 住院费用(不含报销医疗费) | 287.8 | 430.1 | 452.0 | 616.6 | 548.7 | 469.6 |
| 其他用品及服务 | 572.0 | 602.9 | 658.5 | 670.0 | 658.1 | 635.1 |
| 其他用品 | 200.7 | 206.2 | 239.1 | 245.1 | 253.1 | 244.9 |
| 其他服务 | 371.3 | 396.7 | 419.4 | 424.8 | 405.0 | 390.2 |
| **生产经营现金费用支出** | **2150.0** | **2772.5** | **3562.5** | **3629.2** | **4026.5** | **5361.9** |
| 第一产业经营现金费用支出 | 366.1 | 424.2 | 330.7 | 313.1 | 388.1 | 556.4 |
| 农业 | 104.3 | 116.5 | 196.2 | 187.4 | 194.7 | 245.3 |
| 林业 | 8.8 | 5.4 | 5.8 | 5.6 | 8.0 | 9.2 |
| 牧业 | 231.9 | 299.5 | 123.1 | 112.3 | 178.0 | 282.0 |
| 渔业 | 21.2 | 2.8 | 5.6 | 7.7 | 7.4 | 19.8 |
| 第二产业经营现金费用支出 | 390.9 | 343.9 | 636.2 | 497.8 | 434.7 | 267.0 |
| 采矿业 | 1.0 | 3.9 | 7.0 | 0.4 | 0.2 | 0.0 |
| 制造业 | 65.1 | 85.6 | 196.4 | 158.7 | 222.5 | 78.8 |
| 电力、热力、燃气及水生产和供应业 | 43.3 | 23.3 | 4.6 | 3.1 | 5.6 | 1.0 |
| 建筑业 | 281.5 | 231.1 | 428.2 | 335.5 | 206.4 | 187.1 |
| 第三产业经营现金费用支出 | 1393.0 | 2004.4 | 2595.6 | 2818.4 | 3203.8 | 4538.5 |
| 批发和零售业 | 555.4 | 852.5 | 1527.0 | 1527.0 | 1794.6 | 2538.5 |
| 交通运输、仓储和邮政业 | 243.6 | 158.3 | 153.0 | 163.5 | 167.8 | 291.2 |
| 住宿和餐饮业 | 242.9 | 705.3 | 345.3 | 330.5 | 296.2 | 1009.5 |
| 房地产业 | 0.2 | 0.4 | 1.2 | 4.6 | 3.3 | 0.2 |
| 租赁和商务服务业 | 9.0 | 20.0 | 25.9 | 178.1 | 195.5 | 246.6 |
| 居民服务、修理和其他服务业 | 260.0 | 195.4 | 430.4 | 388.2 | 541.1 | 338.2 |
| 其他 | 77.4 | 68.6 | 111.0 | 222.8 | 204.2 | 110.1 |
| 农林牧渔服务业 | 4.4 | 3.9 | 1.9 | 3.8 | 1.0 | 4.1 |

## 2-22 续表 2

单位：元/人

| 指　　标 | 2016 | 2017 | 2018 | 2019 | 2020 | 2021 |
|---|---|---|---|---|---|---|
| **现金财产性支出** | **178.9** | **183.3** | **370.3** | **447.2** | **491.1** | **406.1** |
| 生活贷款利息支出 | 173.5 | 181.0 | 367.8 | 440.5 | 482.0 | 401.2 |
| 住房贷款利息支出 | 164.7 | 168.5 | 337.8 | 427.0 | 467.8 | 388.0 |
| 其他生活贷款利息支出 | 8.8 | 12.5 | 29.9 | 13.5 | 14.2 | 13.2 |
| 其他财产性支出 | 5.4 | 2.2 | 2.5 | 6.7 | 9.1 | 5.0 |
| 非储蓄性财产保险支出 | 1.3 | 0.1 | 0.6 | 1.1 | 0.1 | 0.4 |
| 其他财产性支出 | 4.1 | 2.1 | 2.0 | 5.7 | 9.0 | 4.6 |
| **现金转移性支出** | **2009.2** | **2071.6** | **2301.2** | **2384.3** | **2351.8** | **2620.7** |
| 个人所得税 | 72.7 | 74.4 | 147.1 | 126.9 | 124.4 | 108.3 |
| 社会保障支出 | 1594.4 | 1698.1 | 1808.0 | 1958.7 | 1954.0 | 2214.8 |
| 个人缴纳的养老保险 | 1096.7 | 1153.8 | 1222.1 | 1293.9 | 1246.3 | 1452.4 |
| 个人缴纳的医疗保险 | 414.4 | 439.3 | 478.8 | 524.9 | 545.1 | 620.6 |
| 个人缴纳的失业保险 | 48.6 | 44.5 | 41.1 | 48.4 | 51.4 | 48.4 |
| 其他社会保障支出 | 34.7 | 60.5 | 66.0 | 91.5 | 111.2 | 93.3 |
| 外来从业人员寄给家人的支出 | 1.7 | 0.2 | 2.7 | 9.3 | 7.4 | 4.4 |
| 农村外来从业人员寄给家人的支出 |  |  | 2.3 | 1.6 | 1.5 | 2.3 |
| 城镇外来从业人员寄给家人的支出 | 1.7 | 0.2 | 0.4 | 7.7 | 5.9 | 2.2 |
| 赡养支出 | 236.7 | 219.7 | 251.6 | 202.3 | 198.0 | 218.6 |
| 其他转移性支出 | 103.6 | 79.2 | 91.8 | 87.1 | 68.1 | 74.5 |
| 经常性捐赠支出 | 38.9 | 20.6 | 19.9 | 22.6 | 13.4 | 7.6 |
| 经常性赔偿支出 | 1.0 | 0.2 | 0.4 | 1.7 | 0.1 | 0.0 |
| 其他经常转移支出 | 63.8 | 58.4 | 71.5 | 62.8 | 54.6 | 66.8 |
| **部分商业保险支出** | **45.6** | **83.8** | **214.7** | **217.9** | **238.5** | **319.4** |
| 意外伤害保险 | 7.4 | 11.1 | 24.0 | 26.1 | 31.8 | 33.8 |
| 商业医疗保险(含大病保险) | 20.6 | 33.9 | 105.0 | 110.2 | 120.0 | 168.8 |
| 其他非储蓄性商业保险 | 5.0 | 16.1 | 31.7 | 32.8 | 21.2 | 26.3 |
| 其他储蓄性商业保险 | 12.7 | 22.7 | 54.0 | 48.8 | 65.5 | 90.5 |
| **购置资产及非经常性转移支出** | **2972.5** | **2891.3** | **4221.6** | **4379.9** | **4133.8** | **5121.0** |
| 购置资产支出 | 750.2 | 514.2 | 1634.7 | 1470.4 | 1742.0 | 1870.7 |
| 建造住房支出 | 43.1 | 26.5 | 68.1 | 104.6 | 152.7 | 68.4 |
| 建造住房材料 | 38.1 | 18.8 | 51.7 | 49.8 | 122.2 | 43.1 |
| 建造住房雇工 | 5.1 | 7.7 | 16.1 | 19.4 | 26.3 | 17.9 |
| 购买住房支出 | 580.0 | 376.5 | 1280.5 | 1195.5 | 1356.6 | 1583.3 |
| 购建第一产业生产性固定资产支出 | 30.9 | 33.9 | 21.1 | 15.9 | 17.2 | 53.3 |
| 购买或建造农业生产性用房 | 15.1 | 1.8 | 1.9 | 5.2 | 5.0 | 4.4 |
| 购买用房建筑材料 | 9.8 | 1.5 | 0.9 | 3.3 | 4.1 | 4.0 |
| 建筑农业生产用房雇工 | 4.7 | 0.1 | 0.8 | 0.5 | 0.4 | 0.0 |
| 购买农业生产用房 |  |  |  | 1.2 |  | 0.4 |
| 其他 | 0.7 | 0.2 | 0.1 | 0.2 | 0.5 | 0.0 |
| 购买役畜 | 0.7 | 8.8 | 0.2 | 0.2 |  | 0.0 |
| 购买产品畜 | 0.4 | 1.7 | 2.0 | 0.2 | 1.9 | 8.3 |
| 购买或建造农业设施 | 10.3 | 10.2 | 14.7 | 8.4 | 6.3 | 33.6 |
| 大棚、温室 | 7.4 | 9.5 | 14.3 | 8.2 | 4.0 | 30.0 |

2-22 续表 3

单位：元/人

| 指　　标 | 2016 | 2017 | 2018 | 2019 | 2020 | 2021 |
|---|---|---|---|---|---|---|
| 自备井 |  | 0.6 | 0.1 |  | 0.9 | 0.8 |
| 喷灌设施 | 0.2 | 0.1 |  | 0.2 | 0.2 | 1.5 |
| 其他农业设施 | 2.6 |  | 0.2 |  | 1.1 | 1.4 |
| 购买农业机械 | 4.4 | 11.3 | 2.4 | 2.0 | 4.0 | 7.0 |
| 大中型农用拖拉机 |  |  |  |  |  | 0.0 |
| 小型(手扶)农用拖拉机 | 0.3 | 2.4 | 0.2 | 0.2 |  | 0.2 |
| 农用排灌动力机械 | 0.5 | 0.1 | 0.1 | 0.1 | 0.2 | 0.0 |
| 插秧机 |  |  |  | 0.2 |  | 0.0 |
| 收割机 |  |  | 0.2 |  | 0.3 | 0.3 |
| 脱粒机 | 0.2 | 0.5 | 0.4 | 0.5 | 0.3 | 1.1 |
| 其他农业机械 | 3.4 | 8.3 | 1.5 | 1.0 | 3.1 | 5.4 |
| 购建第二产业生产性固定资产支出 | 1.0 | 4.5 | 4.1 | 1.1 | 2.8 | 22.8 |
| 采矿业 |  |  |  |  |  | 0.0 |
| 制造业 |  | 0.5 | 1.1 | 0.3 | 1.4 | 0.6 |
| 电力、热力、燃气及水生产和供应业 | 0.3 | 0.8 |  |  |  | 0.5 |
| 建筑业 | 0.7 | 3.1 | 3.0 | 0.8 | 1.5 | 21.8 |
| 购建第三产业生产性固定资产支出 | 73.2 | 68.5 | 242.2 | 133.7 | 165.0 | 94.9 |
| 批发和零售业 | 15.9 | 25.4 | 53.1 | 21.2 | 15.2 | 52.3 |
| 交通运输、仓储和邮政业 | 29.8 | 6.6 | 36.8 | 73.3 | 35.0 | 18.8 |
| 住宿和餐饮业 | 24.3 | 21.1 | 122.1 | 11.4 | 85.3 | 10.8 |
| 房地产业 |  |  | 2.2 | 0.1 | 2.6 | 0.0 |
| 租赁和商务服务业 |  |  | 0.5 | 17.0 | 5.2 | 0.0 |
| 居民服务、修理和其他服务业 | 1.5 | 2.6 | 7.5 | 10.7 | 20.8 | 4.8 |
| 其他行业 | 1.6 | 12.9 | 20.0 |  | 0.9 | 8.2 |
| 购建其他资产支出 | 21.9 | 4.4 | 18.8 | 19.5 | 47.5 | 48.0 |
| 非经常性转移支出 | 2222.3 | 2377.1 | 2586.9 | 2909.5 | 2391.9 | 3250.4 |
| 博彩支出 | 39.3 | 30.8 | 59.2 | 80.6 | 71.9 | 150.1 |
| 婚丧嫁娶礼金支出 | 1537.2 | 1572.0 | 1642.8 | 1674.4 | 1362.5 | 1671.4 |
| 一次性赔偿支出 | 2.6 | 8.2 | 3.6 | 52.6 | 4.7 | 5.9 |
| 一次性馈赠支出 | 473.6 | 531.1 | 668.2 | 866.3 | 750.9 | 1160.7 |
| 婚丧嫁娶宴请支出 |  | 174.1 | 189.1 | 208.7 | 189.3 | 225.4 |
| 其他非经常性转移支出 | 50.7 | 61.0 | 23.9 | 26.9 | 12.6 | 36.9 |
| **借贷性支出** | **3431.8** | **3544.4** | **4433.8** | **3112.5** | **2766.9** | **3050.2** |
| 存入储蓄款 | 1921.8 | 2144.5 | 1650.9 | 890.7 | 853.9 | 1128.7 |
| 借出款 | 140.0 | 109.4 | 119.2 | 30.6 | 45.4 | 34.8 |
| 归还借款 | 178.0 | 165.7 | 334.0 | 280.9 | 226.4 | 184.1 |
| 购买有价证券 | 136.0 | 61.0 | 178.3 | 89.7 | 45.1 | 18.0 |
| 其他投资支出 | 36.6 | 45.1 | 224.4 | 81.7 | 38.0 | 123.4 |
| 归还住房贷款 | 770.7 | 782.6 | 1253.4 | 1384.7 | 1190.2 | 1230.9 |
| 归还汽车贷款 | 166.1 | 154.2 | 317.5 | 265.0 | 178.7 | 243.9 |
| 归还教育贷款 | 0.5 | 0.8 | 3.0 | 13.4 | 3.5 | 0.7 |
| 归还其他贷款 | 17.1 | 9.0 | 265.0 | 45.8 | 98.8 | 80.9 |
| 其他借贷支出 | 64.9 | 72.1 | 88.2 | 30.1 | 87.0 | 4.7 |

# 2-23 按五等份分组的城镇居民人均可支配收入(2021年)

单位：元/人

| 指　　标 | 总平均 | 低收入户 | 中低收入户 | 中等收入户 | 中高收入户 | 高收入户 |
|---|---|---|---|---|---|---|
| **城镇居民人均可支配收入** | **41443.8** | **14819.6** | **29954.9** | **39701.8** | **53537.7** | **85451.7** |
| **工资性收入** | **23933.7** | **9775.2** | **16962.2** | **23320.2** | **29474.4** | **49176.4** |
| 工资 | 22659.5 | 9575.1 | 16529.7 | 22458.4 | 27801.8 | 45033.1 |
| 按月发放的工资 | 17928.4 | 7301.5 | 13831.4 | 18687.3 | 22642.6 | 33008.1 |
| 补发工资 | 389.7 | 144.1 | 197.7 | 298.2 | 416.1 | 1115.5 |
| 不按月发放的奖金、津贴、过节费等 | 4341.4 | 2129.4 | 2500.6 | 3472.8 | 4743.1 | 10909.5 |
| 实物福利 | 167.8 | 72.4 | 117.9 | 174.3 | 201.3 | 332.4 |
| 从单位或雇主得到的实物产品折价 | 33.1 | 15.6 | 17.5 | 21.8 | 45.2 | 82.2 |
| 食品 | 25.9 | 12.0 | 11.4 | 18.0 | 36.2 | 65.3 |
| 谷物、薯类及豆类 | 12.9 | 7.7 | 4.7 | 9.3 | 16.3 | 33.2 |
| 食用油(植物油) | 3.7 | 1.7 | 1.7 | 3.6 | 5.1 | 7.8 |
| 蔬菜及制品 | 0.1 | 0.0 | 0.0 | 0.0 | 0.1 | 0.3 |
| 肉、禽、蛋、奶及制品 | 1.3 | 0.4 | 0.6 | 0.9 | 2.4 | 3.2 |
| 水产品及制品 | 0.0 | 0.0 | 0.0 | 0.1 | 0.0 | 0.0 |
| 糖、烟、酒、饮料类 | 4.9 | 1.5 | 2.9 | 2.3 | 7.0 | 13.7 |
| 干鲜瓜果类 | 1.4 | 0.4 | 0.3 | 1.0 | 2.3 | 3.7 |
| 其他类食品 | 1.6 | 0.2 | 1.1 | 0.9 | 3.0 | 3.4 |
| 衣着 | 0.5 | 0.3 | 0.2 | 0.3 | 1.3 | 0.7 |
| 居住 | 0.0 | 0.0 | 0.0 | 0.0 | 0.0 | 0.0 |
| 家庭设备和日用品 | 2.3 | 1.2 | 1.1 | 1.3 | 3.5 | 5.4 |
| 交通、通信工具及用品 | 1.2 | 1.4 | 3.0 | 0.2 | 0.8 | 0.3 |
| 教育文化娱乐用品 | 0.1 | 0.0 | 0.0 | 0.2 | 0.0 | 0.0 |
| 医疗保健用品 | 0.2 | 0.2 | 0.5 | 0.1 | 0.1 | 0.4 |
| 其他用品 | 2.9 | 0.4 | 1.3 | 1.6 | 3.3 | 10.1 |
| 从单位或雇主得到的服务折价 | 134.7 | 56.8 | 100.4 | 152.6 | 156.2 | 250.2 |
| 免费或低价提供的工作餐 | 126.1 | 54.9 | 96.6 | 148.5 | 144.7 | 222.0 |
| 免费或低价提供的住宿 | 5.7 | 1.5 | 2.9 | 3.0 | 8.5 | 16.1 |
| 单位缴纳的水电费、取暖费、物业费等 | 0.1 | 0.0 | 0.0 | 0.0 | 0.0 | 0.4 |
| 免费或低价提供的交通和通信服务 | 1.3 | 0.4 | 0.0 | 1.1 | 1.8 | 4.0 |
| 单位缴纳的教育入学赞助费 | 0.0 | 0.0 | 0.0 | 0.0 | 0.0 | 0.0 |
| 免费或低价提供的旅游服务 | 0.1 | 0.0 | 0.0 | 0.0 | 0.3 | 0.0 |
| 其他服务 | 1.6 | 0.0 | 0.9 | 0.0 | 0.9 | 7.7 |
| 单位或雇主实物福利报销所得 | 0.0 | 0.0 | 0.0 | 0.0 | 0.0 | 0.0 |
| 其他 | 1106.4 | 127.7 | 314.6 | 687.5 | 1471.3 | 3810.9 |
| 住房公积金 | 956.5 | 59.6 | 278.0 | 625.0 | 1267.0 | 3326.0 |
| 辞退金 | 49.3 | 0.0 | 0.0 | 0.0 | 61.3 | 243.5 |
| 自由职业劳动所得(如稿费、翻译费) | 77.2 | 24.8 | 32.8 | 36.1 | 129.1 | 212.3 |
| 安家费 | 1.3 | 0.0 | 0.0 | 0.0 | 0.0 | 8.1 |
| 股票期权 | 0.0 | 0.0 | 0.0 | 0.0 | 0.0 | 0.0 |
| 其他劳动所得 | 22.2 | 43.4 | 3.8 | 26.4 | 14.0 | 21.0 |
| **经营净收入** | **4798.8** | **-438.2** | **4679.0** | **4838.8** | **6760.4** | **10378.6** |
| 第一产业经营净收入 | 544.1 | 523.7 | 642.5 | 472.7 | 412.2 | 681.5 |
| 农业 | 463.7 | 486.4 | 624.2 | 362.2 | 392.3 | 417.3 |
| 林业 | 26.8 | 68.5 | 14.7 | 24.6 | 18.8 | -5.1 |
| 牧业 | 48.0 | -45.0 | 3.4 | 74.1 | -4.4 | 276.8 |
| 渔业 | 5.5 | 13.9 | 0.2 | 11.7 | 5.6 | -7.5 |

## 2-23 续表 1

单位：元/人

| 指 标 | 总平均 | 低收入户 | 中低收入户 | 中等收入户 | 中高收入户 | 高收入户 |
|---|---|---|---|---|---|---|
| 第二产业经营净收入 | 375.2 | 161.7 | 259.4 | 246.2 | 334.1 | 1072.7 |
| 采矿业 | 0.0 | 0.0 | 0.0 | 0.0 | 0.0 | 0.0 |
| 制造业 | 127.6 | 107.2 | 77.8 | 72.9 | 176.3 | 245.2 |
| 电力、热力、燃气及水生产和供应业 | 3.2 | 0.0 | 0.0 | -1.3 | 0.0 | 22.4 |
| 建筑业 | 244.3 | 54.5 | 181.6 | 174.6 | 157.8 | 805.1 |
| 第三产业经营净收入 | 3879.5 | -1123.5 | 3777.1 | 4119.8 | 6014.1 | 8624.4 |
| 批发和零售业 | 1995.5 | -975.2 | 1981.7 | 2275.8 | 3057.7 | 4800.9 |
| 交通运输、仓储和邮政业 | 479.8 | 58.9 | 473.5 | 392.1 | 884.0 | 760.0 |
| 住宿和餐饮业 | 609.9 | -103.5 | 426.7 | 584.3 | 1054.8 | 1444.4 |
| 房地产业 | -0.2 | -0.1 | 0.0 | 0.0 | 0.0 | -1.0 |
| 租赁和商务服务业 | -110.3 | -549.1 | -4.2 | 0.0 | 78.7 | 21.9 |
| 居民服务、修理和其他服务业 | 733.2 | 439.2 | 640.1 | 709.5 | 674.6 | 1397.6 |
| 其他 | 163.4 | 10.8 | 258.8 | 125.4 | 251.2 | 201.4 |
| 农林牧渔服务业 | 8.1 | -4.6 | 0.4 | 32.7 | 13.1 | -0.8 |
| **财产净收入** | **3322.4** | **1402.0** | **2070.3** | **2789.7** | **3924.0** | **7948.6** |
| 利息净收入 | -90.8 | -83.9 | -153.3 | -123.4 | -28.1 | -40.7 |
| 红利收入 | 622.0 | 94.1 | 137.0 | 380.9 | 711.5 | 2306.8 |
| 集体分配的红利 | 24.8 | 12.9 | 13.9 | 17.4 | 68.9 | 16.9 |
| 其他红利收入 | 597.2 | 81.3 | 123.1 | 363.5 | 642.6 | 2289.9 |
| 储蓄性保险净收益 | 5.5 | 0.9 | 1.0 | 9.6 | 10.3 | 7.8 |
| 转让承包土地经营权租金净收入 | 60.3 | 53.7 | 72.4 | 45.9 | 66.0 | 64.9 |
| 出租房屋财产性收入 | 959.4 | 413.9 | 703.8 | 906.7 | 1154.7 | 1972.4 |
| 出租机械、专利、版权等资产的收入 | 38.1 | 3.5 | 16.4 | 3.7 | 3.6 | 204.9 |
| 其他财产净收入 | 31.7 | 7.3 | -0.2 | -1.6 | 5.3 | 187.4 |
| 房屋虚拟租金 | 1696.3 | 912.5 | 1293.3 | 1567.9 | 2000.8 | 3244.9 |
| **转移净收入** | **9388.9** | **4080.6** | **6243.4** | **8753.1** | **13378.9** | **17948.1** |
| 转移性收入 | 12009.6 | 5739.3 | 8174.8 | 11135.6 | 16332.8 | 22899.9 |
| 养老金或离退休金 | 7683.3 | 3080.1 | 4381.4 | 7678.4 | 11384.0 | 14927.3 |
| 离退休金 | 6079.7 | 1481.8 | 2545.1 | 5871.9 | 9808.3 | 13883.0 |
| (城镇)居民社会养老保险 | 1211.9 | 1065.7 | 1407.6 | 1423.1 | 1246.0 | 830.6 |
| 新型农村养老保险 | 96.0 | 150.8 | 115.3 | 103.5 | 55.2 | 24.9 |
| 其他养老金 | 295.7 | 381.8 | 313.4 | 279.9 | 274.5 | 188.9 |
| 社会救济和补助 | 152.3 | 199.8 | 158.1 | 86.2 | 162.7 | 149.4 |
| 最低生活保障费 | 48.3 | 99.5 | 60.2 | 22.6 | 24.8 | 17.0 |
| 五保户救助金 | 3.0 | 9.5 | 0.0 | 2.3 | 1.7 | 0.0 |
| 扶贫款 | 0.4 | 1.9 | 0.0 | 0.0 | 0.0 | 0.0 |
| 救灾款 | 0.2 | 0.8 | 0.0 | 0.0 | 0.0 | 0.0 |
| 抚恤金 | 67.7 | 66.1 | 78.0 | 48.4 | 102.6 | 40.3 |
| 医疗救助专项补贴 | 5.1 | 2.7 | 1.9 | 5.1 | 13.9 | 3.1 |
| 教育救助专项补贴 | 2.3 | 3.6 | 3.7 | 2.2 | 1.1 | 0.0 |
| 其他社会救济收入 | 25.3 | 15.5 | 14.3 | 5.5 | 18.6 | 88.9 |
| 政策性生活补贴 | 121.8 | 58.5 | 55.6 | 102.2 | 127.1 | 329.1 |
| 家电补贴 | 0.0 | 0.0 | 0.0 | 0.2 | 0.0 | 0.0 |
| 能源补贴 | 0.0 | 0.0 | 0.0 | 0.0 | 0.0 | 0.0 |
| 免费或低价提供的住宿(廉租房) | 0.1 | 0.0 | 0.0 | 0.0 | 0.4 | 0.0 |
| 居住专项补贴 | 8.7 | 3.8 | 9.7 | 0.5 | 1.5 | 33.3 |

## 2-23 续表 2

单位：元/人

| 指　　标 | 总平均 | 低收入户 | 中低收入户 | 中等收入户 | 中高收入户 | 高收入户 |
|---|---|---|---|---|---|---|
| 建房改造专项补贴 | 7.4 | 4.0 | 0.0 | 0.2 | 33.3 | 2.8 |
| 其他生活补贴 | 105.6 | 50.7 | 45.8 | 101.4 | 92.3 | 292.9 |
| 报销医疗费 | 584.4 | 231.4 | 316.2 | 501.8 | 844.4 | 1297.1 |
| 家庭外出从业人员寄回带回收入 | 2435.1 | 1300.2 | 2487.0 | 1902.0 | 2642.3 | 4497.6 |
| 赡养收入 | 768.9 | 658.6 | 574.5 | 651.2 | 890.8 | 1223.6 |
| 其他经常转移收入 | 180.5 | 124.8 | 128.7 | 138.6 | 169.6 | 404.2 |
| 失业保险金 | 33.3 | 53.9 | 26.4 | 24.1 | 39.2 | 18.3 |
| 经常性捐赠收入 | 0.5 | 0.0 | 1.0 | 0.0 | 1.2 | 0.5 |
| 经常性赔偿收入 | 15.9 | 6.2 | 35.6 | 17.6 | 9.5 | 7.2 |
| 社保支出专项补贴 | 5.8 | 5.8 | 3.7 | 7.9 | 9.1 | 2.3 |
| 扶贫补助金孳息收入 | 0.1 | 0.0 | 0.6 | 0.0 | 0.0 | 0.0 |
| 扶贫贷款利息补助收入 | 0.0 | 0.0 | 0.0 | 0.0 | 0.0 | 0.0 |
| 其他转移性收入 | 124.8 | 58.9 | 61.4 | 89.0 | 110.7 | 375.9 |
| 从政府和组织得到的实物产品和服务折价 | 44.9 | 41.7 | 38.4 | 46.0 | 48.7 | 53.0 |
| 食品 | 23.1 | 18.6 | 18.3 | 22.8 | 25.6 | 33.9 |
| 谷物、薯类及豆类 | 6.4 | 4.8 | 5.5 | 6.1 | 8.0 | 8.9 |
| 食用油(植物油) | 9.9 | 7.2 | 7.3 | 10.7 | 11.7 | 14.7 |
| 蔬菜及制品 | 0.0 | 0.0 | 0.0 | 0.0 | 0.0 | 0.0 |
| 肉、禽、蛋、奶及制品 | 3.8 | 4.4 | 2.8 | 3.0 | 2.5 | 6.6 |
| 水产品及制品 | 0.0 | 0.0 | 0.0 | 0.0 | 0.0 | 0.0 |
| 糖、烟、酒、饮料类 | 1.0 | 0.6 | 0.9 | 1.6 | 1.1 | 0.5 |
| 干鲜瓜果类 | 0.2 | 0.0 | 0.1 | 0.2 | 0.4 | 0.2 |
| 其他类食品 | 1.8 | 1.6 | 1.6 | 1.2 | 1.9 | 3.0 |
| 衣着 | 0.0 | 0.1 | 0.0 | 0.0 | 0.0 | 0.0 |
| 居住 | 0.0 | 0.0 | 0.1 | 0.0 | 0.0 | 0.0 |
| 家庭设备和日用品 | 8.6 | 7.6 | 6.8 | 8.9 | 9.8 | 10.5 |
| 交通、通信工具及用品 | 2.7 | 3.0 | 2.6 | 3.4 | 2.8 | 1.7 |
| 教育文化娱乐用品 | 0.4 | 0.1 | 1.4 | 0.1 | 0.1 | 0.0 |
| 医疗保健用品 | 6.2 | 7.3 | 5.0 | 6.2 | 7.2 | 5.5 |
| 其他用品 | 0.3 | 0.1 | 0.2 | 0.2 | 0.7 | 0.8 |
| 其他服务折价(不含廉租房) | 3.5 | 4.9 | 4.2 | 4.5 | 2.5 | 0.5 |
| 现金政策性惠农补贴 | 38.5 | 44.3 | 35.0 | 29.2 | 63.2 | 18.7 |
| 转移性支出 | 2620.7 | 1658.7 | 1931.5 | 2382.6 | 2954.0 | 4951.8 |
| 个人所得税 | 108.3 | 104.5 | 30.8 | 60.0 | 99.2 | 299.1 |
| 社会保障支出 | 2214.8 | 1444.8 | 1656.8 | 2075.9 | 2485.6 | 4016.9 |
| 个人缴纳的养老保险 | 1452.4 | 929.8 | 1038.9 | 1373.5 | 1651.8 | 2687.2 |
| 个人缴纳的医疗保险 | 620.6 | 496.7 | 555.1 | 619.9 | 634.2 | 882.0 |
| 个人缴纳的失业保险 | 48.4 | 9.9 | 29.8 | 42.5 | 58.3 | 128.5 |
| 其他社会保障支出 | 93.3 | 8.5 | 33.1 | 40.0 | 141.4 | 319.2 |
| 外来从业人员寄给家人的支出 | 4.4 | 6.2 | 5.7 | 0.7 | 6.6 | 2.5 |
| 赡养支出 | 218.6 | 65.7 | 202.5 | 195.5 | 277.5 | 429.8 |
| 其他转移性支出 | 74.5 | 37.5 | 35.5 | 50.6 | 85.1 | 203.7 |
| 经常性捐赠支出 | 7.6 | 5.9 | 4.5 | 6.5 | 7.0 | 16.8 |
| 经常性赔偿支出 | 0.0 | 0.0 | 0.0 | 0.0 | 0.0 | 0.0 |
| 其他经常转移支出 | 66.8 | 31.6 | 31.1 | 44.1 | 78.1 | 186.9 |

# 2-24　按五等份分组的城镇居民人均总收入(2021年)

单位：元/人

| 指　　标 | 总平均 | 低收入户 | 中低收入户 | 中等收入户 | 中高收入户 | 高收入户 |
|---|---|---|---|---|---|---|
| **城镇居民人均总收入** | **50227.6** | **29133.1** | **34957.3** | **45611.7** | **61109.7** | **96667.9** |
| **工资性收入** | **23933.7** | **9775.2** | **16962.2** | **23320.2** | **29474.4** | **49176.4** |
| 工资 | 22659.5 | 9575.1 | 16529.7 | 22458.4 | 27801.8 | 45033.1 |
| 实物福利 | 167.8 | 72.4 | 117.9 | 174.3 | 201.3 | 332.4 |
| 其他 | 1106.4 | 127.7 | 314.6 | 687.5 | 1471.3 | 3810.9 |
| **经营性收入** | **10555.8** | **12013.6** | **7445.8** | **8018.8** | **10930.6** | **15762.6** |
| 第一产业经营收入 | 1182.5 | 1637.9 | 1046.6 | 930.8 | 850.6 | 1421.4 |
| 第一产业经营收入(不含惠农补贴) | 1182.5 | 1637.9 | 1046.6 | 930.8 | 850.6 | 1421.4 |
| 农业 | 747.4 | 898.6 | 838.0 | 619.6 | 708.1 | 609.3 |
| 林业 | 36.2 | 81.6 | 20.1 | 29.4 | 20.8 | 19.1 |
| 牧业 | 372.4 | 587.1 | 180.9 | 249.8 | 115.6 | 788.2 |
| 渔业 | 26.5 | 70.5 | 7.6 | 32.1 | 6.2 | 4.9 |
| 第二产业经营收入 | 665.3 | 466.3 | 417.8 | 420.5 | 654.9 | 1646.2 |
| 采矿业 | 0.0 | 0.0 | 0.0 | 0.0 | 0.0 | 0.0 |
| 制造业 | 212.9 | 156.7 | 102.2 | 80.7 | 405.5 | 406.5 |
| 电力、热力、燃气及水生产和供应业 | 6.0 | 0.0 | 0.0 | 0.0 | 0.0 | 38.2 |
| 建筑业 | 446.4 | 309.6 | 315.6 | 339.8 | 249.4 | 1201.5 |
| 第三产业经营收入 | 8708.0 | 9909.4 | 5981.4 | 6667.4 | 9425.1 | 12694.9 |
| 批发和零售业 | 4655.2 | 5336.8 | 3283.3 | 3662.5 | 4676.3 | 6893.2 |
| 交通运输、仓储和邮政业 | 815.9 | 406.0 | 679.1 | 571.5 | 1484.3 | 1169.0 |
| 住宿和餐饮业 | 1683.5 | 2702.1 | 711.7 | 952.3 | 1833.0 | 2362.2 |
| 房地产业 | 0.0 | 0.0 | 0.0 | 0.0 | 0.0 | 0.0 |
| 租赁和商务服务业 | 145.2 | 545.1 | 0.0 | 0.0 | 81.8 | 27.9 |
| 居民服务、修理和其他服务业 | 1114.5 | 831.2 | 815.2 | 1234.4 | 1004.2 | 1927.6 |
| 其他 | 281.0 | 86.8 | 490.2 | 203.1 | 330.0 | 315.0 |
| 农林牧渔服务业 | 12.6 | 1.5 | 1.9 | 43.6 | 15.5 | 0.0 |
| **财产性收入** | **3728.5** | **1605.0** | **2374.5** | **3137.2** | **4371.8** | **8828.9** |
| 利息收入 | 310.4 | 116.4 | 148.0 | 221.9 | 414.5 | 824.9 |
| 红利收入 | 622.0 | 94.1 | 137.0 | 380.9 | 711.5 | 2306.8 |
| 储蓄性保险净收益 | 5.5 | 0.9 | 1.0 | 9.6 | 10.3 | 7.8 |
| 转让承包土地经营权租金净收入 | 60.3 | 53.7 | 72.4 | 45.9 | 66.0 | 64.9 |
| 出租房屋财产性净收入 | 959.4 | 413.9 | 703.8 | 906.7 | 1154.7 | 1972.4 |
| 出租机械、专利、版权等资产的净收入 | 38.1 | 3.5 | 16.4 | 3.7 | 3.6 | 204.9 |
| 其他财产净收入 | 36.7 | 9.9 | 2.7 | 0.6 | 10.6 | 202.2 |
| 房屋虚拟租金 | 1696.3 | 912.5 | 1293.3 | 1567.9 | 2000.8 | 3244.9 |
| **转移性收入** | **12009.6** | **5739.3** | **8174.8** | **11135.6** | **16332.8** | **22899.9** |
| 养老金或离退休金 | 7683.3 | 3080.1 | 4381.4 | 7678.4 | 11384.0 | 14927.3 |

## 2-24 续表

单位：元/人

| 指　　标 | 总平均 | 低收入户 | 中低收入户 | 中等收入户 | 中高收入户 | 高收入户 |
|---|---|---|---|---|---|---|
| 社会救济和补助 | 152.3 | 199.8 | 158.1 | 86.2 | 162.7 | 149.4 |
| 政策性生活补贴 | 121.8 | 58.5 | 55.6 | 102.2 | 127.1 | 329.1 |
| 家庭外出从业人员寄回带回收入 | 2435.1 | 1300.2 | 2487.0 | 1902.0 | 2642.3 | 4497.6 |
| 赡养收入 | 768.9 | 658.6 | 574.5 | 651.2 | 890.8 | 1223.6 |
| 报销医疗费 | 584.4 | 231.4 | 316.2 | 501.8 | 844.4 | 1297.1 |
| 从政府和组织得到的实物产品和服务折价 | 44.9 | 41.7 | 38.4 | 46.0 | 48.7 | 53.0 |
| 现金政策性惠农补贴 | 38.5 | 44.3 | 35.0 | 29.2 | 63.2 | 18.7 |
| 其他转移性收入 | 180.5 | 124.8 | 128.7 | 138.6 | 169.6 | 404.2 |
| **非收入所得** | **3668.1** | **1672.5** | **1795.4** | **3570.8** | **5776.3** | **6984.4** |
| 出售资产所得 | 1215.5 | 241.4 | 150.9 | 1406.5 | 2216.2 | 2766.8 |
| 出售住房本金所得 | 487.4 | 0.0 | 0.0 | 1047.3 | 0.0 | 1722.7 |
| 出售住房溢价所得(含亏损) | 56.3 | 0.0 | 0.0 | 0.0 | 0.0 | 358.5 |
| 出售股票、基金、收藏品本金所得 | 1.6 | 0.0 | 0.0 | 2.3 | 0.0 | 7.5 |
| 出售股票、基金、收藏品所得(含亏损) | 5.5 | 0.0 | 0.0 | 0.0 | 2.9 | 31.6 |
| 出售生产性固定资产所得 | 24.1 | 10.7 | 3.3 | 2.6 | 9.3 | 118.6 |
| 拆迁征地补偿所得 | 512.7 | 217.5 | 75.5 | 154.0 | 2133.0 | 181.8 |
| 出售其他财物和收回其他投资本金所得 | 127.9 | 13.2 | 72.2 | 200.2 | 71.0 | 346.3 |
| 非经常性转移所得 | 2419.0 | 1409.4 | 1625.0 | 2160.7 | 3552.5 | 4076.7 |
| 博彩所得 | 182.1 | 55.3 | 60.3 | 138.4 | 530.7 | 199.5 |
| 婚丧嫁娶礼金所得 | 436.7 | 281.1 | 308.9 | 354.9 | 682.9 | 672.9 |
| 遗产及一次性馈赠所得 | 682.1 | 388.7 | 494.2 | 668.3 | 997.3 | 1038.4 |
| 一次性赔偿所得 | 32.2 | 35.0 | 45.3 | 2.2 | 0.6 | 85.6 |
| 提取住房公积金 | 292.9 | 15.1 | 28.1 | 194.8 | 447.2 | 1032.1 |
| 调查补贴 | 756.5 | 618.0 | 663.7 | 742.4 | 857.6 | 995.1 |
| 其他非经常性转移所得 | 36.5 | 16.1 | 24.5 | 59.8 | 36.3 | 53.2 |
| 其他非收入所得 | 33.6 | 21.7 | 19.5 | 3.6 | 7.7 | 140.9 |
| **借贷性所得** | **2197.0** | **1262.7** | **1882.2** | **3443.6** | **1854.6** | **2772.0** |
| 提取储蓄存款 | 1544.5 | 953.0 | 1047.7 | 2286.6 | 1556.5 | 2132.0 |
| 借入款 | 184.8 | 117.4 | 241.1 | 262.7 | 128.5 | 165.7 |
| 收回借出款 | 95.9 | 97.7 | 63.6 | 109.9 | 79.7 | 139.2 |
| 收回储蓄性保险本金 | 7.0 | 0.0 | 11.0 | 0.0 | 0.0 | 28.7 |
| 住房贷款 | 261.8 | 1.0 | 370.7 | 722.8 | 0.0 | 183.8 |
| 汽车贷款 | 26.9 | 57.5 | 19.5 | 0.0 | 50.4 | 1.0 |
| 教育贷款 | 5.7 | 15.6 | 6.8 | 0.0 | 3.4 | 0.0 |
| 其他贷款 | 47.2 | 20.5 | 117.9 | 5.4 | 25.8 | 65.5 |
| 其他借贷所得 | 23.2 | 0.0 | 4.0 | 56.1 | 10.4 | 56.3 |

# 2-25 按五等份分组的城镇居民人均总支出(2021年)

单位：元/人

| 指　　标 | 总平均 | 低收入户 | 中低收入户 | 中等收入户 | 中高收入户 | 高收入户 |
|---|---|---|---|---|---|---|
| **城镇居民人均总支出** | **43887.0** | **34187.3** | **31343.6** | **40332.6** | **51194.2** | **72360.5** |
| **消费支出** | **26970.8** | **16932.3** | **21533.0** | **26075.7** | **32551.1** | **44284.5** |
| 食品烟酒 | 9246.5 | 6366.8 | 7729.4 | 9113.8 | 11093.0 | 13707.1 |
| 食品 | 5674.8 | 4335.7 | 5092.7 | 5804.3 | 6498.7 | 7362.1 |
| 谷物 | 488.9 | 445.4 | 439.0 | 473.7 | 530.1 | 596.9 |
| 薯类 | 77.1 | 73.4 | 72.0 | 74.9 | 83.9 | 84.6 |
| 豆类 | 67.4 | 57.1 | 60.8 | 71.0 | 75.2 | 78.0 |
| 食用油 | 224.7 | 192.5 | 212.8 | 234.4 | 250.4 | 246.7 |
| 蔬菜和食用菌 | 740.0 | 564.5 | 662.2 | 765.8 | 877.9 | 917.2 |
| 肉类 | 1904.4 | 1503.8 | 1778.1 | 1939.8 | 2151.4 | 2346.0 |
| 禽类 | 435.3 | 319.6 | 405.6 | 454.4 | 505.4 | 542.1 |
| 水产品 | 289.3 | 185.3 | 250.1 | 316.7 | 345.8 | 397.1 |
| 蛋类 | 144.1 | 115.9 | 126.9 | 153.4 | 161.2 | 177.8 |
| 奶类 | 375.1 | 262.9 | 316.4 | 397.5 | 432.1 | 528.9 |
| 干鲜瓜果类 | 522.4 | 323.2 | 419.6 | 511.5 | 613.4 | 872.1 |
| 糖果糕点类 | 174.5 | 113.3 | 146.3 | 171.5 | 203.7 | 275.1 |
| 其他食品 | 231.8 | 178.6 | 202.9 | 239.6 | 268.1 | 299.6 |
| 烟酒 | 867.2 | 553.8 | 715.5 | 823.8 | 1084.6 | 1352.8 |
| 烟草 | 655.4 | 434.3 | 575.0 | 642.1 | 801.6 | 945.1 |
| 酒类 | 211.9 | 119.5 | 140.6 | 181.6 | 283.0 | 407.7 |
| 饮料 | 164.7 | 105.5 | 124.3 | 157.5 | 200.8 | 277.3 |
| 饮食服务 | 2539.8 | 1371.9 | 1796.9 | 2328.3 | 3308.8 | 4715.0 |
| 食堂用餐 | 302.8 | 238.3 | 277.9 | 313.9 | 301.9 | 419.8 |
| 其他在外饮食 | 2228.0 | 1124.8 | 1509.6 | 2005.8 | 2997.7 | 4286.2 |
| 食品加工服务费 | 9.0 | 8.8 | 9.4 | 8.6 | 9.3 | 9.0 |
| 衣着 | 1831.4 | 1009.3 | 1408.1 | 1747.8 | 2166.2 | 3371.7 |
| 衣类 | 1471.1 | 789.3 | 1107.4 | 1394.6 | 1751.2 | 2773.4 |
| 鞋类 | 360.3 | 220.0 | 300.7 | 353.3 | 415.1 | 598.3 |
| 居住 | 5158.2 | 3218.2 | 3995.9 | 5233.7 | 6044.2 | 8556.2 |
| 租赁房房租 | 227.8 | 134.6 | 184.9 | 227.6 | 310.5 | 331.1 |
| 租赁房房租中租赁公房房租 | 900.1 | 483.8 | 589.1 | 1064.8 | 1088.1 | 1523.6 |
| 租赁房房租中租赁私房房租 | 808.8 | 631.1 | 687.0 | 822.3 | 924.0 | 1094.5 |
| 住房维修及管理 | 3221.5 | 1968.6 | 2534.9 | 3119.0 | 3721.5 | 5607.0 |
| 住房维修及管理中物业管理费 | 17.4 | 6.9 | 22.9 | 13.1 | 13.5 | 35.5 |
| 水电燃料及其他 | 210.3 | 127.7 | 162.1 | 214.5 | 297.0 | 295.6 |
| 自有住房折算租金 | 178.3 | 70.2 | 112.0 | 152.4 | 225.1 | 412.3 |
| 生活用品及服务 | 1723.8 | 975.6 | 1198.9 | 1586.1 | 2194.9 | 3215.2 |
| 家具及室内装饰品 | 262.2 | 130.0 | 140.1 | 279.3 | 372.9 | 481.3 |
| 家用器具 | 393.5 | 195.8 | 261.0 | 340.4 | 526.6 | 790.7 |
| 家用纺织品 | 153.2 | 81.0 | 104.0 | 132.1 | 210.5 | 291.6 |
| 家庭日用杂品 | 359.4 | 259.4 | 285.9 | 337.7 | 428.3 | 561.0 |
| 个人用品 | 473.8 | 268.4 | 376.8 | 429.2 | 565.7 | 868.1 |
| 家庭服务 | 81.8 | 40.9 | 31.2 | 67.4 | 90.8 | 222.5 |
| 其中：家政服务 | 44.5 | 23.1 | 8.5 | 35.7 | 38.4 | 146.0 |

## 2-25 续表 1

单位：元/人

| 指　标 | 总平均 | 低收入户 | 中低收入户 | 中等收入户 | 中高收入户 | 高收入户 |
|---|---|---|---|---|---|---|
| 交通通信 | 3529.8 | 1904.8 | 2783.8 | 3255.2 | 4056.8 | 6744.1 |
| 交通 | 2545.6 | 1247.6 | 1985.1 | 2249.4 | 2876.3 | 5268.2 |
| 交通工具 | 779.7 | 298.0 | 704.9 | 638.5 | 664.6 | 1914.3 |
| 交通费 | 342.9 | 192.8 | 233.1 | 307.4 | 464.8 | 627.5 |
| 交通工具用燃料 | 754.2 | 434.0 | 557.6 | 747.0 | 950.5 | 1289.9 |
| 交通工具使用及维修 | 668.9 | 322.7 | 489.5 | 556.5 | 796.3 | 1436.5 |
| 其中：车辆保险支出 | 273.9 | 140.0 | 210.6 | 225.6 | 316.1 | 576.6 |
| 通信 | 984.1 | 657.2 | 798.7 | 1005.8 | 1180.5 | 1476.0 |
| 通信工具 | 313.6 | 163.1 | 228.0 | 321.7 | 402.5 | 544.7 |
| 通信服务 | 670.5 | 494.1 | 570.7 | 684.1 | 778.0 | 931.3 |
| 教育文化娱乐 | 2557.5 | 1887.8 | 2374.3 | 2511.1 | 2870.1 | 3507.3 |
| 教育 | 1812.7 | 1532.6 | 1868.0 | 1850.1 | 1842.3 | 2062.8 |
| 学前教育 | 346.2 | 255.0 | 424.2 | 334.0 | 384.1 | 341.7 |
| 小学教育 | 387.2 | 306.0 | 374.9 | 371.5 | 428.9 | 497.1 |
| 初中教育 | 234.3 | 261.3 | 208.4 | 291.9 | 185.1 | 212.0 |
| 高中教育 | 308.5 | 227.6 | 343.5 | 270.8 | 298.4 | 439.4 |
| 中专职高教育 | 9.1 | 9.4 | 9.5 | 2.2 | 15.9 | 9.3 |
| 大专及以上教育 | 446.3 | 426.9 | 443.3 | 502.1 | 437.8 | 415.5 |
| 成人教育 | 81.1 | 46.4 | 64.3 | 77.6 | 92.2 | 147.8 |
| 文化娱乐 | 744.8 | 355.2 | 506.2 | 661.0 | 1027.8 | 1444.5 |
| 文娱耐用消费品 | 170.1 | 83.3 | 111.1 | 155.2 | 247.3 | 312.8 |
| 其他文娱用品 | 233.1 | 148.4 | 174.2 | 213.4 | 281.0 | 412.6 |
| 文化娱乐服务 | 341.7 | 123.6 | 220.9 | 292.4 | 499.5 | 719.2 |
| 医疗保健 | 2281.1 | 1267.8 | 1659.7 | 2113.4 | 3325.0 | 3681.7 |
| 医疗器具及药品 | 624.8 | 393.1 | 457.4 | 539.8 | 861.3 | 1045.6 |
| 医疗服务 | 1656.3 | 874.7 | 1202.3 | 1573.6 | 2463.7 | 2636.1 |
| 门诊总费用 | 713.1 | 421.7 | 598.4 | 719.8 | 881.8 | 1103.4 |
| 住院总费用 | 943.1 | 453.0 | 603.9 | 853.8 | 1581.9 | 1532.6 |
| 其他用品及服务 | 642.5 | 302.0 | 382.9 | 514.6 | 801.0 | 1501.2 |
| 其他用品 | 248.1 | 108.6 | 173.2 | 204.0 | 309.6 | 547.9 |
| 其他服务 | 394.4 | 193.4 | 209.7 | 310.5 | 491.4 | 953.3 |
| **生产经营费用支出** | **5398.7** | **11870.9** | **2491.0** | **2869.5** | **3897.5** | **5074.2** |
| 第一产业经营费用支出 | 593.2 | 1027.0 | 367.0 | 420.3 | 414.3 | 710.7 |
| 农业 | 247.0 | 347.2 | 181.8 | 223.5 | 293.0 | 170.3 |
| 林业 | 9.2 | 12.5 | 5.3 | 4.8 | 2.0 | 24.2 |
| 牧业 | 317.2 | 614.1 | 173.0 | 172.1 | 118.8 | 505.1 |
| 渔业 | 19.8 | 53.1 | 6.8 | 19.9 | 0.5 | 11.1 |
| 第二产业经营费用支出 | 267.0 | 263.1 | 154.7 | 153.8 | 315.2 | 526.8 |
| 采矿业 | 0.0 | 0.0 | 0.0 | 0.0 | 0.0 | 0.0 |
| 制造业 | 78.8 | 31.1 | 24.0 | 6.6 | 225.2 | 154.2 |
| 电力、热力、燃气及水生产和供应业 | 1.0 | 0.0 | 0.0 | 0.0 | 0.0 | 6.5 |
| 建筑业 | 187.1 | 231.9 | 130.7 | 147.2 | 90.0 | 366.1 |
| 第三产业经营费用支出 | 4538.5 | 10580.8 | 1969.3 | 2295.4 | 3168.0 | 3836.7 |
| 批发和零售业 | 2538.5 | 6129.6 | 1174.3 | 1279.3 | 1540.5 | 2002.7 |
| 交通运输、仓储和邮政业 | 291.2 | 322.8 | 169.4 | 139.7 | 507.3 | 369.9 |

## 2-25 续表 2

单位：元/人

| 指　　标 | 总平均 | 低收入户 | 中低收入户 | 中等收入户 | 中高收入户 | 高收入户 |
|---|---|---|---|---|---|---|
| 住宿和餐饮业 | 1009.5 | 2685.8 | 252.8 | 286.3 | 758.4 | 862.1 |
| 房地产业 | 0.2 | 0.1 | 0.0 | 0.0 | 0.0 | 1.0 |
| 租赁和商务服务业 | 246.6 | 1057.1 | 2.7 | 0.0 | 3.1 | 6.1 |
| 居民服务、修理和其他服务业 | 338.2 | 312.7 | 153.0 | 504.4 | 285.0 | 482.4 |
| 其他 | 110.1 | 67.4 | 215.8 | 75.9 | 71.4 | 111.9 |
| 农林牧渔服务业 | 4.1 | 5.4 | 1.4 | 9.8 | 2.3 | 0.7 |
| **财产性支出** | **406.1** | **203.0** | **304.2** | **347.5** | **447.8** | **880.3** |
| 生活贷款利息支出 | 401.2 | 200.3 | 301.3 | 345.2 | 442.5 | 865.5 |
| 住房贷款利息支出 | 388.0 | 188.4 | 286.3 | 334.7 | 439.9 | 837.8 |
| 其他生活贷款利息支出 | 13.2 | 12.0 | 15.1 | 10.5 | 2.7 | 27.8 |
| 其他财产性支出 | 5.0 | 2.6 | 2.9 | 2.2 | 5.3 | 14.8 |
| 非储蓄性财产保险支出 | 0.4 | 0.6 | 0.1 | 0.0 | 0.1 | 1.4 |
| 其他财产性支出 | 4.6 | 2.0 | 2.7 | 2.2 | 5.2 | 13.4 |
| **转移性支出** | **2620.7** | **1658.7** | **1931.5** | **2382.6** | **2954.0** | **4951.8** |
| 个人所得税 | 108.3 | 104.5 | 30.8 | 60.0 | 99.2 | 299.1 |
| 社会保障支出 | 2214.8 | 1444.8 | 1656.8 | 2075.9 | 2485.6 | 4016.9 |
| 个人缴纳的养老保险 | 1452.4 | 929.8 | 1038.9 | 1373.5 | 1651.8 | 2687.2 |
| 个人缴纳的医疗保险 | 620.6 | 496.7 | 555.1 | 619.9 | 634.2 | 882.0 |
| 个人缴纳的失业保险 | 48.4 | 9.9 | 29.8 | 42.5 | 58.3 | 128.5 |
| 其他社会保障支出 | 93.3 | 8.5 | 33.1 | 40.0 | 141.4 | 319.2 |
| 外来从业人员寄给家人的支出 | 4.4 | 6.2 | 5.7 | 0.7 | 6.6 | 2.5 |
| 赡养支出 | 218.6 | 65.7 | 202.5 | 195.5 | 277.5 | 429.8 |
| 其他转移性支出 | 74.5 | 37.5 | 35.5 | 50.6 | 85.1 | 203.7 |
| **部分商业保险支出** | **319.4** | **164.9** | **247.3** | **228.4** | **442.0** | **628.7** |
| 意外伤害保险 | 33.8 | 19.1 | 36.8 | 30.7 | 42.2 | 45.8 |
| 商业医疗保险(含大病保险) | 168.8 | 95.8 | 116.2 | 139.2 | 229.8 | 320.2 |
| 其他非储蓄性商业保险 | 26.3 | 13.3 | 24.0 | 16.6 | 12.5 | 77.3 |
| 其他储蓄性商业保险 | 90.5 | 36.8 | 70.2 | 41.8 | 157.5 | 185.4 |
| **购置资产及非经常性转移支出** | **5121.0** | **2123.3** | **3313.4** | **6003.4** | **5876.8** | **10083.4** |
| 购置资产支出 | 1870.7 | 339.6 | 1234.7 | 2224.4 | 1668.9 | 4798.9 |
| 购买住房支出 | 68.4 | 112.8 | 23.2 | 33.7 | 36.5 | 149.6 |
| 建造住房支出 | 43.1 | 75.5 | 19.5 | 24.7 | 2.5 | 99.6 |
| 建造住房材料 | 17.9 | 33.3 | 3.7 | 8.8 | 0.7 | 47.2 |
| 建造住房雇工 | 1583.3 | 66.6 | 945.7 | 1998.0 | 1384.4 | 4408.7 |
| 购建第一产业生产性固定资产支出 | 53.3 | 81.2 | 81.8 | 38.2 | 6.7 | 44.9 |
| 购买或建造农业生产性用房 | 4.4 | 16.3 | 0.0 | 0.4 | 2.2 | 0.6 |
| 购买用房建筑材料 | 4.0 | 16.3 | 0.0 | 0.4 | 0.1 | 0.6 |
| 建筑农业生产用房雇工 | 0.0 | 0.0 | 0.0 | 0.0 | 0.0 | 0.0 |
| 购买农业生产用房 | 0.4 | 0.0 | 0.0 | 0.0 | 2.1 | 0.0 |
| 其他 | 0.0 | 0.0 | 0.0 | 0.0 | 0.0 | 0.0 |
| 购买役畜 | 0.0 | 0.0 | 0.0 | 0.0 | 0.0 | 0.0 |
| 购买产品畜 | 8.3 | 21.6 | 0.0 | 0.8 | 0.0 | 20.3 |
| 购买或建造农业设施 | 33.6 | 36.1 | 70.8 | 28.8 | 0.3 | 21.7 |
| 大棚、温室 | 30.0 | 27.9 | 66.7 | 25.0 | 0.0 | 21.7 |
| 自备井 | 0.8 | 3.5 | 0.0 | 0.0 | 0.0 | 0.0 |

## 2-25 续表 3

单位：元/人

| 指　　标 | 总平均 | 低收入户 | 中低收入户 | 中等收入户 | 中高收入户 | 高收入户 |
|---|---|---|---|---|---|---|
| 喷灌设施 | 1.5 | 2.9 | 0.6 | 3.2 | 0.0 | 0.0 |
| 其他农业设施 | 1.4 | 1.8 | 3.4 | 0.6 | 0.3 | 0.0 |
| 购买农业机械 | 7.0 | 7.3 | 11.1 | 8.2 | 4.2 | 2.4 |
| 大中型农用拖拉机 | 0.0 | 0.0 | 0.0 | 0.0 | 0.0 | 0.0 |
| 小型(手扶)农用拖拉机 | 0.2 | 0.0 | 0.0 | 0.8 | 0.0 | 0.0 |
| 农用排灌动力机械 | 0.0 | 0.0 | 0.0 | 0.0 | 0.0 | 0.0 |
| 插秧机 | 0.0 | 0.0 | 0.0 | 0.0 | 0.0 | 0.0 |
| 收割机 | 0.3 | 0.0 | 0.0 | 0.4 | 1.2 | 0.0 |
| 脱粒机 | 1.1 | 1.9 | 0.6 | 0.8 | 0.0 | 2.4 |
| 其他农业机械 | 5.4 | 5.4 | 10.5 | 6.1 | 3.0 | 0.0 |
| 购建第二产业生产性固定资产支出 | 22.8 | 0.0 | 30.4 | 69.6 | 2.5 | 7.5 |
| 采矿业 | 0.0 | 0.0 | 0.0 | 0.0 | 0.0 | 0.0 |
| 制造业 | 0.6 | 0.0 | 0.0 | 0.0 | 0.0 | 3.5 |
| 电力、热力、燃气及水生产和供应业 | 0.5 | 0.0 | 0.0 | 0.0 | 2.5 | 0.0 |
| 建筑业 | 21.8 | 0.0 | 30.4 | 69.6 | 0.0 | 3.9 |
| 购建第三产业生产性固定资产支出 | 94.9 | 77.2 | 138.4 | 46.7 | 171.8 | 34.0 |
| 批发和零售业 | 52.3 | 52.0 | 28.9 | 15.5 | 146.6 | 26.0 |
| 交通运输、仓储和邮政业 | 18.8 | 0.6 | 70.7 | 4.7 | 10.5 | 0.0 |
| 住宿和餐饮业 | 10.8 | 19.2 | 3.6 | 26.6 | 0.0 | 0.0 |
| 房地产业 | 0.0 | 0.0 | 0.0 | 0.0 | 0.0 | 0.0 |
| 租赁和商务服务业 | 0.0 | 0.0 | 0.0 | 0.0 | 0.0 | 0.0 |
| 居民服务、修理和其他服务业 | 4.8 | 4.3 | 2.5 | 0.0 | 11.2 | 8.0 |
| 其他 | 8.2 | 1.2 | 32.7 | 0.0 | 3.5 | 0.0 |
| 购建其他资产支出 | 48.0 | 1.7 | 15.1 | 38.2 | 66.9 | 154.2 |
| 非经常性转移支出 | 3250.4 | 1783.8 | 2078.7 | 3779.0 | 4207.9 | 5284.5 |
| 博彩支出 | 150.1 | 55.6 | 69.8 | 141.4 | 276.6 | 269.9 |
| 婚丧嫁娶礼金支出 | 1671.4 | 1229.7 | 1277.9 | 1562.2 | 1977.5 | 2675.6 |
| 一次性赔偿支出 | 5.9 | 1.3 | 6.1 | 1.5 | 11.5 | 11.9 |
| 一次性馈赠支出 | 1160.7 | 397.6 | 529.3 | 1910.4 | 1443.6 | 1871.8 |
| 婚丧嫁娶宴请支出 | 225.4 | 89.6 | 190.4 | 146.0 | 487.5 | 278.7 |
| 其他非经常性转移支出 | 36.9 | 10.0 | 5.2 | 17.5 | 11.2 | 176.6 |
| **借贷性支出** | **3050.2** | **1234.2** | **1523.2** | **2425.6** | **5025.0** | **6457.5** |
| 存入储蓄款 | 1128.7 | 404.8 | 397.1 | 861.7 | 2711.1 | 1772.1 |
| 借出款 | 34.8 | 12.5 | 21.0 | 12.0 | 89.6 | 54.2 |
| 归还借款 | 184.1 | 95.8 | 143.9 | 145.4 | 211.6 | 391.0 |
| 购买有价证券 | 18.0 | 25.3 | 8.3 | 4.6 | 1.0 | 58.5 |
| 其他投资支出 | 123.4 | 7.5 | 8.5 | 191.0 | 217.1 | 261.2 |
| 归还住房贷款 | 1230.9 | 389.4 | 657.3 | 957.2 | 1471.8 | 3372.9 |
| 归还汽车贷款 | 243.9 | 216.6 | 158.5 | 191.6 | 276.5 | 437.2 |
| 归还教育贷款 | 0.7 | 2.1 | 0.3 | 0.0 | 0.9 | 0.0 |
| 归还其他贷款 | 80.9 | 79.9 | 113.8 | 56.7 | 45.0 | 108.9 |
| 其他借贷支出 | 4.7 | 0.3 | 14.4 | 5.4 | 0.4 | 1.6 |

# 2-26 城镇居民家庭平均每百户耐用消费品拥有量(2016-2021年)

| 主要耐用消费品拥有情况 | 单位 | 2016 | 2017 | 2018 | 2019 | 2020 | 2021 |
|---|---|---|---|---|---|---|---|
| 家用汽车 | 辆 | 29.9 | 33.6 | 36.3 | 36.8 | 36.6 | 41.5 |
| 摩托车 | 辆 | 19.6 | 19.8 | 23.3 | 17.9 | 16.8 | 18.3 |
| 助力车 | 台 | 24.8 | 27.4 | 30.5 | 31.1 | 34.0 | 36.3 |
| 洗衣机 | 台 | 96.6 | 98.8 | 100.0 | 101.3 | 101.6 | 101.7 |
| 电冰箱(柜) | 台 | 97.5 | 100.4 | 101.7 | 103.1 | 103.5 | 104.2 |
| 微波炉 | 台 | 47.8 | 51.7 | 43.9 | 48.9 | 50.2 | 50.1 |
| 彩色电视机 | 台 | 122.3 | 125.3 | 122.1 | 124.3 | 124.5 | 121.6 |
| 空调 | 台 | 121.2 | 130.4 | 138.3 | 154.2 | 156.3 | 175.4 |
| 热水器 | 台 | 92.4 | 96.4 | 98.0 | 99.9 | 101.8 | 101.4 |
| 洗碗机 | 台 | 0.8 | 1.1 | 1.3 | 1.3 | 1.5 | 1.9 |
| 排油烟机 | 台 | 61.2 | 65.2 | 70.3 | 77.5 | 78.8 | 78.1 |
| 固定电话 | 线 | 44.6 | 43.3 | 34.5 | 24.6 | 21.3 | 9.3 |
| 移动电话 | 部 | 238.6 | 245.3 | 256.1 | 254.5 | 255.3 | 262.8 |
| 其中：接入互联网 | 部 | 114.0 | 129.6 | 189.2 | 197.6 | 226.4 | 240.8 |
| 计算机 | 台 | 66.1 | 67.6 | 57.3 | 59.0 | 61.3 | 51.5 |
| 其中：接入互联网 | 台 | 54.4 | 55.3 | 47.0 | 49.4 | 52.6 | 45.7 |
| 照相机 | 台 | 19.8 | 20.6 | 12.4 | 13.7 | 13.7 | 8.5 |
| 中高档乐器 | 架 | 2.9 | 3.9 | 4.3 | 5.5 | 5.7 | 5.3 |
| 健身器材 | 台 | 2.9 | 3.8 | 5.8 | 7.4 | 8.4 | 5.9 |
| 空气净化器(含新风系统) | 台 |  | 0.5 | 4.2 | 5.8 | 5.8 | 5.5 |
| 吸尘器 | 台 |  | 0.5 | 6.5 | 9.1 | 10.1 | 8.6 |

注：根据国家制度，空气净化器(含新风系统)、吸尘器拥有量2017年开始统计调查。

# 2-27 农村居民人均主要指标

单位：元/人

| 年 份 | 总收入 | 可支配收入 | 现金收入 | 总支出 | #生活消费支出 | #生产费用支出 | 现金支出 |
|---|---|---|---|---|---|---|---|
| 1962 | 139 | 121 | 57 | 130 | 109 | 17 | 58 |
| 1965 | 122 | 106 | 54 | 116 | 96 | 15 | 56 |
| 1978 | 154 | 127 | 65 | 149 | 120 | 27 | 65 |
| 1980 | 224 | 188 | 103 | 202 | 160 | 36 | 101 |
| 1985 | 460 | 315 | 275 | 422 | 276 | 125 | 258 |
| 1986 | 500 | 338 | 310 | 475 | 311 | 141 | 300 |
| 1987 | 553 | 369 | 360 | 536 | 348 | 160 | 351 |
| 1988 | 681 | 449 | 455 | 662 | 426 | 204 | 441 |
| 1989 | 761 | 494 | 516 | 748 | 474 | 233 | 517 |
| 1990 | 847 | 558 | 521 | 802 | 509 | 248 | 502 |
| 1991 | 916 | 590 | 584 | 884 | 552 | 282 | 575 |
| 1992 | 975 | 634 | 626 | 921 | 569 | 299 | 613 |
| 1993 | 1094 | 698 | 693 | 1050 | 647 | 329 | 666 |
| 1994 | 1519 | 946 | 932 | 1496 | 904 | 482 | 870 |
| 1995 | 1865 | 1158 | 1129 | 1796 | 1061 | 600 | 1112 |
| 1996 | 2322 | 1453 | 1371 | 2244 | 1350 | 734 | 1383 |
| 1997 | 2636 | 1681 | 1655 | 2381 | 1440 | 795 | 1569 |
| 1998 | 2738 | 1789 | 1732 | 2382 | 1441 | 784 | 1610 |
| 1999 | 2697 | 1843 | 1734 | 2258 | 1426 | 689 | 1565 |
| 2000 | 2830 | 1904 | 1832 | 2437 | 1490 | 709 | 1709 |
| 2001 | 2946 | 1987 | 1983 | 2494 | 1498 | 760 | 1763 |
| 2002 | 3107 | 2108 | 2111 | 2653 | 1591 | 812 | 1910 |
| 2003 | 3256 | 2230 | 2328 | 2828 | 1747 | 860 | 1986 |
| 2004 | 3805 | 2580 | 2734 | 3299 | 2011 | 1074 | 2324 |
| 2005 | 4158 | 2803 | 3087 | 3743 | 2274 | 1256 | 2747 |
| 2006 | 4343 | 3002 | 3367 | 3883 | 2395 | 1245 | 2942 |
| 2007 | 5097 | 3547 | 3940 | 4499 | 2747 | 1456 | 3463 |
| 2008 | 5903 | 4121 | 4534 | 5155 | 3128 | 1686 | 4099 |
| 2009 | 6238 | 4462 | 4979 | 6330 | 4141 | 1741 | 5218 |
| 2010 | 7031 | 5087 | 5684 | 6163 | 3898 | 1774 | 5003 |
| 2011 | 8657 | 6129 | 7249 | 7642 | 4675 | 2244 | 6575 |
| 2012 | 9498 | 7001 | 8091 | 8366 | 5367 | 2217 | 7174 |
| 2013 | 11161 | 8381 | 9261 | 13979 | 7365 | 2199 | 11508 |
| 2014 | 12647 | 9348 | 10589 | 14731 | 8301 | 2651 | 12115 |
| 2015 | 14561 | 10247 | 12344 | 16924 | 9251 | 3522 | 13828 |
| 2016 | 15907 | 11203 | 13818 | 18706 | 10192 | 3819 | 15441 |
| 2017 | 17264 | 12227 | 15183 | 20128 | 11397 | 4009 | 16819 |
| 2018 | 19016 | 13331 | 16975 | 22538 | 12723 | 4685 | 19177 |
| 2019 | 20483 | 14670 | 18437 | 25989 | 14056 | 4794 | 22549 |
| 2020 | 21559 | 15929 | 19364 | 24864 | 14953 | 4552 | 21333 |
| 2021 | 24258 | 17575 | 21736 | 28122 | 16444 | 5499 | 24364 |

注：从2013年起，国家统计局开展了城乡一体化住户收支和生活状况调查，与2012年前的分城镇和农村住户调查的调查范围、调查方法、指标口径有所不同，2013年以前为农民人均纯收入。

# 2-28 农村居民人均可支配收入(2016-2021年)

单位：元/人

| 指　　标 | 2016 | 2017 | 2018 | 2019 | 2020 | 2021 |
|---|---|---|---|---|---|---|
| **农村居民人均可支配收入** | **11203.1** | **12226.9** | **13331.4** | **14670.1** | **15929.1** | **17575.3** |
| **工资性收入** | **3737.6** | **4016.1** | **4311.0** | **4662.1** | **4977.8** | **5513.8** |
| 工资 | 3349.7 | 3753.3 | 4003.8 | 4495.1 | 4838.2 | 5349.6 |
| 按月发放的工资 | 2697.7 | 2912.1 | 3022.2 | 3304.3 | 3389.2 | 3660.7 |
| 补发工资 | 84.5 | 86.9 | 143.9 | 168.2 | 151.9 | 121.0 |
| 不按月发放的奖金、津贴、过节费等 | 567.4 | 754.3 | 837.7 | 1022.6 | 1297.1 | 1567.9 |
| 实物福利 | 28.3 | 34.7 | 47.5 | 72.7 | 72.7 | 105.9 |
| 从单位或雇主得到的实物产品折价 | 6.8 | 5.5 | 5.5 | 10.9 | 11.1 | 12.9 |
| 食品 | 4.7 | 4.3 | 3.9 | 7.9 | 7.2 | 9.9 |
| 谷物、薯类及豆类 | 0.9 | 0.8 | 0.5 | 1.5 | 2.0 | 2.4 |
| 食用油(植物油) | 0.7 | 0.4 | 0.8 | 1.4 | 1.4 | 1.0 |
| 蔬菜及制品 | 0.1 |  |  | 0.1 | 0.1 | 0.1 |
| 肉、禽、蛋、奶及制品 | 1.1 | 0.4 | 0.5 | 2.3 | 1.1 | 1.0 |
| 水产品及制品 |  |  |  | 0.0 | 0.1 | 0.0 |
| 糖、烟、酒、饮料类 | 1.3 | 1.6 | 1.2 | 1.9 | 1.5 | 4.0 |
| 干鲜瓜果类 | 0.2 | 0.2 | 0.2 | 0.3 | 0.4 | 0.4 |
| 其他类食品 | 0.4 | 0.9 | 0.7 | 0.5 | 0.8 | 0.9 |
| 衣着 | 0.1 | 0.1 | 0.1 | 0.1 | 0.2 | 0.3 |
| 居住 |  |  |  | 0.0 | 0.0 | 0.0 |
| 家庭设备和日用品 | 0.5 | 0.5 | 0.5 | 1.9 | 2.4 | 1.2 |
| 交通、通信工具及用品 | 0.3 | 0.2 | 0.2 | 0.4 | 0.0 | 0.1 |
| 教育文化娱乐用品 |  |  | 0.1 | 0.0 | 0.0 | 0.0 |
| 医疗保健用品 |  |  |  | 0.1 | 0.5 | 0.9 |
| 其他用品 | 1.2 | 0.3 | 0.5 | 0.5 | 0.7 | 0.5 |
| 从单位或雇主得到的服务折价 | 21.5 | 29.1 | 42.1 | 61.7 | 61.6 | 93.1 |
| 免费或低价提供的工作餐 | 20.4 | 27.1 | 41.0 | 57.9 | 58.4 | 88.0 |
| 免费或低价提供的住宿 | 0.5 | 1.8 | 0.7 | 2.9 | 2.8 | 3.2 |
| 单位缴纳的水电费、取暖费、物业费等 | 0.2 |  |  |  | 0.0 | 0.0 |
| 免费或低价提供的交通和通信服务 | 0.1 | 0.1 |  | 0.3 | 0.3 | 0.3 |
| 单位缴纳的教育入学赞助费 |  |  | 0.1 |  | 0.0 | 0.0 |
| 免费或低价提供的旅游服务 | 0.1 |  |  | 0.1 |  | 1.2 |
| 其他服务 | 0.1 | 0.1 | 0.2 | 0.7 | 0.1 | 0.3 |
| 单位或雇主实物福利报销所得 |  |  |  |  |  | 0.0 |
| 其他 | 359.6 | 228.2 | 259.7 | 94.3 | 66.9 | 58.3 |
| 住房公积金 | 29.6 | 37.6 | 28.1 | 37.6 | 46.7 | 35.0 |
| 辞退金 | 2.8 | 0.9 | 5.6 | 1.1 | 4.0 | 3.4 |
| 自由职业劳动所得(如稿费、翻译费) | 5.7 | 4.2 | 12.4 | 2.7 | 3.8 | 8.7 |
| 安家费 | 0.2 |  | 0.3 | 0.8 | 0.3 | 6.5 |
| 股票期权 |  |  |  |  |  | 0.0 |
| 其他劳动所得 | 321.3 | 185.5 | 213.4 | 52.1 | 12.0 | 4.7 |
| **经营净收入** | **4525.2** | **4821.4** | **5117.2** | **5641.1** | **6152.0** | **6651.4** |
| 第一产业经营净收入 | 3227.1 | 3393.8 | 3500.7 | 3813.9 | 4139.9 | 4007.7 |
| 农业 | 1915.3 | 2032.2 | 2147.2 | 2136.9 | 2248.1 | 2470.0 |
| 林业 | 215.7 | 267.9 | 349.1 | 376.0 | 304.0 | 388.1 |
| 牧业 | 1041.5 | 1035.8 | 954.3 | 1245.7 | 1529.2 | 1112.3 |
| 渔业 | 54.6 | 57.8 | 50.1 | 55.3 | 58.6 | 37.3 |

## 2-28 续表 1

单位：元/人

| 指　　标 | 2016 | 2017 | 2018 | 2019 | 2020 | 2021 |
|---|---|---|---|---|---|---|
| 第二产业经营净收入 | 163.2 | 180.2 | 193.0 | 208.2 | 242.1 | 368.0 |
| 采矿业 | 15.4 | 2.1 | -0.3 | 0.9 | 0.7 | 0.0 |
| 制造业 | 77.6 | 107.3 | 119.9 | 99.5 | 122.1 | 174.0 |
| 电力、热力、燃气及水生产和供应业 | -2.0 |  | -0.4 | -0.2 | -0.1 | -0.1 |
| 建筑业 | 72.2 | 70.9 | 73.7 | 108.0 | 119.4 | 194.2 |
| 第三产业经营净收入 | 1134.8 | 1247.4 | 1423.5 | 1619.0 | 1770.0 | 2275.7 |
| 批发和零售业 | 556.6 | 570.7 | 714.5 | 854.5 | 925.7 | 1145.8 |
| 交通运输、仓储和邮政业 | 287.5 | 340.6 | 298.4 | 287.5 | 339.2 | 341.0 |
| 住宿和餐饮业 | 83.2 | 102.0 | 146.4 | 167.7 | 182.1 | 320.5 |
| 房地产业 | 0.8 | 0.1 | 1.0 | -1.5 | -0.3 | -0.1 |
| 租赁和商务服务业 | 4.4 | 1.3 | 22.6 | 12.0 | 3.9 | 2.6 |
| 居民服务、修理和其他服务业 | 169.2 | 181.6 | 193.2 | 231.6 | 254.9 | 356.6 |
| 其他 | 22.2 | 34.7 | 36.6 | 33.4 | 45.4 | 101.1 |
| 农林牧渔服务业 | 10.9 | 16.4 | 10.8 | 33.9 | 19.1 | 8.2 |
| **财产净收入** | **268.5** | **322.5** | **379.5** | **456.5** | **510.2** | **586.6** |
| 利息净收入 | 74.1 | 83.8 | 81.9 | 81.5 | 86.3 | 146.8 |
| 红利收入 | 35.1 | 32.7 | 42.3 | 68.5 | 108.4 | 128.7 |
| 集体分配的红利 | 7.7 | 7.3 | 12.0 | 19.6 | 6.7 | 7.1 |
| 其他红利收入 | 27.4 | 26.5 | 30.2 | 48.9 | 101.7 | 121.6 |
| 储蓄性保险净收益 | 2.4 | 2.7 | 4.8 | 3.9 | 0.9 | 2.1 |
| 转让承包土地经营权租金净收入 | 94.4 | 114.7 | 116.8 | 149.4 | 154.5 | 177.9 |
| 出租房屋财产性收入 | 52.5 | 71.6 | 101.9 | 121.5 | 142.7 | 124.4 |
| 出租机械、专利、版权等资产的收入 | 3.9 | 8.2 | 12.0 | 17.6 | 9.3 | 9.8 |
| 其他财产净收入 | 6.1 | 8.8 | 19.8 | 14.0 | 8.1 | -3.2 |
| 房屋虚拟租金 |  |  |  |  |  | 0.0 |
| **转移净收入** | **2671.8** | **3066.9** | **3523.7** | **3910.5** | **4289.1** | **4823.5** |
| 转移性收入 | 3225.4 | 3741.1 | 4137.9 | 4525.6 | 4966.2 | 5529.4 |
| 养老金或离退休金 | 776.3 | 1030.4 | 1055.9 | 1165.3 | 1307.1 | 1409.6 |
| 离退休金 | 239.7 | 293.3 | 326.1 | 348.3 | 384.6 | 439.0 |
| (城镇)居民社会养老保险 | 188.2 | 203.7 | 263.1 | 288.1 | 335.3 | 395.7 |
| 新型农村养老保险 | 222.2 | 266.0 | 255.4 | 289.0 | 324.7 | 340.3 |
| 其他养老金 | 126.2 | 267.3 | 211.3 | 239.9 | 262.5 | 234.6 |
| 社会救济和补助 | 153.9 | 197.3 | 240.6 | 231.2 | 260.4 | 335.4 |
| 最低生活保障费 | 44.4 | 53.4 | 80.5 | 86.4 | 104.5 | 136.4 |
| 五保户救助金 | 2.1 | 2.9 | 11.1 | 15.3 | 18.0 | 21.9 |
| 扶贫款 | 33.1 | 57.4 | 52.9 | 10.1 | 8.7 | 1.4 |
| 救灾款 | 4.0 | 2.8 | 0.9 | 0.8 | 0.4 | 0.4 |
| 抚恤金 | 37.5 | 42.0 | 42.6 | 68.8 | 83.6 | 113.9 |
| 医疗救助专项补贴 |  |  |  |  | 12.2 | 25.1 |
| 教育救助专项补贴 |  |  |  |  | 10.1 | 8.1 |
| 其他社会救济收入 | 32.6 | 38.9 | 52.6 | 49.8 | 22.8 | 28.1 |
| 政策性生活补贴 | 61.0 | 53.3 | 197.8 | 152.5 | 163.0 | 136.0 |
| 家电补贴 | 1.9 | 2.3 | 0.3 | 0.0 | 0.2 | 0.4 |
| 能源补贴 | 0.2 | 2.2 | 0.1 | 0.6 |  | 0.0 |
| 免费或低价提供的住宿(廉租房) |  | 1.1 | 0.4 | 0.3 | 0.4 | 0.3 |
| 居住专项补贴 |  |  |  |  | 15.2 | 9.9 |

2-28 续表 2

单位：元/人

| 指标 | 2016 | 2017 | 2018 | 2019 | 2020 | 2021 |
|---|---|---|---|---|---|---|
| 建房改造专项补贴 | | | | | 20.4 | 20.4 |
| 其他生活补贴 | 58.8 | 48.8 | 197.5 | 151.7 | 126.8 | 105.4 |
| 报销医疗费 | 222.2 | 237.7 | 285.1 | 319.0 | 336.6 | 429.2 |
| 家庭外出从业人员寄回带回收入 | 1263.3 | 1368.8 | 1427.3 | 1584.0 | 1750.1 | 1967.5 |
| 赡养收入 | 438.4 | 515.3 | 586.6 | 650.7 | 750.8 | 835.1 |
| 其他经常转移收入 | 74.0 | 83.2 | 100.2 | 95.4 | 136.0 | 113.2 |
| 失业保险金 | 4.4 | 2.1 | 14.5 | 19.5 | 25.0 | 24.9 |
| 经常性捐赠收入 | 7.6 | 8.7 | 3.2 | 2.0 | 5.2 | 0.4 |
| 经常性赔偿收入 | 0.7 | 2.9 | 4.2 | 10.8 | 0.2 | 1.3 |
| 社保支出专项补贴 | | | | 3.7 | 7.9 | 9.8 |
| 扶贫补助金孳息收入 | | | | 0.0 | 0.7 | 0.0 |
| 扶贫贷款利息补助收入 | | | | 0.0 | 0.5 | 0.1 |
| 其他转移性收入 | 61.4 | 69.6 | 78.3 | 59.3 | 96.6 | 76.7 |
| 从政府和组织得到的实物产品和服务折价 | 58.0 | 71.7 | 72.4 | 57.2 | 51.5 | 81.2 |
| 食品 | 15.7 | 13.2 | 16.9 | 22.4 | 20.1 | 28.4 |
| 谷物、薯类及豆类 | 2.0 | 2.2 | 2.5 | 2.7 | 3.3 | 4.5 |
| 食用油(植物油) | 2.1 | 2.3 | 2.9 | 3.3 | 3.7 | 6.1 |
| 蔬菜及制品 | | | | | 0.0 | 0.0 |
| 肉、禽、蛋、奶及制品 | 8.8 | 4.0 | 4.4 | 9.5 | 9.0 | 12.8 |
| 水产品及制品 | 0.1 | 0.3 | | | | 0.0 |
| 糖、烟、酒、饮料类 | 0.5 | 0.3 | 0.2 | 1.6 | 0.2 | 0.5 |
| 干鲜瓜果类 | | | | 0.1 | 0.0 | 0.1 |
| 其他类食品 | 2.1 | 4.0 | 6.8 | 5.2 | 3.8 | 4.3 |
| 衣着 | 0.3 | 3.4 | 0.4 | 0.2 | 0.1 | 0.1 |
| 居住 | 0.5 | 5.1 | 0.2 | 0.1 | 0.3 | 0.1 |
| 家庭设备和日用品 | 5.8 | 5.9 | 18.3 | 15.0 | 8.7 | 7.4 |
| 交通、通信工具及用品 | 0.2 | 0.4 | 0.4 | 0.0 | 0.0 | 2.3 |
| 教育文化娱乐用品 | 0.2 | 0.3 | 2.0 | 0.4 | 0.2 | 0.1 |
| 医疗保健用品 | 0.3 | 0.1 | 0.6 | 0.3 | 0.4 | 11.7 |
| 其他用品 | 1.9 | 7.5 | 2.8 | 2.3 | 2.9 | 0.5 |
| 其他服务折价(不含廉租房) | 33.2 | 35.8 | 30.8 | 16.6 | 18.8 | 30.8 |
| 现金政策性惠农补贴 | 178.4 | 183.5 | 171.9 | 270.1 | 210.8 | 222.1 |
| 转移性支出 | 553.6 | 674.2 | 614.2 | 615.1 | 677.2 | 706.0 |
| 个人所得税 | 2.4 | 2.9 | 4.8 | 4.7 | 6.7 | 4.1 |
| 社会保障支出 | 444.8 | 607.0 | 511.1 | 524.1 | 593.8 | 592.0 |
| 个人缴纳的养老保险 | 270.0 | 403.2 | 263.2 | 266.4 | 299.3 | 307.1 |
| 个人缴纳的医疗保险 | 165.2 | 188.6 | 236.1 | 245.4 | 280.9 | 272.6 |
| 个人缴纳的失业保险 | 3.7 | 5.5 | 3.6 | 5.6 | 5.6 | 5.4 |
| 其他社会保障支出 | 6.0 | 9.6 | 8.2 | 6.7 | 8.0 | 6.9 |
| 外来从业人员寄给家人的支出 | 11.9 | 0.5 | 1.7 | 1.3 | 3.7 | 3.5 |
| 赡养支出 | 43.8 | 33.8 | 45.4 | 44.3 | 38.0 | 69.8 |
| 其他转移性支出 | 50.6 | 30.0 | 51.2 | 40.7 | 35.0 | 36.5 |
| 经常性捐赠支出 | 16.0 | 8.9 | 12.6 | 11.0 | 6.6 | 2.2 |
| 经常性赔偿支出 | | | | | | 0.4 |
| 其他经常转移支出 | 34.6 | 21.1 | 38.6 | 29.8 | 28.4 | 33.9 |

# 2-29 农村居民人均总收入(2016-2021年)

单位：元/人

| 指　　标 | 2016 | 2017 | 2018 | 2019 | 2020 | 2021 |
|---|---|---|---|---|---|---|
| **农村居民总收入** | **15906.9** | **17263.9** | **19016.4** | **20482.6** | **21559.1** | **24258.3** |
| **工资性收入** | **3737.6** | **4016.1** | **4311.0** | **4662.1** | **4977.8** | **5513.8** |
| 工资 | 3349.7 | 3753.3 | 4003.8 | 4495.1 | 4838.2 | 5349.6 |
| 实物福利 | 28.3 | 34.7 | 47.5 | 72.7 | 72.7 | 105.9 |
| 其他 | 359.6 | 228.2 | 259.7 | 94.3 | 66.9 | 58.3 |
| **经营性收入** | **8655.2** | **9166.6** | **10153.1** | **10776.7** | **11035.9** | **12560.0** |
| 第一产业经营收入 | 6264.4 | 6432.6 | 6794.8 | 7371.3 | 7308.4 | 7614.2 |
| 第一产业经营收入(不含惠农补贴) | 6264.4 | 6432.6 | 6794.8 | 7371.3 | 7308.4 | 7614.2 |
| 农业 | 2684.0 | 2837.3 | 3326.5 | 3352.0 | 3246.4 | 3717.5 |
| 林业 | 231.6 | 292.9 | 389.0 | 406.9 | 340.2 | 411.9 |
| 牧业 | 3236.9 | 3181.1 | 2964.5 | 3501.5 | 3612.1 | 3391.1 |
| 渔业 | 111.8 | 121.3 | 114.7 | 110.9 | 109.8 | 93.6 |
| 第二产业经营收入 | 322.1 | 401.8 | 406.8 | 416.4 | 488.2 | 658.9 |
| 采矿业 | 17.0 | 2.9 | 0.2 | 1.1 | 0.7 | 0.0 |
| 制造业 | 164.4 | 216.1 | 236.6 | 233.3 | 248.6 | 347.2 |
| 电力、热力、燃气及水生产和供应业 | 0.2 |  | 1.8 |  |  | 0.0 |
| 建筑业 | 140.5 | 182.8 | 168.1 | 182.0 | 238.9 | 311.7 |
| 第三产业经营收入 | 2068.7 | 2332.1 | 2951.5 | 2989.0 | 3239.3 | 4286.9 |
| 批发和零售业 | 1066.4 | 1245.0 | 1700.6 | 1665.8 | 1831.2 | 2348.7 |
| 交通运输、仓储和邮政业 | 535.8 | 595.5 | 482.7 | 547.9 | 586.0 | 613.6 |
| 住宿和餐饮业 | 166.1 | 161.7 | 346.0 | 294.4 | 331.6 | 679.8 |
| 房地产业 | 0.8 | 1.3 | 1.4 |  |  | 0.0 |
| 租赁和商务服务业 | 5.4 | 6.5 | 26.1 | 15.5 | 9.6 | 13.7 |
| 居民服务、修理和其他服务业 | 226.4 | 242.8 | 311.8 | 360.7 | 363.1 | 464.2 |
| 其他 | 38.7 | 45.8 | 49.4 | 43.9 | 62.9 | 146.0 |
| 农林牧渔服务业 | 29.1 | 33.5 | 33.5 | 60.7 | 55.0 | 20.9 |
| **财产性收入** | **288.6** | **339.9** | **414.4** | **518.3** | **579.1** | **655.0** |
| 利息收入 | 91.3 | 99.6 | 114.3 | 140.4 | 150.1 | 210.3 |
| 红利收入 | 35.1 | 32.7 | 42.3 | 68.5 | 108.4 | 128.7 |
| 储蓄性保险净收益 | 2.4 | 2.7 | 4.8 | 3.9 | 0.9 | 2.1 |
| 转让承包土地经营权租金净收入 | 94.4 | 114.7 | 116.8 | 149.4 | 154.5 | 177.9 |
| 出租房屋财产性净收入 | 52.5 | 71.6 | 101.9 | 121.5 | 142.7 | 124.4 |
| 出租机械、专利、版权等资产的净收入 | 3.9 | 8.2 | 12.0 | 17.6 | 9.3 | 9.8 |
| 其他财产净收入 | 8.9 | 10.4 | 22.3 | 16.9 | 13.2 | 1.7 |
| 房屋虚拟租金 |  |  |  |  |  | 0.0 |
| **转移性收入** | **3225.4** | **3741.1** | **4137.9** | **4525.6** | **4966.2** | **5529.4** |
| 养老金或离退休金 | 776.3 | 1030.4 | 1055.9 | 1165.3 | 1307.1 | 1409.6 |

2-29 续表

单位：元/人

| 指　　标 | 2016 | 2017 | 2018 | 2019 | 2020 | 2021 |
|---|---|---|---|---|---|---|
| 社会救济和补助 | 153.9 | 197.3 | 240.6 | 231.2 | 260.4 | 335.4 |
| 政策性生活补贴 | 61.0 | 53.3 | 197.8 | 152.5 | 163.0 | 136.0 |
| 家庭外出从业人员寄回带回收入 | 1263.3 | 1368.8 | 1427.3 | 1584.0 | 1750.1 | 1967.5 |
| 赡养收入 | 438.4 | 515.3 | 586.6 | 650.7 | 750.8 | 835.1 |
| 报销医疗费 | 222.2 | 237.7 | 285.1 | 319.0 | 336.6 | 429.2 |
| 从政府和组织得到的实物产品和服务折价 | 58.0 | 71.7 | 72.4 | 57.2 | 51.5 | 81.2 |
| 现金政策性惠农补贴 | 178.4 | 183.5 | 171.9 | 270.1 | 210.8 | 222.1 |
| 其他转移性收入 | 74.0 | 83.2 | 100.2 | 95.4 | 136.0 | 113.2 |
| **非收入所得** | **1676.1** | **2328.1** | **2301.0** | **2669.3** | **2325.9** | **2301.4** |
| 出售资产所得 | 315.0 | 881.4 | 690.3 | 826.3 | 486.5 | 261.8 |
| 出售住房本金所得 |  | 19.7 | 43.1 | 22.5 |  | 23.7 |
| 出售住房溢价所得(含亏损) | 0.1 | 11.4 |  |  | 6.0 | 49.0 |
| 出售股票、基金、收藏品本金所得 | 3.7 |  |  |  |  | 0.0 |
| 出售股票、基金、收藏品所得(含亏损) |  | 0.5 | 0.1 | 0.2 | 0.5 | 0.0 |
| 出售生产性固定资产所得 | 54.8 | 24.7 | 14.0 | 41.0 | 56.5 | 41.7 |
| 拆迁征地补偿所得 | 213.9 | 591.3 | 559.9 | 700.1 | 343.4 | 85.1 |
| 出售其他财物和收回其他投资本金所得 | 42.5 | 233.6 | 73.1 | 62.5 | 80.0 | 62.4 |
| 非经常性转移所得 | 1354.3 | 1433.3 | 1603.8 | 1839.4 | 1834.3 | 2036.7 |
| 博彩所得 | 31.1 | 21.6 | 48.6 | 60.1 | 45.8 | 100.6 |
| 婚丧嫁娶礼金所得 | 715.1 | 528.0 | 666.7 | 692.0 | 528.8 | 725.3 |
| 遗产及一次性馈赠所得 | 230.2 | 231.8 | 302.3 | 368.9 | 325.6 | 424.3 |
| 一次性赔偿所得 | 70.9 | 179.7 | 148.7 | 79.1 | 194.7 | 127.5 |
| 提取住房公积金 |  | 0.1 | 6.7 | 2.9 | 10.7 | 1.1 |
| 调查补贴 | 266.5 | 365.2 | 410.6 | 595.7 | 680.0 | 633.1 |
| 其他非经常性转移所得 | 40.4 | 106.9 | 20.0 | 40.7 | 48.9 | 24.8 |
| 其他非收入所得 | 6.8 | 13.4 | 6.9 | 3.6 | 5.1 | 2.8 |
| **借贷性所得** | **2412.4** | **1987.2** | **2662.3** | **2947.3** | **2069.7** | **2202.5** |
| 提取储蓄存款 | 1533.6 | 1335.3 | 1852.1 | 2036.8 | 1509.1 | 1636.1 |
| 借入款 | 552.4 | 376.6 | 473.9 | 478.8 | 304.1 | 282.8 |
| 收回借出款 | 184.5 | 114.7 | 144.6 | 148.9 | 117.0 | 137.5 |
| 收回储蓄性保险本金 | 1.2 | 1.7 | 9.5 | 1.5 | 0.0 | 0.5 |
| 住房贷款 | 13.0 | 28.5 | 15.1 | 130.2 | 2.2 | 42.2 |
| 汽车贷款 | 0.6 | 5.2 | 0.5 | 49.1 | 17.2 | 0.0 |
| 教育贷款 | 5.4 | 7.0 | 15.8 | 13.0 | 9.0 | 3.8 |
| 其他贷款 | 105.5 | 107.1 | 136.5 | 83.3 | 103.2 | 80.7 |
| 其他借贷所得 | 16.2 | 11.2 | 14.3 | 5.7 | 7.8 | 18.7 |

# 2-30 农村居民人均总支出(2016-2021年)

单位：元/人

| 指　标 | 2016 | 2017 | 2018 | 2019 | 2020 | 2021 |
|---|---|---|---|---|---|---|
| **农村居民人均总支出** | **18706.5** | **20127.8** | **22537.8** | **25988.8** | **24864.2** | **28122.1** |
| **消费支出** | **10191.6** | **11396.7** | **12723.2** | **14055.6** | **14952.6** | **16444.0** |
| 食品烟酒 | 3886.6 | 4235.2 | 4482.7 | 4878.6 | 5478.1 | 5969.5 |
| 食品 | 2957.5 | 3138.9 | 3224.8 | 3480.8 | 4018.2 | 4238.4 |
| 谷物 | 486.2 | 502.6 | 511.5 | 484.0 | 526.1 | 540.8 |
| 薯类 | 126.2 | 116.3 | 120.0 | 130.8 | 128.4 | 127.2 |
| 豆类 | 41.5 | 45.7 | 44.2 | 52.0 | 59.6 | 60.1 |
| 食用油 | 171.2 | 172.0 | 168.8 | 166.7 | 215.1 | 225.8 |
| 蔬菜和食用菌 | 359.6 | 377.8 | 337.8 | 355.1 | 403.8 | 430.9 |
| 肉类 | 854.0 | 923.4 | 988.0 | 1070.5 | 1357.5 | 1456.4 |
| 禽类 | 217.5 | 226.5 | 215.0 | 282.4 | 344.0 | 342.6 |
| 水产品 | 78.2 | 89.0 | 85.3 | 121.8 | 135.2 | 153.4 |
| 蛋类 | 117.9 | 103.0 | 119.3 | 136.5 | 149.4 | 127.4 |
| 奶类 | 115.3 | 138.0 | 177.4 | 176.4 | 166.0 | 188.3 |
| 干鲜瓜果类 | 180.8 | 214.8 | 217.5 | 250.1 | 257.5 | 290.2 |
| 糖果糕点类 | 75.4 | 86.9 | 93.1 | 100.1 | 101.2 | 116.2 |
| 其他食品 | 133.5 | 142.9 | 147.0 | 154.4 | 174.4 | 179.2 |
| 烟酒 | 444.3 | 480.3 | 581.4 | 664.3 | 709.4 | 791.4 |
| 烟草 | 314.9 | 336.9 | 415.1 | 500.9 | 542.6 | 644.8 |
| 酒类 | 129.5 | 143.4 | 166.3 | 163.5 | 166.8 | 146.6 |
| 饮料 | 61.2 | 73.3 | 82.8 | 96.8 | 100.4 | 121.9 |
| 饮食服务 | 423.5 | 542.8 | 593.7 | 636.7 | 650.1 | 817.7 |
| 食堂用餐 | 141.9 | 168.6 | 149.1 | 168.4 | 165.0 | 237.2 |
| 其他在外饮食 | 267.9 | 358.4 | 430.8 | 457.0 | 475.6 | 569.7 |
| 食品加工服务费 | 13.7 | 15.8 | 13.8 | 11.2 | 9.5 | 10.9 |
| 衣着 | 640.6 | 682.9 | 716.4 | 760.4 | 753.3 | 835.2 |
| 衣类 | 468.9 | 505.5 | 541.9 | 576.7 | 572.2 | 623.3 |
| 鞋类 | 171.7 | 177.4 | 174.5 | 183.6 | 181.1 | 211.9 |
| 居住 | 1918.5 | 2157.1 | 2500.0 | 2747.5 | 2866.4 | 2990.8 |
| 租赁房房租 | 25.0 | 25.7 | 55.3 | 82.6 | 76.3 | 69.1 |
| 租赁房房租中租赁公房房租 |  |  |  |  | 5.8 | 602.7 |
| 租赁房房租中租赁私房房租 |  |  |  |  | 70.4 | 637.0 |
| 住房维修及管理 | 286.1 | 336.6 | 456.7 | 516.3 | 569.3 | 1682.0 |
| 住房维修及管理中物业管理费 |  |  |  |  | 17.2 | 1.2 |
| 水电燃料及其他 | 400.1 | 483.5 | 524.0 | 577.5 | 579.8 | 67.8 |
| 自有住房折算租金 | 1207.2 | 1311.2 | 1464.0 | 1571.1 | 1641.0 | 23.1 |
| 生活用品及服务 | 692.7 | 782.3 | 859.8 | 917.3 | 905.4 | 1074.7 |
| 家具及室内装饰品 | 98.4 | 117.6 | 141.5 | 159.0 | 140.9 | 172.6 |
| 家用器具 | 189.4 | 222.3 | 249.1 | 249.6 | 240.4 | 283.4 |
| 家用纺织品 | 57.9 | 63.1 | 63.8 | 66.8 | 68.5 | 84.4 |
| 家庭日用杂品 | 238.5 | 248.5 | 262.3 | 264.8 | 270.8 | 299.0 |
| 个人用品 | 90.3 | 110.5 | 120.3 | 147.6 | 159.8 | 196.9 |
| 家庭服务 | 18.4 | 20.3 | 22.9 | 29.4 | 25.0 | 38.3 |
| 其中：家政服务 |  | 6.9 | 5.1 | 8.5 | 5.3 | 11.7 |

2-30 续表 1

单位：元/人

| 指 标 | 2016 | 2017 | 2018 | 2019 | 2020 | 2021 |
|---|---|---|---|---|---|---|
| 交通通信 | 1174.0 | 1378.2 | 1578.3 | 1808.0 | 1935.0 | 2135.2 |
| 交通 | 804.5 | 956.2 | 1141.8 | 1304.5 | 1364.6 | 1513.5 |
| 交通工具 | 305.9 | 332.9 | 412.8 | 444.8 | 538.2 | 602.4 |
| 交通费 | 160.8 | 187.3 | 217.0 | 251.2 | 215.2 | 221.8 |
| 交通工具用燃料 | 185.1 | 252.3 | 301.0 | 364.5 | 340.5 | 382.9 |
| 交通工具使用及维修 | 152.6 | 183.7 | 210.9 | 244.0 | 270.7 | 306.4 |
| 其中：车辆保险支出 | 50.6 | 56.7 | 68.5 | 86.1 | 105.0 | 105.2 |
| 通信 | 369.5 | 422.1 | 436.5 | 503.5 | 570.5 | 621.7 |
| 通信工具 | 97.9 | 123.5 | 144.9 | 134.9 | 150.0 | 164.8 |
| 通信服务 | 271.6 | 298.6 | 291.6 | 368.6 | 420.4 | 456.9 |
| 教育文化娱乐 | 707.2 | 847.7 | 934.2 | 1065.1 | 1106.5 | 1272.6 |
| 教育 | 507.1 | 609.4 | 667.7 | 752.1 | 844.9 | 1000.3 |
| 学前教育 | 53.7 | 69.3 | 87.0 | 105.7 | 92.0 | 141.4 |
| 小学教育 | 60.3 | 72.9 | 92.7 | 110.8 | 130.7 | 135.2 |
| 初中教育 | 60.1 | 79.2 | 93.2 | 113.1 | 135.2 | 183.3 |
| 高中教育 | 90.3 | 109.6 | 114.5 | 150.7 | 186.2 | 203.7 |
| 中专职高教育 | 24.9 | 33.4 | 20.6 | 14.5 | 30.3 | 28.3 |
| 大专及以上教育 | 178.8 | 202.0 | 206.1 | 203.5 | 227.1 | 259.7 |
| 成人教育 | 39.0 | 43.0 | 53.7 | 53.8 | 43.3 | 48.6 |
| 文化娱乐 | 200.0 | 238.3 | 266.5 | 313.0 | 261.7 | 272.3 |
| 文娱耐用消费品 | 63.1 | 77.3 | 78.3 | 78.9 | 90.4 | 70.3 |
| 其他文娱用品 | 70.4 | 85.8 | 96.7 | 113.6 | 102.8 | 124.1 |
| 文化娱乐服务 | 66.5 | 75.3 | 91.5 | 120.5 | 68.6 | 78.0 |
| 医疗保健 | 972.5 | 1093.6 | 1413.8 | 1620.8 | 1650.3 | 1877.3 |
| 医疗器具及药品 | 289.1 | 325.1 | 398.6 | 398.5 | 393.3 | 442.7 |
| 医疗服务 | 683.4 | 768.5 | 1015.2 | 1222.2 | 1257.0 | 1434.6 |
| 门诊总费用 | 257.8 | 287.6 | 370.5 | 416.1 | 409.8 | 528.4 |
| 住院总费用 | 425.6 | 480.8 | 644.7 | 806.1 | 847.2 | 906.2 |
| 其他用品及服务 | 199.5 | 219.6 | 237.9 | 258.0 | 257.6 | 288.8 |
| 其他用品 | 98.1 | 112.1 | 114.6 | 121.1 | 124.2 | 143.5 |
| 其他服务 | 101.3 | 107.5 | 123.3 | 136.9 | 133.3 | 145.2 |
| **生产经营费用支出** | **3818.9** | **4008.5** | **4685.2** | **4793.9** | **4551.7** | **5499.4** |
| 第一产业经营费用支出 | 2843.5 | 2820.5 | 3062.4 | 3338.8 | 2960.8 | 3339.7 |
| 农业 | 664.1 | 677.3 | 1038.7 | 1072.3 | 882.9 | 1075.4 |
| 林业 | 15.6 | 24.7 | 38.5 | 28.3 | 34.9 | 21.2 |
| 牧业 | 2109.4 | 2056.6 | 1922.0 | 2184.6 | 1993.1 | 2194.9 |
| 渔业 | 54.4 | 61.9 | 63.2 | 53.6 | 49.8 | 48.3 |
| 第二产业经营费用支出 | 142.1 | 204.2 | 189.2 | 193.6 | 226.3 | 271.9 |
| 采矿业 | 1.3 | 0.6 | 0.5 | 0.2 |  | 0.0 |
| 制造业 | 82.8 | 96.1 | 110.3 | 128.1 | 116.7 | 162.0 |
| 电力、热力、燃气及水生产和供应业 | 2.2 |  | 0.4 |  | 0.1 | 0.1 |
| 建筑业 | 55.8 | 107.5 | 78.1 | 65.3 | 109.5 | 109.9 |
| 第三产业经营费用支出 | 833.3 | 983.8 | 1433.7 | 1261.6 | 1364.6 | 1887.7 |
| 批发和零售业 | 478.5 | 638.1 | 945.2 | 770.7 | 867.3 | 1159.3 |
| 交通运输、仓储和邮政业 | 211.7 | 219.4 | 163.2 | 230.7 | 209.2 | 231.2 |

## 2-30 续表 2

单位：元/人

| 指　　标 | 2016 | 2017 | 2018 | 2019 | 2020 | 2021 |
|---|---|---|---|---|---|---|
| 住宿和餐饮业 | 70.6 | 53.5 | 191.5 | 115.2 | 140.4 | 344.2 |
| 房地产业 |  | 1.2 | 0.4 | 1.5 | 0.3 | 0.1 |
| 租赁和商务服务业 | 0.9 | 2.7 | 2.3 | 2.4 | 5.4 | 8.7 |
| 居民服务、修理和其他服务业 | 48.1 | 52.6 | 101.3 | 111.4 | 96.3 | 94.3 |
| 其他 | 13.5 | 9.4 | 11.7 | 8.7 | 16.3 | 42.5 |
| 农林牧渔服务业 | 10.0 | 7.0 | 18.0 | 21.0 | 29.5 | 7.4 |
| **财产性支出** | **20.1** | **17.4** | **34.9** | **61.8** | **68.9** | **68.5** |
| 生活贷款利息支出 | 17.2 | 15.9 | 32.4 | 58.9 | 63.9 | 63.5 |
| 住房贷款利息支出 | 11.5 | 11.0 | 26.9 | 49.6 | 54.4 | 54.8 |
| 其他生活贷款利息支出 | 5.7 | 4.8 | 5.4 | 9.3 | 9.5 | 8.7 |
| 其他财产性支出 | 2.8 | 1.6 | 2.5 | 2.9 | 5.0 | 4.9 |
| 非储蓄性财产保险支出 | 0.6 | 0.3 | 0.6 | 0.6 | 0.6 | 0.8 |
| 其他财产性支出 | 2.3 | 1.3 | 1.9 | 2.3 | 4.4 | 4.1 |
| **转移性支出** | **553.6** | **674.2** | **614.2** | **615.1** | **677.2** | **706.0** |
| 个人所得税 | 2.4 | 2.9 | 4.8 | 4.7 | 6.7 | 4.1 |
| 社会保障支出 | 444.8 | 607.0 | 511.1 | 524.1 | 593.8 | 592.0 |
| 个人缴纳的养老保险 | 270.0 | 403.2 | 263.2 | 266.4 | 299.3 | 307.1 |
| 个人缴纳的医疗保险 | 165.2 | 188.6 | 236.1 | 245.4 | 280.9 | 272.6 |
| 个人缴纳的失业保险 | 3.7 | 5.5 | 3.6 | 5.6 | 5.6 | 5.4 |
| 其他社会保障支出 | 6.0 | 9.6 | 8.2 | 6.7 | 8.0 | 6.9 |
| 外来从业人员寄给家人的支出 | 11.9 | 0.5 | 1.7 | 1.3 | 3.7 | 3.5 |
| 赡养支出 | 43.8 | 33.8 | 45.4 | 44.3 | 38.0 | 69.8 |
| 其他转移性支出 | 50.6 | 30.0 | 51.2 | 40.7 | 35.0 | 36.5 |
| **部分商业保险支出** | **43.9** | **42.8** | **72.7** | **77.8** | **70.7** | **105.5** |
| 意外伤害保险 | 9.6 | 9.8 | 14.7 | 13.7 | 14.0 | 25.0 |
| 商业医疗保险(含大病保险) | 10.4 | 15.8 | 29.1 | 35.6 | 34.7 | 46.9 |
| 其他非储蓄性商业保险 | 6.5 | 5.3 | 5.9 | 8.7 | 4.3 | 6.7 |
| 其他储蓄性商业保险 | 17.3 | 11.9 | 23.0 | 19.9 | 17.6 | 26.9 |
| **购置资产及非经常性转移支出** | **3151.9** | **3246.0** | **3363.2** | **4735.9** | **3083.0** | **3908.8** |
| 购置资产支出 | 1045.5 | 1177.1 | 1048.2 | 2269.4 | 1179.6 | 1261.2 |
| 建造住房支出 | 527.3 | 290.9 | 398.8 | 614.2 | 411.1 | 320.2 |
| 建造住房材料 | 378.9 | 183.5 | 239.0 | 446.5 | 315.6 | 238.7 |
| 建造住房雇工 | 148.4 | 107.4 | 83.9 | 107.6 | 75.1 | 61.1 |
| 购买住房支出 | 331.3 | 673.1 | 455.5 | 1389.6 | 385.2 | 634.2 |
| 购建第一产业生产性固定资产支出 | 110.7 | 140.2 | 123.6 | 173.1 | 232.5 | 185.6 |
| 购买或建造农业生产性用房 | 34.6 | 50.2 | 26.1 | 82.3 | 76.3 | 69.1 |
| 购买用房建筑材料 | 22.2 | 37.3 | 21.9 | 54.2 | 47.6 | 47.0 |
| 建筑农业生产用房雇工 | 10.3 | 11.7 | 3.0 | 16.7 | 6.8 | 5.1 |
| 购买农业生产用房 | 1.2 |  | 0.4 | 6.2 | 19.1 | 6.5 |
| 其他 | 0.9 | 1.1 | 0.8 | 5.2 | 2.9 | 10.5 |
| 购买役畜 | 8.9 | 13.1 | 12.2 | 16.8 | 4.0 | 11.0 |
| 购买产品畜 | 13.3 | 25.3 | 7.8 | 14.4 | 57.5 | 23.2 |
| 购买或建造农业设施 | 15.6 | 24.4 | 23.1 | 29.0 | 30.8 | 21.7 |
| 大棚、温室 | 13.6 | 22.2 | 17.0 | 19.6 | 11.1 | 15.7 |

2-30 续表 3

单位：元/人

| 指　　标 | 2016 | 2017 | 2018 | 2019 | 2020 | 2021 |
|---|---|---|---|---|---|---|
| 自备井 |  | 0.3 | 1.4 | 1.5 | 4.8 | 0.5 |
| 喷灌设施 |  | 0.3 | 2.3 | 2.1 | 8.9 | 1.7 |
| 其他农业设施 | 1.9 | 1.6 | 2.4 | 5.9 | 5.9 | 3.8 |
| 购买农业机械 | 38.3 | 27.2 | 54.4 | 30.5 | 63.9 | 60.6 |
| 大中型农用拖拉机 | 0.5 | 4.1 | 12.2 | 2.0 | 1.4 | 6.0 |
| 小型(手扶)农用拖拉机 | 2.0 |  | 4.1 | 2.0 | 3.8 | 0.3 |
| 农用排灌动力机械 | 0.6 | 0.7 | 0.8 | 0.4 | 1.3 | 1.3 |
| 插秧机 | 2.5 | 0.3 |  |  | 24.4 | 0.0 |
| 收割机 | 6.2 | 1.8 | 2.0 | 0.6 | 7.1 | 6.7 |
| 脱粒机 | 2.3 | 1.8 | 4.2 | 1.5 | 4.1 | 2.7 |
| 其他农业机械 | 24.4 | 18.5 | 31.0 | 24.2 | 21.8 | 43.5 |
| 购建第二产业生产性固定资产支出 | 11.9 | 20.0 | 1.6 | 9.4 | 12.7 | 10.0 |
| 采矿业 |  |  |  |  |  | 0.0 |
| 制造业 | 7.8 | 9.8 | 0.1 | 0.5 | 0.4 | 2.8 |
| 电力、热力、燃气及水生产和供应业 | 4.0 | 0.8 |  | 1.1 |  | 0.4 |
| 建筑业 | 0.1 | 9.4 | 1.5 | 7.9 | 12.3 | 6.9 |
| 购建第三产业生产性固定资产支出 | 53.4 | 46.7 | 59.8 | 71.6 | 131.1 | 108.2 |
| 批发和零售业 | 6.9 | 6.2 | 16.2 | 1.0 | 27.8 | 58.3 |
| 交通运输、仓储和邮政业 | 41.9 | 25.2 | 29.3 | 62.0 | 101.5 | 32.1 |
| 住宿和餐饮业 | 0.6 |  | 0.2 | 0.6 |  | 7.9 |
| 房地产业 |  |  |  |  |  | 3.7 |
| 租赁和商务服务业 | 1.0 | 3.1 |  | 7.2 |  | 2.7 |
| 居民服务、修理和其他服务业 | 1.2 | 11.9 | 13.8 | 0.6 | 1.7 | 2.2 |
| 其他 | 1.8 | 0.4 | 0.3 | 0.1 |  | 1.3 |
| 购建其他资产支出 | 11.0 | 6.3 | 8.9 | 11.5 | 7.0 | 3.0 |
| 非经常性转移支出 | 2106.4 | 2068.9 | 2315.0 | 2466.5 | 1903.4 | 2647.7 |
| 博彩支出 | 23.3 | 19.3 | 44.2 | 48.1 | 30.4 | 73.0 |
| 婚丧嫁娶礼金支出 | 1576.2 | 1525.4 | 1596.5 | 1588.0 | 1217.3 | 1557.7 |
| 一次性赔偿支出 | 12.2 | 11.1 | 3.8 | 5.6 | 1.6 | 31.5 |
| 一次性馈赠支出 | 218.6 | 250.2 | 317.9 | 515.7 | 415.1 | 584.4 |
| 婚丧嫁娶宴请支出 | 156.5 | 203.3 | 292.4 | 288.3 | 216.5 | 380.6 |
| 其他非经常性转移支出 | 69.8 | 59.6 | 60.1 | 20.9 | 22.4 | 20.6 |
| **借贷性支出** | **926.6** | **742.1** | **1044.3** | **1648.6** | **1460.1** | **1390.1** |
| 存入储蓄款 | 431.5 | 294.6 | 361.2 | 734.2 | 709.1 | 601.1 |
| 借出款 | 68.9 | 42.5 | 33.0 | 76.5 | 104.6 | 72.9 |
| 归还借款 | 255.8 | 212.0 | 293.6 | 349.1 | 191.0 | 235.2 |
| 购买有价证券 | 0.4 |  | 4.6 | 2.4 | 1.0 | 2.7 |
| 其他投资支出 | 1.0 | 7.8 | 15.0 | 60.4 | 33.9 | 93.6 |
| 归还住房贷款 | 63.5 | 68.9 | 183.4 | 285.1 | 214.2 | 204.1 |
| 归还汽车贷款 | 20.7 | 31.9 | 62.4 | 74.4 | 113.7 | 89.3 |
| 归还教育贷款 | 1.1 |  | 2.0 |  | 1.3 | 2.7 |
| 归还其他贷款 | 60.1 | 43.5 | 51.1 | 55.4 | 82.8 | 71.1 |
| 其他借贷支出 | 23.6 | 41.0 | 38.0 | 11.1 | 8.6 | 17.5 |

# 2-31 农村居民人均现金支出(2016-2021年)

单位：元/人

| 指　　标 | 2016 | 2017 | 2018 | 2019 | 2020 | 2021 |
|---|---|---|---|---|---|---|
| **农村居民人均现金支出** | **15441.4** | **16819.3** | **19177.4** | **22548.6** | **21332.7** | **24364.3** |
| **现金消费支出** | **7474.8** | **8595.0** | **9848.0** | **11033.0** | **11733.4** | **13095.5** |
| 食品烟酒 | 2693.6 | 3084.6 | 3549.0 | 3862.0 | 4339.5 | 4843.7 |
| 食品 | 1784.9 | 2015.4 | 2312.9 | 2522.3 | 2938.3 | 3201.1 |
| 谷物 | 231.7 | 257.5 | 328.8 | 309.9 | 355.6 | 369.5 |
| 薯类 | 23.4 | 25.3 | 35.1 | 40.0 | 45.6 | 45.6 |
| 豆类 | 33.6 | 38.3 | 39.3 | 46.2 | 54.1 | 55.1 |
| 食用油 | 86.8 | 89.5 | 104.6 | 105.5 | 128.3 | 141.9 |
| 蔬菜和食用菌 | 163.5 | 171.3 | 208.2 | 226.9 | 260.0 | 279.9 |
| 肉类 | 543.7 | 649.1 | 725.8 | 794.6 | 1047.3 | 1176.7 |
| 禽类 | 101.0 | 99.8 | 125.8 | 179.7 | 185.7 | 174.2 |
| 水产品 | 68.9 | 80.4 | 80.7 | 116.3 | 128.7 | 147.8 |
| 蛋类 | 38.9 | 37.2 | 44.0 | 51.6 | 55.8 | 58.8 |
| 奶类 | 114.7 | 137.3 | 178.7 | 169.0 | 166.0 | 188.2 |
| 干鲜瓜果类 | 176.0 | 210.2 | 213.5 | 244.0 | 250.0 | 282.0 |
| 糖果糕点类 | 73.6 | 85.0 | 93.1 | 96.5 | 99.4 | 111.7 |
| 其他食品 | 129.0 | 134.5 | 135.2 | 142.1 | 161.7 | 169.7 |
| 烟酒 | 444.3 | 480.3 | 590.2 | 664.3 | 709.4 | 791.4 |
| 烟草 | 314.8 | 336.9 | 421.3 | 500.8 | 542.5 | 644.8 |
| 酒类 | 129.5 | 143.4 | 168.9 | 163.5 | 166.8 | 146.6 |
| 饮料 | 61.2 | 73.3 | 84.0 | 96.7 | 100.1 | 121.5 |
| 饮食服务 | 403.1 | 515.7 | 561.8 | 578.8 | 591.7 | 729.7 |
| 食堂用餐 | 121.4 | 141.5 | 110.4 | 110.5 | 106.6 | 149.2 |
| 其他在外饮食 | 267.9 | 358.4 | 437.4 | 457.0 | 475.6 | 569.7 |
| 食品加工服务费 | 13.7 | 15.8 | 14.0 | 11.2 | 9.5 | 10.9 |
| 衣着 | 640.1 | 679.4 | 715.8 | 760.0 | 753.0 | 834.8 |
| 衣类 | 468.5 | 502.0 | 541.3 | 576.4 | 571.9 | 622.9 |
| 鞋类 | 171.7 | 177.4 | 174.5 | 183.6 | 181.1 | 211.9 |
| 居住 | 638.2 | 776.1 | 948.1 | 1091.4 | 1146.3 | 1238.3 |
| 租赁房房租 | 25.0 | 25.7 | 55.3 | 82.6 | 76.3 | 69.1 |
| 住房维修及管理 | 286.1 | 336.6 | 456.7 | 516.3 | 569.3 | 602.7 |
| 水电燃料及其他 | 327.1 | 413.7 | 436.1 | 492.4 | 500.8 | 566.6 |
| 生活用品及服务 | 681.6 | 769.1 | 836.3 | 899.0 | 893.5 | 1064.8 |
| 家具及室内装饰品 | 93.5 | 110.9 | 136.8 | 157.6 | 140.0 | 171.3 |
| 家用器具 | 189.4 | 222.3 | 249.1 | 249.6 | 240.4 | 283.4 |
| 家用纺织品 | 57.9 | 63.1 | 63.8 | 66.8 | 68.5 | 84.4 |
| 家庭日用杂品 | 232.2 | 242.1 | 243.5 | 248.0 | 259.7 | 290.4 |
| 个人用品 | 90.3 | 110.5 | 120.3 | 147.6 | 159.8 | 196.9 |
| 家庭服务 | 18.4 | 20.3 | 22.9 | 29.4 | 25.0 | 38.3 |
| 交通通信 | 1173.3 | 1377.5 | 1577.7 | 1807.3 | 1934.8 | 2132.5 |
| 交通 | 803.8 | 955.4 | 1141.1 | 1303.8 | 1364.3 | 1510.9 |
| 交通工具 | 305.9 | 332.9 | 412.8 | 444.8 | 538.2 | 602.4 |
| 交通费 | 160.2 | 186.6 | 216.4 | 250.6 | 214.9 | 219.1 |
| 交通工具用燃料 | 185.1 | 252.3 | 301.0 | 364.5 | 340.5 | 382.9 |

2-31 续表 1

单位：元/人

| 指　　标 | 2016 | 2017 | 2018 | 2019 | 2020 | 2021 |
|---|---|---|---|---|---|---|
| 交通工具使用及维修 | 152.6 | 183.7 | 210.9 | 244.0 | 270.7 | 306.4 |
| 其中：车辆保险支出 | 50.6 | 56.7 | 68.5 | 86.1 | 105.0 | 105.2 |
| 通信 | 369.5 | 422.1 | 436.5 | 503.5 | 570.5 | 621.7 |
| 通信工具 | 97.9 | 123.5 | 144.9 | 134.9 | 150.0 | 164.8 |
| 通信服务 | 271.6 | 298.6 | 291.6 | 368.6 | 420.4 | 456.9 |
| 教育文化娱乐 | 706.9 | 847.3 | 931.9 | 1064.6 | 1106.3 | 1271.4 |
| 教育 | 507.1 | 609.3 | 667.6 | 752.1 | 844.8 | 1000.3 |
| 学前教育 | 53.7 | 69.3 | 87.0 | 105.7 | 92.0 | 141.4 |
| 小学教育 | 60.3 | 72.9 | 92.7 | 110.8 | 130.7 | 135.2 |
| 初中教育 | 60.1 | 79.2 | 93.2 | 113.1 | 135.2 | 183.3 |
| 高中教育 | 90.3 | 109.6 | 114.5 | 150.7 | 186.2 | 203.7 |
| 中专职高教育 | 24.9 | 33.4 | 20.6 | 14.5 | 30.3 | 28.3 |
| 大专及以上教育 | 178.8 | 202.0 | 206.1 | 203.5 | 227.1 | 259.7 |
| 成人教育 | 39.0 | 42.9 | 53.5 | 53.8 | 43.3 | 48.6 |
| 文化娱乐 | 199.8 | 238.0 | 264.3 | 312.5 | 261.5 | 271.1 |
| 文娱耐用消费品 | 63.1 | 77.3 | 78.3 | 78.9 | 90.4 | 70.3 |
| 其他文娱用品 | 70.2 | 85.5 | 94.5 | 113.2 | 102.5 | 124.1 |
| 文化娱乐服务 | 66.4 | 75.2 | 91.5 | 120.4 | 68.6 | 76.8 |
| 医疗保健 | 749.4 | 855.7 | 1058.7 | 1301.0 | 1312.9 | 1435.5 |
| 医疗器具及药品 | 288.9 | 324.9 | 378.6 | 398.1 | 392.4 | 430.2 |
| 医疗服务(不含报销医疗费) | 460.5 | 530.7 | 680.1 | 902.8 | 920.5 | 1005.4 |
| 门诊费用(不含报销医疗费) | 206.6 | 228.4 | 295.4 | 364.7 | 344.9 | 452.5 |
| 住院费用(不含报销医疗费) | 254.0 | 302.4 | 384.6 | 538.2 | 575.6 | 552.9 |
| 其他用品及服务 | 191.8 | 205.3 | 230.6 | 247.8 | 247.2 | 274.5 |
| 其他用品 | 95.1 | 104.2 | 111.2 | 118.3 | 120.6 | 142.6 |
| 其他服务 | 96.7 | 101.0 | 119.4 | 129.5 | 126.5 | 131.9 |
| **生产经营现金费用支出** | **3270.5** | **3501.7** | **4200.0** | **4376.3** | **4239.5** | **5090.0** |
| 第一产业经营现金费用支出 | 2295.1 | 2313.6 | 2577.2 | 2921.1 | 2648.5 | 2930.3 |
| 农业 | 571.7 | 603.9 | 954.9 | 1034.0 | 855.6 | 1046.9 |
| 林业 | 15.6 | 24.7 | 38.5 | 28.3 | 34.9 | 21.2 |
| 牧业 | 1653.6 | 1623.7 | 1520.7 | 1806.4 | 1708.4 | 1818.8 |
| 渔业 | 54.2 | 61.3 | 63.0 | 52.4 | 49.6 | 43.5 |
| 第二产业经营现金费用支出 | 142.1 | 204.2 | 189.2 | 193.6 | 226.3 | 271.9 |
| 采矿业 | 1.3 | 0.6 | 0.5 | 0.2 |  | 0.0 |
| 制造业 | 82.8 | 96.1 | 110.3 | 128.1 | 116.7 | 162.0 |
| 电力、热力、燃气及水生产和供应业 | 2.2 |  | 0.4 |  | 0.1 | 0.1 |
| 建筑业 | 55.8 | 107.5 | 78.1 | 65.3 | 109.5 | 109.9 |
| 第三产业经营现金费用支出 | 833.3 | 983.8 | 1433.7 | 1261.6 | 1364.6 | 1887.7 |
| 批发和零售业 | 478.5 | 638.1 | 945.2 | 770.7 | 867.3 | 1159.3 |
| 交通运输、仓储和邮政业 | 211.7 | 219.4 | 163.2 | 230.7 | 209.2 | 231.2 |
| 住宿和餐饮业 | 70.6 | 53.5 | 191.5 | 115.2 | 140.4 | 344.2 |
| 房地产业 |  | 1.2 | 0.4 | 1.5 | 0.3 | 0.1 |
| 租赁和商务服务业 | 0.9 | 2.7 | 2.3 | 2.4 | 5.4 | 8.7 |
| 居民服务、修理和其他服务业 | 48.1 | 52.6 | 101.3 | 111.4 | 96.3 | 94.3 |
| 其他 | 13.5 | 9.4 | 11.7 | 8.7 | 16.3 | 42.5 |
| 农林牧渔服务业 | 10.0 | 7.0 | 18.0 | 21.0 | 29.5 | 7.4 |

## 2-31 续表 2

单位：元/人

| 指　　标 | 2016 | 2017 | 2018 | 2019 | 2020 | 2021 |
|---|---|---|---|---|---|---|
| **现金财产性支出** | **20.1** | **17.4** | **34.9** | **61.8** | **68.9** | **68.5** |
| 生活贷款利息支出 | 17.2 | 15.9 | 32.4 | 58.9 | 63.9 | 63.5 |
| 住房贷款利息支出 | 11.5 | 11.0 | 26.9 | 49.6 | 54.4 | 54.8 |
| 其他生活贷款利息支出 | 5.7 | 4.8 | 5.4 | 9.3 | 9.5 | 8.7 |
| 其他财产性支出 | 2.8 | 1.6 | 2.5 | 2.9 | 5.0 | 4.9 |
| 非储蓄性财产保险支出 | 0.6 | 0.3 | 0.6 | 0.6 | 0.6 | 0.8 |
| 其他财产性支出 | 2.3 | 1.3 | 1.9 | 2.3 | 4.4 | 4.1 |
| **现金转移性支出** | **553.6** | **674.2** | **614.2** | **615.1** | **677.2** | **706.0** |
| 个人所得税 | 2.4 | 2.9 | 4.8 | 4.7 | 6.7 | 4.1 |
| 社会保障支出 | 444.8 | 607.0 | 511.1 | 524.1 | 593.8 | 592.0 |
| 个人缴纳的养老保险 | 270.0 | 403.2 | 263.2 | 266.4 | 299.3 | 307.1 |
| 个人缴纳的医疗保险 | 165.2 | 188.6 | 236.1 | 245.4 | 280.9 | 272.6 |
| 个人缴纳的失业保险 | 3.7 | 5.5 | 3.6 | 5.6 | 5.6 | 5.4 |
| 其他社会保障支出 | 6.0 | 9.6 | 8.2 | 6.7 | 8.0 | 6.9 |
| 外来从业人员寄给家人的支出 | 11.9 | 0.5 | 1.7 | 1.3 | 3.7 | 3.5 |
| 农村外来从业人员寄给家人的支出 | 11.9 | 0.4 | 1.7 | 1.1 | 3.7 | 3.5 |
| 城镇外来从业人员寄给家人的支出 |  | 0.1 |  | 0.2 |  | 0.0 |
| 赡养支出 | 43.8 | 33.8 | 45.4 | 44.3 | 38.0 | 69.8 |
| 其他转移性支出 | 50.6 | 30.0 | 51.2 | 40.7 | 35.0 | 36.5 |
| 经常性捐赠支出 | 16.0 | 8.9 | 12.6 | 11.0 | 6.6 | 2.2 |
| 经常性赔偿支出 |  |  |  |  |  | 0.4 |
| 其他经常转移支出 | 34.6 | 21.1 | 38.6 | 29.8 | 28.4 | 33.9 |
| **部分商业保险支出** | **43.9** | **42.8** | **72.7** | **77.8** | **70.7** | **105.5** |
| 意外伤害保险 | 9.6 | 9.8 | 14.7 | 13.7 | 14.0 | 25.0 |
| 商业医疗保险(含大病保险) | 10.4 | 15.8 | 29.1 | 35.6 | 34.7 | 46.9 |
| 其他非储蓄性商业保险 | 6.5 | 5.3 | 5.9 | 8.7 | 4.3 | 6.7 |
| 其他储蓄性商业保险 | 17.3 | 11.9 | 23.0 | 19.9 | 17.6 | 26.9 |
| **购置资产及非经常性转移支出** | **3151.9** | **3246.0** | **3363.2** | **4735.9** | **3083.0** | **3908.8** |
| 购置资产支出 | 1045.5 | 1177.1 | 1048.2 | 2269.4 | 1179.6 | 1261.2 |
| 建造住房支出 | 527.3 | 290.9 | 398.8 | 614.2 | 411.1 | 320.2 |
| 建造住房材料 | 378.9 | 183.5 | 239.0 | 446.5 | 315.6 | 238.7 |
| 建造住房雇工 | 148.4 | 107.4 | 83.9 | 107.6 | 75.1 | 61.1 |
| 购买住房支出 | 331.3 | 673.1 | 455.5 | 1389.6 | 385.2 | 634.2 |
| 购建第一产业生产性固定资产支出 | 110.7 | 140.2 | 123.6 | 173.1 | 232.5 | 185.6 |
| 购买或建造农业生产性用房 | 34.6 | 50.2 | 26.1 | 82.3 | 76.3 | 69.1 |
| 购买用房建筑材料 | 22.2 | 37.3 | 21.9 | 54.2 | 47.6 | 47.0 |
| 建筑农业生产用房雇工 | 10.3 | 11.7 | 3.0 | 16.7 | 6.8 | 5.1 |
| 购买农业生产用房 | 1.2 |  | 0.4 | 6.2 | 19.1 | 6.5 |
| 其他 | 0.9 | 1.1 | 0.8 | 5.2 | 2.9 | 10.5 |
| 购买役畜 | 8.9 | 13.1 | 12.2 | 16.8 | 4.0 | 11.0 |
| 购买产品畜 | 13.3 | 25.3 | 7.8 | 14.4 | 57.5 | 23.2 |
| 购买或建造农业设施 | 15.6 | 24.4 | 23.1 | 29.0 | 30.8 | 21.7 |
| 大棚、温室 | 13.6 | 22.2 | 17.0 | 19.6 | 11.1 | 15.7 |

## 2-31 续表 3

单位：元/人

| 指　　标 | 2016 | 2017 | 2018 | 2019 | 2020 | 2021 |
|---|---|---|---|---|---|---|
| 自备井 | | 0.3 | 1.4 | 1.5 | 4.8 | 0.5 |
| 喷灌设施 | | 0.3 | 2.3 | 2.1 | 8.9 | 1.7 |
| 其他农业设施 | 1.9 | 1.6 | 2.4 | 5.9 | 5.9 | 3.8 |
| 购买农业机械 | 38.3 | 27.2 | 54.4 | 30.5 | 63.9 | 60.6 |
| 大中型农用拖拉机 | 0.5 | 4.1 | 12.2 | 2.0 | 1.4 | 6.0 |
| 小型(手扶)农用拖拉机 | 2.0 | | 4.1 | 2.0 | 3.8 | 0.3 |
| 农用排灌动力机械 | 0.6 | 0.7 | 0.8 | 0.4 | 1.3 | 1.3 |
| 插秧机 | 2.5 | 0.3 | | | 24.4 | 0.0 |
| 收割机 | 6.2 | 1.8 | 2.0 | 0.6 | 7.1 | 6.7 |
| 脱粒机 | 2.3 | 1.8 | 4.2 | 1.5 | 4.1 | 2.7 |
| 其他农业机械 | 24.4 | 18.5 | 31.0 | 24.2 | 21.8 | 43.5 |
| 购建第二产业生产性固定资产支出 | 11.9 | 20.0 | 1.6 | 9.4 | 12.7 | 10.0 |
| 采矿业 | | | | | | 0.0 |
| 制造业 | 7.8 | 9.8 | 0.1 | 0.5 | 0.4 | 2.8 |
| 电力、热力、燃气及水生产和供应业 | 4.0 | 0.8 | | 1.1 | | 0.4 |
| 建筑业 | 0.1 | 9.4 | 1.5 | 7.9 | 12.3 | 6.9 |
| 购建第三产业生产性固定资产支出 | 53.4 | 46.7 | 59.8 | 71.6 | 131.1 | 108.2 |
| 批发和零售业 | 6.9 | 6.2 | 16.2 | 1.0 | 27.8 | 58.3 |
| 交通运输、仓储和邮政业 | 41.9 | 25.2 | 29.3 | 62.0 | 101.5 | 32.1 |
| 住宿和餐饮业 | 0.6 | | 0.2 | 0.6 | | 7.9 |
| 房地产业 | | | | | | 3.7 |
| 租赁和商务服务业 | 1.0 | 3.1 | | 7.2 | | 2.7 |
| 居民服务、修理和其他服务业 | 1.2 | 11.9 | 13.8 | 0.6 | 1.7 | 2.2 |
| 其他行业 | 1.8 | 0.4 | 0.3 | 0.1 | | 1.3 |
| 购建其他资产支出 | 11.0 | 6.3 | 8.9 | 11.5 | 7.0 | 3.0 |
| 非经常性转移支出 | 2106.4 | 2068.9 | 2315.0 | 2466.5 | 1903.4 | 2647.7 |
| 博彩支出 | 23.3 | 19.3 | 44.2 | 48.1 | 30.4 | 73.0 |
| 婚丧嫁娶礼金支出 | 1576.2 | 1525.4 | 1596.5 | 1588.0 | 1217.3 | 1557.7 |
| 一次性赔偿支出 | 12.2 | 11.1 | 3.8 | 5.6 | 1.6 | 31.5 |
| 一次性馈赠支出 | 218.6 | 250.2 | 317.9 | 515.7 | 415.1 | 584.4 |
| 婚丧嫁娶宴请支出 | | 203.3 | 292.4 | 288.3 | 216.5 | 380.6 |
| 其他非经常性转移支出 | 69.8 | 59.6 | 60.1 | 20.9 | 22.4 | 20.6 |
| **借贷性支出** | **926.6** | **742.1** | **1044.3** | **1648.6** | **1460.1** | **1390.1** |
| 存入储蓄款 | 431.5 | 294.6 | 361.2 | 734.2 | 709.1 | 601.1 |
| 借出款 | 68.9 | 42.5 | 33.0 | 76.5 | 104.6 | 72.9 |
| 归还借款 | 255.8 | 212.0 | 293.6 | 349.1 | 191.0 | 235.2 |
| 购买有价证券 | 0.4 | | 4.6 | 2.4 | 1.0 | 2.7 |
| 其他投资支出 | 1.0 | 7.8 | 15.0 | 60.4 | 33.9 | 93.6 |
| 归还住房贷款 | 63.5 | 68.9 | 183.4 | 285.1 | 214.2 | 204.1 |
| 归还汽车贷款 | 20.7 | 31.9 | 62.4 | 74.4 | 113.7 | 89.3 |
| 归还教育贷款 | 1.1 | | 2.0 | | 1.3 | 2.7 |
| 归还其他贷款 | 60.1 | 43.5 | 51.1 | 55.4 | 82.8 | 71.1 |
| 其他借贷支出 | 23.6 | 41.0 | 38.0 | 11.1 | 8.6 | 17.5 |

# 2-32 农村居民人均现金收入(2016-2021年)

单位：元/人

| 指　　标 | 2016 | 2017 | 2018 | 2019 | 2020 | 2021 |
|---|---|---|---|---|---|---|
| **农村居民现金收入** | **13817.7** | **15183.3** | **16975.2** | **18437.2** | **19363.5** | **21735.7** |
| **现金工资性收入** | **3709.3** | **3981.5** | **4263.5** | **4589.4** | **4905.1** | **5407.9** |
| 工资 | 3349.7 | 3753.3 | 4003.8 | 4495.1 | 4838.2 | 5349.6 |
| 其他工资性收入 | 359.6 | 228.2 | 259.7 | 94.3 | 66.9 | 58.3 |
| **现金经营性收入** | **6874.6** | **7430.2** | **8516.9** | **9180.2** | **9301.1** | **10653.8** |
| 第一产业现金经营收入 | 4483.8 | 4696.2 | 5158.6 | 5774.8 | 5573.6 | 5708.0 |
| 农业 | 1489.8 | 1644.2 | 2238.6 | 2315.0 | 2183.0 | 2410.1 |
| 林业 | 160.3 | 230.6 | 301.8 | 324.5 | 263.0 | 344.0 |
| 牧业 | 2731.2 | 2708.4 | 2509.4 | 3029.8 | 3024.2 | 2865.8 |
| 渔业 | 102.5 | 113.0 | 108.8 | 105.5 | 103.3 | 88.0 |
| 第二产业现金经营收入 | 322.1 | 401.8 | 406.8 | 416.4 | 488.2 | 658.9 |
| 采矿业 | 17.0 | 2.9 | 0.2 | 1.1 | 0.7 | 0.0 |
| 制造业 | 164.4 | 216.1 | 236.6 | 233.3 | 248.6 | 347.2 |
| 电力、热力、燃气及水生产和供应业 | 0.2 |  | 1.8 |  |  | 0.0 |
| 建筑业 | 140.5 | 182.8 | 168.1 | 182.0 | 238.9 | 311.7 |
| 第三产业现金经营收入 | 2068.7 | 2332.1 | 2951.5 | 2989.0 | 3239.3 | 4286.9 |
| 批发和零售业 | 1066.4 | 1245.0 | 1700.6 | 1665.8 | 1831.2 | 2348.7 |
| 交通运输、仓储和邮政业 | 535.8 | 595.5 | 482.7 | 547.9 | 586.0 | 613.6 |
| 住宿和餐饮业 | 166.1 | 161.7 | 346.0 | 294.4 | 331.6 | 679.8 |
| 房地产业 | 0.8 | 1.3 | 1.4 |  |  | 0.0 |
| 租赁和商务服务业 | 5.4 | 6.5 | 26.1 | 15.5 | 9.6 | 13.7 |
| 居民服务、修理和其他服务业 | 226.4 | 242.8 | 311.8 | 360.7 | 363.1 | 464.2 |
| 其他行业 | 38.7 | 45.8 | 49.4 | 43.9 | 62.9 | 146.0 |
| 农林牧渔服务业 | 29.1 | 33.5 | 33.5 | 60.7 | 55.0 | 20.9 |
| **现金财产性收入** | **288.6** | **339.9** | **414.4** | **518.3** | **579.1** | **655.0** |
| 利息收入 | 91.3 | 99.6 | 114.3 | 140.4 | 150.1 | 210.3 |
| 红利收入 | 35.1 | 32.7 | 42.3 | 68.5 | 108.4 | 128.7 |
| 储蓄性保险收益 | 2.4 | 2.7 | 4.8 | 3.9 | 0.9 | 2.1 |
| 转让承包土地经营权租金收入 | 94.4 | 114.7 | 116.8 | 149.4 | 154.5 | 177.9 |
| 出租房屋财产性净收入 | 52.5 | 71.6 | 101.9 | 121.5 | 142.7 | 124.4 |
| 出租机械、专利、版权等资产的净收入 | 3.9 | 8.2 | 12.0 | 17.6 | 9.3 | 9.8 |
| 其他财产性收入 | 8.9 | 10.4 | 22.3 | 16.9 | 13.2 | 1.7 |
| **现金转移性收入** | **2945.2** | **3431.7** | **3780.4** | **4149.4** | **4578.2** | **5019.0** |
| 养老金或离退休金 | 776.3 | 1030.4 | 1055.9 | 1165.3 | 1307.1 | 1409.6 |

## 2-32 续表

单位：元/人

| 指　　标 | 2016 | 2017 | 2018 | 2019 | 2020 | 2021 |
|---|---|---|---|---|---|---|
| 社会救济和补助 | 153.9 | 197.3 | 240.6 | 231.2 | 260.4 | 335.4 |
| 政策性生活补贴 | 61.0 | 53.3 | 197.8 | 152.5 | 163.0 | 136.0 |
| 家庭外出从业人员寄回带回收入 | 1263.3 | 1368.8 | 1427.3 | 1584.0 | 1750.1 | 1967.5 |
| 赡养收入 | 438.4 | 515.3 | 586.6 | 650.7 | 750.8 | 835.1 |
| 其他转移性收入 | 74.0 | 83.2 | 100.2 | 95.4 | 136.0 | 113.2 |
| 现金政策性惠农补贴 | 178.4 | 183.5 | 171.9 | 270.1 | 210.8 | 222.1 |
| **非收入所得** | **1676.1** | **2328.1** | **2301.0** | **2669.3** | **2325.9** | **2301.4** |
| 出售资产所得 | 315.0 | 881.4 | 690.3 | 826.3 | 486.5 | 261.8 |
| 出售住房本金所得 |  | 19.7 | 43.1 | 22.5 |  | 23.7 |
| 出售住房溢价所得(含亏损) | 0.1 | 11.4 |  |  | 6.0 | 49.0 |
| 出售股票、基金、收藏品本金所得 | 3.7 |  |  |  |  | 0.0 |
| 出售股票、基金、收藏品所得(含亏损) |  | 0.5 | 0.1 | 0.2 | 0.5 | 0.0 |
| 出售生产性固定资产所得 | 54.8 | 24.7 | 14.0 | 41.0 | 56.5 | 41.7 |
| 拆迁征地补偿所得 | 213.9 | 591.3 | 559.9 | 700.1 | 343.4 | 85.1 |
| 出售其他财物和收回其他投资本金所得 | 42.5 | 233.6 | 73.1 | 62.5 | 80.0 | 62.4 |
| 非经常性转移所得 | 1354.3 | 1433.3 | 1603.8 | 1839.4 | 1834.3 | 2036.7 |
| 博彩所得 | 31.1 | 21.6 | 48.6 | 60.1 | 45.8 | 100.6 |
| 婚丧嫁娶礼金所得 | 715.1 | 528.0 | 666.7 | 692.0 | 528.8 | 725.3 |
| 遗产及一次性馈赠所得 | 230.2 | 231.8 | 302.3 | 368.9 | 325.6 | 424.3 |
| 一次性赔偿所得 | 70.9 | 179.7 | 148.7 | 79.1 | 194.7 | 127.5 |
| 提取住房公积金 |  | 0.1 | 6.7 | 2.9 | 10.7 | 1.1 |
| 调查补贴 | 266.5 | 365.2 | 410.6 | 595.7 | 680.0 | 633.1 |
| 其他非经常性转移所得 | 40.4 | 106.9 | 20.0 | 40.7 | 48.9 | 24.8 |
| 其他非收入所得 | 6.8 | 13.4 | 6.9 | 3.6 | 5.1 | 2.8 |
| **借贷性所得** | **2412.4** | **1987.2** | **2662.3** | **2947.3** | **2069.7** | **2202.5** |
| 提取储蓄存款 | 1533.6 | 1335.3 | 1852.1 | 2036.8 | 1509.1 | 1636.1 |
| 借入款 | 552.4 | 376.6 | 473.9 | 478.8 | 304.1 | 282.8 |
| 收回借出款 | 184.5 | 114.7 | 144.6 | 148.9 | 117.0 | 137.5 |
| 收回储蓄性保险本金 | 1.2 | 1.7 | 9.5 | 1.5 | 0.0 | 0.5 |
| 住房贷款 | 13.0 | 28.5 | 15.1 | 130.2 | 2.2 | 42.2 |
| 汽车贷款 | 0.6 | 5.2 | 0.5 | 49.1 | 17.2 | 0.0 |
| 教育贷款 | 5.4 | 7.0 | 15.8 | 13.0 | 9.0 | 3.8 |
| 其他贷款 | 105.5 | 107.1 | 136.5 | 83.3 | 103.2 | 80.7 |
| 其他借贷所得 | 16.2 | 11.2 | 14.3 | 5.7 | 7.8 | 18.7 |

# 2-33 按五等份分组的农村居民人均可支配收入(2021年)

单位：元/人

| 指　　标 | 总平均 | 低收入户 | 中低收入户 | 中等收入户 | 中高收入户 | 高收入户 |
|---|---|---|---|---|---|---|
| **农村居民人均可支配收入** | **17575.3** | **6171.0** | **11860.3** | **16192.3** | **21705.9** | **38479.4** |
| **工资性收入** | **5513.8** | **2388.4** | **4011.0** | **5279.6** | **7265.1** | **10288.1** |
| 工资 | 5349.6 | 2326.1 | 3924.9 | 5167.1 | 7008.0 | 9920.1 |
| 按月发放的工资 | 3660.7 | 1131.5 | 2508.9 | 3551.1 | 5224.3 | 7182.6 |
| 补发工资 | 121.0 | 36.7 | 80.4 | 53.2 | 207.9 | 276.2 |
| 不按月发放的奖金、津贴、过节费等 | 1567.9 | 1157.9 | 1335.7 | 1562.8 | 1575.9 | 2461.3 |
| 实物福利 | 105.9 | 55.1 | 48.3 | 82.3 | 154.1 | 227.1 |
| 从单位或雇主得到的实物产品折价 | 12.9 | 4.2 | 6.9 | 9.2 | 20.8 | 28.5 |
| 食品 | 9.9 | 4.0 | 5.7 | 7.7 | 15.4 | 20.3 |
| 谷物、薯类及豆类 | 2.4 | 0.8 | 1.2 | 1.2 | 3.1 | 7.2 |
| 食用油(植物油) | 1.0 | 0.3 | 0.6 | 1.2 | 1.5 | 1.9 |
| 蔬菜及制品 | 0.1 | 0.0 | 0.2 | 0.2 | 0.1 | 0.0 |
| 肉、禽、蛋、奶及制品 | 1.0 | 0.4 | 1.8 | 0.5 | 0.7 | 1.8 |
| 水产品及制品 | 0.0 | 0.0 | 0.0 | 0.0 | 0.2 | 0.0 |
| 糖、烟、酒、饮料类 | 4.0 | 2.1 | 1.1 | 3.6 | 7.6 | 7.0 |
| 干鲜瓜果类 | 0.4 | 0.2 | 0.1 | 0.4 | 0.8 | 0.9 |
| 其他类食品 | 0.9 | 0.3 | 0.8 | 0.6 | 1.4 | 1.5 |
| 衣着 | 0.3 | 0.0 | 0.1 | 0.3 | 0.8 | 0.6 |
| 居住 | 0.0 | 0.0 | 0.0 | 0.0 | 0.0 | 0.0 |
| 家庭设备和日用品 | 1.2 | 0.2 | 0.9 | 0.7 | 1.7 | 3.1 |
| 交通、通信工具及用品 | 0.1 | 0.0 | 0.0 | 0.3 | 0.0 | 0.2 |
| 教育文化娱乐用品 | 0.0 | 0.0 | 0.0 | 0.0 | 0.0 | 0.0 |
| 医疗保健用品 | 0.9 | 0.0 | 0.0 | 0.0 | 1.9 | 2.9 |
| 其他用品 | 0.5 | 0.0 | 0.1 | 0.2 | 1.0 | 1.4 |
| 从单位或雇主得到的服务折价 | 93.1 | 51.0 | 41.4 | 73.1 | 133.3 | 198.6 |
| 免费或低价提供的工作餐 | 88.0 | 49.3 | 34.7 | 67.8 | 129.5 | 189.4 |
| 免费或低价提供的住宿 | 3.2 | 1.6 | 0.6 | 3.9 | 2.4 | 9.0 |
| 单位缴纳的水电费、取暖费、物业费等 | 0.0 | 0.1 | 0.0 | 0.0 | 0.1 | 0.0 |
| 免费或低价提供的交通和通信服务 | 0.3 | 0.0 | 0.4 | 1.1 | 0.0 | 0.1 |
| 单位缴纳的教育入学赞助费 | 0.0 | 0.0 | 0.0 | 0.0 | 0.0 | 0.0 |
| 免费或低价提供的旅游服务 | 1.2 | 0.0 | 5.3 | 0.1 | 0.2 | 0.0 |
| 其他服务 | 0.3 | 0.0 | 0.4 | 0.2 | 1.1 | 0.1 |
| 单位或雇主实物福利报销所得 | 0.0 | 0.0 | 0.0 | 0.0 | 0.0 | 0.0 |
| 其他 | 58.3 | 7.1 | 37.8 | 30.3 | 103.0 | 140.9 |
| 住房公积金 | 35.0 | 0.0 | 31.8 | 22.4 | 32.6 | 107.3 |
| 辞退金 | 3.4 | 0.0 | 1.7 | 2.1 | 2.7 | 13.1 |
| 自由职业劳动所得(如稿费、翻译费) | 8.7 | 0.1 | 3.1 | 1.4 | 27.2 | 15.8 |
| 安家费 | 6.5 | 3.9 | 0.0 | 1.2 | 28.2 | 0.0 |
| 股票期权 | 0.0 | 0.0 | 0.0 | 0.0 | 0.0 | 0.0 |
| 其他劳动所得 | 4.7 | 3.1 | 1.2 | 3.2 | 12.3 | 4.8 |
| **经营净收入** | **6651.4** | **1202.0** | **2966.6** | **5209.1** | **8237.4** | **19221.7** |
| 第一产业经营净收入 | 4007.7 | 1127.7 | 2392.8 | 3524.6 | 4556.7 | 10229.1 |
| 农业 | 2470.0 | 834.9 | 1509.2 | 1984.1 | 3015.1 | 6036.4 |
| 林业 | 388.1 | 516.7 | 394.4 | 350.7 | 341.4 | 290.2 |
| 牧业 | 1112.3 | -178.1 | 483.4 | 1161.5 | 1128.7 | 3732.0 |
| 渔业 | 37.3 | -45.7 | 5.8 | 28.4 | 71.5 | 170.4 |

2-33 续表 1

单位：元/人

| 指　　标 | 总平均 | 低收入户 | 中低收入户 | 中等收入户 | 中高收入户 | 高收入户 |
|---|---|---|---|---|---|---|
| 第二产业经营净收入 | 368.0 | -118.8 | 70.0 | 124.9 | 528.3 | 1561.8 |
| 采矿业 | 0.0 | 0.0 | 0.0 | 0.0 | 0.0 | 0.0 |
| 制造业 | 174.0 | -139.4 | 35.8 | 112.1 | 360.0 | 669.3 |
| 电力、热力、燃气及水生产和供应业 | -0.1 | 0.0 | 0.0 | 0.0 | 0.0 | -0.9 |
| 建筑业 | 194.2 | 20.5 | 34.2 | 12.7 | 168.2 | 893.5 |
| 第三产业经营净收入 | 2275.7 | 193.2 | 503.8 | 1559.6 | 3152.5 | 7430.8 |
| 批发和零售业 | 1145.8 | -8.0 | 254.6 | 836.3 | 1792.7 | 3600.8 |
| 交通运输、仓储和邮政业 | 341.0 | 127.3 | 108.1 | 304.3 | 666.9 | 625.5 |
| 住宿和餐饮业 | 320.5 | -1.9 | 57.9 | 90.6 | 356.4 | 1354.8 |
| 房地产业 | -0.1 | 0.0 | 0.0 | 0.0 | 0.0 | -0.8 |
| 租赁和商务服务业 | 2.6 | -5.3 | 0.0 | 0.2 | -6.9 | 31.2 |
| 居民服务、修理和其他服务业 | 356.6 | 50.6 | 74.7 | 278.7 | 268.0 | 1357.1 |
| 其他 | 101.1 | 36.6 | 1.9 | 58.6 | 75.5 | 401.4 |
| 农林牧渔服务业 | 8.2 | -6.1 | 6.6 | -9.1 | -0.1 | 60.9 |
| **财产净收入** | **586.6** | **150.9** | **249.1** | **386.9** | **503.4** | **1982.7** |
| 利息净收入 | 146.8 | 23.2 | 98.9 | 146.5 | 140.4 | 396.3 |
| 红利收入 | 128.7 | 39.0 | 14.3 | 33.6 | 55.7 | 600.2 |
| 集体分配的红利 | 7.1 | 3.3 | 4.7 | 8.7 | 5.0 | 16.1 |
| 其他红利收入 | 121.6 | 35.7 | 9.6 | 24.9 | 50.7 | 584.1 |
| 储蓄性保险净收益 | 2.1 | 0.2 | 0.5 | 0.0 | 6.6 | 4.5 |
| 转让承包土地经营权租金净收入 | 177.9 | 55.5 | 124.7 | 180.4 | 172.8 | 427.7 |
| 出租房屋财产性收入 | 124.4 | 32.8 | 9.0 | 31.3 | 121.1 | 518.8 |
| 出租机械、专利、版权等资产的收入 | 9.8 | 5.0 | 0.0 | 1.7 | 7.0 | 42.2 |
| 其他财产净收入 | -3.2 | -4.7 | 1.7 | -6.6 | -0.1 | -7.0 |
| 房屋虚拟租金 | 0.0 | 0.0 | 0.0 | 0.0 | 0.0 | 0.0 |
| **转移净收入** | **4823.5** | **2429.7** | **4633.6** | **5316.6** | **5700.0** | **6986.9** |
| 转移性收入 | 5529.4 | 2923.7 | 5224.1 | 6060.7 | 6449.3 | 8056.9 |
| 养老金或离退休金 | 1409.6 | 552.3 | 1127.5 | 1507.9 | 1879.8 | 2374.3 |
| 离退休金 | 439.0 | 21.7 | 194.0 | 278.9 | 700.7 | 1251.8 |
| (城镇)居民社会养老保险 | 395.7 | 162.3 | 309.4 | 527.4 | 561.4 | 506.0 |
| 新型农村养老保险 | 340.3 | 245.2 | 343.1 | 406.7 | 384.2 | 348.1 |
| 其他养老金 | 234.6 | 123.1 | 281.0 | 294.8 | 233.5 | 268.4 |
| 社会救济和补助 | 335.4 | 246.6 | 362.9 | 376.2 | 322.3 | 396.6 |
| 最低生活保障费 | 136.4 | 150.3 | 134.6 | 203.0 | 121.1 | 58.8 |
| 五保户救助金 | 21.9 | 18.3 | 37.6 | 30.6 | 18.3 | 0.8 |
| 扶贫款 | 1.4 | 2.7 | 2.7 | 0.3 | 0.5 | 0.0 |
| 救灾款 | 0.4 | 0.0 | 0.1 | 0.0 | 0.8 | 1.3 |
| 抚恤金 | 113.9 | 37.8 | 126.9 | 99.6 | 91.6 | 249.7 |
| 医疗救助专项补贴 | 25.1 | 5.1 | 9.8 | 13.4 | 62.4 | 45.5 |
| 教育救助专项补贴 | 8.1 | 8.1 | 10.4 | 14.0 | 3.9 | 3.3 |
| 其他社会救济收入 | 28.1 | 24.3 | 40.9 | 15.3 | 23.9 | 37.0 |
| 政策性生活补贴 | 136.0 | 70.8 | 68.3 | 131.0 | 178.8 | 275.7 |
| 家电补贴 | 0.4 | 0.0 | 0.0 | 0.0 | 0.0 | 2.4 |
| 能源补贴 | 0.0 | 0.0 | 0.0 | 0.0 | 0.0 | 0.0 |
| 免费或低价提供的住宿(廉租房) | 0.3 | 0.5 | 0.2 | 0.9 | 0.0 | 0.0 |
| 居住专项补贴 | 9.9 | 2.8 | 2.9 | 0.8 | 4.8 | 45.6 |

2-33 续表 2

单位：元/人

| 指　　标 | 总平均 | 低收入户 | 中低收入户 | 中等收入户 | 中高收入户 | 高收入户 |
|---|---|---|---|---|---|---|
| 建房改造专项补贴 | 20.4 | 13.5 | 10.2 | 20.7 | 46.2 | 13.8 |
| 其他生活补贴 | 105.4 | 54.5 | 55.2 | 109.4 | 127.8 | 213.9 |
| 报销医疗费 | 429.2 | 123.9 | 258.0 | 368.8 | 525.6 | 1055.3 |
| 家庭外出从业人员寄回带回收入 | 1967.5 | 1288.8 | 2411.2 | 2105.6 | 1932.9 | 2262.6 |
| 赡养收入 | 835.1 | 417.4 | 726.3 | 1223.5 | 1101.3 | 830.6 |
| 其他经常转移收入 | 113.2 | 33.8 | 46.4 | 66.1 | 168.6 | 306.8 |
| 失业保险金 | 24.9 | 0.5 | 1.2 | 9.3 | 53.4 | 76.9 |
| 经常性捐赠收入 | 0.4 | 0.0 | 0.5 | 0.1 | 0.0 | 1.9 |
| 经常性赔偿收入 | 1.3 | 0.2 | 0.0 | 0.0 | 6.7 | 0.0 |
| 社保支出专项补贴 | 9.8 | 7.5 | 10.3 | 11.4 | 9.0 | 11.4 |
| 扶贫补助金孳息收入 | 0.0 | 0.0 | 0.0 | 0.0 | 0.0 | 0.0 |
| 扶贫贷款利息补助收入 | 0.1 | 0.0 | 0.0 | 0.0 | 0.0 | 0.4 |
| 其他转移性收入 | 76.7 | 25.5 | 34.4 | 45.3 | 99.6 | 216.1 |
| 从政府和组织得到的实物产品和服务折价 | 81.2 | 77.3 | 82.1 | 83.8 | 82.1 | 82.0 |
| 食品 | 28.4 | 35.7 | 30.8 | 26.1 | 22.1 | 24.3 |
| 谷物、薯类及豆类 | 4.5 | 3.1 | 4.4 | 5.6 | 4.6 | 5.3 |
| 食用油(植物油) | 6.1 | 4.0 | 5.8 | 7.7 | 6.2 | 7.5 |
| 蔬菜及制品 | 0.0 | 0.0 | 0.0 | 0.0 | 0.0 | 0.0 |
| 肉、禽、蛋、奶及制品 | 12.8 | 25.9 | 14.6 | 7.2 | 5.6 | 6.3 |
| 水产品及制品 | 0.0 | 0.0 | 0.0 | 0.0 | 0.0 | 0.1 |
| 糖、烟、酒、饮料类 | 0.5 | 0.4 | 0.5 | 0.7 | 0.7 | 0.4 |
| 干鲜瓜果类 | 0.1 | 0.0 | 0.1 | 0.2 | 0.1 | 0.2 |
| 其他类食品 | 4.3 | 2.3 | 5.5 | 4.7 | 4.7 | 4.5 |
| 衣着 | 0.1 | 0.0 | 0.6 | 0.0 | 0.0 | 0.0 |
| 居住 | 0.1 | 0.0 | 0.2 | 0.3 | 0.0 | 0.0 |
| 家庭设备和日用品 | 7.4 | 5.4 | 6.8 | 8.1 | 7.5 | 9.8 |
| 交通、通信工具及用品 | 2.3 | 1.8 | 2.1 | 1.2 | 2.6 | 4.0 |
| 教育文化娱乐用品 | 0.1 | 0.0 | 0.1 | 0.0 | 0.0 | 0.1 |
| 医疗保健用品 | 11.7 | 8.3 | 7.5 | 13.7 | 15.0 | 15.9 |
| 其他用品 | 0.5 | 0.2 | 0.6 | 0.4 | 0.2 | 0.9 |
| 其他服务折价(不含廉租房) | 30.8 | 25.8 | 33.4 | 33.9 | 34.6 | 26.8 |
| 现金政策性惠农补贴 | 222.1 | 112.8 | 141.3 | 197.8 | 257.8 | 473.2 |
| 转移性支出 | 706.0 | 494.0 | 590.4 | 744.1 | 749.3 | 1070.0 |
| 个人所得税 | 4.1 | 0.2 | 6.2 | 5.9 | 0.9 | 8.6 |
| 社会保障支出 | 592.0 | 426.4 | 488.1 | 589.2 | 653.2 | 901.2 |
| 个人缴纳的养老保险 | 307.1 | 193.7 | 219.0 | 306.6 | 356.7 | 530.4 |
| 个人缴纳的医疗保险 | 272.6 | 227.4 | 259.4 | 265.8 | 285.2 | 349.2 |
| 个人缴纳的失业保险 | 5.4 | 3.8 | 4.2 | 4.2 | 7.1 | 8.6 |
| 其他社会保障支出 | 6.9 | 1.5 | 5.5 | 12.4 | 4.2 | 13.1 |
| 外来从业人员寄给家人的支出 | 3.5 | 5.5 | 0.7 | 3.1 | 1.7 | 6.4 |
| 赡养支出 | 69.8 | 31.2 | 57.5 | 91.8 | 73.0 | 113.0 |
| 其他转移性支出 | 36.5 | 30.8 | 37.8 | 54.1 | 20.5 | 40.8 |
| 经常性捐赠支出 | 2.2 | 5.8 | 0.2 | 0.7 | 1.3 | 2.4 |
| 经常性赔偿支出 | 0.4 | 1.7 | 0.0 | 0.0 | 0.0 | 0.0 |
| 其他经常转移支出 | 33.9 | 23.3 | 37.6 | 53.4 | 19.2 | 38.4 |

## 2-34 按五等份分组的农村居民人均总收入(2021年)

单位：元/人

| 指 标 | 总平均 | 低收入户 | 中低收入户 | 中等收入户 | 中高收入户 | 高收入户 |
|---|---|---|---|---|---|---|
| **农村居民人均总收入** | **24258.3** | **12387.7** | **15254.7** | **20991.0** | **29509.0** | **51000.4** |
| **工资性收入** | **5513.8** | **2388.4** | **4011.0** | **5279.6** | **7265.1** | **10288.1** |
| 工资 | 5349.6 | 2326.1 | 3924.9 | 5167.1 | 7008.0 | 9920.1 |
| 实物福利 | 105.9 | 55.1 | 48.3 | 82.3 | 154.1 | 227.1 |
| 其他 | 58.3 | 7.1 | 37.8 | 30.3 | 103.0 | 140.9 |
| **经营性收入** | **12560.0** | **6886.4** | **5720.9** | **9212.9** | **15181.8** | **30562.0** |
| 第一产业经营收入 | 7614.2 | 4308.8 | 4510.7 | 6196.4 | 7839.6 | 17828.0 |
| 第一产业经营收入(不含惠农补贴) | 7614.2 | 4308.8 | 4510.7 | 6196.4 | 7839.6 | 17828.0 |
| 农业 | 3717.5 | 1724.0 | 2273.2 | 2889.5 | 4224.6 | 8870.0 |
| 林业 | 411.9 | 535.4 | 412.2 | 370.1 | 368.4 | 331.0 |
| 牧业 | 3391.1 | 1982.3 | 1809.6 | 2887.4 | 3152.6 | 8343.5 |
| 渔业 | 93.6 | 67.1 | 15.6 | 49.4 | 94.1 | 283.5 |
| 第二产业经营收入 | 658.9 | 283.5 | 130.6 | 366.0 | 828.5 | 2034.6 |
| 采矿业 | 0.0 | 0.0 | 0.0 | 0.0 | 0.0 | 0.0 |
| 制造业 | 347.2 | 101.9 | 81.9 | 327.1 | 509.4 | 885.9 |
| 电力、热力、燃气及水生产和供应业 | 0.0 | 0.0 | 0.0 | 0.0 | 0.0 | 0.0 |
| 建筑业 | 311.7 | 181.6 | 48.7 | 38.9 | 319.1 | 1148.7 |
| 第三产业经营收入 | 4286.9 | 2294.1 | 1079.6 | 2650.6 | 6513.7 | 10699.5 |
| 批发和零售业 | 2348.7 | 832.4 | 688.3 | 1621.8 | 4064.3 | 5595.9 |
| 交通运输、仓储和邮政业 | 613.6 | 632.0 | 209.1 | 449.1 | 991.4 | 870.6 |
| 住宿和餐饮业 | 679.8 | 647.0 | 76.2 | 127.6 | 979.4 | 1807.8 |
| 房地产业 | 0.0 | 0.0 | 0.0 | 0.0 | 0.0 | 0.0 |
| 租赁和商务服务业 | 13.7 | 1.9 | 0.0 | 27.5 | 0.0 | 48.1 |
| 居民服务、修理和其他服务业 | 464.2 | 118.7 | 91.2 | 344.0 | 380.8 | 1682.4 |
| 其他 | 146.0 | 59.2 | 2.2 | 78.4 | 78.5 | 613.3 |
| 农林牧渔服务业 | 20.9 | 2.9 | 12.6 | 2.0 | 19.3 | 81.5 |
| **财产性收入** | **655.0** | **189.2** | **298.8** | **437.7** | **612.8** | **2093.3** |
| 利息收入 | 210.3 | 53.8 | 147.5 | 189.8 | 249.4 | 498.9 |
| 红利收入 | 128.7 | 39.0 | 14.3 | 33.6 | 55.7 | 600.2 |
| 储蓄性保险净收益 | 2.1 | 0.2 | 0.5 | 0.0 | 6.6 | 4.5 |
| 转让承包土地经营权租金净收入 | 177.9 | 55.5 | 124.7 | 180.4 | 172.8 | 427.7 |
| 出租房屋财产性净收入 | 124.4 | 32.8 | 9.0 | 31.3 | 121.1 | 518.8 |
| 出租机械、专利、版权等资产的净收入 | 9.8 | 5.0 | 0.0 | 1.7 | 7.0 | 42.2 |
| 其他财产净收入 | 1.7 | 3.0 | 2.8 | 0.9 | 0.2 | 1.1 |
| 房屋虚拟租金 | 0.0 | 0.0 | 0.0 | 0.0 | 0.0 | 0.0 |
| **转移性收入** | **5529.4** | **2923.7** | **5224.1** | **6060.7** | **6449.3** | **8056.9** |
| 养老金或离退休金 | 1409.6 | 552.3 | 1127.5 | 1507.9 | 1879.8 | 2374.3 |

## 2-34 续表

单位：元/人

| 指　　标 | 总平均 | 低收入户 | 中低收入户 | 中等收入户 | 中高收入户 | 高收入户 |
|---|---|---|---|---|---|---|
| 社会救济和补助 | 335.4 | 246.6 | 362.9 | 376.2 | 322.3 | 396.6 |
| 政策性生活补贴 | 136.0 | 70.8 | 68.3 | 131.0 | 178.8 | 275.7 |
| 家庭外出从业人员寄回带回收入 | 1967.5 | 1288.8 | 2411.2 | 2105.6 | 1932.9 | 2262.6 |
| 赡养收入 | 835.1 | 417.4 | 726.3 | 1223.5 | 1101.3 | 830.6 |
| 报销医疗费 | 429.2 | 123.9 | 258.0 | 368.8 | 525.6 | 1055.3 |
| 从政府和组织得到的实物产品和服务折价 | 81.2 | 77.3 | 82.1 | 83.8 | 82.1 | 82.0 |
| 现金政策性惠农补贴 | 222.1 | 112.8 | 141.3 | 197.8 | 257.8 | 473.2 |
| 其他转移性收入 | 113.2 | 33.8 | 46.4 | 66.1 | 168.6 | 306.8 |
| **非收入所得** | **2301.4** | **1633.3** | **2261.4** | **1774.8** | **2390.3** | **3836.4** |
| 出售资产所得 | 261.8 | 132.1 | 177.1 | 194.9 | 271.0 | 627.3 |
| 出售住房本金所得 | 23.7 | 0.0 | 0.0 | 0.0 | 34.5 | 104.3 |
| 出售住房溢价所得(含亏损) | 49.0 | 0.0 | 0.0 | 0.0 | 0.0 | 295.8 |
| 出售股票、基金、收藏品本金所得 | 0.0 | 0.0 | 0.0 | 0.0 | 0.0 | 0.0 |
| 出售股票、基金、收藏品所得(含亏损) | 0.0 | 0.0 | 0.0 | 0.0 | 0.0 | 0.0 |
| 出售生产性固定资产所得 | 41.7 | 92.4 | 30.4 | 19.6 | 46.5 | 2.4 |
| 拆迁征地补偿所得 | 85.1 | 16.5 | 46.6 | 139.5 | 132.3 | 117.9 |
| 出售其他财物和收回其他投资本金所得 | 62.4 | 23.2 | 100.1 | 35.8 | 57.7 | 106.9 |
| 非经常性转移所得 | 2036.7 | 1500.2 | 2082.0 | 1578.3 | 2116.7 | 3201.4 |
| 博彩所得 | 100.6 | 53.2 | 135.3 | 90.8 | 95.9 | 141.6 |
| 婚丧嫁娶礼金所得 | 725.3 | 357.0 | 921.6 | 443.7 | 652.8 | 1417.6 |
| 遗产及一次性馈赠所得 | 424.3 | 314.5 | 395.3 | 364.4 | 461.3 | 649.3 |
| 一次性赔偿所得 | 127.5 | 286.2 | 45.0 | 8.0 | 160.5 | 103.9 |
| 提取住房公积金 | 1.1 | 0.0 | 4.5 | 0.2 | 0.0 | 0.7 |
| 调查补贴 | 633.1 | 464.4 | 569.3 | 661.2 | 709.0 | 842.6 |
| 其他非经常性转移所得 | 24.8 | 24.7 | 11.1 | 10.0 | 37.3 | 45.8 |
| 其他非收入所得 | 2.8 | 1.0 | 2.3 | 1.6 | 2.5 | 7.7 |
| **借贷性所得** | **2202.5** | **1364.6** | **1842.1** | **1396.9** | **2473.8** | **4515.1** |
| 提取储蓄存款 | 1636.1 | 1017.7 | 1211.5 | 924.8 | 1846.3 | 3672.3 |
| 借入款 | 282.8 | 242.8 | 266.3 | 156.9 | 242.2 | 554.7 |
| 收回借出款 | 137.5 | 48.0 | 287.9 | 62.4 | 114.0 | 187.6 |
| 收回储蓄性保险本金 | 0.5 | 2.2 | 0.0 | 0.0 | 0.0 | 0.0 |
| 住房贷款 | 42.2 | 0.0 | 0.0 | 191.3 | 29.2 | 0.0 |
| 汽车贷款 | 0.0 | 0.0 | 0.0 | 0.0 | 0.0 | 0.0 |
| 教育贷款 | 3.8 | 7.1 | 0.9 | 9.3 | 0.0 | 0.8 |
| 其他贷款 | 80.7 | 45.3 | 36.1 | 17.8 | 242.0 | 79.8 |
| 其他借贷所得 | 18.7 | 1.6 | 39.5 | 34.4 | 0.0 | 19.9 |

# 2-35 按五等份分组的农村居民人均总支出(2021年)

单位：元/人

| 指标 | 总平均 | 低收入户 | 中低收入户 | 中等收入户 | 中高收入户 | 高收入户 |
|---|---|---|---|---|---|---|
| **农村居民人均总支出** | **28122.1** | **21224.3** | **21501.7** | **24492.7** | **32055.0** | **46465.3** |
| **消费支出** | **16444.0** | **12641.6** | **14399.6** | **15468.7** | **17832.6** | **24181.5** |
| 食品烟酒 | 5969.5 | 4666.3 | 5308.3 | 5870.7 | 6602.6 | 8121.5 |
| 食品 | 4238.4 | 3416.4 | 3932.9 | 4338.4 | 4570.5 | 5341.9 |
| 谷物 | 540.8 | 477.0 | 541.6 | 558.9 | 548.2 | 603.5 |
| 薯类 | 127.2 | 113.5 | 127.6 | 133.2 | 126.5 | 140.3 |
| 豆类 | 60.1 | 46.9 | 58.1 | 67.8 | 64.8 | 67.8 |
| 食用油 | 225.8 | 204.7 | 219.1 | 230.7 | 232.5 | 252.0 |
| 蔬菜和食用菌 | 430.9 | 338.7 | 395.4 | 443.5 | 474.6 | 546.7 |
| 肉类 | 1456.4 | 1157.2 | 1327.7 | 1467.3 | 1617.9 | 1867.0 |
| 禽类 | 342.6 | 236.7 | 299.9 | 360.2 | 378.0 | 491.8 |
| 水产品 | 153.4 | 98.9 | 129.1 | 154.8 | 178.1 | 234.5 |
| 蛋类 | 127.4 | 91.2 | 123.8 | 130.1 | 143.6 | 163.1 |
| 奶类 | 188.3 | 160.9 | 170.0 | 222.7 | 182.4 | 218.2 |
| 干鲜瓜果类 | 290.2 | 238.3 | 259.5 | 278.0 | 310.7 | 396.3 |
| 糖果糕点类 | 116.2 | 104.6 | 110.8 | 121.4 | 113.7 | 136.7 |
| 其他食品 | 179.2 | 147.9 | 170.4 | 169.8 | 199.5 | 224.2 |
| 烟酒 | 791.4 | 526.5 | 603.9 | 719.6 | 994.1 | 1272.5 |
| 烟草 | 644.8 | 418.3 | 477.5 | 568.4 | 829.9 | 1069.1 |
| 酒类 | 146.6 | 108.2 | 126.4 | 151.3 | 164.2 | 203.4 |
| 饮料 | 121.9 | 115.1 | 100.8 | 117.7 | 127.2 | 158.2 |
| 饮食服务 | 817.7 | 608.4 | 670.6 | 695.0 | 910.9 | 1349.0 |
| 食堂用餐 | 237.2 | 221.4 | 216.3 | 199.8 | 261.5 | 302.9 |
| 其他在外饮食 | 569.7 | 380.1 | 444.3 | 482.8 | 636.3 | 1032.6 |
| 食品加工服务费 | 10.9 | 6.9 | 10.0 | 12.4 | 13.0 | 13.5 |
| 衣着 | 835.2 | 684.4 | 741.9 | 776.2 | 860.0 | 1215.6 |
| 衣类 | 623.3 | 498.9 | 548.9 | 582.4 | 646.3 | 921.9 |
| 鞋类 | 211.9 | 185.5 | 193.0 | 193.8 | 213.8 | 293.6 |
| 居住 | 2990.8 | 2340.6 | 2560.2 | 2716.2 | 3272.7 | 4493.4 |
| 租赁房房租 | 69.1 | 53.8 | 77.8 | 56.8 | 72.5 | 90.4 |
| 租赁房房租中租赁公房房租 | 602.7 | 463.7 | 429.0 | 374.1 | 694.5 | 1190.3 |
| 租赁房房租中租赁私房房租 | 637.0 | 478.1 | 598.4 | 663.5 | 682.7 | 837.2 |
| 住房维修及管理 | 1682.0 | 1345.0 | 1455.1 | 1621.8 | 1823.1 | 2375.5 |
| 住房维修及管理中物业管理费 | 1.2 | 1.1 | 0.8 | 1.3 | 2.3 | 0.7 |
| 水电燃料及其他 | 67.8 | 52.8 | 77.0 | 55.5 | 70.2 | 89.6 |
| 自有住房折算租金 | 23.1 | 15.9 | 9.8 | 19.7 | 31.9 | 44.7 |
| 生活用品及服务 | 1074.7 | 828.7 | 971.0 | 1026.0 | 1159.5 | 1526.8 |
| 家具及室内装饰品 | 172.6 | 131.4 | 177.5 | 138.7 | 186.8 | 249.4 |
| 家用器具 | 283.4 | 196.3 | 253.0 | 276.9 | 319.6 | 416.2 |
| 家用纺织品 | 84.4 | 66.6 | 71.0 | 85.9 | 101.7 | 106.1 |
| 家庭日用杂品 | 299.0 | 249.1 | 271.2 | 293.7 | 322.9 | 386.5 |
| 个人用品 | 196.9 | 163.6 | 174.6 | 172.4 | 184.5 | 316.8 |
| 家庭服务 | 38.3 | 21.8 | 23.7 | 58.4 | 43.9 | 51.8 |
| 其中：家政服务 | 11.7 | 5.0 | 5.4 | 30.1 | 9.1 | 11.2 |

## 2-35 续表 1

单位：元/人

| 指　　标 | 总平均 | 低收入户 | 中低收入户 | 中等收入户 | 中高收入户 | 高收入户 |
|---|---|---|---|---|---|---|
| 交通通信 | 2135.2 | 1619.7 | 1891.7 | 1775.9 | 2263.3 | 3472.0 |
| 交通 | 1513.5 | 1106.6 | 1343.7 | 1164.0 | 1601.5 | 2631.2 |
| 交通工具 | 602.4 | 411.6 | 655.5 | 344.5 | 559.7 | 1160.0 |
| 交通费 | 221.8 | 194.7 | 221.8 | 221.6 | 232.1 | 249.7 |
| 交通工具用燃料 | 382.9 | 299.9 | 257.2 | 322.2 | 449.3 | 660.9 |
| 交通工具使用及维修 | 306.4 | 200.3 | 209.3 | 275.7 | 360.3 | 560.6 |
| 其中：车辆保险支出 | 105.2 | 55.6 | 63.1 | 94.4 | 137.3 | 207.9 |
| 通信 | 621.7 | 513.1 | 547.9 | 611.9 | 661.7 | 840.8 |
| 通信工具 | 164.8 | 139.2 | 143.3 | 176.4 | 167.6 | 213.2 |
| 通信服务 | 456.9 | 373.9 | 404.6 | 435.5 | 494.2 | 627.6 |
| 教育文化娱乐 | 1272.6 | 1120.0 | 1220.5 | 1285.6 | 1384.7 | 1419.6 |
| 教育 | 1000.3 | 933.0 | 986.1 | 1044.2 | 1072.2 | 983.7 |
| 学前教育 | 141.4 | 161.1 | 116.8 | 153.0 | 146.6 | 125.0 |
| 小学教育 | 135.2 | 137.5 | 141.5 | 191.5 | 117.9 | 78.3 |
| 初中教育 | 183.3 | 227.4 | 142.4 | 185.7 | 186.4 | 165.5 |
| 高中教育 | 203.7 | 148.3 | 234.5 | 204.0 | 187.9 | 262.4 |
| 中专职高教育 | 28.3 | 23.2 | 44.4 | 33.9 | 19.3 | 18.7 |
| 大专及以上教育 | 259.7 | 200.0 | 266.0 | 240.1 | 354.2 | 254.1 |
| 成人教育 | 48.6 | 35.5 | 40.5 | 36.0 | 60.0 | 79.7 |
| 文化娱乐 | 272.3 | 187.0 | 234.4 | 241.4 | 312.5 | 435.9 |
| 文娱耐用消费品 | 70.3 | 36.6 | 66.9 | 58.3 | 92.1 | 112.8 |
| 其他文娱用品 | 124.1 | 98.1 | 106.9 | 126.7 | 130.3 | 174.2 |
| 文化娱乐服务 | 78.0 | 52.3 | 60.6 | 56.5 | 90.1 | 148.9 |
| 医疗保健 | 1877.3 | 1142.0 | 1443.7 | 1752.8 | 2009.7 | 3501.5 |
| 医疗器具及药品 | 442.7 | 343.1 | 429.4 | 448.5 | 495.3 | 538.3 |
| 医疗服务 | 1434.6 | 798.9 | 1014.3 | 1304.3 | 1514.4 | 2963.2 |
| 门诊总费用 | 528.4 | 422.0 | 458.2 | 558.5 | 556.5 | 707.0 |
| 住院总费用 | 906.2 | 376.9 | 556.1 | 745.8 | 957.9 | 2256.1 |
| 其他用品及服务 | 288.8 | 239.9 | 262.5 | 265.3 | 280.0 | 431.1 |
| 其他用品 | 143.5 | 93.4 | 132.9 | 144.1 | 120.4 | 255.8 |
| 其他服务 | 145.2 | 146.5 | 129.5 | 121.2 | 159.6 | 175.3 |
| **生产经营费用支出** | **5499.4** | **5209.9** | **2523.3** | **3712.0** | **6543.0** | **10651.0** |
| 第一产业经营费用支出 | 3339.7 | 2868.3 | 1933.9 | 2461.9 | 3042.5 | 7196.0 |
| 农业 | 1075.4 | 688.7 | 641.7 | 765.8 | 1039.8 | 2597.8 |
| 林业 | 21.2 | 17.1 | 14.6 | 16.0 | 25.2 | 37.0 |
| 牧业 | 2194.9 | 2078.5 | 1268.2 | 1660.7 | 1955.5 | 4451.7 |
| 渔业 | 48.3 | 84.0 | 9.5 | 19.4 | 22.1 | 109.6 |
| 第二产业经营费用支出 | 271.9 | 360.6 | 56.1 | 233.7 | 291.7 | 443.2 |
| 采矿业 | 0.0 | 0.0 | 0.0 | 0.0 | 0.0 | 0.0 |
| 制造业 | 162.0 | 206.1 | 45.8 | 207.8 | 146.9 | 211.4 |
| 电力、热力、燃气及水生产和供应业 | 0.1 | 0.0 | 0.0 | 0.0 | 0.0 | 0.4 |
| 建筑业 | 109.9 | 154.5 | 10.3 | 25.9 | 144.8 | 231.4 |
| 第三产业经营费用支出 | 1887.7 | 1981.1 | 533.3 | 1016.4 | 3208.8 | 3011.7 |
| 批发和零售业 | 1159.3 | 808.3 | 416.2 | 749.6 | 2206.9 | 1916.0 |
| 交通运输、仓储和邮政业 | 231.2 | 438.1 | 82.7 | 123.9 | 263.9 | 208.7 |

## 2-35 续表 2

单位：元/人

| 指 标 | 总平均 | 低收入户 | 中低收入户 | 中等收入户 | 中高收入户 | 高收入户 |
|---|---|---|---|---|---|---|
| 住宿和餐饮业 | 344.2 | 634.8 | 16.1 | 34.2 | 621.5 | 389.4 |
| 房地产业 | 0.1 | 0.0 | 0.0 | 0.0 | 0.0 | 0.8 |
| 租赁和商务服务业 | 8.7 | 7.2 | 0.0 | 27.1 | 0.0 | 10.9 |
| 居民服务、修理和其他服务业 | 94.3 | 67.6 | 14.9 | 56.8 | 99.5 | 273.0 |
| 其他 | 42.5 | 22.2 | 0.3 | 17.2 | 2.5 | 201.3 |
| 农林牧渔服务业 | 7.4 | 2.8 | 3.0 | 7.6 | 14.6 | 11.6 |
| **财产性支出** | **68.5** | **38.3** | **49.6** | **50.8** | **109.4** | **110.7** |
| 生活贷款利息支出 | 63.5 | 30.6 | 48.6 | 43.3 | 109.1 | 102.6 |
| 住房贷款利息支出 | 54.8 | 21.0 | 40.9 | 32.6 | 99.0 | 97.5 |
| 其他生活贷款利息支出 | 8.7 | 9.6 | 7.7 | 10.7 | 10.1 | 5.0 |
| 其他财产性支出 | 4.9 | 7.7 | 1.0 | 7.5 | 0.4 | 8.1 |
| 非储蓄性财产保险支出 | 0.8 | 1.1 | 0.9 | 0.6 | 0.2 | 1.4 |
| 其他财产性支出 | 4.1 | 6.6 | 0.2 | 6.9 | 0.2 | 6.7 |
| **转移性支出** | **706.0** | **494.0** | **590.4** | **744.1** | **749.3** | **1070.0** |
| 个人所得税 | 4.1 | 0.2 | 6.2 | 5.9 | 0.9 | 8.6 |
| 社会保障支出 | 592.0 | 426.4 | 488.1 | 589.2 | 653.2 | 901.2 |
| 个人缴纳的养老保险 | 307.1 | 193.7 | 219.0 | 306.6 | 356.7 | 530.4 |
| 个人缴纳的医疗保险 | 272.6 | 227.4 | 259.4 | 265.8 | 285.2 | 349.2 |
| 个人缴纳的失业保险 | 5.4 | 3.8 | 4.2 | 4.2 | 7.1 | 8.6 |
| 其他社会保障支出 | 6.9 | 1.5 | 5.5 | 12.4 | 4.2 | 13.1 |
| 外来从业人员寄给家人的支出 | 3.5 | 5.5 | 0.7 | 3.1 | 1.7 | 6.4 |
| 赡养支出 | 69.8 | 31.2 | 57.5 | 91.8 | 73.0 | 113.0 |
| 其他转移性支出 | 36.5 | 30.8 | 37.8 | 54.1 | 20.5 | 40.8 |
| **部分商业保险支出** | **105.5** | **72.7** | **101.2** | **112.6** | **104.9** | **151.3** |
| 意外伤害保险 | 25.0 | 35.8 | 19.8 | 19.5 | 18.1 | 30.0 |
| 商业医疗保险(含大病保险) | 46.9 | 26.3 | 45.7 | 42.0 | 52.4 | 78.0 |
| 其他非储蓄性商业保险 | 6.7 | 1.3 | 12.2 | 4.9 | 6.2 | 10.3 |
| 其他储蓄性商业保险 | 26.9 | 9.2 | 23.5 | 46.2 | 28.3 | 33.0 |
| **购置资产及非经常性转移支出** | **3908.8** | **2168.1** | **2822.7** | **3432.2** | **4732.3** | **7463.7** |
| 购置资产支出 | 1261.2 | 522.8 | 797.2 | 1168.2 | 1483.3 | 2790.8 |
| 购建造住房支出 | 320.2 | 256.8 | 395.4 | 272.8 | 195.9 | 511.7 |
| 建造住房材料 | 238.7 | 199.6 | 305.7 | 251.3 | 96.0 | 356.5 |
| 建造住房雇工 | 61.1 | 43.7 | 79.5 | 0.8 | 53.7 | 141.3 |
| 购买住房支出 | 634.2 | 52.3 | 269.1 | 751.3 | 821.2 | 1604.0 |
| 购建第一产业生产性固定资产支出 | 185.6 | 172.7 | 74.1 | 105.1 | 218.6 | 404.0 |
| 购买或建造农业生产性用房 | 69.1 | 98.1 | 15.4 | 59.1 | 74.6 | 101.5 |
| 购买用房建筑材料 | 47.0 | 78.4 | 7.8 | 9.6 | 63.2 | 76.8 |
| 建筑农业生产用房雇工 | 5.1 | 5.5 | 0.0 | 3.4 | 7.5 | 10.3 |
| 购买农业生产用房 | 6.5 | 11.4 | 7.1 | 2.6 | 0.0 | 10.5 |
| 其他 | 10.5 | 2.8 | 0.5 | 43.5 | 3.9 | 3.9 |
| 购买役畜 | 11.0 | 8.8 | 10.4 | 14.4 | 0.0 | 23.5 |
| 购买产品畜 | 23.2 | 21.3 | 12.2 | 3.3 | 37.3 | 47.0 |
| 购买或建造农业设施 | 21.7 | 15.2 | 18.3 | 4.7 | 38.0 | 36.7 |
| 大棚、温室 | 15.7 | 6.7 | 8.9 | 3.1 | 35.4 | 29.6 |

## 2-35 续表 3

单位：元/人

| 指　　标 | 总平均 | 低收入户 | 中低收入户 | 中等收入户 | 中高收入户 | 高收入户 |
|---|---|---|---|---|---|---|
| 自备井 | 0.5 | 2.1 | 0.0 | 0.0 | 0.0 | 0.0 |
| 喷灌设施 | 1.7 | 2.5 | 1.5 | 0.5 | 0.6 | 3.6 |
| 其他农业设施 | 3.8 | 4.0 | 7.9 | 1.1 | 2.0 | 3.5 |
| 购买农业机械 | 60.6 | 29.3 | 17.7 | 23.6 | 68.7 | 195.3 |
| 大中型农用拖拉机 | 6.0 | 9.0 | 0.0 | 0.0 | 20.5 | 0.0 |
| 小型(手扶)农用拖拉机 | 0.3 | 0.6 | 0.0 | 0.0 | 0.0 | 0.7 |
| 农用排灌动力机械 | 1.3 | 0.3 | 0.3 | 0.0 | 4.7 | 2.0 |
| 插秧机 | 0.0 | 0.0 | 0.0 | 0.0 | 0.0 | 0.0 |
| 收割机 | 6.7 | 0.7 | 0.0 | 0.0 | 0.0 | 39.3 |
| 脱粒机 | 2.7 | 3.5 | 3.6 | 1.0 | 1.1 | 4.3 |
| 其他农业机械 | 43.5 | 15.1 | 13.9 | 22.6 | 42.4 | 148.9 |
| 购建第二产业生产性固定资产支出 | 10.0 | 13.0 | 1.6 | 16.0 | 8.7 | 11.0 |
| 采矿业 | 0.0 | 0.0 | 0.0 | 0.0 | 0.0 | 0.0 |
| 制造业 | 2.8 | 0.0 | 1.6 | 0.0 | 8.4 | 5.1 |
| 电力、热力、燃气及水生产和供应业 | 0.4 | 1.5 | 0.0 | 0.0 | 0.0 | 0.0 |
| 建筑业 | 6.9 | 11.6 | 0.0 | 16.0 | 0.4 | 5.8 |
| 购建第三产业生产性固定资产支出 | 108.2 | 28.0 | 51.2 | 19.6 | 238.8 | 253.4 |
| 批发和零售业 | 58.3 | 2.6 | 9.6 | 19.4 | 228.7 | 54.3 |
| 交通运输、仓储和邮政业 | 32.1 | 20.2 | 37.7 | 0.0 | 1.7 | 114.0 |
| 住宿和餐饮业 | 7.9 | 4.6 | 0.0 | 0.0 | 1.5 | 39.2 |
| 房地产业 | 3.7 | 0.0 | 0.0 | 0.0 | 0.0 | 22.2 |
| 租赁和商务服务业 | 2.7 | 0.0 | 0.0 | 0.2 | 0.0 | 16.3 |
| 居民服务、修理和其他服务业 | 2.2 | 0.6 | 3.8 | 0.0 | 0.0 | 7.4 |
| 其他 | 1.3 | 0.0 | 0.1 | 0.0 | 6.9 | 0.0 |
| 购建其他资产支出 | 3.0 | 0.0 | 5.8 | 3.3 | 0.0 | 6.8 |
| 非经常性转移支出 | 2647.7 | 1645.3 | 2025.6 | 2264.0 | 3249.0 | 4673.0 |
| 博彩支出 | 73.0 | 40.3 | 65.2 | 66.0 | 77.6 | 133.5 |
| 婚丧嫁娶礼金支出 | 1557.7 | 1021.7 | 1294.9 | 1413.2 | 1858.8 | 2503.1 |
| 一次性赔偿支出 | 31.5 | 116.5 | 0.1 | 10.4 | 0.2 | 8.1 |
| 一次性馈赠支出 | 584.4 | 258.1 | 304.4 | 521.0 | 880.9 | 1157.6 |
| 婚丧嫁娶宴请支出 | 380.6 | 199.7 | 356.0 | 249.6 | 425.1 | 777.3 |
| 其他非经常性转移支出 | 20.6 | 9.0 | 5.0 | 3.8 | 6.3 | 93.3 |
| **借贷性支出** | **1390.1** | **599.6** | **1014.8** | **972.2** | **1983.5** | **2837.2** |
| 存入储蓄款 | 601.1 | 192.7 | 310.7 | 487.1 | 984.4 | 1267.8 |
| 借出款 | 72.9 | 9.8 | 97.6 | 38.6 | 131.1 | 106.5 |
| 归还借款 | 235.2 | 194.9 | 232.9 | 146.8 | 215.5 | 421.8 |
| 购买有价证券 | 2.7 | 0.0 | 0.0 | 0.1 | 0.5 | 15.7 |
| 其他投资支出 | 93.6 | 4.5 | 10.9 | 96.2 | 234.1 | 167.5 |
| 归还住房贷款 | 204.1 | 93.4 | 162.4 | 106.9 | 212.8 | 522.4 |
| 归还汽车贷款 | 89.3 | 65.2 | 97.8 | 52.0 | 148.5 | 89.7 |
| 归还教育贷款 | 2.7 | 0.0 | 4.2 | 4.8 | 0.0 | 5.1 |
| 归还其他贷款 | 71.1 | 39.2 | 57.2 | 36.8 | 56.7 | 191.5 |
| 其他借贷支出 | 17.5 | 0.0 | 41.1 | 2.9 | 0.0 | 49.0 |

# 2-36　农村居民家庭平均每百户耐用消费品拥有量(2016-2021年)

| 主要耐用消费品拥有情况 | 单位 | 2016 | 2017 | 2018 | 2019 | 2020 | 2021 |
| --- | --- | --- | --- | --- | --- | --- | --- |
| 家用汽车 | 辆 | 12.4 | 13.4 | 15.5 | 20.6 | 22.3 | 18.1 |
| 摩托车 | 辆 | 49.4 | 49.5 | 48.7 | 49.1 | 46.8 | 48.3 |
| 助力车 | 台 | 26.6 | 28.5 | 32.5 | 33.9 | 36.7 | 43.6 |
| 洗衣机 | 台 | 87.3 | 89.9 | 90.5 | 94.9 | 96.0 | 97.5 |
| 电冰箱(柜) | 台 | 92.1 | 96.2 | 96.7 | 101.0 | 102.5 | 107.0 |
| 微波炉 | 台 | 11.2 | 12.6 | 11.0 | 11.6 | 12.2 | 13.7 |
| 彩色电视机 | 台 | 114.2 | 117.1 | 113.9 | 115.6 | 116.4 | 117.1 |
| 空调 | 台 | 33.2 | 40.3 | 51.1 | 59.3 | 64.2 | 78.2 |
| 热水器 | 台 | 60.7 | 65.8 | 71.7 | 76.1 | 83.1 | 86.9 |
| 洗碗机 | 台 | 0.2 | 0.4 | 0.4 | 0.5 | 0.3 | 0.5 |
| 排油烟机 | 台 | 9.6 | 11.2 | 15.6 | 17.4 | 19.4 | 21.2 |
| 固定电话 | 线 | 11.5 | 11.6 | 8.0 | 6.2 | 5.4 | 3.7 |
| 移动电话 | 部 | 237.5 | 242.0 | 258.5 | 260.5 | 259.2 | 266.0 |
| 其中：接入互联网 | 部 | 53.3 | 74.8 | 141.9 | 160.8 | 205.0 | 217.5 |
| 计算机 | 台 | 16.2 | 17.7 | 18.5 | 17.7 | 18.5 | 15.5 |
| 其中：接入互联网 | 台 | 10.4 | 11.0 | 11.7 | 13.3 | 14.7 | 13.3 |
| 照相机 | 台 | 2.5 | 2.9 | 2.5 | 2.7 | 2.5 | 1.7 |
| 中高档乐器 | 架 | 0.5 | 0.6 | 1.0 | 0.9 | 0.9 | 1.0 |
| 健身器材 | 台 | 0.6 | 0.9 | 0.7 | 0.9 | 1.2 | 0.8 |
| 空气净化器(含新风系统) | 台 |  | 0.1 | 0.6 | 0.9 | 1.0 | 1.0 |
| 吸尘器 | 台 |  | 0.1 | 0.8 | 1.0 | 1.2 | 0.9 |

注：根据国家制度，空气净化器(含新风系统)、吸尘器拥有量2017年开始统计调查。

# 2-37 全省及各市(州)全体居民人均可支配收入(2016-2021年)

单位：元/人

| 地 区 | 2016 | 2017 | 2018 | 2019 | 2020 | 2021 |
|---|---|---|---|---|---|---|
| **全 省** | **18808** | **20580** | **22461** | **24703** | **26522** | **29080** |
| 成都市 | 30474 | 33217 | 36142 | 39503 | 42075 | 45755 |
| 自贡市 | 20304 | 22151 | 24069 | 26319 | 28299 | 30903 |
| 攀枝花市 | 26096 | 28492 | 31044 | 33822 | 35897 | 39033 |
| 泸州市 | 19853 | 21798 | 23941 | 26212 | 28270 | 31150 |
| 德阳市 | 21141 | 23045 | 25127 | 27475 | 29416 | 32251 |
| 绵阳市 | 20900 | 22956 | 25079 | 27457 | 29594 | 32354 |
| 广元市 | 16090 | 17700 | 19477 | 21511 | 23439 | 25812 |
| 遂宁市 | 18910 | 20707 | 22697 | 24865 | 26928 | 29633 |
| 内江市 | 19342 | 21199 | 23183 | 25508 | 27315 | 29809 |
| 乐山市 | 20047 | 21991 | 23968 | 26130 | 28102 | 30737 |
| 南充市 | 17519 | 19271 | 21163 | 23349 | 25356 | 27842 |
| 眉山市 | 19903 | 21774 | 23743 | 25938 | 27608 | 30260 |
| 宜宾市 | 19665 | 21600 | 23665 | 26076 | 28133 | 31024 |
| 广安市 | 18113 | 19834 | 21718 | 23747 | 25328 | 27676 |
| 达州市 | 17350 | 19068 | 20881 | 22995 | 24797 | 27259 |
| 雅安市 | 17835 | 19498 | 21291 | 23311 | 25152 | 27586 |
| 巴中市 | 16157 | 17772 | 19522 | 21444 | 23241 | 25656 |
| 资阳市 | 19048 | 20838 | 22756 | 24554 | 26173 | 28682 |
| 阿坝州 | 16892 | 18565 | 20384 | 22425 | 23726 | 26051 |
| 甘孜州 | 14134 | 15674 | 17049 | 18776 | 20133 | 21941 |
| 凉山州 | 15274 | 16909 | 18618 | 20516 | 22218 | 24380 |

# 2-38 全省及各市(州)城镇居民人均可支配收入(2016-2021年)

单位：元/人

| 地　区 | 2016 | 2017 | 2018 | 2019 | 2020 | 2021 |
|---|---|---|---|---|---|---|
| **全　省** | **28335** | **30727** | **33216** | **36154** | **38253** | **41444** |
| 成都市 | 35902 | 38918 | 42128 | 45878 | 48593 | 52633 |
| 自贡市 | 28455 | 31016 | 33597 | 36622 | 38781 | 41977 |
| 攀枝花市 | 32860 | 35620 | 38510 | 41864 | 44209 | 47915 |
| 泸州市 | 28959 | 31449 | 34141 | 37252 | 39547 | 42996 |
| 德阳市 | 29159 | 31609 | 34216 | 37222 | 39360 | 42764 |
| 绵阳市 | 29407 | 31822 | 34411 | 37454 | 39680 | 43150 |
| 广元市 | 25762 | 28132 | 30592 | 33481 | 35740 | 39008 |
| 遂宁市 | 26962 | 29308 | 31830 | 34854 | 37117 | 40324 |
| 内江市 | 27986 | 30393 | 32982 | 36059 | 38337 | 41756 |
| 乐山市 | 28583 | 31070 | 33663 | 36676 | 38931 | 42340 |
| 南充市 | 25993 | 28333 | 30810 | 33749 | 36057 | 39280 |
| 眉山市 | 28691 | 31130 | 33697 | 36743 | 38892 | 42137 |
| 宜宾市 | 28390 | 30832 | 33465 | 36694 | 39166 | 42779 |
| 广安市 | 28218 | 30616 | 33079 | 36005 | 38071 | 41307 |
| 达州市 | 26016 | 28383 | 30882 | 33823 | 36001 | 39249 |
| 雅安市 | 27352 | 29732 | 32198 | 35043 | 37191 | 40422 |
| 巴中市 | 25950 | 28286 | 30816 | 33663 | 35821 | 38989 |
| 资阳市 | 28501 | 30867 | 33336 | 35536 | 37562 | 40636 |
| 阿坝州 | 28048 | 30264 | 32686 | 35470 | 37011 | 40132 |
| 甘孜州 | 27101 | 29486 | 31972 | 34831 | 36521 | 39497 |
| 凉山州 | 25963 | 28170 | 30421 | 33044 | 34636 | 37452 |

# 2-39 全省及各市(州)农村居民人均可支配收入(2016-2021年)

单位：元/人

| 地区 | 2016 | 2017 | 2018 | 2019 | 2020 | 2021 |
|---|---|---|---|---|---|---|
| **全省** | **11203** | **12227** | **13331** | **14670** | **15929** | **17575** |
| 成都市 | 18605 | 20298 | 22135 | 24357 | 26432 | 29126 |
| 自贡市 | 13192 | 14380 | 15692 | 17277 | 18788 | 20694 |
| 攀枝花市 | 14057 | 15336 | 16708 | 18352 | 19938 | 21979 |
| 泸州市 | 12450 | 13670 | 14983 | 16531 | 18035 | 20008 |
| 德阳市 | 13951 | 15207 | 16583 | 18249 | 19790 | 21858 |
| 绵阳市 | 13504 | 14752 | 16101 | 17735 | 19303 | 21340 |
| 广元市 | 9819 | 10801 | 11854 | 13127 | 14367 | 15925 |
| 遂宁市 | 12423 | 13579 | 14844 | 16358 | 17815 | 19727 |
| 内江市 | 12491 | 13640 | 14908 | 16450 | 17918 | 19819 |
| 乐山市 | 12749 | 13927 | 15173 | 16728 | 18175 | 20043 |
| 南充市 | 11273 | 12389 | 13583 | 15027 | 16431 | 18247 |
| 眉山市 | 13935 | 15203 | 16563 | 18177 | 19730 | 21771 |
| 宜宾市 | 12843 | 14063 | 15391 | 16999 | 18569 | 20591 |
| 广安市 | 12479 | 13655 | 14931 | 16445 | 17867 | 19752 |
| 达州市 | 11718 | 12843 | 14055 | 15504 | 16876 | 18638 |
| 雅安市 | 11138 | 12145 | 13243 | 14586 | 15890 | 17580 |
| 巴中市 | 9969 | 10946 | 12002 | 13232 | 14429 | 15962 |
| 资阳市 | 13422 | 14670 | 16007 | 17592 | 19076 | 21023 |
| 阿坝州 | 10702 | 11751 | 12893 | 14252 | 15539 | 17161 |
| 甘孜州 | 9367 | 10444 | 11555 | 12808 | 13967 | 15379 |
| 凉山州 | 10368 | 11415 | 12548 | 13908 | 15232 | 16808 |

## 2-40 全省及各市(州)全体居民人均可支配收入构成(2021年)

单位：元/人

| 地　区 | 人均可支配收入 | (一)工资性收入 | (二)经营净收入 | (三)财产净收入 | (四)转移净收入 |
|---|---|---|---|---|---|
| **全　省** | **29080** | **14392** | **5758** | **1905** | **7024** |
| 成都市 | 45755 | 26136 | 5806 | 4651 | 9162 |
| 自贡市 | 30903 | 15184 | 5956 | 1279 | 8484 |
| 攀枝花市 | 39033 | 21591 | 9581 | 1556 | 6304 |
| 泸州市 | 31150 | 17031 | 6684 | 1350 | 6085 |
| 德阳市 | 32251 | 16927 | 7046 | 1818 | 6461 |
| 绵阳市 | 32354 | 17042 | 6350 | 2307 | 6656 |
| 广元市 | 25812 | 14392 | 6068 | 1172 | 4181 |
| 遂宁市 | 29633 | 12343 | 7525 | 2476 | 7289 |
| 内江市 | 29809 | 15843 | 6342 | 1323 | 6300 |
| 乐山市 | 30737 | 16443 | 6321 | 1695 | 6278 |
| 南充市 | 27842 | 12251 | 6501 | 1639 | 7451 |
| 眉山市 | 30260 | 15042 | 7576 | 1538 | 6104 |
| 宜宾市 | 31024 | 15451 | 8160 | 1782 | 5631 |
| 广安市 | 27676 | 15833 | 7218 | 1239 | 3386 |
| 达州市 | 27259 | 12570 | 7316 | 1316 | 6056 |
| 雅安市 | 27586 | 14568 | 6067 | 1647 | 5303 |
| 巴中市 | 25656 | 9863 | 8412 | 1536 | 5846 |
| 资阳市 | 28682 | 13468 | 6025 | 1593 | 7596 |
| 阿坝州 | 26051 | 14047 | 9251 | 919 | 1835 |
| 甘孜州 | 21941 | 10197 | 8725 | 639 | 2380 |
| 凉山州 | 24380 | 11261 | 8100 | 1019 | 4001 |

# 2-41 全省及各市(州)城镇居民人均可支配收入构成(2021年)

单位：元/人

| 地区 | 人均可支配收入 | (一)工资性收入 | (二)经营净收入 | (三)财产净收入 | (四)转移净收入 |
|---|---|---|---|---|---|
| **全省** | **41444** | **23934** | **4799** | **3322** | **9389** |
| 成都市 | 52633 | 30974 | 5209 | 5407 | 11043 |
| 自贡市 | 41977 | 21835 | 5796 | 2055 | 12291 |
| 攀枝花市 | 47915 | 29333 | 7513 | 2137 | 8932 |
| 泸州市 | 42996 | 25947 | 6573 | 2433 | 8043 |
| 德阳市 | 42764 | 23921 | 6635 | 2827 | 9381 |
| 绵阳市 | 43150 | 25677 | 4676 | 3808 | 8990 |
| 广元市 | 39008 | 25237 | 6402 | 2379 | 4989 |
| 遂宁市 | 40324 | 20262 | 7911 | 4266 | 7884 |
| 内江市 | 41756 | 25709 | 6186 | 2229 | 7632 |
| 乐山市 | 42340 | 23782 | 6227 | 3090 | 9242 |
| 南充市 | 39280 | 19999 | 6672 | 3023 | 9586 |
| 眉山市 | 42137 | 24590 | 7529 | 2759 | 7260 |
| 宜宾市 | 42779 | 24718 | 7129 | 3139 | 7794 |
| 广安市 | 41307 | 27338 | 5973 | 2482 | 5514 |
| 达州市 | 39249 | 21076 | 7774 | 2343 | 8057 |
| 雅安市 | 40422 | 22298 | 5665 | 3359 | 9099 |
| 巴中市 | 38989 | 17360 | 11510 | 2881 | 7238 |
| 资阳市 | 40636 | 23188 | 4533 | 2984 | 9931 |
| 阿坝州 | 40132 | 29029 | 7984 | 1602 | 1518 |
| 甘孜州 | 39497 | 29767 | 4908 | 1749 | 3073 |
| 凉山州 | 37452 | 21856 | 7396 | 2332 | 5869 |

# 2-42 全省及各市(州)农村居民人均可支配收入构成(2021年)

单位：元/人

| 地区 | 人均可支配收入 | (一)工资性收入 | (二)经营净收入 | (三)财产净收入 | (四)转移净收入 |
|---|---|---|---|---|---|
| **全省** | **17575** | **5514** | **6651** | **587** | **4823** |
| 成都市 | 29126 | 14438 | 7251 | 2823 | 4613 |
| 自贡市 | 20694 | 9052 | 6104 | 563 | 4975 |
| 攀枝花市 | 21979 | 6727 | 13552 | 441 | 1259 |
| 泸州市 | 20008 | 8646 | 6789 | 331 | 4242 |
| 德阳市 | 21858 | 10012 | 7452 | 820 | 3574 |
| 绵阳市 | 21340 | 8232 | 8057 | 775 | 4275 |
| 广元市 | 15925 | 6266 | 5817 | 267 | 3575 |
| 遂宁市 | 19727 | 5543 | 6977 | 607 | 6599 |
| 内江市 | 19819 | 7594 | 6473 | 566 | 5187 |
| 乐山市 | 20043 | 9499 | 6396 | 474 | 3674 |
| 南充市 | 18247 | 5752 | 6357 | 479 | 5659 |
| 眉山市 | 21771 | 8219 | 7609 | 665 | 5279 |
| 宜宾市 | 20591 | 7226 | 9075 | 579 | 3712 |
| 广安市 | 19752 | 9144 | 7943 | 516 | 2149 |
| 达州市 | 18638 | 6454 | 6987 | 578 | 4618 |
| 雅安市 | 17580 | 8541 | 6381 | 313 | 2345 |
| 巴中市 | 15962 | 4411 | 6160 | 558 | 4833 |
| 资阳市 | 21023 | 7241 | 6980 | 701 | 6100 |
| 阿坝州 | 17161 | 4588 | 10051 | 487 | 2035 |
| 甘孜州 | 15379 | 2883 | 10152 | 223 | 2121 |
| 凉山州 | 16808 | 5123 | 8507 | 258 | 2919 |

# 2-43 全省及各市(州)全体居民人均消费支出(2016-2021年)

单位：元/人

| 地　区 | 2016 | 2017 | 2018 | 2019 | 2020 | 2021 |
|---|---|---|---|---|---|---|
| **全　省** | **14839** | **16180** | **17664** | **19338** | **19783** | **21518** |
| 成都市 | 20349 | 21977 | 23918 | 26121 | 25726 | 28327 |
| 自贡市 | 14693 | 15718 | 16982 | 19013 | 18354 | 19917 |
| 攀枝花市 | 17273 | 18879 | 20124 | 21542 | 21748 | 23520 |
| 泸州市 | 14115 | 15340 | 16805 | 18643 | 19329 | 21399 |
| 德阳市 | 15883 | 17090 | 18282 | 19848 | 19443 | 21343 |
| 绵阳市 | 14812 | 16145 | 17666 | 19432 | 19933 | 21708 |
| 广元市 | 11543 | 12711 | 14062 | 15507 | 16492 | 18065 |
| 遂宁市 | 14122 | 15421 | 16871 | 18626 | 19172 | 20326 |
| 内江市 | 13163 | 14281 | 15715 | 17332 | 18133 | 19840 |
| 乐山市 | 14536 | 15786 | 17138 | 18902 | 19779 | 21616 |
| 南充市 | 12475 | 13710 | 14873 | 16209 | 17015 | 18784 |
| 眉山市 | 14925 | 16059 | 16484 | 18460 | 18871 | 20782 |
| 宜宾市 | 14078 | 15359 | 16753 | 18588 | 18685 | 20655 |
| 广安市 | 13312 | 14524 | 15404 | 16672 | 17361 | 18927 |
| 达州市 | 12326 | 13447 | 14457 | 16085 | 16769 | 18290 |
| 雅安市 | 12522 | 13624 | 14744 | 15997 | 16934 | 18529 |
| 巴中市 | 12360 | 13707 | 14988 | 16324 | 15997 | 17611 |
| 资阳市 | 13728 | 14990 | 16220 | 17186 | 16870 | 18378 |
| 阿坝州 | 12809 | 14103 | 15632 | 17097 | 15386 | 16800 |
| 甘孜州 | 9967 | 11199 | 12246 | 13501 | 13451 | 14369 |
| 凉山州 | 10873 | 11960 | 12738 | 13966 | 14948 | 16484 |

## 2-44 全省及各市(州)城镇居民人均消费支出(2016-2021年)

单位：元/人

| 地区 | 2016 | 2017 | 2018 | 2019 | 2020 | 2021 |
|---|---|---|---|---|---|---|
| **全省** | **20660** | **21991** | **23484** | **25367** | **25133** | **26971** |
| 成都市 | 23514 | 25342 | 27312 | 29720 | 28736 | 31581 |
| 自贡市 | 19410 | 20208 | 21833 | 24415 | 22335 | 23878 |
| 攀枝花市 | 20745 | 22846 | 24106 | 25792 | 25630 | 27599 |
| 泸州市 | 19276 | 21121 | 22961 | 25335 | 25608 | 27963 |
| 德阳市 | 21534 | 22524 | 23960 | 25457 | 24279 | 26353 |
| 绵阳市 | 19561 | 21043 | 22854 | 25026 | 24730 | 26692 |
| 广元市 | 16820 | 18388 | 20080 | 21912 | 22469 | 24412 |
| 遂宁市 | 18665 | 20796 | 22638 | 24856 | 24531 | 25252 |
| 内江市 | 17591 | 18797 | 20427 | 22370 | 22891 | 24977 |
| 乐山市 | 19317 | 20771 | 22768 | 24916 | 25539 | 27450 |
| 南充市 | 16780 | 18335 | 19703 | 21441 | 21740 | 23706 |
| 眉山市 | 19686 | 19946 | 21035 | 23554 | 23965 | 26129 |
| 宜宾市 | 18963 | 20492 | 22303 | 24635 | 23391 | 25560 |
| 广安市 | 19428 | 20812 | 22075 | 23637 | 23888 | 25675 |
| 达州市 | 17952 | 19557 | 20713 | 22660 | 22813 | 24405 |
| 雅安市 | 16968 | 17972 | 19659 | 21117 | 21773 | 23453 |
| 巴中市 | 18701 | 20940 | 22247 | 24112 | 21669 | 23477 |
| 资阳市 | 19389 | 20889 | 22437 | 23228 | 21949 | 23596 |
| 阿坝州 | 18946 | 20443 | 22046 | 23858 | 20619 | 22505 |
| 甘孜州 | 18580 | 20566 | 22318 | 24563 | 22975 | 23962 |
| 凉山州 | 17054 | 18287 | 19361 | 20862 | 21453 | 23459 |

# 2-45 全省及各市(州)农村居民人均消费支出(2016-2021年)

单位：元/人

| 地　区 | 2016 | 2017 | 2018 | 2019 | 2020 | 2021 |
|---|---|---|---|---|---|---|
| **全　省** | **10192** | **11397** | **12723** | **14056** | **14953** | **16444** |
| 成都市 | 13428 | 14616 | 15977 | 17572 | 18501 | 20460 |
| 自贡市 | 10577 | 11790 | 12716 | 14271 | 14742 | 16266 |
| 攀枝花市 | 11092 | 11807 | 12478 | 13384 | 14293 | 15688 |
| 泸州市 | 9919 | 10573 | 11399 | 12775 | 13631 | 15225 |
| 德阳市 | 10817 | 11904 | 12944 | 14538 | 14762 | 16391 |
| 绵阳市 | 10684 | 11638 | 12676 | 13992 | 15038 | 16624 |
| 广元市 | 8122 | 8958 | 9934 | 11021 | 12083 | 13309 |
| 遂宁市 | 10461 | 11342 | 12417 | 13790 | 14772 | 16239 |
| 内江市 | 9653 | 10683 | 11736 | 13008 | 14076 | 15544 |
| 乐山市 | 10449 | 11241 | 12309 | 13724 | 14837 | 16558 |
| 南充市 | 9302 | 10296 | 11077 | 12023 | 13075 | 14656 |
| 眉山市 | 11691 | 12407 | 13121 | 14801 | 15314 | 16960 |
| 宜宾市 | 10257 | 11058 | 12066 | 13418 | 14606 | 16302 |
| 广安市 | 9902 | 10593 | 11418 | 12523 | 13539 | 15004 |
| 达州市 | 8437 | 9261 | 10188 | 11536 | 12496 | 13893 |
| 雅安市 | 9393 | 9860 | 11117 | 12189 | 13212 | 14691 |
| 巴中市 | 8354 | 9337 | 10155 | 11090 | 12023 | 13346 |
| 资阳市 | 10358 | 11261 | 12255 | 13356 | 13705 | 15034 |
| 阿坝州 | 9405 | 10590 | 11726 | 12862 | 12162 | 13199 |
| 甘孜州 | 6801 | 7758 | 8537 | 9389 | 9868 | 10784 |
| 凉山州 | 8036 | 8734 | 9333 | 10327 | 11289 | 12444 |

# 2-46 全省及各市(州)全体居民人均消费支出构成(2021年)

单位：元/人

| 地 区 | 消费支出 | (一)食品烟酒 | (二)衣着 | (三)居住 | (四)生活用品及服务 | (五)交通通信 | (六)教育文化娱乐 | (七)医疗保健 | (八)其他用品及服务 |
|---|---|---|---|---|---|---|---|---|---|
| **全 省** | **21518** | **7549** | **1315** | **4035** | **1388** | **2807** | **1892** | **2072** | **459** |
| 成都市 | 28327 | 9667 | 2291 | 5836 | 1576 | 3447 | 2752 | 1708 | 1049 |
| 自贡市 | 19917 | 7250 | 1403 | 3410 | 1372 | 2240 | 1975 | 1798 | 470 |
| 攀枝花市 | 23520 | 7631 | 1446 | 3812 | 1611 | 3604 | 2504 | 2315 | 599 |
| 泸州市 | 21399 | 7972 | 1750 | 3831 | 1562 | 2358 | 1707 | 1616 | 604 |
| 德阳市 | 21343 | 7523 | 1617 | 3377 | 1339 | 3422 | 1944 | 1572 | 548 |
| 绵阳市 | 21708 | 7622 | 1646 | 3833 | 1491 | 2771 | 1978 | 1758 | 611 |
| 广元市 | 18065 | 6592 | 1506 | 3443 | 1184 | 2008 | 1491 | 1248 | 593 |
| 遂宁市 | 20326 | 7432 | 1171 | 3999 | 1301 | 2457 | 1643 | 1848 | 476 |
| 内江市 | 19840 | 7308 | 1541 | 3436 | 1770 | 2061 | 1532 | 1597 | 595 |
| 乐山市 | 21616 | 7372 | 1584 | 3747 | 1445 | 3083 | 1868 | 2024 | 492 |
| 南充市 | 18784 | 6430 | 1406 | 3664 | 1528 | 2175 | 1558 | 1581 | 442 |
| 眉山市 | 20782 | 7707 | 1224 | 3612 | 1373 | 2925 | 1716 | 1831 | 391 |
| 宜宾市 | 20655 | 7537 | 1463 | 3706 | 1491 | 2495 | 2000 | 1432 | 531 |
| 广安市 | 18927 | 6607 | 1859 | 3215 | 1819 | 1957 | 1441 | 1556 | 474 |
| 达州市 | 18290 | 6916 | 1448 | 3195 | 1375 | 1754 | 1658 | 1594 | 349 |
| 雅安市 | 18529 | 6488 | 1364 | 3861 | 1262 | 2159 | 1592 | 1425 | 379 |
| 巴中市 | 17611 | 6985 | 1769 | 3036 | 1124 | 1636 | 1498 | 1148 | 415 |
| 资阳市 | 18378 | 6494 | 1042 | 3866 | 1869 | 1673 | 1415 | 1506 | 512 |
| 阿坝州 | 16800 | 5903 | 1196 | 3623 | 1326 | 2041 | 1137 | 1016 | 560 |
| 甘孜州 | 14369 | 6019 | 1355 | 2963 | 1051 | 1106 | 712 | 569 | 593 |
| 凉山州 | 16484 | 6144 | 1190 | 2774 | 1045 | 2105 | 1631 | 1229 | 366 |

# 2-47 全省及各市(州)城镇居民人均消费支出构成(2021年)

单位：元/人

| 地 区 | 消费支出 | (一)食品烟酒 | (二)衣着 | (三)居住 | (四)生活用品及服务 | (五)交通通信 | (六)教育文化娱乐 | (七)医疗保健 | (八)其他用品及服务 |
|---|---|---|---|---|---|---|---|---|---|
| **全 省** | **26971** | **9246** | **1831** | **5158** | **1724** | **3530** | **2558** | **2281** | **643** |
| 成都市 | 31581 | 10631 | 2535 | 6790 | 1736 | 3745 | 3144 | 1801 | 1198 |
| 自贡市 | 23878 | 8601 | 1992 | 3921 | 1611 | 2532 | 2789 | 1776 | 655 |
| 攀枝花市 | 27599 | 8920 | 1861 | 4410 | 1943 | 4074 | 2981 | 2640 | 769 |
| 泸州市 | 27963 | 10102 | 2565 | 4741 | 2132 | 3053 | 2443 | 2041 | 887 |
| 德阳市 | 26353 | 9300 | 2116 | 3948 | 1611 | 4449 | 2525 | 1662 | 742 |
| 绵阳市 | 26692 | 9285 | 2149 | 4532 | 1731 | 3380 | 2664 | 2121 | 829 |
| 广元市 | 24412 | 8810 | 2288 | 4512 | 1509 | 2920 | 2110 | 1292 | 972 |
| 遂宁市 | 25252 | 8848 | 1687 | 4495 | 1626 | 3504 | 2201 | 2161 | 731 |
| 内江市 | 24977 | 8736 | 2314 | 4036 | 2406 | 2687 | 2234 | 1556 | 1006 |
| 乐山市 | 27450 | 9198 | 2187 | 4434 | 1817 | 3970 | 2519 | 2602 | 722 |
| 南充市 | 23706 | 7804 | 2090 | 4272 | 2096 | 2985 | 2175 | 1641 | 643 |
| 眉山市 | 26129 | 9663 | 1755 | 4316 | 1517 | 3692 | 1562 | 2027 | 597 |
| 宜宾市 | 25560 | 9143 | 1988 | 4203 | 1813 | 3148 | 2822 | 1651 | 790 |
| 广安市 | 25675 | 8818 | 2722 | 4155 | 2639 | 2616 | 2178 | 1812 | 734 |
| 达州市 | 24405 | 9212 | 2142 | 4249 | 2033 | 2191 | 2270 | 1803 | 506 |
| 雅安市 | 23453 | 8132 | 1813 | 4837 | 1533 | 2532 | 2298 | 1736 | 571 |
| 巴中市 | 23477 | 9293 | 2978 | 3694 | 1609 | 2038 | 2333 | 996 | 535 |
| 资阳市 | 23596 | 8169 | 1624 | 4246 | 2545 | 2341 | 2094 | 1778 | 800 |
| 阿坝州 | 22505 | 7558 | 1862 | 4154 | 2038 | 2829 | 1891 | 1354 | 819 |
| 甘孜州 | 23962 | 9059 | 2482 | 4638 | 1859 | 2195 | 1544 | 1154 | 1032 |
| 凉山州 | 23459 | 8186 | 1783 | 4252 | 1513 | 2963 | 2343 | 1799 | 621 |

# 2-48 全省及各市(州)农村居民人均消费支出构成(2021年)

单位：元/人

| 地区 | 消费支出 | (一)食品烟酒 | (二)衣着 | (三)居住 | (四)生活用品及服务 | (五)交通通信 | (六)教育文化娱乐 | (七)医疗保健 | (八)其他用品及服务 |
|---|---|---|---|---|---|---|---|---|---|
| **全　省** | **16444** | **5969** | **835** | **2991** | **1075** | **2135** | **1273** | **1877** | **289** |
| 成都市 | 20460 | 7335 | 1702 | 3529 | 1189 | 2727 | 1804 | 1483 | 690 |
| 自贡市 | 16266 | 6004 | 860 | 2940 | 1151 | 1970 | 1224 | 1818 | 300 |
| 攀枝花市 | 15688 | 5156 | 649 | 2662 | 972 | 2700 | 1586 | 1691 | 272 |
| 泸州市 | 15225 | 5970 | 984 | 2974 | 1026 | 1704 | 1014 | 1217 | 337 |
| 德阳市 | 16391 | 5766 | 1124 | 2813 | 1071 | 2408 | 1371 | 1483 | 355 |
| 绵阳市 | 16624 | 5925 | 1132 | 3119 | 1245 | 2149 | 1278 | 1387 | 388 |
| 广元市 | 13309 | 4930 | 921 | 2642 | 941 | 1325 | 1027 | 1215 | 309 |
| 遂宁市 | 16239 | 6257 | 743 | 3587 | 1032 | 1589 | 1179 | 1588 | 264 |
| 内江市 | 15544 | 6113 | 895 | 2933 | 1238 | 1537 | 945 | 1632 | 250 |
| 乐山市 | 16558 | 5800 | 1058 | 3142 | 1118 | 2304 | 1294 | 1554 | 288 |
| 南充市 | 14656 | 5278 | 832 | 3154 | 1051 | 1495 | 1041 | 1531 | 273 |
| 眉山市 | 16960 | 6310 | 845 | 3109 | 1271 | 2377 | 1112 | 1692 | 244 |
| 宜宾市 | 16302 | 6111 | 996 | 3265 | 1206 | 1915 | 1271 | 1236 | 301 |
| 广安市 | 15004 | 5321 | 1358 | 2668 | 1342 | 1573 | 1012 | 1407 | 323 |
| 达州市 | 13893 | 5266 | 949 | 2438 | 902 | 1441 | 1218 | 1444 | 236 |
| 雅安市 | 14691 | 5206 | 1013 | 3100 | 1051 | 1869 | 1041 | 1182 | 230 |
| 巴中市 | 13346 | 5308 | 891 | 2557 | 771 | 1343 | 890 | 1258 | 328 |
| 资阳市 | 15034 | 5421 | 670 | 3623 | 1435 | 1245 | 980 | 1332 | 328 |
| 阿坝州 | 13199 | 4858 | 775 | 3287 | 877 | 1543 | 660 | 802 | 397 |
| 甘孜州 | 10784 | 4883 | 934 | 2337 | 749 | 700 | 401 | 351 | 429 |
| 凉山州 | 12444 | 4962 | 847 | 1918 | 773 | 1608 | 1219 | 898 | 217 |

# 主要统计指标解释

## 一、2013 年以来城乡住户一体化调查主要收支指标解释

从 2012 年四季度起，国家统计局对分别进行的城乡住户调查实施了一体化改革，统一了城乡居民收入指标名称、分类和统计标准，建立了城乡统一的一体化住户调查，并据此获得了全国居民有关数据。

**居民可支配收入**　指居民可用于最终消费支出和储蓄的总和，即居民可用于自由支配的收入。既包括现金收入，也包括实物收入。按照收入的来源，可支配收入包含四项，分别为：工资性收入、经营性净收入、转移性净收入和财产性净收入。

**居民消费支出**　是指居民用于满足家庭日常生活消费需要的全部支出，既包括现金消费支出，也包括实物消费支出。消费支出可划分为食品烟酒、衣着、居住、生活用品及服务、交通通信、教育文化娱乐、医疗保健以及其他用品及服务八大类。

## 二、2012 年及以前的分城乡住户调查收支指标解释

### （一）城镇住户调查主要收支指标解释

**城镇居民家庭总收入**　指调查户中生活一起的所有家庭成员在调查期得到的工薪收入、经营净收入、财产性收入、转移性收入的总和，不包括出售财物和借贷收入。

**城镇居民可支配收入**　指居民可用于最终消费支出和其他非义务性支出以及储蓄的总和，即居民家庭可以用来自由支配的收入。它是家庭总收入扣除交纳的所得税、个人交纳的社会保障费以及调查户的记账补贴后的收入。计算公式为：

可支配收入=家庭总收入-交纳所得税-个人交纳的社会保障支出-记账补贴

这一指标从 1997 年起作为主要指标代替生活费收入指标。

**工资性收入**　指就业人员通过各种途径得到的全部劳动报酬，包括所从事的主要职业的工资以及从事第二职业、其他兼职和零星劳动得到的其他劳动收入。

**工资及补贴收入**　指劳动者从工作单位得到的全部劳动报酬。既包括单位支付的计时计件劳动报酬，也包括根据国家的有关政策、法令规定，因病、工伤、产假、计划生育假、婚丧假、事假、探亲假、定期休假、停工学习、执行国家或社会等原因按计时工资标准或计时工资标准的一定比例支付的工资。

**其他劳动收入**　指家庭成员从事第二职业、兼职、零星劳动所得的劳动报酬。

**经营净收入**　指家庭成员从事生产经营活动所获得的净收入。是全部生产经营收入中扣除生产成本和税金后所得的收入。

**财产性收入**　指家庭拥有的动产（如银行存款、有价证券）、不动产（如房屋、车辆、土地、收藏品等）所获得的收入。包括出让财产使用权所获得的利息、租金、专利收入；财产营运所获得的红利收入、财产增值收益等。

**转移性收入**　指国家、单位、社会团体对居民家庭的各种转移支付和居民家庭间的收入转移。包括政府对个人收入转移的离退休金、失业救济金、赔偿等；单位对个人收入转移的辞退金、保险索赔、住房公积金、家庭间的赠送和赡养等。

**城镇居民家庭消费性支出**　指居民用于本家庭日常生活的全部支出，包括食品、衣着、家庭设备用品及服务、医疗保健、交通和通信、教育文化娱乐服务、居住、杂项商品和服务等八大类支出，包括用于赠送的商品或服务。消费支出按商品（服务）的用途分类。

**服务性消费支出** 指调查户用于本家庭支付社会提供的各种文化和生活方面的非商品性服务费用。应包括为别人付款的服务。服务消费与商品消费不同，其特点在于其劳动过程和消费过程在时间与空间上的统一。

服务性消费支出=食品加工服务费用+在外饮食业×50%+衣着加工服务费+家庭服务+医疗费+交通工具服务支出+交通费+通信服务+文化娱乐服务费+教育费用+房租+自有房租折算+住房装潢支出×40%+居住服务费+杂项服务费

**社会保障支出** 指调查户家庭成员参加国家法律、法规规定的社会保障项目中由个人交纳的保障支出。不包括职工所在单位交纳的那部分社会保障金。

**城镇居民家庭住房建筑面积** 指居民家庭现有住房的总建筑面积，以房屋产权证或租赁为准，包括房屋建筑物的有效面积和结构面积。

**城镇居民家庭住房使用面积** 指居民家庭住房的有效面积扣除公摊面积（如楼道、垃圾道、电梯井等）以后，可供使用的按内墙线计算的房屋面积。

**城镇居民家庭居住面积** 指居民家庭成员在调查时点实际居住的住房面积，不包括厨房、厕所、门厅、过道等，也不包括公用楼道和院子。

**（二）农村住户调查主要收支指标解释**

**人均纯收入** 指农村住户常住人口当年从各个来源得到的总收入相应地扣除所发生的费用后的收入总和。反映的是一个地区或一个农户农村居民的平均收入水平。 计算方法:

纯收入＝总收入-家庭经营费用支出-税费支出-生产性固定资产折旧-赠送农村内部亲友

**人均现金收入** 是指农村住户和常住人口在调查期内得到以现金形态表现的收入。按来源分成工资性收入、家庭经营收入、财产性收入、转移性收入。

**工资性收入** 是指农村常住人口受雇于单位或个人，靠出卖劳动而获得的收入。

**家庭经营收入** 是指农村住户以家庭为生产经营单位进行生产筹划和管理而获得的收入。农村住户家庭经营活动按行业划分为农业、林业、牧业、渔业、工业、建筑业、交通运输业邮电业、批发和零贸易餐饮业、社会服务业、文教卫生业和其他家庭经营。

**财产性收入** 是指金融资产或有形非生产性资产的所有者向其他机构单位提供资金或将有形非生产性资产供其支配，作为回报而从中获得的收入。

**转移性收入** 指农村住户和常住人口无须付出任何对应物而获得的货物、服务、资金或资产所有权等，不包括无偿提供的用于固定资本形成的资金。一般情况下，指农村住户在二次分配中的所有收入。包括亲友赠送、养老金等。

# 三 价格调查

# 3-1 居民消费、商品零售、农业生产资料价格总指数(1985-2021年)

(上年=100)

| 年份 | 居民消费价格指数 | | | 商品零售价格指数 | | | 农业生产资料价格指数 | | |
|---|---|---|---|---|---|---|---|---|---|
| | 全省 | 城市 | 农村 | 全省 | 城市 | 农村 | 全省 | 城市 | 农村 |
| 1985 | 107.6 | 109.5 | 105.3 | 106.8 | 109.6 | 104.9 | 111.9 | - | 111.9 |
| 1986 | 104.8 | 104.8 | 104.7 | 103.9 | 104.6 | 103.5 | 100.6 | - | 100.6 |
| 1987 | 107.6 | 110.1 | 105.6 | 107.5 | 110.6 | 105.7 | 106.3 | - | 106.3 |
| 1988 | 119.9 | 122.9 | 118.5 | 120.0 | 123.7 | 118.7 | 120.5 | - | 120.5 |
| 1989 | 119.8 | 117.8 | 121.3 | 118.3 | 116.8 | 119.2 | 116.2 | - | 116.2 |
| 1990 | 103.8 | 101.5 | 105.0 | 103.1 | 100.4 | 104.2 | 104.7 | - | 104.7 |
| 1991 | 103.0 | 104.3 | 102.1 | 102.3 | 103.7 | 101.4 | 100.8 | - | 100.8 |
| 1992 | 107.4 | 109.8 | 104.6 | 106.4 | 108.4 | 104.4 | 106.2 | - | 106.2 |
| 1993 | 116.8 | 116.9 | 116.7 | 113.9 | 114.7 | 113.7 | 115.0 | - | 115.0 |
| 1994 | 124.6 | 127.9 | 122.5 | 123.9 | 124.1 | 122.2 | 117.4 | - | 117.4 |
| 1995 | 118.5 | 119.0 | 118.3 | 117.0 | 115.7 | 118.2 | 130.8 | - | 130.8 |
| 1996 | 109.3 | 109.8 | 109.1 | 107.7 | 106.4 | 108.8 | 114.0 | - | 114.0 |
| 1997 | 105.1 | 105.1 | 105.0 | 102.9 | 102.8 | 102.9 | 100.9 | - | 100.9 |
| 1998 | 99.6 | 99.8 | 99.5 | 97.7 | 97.7 | 97.6 | 92.9 | - | 92.9 |
| 1999 | 98.5 | 98.1 | 99.0 | 97.3 | 96.9 | 97.6 | 95.2 | - | 95.2 |
| 2000 | 100.1 | 99.7 | 100.6 | 97.7 | 97.5 | 97.8 | 96.2 | - | 96.2 |
| 2001 | 102.1 | 101.8 | 102.7 | 100.8 | 100.5 | 101.2 | 97.8 | - | 97.8 |
| 2002 | 99.7 | 99.5 | 100.0 | 99.4 | 99.0 | 99.8 | 104.1 | - | 104.1 |
| 2003 | 101.7 | 101.9 | 100.9 | 100.1 | 100.1 | 100.1 | 100.8 | - | 100.8 |
| 2004 | 104.9 | 104.6 | 105.2 | 103.7 | 102.8 | 104.6 | 110.9 | - | 110.9 |
| 2005 | 101.7 | 101.7 | 101.6 | 100.6 | 100.1 | 101.0 | 107.2 | - | 107.2 |
| 2006 | 102.3 | 102.4 | 102.3 | 101.7 | 101.5 | 101.9 | 103.3 | - | 103.3 |
| 2007 | 105.9 | 105.9 | 106.0 | 105.3 | 105.1 | 105.5 | 109.0 | - | 109.0 |
| 2008 | 105.1 | 104.7 | 105.5 | 105.3 | 105.1 | 105.4 | 116.6 | - | 116.6 |
| 2009 | 100.8 | 100.7 | 101.0 | 100.1 | 99.8 | 100.4 | 101.2 | - | 101.2 |
| 2010 | 103.2 | 103.3 | 103.1 | 103.0 | 102.7 | 103.3 | 103.6 | - | 103.6 |
| 2011 | 105.3 | 105.1 | 105.8 | 104.6 | 104.4 | 105.2 | 112.4 | - | 112.4 |
| 2012 | 102.5 | 102.8 | 102.0 | 101.6 | 101.7 | 101.4 | 104.7 | - | 104.7 |
| 2013 | 102.8 | 102.8 | 102.8 | 101.7 | 101.7 | 101.6 | 101.5 | - | 101.5 |
| 2014 | 101.6 | 101.7 | 101.3 | 100.6 | 100.7 | 100.4 | 98.8 | - | 98.8 |
| 2015 | 101.5 | 101.4 | 101.6 | 100.2 | 99.9 | 101.0 | 101.5 | - | 101.5 |
| 2016 | 101.9 | 102.0 | 101.7 | 100.8 | 100.8 | 100.9 | 103.7 | - | 103.7 |
| 2017 | 101.4 | 101.7 | 100.8 | 100.5 | 100.4 | 100.8 | 99.8 | - | 99.8 |
| 2018 | 101.7 | 101.7 | 101.7 | 101.4 | 101.4 | 101.3 | 101.8 | | 101.8 |
| 2019 | 103.2 | 103.1 | 103.3 | 102.7 | 102.5 | 103.1 | 109.0 | | 109.0 |
| 2020 | 103.2 | 102.9 | 103.8 | 102.7 | 102.5 | 103.4 | 120.9 | | 120.9 |
| 2021 | 100.3 | 100.3 | 100.3 | 101.4 | 101.4 | 101.4 | / | | / |

# 3-2 居民消费价格分类指数(2021年)

(上年=100)

| 指　　标 | 全　省 | 城　市 | 农　村 |
|---|---|---|---|
| **居民消费价格总指数** | **100.3** | **100.3** | **100.3** |
| **一、食品烟酒** | **98.0** | **98.4** | **97.2** |
| 1.食品 | 96.0 | 96.6 | 95.0 |
| (1)粮食 | 101.6 | 101.6 | 101.7 |
| 大 米 | 101.0 | 100.7 | 101.4 |
| 面 粉 | 99.8 | 98.9 | 100.7 |
| (2)薯类 | 101.3 | 98.8 | 105.4 |
| (3)豆类 | 104.6 | 105.2 | 103.7 |
| (4)食用油 | 102.8 | 105.0 | 99.7 |
| (5)菜及食用菌 | 103.1 | 103.5 | 102.1 |
| 鲜 菜 | 103.2 | 103.6 | 102.3 |
| (6)畜肉类 | 79.1 | 80.2 | 77.2 |
| 猪 肉 | 67.8 | 68.7 | 66.3 |
| (7)禽肉类 | 95.7 | 96.1 | 94.9 |
| 鸡 | 92.8 | 93.2 | 92.0 |
| 鸭 | 97.3 | 97.5 | 96.8 |
| (8)水产品 | 110.5 | 110.7 | 110.2 |
| (9)蛋类 | 102.5 | 102.2 | 103.2 |
| 鸡 蛋 | 102.7 | 102.2 | 104.1 |
| (10)奶类 | 103.0 | 104.8 | 99.3 |
| (11)干鲜瓜果类 | 101.5 | 101.3 | 102.0 |
| 鲜 果 | 102.1 | 101.7 | 103.1 |
| (12)糖果糕点类 | 101.0 | 101.5 | 100.3 |
| (13)调味品 | 101.7 | 102.1 | 101.2 |
| (14)其他食品类 | 100.0 | 99.6 | 100.8 |
| 2.茶及饮料 | 101.5 | 101.3 | 101.6 |
| 3.烟酒 | 102.2 | 102.1 | 102.5 |
| (1)卷烟 | 100.6 | 100.4 | 100.8 |
| (2)酒类 | 105.2 | 105.0 | 105.4 |
| 4.在外餐饮 | 101.4 | 101.5 | 101.0 |
| **二、衣着** | **99.8** | **99.6** | **100.2** |
| 1.服装 | 100.4 | 100.2 | 100.8 |
| (1)男式服装 | 99.4 | 98.9 | 100.9 |
| (2)女式服装 | 101.0 | 101.0 | 100.9 |
| (3)儿童服装 | 100.0 | 99.7 | 100.7 |
| (4)衣着材料及配件 | 99.2 | 99.1 | 99.4 |
| (5)衣着服务费 | 102.2 | 101.9 | 102.7 |
| 2.鞋类 | 97.5 | 97.1 | 98.4 |
| (1)鞋 | 97.3 | 96.9 | 98.1 |
| (2)鞋类服务 | 100.9 | 100.4 | 101.9 |
| **三、居住** | **100.3** | **100.1** | **100.7** |
| 1.租赁房房租 | 99.6 | 99.2 | 100.7 |
| 2.住房保养维修及管理 | 102.0 | 102.1 | 101.8 |
| 3.水电燃料 | 100.0 | 99.5 | 100.8 |
| 4.自有住房 | 100.1 | 100.0 | 100.4 |

## 3-2 续表

（上年＝100）

| 指 标 | 全 省 | 城 市 | 农 村 |
|---|---|---|---|
| **四、生活用品及服务** | **100.6** | **100.8** | **100.4** |
| 1.家具及室内装饰品 | 102.0 | 102.3 | 101.5 |
| 2.家用器具 | 101.3 | 101.3 | 101.1 |
| 3.家用纺织品 | 99.4 | 99.0 | 100.3 |
| 4.家庭日用杂品 | 99.9 | 99.9 | 99.9 |
| 5.个人护理用品 | 99.2 | 99.4 | 98.6 |
| 6.家庭服务 | 104.0 | 104.8 | 101.3 |
| **五、交通通信** | **104.1** | **103.9** | **104.4** |
| 1.交通 | 105.5 | 105.3 | 106.0 |
| (1)交通工具 | 99.0 | 98.6 | 99.9 |
| (2)交通工具用燃料 | 117.0 | 117.0 | 117.1 |
| (3)交通工具使用和维修 | 100.4 | 99.6 | 102.2 |
| (4)交通费 | 102.3 | 101.9 | 103.0 |
| 2.通信 | 100.1 | 100.0 | 100.3 |
| (1)通信工具 | 102.5 | 102.6 | 102.1 |
| (2)通信服务 | 99.2 | 99.0 | 99.6 |
| (3)邮递服务 | 100.4 | 100.0 | 101.2 |
| **六、教育文化娱乐** | **100.9** | **100.6** | **101.6** |
| 1.教育 | 101.8 | 102.0 | 101.5 |
| (1)教育用品 | 101.1 | 100.6 | 101.7 |
| (2)教育服务 | 101.8 | 102.1 | 101.4 |
| 2.文化娱乐 | 99.8 | 99.2 | 102.1 |
| (1)文娱耐用消费品 | 101.2 | 100.9 | 101.9 |
| (2)其他文娱用品 | 100.4 | 100.4 | 100.3 |
| (3)文化娱乐服务 | 101.9 | 102.2 | 101.1 |
| (4)旅游 | 97.3 | 96.1 | 105.2 |
| **七、医疗保健** | **101.9** | **101.5** | **102.6** |
| 1.药品及医疗器具 | 100.2 | 100.3 | 100.0 |
| (1)中药 | 102.4 | 102.1 | 103.0 |
| (2)西药 | 99.3 | 99.5 | 98.7 |
| (3)滋补保健品 | 100.6 | 100.9 | 99.4 |
| (4)医疗卫生器具 | 98.7 | 99.4 | 96.9 |
| (5)保健器具 | 99.4 | 99.2 | 100.1 |
| 2.医疗服务 | 102.7 | 102.2 | 103.4 |
| **八、其他用品及服务** | **100.1** | **100.1** | **100.2** |
| 1.其他用品 | 100.0 | 99.9 | 100.4 |
| (1)首饰手表 | 101.1 | 100.7 | 102.2 |
| 2.其他服务 | 100.2 | 100.3 | 100.0 |
| (1)在外住宿 | 100.7 | 101.0 | 99.6 |
| (2)美容美发洗浴 | 101.4 | 100.6 | 104.6 |
| (3)养老服务 | 101.9 | 102.1 | 101.3 |
| (4)金融及保险服务 | 99.3 | 99.7 | 97.8 |
| (5)中介法律及其他服务 | 100.0 | 100.0 | 100.0 |

# 3-3 分月居民消费价格指数(2021年)

(上年同月=100)

| 分类名称 | 1月 | 2月 | 3月 | 4月 | 5月 | 6月 |
|---|---|---|---|---|---|---|
| **居民消费价格总指数** | **99.3** | **99.1** | **100.1** | **100.8** | **100.9** | **100.2** |
| **非食品烟酒价格指数** | **98.4** | **99.3** | **100.4** | **101.5** | **101.6** | **101.4** |
| **服务价格指数** | **98.6** | **99.6** | **99.9** | **101.1** | **100.8** | **100.9** |
| **工业品价格指数** | **98.2** | **99.0** | **101.1** | **102.0** | **102.5** | **102.1** |
| **消费品价格指数** | **99.8** | **98.8** | **100.3** | **100.7** | **101.0** | **99.8** |
| **一、食品烟酒** | **101.4** | **98.6** | **99.4** | **99.3** | **99.4** | **97.5** |
| 1.食品 | 101.4 | 97.1 | 98.2 | 98.1 | 98.2 | 95.1 |
| (1)粮食 | 101.4 | 101.6 | 101.7 | 101.9 | 101.2 | 101.5 |
| 大 米 | 100.6 | 100.8 | 100.9 | 100.9 | 100.6 | 101.1 |
| 面 粉 | 100.1 | 99.5 | 100.3 | 99.8 | 99.7 | 99.2 |
| 其他粮食 | 102.8 | 103.4 | 104.5 | 104.5 | 103.8 | 105.9 |
| 粮食制品 | 102.9 | 103.3 | 102.9 | 103.7 | 102.1 | 101.8 |
| (2)薯类 | 103.0 | 93.8 | 99.8 | 98.9 | 97.6 | 99.9 |
| 薯 类 | 103.0 | 93.8 | 99.8 | 98.9 | 97.6 | 99.9 |
| (3)豆类 | 107.5 | 107.7 | 107.8 | 105.5 | 104.2 | 103.5 |
| 干 豆 | 106.5 | 106.2 | 107.6 | 106.1 | 103.7 | 103.1 |
| 豆 制 品 | 108.0 | 108.4 | 107.9 | 105.3 | 104.5 | 103.7 |
| (4)食用油 | 105.6 | 105.9 | 105.9 | 105.6 | 105.3 | 102.5 |
| 食用植物油 | 104.9 | 106.2 | 106.9 | 107.4 | 108.2 | 107.3 |
| 食用动物油 | 109.7 | 104.2 | 100.1 | 94.6 | 86.8 | 71.8 |
| (5)菜及食用菌 | 115.3 | 104.8 | 103.5 | 99.9 | 101.3 | 99.1 |
| 鲜 菜 | 116.6 | 105.3 | 103.8 | 100.0 | 101.3 | 98.8 |
| 鲜 菌 | 108.4 | 98.8 | 101.4 | 95.4 | 101.3 | 104.2 |
| 干菜干菌及制品 | 100.3 | 99.9 | 100.1 | 100.2 | 100.4 | 100.6 |
| (6)畜肉类 | 97.6 | 87.4 | 89.4 | 88.2 | 85.8 | 75.0 |
| 猪 肉 | 94.2 | 80.0 | 81.0 | 78.1 | 73.0 | 58.7 |
| 牛 肉 | 103.5 | 103.3 | 105.0 | 105.3 | 105.5 | 105.2 |
| 羊 肉 | 107.2 | 107.5 | 107.6 | 107.6 | 107.9 | 107.6 |
| 其他畜肉及副产品 | 101.3 | 95.3 | 100.8 | 100.5 | 100.5 | 88.3 |
| 畜肉制品 | 103.8 | 101.9 | 100.6 | 101.1 | 101.4 | 99.7 |
| (7)禽肉类 | 91.3 | 92.5 | 93.2 | 94.5 | 96.1 | 96.6 |
| 鸡 | 87.1 | 88.2 | 89.4 | 90.8 | 93.1 | 94.2 |
| 鸭 | 91.8 | 95.1 | 94.8 | 96.2 | 97.7 | 97.4 |
| 其他禽肉及制品 | 100.2 | 100.1 | 100.2 | 100.9 | 100.9 | 100.7 |
| (8)水产品 | 97.9 | 99.8 | 105.2 | 112.2 | 117.5 | 117.7 |
| 淡 水 鱼 | 99.3 | 101.1 | 109.7 | 121.6 | 131.4 | 131.1 |
| 海 水 鱼 | 95.0 | 93.8 | 94.3 | 99.6 | 100.4 | 101.2 |
| 虾 蟹 类 | 95.4 | 103.6 | 104.8 | 102.4 | 99.8 | 99.2 |
| 其他水产品及制品 | 98.5 | 98.8 | 102.9 | 101.2 | 101.1 | 101.5 |
| (9)蛋类 | 98.7 | 100.1 | 99.8 | 100.9 | 103.3 | 104.9 |
| 鸡 蛋 | 98.4 | 100.2 | 99.7 | 101.0 | 103.7 | 105.7 |
| 其他蛋及制品 | 100.0 | 100.0 | 100.3 | 100.7 | 101.7 | 102.0 |

## 3-3 续表 1

(上年同月=100)

| 分类名称 | 1月 | 2月 | 3月 | 4月 | 5月 | 6月 |
| --- | --- | --- | --- | --- | --- | --- |
| (10)奶类 | 103.4 | 102.6 | 103.1 | 104.2 | 104.3 | 103.6 |
| 鲜 奶 | 106.6 | 108.6 | 108.7 | 107.9 | 107.5 | 106.0 |
| 酸 奶 | 98.9 | 98.0 | 98.7 | 99.2 | 99.0 | 99.8 |
| 奶 粉 | 102.2 | 99.3 | 100.1 | 102.9 | 103.4 | 103.0 |
| 其他奶制品 | 101.0 | 100.7 | 100.6 | 99.9 | 100.6 | 100.4 |
| (11)干鲜瓜果类 | 99.4 | 99.2 | 100.7 | 101.9 | 101.3 | 102.2 |
| 鲜 果 | 99.5 | 99.3 | 100.9 | 102.5 | 102.2 | 103.3 |
| 坚 果 | 99.7 | 99.0 | 100.2 | 99.5 | 97.9 | 98.5 |
| 瓜果制品 | 95.3 | 96.3 | 97.8 | 97.7 | 96.5 | 95.6 |
| (12)糖果糕点类 | 101.3 | 100.3 | 100.3 | 100.2 | 100.5 | 100.8 |
| 食 糖 | 99.8 | 101.2 | 101.0 | 99.9 | 100.5 | 100.5 |
| 糖 果 | 102.0 | 99.9 | 100.7 | 101.7 | 99.9 | 100.9 |
| 糕 点 | 101.8 | 100.4 | 100.2 | 100.1 | 100.6 | 100.7 |
| 其他糖果糕点 | 98.8 | 99.2 | 99.6 | 98.8 | 100.5 | 101.2 |
| (13)调味品 | 101.7 | 101.8 | 101.8 | 101.9 | 102.0 | 101.4 |
| 食 用 盐 | 100.5 | 100.4 | 100.6 | 100.3 | 99.6 | 98.8 |
| 酱 油 | 99.6 | 99.5 | 100.0 | 100.3 | 100.3 | 100.2 |
| 食 醋 | 100.2 | 101.1 | 101.8 | 100.9 | 101.7 | 101.4 |
| 增 味 剂 | 104.8 | 104.9 | 104.7 | 105.2 | 104.4 | 103.6 |
| 其他调味品 | 103.1 | 103.0 | 102.4 | 102.4 | 103.0 | 102.2 |
| (14)其他食品类 | 100.5 | 100.0 | 98.5 | 98.3 | 99.0 | 99.3 |
| 方便食品 | 100.6 | 99.7 | 98.1 | 96.9 | 97.8 | 98.2 |
| 淀粉及制品 | 101.6 | 101.9 | 101.6 | 101.8 | 101.4 | 101.3 |
| 其他食品 | 100.1 | 99.6 | 97.7 | 98.2 | 99.3 | 99.6 |
| 2.茶及饮料 | 100.6 | 100.2 | 101.3 | 101.2 | 101.4 | 101.2 |
| 茶 叶 | 100.3 | 101.3 | 102.2 | 102.0 | 102.8 | 102.6 |
| 固体咖啡 | 100.2 | 99.7 | 99.7 | 100.3 | 99.9 | 100.1 |
| 其他固体饮料 | 100.2 | 100.4 | 100.1 | 101.5 | 101.2 | 100.6 |
| 饮 用 水 | 99.7 | 99.2 | 100.0 | 99.9 | 99.7 | 99.4 |
| 果汁饮料 | 101.0 | 100.2 | 99.2 | 99.1 | 99.5 | 99.8 |
| 其他液体饮料 | 101.3 | 99.9 | 101.9 | 101.5 | 101.4 | 101.4 |
| 3.烟酒 | 101.3 | 101.4 | 101.8 | 102.0 | 102.1 | 102.5 |
| (1)卷烟 | 100.4 | 100.6 | 100.5 | 100.6 | 100.5 | 100.6 |
| 卷 烟 | 100.4 | 100.6 | 100.5 | 100.6 | 100.5 | 100.6 |
| (2)酒类 | 103.0 | 102.9 | 104.1 | 104.6 | 105.0 | 106.0 |
| 白 酒 | 103.9 | 104.4 | 105.7 | 106.2 | 106.9 | 107.9 |
| 葡 萄 酒 | 101.2 | 95.6 | 99.0 | 99.9 | 99.9 | 102.4 |
| 啤 酒 | 100.0 | 98.8 | 99.5 | 99.7 | 99.4 | 99.1 |
| 其他酒类 | 101.2 | 100.1 | 99.7 | 99.7 | 100.0 | 103.5 |
| 4.在外餐饮 | 101.6 | 101.9 | 101.5 | 101.1 | 101.1 | 101.3 |
| 餐馆餐饮 | 102.0 | 102.4 | 102.7 | 102.5 | 102.6 | 102.6 |
| 饮品店餐饮 | 99.5 | 99.4 | 99.4 | 99.2 | 99.6 | 100.0 |
| 外 卖 | 100.6 | 101.2 | 97.8 | 96.5 | 96.5 | 96.8 |
| 其他在外餐饮 | 102.4 | 102.6 | 102.1 | 101.7 | 101.6 | 101.9 |

## 3-3 续表 2

(上年同月=100)

| 分类名称 | 1月 | 2月 | 3月 | 4月 | 5月 | 6月 |
|---|---|---|---|---|---|---|
| **二、衣着** | **98.7** | **98.6** | **99.6** | **99.8** | **100.1** | **99.7** |
| 1.服装 | 99.4 | 99.2 | 100.2 | 100.4 | 100.7 | 100.4 |
| (1)男式服装 | 98.2 | 97.5 | 98.6 | 99.5 | 99.9 | 99.2 |
| 男式外套 | 98.1 | 98.0 | 98.5 | 99.2 | 99.4 | 99.1 |
| 男式针织衫 | 97.5 | 97.3 | 97.7 | 98.0 | 98.0 | 97.6 |
| 男式衬衫T恤 | 98.2 | 96.5 | 98.5 | 99.8 | 100.6 | 99.3 |
| 男式裤子 | 98.9 | 98.0 | 99.6 | 100.7 | 101.5 | 100.2 |
| 男式内衣 | 98.0 | 98.0 | 98.7 | 99.1 | 99.4 | 99.4 |
| (2)女式服装 | 100.3 | 100.3 | 101.3 | 101.2 | 101.4 | 101.3 |
| 女式外套 | 99.0 | 98.5 | 99.5 | 99.9 | 100.0 | 99.6 |
| 女式针织衫 | 98.0 | 98.7 | 99.4 | 99.2 | 99.4 | 99.4 |
| 女式衬衫T恤 | 102.7 | 103.1 | 103.8 | 103.1 | 103.6 | 103.0 |
| 女式裤子 | 99.9 | 100.2 | 102.7 | 102.3 | 102.6 | 102.5 |
| 女式裙子 | 103.0 | 103.3 | 103.7 | 103.3 | 103.7 | 104.2 |
| 女式内衣 | 99.3 | 99.2 | 100.0 | 99.4 | 99.2 | 99.1 |
| (3)儿童服装 | 98.2 | 97.9 | 98.8 | 99.0 | 99.3 | 99.2 |
| 婴儿服装 | 99.0 | 98.3 | 99.0 | 99.1 | 99.2 | 99.4 |
| 儿童上衣 | 98.3 | 97.2 | 98.7 | 98.9 | 99.3 | 99.1 |
| 儿童裤子 | 99.6 | 100.5 | 101.2 | 101.8 | 102.3 | 102.3 |
| 儿童裙子 | 94.9 | 94.5 | 95.0 | 95.3 | 95.5 | 95.1 |
| 儿童内衣 | 98.9 | 99.3 | 99.3 | 98.8 | 98.8 | 98.7 |
| (4)衣着材料及配件 | 99.0 | 98.8 | 99.5 | 99.5 | 99.7 | 99.5 |
| 袜 子 | 98.1 | 98.1 | 100.1 | 100.2 | 100.1 | 100.2 |
| 帽 子 | 100.5 | 100.5 | 100.0 | 99.9 | 100.1 | 100.1 |
| 其他衣着材料及配件 | 99.3 | 98.8 | 98.5 | 98.6 | 98.9 | 98.4 |
| (5)衣着服务费 | 99.8 | 101.7 | 101.7 | 102.7 | 102.6 | 102.3 |
| 衣着洗涤保养 | 99.7 | 101.6 | 101.7 | 102.4 | 102.2 | 101.8 |
| 其他衣着服务 | 100.1 | 101.7 | 101.9 | 103.4 | 104.0 | 103.9 |
| 2.鞋类 | 95.9 | 96.3 | 97.4 | 97.4 | 97.6 | 97.0 |
| (1)鞋 | 95.8 | 95.9 | 97.2 | 97.2 | 97.4 | 96.8 |
| 男 鞋 | 98.1 | 98.3 | 99.9 | 100.0 | 100.2 | 100.1 |
| 女 鞋 | 94.3 | 94.2 | 95.4 | 95.6 | 95.8 | 95.0 |
| 童 鞋 | 98.7 | 99.3 | 100.5 | 99.2 | 99.1 | 98.4 |
| (2)鞋类服务 | 97.2 | 103.6 | 101.2 | 101.2 | 100.8 | 100.8 |
| 鞋类服务 | 97.2 | 103.6 | 101.2 | 101.2 | 100.8 | 100.8 |
| **三、居住** | **99.3** | **99.5** | **99.7** | **100.2** | **100.5** | **100.4** |
| 1.租赁房房租 | 98.6 | 98.9 | 99.3 | 99.7 | 99.8 | 99.9 |
| 公房房租 | 99.6 | 99.6 | 99.6 | 99.6 | 99.6 | 99.6 |
| 私房房租 | 98.5 | 98.9 | 99.2 | 99.8 | 99.8 | 100.0 |
| 2.住房保养维修及管理 | 100.3 | 100.3 | 101.1 | 101.4 | 101.7 | 101.9 |
| (1)住房装潢材料 | 99.1 | 99.1 | 100.1 | 100.5 | 100.9 | 101.3 |

## 3-3 续表 3

(上年同月=100)

| 分类名称 | 1月 | 2月 | 3月 | 4月 | 5月 | 6月 |
|---|---|---|---|---|---|---|
| 木 地 板 | 99.5 | 99.6 | 100.0 | 100.6 | 101.4 | 102.4 |
| 瓷 砖 | 97.5 | 97.6 | 99.0 | 98.7 | 99.0 | 99.3 |
| 水 泥 | 98.2 | 98.0 | 100.0 | 102.0 | 103.4 | 102.9 |
| 涂 料 | 97.2 | 97.8 | 98.4 | 98.4 | 97.7 | 98.1 |
| 板 材 | 98.1 | 97.6 | 98.1 | 98.3 | 98.5 | 98.9 |
| 管 材 | 101.8 | 101.8 | 104.5 | 104.7 | 105.6 | 105.9 |
| 厨卫设备 | 99.9 | 99.7 | 100.2 | 100.5 | 100.1 | 99.7 |
| 门 窗 | 99.0 | 99.3 | 100.2 | 101.8 | 102.4 | 103.1 |
| 其他住房装潢材料 | 102.2 | 102.5 | 103.0 | 102.7 | 103.6 | 105.2 |
| (2)住房维修管理费用 | 101.5 | 101.4 | 102.2 | 102.3 | 102.6 | 102.6 |
| 物业管理费 | 101.4 | 101.8 | 101.8 | 101.8 | 101.8 | 101.8 |
| 装潢维修费 | 101.7 | 101.5 | 102.7 | 102.8 | 103.3 | 103.3 |
| 其他住房费用 | 100.0 | 100.0 | 100.0 | 100.0 | 100.0 | 100.0 |
| 3.水电燃料 | 99.9 | 99.9 | 100.2 | 100.4 | 100.8 | 97.9 |
| (1)水 | 100.0 | 100.0 | 100.0 | 100.0 | 100.0 | 100.0 |
| 水 | 100.0 | 100.0 | 100.0 | 100.0 | 100.0 | 100.0 |
| (2)电 | 100.0 | 100.0 | 100.0 | 100.0 | 100.0 | 94.3 |
| 电 | 100.0 | 100.0 | 100.0 | 100.0 | 100.0 | 94.3 |
| (3)燃气 | 99.7 | 99.8 | 100.1 | 100.7 | 100.8 | 101.0 |
| 管道燃气 | 100.1 | 100.1 | 100.1 | 100.5 | 100.5 | 100.8 |
| 液化石油气 | 96.9 | 97.5 | 100.3 | 101.8 | 102.3 | 102.7 |
| (4)其他水电燃料类 | 100.1 | 99.9 | 101.6 | 102.5 | 105.6 | 106.5 |
| 其他水电燃料类 | 100.1 | 99.9 | 101.6 | 102.5 | 105.6 | 106.5 |
| 4.自有住房 | 99.1 | 99.2 | 99.2 | 99.9 | 100.3 | 100.7 |
| 自有住房 | 99.1 | 99.2 | 99.2 | 99.9 | 100.3 | 100.7 |
| **四、生活用品及服务** | **100.0** | **100.1** | **100.3** | **100.7** | **100.7** | **100.6** |
| 1.家具及室内装饰品 | 101.7 | 101.7 | 101.9 | 102.1 | 102.2 | 102.5 |
| (1)家具 | 101.9 | 101.9 | 102.0 | 102.2 | 102.3 | 102.7 |
| 柜 | 102.2 | 102.0 | 102.0 | 102.2 | 102.6 | 102.8 |
| 床 | 101.9 | 101.9 | 101.9 | 102.4 | 103.0 | 103.6 |
| 桌 | 103.0 | 103.1 | 102.8 | 102.5 | 102.6 | 103.0 |
| 椅 | 101.9 | 102.1 | 102.6 | 103.1 | 103.4 | 103.4 |
| 沙 发 | 100.8 | 100.8 | 101.2 | 101.3 | 100.7 | 101.4 |
| 其他家具 | 102.5 | 102.9 | 103.1 | 103.3 | 103.4 | 102.8 |
| (2)室内装饰品 | 98.7 | 99.2 | 99.8 | 100.0 | 100.5 | 100.5 |
| 灯 具 | 98.7 | 99.6 | 100.2 | 100.6 | 101.4 | 101.5 |
| 其他室内装饰品 | 98.6 | 98.7 | 99.3 | 99.3 | 99.3 | 99.3 |
| 2.家用器具 | 98.9 | 99.9 | 100.9 | 101.4 | 101.4 | 101.5 |
| (1)大型家用器具 | 98.2 | 99.3 | 100.6 | 101.1 | 101.0 | 101.5 |
| 洗 衣 机 | 97.3 | 98.1 | 98.9 | 100.4 | 100.8 | 100.9 |
| 电冰箱(柜) | 97.9 | 98.1 | 99.3 | 100.7 | 101.0 | 100.6 |
| 抽油烟机 | 99.7 | 99.8 | 100.5 | 101.3 | 101.6 | 101.1 |

3-3 续表 4

(上年同月=100)

| 分类名称 | 1月 | 2月 | 3月 | 4月 | 5月 | 6月 |
|---|---|---|---|---|---|---|
| 空 调 器 | 99.0 | 102.0 | 104.0 | 103.4 | 102.6 | 103.9 |
| 热 水 器 | 98.0 | 97.3 | 98.6 | 99.8 | 99.8 | 100.5 |
| 炉具灶具 | 98.0 | 97.7 | 98.9 | 100.6 | 100.3 | 100.2 |
| 吸 尘 器 | 98.3 | 98.0 | 96.1 | 97.7 | 99.8 | 98.4 |
| 空气净化器 | 99.0 | 97.7 | 97.2 | 97.3 | 98.3 | 95.8 |
| 净 水 器 | 97.3 | 99.2 | 99.0 | 97.3 | 96.5 | 97.4 |
| 其他大型家用器具 | 97.4 | 97.4 | 98.2 | 98.9 | 99.4 | 99.6 |
| (2)小家电 | 102.4 | 103.0 | 102.5 | 102.5 | 103.2 | 101.8 |
| 厨房小家电 | 104.6 | 104.3 | 103.3 | 103.2 | 103.8 | 102.8 |
| 生活小家电 | 97.1 | 99.7 | 100.4 | 100.5 | 101.5 | 99.3 |
| 3.家用纺织品 | 99.2 | 98.9 | 99.1 | 99.1 | 99.3 | 99.4 |
| (1)床上用品 | 98.9 | 98.5 | 98.7 | 98.7 | 98.8 | 98.9 |
| 被 子 | 97.4 | 96.4 | 96.6 | 96.8 | 96.9 | 97.2 |
| 床单被套 | 99.4 | 99.5 | 99.7 | 99.8 | 99.9 | 99.9 |
| 其他床上用品 | 100.2 | 99.4 | 99.5 | 99.6 | 99.6 | 99.6 |
| (2)窗帘门帘 | 99.8 | 100.4 | 101.2 | 101.2 | 102.2 | 102.2 |
| 窗帘门帘 | 99.8 | 100.4 | 101.2 | 101.2 | 102.2 | 102.2 |
| (3)其他家用纺织品 | 100.4 | 100.2 | 100.4 | 100.3 | 100.3 | 100.3 |
| 其他家用纺织品 | 100.4 | 100.2 | 100.4 | 100.3 | 100.3 | 100.3 |
| 4.家庭日用杂品 | 99.4 | 99.3 | 98.9 | 99.7 | 99.5 | 99.4 |
| (1)洗涤卫生用品 | 101.0 | 100.8 | 99.8 | 100.1 | 100.2 | 100.1 |
| 清洗用品 | 102.4 | 101.1 | 101.5 | 103.0 | 101.6 | 101.4 |
| 清洁用具 | 100.0 | 102.9 | 102.1 | 98.6 | 96.8 | 98.2 |
| 清洁用纸 | 99.9 | 99.8 | 97.3 | 97.9 | 99.9 | 99.4 |
| (2)厨具餐具茶具 | 97.7 | 96.4 | 96.4 | 98.0 | 97.5 | 97.1 |
| 厨 具 | 98.6 | 94.4 | 95.0 | 97.4 | 97.4 | 96.1 |
| 餐 具 | 97.1 | 99.0 | 97.8 | 97.5 | 96.2 | 96.4 |
| 茶 具 | 95.9 | 98.9 | 99.3 | 101.6 | 100.8 | 102.6 |
| (3)其他家庭日用杂品 | 98.6 | 99.3 | 99.2 | 100.0 | 99.8 | 99.7 |
| 配电附件 | 100.8 | 101.0 | 101.9 | 102.8 | 102.7 | 102.2 |
| 雨 具 | 100.3 | 100.3 | 100.3 | 100.4 | 100.4 | 100.3 |
| 其他日用杂品 | 97.3 | 98.3 | 98.0 | 98.9 | 98.7 | 98.6 |
| 5.个人护理用品 | 101.1 | 99.1 | 99.7 | 99.8 | 99.9 | 98.9 |
| (1)化妆品 | 101.1 | 98.3 | 100.1 | 100.3 | 100.6 | 99.5 |
| 清洁化妆品 | 99.2 | 99.6 | 100.2 | 100.8 | 101.6 | 99.7 |
| 护肤化妆品 | 102.3 | 98.4 | 100.7 | 100.9 | 100.9 | 99.9 |
| 彩妆化妆品 | 98.4 | 96.0 | 97.4 | 98.4 | 98.3 | 97.7 |
| 化妆器具 | 99.5 | 98.3 | 99.4 | 97.2 | 99.5 | 98.9 |
| (2)其他护理用品类 | 101.1 | 100.3 | 99.3 | 99.1 | 99.0 | 98.1 |
| 清洁类护理用品 | 101.6 | 100.7 | 98.7 | 98.7 | 99.2 | 98.9 |
| 护发美发用品 | 100.6 | 101.5 | 100.6 | 100.7 | 98.1 | 95.6 |
| 护理器具 | 100.3 | 96.1 | 99.3 | 97.1 | 99.6 | 99.5 |
| 其他护理用品 | 101.1 | 100.1 | 99.0 | 98.7 | 99.6 | 99.2 |

## 3-3 续表 5

(上年同月=100)

| 分类名称 | 1月 | 2月 | 3月 | 4月 | 5月 | 6月 |
|---|---|---|---|---|---|---|
| 6.家庭服务 | 100.5 | 105.2 | 103.9 | 103.9 | 103.9 | 104.1 |
| 家政服务 | 99.5 | 108.3 | 106.9 | 106.9 | 106.3 | 106.5 |
| 母婴护理服务 | 100.6 | 103.7 | 102.6 | 102.8 | 103.2 | 102.9 |
| 家庭维修服务 | 100.1 | 101.2 | 100.3 | 100.3 | 100.8 | 101.2 |
| 其他家庭服务 | 103.6 | 106.5 | 105.1 | 104.7 | 104.9 | 104.8 |
| **五、交通通信** | **94.9** | **97.7** | **103.0** | **105.1** | **105.6** | **105.6** |
| 1.交通 | 93.0 | 96.9 | 104.0 | 107.0 | 107.6 | 107.7 |
| (1)交通工具 | 97.4 | 96.9 | 97.8 | 98.3 | 99.5 | 97.3 |
| 燃油小汽车 | 97.0 | 96.3 | 97.5 | 97.9 | 99.3 | 96.4 |
| 新能源小汽车 | 96.3 | 96.4 | 95.7 | 96.6 | 97.4 | 96.9 |
| 电动自行车 | 98.5 | 98.3 | 98.8 | 100.0 | 100.2 | 100.4 |
| 自 行 车 | 101.1 | 100.9 | 103.1 | 103.4 | 103.7 | 103.3 |
| 其他交通工具 | 100.5 | 100.6 | 101.4 | 101.2 | 102.1 | 102.9 |
| (2)交通工具用燃料 | 87.4 | 95.7 | 111.8 | 119.6 | 121.5 | 123.8 |
| 汽 油 | 87.1 | 95.6 | 112.1 | 120.2 | 122.2 | 124.5 |
| 柴 油 | 85.0 | 94.1 | 112.0 | 120.3 | 123.2 | 125.9 |
| 其他车用能源 | 98.7 | 99.1 | 102.8 | 104.8 | 104.8 | 104.8 |
| (3)交通工具使用和维修 | 98.9 | 101.4 | 100.5 | 100.5 | 100.5 | 100.8 |
| 停 车 费 | 100.0 | 100.6 | 100.4 | 100.4 | 100.4 | 100.7 |
| 车辆使用费 | 100.3 | 100.3 | 100.3 | 100.3 | 100.0 | 100.0 |
| 交通工具零配件 | 99.2 | 99.2 | 99.9 | 99.9 | 100.3 | 100.5 |
| 车辆修理与保养 | 96.3 | 106.3 | 101.4 | 101.4 | 101.6 | 102.1 |
| (4)交通费 | 91.1 | 95.8 | 105.4 | 108.5 | 106.3 | 106.4 |
| 市内公共交通 | 100.0 | 100.0 | 100.0 | 100.0 | 100.0 | 100.0 |
| 出租汽车 | 99.6 | 105.5 | 100.7 | 100.7 | 100.7 | 100.7 |
| 飞 机 票 | 65.3 | 81.4 | 135.2 | 156.5 | 138.3 | 143.1 |
| 火 车 票 | 100.0 | 100.0 | 100.0 | 100.1 | 100.1 | 99.9 |
| 长途汽车 | 98.2 | 101.3 | 97.8 | 100.2 | 102.0 | 102.2 |
| 网 约 车 | 96.1 | 91.4 | 96.6 | 94.3 | 94.3 | 94.3 |
| 交通工具租赁费 | 93.2 | 101.6 | 98.6 | 100.2 | 97.2 | 98.5 |
| 其他交通费 | 75.8 | 89.0 | 101.2 | 90.7 | 93.1 | 92.6 |
| 2.通信 | 100.4 | 100.1 | 100.2 | 100.2 | 100.1 | 100.1 |
| (1)通信工具 | 105.4 | 103.9 | 104.7 | 104.7 | 104.2 | 104.1 |
| 电 话 机 | 105.8 | 104.2 | 105.1 | 105.1 | 104.5 | 104.5 |
| 其他通信工具及零配件 | 98.9 | 99.2 | 98.9 | 98.9 | 98.9 | 98.9 |
| (2)通信服务 | 98.5 | 98.5 | 98.5 | 98.5 | 98.5 | 98.6 |
| 电 话 费 | 98.1 | 98.1 | 98.1 | 98.1 | 98.1 | 98.1 |
| 家庭宽带服务 | 99.8 | 100.2 | 99.9 | 99.9 | 100.2 | 100.0 |
| 其他通信服务 | 99.1 | 99.1 | 99.1 | 99.2 | 99.2 | 99.2 |
| (3)邮递服务 | 99.9 | 100.5 | 100.5 | 100.6 | 100.4 | 100.4 |
| 邮递服务 | 99.9 | 100.5 | 100.5 | 100.6 | 100.4 | 100.4 |

## 3-3 续表 6

(上年同月=100)

| 分类名称 | 1月 | 2月 | 3月 | 4月 | 5月 | 6月 |
|---|---|---|---|---|---|---|
| **六、教育文化娱乐** | **96.8** | **98.6** | **98.1** | **101.2** | **100.1** | **99.5** |
| 1.教育 | 101.2 | 101.1 | 101.4 | 101.6 | 101.5 | 101.3 |
| (1)教育用品 | 100.7 | 100.7 | 101.1 | 101.3 | 101.6 | 101.3 |
| 工 具 书 | 103.1 | 103.1 | 102.9 | 103.2 | 103.1 | 103.1 |
| 教 材 | 100.0 | 100.0 | 100.9 | 100.5 | 100.5 | 100.6 |
| 参考资料 | 101.9 | 101.9 | 102.9 | 103.2 | 103.2 | 102.7 |
| 其他教育用品 | 98.9 | 98.9 | 98.4 | 98.8 | 99.7 | 99.2 |
| (2)教育服务 | 101.2 | 101.1 | 101.5 | 101.6 | 101.5 | 101.3 |
| 幼儿早期教育 | 100.2 | 100.2 | 100.2 | 100.3 | 101.1 | 101.5 |
| 学前教育 | 102.4 | 102.4 | 103.6 | 103.5 | 103.5 | 103.0 |
| 小学初中教育 | 103.8 | 103.8 | 103.8 | 103.8 | 103.8 | 103.8 |
| 高中中职教育 | 100.9 | 100.9 | 101.0 | 100.7 | 100.7 | 100.7 |
| 高等教育 | 100.2 | 100.2 | 100.2 | 100.2 | 100.2 | 100.2 |
| 课外教育 | 100.6 | 100.4 | 100.5 | 100.6 | 100.6 | 100.6 |
| 专业技能培训 | 99.9 | 100.0 | 100.5 | 102.3 | 100.6 | 98.1 |
| 其他教育服务 | 101.3 | 100.3 | 102.2 | 102.2 | 102.4 | 102.4 |
| 2.文化娱乐 | 91.2 | 95.3 | 93.9 | 100.8 | 98.4 | 97.2 |
| (1)文娱耐用消费品 | 97.9 | 98.0 | 99.8 | 101.5 | 102.3 | 101.9 |
| 电 视 机 | 95.7 | 95.9 | 97.7 | 99.0 | 100.2 | 99.9 |
| 照 相 机 | 97.2 | 97.6 | 96.6 | 96.7 | 96.9 | 96.6 |
| 台式计算机 | 98.4 | 99.2 | 102.6 | 106.3 | 107.0 | 107.8 |
| 笔记本电脑 | 98.0 | 98.5 | 101.1 | 104.5 | 105.7 | 105.3 |
| 平板电脑 | 101.1 | 101.5 | 102.3 | 103.7 | 103.4 | 100.2 |
| 乐 器 | 100.8 | 100.8 | 100.9 | 101.0 | 101.1 | 101.2 |
| 音 响 | 100.4 | 99.1 | 99.1 | 99.2 | 99.2 | 100.2 |
| 可穿戴智能设备 | 106.0 | 105.2 | 105.8 | 105.3 | 101.6 | 100.3 |
| 其他文娱耐用消费品 | 98.1 | 97.3 | 98.0 | 98.4 | 98.9 | 99.3 |
| (2)其他文娱用品 | 99.9 | 99.4 | 99.8 | 100.8 | 101.2 | 100.6 |
| 书报杂志及音像制品 | 101.3 | 100.5 | 100.4 | 100.4 | 100.4 | 100.4 |
| 纸张文具 | 99.9 | 99.9 | 99.7 | 99.8 | 100.2 | 100.2 |
| 体育户外用品 | 100.2 | 99.9 | 99.8 | 99.8 | 100.7 | 100.7 |
| 游戏用品和玩具 | 101.9 | 99.5 | 100.3 | 101.9 | 103.0 | 102.1 |
| 园艺花卉及用品 | 96.5 | 96.7 | 98.7 | 99.4 | 99.7 | 99.5 |
| 宠物及用品 | 95.8 | 95.8 | 95.8 | 100.6 | 100.8 | 96.7 |
| 其他文化娱乐用品 | 100.5 | 101.3 | 101.7 | 101.6 | 101.6 | 101.6 |
| (3)文化娱乐服务 | 101.0 | 102.2 | 101.8 | 101.7 | 102.2 | 102.2 |
| 电影及演出票 | 98.8 | 108.3 | 102.7 | 100.7 | 100.4 | 100.3 |
| 景点门票 | 100.0 | 100.3 | 101.8 | 101.9 | 101.9 | 100.9 |
| 电视服务 | 99.8 | 99.6 | 99.8 | 100.1 | 100.1 | 100.6 |
| 健身活动 | 105.2 | 105.4 | 105.3 | 96.1 | 100.3 | 100.4 |
| 宠物服务 | 102.2 | 105.4 | 104.5 | 104.6 | 104.5 | 105.8 |
| 网络文娱服务 | 99.3 | 99.1 | 99.7 | 106.0 | 105.8 | 105.6 |

## 3-3 续表 7

(上年同月=100)

| 分类名称 | 1月 | 2月 | 3月 | 4月 | 5月 | 6月 |
|---|---|---|---|---|---|---|
| 儿童娱乐项目 | 106.2 | 106.8 | 106.2 | 106.2 | 108.8 | 108.8 |
| 其他文娱服务 | 100.1 | 100.9 | 99.4 | 101.0 | 100.3 | 100.2 |
| (4)旅游 | 77.4 | 87.6 | 83.2 | 99.9 | 92.7 | 90.0 |
| 旅行社收费 | 72.1 | 83.7 | 78.9 | 98.5 | 89.8 | 86.8 |
| 其他旅游 | 105.7 | 108.1 | 106.0 | 106.6 | 107.9 | 107.4 |
| **七、医疗保健** | **101.8** | **101.7** | **101.7** | **101.7** | **101.7** | **102.1** |
| 1.药品及医疗器具 | 100.4 | 100.3 | 100.1 | 100.1 | 100.3 | 100.6 |
| (1)中药 | 101.2 | 101.9 | 101.8 | 101.8 | 102.2 | 102.2 |
| 中 药 材 | 102.6 | 102.2 | 101.5 | 101.6 | 102.2 | 101.3 |
| 中 成 药 | 100.7 | 101.8 | 101.9 | 101.9 | 102.1 | 102.6 |
| (2)西药 | 99.4 | 99.2 | 99.2 | 99.2 | 99.5 | 100.2 |
| 抗微生物药 | 97.6 | 97.6 | 97.6 | 97.6 | 98.2 | 100.5 |
| 消化系统用药 | 99.2 | 99.6 | 100.0 | 100.2 | 100.6 | 100.2 |
| 呼吸系统用药 | 101.2 | 99.5 | 99.5 | 99.3 | 99.2 | 100.3 |
| 解热镇痛药 | 101.1 | 101.2 | 101.1 | 101.6 | 101.8 | 100.9 |
| 抗肿瘤药 | 96.8 | 96.8 | 96.7 | 96.9 | 97.9 | 97.6 |
| 激素及影响内分泌药 | 98.6 | 98.5 | 98.4 | 98.2 | 99.1 | 99.1 |
| 心血管系统用药 | 101.3 | 101.0 | 101.1 | 100.6 | 100.7 | 100.7 |
| 血液系统用药 | 99.0 | 99.1 | 98.6 | 98.6 | 98.0 | 99.7 |
| 治疗精神障碍药 | 99.9 | 99.9 | 100.8 | 100.1 | 100.1 | 99.8 |
| 神经系统用药 | 101.0 | 101.5 | 101.6 | 101.9 | 101.6 | 102.3 |
| 泌尿系统用药 | 99.5 | 99.1 | 98.6 | 99.1 | 98.6 | 99.2 |
| 维生素、矿物质类药 | 100.2 | 100.2 | 100.1 | 100.6 | 101.1 | 102.4 |
| 调节水、电解质及酸碱平衡药 | 99.5 | 99.6 | 99.3 | 99.3 | 99.1 | 100.3 |
| 其他西药 | 100.6 | 99.7 | 99.7 | 100.0 | 99.8 | 100.0 |
| (3)滋补保健品 | 101.1 | 101.1 | 100.4 | 100.2 | 100.3 | 100.3 |
| 滋补保健品 | 101.1 | 101.1 | 100.4 | 100.2 | 100.3 | 100.3 |
| (4)医疗卫生器具 | 103.9 | 102.0 | 100.5 | 101.0 | 99.6 | 99.1 |
| 医疗卫生器具 | 103.9 | 102.0 | 100.5 | 101.0 | 99.6 | 99.1 |
| (5)保健器具 | 99.8 | 99.8 | 100.1 | 99.7 | 99.7 | 99.7 |
| 保健器具 | 99.8 | 99.8 | 100.1 | 99.7 | 99.7 | 99.7 |
| 2.医疗服务 | 102.4 | 102.4 | 102.4 | 102.4 | 102.4 | 102.8 |
| (1)综合医疗类 | 103.5 | 103.5 | 103.5 | 103.5 | 103.4 | 103.6 |
| 一般医疗服务 | 104.4 | 104.4 | 104.3 | 104.3 | 104.3 | 104.4 |
| 一般治疗操作 | 103.3 | 103.4 | 103.2 | 103.2 | 103.2 | 103.6 |
| 护 理 | 103.3 | 103.3 | 103.3 | 103.3 | 103.1 | 103.2 |
| 其他综合医疗服务 | 98.5 | 98.5 | 98.5 | 98.5 | 98.5 | 98.6 |
| (2)诊断类 | 100.0 | 99.9 | 99.9 | 99.9 | 99.9 | 100.4 |
| 病理学诊断 | 103.5 | 103.5 | 103.6 | 103.6 | 103.5 | 104.1 |
| 实验室诊断 | 100.2 | 100.1 | 100.1 | 100.1 | 100.1 | 100.8 |
| 影像学诊断 | 98.1 | 98.1 | 98.1 | 98.1 | 98.1 | 98.4 |
| 临床诊断 | 103.2 | 103.2 | 103.2 | 103.2 | 103.2 | 103.3 |

3-3 续表 8

(上年同月=100)

| 分类名称 | 1月 | 2月 | 3月 | 4月 | 5月 | 6月 |
|---|---|---|---|---|---|---|
| (3)治疗类 | 107.2 | 107.2 | 107.2 | 107.2 | 107.1 | 107.6 |
| 临床手术治疗 | 102.9 | 102.9 | 102.9 | 102.9 | 102.8 | 103.4 |
| 临床非手术治疗 | 111.7 | 111.7 | 111.7 | 111.7 | 111.7 | 112.1 |
| (4)康复类 | 100.5 | 100.5 | 100.5 | 100.5 | 100.5 | 100.9 |
| 康复医疗 | 100.5 | 100.5 | 100.5 | 100.5 | 100.5 | 100.9 |
| (5)中医医疗服务类 | 102.1 | 102.1 | 102.2 | 102.2 | 102.2 | 102.6 |
| 中医治疗 | 102.1 | 102.1 | 102.2 | 102.2 | 102.2 | 102.6 |
| (6)其他医疗保健服务 | 100.6 | 100.6 | 100.3 | 100.3 | 100.3 | 100.9 |
| 其他医疗保健服务 | 100.6 | 100.6 | 100.3 | 100.3 | 100.3 | 100.9 |
| **八、其他用品及服务** | **99.5** | **100.5** | **100.3** | **100.8** | **100.9** | **100.7** |
| 1.其他用品 | 102.1 | 101.7 | 101.5 | 100.8 | 100.7 | 101.3 |
| (1)首饰手表 | 106.0 | 105.2 | 103.4 | 104.2 | 103.6 | 103.3 |
| 金 饰 品 | 111.4 | 109.1 | 102.8 | 103.0 | 101.8 | 102.4 |
| 银 饰 品 | 100.7 | 100.4 | 100.0 | 100.0 | 99.5 | 100.0 |
| 铂金饰品 | 102.0 | 102.7 | 108.2 | 111.5 | 111.4 | 108.8 |
| 手 表 | 101.9 | 102.0 | 101.3 | 101.3 | 101.3 | 101.3 |
| (2)母婴用品 | 97.4 | 98.0 | 100.3 | 98.0 | 99.9 | 97.8 |
| 母婴洗护喂养用品 | 97.7 | 98.5 | 100.4 | 99.4 | 102.2 | 98.6 |
| 其他母婴用品 | 96.5 | 96.6 | 100.3 | 94.4 | 94.5 | 95.9 |
| (3)其他杂项用品 | 99.0 | 98.5 | 98.9 | 96.9 | 96.2 | 100.0 |
| 箱 包 | 98.7 | 97.9 | 98.5 | 95.9 | 95.0 | 100.3 |
| 眼 镜 | 99.7 | 99.9 | 99.9 | 99.6 | 99.3 | 99.3 |
| 2.其他服务 | 97.9 | 99.8 | 99.5 | 100.7 | 101.1 | 100.4 |
| (1)在外住宿 | 91.2 | 93.8 | 99.8 | 108.8 | 110.6 | 104.9 |
| 宾馆住宿 | 92.7 | 93.8 | 100.1 | 106.3 | 107.4 | 103.1 |
| 其他住宿 | 86.9 | 93.9 | 98.8 | 116.0 | 120.2 | 110.3 |
| (2)美容美发洗浴 | 99.1 | 104.6 | 100.8 | 101.3 | 101.6 | 101.6 |
| 美 容 | 100.1 | 102.1 | 100.2 | 100.2 | 100.2 | 100.4 |
| 美 发 | 97.4 | 106.7 | 100.5 | 101.3 | 101.9 | 101.8 |
| 洗 浴 | 101.6 | 104.4 | 103.0 | 103.6 | 103.8 | 103.7 |
| (3)养老服务 | 102.4 | 102.6 | 102.6 | 102.5 | 103.0 | 103.0 |
| 养老服务 | 102.4 | 102.6 | 102.6 | 102.5 | 103.0 | 103.0 |
| (4)金融及保险服务 | 98.4 | 98.5 | 98.4 | 98.4 | 98.4 | 98.4 |
| 金融服务 | 100.3 | 100.3 | 100.3 | 100.0 | 100.0 | 100.0 |
| 车辆保险 | 88.6 | 88.6 | 88.6 | 88.6 | 88.6 | 88.6 |
| 旅行保险 | 99.9 | 99.9 | 99.8 | 99.9 | 99.9 | 100.3 |
| 其他保险 | 106.6 | 106.8 | 106.8 | 106.8 | 106.8 | 106.8 |
| (5)中介法律及其他服务 | 99.6 | 99.6 | 99.7 | 99.7 | 100.2 | 100.2 |
| 中介服务 | 99.1 | 99.1 | 99.4 | 99.4 | 100.3 | 100.3 |
| 法律服务 | 100.0 | 100.0 | 100.0 | 100.0 | 100.0 | 100.0 |
| 其他杂项服务 | 100.1 | 100.1 | 100.1 | 100.1 | 100.4 | 100.4 |

# 3-3 续表 9

(上年同月=100)

| 分类名称 | 7月 | 8月 | 9月 | 10月 | 11月 | 12月 |
|---|---|---|---|---|---|---|
| **居民消费价格总指数** | **100.3** | **99.7** | **99.6** | **100.5** | **102.0** | **101.0** |
| **非食品烟酒价格指数** | **102.2** | **101.9** | **101.7** | **102.2** | **102.7** | **102.4** |
| **服务价格指数** | **102.2** | **101.8** | **101.4** | **101.2** | **101.6** | **101.7** |
| **工业品价格指数** | **102.3** | **102.1** | **102.2** | **103.4** | **104.0** | **103.1** |
| **消费品价格指数** | **99.1** | **98.5** | **98.5** | **100.1** | **102.2** | **100.6** |
| **一、食品烟酒** | **95.9** | **94.8** | **94.6** | **96.8** | **100.4** | **98.1** |
| 1.食品 | 92.6 | 90.9 | 90.8 | 94.2 | 99.5 | 96.1 |
| (1)粮食 | 101.6 | 100.8 | 100.9 | 101.3 | 102.2 | 103.4 |
| 大 米 | 101.3 | 99.8 | 99.6 | 100.9 | 101.8 | 103.2 |
| 面 粉 | 97.8 | 98.1 | 99.5 | 100.2 | 101.7 | 102.3 |
| 其他粮食 | 106.1 | 105.7 | 105.7 | 105.4 | 107.0 | 107.3 |
| 粮食制品 | 102.3 | 102.4 | 102.5 | 101.6 | 102.0 | 103.1 |
| (2)薯类 | 100.4 | 102.5 | 103.5 | 103.3 | 108.1 | 106.8 |
| 薯 类 | 100.4 | 102.5 | 103.5 | 103.3 | 108.1 | 106.8 |
| (3)豆类 | 102.9 | 102.7 | 103.0 | 103.1 | 103.4 | 104.5 |
| 干 豆 | 102.6 | 102.4 | 103.4 | 103.1 | 104.4 | 105.1 |
| 豆 制 品 | 103.1 | 102.8 | 102.7 | 103.0 | 102.9 | 104.2 |
| (4)食用油 | 101.0 | 99.8 | 99.8 | 100.3 | 101.6 | 100.2 |
| 食用植物油 | 107.5 | 107.5 | 108.0 | 108.7 | 109.1 | 107.5 |
| 食用动物油 | 60.4 | 54.1 | 52.5 | 51.1 | 57.4 | 56.3 |
| (5)菜及食用菌 | 95.2 | 91.6 | 93.0 | 105.3 | 121.2 | 106.2 |
| 鲜 菜 | 94.4 | 90.5 | 92.0 | 105.5 | 123.0 | 106.9 |
| 鲜 菌 | 103.3 | 103.9 | 104.1 | 108.8 | 112.7 | 97.7 |
| 干菜干菌及制品 | 100.9 | 101.3 | 101.4 | 101.2 | 101.2 | 101.6 |
| (6)畜肉类 | 68.9 | 66.1 | 65.9 | 70.3 | 79.7 | 74.7 |
| 猪 肉 | 52.7 | 50.7 | 50.6 | 56.9 | 71.1 | 63.7 |
| 牛 肉 | 104.3 | 102.0 | 100.5 | 100.3 | 100.8 | 101.1 |
| 羊 肉 | 106.4 | 106.3 | 105.1 | 101.9 | 100.7 | 98.5 |
| 其他畜肉及副产品 | 79.2 | 72.7 | 71.0 | 71.6 | 76.7 | 75.3 |
| 畜肉制品 | 99.2 | 98.4 | 97.1 | 96.5 | 97.3 | 96.3 |
| (7)禽肉类 | 96.3 | 95.8 | 96.4 | 98.0 | 99.5 | 99.2 |
| 鸡 | 94.1 | 93.2 | 93.9 | 96.0 | 98.1 | 97.9 |
| 鸭 | 96.6 | 97.0 | 98.0 | 100.3 | 101.9 | 101.1 |
| 其他禽肉及制品 | 100.7 | 100.1 | 99.9 | 99.7 | 100.0 | 100.1 |
| (8)水产品 | 116.6 | 115.4 | 112.7 | 111.4 | 111.2 | 109.3 |
| 淡 水 鱼 | 129.0 | 127.1 | 121.6 | 118.1 | 115.7 | 113.8 |
| 海 水 鱼 | 99.5 | 98.5 | 101.0 | 101.4 | 104.9 | 102.3 |
| 虾 蟹 类 | 100.1 | 102.2 | 101.9 | 103.2 | 105.1 | 104.6 |
| 其他水产品及制品 | 103.3 | 101.7 | 101.2 | 104.1 | 106.9 | 104.9 |
| (9)蛋类 | 103.8 | 103.0 | 102.7 | 102.4 | 105.7 | 105.5 |
| 鸡 蛋 | 104.2 | 102.8 | 102.6 | 102.5 | 106.6 | 106.2 |
| 其他蛋及制品 | 102.6 | 103.6 | 103.3 | 101.9 | 102.2 | 102.6 |

## 3-3 续表 10

(上年同月=100)

| 分类名称 | 7月 | 8月 | 9月 | 10月 | 11月 | 12月 |
|---|---|---|---|---|---|---|
| (10)奶类 | 103.7 | 104.0 | 102.6 | 102.3 | 101.4 | 101.0 |
| 鲜 奶 | 107.6 | 107.8 | 106.6 | 104.5 | 102.8 | 101.9 |
| 酸 奶 | 100.5 | 100.2 | 100.2 | 100.2 | 100.1 | 100.2 |
| 奶 粉 | 101.6 | 102.1 | 100.3 | 101.2 | 100.4 | 100.4 |
| 其他奶制品 | 101.3 | 101.0 | 101.2 | 100.5 | 102.4 | 101.9 |
| (11)干鲜瓜果类 | 102.9 | 102.1 | 100.3 | 101.1 | 103.1 | 104.5 |
| 鲜 果 | 103.5 | 103.0 | 100.8 | 101.7 | 104.0 | 105.4 |
| 坚 果 | 101.5 | 99.4 | 99.2 | 99.4 | 100.7 | 101.6 |
| 瓜果制品 | 95.9 | 94.9 | 96.0 | 96.1 | 95.2 | 98.3 |
| (12)糖果糕点类 | 100.5 | 100.7 | 100.9 | 101.5 | 102.4 | 102.4 |
| 食 糖 | 100.8 | 101.4 | 100.9 | 101.2 | 101.6 | 103.0 |
| 糖 果 | 101.1 | 101.1 | 102.4 | 101.9 | 101.9 | 101.5 |
| 糕 点 | 100.0 | 99.7 | 100.6 | 101.4 | 102.5 | 102.5 |
| 其他糖果糕点 | 101.8 | 104.3 | 99.7 | 101.4 | 103.7 | 103.0 |
| (13)调味品 | 101.7 | 101.6 | 101.3 | 101.4 | 101.8 | 102.6 |
| 食 用 盐 | 99.1 | 100.4 | 101.1 | 102.0 | 103.0 | 107.2 |
| 酱 油 | 101.2 | 100.7 | 101.4 | 101.4 | 102.2 | 103.2 |
| 食 醋 | 102.3 | 101.6 | 101.1 | 102.2 | 103.2 | 103.1 |
| 增 味 剂 | 103.5 | 102.5 | 100.6 | 101.1 | 101.0 | 101.5 |
| 其他调味品 | 101.7 | 102.3 | 101.7 | 101.0 | 100.9 | 100.9 |
| (14)其他食品类 | 99.6 | 100.2 | 100.7 | 101.0 | 101.0 | 101.8 |
| 方便食品 | 98.3 | 99.3 | 99.6 | 100.2 | 100.7 | 101.2 |
| 淀粉及制品 | 101.6 | 100.9 | 101.6 | 100.4 | 101.0 | 102.0 |
| 其他食品 | 100.1 | 100.7 | 101.4 | 102.1 | 101.4 | 102.3 |
| 2.茶及饮料 | 101.6 | 101.3 | 101.6 | 101.5 | 102.8 | 102.9 |
| 茶 叶 | 103.4 | 103.1 | 104.6 | 104.0 | 105.4 | 105.5 |
| 固体咖啡 | 100.7 | 100.5 | 100.4 | 100.6 | 101.6 | 100.8 |
| 其他固体饮料 | 101.3 | 101.0 | 100.9 | 100.0 | 100.8 | 100.5 |
| 饮 用 水 | 99.9 | 99.7 | 100.3 | 100.5 | 101.2 | 101.7 |
| 果汁饮料 | 100.6 | 101.1 | 101.4 | 101.5 | 100.7 | 100.5 |
| 其他液体饮料 | 101.2 | 100.7 | 100.1 | 100.3 | 102.2 | 102.1 |
| 3.烟酒 | 102.7 | 102.6 | 102.4 | 102.5 | 102.8 | 102.7 |
| (1)卷烟 | 100.6 | 100.7 | 100.7 | 100.8 | 100.7 | 100.6 |
| 卷 烟 | 100.6 | 100.7 | 100.7 | 100.8 | 100.7 | 100.6 |
| (2)酒类 | 106.4 | 106.2 | 105.5 | 105.4 | 106.6 | 106.3 |
| 白 酒 | 107.8 | 107.6 | 106.7 | 106.8 | 108.0 | 107.4 |
| 葡 萄 酒 | 105.8 | 106.0 | 107.4 | 104.1 | 106.4 | 105.7 |
| 啤 酒 | 100.3 | 99.9 | 99.2 | 99.3 | 100.5 | 101.6 |
| 其他酒类 | 105.4 | 103.9 | 103.9 | 104.3 | 103.1 | 104.3 |
| 4.在外餐饮 | 101.4 | 101.7 | 101.3 | 101.0 | 101.3 | 101.1 |
| 餐馆餐饮 | 102.8 | 102.9 | 102.7 | 102.1 | 102.1 | 102.0 |
| 饮品店餐饮 | 100.6 | 100.5 | 101.0 | 101.4 | 101.3 | 101.3 |
| 外 卖 | 97.0 | 98.1 | 96.8 | 97.1 | 98.2 | 97.3 |
| 其他在外餐饮 | 101.7 | 101.5 | 101.5 | 101.2 | 101.4 | 101.6 |

## 3-3 续表 11

(上年同月=100)

| 分类名称 | 7月 | 8月 | 9月 | 10月 | 11月 | 12月 |
|---|---|---|---|---|---|---|
| **二、衣着** | **99.9** | **99.6** | **99.8** | **100.0** | **100.3** | **101.3** |
| 1.服装 | 100.7 | 100.2 | 100.4 | 100.5 | 100.7 | 101.8 |
| (1)男式服装 | 99.7 | 99.4 | 99.8 | 99.7 | 100.4 | 101.1 |
| 男式外套 | 99.1 | 98.8 | 99.1 | 98.9 | 99.5 | 100.9 |
| 男式针织衫 | 97.6 | 98.1 | 98.6 | 99.4 | 100.1 | 100.7 |
| 男式衬衫T恤 | 100.7 | 100.2 | 100.5 | 100.4 | 101.2 | 101.3 |
| 男式裤子 | 101.2 | 100.3 | 101.2 | 101.1 | 101.4 | 101.8 |
| 男式内衣 | 99.8 | 99.8 | 99.5 | 99.0 | 100.0 | 100.4 |
| (2)女式服装 | 101.3 | 100.7 | 100.7 | 100.8 | 100.8 | 102.1 |
| 女式外套 | 99.5 | 99.0 | 99.5 | 99.8 | 99.9 | 101.1 |
| 女式针织衫 | 99.2 | 98.7 | 98.4 | 97.8 | 99.0 | 100.1 |
| 女式衬衫T恤 | 103.6 | 102.3 | 101.6 | 101.8 | 101.7 | 101.7 |
| 女式裤子 | 102.4 | 102.1 | 102.7 | 102.9 | 103.0 | 103.3 |
| 女式裙子 | 104.3 | 103.7 | 103.2 | 102.7 | 101.5 | 105.5 |
| 女式内衣 | 99.0 | 99.4 | 99.2 | 99.6 | 100.2 | 100.2 |
| (3)儿童服装 | 100.5 | 100.1 | 100.4 | 101.0 | 101.8 | 103.6 |
| 婴儿服装 | 100.1 | 99.0 | 101.0 | 103.3 | 104.4 | 107.6 |
| 儿童上衣 | 100.7 | 100.4 | 100.3 | 101.5 | 101.9 | 104.5 |
| 儿童裤子 | 103.0 | 102.7 | 102.9 | 102.7 | 103.2 | 102.7 |
| 儿童裙子 | 98.0 | 97.5 | 96.6 | 96.5 | 96.9 | 98.6 |
| 儿童内衣 | 98.9 | 98.9 | 98.9 | 97.8 | 100.6 | 102.6 |
| (4)衣着材料及配件 | 99.2 | 99.1 | 99.0 | 99.0 | 99.4 | 99.1 |
| 袜 子 | 100.3 | 100.1 | 100.1 | 100.1 | 100.2 | 100.2 |
| 帽 子 | 98.9 | 98.8 | 98.4 | 98.4 | 98.1 | 98.0 |
| 其他衣着材料及配件 | 98.0 | 97.8 | 97.8 | 98.0 | 98.9 | 98.1 |
| (5)衣着服务费 | 102.1 | 102.2 | 102.2 | 102.6 | 102.8 | 103.3 |
| 衣着洗涤保养 | 101.6 | 101.8 | 101.8 | 102.4 | 102.5 | 103.1 |
| 其他衣着服务 | 103.7 | 103.3 | 103.2 | 103.2 | 103.8 | 103.8 |
| 2.鞋类 | 97.1 | 97.3 | 97.6 | 98.1 | 98.8 | 99.2 |
| (1)鞋 | 96.9 | 97.1 | 97.4 | 97.9 | 98.7 | 99.1 |
| 男 鞋 | 99.3 | 98.7 | 99.1 | 99.2 | 98.6 | 98.8 |
| 女 鞋 | 95.5 | 96.1 | 96.5 | 97.3 | 98.8 | 99.3 |
| 童 鞋 | 98.4 | 97.8 | 98.1 | 97.9 | 98.2 | 98.5 |
| (2)鞋类服务 | 101.1 | 101.1 | 101.1 | 101.1 | 101.0 | 101.2 |
| 鞋类服务 | 101.1 | 101.1 | 101.1 | 101.1 | 101.0 | 101.2 |
| **三、居住** | **100.6** | **100.2** | **100.2** | **100.8** | **101.3** | **101.4** |
| 1.租赁房房租 | 100.2 | 99.8 | 99.8 | 99.7 | 99.6 | 99.6 |
| 公房房租 | 99.6 | 99.6 | 99.6 | 99.6 | 99.6 | 99.6 |
| 私房房租 | 100.2 | 99.8 | 99.8 | 99.7 | 99.7 | 99.6 |
| 2.住房保养维修及管理 | 102.3 | 101.8 | 102.1 | 103.2 | 103.7 | 104.1 |
| (1)住房装潢材料 | 101.7 | 101.3 | 102.0 | 103.9 | 105.0 | 105.2 |

3-3 续表 12

(上年同月=100)

| 分类名称 | 7月 | 8月 | 9月 | 10月 | 11月 | 12月 |
|---|---|---|---|---|---|---|
| 木 地 板 | 102.4 | 102.4 | 102.5 | 103.5 | 103.8 | 103.6 |
| 瓷 砖 | 100.0 | 98.7 | 98.7 | 99.9 | 100.6 | 101.7 |
| 水 泥 | 101.7 | 100.2 | 106.0 | 116.1 | 116.6 | 113.9 |
| 涂 料 | 98.4 | 98.1 | 98.9 | 99.5 | 102.5 | 104.8 |
| 板 材 | 100.6 | 100.7 | 101.7 | 103.2 | 105.1 | 105.0 |
| 管 材 | 105.7 | 105.5 | 106.8 | 109.4 | 110.6 | 110.7 |
| 厨卫设备 | 99.9 | 99.8 | 99.7 | 100.5 | 101.8 | 102.5 |
| 门 窗 | 103.3 | 102.9 | 102.8 | 103.5 | 104.2 | 104.1 |
| 其他住房装潢材料 | 106.9 | 107.7 | 107.8 | 111.4 | 111.2 | 110.4 |
| (2)住房维修管理费用 | 102.9 | 102.2 | 102.1 | 102.6 | 102.5 | 102.9 |
| 物业管理费 | 101.8 | 101.8 | 101.8 | 101.0 | 100.6 | 101.0 |
| 装潢维修费 | 103.8 | 102.8 | 102.6 | 103.7 | 103.8 | 104.2 |
| 其他住房费用 | 100.0 | 100.1 | 100.1 | 100.1 | 100.0 | 100.0 |
| 3.水电燃料 | 98.0 | 97.9 | 98.2 | 100.6 | 102.9 | 102.5 |
| (1)水 | 99.8 | 100.0 | 100.0 | 100.0 | 100.0 | 100.0 |
| 水 | 99.8 | 100.0 | 100.0 | 100.0 | 100.0 | 100.0 |
| (2)电 | 94.3 | 94.4 | 94.4 | 95.6 | 100.1 | 100.0 |
| 电 | 94.3 | 94.4 | 94.4 | 95.6 | 100.1 | 100.0 |
| (3)燃气 | 101.2 | 101.2 | 101.3 | 102.4 | 103.9 | 103.8 |
| 管道燃气 | 100.9 | 100.8 | 100.8 | 100.8 | 100.8 | 100.7 |
| 液化石油气 | 103.0 | 104.2 | 104.6 | 113.5 | 125.1 | 124.9 |
| (4)其他水电燃料类 | 107.5 | 106.0 | 108.0 | 120.6 | 117.4 | 114.8 |
| 其他水电燃料类 | 107.5 | 106.0 | 108.0 | 120.6 | 117.4 | 114.8 |
| 4.自有住房 | 100.8 | 100.5 | 100.3 | 100.4 | 100.6 | 100.7 |
| 自有住房 | 100.8 | 100.5 | 100.3 | 100.4 | 100.6 | 100.7 |
| **四、生活用品及服务** | **100.6** | **101.0** | **100.8** | **100.9** | **100.9** | **101.1** |
| 1.家具及室内装饰品 | 102.1 | 102.0 | 101.9 | 101.1 | 102.4 | 102.4 |
| (1)家具 | 102.2 | 102.1 | 102.0 | 101.1 | 102.5 | 102.5 |
| 柜 | 102.7 | 102.3 | 102.3 | 101.1 | 102.3 | 102.4 |
| 床 | 102.6 | 102.2 | 102.1 | 101.4 | 102.3 | 102.4 |
| 桌 | 103.0 | 103.3 | 102.7 | 101.6 | 102.9 | 102.3 |
| 椅 | 102.5 | 102.2 | 102.2 | 101.9 | 102.2 | 102.2 |
| 沙 发 | 101.1 | 101.5 | 101.4 | 100.4 | 103.0 | 103.0 |
| 其他家具 | 102.2 | 101.7 | 101.7 | 101.3 | 102.4 | 102.5 |
| (2)室内装饰品 | 100.4 | 100.6 | 101.1 | 101.0 | 100.9 | 101.3 |
| 灯 具 | 101.2 | 101.3 | 101.6 | 101.4 | 101.7 | 102.2 |
| 其他室内装饰品 | 99.3 | 99.8 | 100.5 | 100.5 | 100.0 | 100.0 |
| 2.家用器具 | 101.5 | 101.4 | 101.4 | 101.9 | 102.0 | 102.8 |
| (1)大型家用器具 | 101.4 | 101.2 | 101.0 | 101.6 | 101.7 | 102.8 |
| 洗 衣 机 | 100.3 | 100.9 | 100.6 | 100.7 | 101.2 | 102.1 |
| 电冰箱(柜) | 100.9 | 101.4 | 101.5 | 102.0 | 102.2 | 102.8 |
| 抽油烟机 | 102.0 | 100.9 | 100.9 | 100.5 | 101.7 | 102.1 |

## 3-3 续表 13

(上年同月=100)

| 分类名称 | 7月 | 8月 | 9月 | 10月 | 11月 | 12月 |
|---|---|---|---|---|---|---|
| 空 调 器 | 103.4 | 102.3 | 102.2 | 103.2 | 102.6 | 104.0 |
| 热 水 器 | 101.1 | 102.0 | 101.8 | 102.3 | 102.9 | 103.6 |
| 炉具灶具 | 100.9 | 102.1 | 101.9 | 101.9 | 104.1 | 104.5 |
| 吸 尘 器 | 98.7 | 99.2 | 98.0 | 100.6 | 96.3 | 99.3 |
| 空气净化器 | 98.9 | 94.4 | 94.8 | 92.6 | 92.8 | 97.0 |
| 净 水 器 | 96.5 | 94.9 | 93.8 | 94.8 | 92.8 | 97.9 |
| 其他大型家用器具 | 99.7 | 99.8 | 99.7 | 100.0 | 100.8 | 101.1 |
| (2)小家电 | 102.2 | 102.3 | 103.1 | 103.6 | 103.8 | 103.0 |
| 厨房小家电 | 103.2 | 103.2 | 104.7 | 105.6 | 105.6 | 104.1 |
| 生活小家电 | 99.6 | 99.9 | 99.0 | 98.4 | 99.1 | 100.0 |
| 3.家用纺织品 | 99.2 | 99.1 | 99.2 | 99.6 | 100.2 | 100.6 |
| (1)床上用品 | 98.7 | 98.7 | 98.8 | 98.8 | 99.7 | 100.0 |
| 被 子 | 96.8 | 96.6 | 96.9 | 98.3 | 99.4 | 99.4 |
| 床单被套 | 99.6 | 99.9 | 100.2 | 100.1 | 99.9 | 100.3 |
| 其他床上用品 | 99.6 | 99.1 | 98.5 | 97.0 | 99.4 | 100.4 |
| (2)窗帘门帘 | 102.4 | 101.1 | 101.5 | 102.9 | 103.0 | 103.0 |
| 窗帘门帘 | 102.4 | 101.1 | 101.5 | 102.9 | 103.0 | 103.0 |
| (3)其他家用纺织品 | 100.4 | 100.5 | 100.2 | 101.9 | 101.3 | 103.0 |
| 其他家用纺织品 | 100.4 | 100.5 | 100.2 | 101.9 | 101.3 | 103.0 |
| 4.家庭日用杂品 | 100.3 | 100.9 | 100.5 | 100.2 | 100.3 | 100.2 |
| (1)洗涤卫生用品 | 101.1 | 102.0 | 101.9 | 100.8 | 100.1 | 99.4 |
| 清洗用品 | 102.2 | 102.2 | 102.4 | 102.2 | 100.7 | 100.3 |
| 清洁用具 | 99.7 | 99.9 | 101.5 | 98.9 | 99.7 | 100.5 |
| 清洁用纸 | 100.5 | 102.5 | 101.7 | 100.1 | 99.7 | 98.2 |
| (2)厨具餐具茶具 | 99.2 | 98.8 | 97.7 | 98.8 | 100.2 | 100.7 |
| 厨 具 | 98.9 | 96.7 | 97.1 | 98.1 | 99.3 | 99.3 |
| 餐 具 | 97.0 | 100.4 | 96.3 | 97.1 | 101.1 | 101.1 |
| 茶 具 | 105.6 | 103.6 | 103.5 | 105.7 | 102.0 | 105.5 |
| (3)其他家庭日用杂品 | 100.1 | 100.7 | 100.3 | 100.3 | 100.4 | 100.9 |
| 配电附件 | 102.4 | 102.2 | 102.3 | 102.4 | 102.2 | 102.3 |
| 雨 具 | 100.2 | 100.0 | 99.7 | 99.7 | 99.8 | 99.9 |
| 其他日用杂品 | 99.3 | 100.4 | 99.7 | 99.8 | 100.0 | 100.6 |
| 5.个人护理用品 | 97.9 | 99.3 | 98.7 | 99.6 | 97.9 | 98.3 |
| (1)化妆品 | 97.2 | 98.9 | 97.7 | 98.9 | 96.5 | 96.8 |
| 清洁化妆品 | 98.9 | 99.9 | 97.9 | 99.5 | 98.3 | 97.2 |
| 护肤化妆品 | 96.4 | 99.1 | 97.4 | 98.8 | 95.3 | 95.7 |
| 彩妆化妆品 | 98.4 | 97.3 | 98.8 | 98.7 | 99.6 | 100.5 |
| 化妆器具 | 97.9 | 96.9 | 98.5 | 99.1 | 97.5 | 99.6 |
| (2)其他护理用品类 | 98.9 | 99.9 | 100.1 | 100.5 | 99.8 | 100.3 |
| 清洁类护理用品 | 99.2 | 100.6 | 100.8 | 100.8 | 100.6 | 100.6 |
| 护发美发用品 | 98.0 | 99.5 | 99.6 | 101.0 | 99.8 | 101.1 |
| 护理器具 | 97.9 | 98.1 | 98.7 | 100.5 | 99.8 | 100.1 |
| 其他护理用品 | 99.7 | 99.7 | 100.0 | 99.3 | 98.3 | 98.8 |

# 3-3 续表 14

(上年同月=100)

| 分类名称 | 7月 | 8月 | 9月 | 10月 | 11月 | 12月 |
|---|---|---|---|---|---|---|
| 6.家庭服务 | 104.5 | 104.6 | 104.6 | 104.7 | 104.7 | 103.7 |
| 家政服务 | 107.8 | 107.7 | 107.7 | 107.7 | 107.4 | 106.6 |
| 母婴护理服务 | 102.9 | 103.1 | 103.3 | 103.3 | 104.2 | 103.3 |
| 家庭维修服务 | 101.3 | 101.6 | 101.6 | 101.7 | 101.7 | 101.7 |
| 其他家庭服务 | 104.9 | 104.6 | 104.7 | 104.7 | 104.4 | 101.0 |
| **五、交通通信** | **106.9** | **105.8** | **105.5** | **107.0** | **107.8** | **104.9** |
| 1.交通 | 109.0 | 107.6 | 107.2 | 109.7 | 111.1 | 107.3 |
| (1)交通工具 | 97.5 | 99.9 | 100.2 | 101.1 | 101.2 | 101.2 |
| 燃油小汽车 | 96.6 | 99.5 | 100.1 | 101.1 | 101.1 | 101.0 |
| 新能源小汽车 | 97.2 | 97.6 | 97.4 | 98.2 | 98.3 | 100.4 |
| 电动自行车 | 100.5 | 101.1 | 100.7 | 101.4 | 101.8 | 101.3 |
| 自 行 车 | 103.1 | 103.8 | 103.8 | 104.2 | 103.3 | 103.8 |
| 其他交通工具 | 102.8 | 103.8 | 103.2 | 103.3 | 103.5 | 103.5 |
| (2)交通工具用燃料 | 124.3 | 121.7 | 122.4 | 130.7 | 134.8 | 121.8 |
| 汽 油 | 125.0 | 122.3 | 123.1 | 131.6 | 136.0 | 122.5 |
| 柴 油 | 127.6 | 124.7 | 125.2 | 134.9 | 139.6 | 124.7 |
| 其他车用能源 | 104.0 | 104.0 | 104.2 | 105.3 | 101.7 | 101.3 |
| (3)交通工具使用和维修 | 100.8 | 99.9 | 99.9 | 100.4 | 100.5 | 100.2 |
| 停 车 费 | 100.7 | 96.0 | 95.9 | 95.9 | 95.9 | 95.9 |
| 车辆使用费 | 100.0 | 100.0 | 99.9 | 99.9 | 99.9 | 99.9 |
| 交通工具零配件 | 100.7 | 100.8 | 100.9 | 102.1 | 102.1 | 101.6 |
| 车辆修理与保养 | 102.1 | 102.1 | 102.1 | 102.5 | 103.0 | 102.5 |
| (4)交通费 | 111.6 | 104.6 | 100.9 | 99.3 | 99.4 | 99.2 |
| 市内公共交通 | 100.0 | 100.5 | 100.5 | 100.5 | 100.5 | 100.5 |
| 出租汽车 | 100.0 | 100.0 | 100.0 | 100.0 | 100.0 | 100.0 |
| 飞 机 票 | 180.0 | 128.8 | 111.0 | 102.7 | 100.5 | 93.0 |
| 火 车 票 | 100.0 | 100.0 | 100.0 | 100.0 | 100.0 | 100.0 |
| 长途汽车 | 101.0 | 101.1 | 101.3 | 101.5 | 102.2 | 102.3 |
| 网 约 车 | 95.2 | 95.3 | 94.8 | 95.1 | 95.1 | 98.3 |
| 交通工具租赁费 | 99.2 | 96.1 | 98.2 | 93.4 | 94.8 | 101.6 |
| 其他交通费 | 83.6 | 86.7 | 78.3 | 78.8 | 85.8 | 97.2 |
| 2.通信 | 101.3 | 101.0 | 100.7 | 99.6 | 99.2 | 98.4 |
| (1)通信工具 | 105.0 | 103.8 | 103.0 | 99.0 | 97.3 | 94.9 |
| 电 话 机 | 105.4 | 104.2 | 103.3 | 98.9 | 97.1 | 94.6 |
| 其他通信工具及零配件 | 98.5 | 98.5 | 99.1 | 99.6 | 100.5 | 100.4 |
| (2)通信服务 | 99.8 | 99.8 | 99.9 | 99.9 | 99.9 | 99.8 |
| 电 话 费 | 99.8 | 99.8 | 99.8 | 99.8 | 99.8 | 99.7 |
| 家庭宽带服务 | 99.9 | 99.9 | 99.9 | 99.9 | 100.1 | 100.1 |
| 其他通信服务 | 99.2 | 99.2 | 100.2 | 100.2 | 100.2 | 100.2 |
| (3)邮递服务 | 100.4 | 100.4 | 100.4 | 100.4 | 100.5 | 100.5 |
| 邮递服务 | 100.4 | 100.4 | 100.4 | 100.4 | 100.5 | 100.5 |

## 3-3 续表 15

(上年同月=100)

| 分类名称 | 7月 | 8月 | 9月 | 10月 | 11月 | 12月 |
|---|---|---|---|---|---|---|
| **六、教育文化娱乐** | **102.9** | **103.3** | **102.6** | **102.0** | **102.8** | **103.3** |
| 1.教育 | 101.5 | 101.5 | 102.0 | 102.6 | 102.7 | 102.7 |
| (1)教育用品 | 101.3 | 101.3 | 100.8 | 100.9 | 101.0 | 101.0 |
| 工具书 | 103.1 | 102.9 | 100.2 | 100.2 | 100.4 | 100.4 |
| 教材 | 100.6 | 100.6 | 101.0 | 101.0 | 101.0 | 101.0 |
| 参考资料 | 102.7 | 102.7 | 102.0 | 102.4 | 102.4 | 102.5 |
| 其他教育用品 | 99.2 | 99.3 | 99.2 | 99.2 | 99.5 | 99.4 |
| (2)教育服务 | 101.5 | 101.5 | 102.1 | 102.7 | 102.9 | 102.8 |
| 幼儿早期教育 | 101.8 | 100.7 | 101.5 | 101.6 | 101.6 | 101.6 |
| 学前教育 | 103.0 | 103.0 | 102.8 | 102.8 | 102.8 | 102.8 |
| 小学初中教育 | 103.8 | 103.8 | 107.5 | 107.5 | 107.5 | 107.5 |
| 高中中职教育 | 100.7 | 100.7 | 100.3 | 100.3 | 100.3 | 100.3 |
| 高等教育 | 100.2 | 100.2 | 99.9 | 99.9 | 99.9 | 99.9 |
| 课外教育 | 101.5 | 101.4 | 101.1 | 101.0 | 101.0 | 101.0 |
| 专业技能培训 | 98.7 | 98.8 | 99.0 | 109.5 | 111.6 | 111.6 |
| 其他教育服务 | 102.4 | 102.4 | 104.9 | 104.9 | 104.9 | 104.9 |
| 2.文化娱乐 | 104.6 | 105.7 | 103.3 | 101.2 | 103.0 | 104.2 |
| (1)文娱耐用消费品 | 102.3 | 102.6 | 102.4 | 102.3 | 102.0 | 102.0 |
| 电视机 | 99.7 | 100.1 | 99.7 | 99.1 | 99.2 | 98.7 |
| 照相机 | 97.5 | 99.8 | 98.2 | 97.6 | 97.5 | 100.2 |
| 台式计算机 | 107.9 | 107.9 | 107.0 | 107.1 | 107.5 | 108.2 |
| 笔记本电脑 | 106.1 | 106.8 | 106.9 | 107.2 | 106.8 | 106.5 |
| 平板电脑 | 102.2 | 99.9 | 100.9 | 102.3 | 97.3 | 99.2 |
| 乐器 | 101.1 | 101.1 | 102.3 | 101.4 | 100.9 | 100.7 |
| 音响 | 99.3 | 99.7 | 99.3 | 99.3 | 100.1 | 100.5 |
| 可穿戴智能设备 | 103.5 | 103.6 | 102.5 | 102.2 | 102.0 | 103.6 |
| 其他文娱耐用消费品 | 98.7 | 99.7 | 99.9 | 100.2 | 100.1 | 100.0 |
| (2)其他文娱用品 | 100.8 | 100.9 | 100.4 | 100.2 | 100.1 | 100.7 |
| 书报杂志及音像制品 | 100.5 | 100.5 | 100.5 | 100.5 | 100.5 | 100.5 |
| 纸张文具 | 100.1 | 100.3 | 100.3 | 100.3 | 100.3 | 100.5 |
| 体育户外用品 | 100.7 | 101.0 | 101.1 | 101.1 | 101.1 | 101.1 |
| 游戏用品和玩具 | 101.7 | 101.7 | 101.7 | 101.8 | 100.5 | 101.0 |
| 园艺花卉及用品 | 98.7 | 99.3 | 99.2 | 98.5 | 99.9 | 100.9 |
| 宠物及用品 | 99.9 | 100.0 | 95.9 | 96.2 | 97.4 | 99.4 |
| 其他文化娱乐用品 | 102.0 | 101.8 | 101.6 | 100.7 | 100.2 | 100.8 |
| (3)文化娱乐服务 | 102.2 | 102.6 | 101.7 | 102.3 | 101.7 | 102.0 |
| 电影及演出票 | 108.8 | 116.8 | 99.7 | 105.4 | 100.6 | 101.5 |
| 景点门票 | 100.3 | 100.2 | 100.5 | 100.6 | 99.8 | 98.3 |
| 电视服务 | 100.5 | 100.1 | 100.6 | 100.6 | 100.6 | 100.7 |
| 健身活动 | 100.5 | 100.4 | 100.3 | 100.4 | 100.4 | 100.2 |
| 宠物服务 | 105.8 | 105.8 | 112.1 | 112.1 | 112.3 | 112.3 |
| 网络文娱服务 | 105.7 | 105.4 | 105.6 | 105.9 | 105.5 | 106.0 |

## 3-3 续表 16

(上年同月=100)

| 分类名称 | 7月 | 8月 | 9月 | 10月 | 11月 | 12月 |
|---|---|---|---|---|---|---|
| 儿童娱乐项目 | 103.2 | 102.6 | 102.6 | 102.6 | 102.6 | 104.6 |
| 其他文娱服务 | 100.2 | 100.2 | 100.6 | 100.6 | 100.6 | 103.2 |
| (4)旅游 | 109.5 | 112.1 | 106.6 | 100.5 | 106.4 | 109.3 |
| 旅行社收费 | 109.8 | 113.0 | 106.6 | 99.1 | 106.4 | 111.3 |
| 其他旅游 | 108.2 | 107.6 | 106.8 | 106.9 | 106.4 | 101.7 |
| **七、医疗保健** | **102.1** | **102.1** | **102.0** | **101.8** | **102.2** | **102.2** |
| 1.药品及医疗器具 | 100.5 | 100.2 | 100.0 | 99.9 | 100.0 | 100.3 |
| (1)中药 | 102.2 | 101.9 | 102.6 | 103.5 | 103.6 | 103.5 |
| 中 药 材 | 101.5 | 101.2 | 102.3 | 103.6 | 103.3 | 103.3 |
| 中 成 药 | 102.5 | 102.2 | 102.7 | 103.4 | 103.6 | 103.6 |
| (2)西药 | 100.0 | 99.8 | 99.1 | 98.5 | 98.6 | 99.0 |
| 抗微生物药 | 100.5 | 100.5 | 100.3 | 98.0 | 98.1 | 97.9 |
| 消化系统用药 | 100.1 | 100.2 | 98.2 | 97.5 | 97.6 | 99.5 |
| 呼吸系统用药 | 100.5 | 99.8 | 98.9 | 98.3 | 98.5 | 97.7 |
| 解热镇痛药 | 100.8 | 100.8 | 99.6 | 99.3 | 99.5 | 100.0 |
| 抗肿瘤药 | 97.7 | 97.2 | 95.5 | 96.6 | 96.5 | 97.8 |
| 激素及影响内分泌药 | 99.1 | 98.7 | 97.9 | 98.1 | 98.0 | 98.6 |
| 心血管系统用药 | 100.0 | 99.7 | 99.3 | 99.2 | 99.2 | 99.4 |
| 血液系统用药 | 99.3 | 98.8 | 98.1 | 98.2 | 98.2 | 98.2 |
| 治疗精神障碍药 | 98.7 | 98.7 | 96.8 | 95.5 | 95.4 | 95.8 |
| 神经系统用药 | 102.4 | 102.4 | 104.5 | 104.2 | 104.3 | 104.5 |
| 泌尿系统用药 | 98.9 | 98.9 | 98.8 | 98.6 | 98.5 | 99.1 |
| 维生素、矿物质类药 | 102.3 | 102.0 | 105.2 | 103.9 | 104.5 | 104.1 |
| 调节水、电解质及酸碱平衡药 | 100.2 | 100.1 | 95.8 | 94.9 | 94.9 | 94.5 |
| 其他西药 | 99.8 | 99.7 | 99.7 | 99.6 | 100.1 | 102.2 |
| (3)滋补保健品 | 100.3 | 100.5 | 101.0 | 100.6 | 100.9 | 101.0 |
| 滋补保健品 | 100.3 | 100.5 | 101.0 | 100.6 | 100.9 | 101.0 |
| (4)医疗卫生器具 | 98.6 | 96.4 | 95.7 | 95.9 | 95.9 | 96.1 |
| 医疗卫生器具 | 98.6 | 96.4 | 95.7 | 95.9 | 95.9 | 96.1 |
| (5)保健器具 | 99.7 | 99.1 | 98.3 | 99.8 | 98.4 | 98.4 |
| 保健器具 | 99.7 | 99.1 | 98.3 | 99.8 | 98.4 | 98.4 |
| 2.医疗服务 | 102.9 | 102.9 | 102.9 | 102.7 | 103.3 | 103.1 |
| (1)综合医疗类 | 103.6 | 103.6 | 103.7 | 103.2 | 104.0 | 104.2 |
| 一般医疗服务 | 104.3 | 104.3 | 104.3 | 103.1 | 104.8 | 105.0 |
| 一般治疗操作 | 103.7 | 103.7 | 103.8 | 103.5 | 103.9 | 104.2 |
| 护 理 | 103.4 | 103.4 | 103.4 | 103.4 | 103.4 | 103.4 |
| 其他综合医疗服务 | 98.6 | 98.6 | 98.6 | 100.3 | 100.3 | 100.3 |
| (2)诊断类 | 100.1 | 100.1 | 100.1 | 100.1 | 100.4 | 100.4 |
| 病理学诊断 | 103.5 | 103.5 | 103.5 | 103.7 | 106.4 | 106.5 |
| 实验室诊断 | 100.3 | 100.3 | 100.3 | 100.1 | 100.4 | 100.4 |
| 影像学诊断 | 98.3 | 98.3 | 98.3 | 98.6 | 98.7 | 98.6 |
| 临床诊断 | 103.4 | 103.4 | 103.4 | 103.4 | 103.6 | 103.6 |

## 3-3 续表 17

(上年同月=100)

| 分类名称 | 7月 | 8月 | 9月 | 10月 | 11月 | 12月 |
|---|---|---|---|---|---|---|
| (3)治疗类 | 108.1 | 108.1 | 108.1 | 108.1 | 109.1 | 108.7 |
| 临床手术治疗 | 104.4 | 104.4 | 104.4 | 104.4 | 106.7 | 106.0 |
| 临床非手术治疗 | 112.1 | 112.1 | 112.1 | 112.0 | 111.5 | 111.5 |
| (4)康复类 | 102.2 | 102.2 | 102.2 | 102.2 | 102.3 | 102.3 |
| 康复医疗 | 102.2 | 102.2 | 102.2 | 102.2 | 102.3 | 102.3 |
| (5)中医医疗服务类 | 103.5 | 103.5 | 103.5 | 103.5 | 103.8 | 102.6 |
| 中医治疗 | 103.5 | 103.5 | 103.5 | 103.5 | 103.8 | 102.6 |
| (6)其他医疗保健服务 | 101.1 | 101.4 | 101.4 | 99.7 | 100.0 | 100.1 |
| 其他医疗保健服务 | 101.1 | 101.4 | 101.4 | 99.7 | 100.0 | 100.1 |
| **八、其他用品及服务** | **100.7** | **98.4** | **98.9** | **100.4** | **100.1** | **100.3** |
| 1.其他用品 | 100.7 | 97.2 | 98.4 | 99.3 | 98.3 | 98.2 |
| (1)首饰手表 | 100.7 | 95.3 | 97.2 | 97.9 | 98.7 | 98.4 |
| 金 饰 品 | 97.8 | 89.9 | 93.5 | 93.2 | 95.6 | 96.3 |
| 银 饰 品 | 100.0 | 98.5 | 98.4 | 98.3 | 99.2 | 99.4 |
| 铂金饰品 | 106.8 | 101.0 | 102.7 | 105.8 | 105.1 | 101.5 |
| 手 表 | 101.2 | 100.4 | 99.4 | 100.0 | 99.1 | 99.2 |
| (2)母婴用品 | 101.2 | 97.9 | 98.8 | 99.6 | 97.2 | 98.2 |
| 母婴洗护喂养用品 | 103.4 | 97.6 | 100.1 | 101.5 | 97.7 | 99.4 |
| 其他母婴用品 | 95.5 | 98.8 | 95.6 | 94.8 | 96.0 | 95.1 |
| (3)其他杂项用品 | 100.4 | 100.2 | 100.5 | 101.7 | 98.5 | 98.0 |
| 箱 包 | 100.8 | 100.4 | 100.9 | 102.6 | 98.6 | 98.0 |
| 眼 镜 | 99.5 | 99.6 | 99.6 | 99.6 | 98.1 | 98.1 |
| 2.其他服务 | 100.6 | 99.2 | 99.3 | 101.1 | 101.3 | 101.6 |
| (1)在外住宿 | 108.3 | 97.3 | 98.7 | 97.5 | 98.2 | 101.2 |
| 宾馆住宿 | 106.9 | 98.9 | 99.4 | 98.0 | 98.4 | 101.7 |
| 其他住宿 | 112.3 | 93.0 | 96.7 | 96.1 | 97.8 | 99.5 |
| (2)美容美发洗浴 | 101.3 | 101.2 | 101.1 | 101.4 | 101.3 | 101.3 |
| 美 容 | 100.4 | 100.4 | 100.4 | 100.4 | 100.4 | 100.4 |
| 美 发 | 101.1 | 101.1 | 100.7 | 101.5 | 101.5 | 101.4 |
| 洗 浴 | 103.8 | 103.5 | 103.7 | 103.7 | 102.8 | 102.9 |
| (3)养老服务 | 101.5 | 101.5 | 101.4 | 101.1 | 101.0 | 101.0 |
| 养老服务 | 101.5 | 101.5 | 101.4 | 101.1 | 101.0 | 101.0 |
| (4)金融及保险服务 | 98.4 | 98.3 | 98.1 | 101.9 | 102.2 | 102.2 |
| 金融服务 | 100.0 | 100.0 | 100.0 | 100.0 | 100.0 | 100.0 |
| 车辆保险 | 88.6 | 88.6 | 89.0 | 100.6 | 100.6 | 100.6 |
| 旅行保险 | 100.1 | 100.1 | 100.0 | 100.0 | 99.6 | 100.0 |
| 其他保险 | 106.8 | 106.7 | 105.3 | 105.3 | 106.2 | 106.2 |
| (5)中介法律及其他服务 | 100.1 | 100.1 | 100.2 | 100.2 | 100.0 | 99.7 |
| 中介服务 | 100.0 | 100.0 | 100.2 | 100.2 | 100.4 | 100.2 |
| 法律服务 | 100.0 | 100.0 | 100.0 | 100.0 | 98.8 | 97.6 |
| 其他杂项服务 | 100.4 | 100.4 | 100.4 | 100.4 | 100.4 | 100.4 |

# 3-4 居民消费价格分类指数(2017-2021年)

(上年=100)

| 指　　标 | 2017 | 2018 | 2019 | 2020 | 2021 |
|---|---|---|---|---|---|
| **居民消费价格总指数** | **101.4** | **101.7** | **103.2** | **103.2** | **100.3** |
| **非食品价格指数** | **102.5** | **101.8** | **101.0** | **100.2** | **101.3** |
| **服务项目价格指数** | **103.4** | **102.1** | **101.2** | **100.0** | **100.9** |
| **工业品价格指数** | **101.9** | **101.8** | **100.1** | **99.0** | **101.8** |
| **消费品价格指数** | **100.3** | **101.5** | **104.3** | **105.0** | **99.9** |
| **一、食品烟酒** | **98.6** | **101.3** | **108.9** | **111.0** | **98.0** |
| 1.食品 | 97.2 | 101.3 | 112.1 | 114.2 | 96.0 |
| (1)粮食 | 101.0 | 100.3 | 100.3 | 100.7 | 101.6 |
| (2)薯类 | 97.9 | 107.7 | 101.2 | 103.7 | 101.3 |
| (3)豆类 | 102.5 | 103.5 | 101.8 | 107.9 | 104.6 |
| (4)食用油 | 97.1 | 98.0 | 104.9 | 109.8 | 102.8 |
| (5)菜及食用菌 | 94.1 | 108.4 | 102.2 | 109.6 | 103.1 |
| (6)畜肉类 | 92.2 | 96.0 | 137.0 | 139.3 | 79.1 |
| (7)禽肉类 | 99.3 | 105.7 | 110.2 | 101.0 | 95.7 |
| (8)水产品 | 104.0 | 100.9 | 100.8 | 103.8 | 110.5 |
| (9)蛋类 | 97.8 | 109.6 | 103.5 | 94.9 | 102.5 |
| (10)奶类 | 99.8 | 100.5 | 101.8 | 100.6 | 103.0 |
| (11)干鲜瓜果类 | 102.8 | 102.9 | 108.2 | 93.5 | 101.5 |
| (12)糖果糕点类 | 101.7 | 101.7 | 100.5 | 100.6 | 101.0 |
| (13)调味品 | 101.4 | 101.1 | 100.4 | 101.1 | 101.7 |
| (14)其他食品类 | 100.1 | 100.5 | 102.3 | 102.8 | 100.0 |
| 2.茶及饮料 | 101.7 | 101.2 | 101.0 | 100.5 | 101.5 |
| 3.烟酒 | 101.5 | 101.7 | 101.6 | 102.3 | 102.2 |
| (1)卷烟 | 99.7 | 99.8 | 100.3 | 100.6 | 100.6 |
| (2)酒类 | 104.4 | 104.6 | 103.5 | 104.6 | 105.2 |
| 4.在外餐饮 | 101.4 | 100.9 | 103.6 | 106.1 | 101.4 |
| **二、衣着** | **102.5** | **101.1** | **101.2** | **99.7** | **99.8** |
| 1.服装 | 102.9 | 101.7 | 101.3 | 99.9 | 100.4 |
| (1)男式服装 | 103.2 | 101.3 | 100.8 | 99.9 | 99.4 |
| (2)女式服装 | 102.8 | 101.9 | 101.6 | 99.8 | 101.0 |
| (3)儿童服装 | 102.0 | 101.8 | 101.2 | 100.1 | 100.0 |
| (4)衣着材料及配件 | 99.8 | 99.5 | 101.0 | 99.7 | 99.2 |
| (5)衣着服务费 | 106.1 | 104.7 | 105.2 | 101.6 | 102.2 |
| 2.鞋类 | 101.5 | 99.4 | 100.9 | 99.1 | 97.5 |
| (1)鞋 | 101.3 | 99.2 | 100.8 | 99.0 | 97.3 |
| (2)鞋类服务 | 106.5 | 104.7 | 102.0 | 101.7 | 100.9 |

## 3-4 续表 1

(上年=100)

| 指　　标 | 2017 | 2018 | 2019 | 2020 | 2021 |
|---|---|---|---|---|---|
| **三、居住** | **102.4** | **102.6** | **101.5** | **98.9** | **100.3** |
| 1.租赁房房租 | 103.0 | 104.6 | 102.4 | 98.5 | 99.6 |
| 2.住房保养维修及管理 | 102.7 | 104.1 | 100.9 | 100.8 | 102.0 |
| (1)住房装潢材料 | 103.7 | 104.6 | 100.1 | 100.0 | 101.7 |
| (2)住房维修管理费用 | - | - | - | - | 102.3 |
| 3.水电燃料 | 100.6 | 101.8 | 101.7 | 99.9 | 100.0 |
| (1)水 | 104.7 | 103.9 | 102.5 | 100.9 | 100.0 |
| (2)电 | 98.2 | 99.5 | 99.8 | 100.1 | 97.8 |
| (3)燃气 | 100.4 | 103.6 | 104.6 | 99.4 | 101.3 |
| (4)其他水电燃料类 | 100.0 | 100.0 | 100.0 | 100.0 | 107.5 |
| 4.自有住房 | 103.0 | 102.3 | 101.4 | 98.0 | 100.1 |
| **四、生活用品及服务** | **101.2** | **101.5** | **100.2** | **99.9** | **100.6** |
| 1.家具及室内装饰品 | 103.3 | 103.9 | 100.9 | 101.1 | 102.0 |
| (1)家具 | 103.8 | 104.4 | 101.2 | 101.4 | 102.1 |
| (2)室内装饰品 | 100.2 | 100.8 | 99.2 | 99.1 | 100.3 |
| 2.家用器具 | 101.0 | 99.7 | 98.2 | 97.0 | 101.3 |
| (1)大型家用器具 | 101.0 | 99.6 | 98.2 | 96.9 | 100.9 |
| (2)小家电 | 100.6 | 100.2 | 98.3 | 97.5 | 102.8 |
| 3.家用纺织品 | 100.6 | 101.3 | 100.1 | 99.1 | 99.4 |
| (1)床上用品 | 100.6 | 100.9 | 100.2 | 99.0 | 98.9 |
| (2)窗帘门帘 | 100.5 | 103.9 | 100.4 | 99.3 | 101.7 |
| (3)其他家用纺织品 | 101.2 | 101.5 | 98.6 | 100.0 | 100.8 |
| 4.家庭日用杂品 | 100.2 | 101.1 | 100.9 | 100.5 | 99.9 |
| (1)洗涤卫生用品 | 99.8 | 101.8 | 101.2 | 100.8 | 100.6 |
| (2)厨具餐具茶具 | 100.4 | 100.1 | 100.3 | 100.1 | 98.2 |
| (3)其他家庭日用杂品 | 100.8 | 100.5 | 100.8 | 100.3 | 99.9 |
| 5.个人护理用品 | 101.4 | 100.5 | 99.9 | 101.0 | 99.2 |
| (1)化妆品 | 102.0 | 100.6 | 100.1 | 100.6 | 98.8 |
| (2)其他护理用品类 | 100.8 | 100.4 | 99.7 | 101.4 | 99.7 |
| 6.家庭服务 | 101.2 | 107.0 | 104.0 | 103.6 | 104.0 |
| **五、交通通信** | **101.6** | **101.2** | **97.1** | **96.4** | **104.1** |
| 1.交通 | 102.6 | 102.8 | 97.1 | 94.8 | 105.5 |
| (1)交通工具 | 98.0 | 96.9 | 96.2 | 97.4 | 99.0 |
| (2)交通工具用燃料 | 110.5 | 112.1 | 94.6 | 86.8 | 117.0 |
| (3)交通工具使用和维修 | 101.2 | 100.8 | 101.5 | 100.8 | 100.4 |
| (4)交通费 | 101.3 | 100.8 | 99.6 | 98.3 | 102.3 |
| 2.通信 | 99.9 | 98.6 | 96.9 | 99.4 | 100.1 |
| (1)通信工具 | 97.8 | 94.6 | 93.3 | 97.8 | 102.5 |
| (2)通信服务 | 100.4 | 99.6 | 97.7 | 99.7 | 99.2 |
| (3)邮递服务 | 100.2 | 100.3 | 99.4 | 100.3 | 100.4 |

3-4 续表 2

(上年＝100)

| 指　　标 | 2017 | 2018 | 2019 | 2020 | 2021 |
|---|---|---|---|---|---|
| **六、教育文化娱乐** | **104.1** | **101.5** | **100.8** | **101.2** | **100.9** |
| 1.教育 | 103.2 | 102.5 | 102.9 | 101.5 | 101.8 |
| (1)教育用品 | 105.0 | 102.1 | 101.1 | 100.6 | 101.1 |
| (2)教育服务 | 103.1 | 102.6 | 103.1 | 101.6 | 101.8 |
| 2.文化娱乐 | 104.9 | 100.5 | 98.6 | 100.8 | 99.8 |
| (1)文娱耐用消费品 | 97.1 | 96.3 | 96.3 | 96.8 | 101.2 |
| (2)其他文娱用品 | 100.6 | 102.6 | 101.8 | 100.2 | 100.4 |
| (3)文化娱乐服务 | 100.3 | 100.8 | 100.2 | 100.3 | 101.9 |
| (4)旅游 | 111.8 | 101.6 | 98.2 | 102.7 | 97.3 |
| **七、医疗保健** | **104.2** | **102.8** | **102.8** | **100.7** | **101.9** |
| 1.药品及医疗器具 | 103.8 | 104.4 | 103.5 | 101.0 | 100.2 |
| (1)中药 | 104.1 | 105.0 | 105.1 | 102.3 | 102.4 |
| (2)西药 | 104.5 | 106.1 | 104.1 | 100.2 | 99.3 |
| (3)滋补保健品 | 104.6 | 102.2 | 102.5 | 100.5 | 100.6 |
| (4)医疗卫生器具 | 100.1 | 100.2 | 99.5 | 103.8 | 98.7 |
| (5)保健器具 | 100.0 | 99.6 | 98.7 | 98.5 | 99.4 |
| 2.医疗服务 | 104.5 | 101.6 | 102.2 | 100.5 | 102.7 |
| (1)综合医疗类 | 113.9 | 101.0 | 102.5 | 100.6 | 103.6 |
| (2)诊断类 | 100.4 | 100.4 | 101.0 | 100.3 | 100.1 |
| (3)治疗类 | 107.4 | 101.9 | 103.0 | 101.1 | 107.8 |
| (4)康复类 | 100.8 | 109.4 | 106.7 | 100.3 | 101.4 |
| (5)中医医疗服务类 | 102.6 | 101.5 | 102.6 | 101.1 | 102.8 |
| (6)其他医疗保健服务 | 100.6 | 103.6 | 102.0 | 100.5 | 100.6 |
| **八、其他用品及服务** | **103.7** | **102.4** | **103.2** | **103.1** | **100.1** |
| 1.其他用品 | 101.5 | 99.4 | 104.2 | 107.7 | 100.0 |
| (1)首饰手表 | 102.9 | 99.1 | 106.3 | 113.0 | 101.1 |
| (2)母婴用品 | 100.7 | 100.2 | 100.8 | 99.5 | 98.7 |
| (3)其他杂项用品 | 99.5 | 99.9 | 101.0 | 99.3 | 99.1 |
| 2.其他服务 | 105.1 | 104.2 | 102.6 | 100.4 | 100.2 |
| (1)在外住宿 | 100.8 | 102.8 | 100.0 | 94.2 | 100.7 |
| (2)美容美发洗浴 | 103.9 | 105.5 | 102.4 | 99.8 | 101.4 |
| (3)养老服务 | 101.3 | 100.7 | 102.6 | 103.7 | 101.9 |
| (4)金融及保险服务 | 109.1 | 105.1 | 104.0 | 102.1 | 99.3 |
| (5)中介法律及其他服务 | 102.9 | 101.4 | 101.3 | 99.6 | 100.0 |

# 3-5 主要城市居民消费价格总指数(1985-2021年)

(上年＝100)

| 年 份 | 成都市 | 自贡市 | 攀枝花市 | 泸州市 | 德阳市 | 绵阳市 | 广元市 | 遂宁市 | 内江市 | 乐山市 | 南充市 |
|---|---|---|---|---|---|---|---|---|---|---|---|
| 1985 | 111.4 | 111.0 | 110.9 | 112.5 | | 107.9 | 108.4 | | 108.0 | 107.5 | 107.1 |
| 1986 | 104.8 | 104.4 | 106.6 | 103.8 | | 104.8 | 106.9 | | 106.6 | 105.8 | 106.9 |
| 1987 | 108.8 | 111.0 | 109.1 | 111.2 | | 111.4 | 110.0 | | 109.7 | 109.4 | 110.2 |
| 1988 | 124.6 | 121.6 | 121.9 | 123.4 | | 118.7 | 123.2 | | 119.7 | 124.4 | 126.5 |
| 1989 | 116.2 | 113.8 | 121.3 | 115.0 | | 113.7 | 115.8 | | 115.2 | 114.3 | 113.5 |
| 1990 | 103.5 | 103.1 | 102.4 | 99.3 | | 101.4 | 103.4 | | 100.6 | 100.9 | 100.1 |
| 1991 | 105.2 | 106.4 | 106.3 | 105.8 | | 102.3 | 105.7 | | 103.7 | 107.7 | 106.8 |
| 1992 | 110.8 | 108.6 | 111.4 | 110.0 | | 113.0 | 106.6 | | 110.7 | 110.1 | 108.2 |
| 1993 | 115.9 | 116.9 | 122.0 | 115.7 | | 115.1 | 116.7 | | 114.1 | 121.0 | 117.1 |
| 1994 | 126.5 | 129.7 | 124.0 | 125.7 | | 128.8 | 127.0 | | 131.4 | 127.5 | 127.6 |
| 1995 | 117.5 | 119.1 | 121.2 | 118.7 | | 121.7 | 117.0 | | 119.7 | 120.1 | 118.2 |
| 1996 | 109.7 | 108.2 | 115.0 | 107.3 | | 108.0 | 107.2 | | 108.3 | 109.2 | 109.3 |
| 1997 | 105.7 | 105.5 | 107.3 | 104.7 | | 105.5 | 105.0 | | 103.1 | 104.3 | 103.1 |
| 1998 | 100.3 | 98.0 | 100.5 | 98.4 | | 99.7 | 99.8 | | 99.1 | 99.7 | 99.2 |
| 1999 | 98.3 | 96.9 | 98.2 | 99.1 | | 98.3 | 97.9 | | 99.6 | 98.2 | 96.8 |
| 2000 | 100.2 | 99.2 | 99.6 | 100.6 | | 99.5 | 99.3 | | 99.6 | 97.6 | 99.6 |
| 2001 | 100.8 | 103.2 | 101.4 | 101.5 | | 102.6 | 102.0 | | 102.0 | 104.4 | 102.0 |
| 2002 | 98.7 | 100.1 | 100.4 | 100.2 | | 99.2 | 100.0 | | 100.2 | 99.0 | 99.5 |
| 2003 | 102.1 | 102.5 | 101.0 | 100.3 | | 101.7 | 101.0 | | 102.3 | 101.9 | 101.8 |
| 2004 | 103.9 | 104.7 | 103.5 | 104.3 | | 104.5 | 104.5 | | 103.4 | 104.3 | 105.2 |
| 2005 | 102.3 | 100.9 | 101.0 | 100.7 | | 100.6 | 101.2 | | 101.3 | 101.1 | 101.5 |
| 2006 | 101.8 | 102.8 | 102.1 | 102.5 | | 102.5 | 102.3 | | 102.7 | 101.8 | 102.5 |
| 2007 | 105.2 | 105.8 | 105.4 | 106.2 | | 106.4 | 106.4 | | 106.4 | 105.7 | 107.6 |
| 2008 | 104.3 | 105.1 | 105.5 | 104.5 | | 104.6 | 104.8 | | 105.0 | 104.4 | 105.2 |
| 2009 | 100.3 | 100.9 | 100.7 | 101.2 | 100.5 | 101.6 | 101.4 | 100.9 | 100.8 | 101.2 | 101.4 |
| 2010 | 103.0 | 103.9 | 103.3 | 102.7 | 105.8 | 103.5 | 104.1 | 104.0 | 103.2 | 103.2 | 104.0 |
| 2011 | 105.4 | 105.7 | 104.8 | 105.8 | 106.1 | 105.0 | 105.3 | 106.5 | 105.4 | 105.0 | 106.4 |
| 2012 | 103.0 | 102.8 | 103.0 | 102.6 | 102.1 | 102.8 | 102.0 | 102.3 | 103.0 | 102.6 | 103.2 |
| 2013 | 103.1 | 103.5 | 101.3 | 103.2 | 102.3 | 103.2 | 102.9 | 102.9 | 102.3 | 102.4 | 103.2 |
| 2014 | 101.3 | 101.7 | 102.0 | 101.8 | 100.7 | 101.5 | 101.9 | 101.8 | 101.4 | 101.8 | 102.3 |
| 2015 | 101.1 | 101.5 | 101.5 | 101.5 | 100.4 | 101.4 | 101.9 | 101.7 | 101.7 | 101.8 | 101.8 |
| 2016 | 102.2 | 102.4 | 101.7 | 102.1 | 101.9 | 101.7 | 101.9 | 101.4 | 101.6 | 101.8 | 102.0 |
| 2017 | 102.0 | 101.3 | 101.2 | 101.8 | 101.0 | 102.0 | 101.6 | 101.8 | 101.7 | 101.7 | 101.8 |
| 2018 | 101.4 | 102.3 | 101.8 | 101.8 | 102.0 | 102.1 | 101.6 | 101.8 | 101.6 | 102.1 | 101.8 |
| 2019 | 102.8 | 103.7 | 104.1 | 102.7 | 104.1 | 103.4 | 103.9 | 102.8 | 103.5 | 103.8 | 103.1 |
| 2020 | 102.5 | 102.4 | 104.0 | 103.2 | 104.1 | 103.0 | 103.3 | 103.1 | 103.4 | 102.0 | 103.3 |
| 2021 | 100.5 | 100.2 | 99.8 | 99.9 | 100.1 | 100.2 | 100.1 | 100.1 | 100.0 | 100.4 | 100.2 |

3-5 续表

(上年=100)

| 年份 | 眉山市 | 宜宾市 | 广安市 | 达州市 | 雅安市 | 巴中市 | 资阳市 | 阿坝州 | 甘孜州 | 凉山州 |
|---|---|---|---|---|---|---|---|---|---|---|
| 1985 | | | | | | | | | | 107.6 |
| 1986 | | | | | | | | | | 104.5 |
| 1987 | | | | | | | | | | 109.3 |
| 1988 | | | | | | | | | | 126.8 |
| 1989 | | | | | | | | | | 118.0 |
| 1990 | | | | | | | | | | 104.3 |
| 1991 | | | | | | | | | | 104.7 |
| 1992 | | | | | | | | | | 110.9 |
| 1993 | | | | | | | | | | 114.5 |
| 1994 | | | | | | | | | | 121.7 |
| 1995 | | | | | | | | | | 118.1 |
| 1996 | | | | | | | | | | 118.1 |
| 1997 | | | | | | | | | | 103.1 |
| 1998 | | | | | | | | | | 101.8 |
| 1999 | | | | | | | | | | 99.6 |
| 2000 | | | | | | | | | | 99.2 |
| 2001 | | | | | | | | | | 102.9 |
| 2002 | | | | | | | | | | 99.5 |
| 2003 | | | | | | | | | | 101.2 |
| 2004 | | | | | | | | | | 105.0 |
| 2005 | | | | | | | | | | 102.1 |
| 2006 | | | | | | | | | | 102.4 |
| 2007 | | | | | | | | | | 104.5 |
| 2008 | | | | | | | | | | 104.9 |
| 2009 | 101.2 | 102.0 | 100.5 | 100.6 | 99.4 | 100.8 | 100.3 | 103.1 | 105.0 | 99.8 |
| 2010 | 103.2 | 103.4 | 103.8 | 102.6 | 102.5 | 103.2 | 103.8 | 104.5 | 106.8 | 102.8 |
| 2011 | 106.1 | 105.6 | 106.1 | 105.8 | 105.7 | 106.6 | 105.9 | 106.2 | 108.6 | 105.0 |
| 2012 | 102.7 | 102.4 | 102.4 | 102.9 | 102.8 | 102.1 | 103.2 | 103.1 | 104.2 | 102.8 |
| 2013 | 102.8 | 102.2 | 102.8 | 102.5 | 102.9 | 102.6 | 102.9 | 103.6 | 104.1 | 102.5 |
| 2014 | 101.9 | 101.7 | 102.3 | 102.1 | 102.1 | 102.3 | 101.8 | 101.6 | 102.1 | 102.0 |
| 2015 | 101.1 | 100.8 | 102.0 | 101.5 | 101.0 | 101.6 | 101.5 | 101.0 | 102.7 | 102.2 |
| 2016 | 102.0 | 101.1 | 101.5 | 101.6 | 101.7 | 101.4 | 101.3 | 102.2 | 102.2 | 101.9 |
| 2017 | 101.6 | 101.3 | 101.4 | 101.4 | 101.5 | 100.5 | 101.8 | 101.2 | 102.2 | 101.8 |
| 2018 | 101.6 | 101.8 | 101.2 | 102.3 | 101.9 | 101.6 | 101.6 | 101.1 | 102.1 | 101.8 |
| 2019 | 103.7 | 102.3 | 103.6 | 103.1 | 103.9 | 103.4 | 103.5 | 102.3 | 103.0 | 103.8 |
| 2020 | 104.1 | 104.0 | 103.3 | 103.1 | 103.9 | 102.9 | 103.1 | 106.3 | 104.3 | 102.7 |
| 2021 | 100.4 | 100.3 | 99.6 | 100.0 | 99.1 | 100.2 | 100.3 | 100.2 | 100.1 | 99.8 |

# 3-6 居民消费价格累计指数(2021年)

(上年=100)

| 地　区 | 居民消费价格总指数 | 一、食品烟酒 | 二、衣着 | 三、居住 | 四、生活用品及服务 | 五、交通通信 | 六、教育文化娱乐 | 七、医疗保健 | 八、其他用品及服务 |
|---|---|---|---|---|---|---|---|---|---|
| **四　川** | **100.3** | **98.0** | **99.8** | **100.3** | **100.6** | **104.1** | **100.9** | **101.9** | **100.1** |
| 成都市 | 100.5 | 98.9 | 98.5 | 99.9 | 101.1 | 104.3 | 100.2 | 102.7 | 101.1 |
| 自贡市 | 100.2 | 97.7 | 99.9 | 101.5 | 98.5 | 104.1 | 100.2 | 101.1 | 101.0 |
| 攀枝花市 | 99.8 | 99.4 | 99.4 | 98.1 | 100.2 | 102.7 | 100.8 | 99.3 | 98.5 |
| 泸州市 | 99.9 | 97.5 | 105.5 | 100.4 | 99.6 | 102.7 | 99.5 | 99.9 | 99.2 |
| 德阳市 | 100.1 | 97.4 | 97.6 | 101.4 | 100.3 | 103.8 | 102.9 | 102.1 | 98.9 |
| 绵阳市 | 100.2 | 99.3 | 100.5 | 99.0 | 98.6 | 103.8 | 101.8 | 99.7 | 100.3 |
| 广元市 | 100.1 | 97.3 | 99.3 | 101.5 | 99.8 | 103.8 | 99.6 | 101.5 | 101.5 |
| 遂宁市 | 100.1 | 97.3 | 100.0 | 98.9 | 101.0 | 104.8 | 102.8 | 101.7 | 98.3 |
| 内江市 | 100.0 | 97.8 | 100.0 | 99.0 | 101.1 | 103.5 | 102.3 | 102.5 | 98.7 |
| 乐山市 | 100.4 | 97.8 | 101.4 | 101.1 | 101.5 | 103.6 | 102.0 | 99.9 | 100.5 |
| 南充市 | 100.2 | 97.0 | 100.5 | 99.8 | 102.2 | 104.8 | 102.7 | 100.6 | 99.6 |
| 眉山市 | 100.4 | 98.3 | 100.6 | 100.3 | 100.2 | 105.5 | 101.7 | 100.5 | 94.7 |
| 宜宾市 | 100.3 | 98.3 | 100.6 | 102.2 | 101.2 | 102.2 | 100.6 | 100.4 | 97.0 |
| 广安市 | 99.6 | 96.7 | 98.0 | 99.9 | 100.7 | 104.0 | 102.2 | 99.8 | 100.1 |
| 达州市 | 100.0 | 98.0 | 100.1 | 101.0 | 101.6 | 101.8 | 101.1 | 100.4 | 97.8 |
| 雅安市 | 99.1 | 95.8 | 98.5 | 98.0 | 100.4 | 104.7 | 101.8 | 100.8 | 101.0 |
| 巴中市 | 100.2 | 97.5 | 100.7 | 100.8 | 100.6 | 104.3 | 101.5 | 100.2 | 100.0 |
| 资阳市 | 100.3 | 97.9 | 100.1 | 101.0 | 100.4 | 103.8 | 100.3 | 102.2 | 99.3 |
| 阿坝州 | 100.2 | 99.0 | 99.2 | 100.6 | 99.8 | 103.9 | 99.6 | 101.5 | 101.6 |
| 甘孜州 | 100.1 | 98.7 | 100.8 | 99.8 | 99.1 | 103.7 | 98.9 | 103.2 | 100.8 |
| 凉山州 | 99.8 | 98.4 | 97.6 | 100.6 | 100.9 | 102.1 | 99.5 | 99.8 | 104.1 |

# 3-7 主要城市居民消费价格分类指数(2021年)

(上年=100)

| 指　　标 | 成都市 | 自贡市 | 攀枝花市 | 泸州市 | 德阳市 | 绵阳市 | 广元市 |
|---|---|---|---|---|---|---|---|
| **居民消费价格总指数** | **100.5** | **100.2** | **99.8** | **99.9** | **100.1** | **100.2** | **100.1** |
| **一、食品烟酒** | **98.9** | **97.7** | **99.4** | **97.5** | **97.4** | **99.3** | **97.3** |
| 粮　　食 | 101.8 | 100.0 | 102.0 | 100.3 | 100.4 | 104.5 | 101.2 |
| 鲜　　菜 | 103.5 | 106.6 | 100.9 | 107.8 | 101.0 | 104.3 | 98.8 |
| 畜　　肉 | 81.2 | 80.1 | 82.2 | 76.8 | 79.9 | 79.0 | 80.5 |
| 水 产 品 | 110.3 | 108.2 | 114.8 | 111.5 | 113.8 | 113.3 | 114.4 |
| 蛋 | 100.9 | 109.4 | 110.4 | 97.1 | 103.8 | 105.8 | 104.4 |
| 鲜　　果 | 102.2 | 97.4 | 99.2 | 104.3 | 99.9 | 105.8 | 99.0 |
| **二、衣着** | **98.5** | **99.9** | **99.4** | **105.5** | **97.6** | **100.5** | **99.3** |
| **三、居住** | **99.9** | **101.5** | **98.1** | **100.4** | **101.4** | **99.0** | **101.5** |
| **四、生活用品及服务** | **101.1** | **98.5** | **100.2** | **99.6** | **100.3** | **98.6** | **99.8** |
| **五、交通通信** | **104.3** | **104.1** | **102.7** | **102.7** | **103.8** | **103.8** | **103.8** |
| **六、教育文化娱乐** | **100.2** | **100.2** | **100.8** | **99.5** | **102.9** | **101.8** | **99.6** |
| **七、医疗保健** | **102.7** | **101.1** | **99.3** | **99.9** | **102.1** | **99.7** | **101.5** |
| **八、其他用品及服务** | **101.1** | **101.0** | **98.5** | **99.2** | **98.9** | **100.3** | **101.5** |

## 3-7 续表 1

(上年=100)

| 指　　标 | 遂宁市 | 内江市 | 乐山市 | 南充市 | 眉山市 | 宜宾市 | 广安市 |
|---|---|---|---|---|---|---|---|
| **居民消费价格总指数** | **100.1** | **100.0** | **100.4** | **100.2** | **100.4** | **100.3** | **99.6** |
| **一、食品烟酒** | **97.3** | **97.8** | **97.8** | **97.0** | **98.3** | **98.3** | **96.7** |
| 粮　　食 | 101.0 | 99.2 | 102.7 | 102.3 | 104.1 | 102.6 | 99.3 |
| 鲜　　菜 | 100.6 | 104.5 | 98.9 | 104.9 | 100.6 | 101.7 | 102.9 |
| 畜　　肉 | 76.1 | 80.1 | 77.5 | 79.8 | 80.0 | 81.1 | 81.0 |
| 水 产 品 | 111.3 | 107.7 | 110.8 | 108.0 | 117.6 | 110.9 | 108.6 |
| 蛋 | 107.2 | 110.1 | 103.3 | 100.6 | 104.1 | 99.3 | 102.8 |
| 鲜　　果 | 98.3 | 99.3 | 102.8 | 94.3 | 100.3 | 100.0 | 98.5 |
| **二、衣着** | **100.0** | **100.0** | **101.4** | **100.5** | **100.6** | **100.6** | **98.0** |
| **三、居住** | **98.9** | **99.0** | **101.1** | **99.8** | **100.3** | **102.2** | **99.9** |
| **四、生活用品及服务** | **101.0** | **101.1** | **101.5** | **102.2** | **100.2** | **101.2** | **100.7** |
| **五、交通通信** | **104.8** | **103.5** | **103.6** | **104.8** | **105.5** | **102.2** | **104.0** |
| **六、教育文化娱乐** | **102.8** | **102.3** | **102.0** | **102.7** | **101.7** | **100.6** | **102.2** |
| **七、医疗保健** | **101.7** | **102.5** | **99.9** | **100.6** | **100.5** | **100.4** | **99.8** |
| **八、其他用品及服务** | **98.3** | **98.7** | **100.5** | **99.6** | **94.7** | **97.0** | **100.1** |

## 3-7 续表 2

(上年=100)

| 指　　标 | 达州市 | 雅安市 | 巴中市 | 资阳市 | 阿坝州 | 甘孜州 | 凉山州 |
|---|---|---|---|---|---|---|---|
| **居民消费价格总指数** | **100.0** | **99.1** | **100.2** | **100.3** | **100.2** | **100.1** | **99.8** |
| **一、食品烟酒** | **98.0** | **95.8** | **97.5** | **97.9** | **99.0** | **98.7** | **98.4** |
| 粮　　食 | 99.9 | 103.9 | 100.4 | 100.7 | 100.1 | 100.1 | 100.7 |
| 鲜　　菜 | 104.5 | 99.0 | 104.7 | 97.9 | 103.6 | 102.1 | 99.6 |
| 畜　　肉 | 79.6 | 78.2 | 77.3 | 80.8 | 88.3 | 84.8 | 79.3 |
| 水 产 品 | 111.5 | 109.9 | 107.1 | 111.3 | 107.1 | 113.0 | 110.3 |
| 蛋 | 101.3 | 109.2 | 102.6 | 105.1 | 100.1 | 105.7 | 108.3 |
| 鲜　　果 | 103.3 | 92.7 | 101.4 | 102.6 | 98.9 | 104.0 | 102.8 |
| **二、衣着** | **100.1** | **98.5** | **100.7** | **100.1** | **99.2** | **100.8** | **97.6** |
| **三、居住** | **101.0** | **98.0** | **100.8** | **101.0** | **100.6** | **99.8** | **100.6** |
| **四、生活用品及服务** | **101.6** | **100.4** | **100.6** | **100.4** | **99.8** | **99.1** | **100.9** |
| **五、交通通信** | **101.8** | **104.7** | **104.3** | **103.8** | **103.9** | **103.7** | **102.1** |
| **六、教育文化娱乐** | **101.1** | **101.8** | **101.5** | **100.3** | **99.6** | **98.9** | **99.5** |
| **七、医疗保健** | **100.4** | **100.8** | **100.2** | **102.2** | **101.5** | **103.2** | **99.8** |
| **八、其他用品及服务** | **97.8** | **101.0** | **100.0** | **99.3** | **101.6** | **100.8** | **104.1** |

# 3-8 商品零售价格分类指数(2021年)

(上年＝100)

| 指　　标 | 全　省 | 城　市 | 农　村 |
|---|---|---|---|
| **商品零售价格总指数** | **101.4** | **101.4** | **101.4** |
| **一、食品** | **99.0** | **99.5** | **96.9** |
| 1.粮食 | 101.7 | 101.7 | 102.1 |
| 2.薯类 | 99.9 | 98.4 | 107.6 |
| 3.豆类 | 105.3 | 105.5 | 104.4 |
| 4.食用油 | 104.5 | 105.5 | 99.1 |
| 5.菜及食用菌 | 103.1 | 103.3 | 102.1 |
| 6.畜肉类 | 79.4 | 80.3 | 77.1 |
| 7.禽肉类 | 96.2 | 96.4 | 95.4 |
| 8.水产品 | 111.2 | 111.1 | 111.8 |
| 9.蛋类 | 102.1 | 102.0 | 102.8 |
| 10.奶类 | 104.6 | 105.4 | 99.2 |
| 11.干鲜瓜果类 | 101.5 | 101.5 | 101.4 |
| 12.糖果糕点类 | 101.5 | 101.7 | 100.4 |
| 13.调味品 | 102.3 | 102.6 | 101.5 |
| 14.其他食品类 | 100.0 | 99.7 | 101.3 |
| 15.餐饮业零售 | 101.3 | 101.5 | 100.9 |
| **二、饮料、烟酒** | **101.9** | **101.9** | **102.2** |
| 1.茶及饮料 | 101.8 | 101.7 | 101.9 |
| 2.卷烟 | 100.6 | 100.4 | 101.0 |
| 3.酒类 | 105.2 | 105.0 | 105.8 |
| **三、服装、鞋帽** | **99.1** | **99.0** | **99.5** |
| 1.服装 | 100.1 | 100.1 | 100.0 |
| 2.鞋帽袜 | 97.0 | 96.8 | 98.2 |
| 3.其他衣着配件 | 98.0 | 97.8 | 99.9 |
| **四、纺织品** | **99.0** | **98.7** | **100.2** |
| 1.服装材料 | 101.5 | 101.7 | 100.8 |
| 2.床上用品 | 98.4 | 98.0 | 100.1 |
| **五、家用电器及音像器材** | **100.5** | **100.4** | **101.0** |
| **六、文化办公用品** | **103.3** | **103.4** | **102.3** |
| **七、日用品** | **99.6** | **99.5** | **100.0** |
| 1.日用百货 | 99.9 | 99.6 | 101.1 |
| 2.厨具餐具茶具 | 98.5 | 98.7 | 97.7 |
| 3.清洗用品 | 102.4 | 102.9 | 100.3 |
| 4.其他日用品 | 98.9 | 98.7 | 99.9 |
| **八、体育娱乐用品** | **100.6** | **100.7** | **100.4** |
| **九、交通、通信用品** | **100.1** | **100.0** | **100.3** |
| **十、家具** | **103.2** | **103.4** | **102.1** |
| **十一、化妆品** | **99.7** | **99.9** | **98.6** |
| **十二、金银饰品** | **101.4** | **100.9** | **103.6** |
| **十三、中西药品及医疗保健用品** | **99.9** | **99.8** | **100.3** |
| 1.医疗卫生器具 | 99.5 | 100.1 | 96.5 |
| 2.中药 | 102.3 | 101.7 | 103.1 |
| 3.西药 | 99.2 | 99.1 | 99.4 |
| 4.保健器具及用品 | 100.5 | 101.1 | 98.8 |
| **十四、书报杂志及电子出版物** | **100.4** | **100.4** | **100.7** |
| **十五、燃料** | **110.4** | **109.6** | **114.2** |
| **十六、建筑材料及五金电料** | **101.2** | **100.6** | **102.5** |

# 3-9 商品零售价格分类指数(2017-2021年)

(上年=100)

| 指　　标 | 2017 | 2018 | 2019 | 2020 | 2021 |
|---|---|---|---|---|---|
| **商品零售价格总指数** | **100.5** | **101.4** | **102.7** | **102.7** | **101.4** |
| **一、食品** | **98.3** | **101.5** | **110.6** | **112.5** | **99.0** |
| 1.粮食 | 100.5 | 100.2 | 100.7 | 101.0 | 101.7 |
| 2.薯类 | 98.0 | 106.9 | 102.9 | 103.6 | 99.9 |
| 3.豆类 | 103.8 | 105.2 | 102.3 | 109.9 | 105.3 |
| 4.食用油 | 97.6 | 98.3 | 105.2 | 109.3 | 104.5 |
| 5.菜及食用菌 | 94.3 | 110.1 | 102.1 | 109.5 | 103.1 |
| 6.畜肉类 | 93.3 | 96.4 | 136.1 | 138.4 | 79.4 |
| 猪　肉 | 88.9 | 93.3 | 150.9 | 146.7 | 68.1 |
| 牛　肉 | 100.3 | 104.7 | 114.9 | 113.5 | 103.3 |
| 羊　肉 | 98.9 | 116.1 | 113.8 | 108.4 | 107.1 |
| 其他畜肉及副产品 | 100.0 | 94.7 | 124.4 | 143.7 | 84.6 |
| 畜肉制品 | 100.9 | 100.3 | 110.4 | 114.9 | 99.4 |
| 7.禽肉类 | 99.5 | 104.6 | 110.9 | 100.7 | 96.2 |
| 鸡 | 97.9 | 104.2 | 111.5 | 97.5 | 93.6 |
| 鸭 | 101.2 | 106.4 | 109.2 | 100.8 | 97.4 |
| 其他禽肉及制品 | 101.7 | 103.2 | 111.6 | 109.0 | 100.9 |
| 8.水产品 | 103.6 | 100.2 | 100.2 | 103.0 | 111.2 |
| 9.蛋类 | 98.3 | 108.4 | 103.4 | 95.6 | 102.1 |
| 10.奶类 | 99.8 | 100.5 | 101.8 | 101.1 | 104.6 |
| 11.干鲜瓜果类 | 103.8 | 102.1 | 109.1 | 93.4 | 101.5 |
| 鲜　果 | 105.4 | 103.8 | 111.7 | 91.5 | 102.1 |
| 12.糖果糕点类 | 102.1 | 102.5 | 100.6 | 101.0 | 101.5 |
| 13.调味品 | 101.6 | 101.5 | 100.3 | 101.2 | 102.3 |
| 14.其他食品类 | 99.6 | 100.3 | 101.8 | 102.4 | 100.0 |
| 15.餐饮业零售 | 101.6 | 101.0 | 104.0 | 106.3 | 101.3 |
| **二、饮料、烟酒** | **101.4** | **101.6** | **101.6** | **101.5** | **101.9** |
| 1.茶及饮料 | 102.0 | 101.8 | 100.7 | 99.9 | 101.8 |
| 2.卷烟 | 99.7 | 100.0 | 100.6 | 100.4 | 100.6 |
| 3.酒类 | 103.8 | 104.0 | 103.4 | 103.7 | 105.2 |
| **三、服装、鞋帽** | **101.6** | **100.9** | **101.4** | **99.6** | **99.1** |
| 1.服装 | 102.4 | 101.8 | 101.6 | 99.9 | 100.1 |
| (1)男士服装 | 102.7 | 101.2 | 100.9 | 100.1 | 99.0 |
| (2)女士服装 | 102.4 | 102.2 | 102.0 | 99.8 | 100.7 |
| (3)儿童服装 | 101.4 | 101.5 | 101.5 | 100.2 | 99.5 |
| 2.鞋帽袜 | 99.8 | 98.5 | 100.9 | 98.5 | 97.0 |
| (1)鞋 | 99.7 | 98.3 | 101.0 | 98.3 | 96.7 |
| (2)袜子 | 100.2 | 99.8 | 100.1 | 99.2 | 100.1 |
| (3)帽子 | 100.6 | 99.2 | 101.1 | 100.5 | 98.7 |
| 3.其他衣着配件 | 100.1 | 98.8 | 102.9 | 99.3 | 98.0 |

3-9 续表

(上年＝100)

| 指　　标 | 2017 | 2018 | 2019 | 2020 | 2021 |
|---|---|---|---|---|---|
| **四、纺织品** | **100.6** | **100.6** | **101.3** | **99.4** | **99.0** |
| 1.服装材料 | 101.0 | 103.9 | 104.8 | 101.9 | 101.5 |
| 2.床上用品 | 100.5 | 99.9 | 100.4 | 98.7 | 98.4 |
| **五、家用电器及音像器材** | **100.1** | **98.7** | **97.5** | **96.4** | **100.5** |
| 1.家庭设备 | 100.9 | 99.9 | 98.2 | 96.8 | 101.3 |
| 2.文娱用耐用消费品 | 98.7 | 96.0 | 95.3 | 95.6 | 98.2 |
| 3.专业音像器材 | 99.3 | 99.6 | 99.1 | 96.6 | 99.3 |
| **六、文化办公用品** | **94.7** | **99.4** | **99.2** | **98.9** | **103.3** |
| **七、日用品** | **99.7** | **100.9** | **101.1** | **100.0** | **99.6** |
| 1.日用百货 | 100.4 | 100.4 | 100.2 | 99.7 | 99.9 |
| 2.厨具餐具茶具 | 99.7 | 99.4 | 100.4 | 100.2 | 98.5 |
| 3.清洗用品 | 99.4 | 103.5 | 101.9 | 100.6 | 102.4 |
| 4.其他日用品 | 99.1 | 100.1 | 101.7 | 99.6 | 98.9 |
| **八、体育娱乐用品** | **100.3** | **103.8** | **100.8** | **99.2** | **100.6** |
| 1.体育户外用品 | 101.1 | 102.0 | 98.8 | 98.8 | 100.8 |
| 2.娱乐用品 | 100.2 | 104.3 | 101.3 | 99.3 | 100.6 |
| **九、交通、通信用品** | **99.0** | **96.4** | **96.0** | **98.9** | **100.1** |
| 1.交通运输机械 | 99.6 | 97.0 | 96.8 | 97.7 | 99.0 |
| 2.通信器材 | 97.7 | 95.2 | 94.0 | 101.6 | 103.1 |
| **十、家具** | **103.0** | **103.8** | **101.8** | **102.2** | **103.2** |
| **十一、化妆品** | **101.2** | **99.7** | **100.1** | **101.9** | **99.7** |
| **十二、金银饰品** | **102.3** | **98.5** | **107.8** | **113.7** | **101.4** |
| **十三、中西药品及医疗保健用品** | **102.6** | **104.9** | **103.7** | **100.9** | **99.9** |
| 1.医疗卫生器具 | 100.3 | 100.3 | 99.9 | 102.8 | 99.5 |
| 2.中药 | 102.8 | 105.8 | 105.9 | 102.1 | 102.3 |
| 3.西药 | 102.1 | 106.0 | 103.7 | 100.4 | 99.2 |
| 4.保健器具及用品 | 104.6 | 101.9 | 102.0 | 100.4 | 100.5 |
| **十四、书报杂志及电子出版物** | **101.4** | **102.8** | **102.7** | **100.5** | **100.4** |
| 1.教材及参考书 | 103.0 | 102.1 | 102.4 | 100.2 | 100.5 |
| 2.书报杂志及音像制品 | 100.4 | 105.9 | 104.1 | 101.4 | 100.4 |
| 3.计算机办公软件 | 97.3 | 98.8 | 100.0 | 99.5 | 100.2 |
| **十五、燃料** | **108.1** | **109.1** | **99.4** | **92.7** | **110.4** |
| 1.煤炭及制品 | 119.0 | 109.1 | 101.4 | 96.3 | 116.9 |
| 2.石油及制品 | 106.1 | 109.1 | 99.0 | 91.9 | 110.3 |
| **十六、建筑材料及五金电料** | **102.0** | **102.8** | **100.7** | **100.0** | **101.2** |
| 1.建筑装潢材料 | 102.4 | 103.0 | 100.5 | 100.0 | 100.8 |
| 2.五金水暖 | 98.9 | 101.2 | 101.7 | 100.0 | 102.3 |

# 3-10 主要城市商品零售价格总指数(1985-2021年)

(上年＝100)

| 年 份 | 成都市 | 自贡市 | 攀枝花市 | 泸州市 | 德阳市 | 绵阳市 | 广元市 | 遂宁市 | 内江市 | 乐山市 | 南充市 |
|---|---|---|---|---|---|---|---|---|---|---|---|
| 1985 | 111.3 | 111.5 | 111.9 | 113.1 | | 108.3 | 108.2 | | 107.5 | 107.7 | 107.4 |
| 1986 | 104.7 | 104.1 | 106.9 | 101.8 | | 105.0 | 106.8 | | 106.6 | 105.9 | 106.8 |
| 1987 | 109.4 | 110.6 | 109.0 | 111.9 | | 112.2 | 111.6 | | 110.0 | 110.3 | 110.9 |
| 1988 | 125.7 | 123.2 | 122.8 | 124.7 | | 119.8 | 125.0 | | 120.6 | 125.1 | 128.1 |
| 1989 | 116.1 | 114.0 | 119.9 | 114.3 | | 112.9 | 115.3 | | 114.4 | 113.1 | 112.8 |
| 1990 | 102.9 | 101.7 | 100.9 | 98.7 | | 100.6 | 102.5 | | 99.7 | 100.6 | 99.5 |
| 1991 | 104.7 | 106.0 | 105.8 | 105.8 | | 102.1 | 105.0 | | 103.0 | 105.6 | 106.7 |
| 1992 | 108.5 | 107.1 | 108.7 | 109.3 | | 110.3 | 106.1 | | 107.7 | 107.7 | 107.6 |
| 1993 | 115.1 | 116.1 | 119.9 | 113.2 | | 113.2 | 114.3 | | 112.6 | 116.8 | 113.6 |
| 1994 | 123.3 | 124.4 | 119.0 | 122.0 | | 122.0 | 122.0 | | 125.4 | 123.8 | 126.0 |
| 1995 | 114.5 | 113.4 | 119.0 | 116.7 | | 115.9 | 116.7 | | 115.1 | 114.3 | 114.7 |
| 1996 | 106.5 | 105.5 | 107.0 | 106.3 | | 106.2 | 106.1 | | 106.6 | 106.7 | 107.4 |
| 1997 | 102.9 | 102.9 | 104.9 | 102.0 | | 102.5 | 102.7 | | 102.5 | 102.9 | 101.6 |
| 1998 | 98.4 | 97.1 | 99.2 | 96.2 | | 97.4 | 96.2 | | 98.1 | 96.2 | 96.5 |
| 1999 | 97.1 | 96.4 | 97.0 | 97.1 | | 96.7 | 95.4 | | 97.4 | 97.7 | 96.1 |
| 2000 | 98.2 | 97.0 | 96.7 | 97.8 | | 96.3 | 97.1 | | 98.4 | 96.7 | 97.2 |
| 2001 | 100.7 | 101.8 | 98.3 | 98.4 | | 100.7 | 101.3 | | 103.9 | 100.5 | 100.9 |
| 2002 | 98.8 | 100.0 | 99.8 | 98.0 | | 98.8 | 99.6 | | 101.9 | 98.5 | 99.2 |
| 2003 | 100.2 | 101.4 | 100.3 | 97.4 | | 100.6 | 98.7 | | 101.5 | 100.4 | 99.7 |
| 2004 | 101.4 | 103.7 | 103.1 | 102.7 | | 104.0 | 103.1 | | 102.7 | 103.0 | 103.8 |
| 2005 | 99.8 | 100.0 | 100.3 | 100.0 | | 99.7 | 100.7 | | 100.0 | 99.8 | 100.6 |
| 2006 | 101.2 | 102.6 | 102.4 | 101.7 | | 102.1 | 101.9 | | 101.7 | 101.3 | 102.2 |
| 2007 | 104.2 | 105.0 | 105.1 | 105.9 | | 106.0 | 105.2 | | 106.3 | 104.6 | 107.4 |
| 2008 | 104.5 | 105.3 | 105.0 | 104.9 | | 104.8 | 104.8 | | 106.4 | 104.8 | 105.9 |
| 2009 | 99.0 | 100.7 | 100.4 | 99.7 | 98.0 | 100.6 | 100.2 | 100.2 | 100.2 | 100.7 | 100.2 |
| 2010 | 102.4 | 103.6 | 103.9 | 102.2 | 102.5 | 102.5 | 103.4 | 104.0 | 102.7 | 103.1 | 103.5 |
| 2011 | 104.3 | 104.7 | 105.0 | 104.7 | 105.4 | 104.2 | 104.4 | 106.1 | 104.7 | 105.1 | 106.8 |
| 2012 | 101.4 | 102.0 | 102.0 | 102.0 | 100.7 | 101.4 | 100.2 | 101.6 | 102.3 | 101.3 | 102.4 |
| 2013 | 101.7 | 101.7 | 100.9 | 102.2 | 101.3 | 101.8 | 101.1 | 101.9 | 101.8 | 101.8 | 102.0 |
| 2014 | 100.4 | 100.5 | 101.2 | 100.9 | 99.8 | 100.2 | 100.4 | 101.1 | 100.7 | 101.3 | 101.7 |
| 2015 | 99.5 | 99.5 | 100.2 | 100.6 | 100.5 | 99.9 | 101.9 | 100.3 | 100.3 | 99.9 | 100.8 |
| 2016 | 100.8 | 101.2 | 101.0 | 100.4 | 101.1 | 100.0 | 100.2 | 101.7 | 100.1 | 100.8 | 101.8 |
| 2017 | 99.4 | 100.9 | 101.5 | 100.1 | 100.0 | 101.0 | 101.4 | 101.0 | 102.1 | 101.9 | 101.9 |
| 2018 | 100.7 | 102.0 | 102.2 | 101.5 | 102.1 | 101.6 | 101.3 | 101.4 | 102.0 | 101.9 | 101.8 |
| 2019 | 101.9 | 103.3 | 103.8 | 103.0 | 103.8 | 101.9 | 102.2 | 103.4 | 103.1 | 102.9 | 103.4 |
| 2020 | 102.2 | 102.3 | 103.6 | 102.6 | 103.1 | 101.9 | 102.3 | 103.4 | 102.6 | 101.3 | 103.7 |
| 2021 | 101.1 | 101.0 | 100.7 | 100.6 | 101.0 | 101.3 | 100.8 | 101.3 | 102.1 | 101.0 | 102.4 |

3-10 续表

(上年=100)

| 年 份 | 眉山市 | 宜宾市 | 广安市 | 达州市 | 雅安市 | 巴中市 | 资阳市 | 阿坝州 | 甘孜州 | 凉山州 |
|---|---|---|---|---|---|---|---|---|---|---|
| 1985 | | | | | | | | | | 108.1 |
| 1986 | | | | | | | | | | 104.3 |
| 1987 | | | | | | | | | | 109.9 |
| 1988 | | | | | | | | | | 127.4 |
| 1989 | | | | | | | | | | 117.6 |
| 1990 | | | | | | | | | | 102.2 |
| 1991 | | | | | | | | | | 103.9 |
| 1992 | | | | | | | | | | 105.3 |
| 1993 | | | | | | | | | | 113.6 |
| 1994 | | | | | | | | | | 120.5 |
| 1995 | | | | | | | | | | 115.8 |
| 1996 | | | | | | | | | | 106.4 |
| 1997 | | | | | | | | | | 101.7 |
| 1998 | | | | | | | | | | 99.6 |
| 1999 | | | | | | | | | | 99.2 |
| 2000 | | | | | | | | | | 98.1 |
| 2001 | | | | | | | | | | 98.7 |
| 2002 | | | | | | | | | | 98.9 |
| 2003 | | | | | | | | | | 99.8 |
| 2004 | | | | | | | | | | 103.9 |
| 2005 | | | | | | | | | | 101.4 |
| 2006 | | | | | | | | | | 102.7 |
| 2007 | | | | | | | | | | 104.0 |
| 2008 | | | | | | | | | | 104.2 |
| 2009 | 100.8 | 100.1 | 99.4 | 98.5 | 98.5 | 100.2 | 99.9 | 102.9 | 105.5 | 99.2 |
| 2010 | 103.3 | 102.6 | 103.0 | 102.3 | 102.6 | 103.3 | 103.6 | 104.3 | 107.0 | 102.4 |
| 2011 | 105.3 | 104.4 | 106.6 | 103.6 | 104.2 | 106.6 | 106.2 | 105.6 | 109.1 | 103.9 |
| 2012 | 101.6 | 101.1 | 101.3 | 101.5 | 101.5 | 101.7 | 102.6 | 103.1 | 104.2 | 102.8 |
| 2013 | 101.4 | 100.4 | 101.5 | 101.3 | 101.7 | 101.8 | 101.7 | 102.8 | 103.2 | 101.5 |
| 2014 | 101.1 | 100.6 | 101.0 | 100.6 | 100.5 | 101.1 | 101.2 | 100.5 | 101.5 | 100.7 |
| 2015 | 99.9 | 99.3 | 100.1 | 100.4 | 99.4 | 100.3 | 100.6 | 99.5 | 102.0 | 99.9 |
| 2016 | 100.6 | 100.0 | 100.7 | 100.8 | 100.4 | 100.5 | 100.8 | 100.9 | 101.2 | 100.2 |
| 2017 | 100.9 | 101.3 | 101.6 | 101.3 | 100.6 | 100.1 | 101.2 | 100.4 | 100.6 | 101.9 |
| 2018 | 101.8 | 102.3 | 101.4 | 101.9 | 101.3 | 101.5 | 101.1 | 101.4 | 101.1 | 101.6 |
| 2019 | 102.7 | 102.2 | 103.4 | 102.0 | 103.6 | 103.5 | 102.5 | 101.5 | 102.5 | 102.7 |
| 2020 | 102.7 | 103.4 | 102.3 | 102.2 | 103.1 | 102.9 | 102.8 | 105.1 | 103.6 | 101.0 |
| 2021 | 101.1 | 100.9 | 100.7 | 100.5 | 100.0 | 100.7 | 101.3 | 101.2 | 100.5 | 99.7 |

# 3-11　主要城市商品零售价格分类指数(2021年)

(上年=100)

| 指　　标 | 成都市 | 自贡市 | 攀枝花市 | 泸州市 | 德阳市 | 绵阳市 | 广元市 | 遂宁市 | 内江市 | 乐山市 | 南充市 |
|---|---|---|---|---|---|---|---|---|---|---|---|
| **商品零售价格总指数** | **101.1** | **101.0** | **100.7** | **100.6** | **101.0** | **101.3** | **100.8** | **101.3** | **102.1** | **101.0** | **102.4** |
| 一、食品 | 98.0 | 97.4 | 97.0 | 95.2 | 96.8 | 98.3 | 96.8 | 96.1 | 97.0 | 97.1 | 96.0 |
| 二、饮料、烟酒 | 102.1 | 100.9 | 102.0 | 102.0 | 101.4 | 102.4 | 101.2 | 103.5 | 103.3 | 102.2 | 102.5 |
| 三、服装、鞋帽 | 98.3 | 99.9 | 99.4 | 105.5 | 97.5 | 100.4 | 99.5 | 99.8 | 100.0 | 101.4 | 100.5 |
| 四、纺织品 | 96.9 | 99.7 | 105.3 | 100.2 | 103.9 | 99.4 | 100.4 | 99.9 | 102.9 | 96.2 | 101.2 |
| 五、家用电器及音像器材 | 98.9 | 96.2 | 98.6 | 99.5 | 100.2 | 99.9 | 101.3 | 101.7 | 102.2 | 102.5 | 106.7 |
| 六、文化办公用品 | 104.8 | 99.6 | 99.8 | 100.2 | 98.8 | 104.3 | 101.0 | 106.5 | 103.2 | 105.2 | 100.5 |
| 七、日用品 | 99.7 | 99.2 | 100.0 | 99.0 | 100.2 | 98.6 | 99.1 | 99.9 | 100.0 | 101.2 | 100.5 |
| 八、体育娱乐用品 | 101.4 | 100.7 | 99.5 | 100.1 | 100.4 | 98.0 | 100.2 | 98.9 | 101.7 | 100.7 | 100.1 |
| 九、交通、通信用品 | 100.8 | 100.3 | 99.1 | 99.8 | 100.0 | 99.3 | 99.6 | 102.7 | 100.1 | 98.1 | 101.1 |
| 十、家具 | 104.5 | 100.0 | 100.7 | 100.0 | 100.0 | 95.2 | 100.0 | 103.4 | 101.7 | 102.4 | 103.1 |
| 十一、化妆品 | 100.5 | 98.8 | 98.6 | 97.9 | 97.0 | 97.7 | 98.8 | 98.3 | 99.5 | 98.2 | 100.3 |
| 十二、金银珠宝 | 102.3 | 97.8 | 94.9 | 97.1 | 98.4 | 100.0 | 105.8 | 95.0 | 95.4 | 98.6 | 97.2 |
| 十三、中西药品及医疗保健用品 | 100.0 | 102.8 | 98.3 | 99.9 | 100.2 | 99.1 | 100.7 | 98.3 | 102.8 | 99.6 | 99.5 |
| 十四、书报杂志及电子出版物 | 100.3 | 100.7 | 103.8 | 99.9 | 98.7 | 100.0 | 100.0 | 103.5 | 102.7 | 101.5 | 102.1 |
| 十五、燃料 | 110.7 | 112.9 | 112.5 | 108.9 | 111.3 | 112.4 | 112.3 | 111.2 | 114.8 | 108.8 | 113.4 |
| 十六、建筑材料及五金电料 | 100.2 | 102.2 | 100.6 | 101.5 | 102.0 | 102.1 | 100.6 | 106.1 | 103.0 | 104.4 | 103.7 |

## 3-11　续表

(上年=100)

| 指　　标 | 眉山市 | 宜宾市 | 广安市 | 达州市 | 雅安市 | 巴中市 | 资阳市 | 阿坝州 | 甘孜州 | 凉山州 |
|---|---|---|---|---|---|---|---|---|---|---|
| **商品零售价格总指数** | **101.1** | **100.9** | **100.7** | **100.5** | **100.0** | **100.7** | **101.3** | **101.2** | **100.5** | **99.7** |
| 一、食品 | 97.3 | 96.2 | 95.2 | 96.2 | 94.2 | 96.5 | 97.1 | 98.7 | 98.0 | 95.9 |
| 二、饮料、烟酒 | 101.1 | 101.5 | 100.1 | 101.3 | 100.9 | 102.9 | 101.6 | 101.2 | 101.4 | 100.2 |
| 三、服装、鞋帽 | 100.5 | 100.8 | 97.9 | 100.1 | 98.5 | 100.7 | 99.9 | 99.2 | 100.8 | 97.2 |
| 四、纺织品 | 99.9 | 98.6 | 103.7 | 101.1 | 98.3 | 101.4 | 103.4 | 100.6 | 98.4 | 99.4 |
| 五、家用电器及音像器材 | 101.5 | 102.4 | 102.9 | 103.8 | 100.2 | 100.7 | 99.5 | 100.3 | 96.9 | 101.1 |
| 六、文化办公用品 | 101.5 | 103.2 | 99.9 | 100.9 | 102.2 | 100.5 | 101.1 | 100.9 | 99.7 | 98.8 |
| 七、日用品 | 100.5 | 100.3 | 100.8 | 100.1 | 98.1 | 100.2 | 100.5 | 98.5 | 99.9 | 99.9 |
| 八、体育娱乐用品 | 100.1 | 99.7 | 101.1 | 101.6 | 99.8 | 100.4 | 101.1 | 99.8 | 100.5 | 99.3 |
| 九、交通、通信用品 | 99.7 | 99.3 | 100.0 | 96.6 | 99.4 | 99.1 | 100.9 | 103.9 | 99.1 | 98.2 |
| 十、家具 | 96.6 | 108.7 | 97.9 | 100.0 | 102.6 | 100.3 | 102.1 | 100.1 | 101.0 | 99.5 |
| 十一、化妆品 | 98.9 | 98.4 | 96.8 | 98.8 | 98.2 | 99.7 | 97.8 | 98.3 | 98.5 | 98.8 |
| 十二、金银珠宝 | 99.2 | 106.2 | 100.1 | 100.3 | 103.5 | 102.9 | 98.7 | 102.0 | 100.5 | 103.8 |
| 十三、中西药品及医疗保健用品 | 100.7 | 100.6 | 101.4 | 101.0 | 100.1 | 99.9 | 102.0 | 98.5 | 99.3 | 101.0 |
| 十四、书报杂志及电子出版物 | 98.8 | 102.0 | 100.8 | 99.4 | 101.8 | 100.3 | 99.0 | 100.0 | 100.1 | 99.1 |
| 十五、燃料 | 109.5 | 108.6 | 111.0 | 110.7 | 111.5 | 110.3 | 111.9 | 113.4 | 111.4 | 112.0 |
| 十六、建筑材料及五金电料 | 105.3 | 100.5 | 100.7 | 109.9 | 102.5 | 100.7 | 99.3 | 100.1 | 101.5 | 99.3 |

# 3-12 主要年份工业生产者价格指数(1992-2021年)

(上年=100)

| 年 份 | 工业生产者出厂价格指数 | 生产资料 | 生活资料 | 工业生产者购进价格指数 |
|---|---|---|---|---|
| 1992 | 106.1 | 106.9 | 104.3 | 112.5 |
| 1993 | 127.4 | 135.0 | 112.4 | 137.2 |
| 1994 | 115.4 | 112.2 | 122.1 | 120.9 |
| 1995 | 112.3 | 108.4 | 120.6 | 115.5 |
| 1996 | 102.2 | 103.4 | 99.7 | 106.1 |
| 1997 | 100.9 | 99.9 | 102.9 | 101.5 |
| 1998 | 97.3 | 97.8 | 96.4 | 95.3 |
| 1999 | 97.0 | 96.4 | 98.3 | 96.4 |
| 2000 | 98.1 | 98.6 | 97.0 | 101.5 |
| 2001 | 98.5 | 98.5 | 98.5 | 100.4 |
| 2002 | 97.7 | 98.0 | 97.1 | 99.2 |
| 2003 | 100.5 | 101.4 | 98.3 | 101.7 |
| 2004 | 105.4 | 107.0 | 101.3 | 110.3 |
| 2005 | 104.0 | 105.5 | 100.1 | 109.3 |
| 2006 | 101.9 | 102.8 | 99.1 | 104.3 |
| 2007 | 103.9 | 103.3 | 105.9 | 105.7 |
| 2008 | 109.3 | 109.6 | 108.0 | 112.4 |
| 2009 | 96.5 | 95.7 | 98.8 | 95.3 |
| 2010 | 105.0 | 105.7 | 102.8 | 106.1 |
| 2011 | 107.3 | 107.9 | 105.7 | 112.6 |
| 2012 | 98.6 | 97.9 | 100.6 | 100.0 |
| 2013 | 98.7 | 98.2 | 99.9 | 99.2 |
| 2014 | 98.7 | 98.1 | 100.6 | 98.7 |
| 2015 | 96.4 | 95.3 | 99.8 | 96.7 |
| 2016 | 98.9 | 98.7 | 99.5 | 98.8 |
| 2017 | 106.5 | 108.7 | 100.8 | 108.3 |
| 2018 | 103.6 | 104.6 | 101.1 | 105.3 |
| 2019 | 100.4 | 100.2 | 100.7 | 100.6 |
| 2020 | 98.8 | 97.9 | 101.1 | 98.1 |
| 2021 | 105.9 | 107.3 | 102.3 | 107.5 |

# 3-13 按轻重部类分组的工业生产者出厂价格指数(2016-2021年)

(上年=100)

| 项　　目 | 2016 | 2017 | 2018 | 2019 | 2020 | 2021 |
|---|---|---|---|---|---|---|
| **总指数** | **98.9** | **106.5** | **103.6** | **100.4** | **98.8** | **105.9** |
| **按轻重工业分** | | | | | | |
| 轻工业 | 99.2 | 102.3 | 101.6 | 99.8 | 100.4 | 103.6 |
| 以农产品为原料 | 99.6 | 102.1 | 102.6 | 101.1 | 101.7 | 102.7 |
| 以非农产品为原料 | 97.9 | 102.9 | 98.6 | 96.1 | 96.4 | 105.4 |
| 重工业 | 98.8 | 108.3 | 104.5 | 100.6 | 98.0 | 107.0 |
| 采掘 | 95.0 | 116.5 | 102.3 | 103.9 | 101.8 | 111.6 |
| 原料 | 99.1 | 109.9 | 105.4 | 98.7 | 95.2 | 112.5 |
| 加工 | 99.2 | 106.9 | 104.5 | 100.9 | 98.5 | 104.9 |
| **按生产生活资料分** | | | | | | |
| 生产资料 | 98.7 | 108.7 | 104.6 | 100.2 | 97.9 | 107.3 |
| 采掘 | 95.0 | 116.5 | 102.3 | 103.9 | 101.8 | 111.6 |
| 原料 | 99.1 | 110.2 | 105.3 | 98.0 | 94.6 | 112.2 |
| 加工 | 99.0 | 107.4 | 104.6 | 100.5 | 98.4 | 105.5 |
| 生活资料 | 99.5 | 100.8 | 101.1 | 100.7 | 101.1 | 102.3 |
| 食品 | 100.2 | 100.9 | 101.9 | 102.2 | 102.9 | 101.5 |
| 衣着 | 104.7 | 101.0 | 103.0 | 100.9 | 98.4 | 97.8 |
| 一般日用品 | 98.5 | 101.5 | 101.7 | 100.2 | 99.0 | 101.9 |
| 耐用消费品 | 96.6 | 99.6 | 97.3 | 95.6 | 96.7 | 106.2 |
| **按工业部门分** | | | | | | |
| 冶金工业 | 99.9 | 123.0 | 106.7 | 101.2 | 99.6 | 118.3 |
| 电力工业 | 99.9 | 98.4 | 98.1 | 98.0 | 96.3 | 98.4 |
| 煤炭及炼焦工业 | 98.1 | 133.0 | 102.0 | 99.5 | 96.0 | 131.7 |
| 石油工业 | 91.9 | 105.2 | 108.7 | 101.0 | 90.7 | 105.8 |
| 化学工业 | 99.1 | 105.8 | 105.5 | 99.1 | 97.5 | 110.9 |
| 机械工业 | 98.5 | 102.6 | 101.2 | 99.4 | 98.6 | 102.7 |
| 建筑材料工业 | 98.9 | 106.1 | 110.7 | 105.6 | 97.5 | 103.6 |
| 森林工业 | 99.6 | 100.1 | 101.4 | 100.9 | 99.2 | 100.7 |
| 食品工业 | 99.7 | 100.6 | 101.9 | 101.9 | 102.8 | 102.4 |
| 纺织工业 | 97.8 | 105.7 | 105.0 | 99.2 | 98.0 | 106.9 |
| 缝纫工业 | 101.8 | 102.7 | 103.7 | 99.2 | 97.9 | 97.5 |
| 皮革工业 | 106.8 | 100.4 | 104.9 | 103.0 | 99.9 | 99.2 |
| 造纸工业 | 100.2 | 117.5 | 106.4 | 95.0 | 97.6 | 106.8 |
| 文教艺术用品工业 | 96.9 | 106.8 | 104.2 | 101.2 | 100.1 | 101.4 |
| 其他工业 | 99.0 | 104.5 | 105.0 | 99.2 | 98.1 | 102.9 |

# 3-14 分月工业生产者出厂价格指数(2021年)

(上年同月=100)

| 类 别 | 1月 | 2月 | 3月 | 4月 | 5月 | 6月 | 7月 | 8月 | 9月 | 10月 | 11月 | 12月 |
|---|---|---|---|---|---|---|---|---|---|---|---|---|
| **工业生产者出厂价格指数** | **101.1** | **102.1** | **103.3** | **104.3** | **106.1** | **106.4** | **106.5** | **106.9** | **107.7** | **109.7** | **109.5** | **108.4** |
| #轻工业 | 102.2 | 103.0 | 103.6 | 104.0 | 104.7 | 103.7 | 103.9 | 103.5 | 103.7 | 104.2 | 104.1 | 103.4 |
| 以农产品为原料 | 102.7 | 103.3 | 103.9 | 103.4 | 103.5 | 102.6 | 102.6 | 102.1 | 102.2 | 102.8 | 102.8 | 102.1 |
| 以非农产品为原料 | 101.3 | 102.2 | 103.1 | 105.0 | 107.0 | 105.8 | 106.2 | 106.1 | 106.6 | 106.8 | 106.6 | 105.9 |
| 重工业 | 100.5 | 101.6 | 103.1 | 104.4 | 106.8 | 107.7 | 107.8 | 108.6 | 109.7 | 112.4 | 112.2 | 110.9 |
| 采掘 | 103.1 | 104.4 | 104.8 | 104.0 | 107.9 | 111.5 | 112.0 | 113.4 | 115.9 | 118.4 | 121.8 | 122.1 |
| 原料 | 101.2 | 103.8 | 107.8 | 109.4 | 111.4 | 112.7 | 113.5 | 114.1 | 117.5 | 122.9 | 122.5 | 120.3 |
| 加工 | 100.0 | 100.6 | 101.5 | 102.9 | 105.4 | 105.8 | 105.7 | 106.5 | 106.8 | 108.8 | 108.1 | 106.9 |
| #生产资料 | 100.9 | 102.2 | 103.8 | 104.9 | 107.3 | 108.1 | 108.2 | 108.9 | 109.9 | 112.6 | 112.3 | 111.1 |
| 采掘 | 103.1 | 104.4 | 104.8 | 104.0 | 107.9 | 111.5 | 112.0 | 113.4 | 115.9 | 118.4 | 121.8 | 122.1 |
| 原料 | 102.3 | 105.1 | 108.9 | 109.6 | 111.5 | 112.4 | 113.3 | 114.0 | 117.3 | 122.4 | 121.6 | 119.6 |
| 加工 | 100.3 | 101.0 | 102.1 | 103.7 | 106.1 | 106.6 | 106.4 | 107.1 | 107.3 | 109.4 | 108.9 | 107.7 |
| 生活资料 | 101.5 | 101.8 | 101.9 | 102.5 | 103.0 | 102.0 | 102.3 | 102.0 | 102.2 | 102.5 | 102.3 | 101.6 |
| 食品 | 101.5 | 101.4 | 101.7 | 101.9 | 102.1 | 101.0 | 101.1 | 100.7 | 100.8 | 101.3 | 101.3 | 100.7 |
| 衣着 | 96.1 | 96.7 | 97.1 | 98.1 | 97.8 | 96.9 | 98.0 | 97.8 | 98.4 | 99.3 | 99.3 | 98.7 |
| 一般日用品 | 99.0 | 99.4 | 99.7 | 101.7 | 102.4 | 102.6 | 102.9 | 102.2 | 102.4 | 102.5 | 103.2 | 103.8 |
| 耐用消费品 | 105.8 | 106.8 | 106.5 | 106.2 | 107.6 | 105.5 | 106.2 | 106.4 | 107.3 | 106.8 | 105.1 | 102.5 |
| **按工业部门分** | | | | | | | | | | | | |
| 冶金工业 | 105.7 | 108.2 | 112.9 | 117.0 | 122.4 | 122.9 | 122.1 | 122.5 | 123.9 | 126.9 | 122.1 | 116.4 |
| 电力工业 | 99.2 | 100.0 | 99.7 | 100.2 | 98.4 | 97.1 | 96.6 | 96.8 | 96.3 | 97.2 | 97.5 | 100.7 |
| 煤炭及炼焦工业 | 104.5 | 110.9 | 111.0 | 110.9 | 117.5 | 125.9 | 129.1 | 133.5 | 144.2 | 160.4 | 172.0 | 167.3 |
| 石油工业 | 94.3 | 97.7 | 102.5 | 103.5 | 104.9 | 105.7 | 107.3 | 107.0 | 108.6 | 111.4 | 114.6 | 111.9 |
| 化学工业 | 101.7 | 103.1 | 105.4 | 107.0 | 109.0 | 110.2 | 112.2 | 113.3 | 115.9 | 120.4 | 120.4 | 119.6 |
| 机械工业 | 100.7 | 100.7 | 100.7 | 101.1 | 103.5 | 103.8 | 103.6 | 104.2 | 104.2 | 104.3 | 103.1 | 102.5 |
| 建筑材料工业 | 97.9 | 98.6 | 99.3 | 101.2 | 103.1 | 102.5 | 101.8 | 102.1 | 102.7 | 108.8 | 113.2 | 113.5 |
| 森林工业 | 101.0 | 101.1 | 101.3 | 101.3 | 100.6 | 100.6 | 100.5 | 100.0 | 99.7 | 100.8 | 101.3 | 100.9 |
| 食品工业 | 102.4 | 102.7 | 102.9 | 103.3 | 103.3 | 102.1 | 102.1 | 101.6 | 101.6 | 101.9 | 101.6 | 101.0 |
| 纺织工业 | 97.1 | 97.8 | 101.3 | 103.3 | 105.5 | 107.2 | 108.2 | 109.3 | 111.2 | 113.7 | 115.6 | 114.7 |
| 缝纫工业 | 96.5 | 97.0 | 97.8 | 98.3 | 98.6 | 96.6 | 98.1 | 97.6 | 97.1 | 98.3 | 98.4 | 98.4 |
| 皮革工业 | 97.4 | 97.6 | 98.1 | 99.4 | 97.9 | 98.8 | 98.7 | 99.5 | 100.4 | 101.0 | 101.5 | 99.7 |
| 造纸工业 | 102.1 | 105.8 | 106.2 | 110.3 | 110.3 | 108.8 | 107.3 | 106.0 | 105.8 | 105.7 | 106.3 | 105.8 |
| 文教艺术用品工业 | 99.6 | 100.1 | 100.7 | 101.8 | 102.5 | 102.0 | 101.8 | 101.4 | 101.5 | 100.8 | 100.7 | 103.3 |
| 其他工业 | 99.8 | 99.1 | 99.6 | 100.6 | 101.4 | 103.5 | 104.6 | 105.3 | 105.9 | 106.3 | 105.9 | 103.6 |

# 3-15 分月工业生产者出厂价格环比指数(2021年)

(上月=100)

| 类　别 | 1月 | 2月 | 3月 | 4月 | 5月 | 6月 | 7月 | 8月 | 9月 | 10月 | 11月 | 12月 |
|---|---|---|---|---|---|---|---|---|---|---|---|---|
| **全部工业品** | **101.0** | **100.8** | **101.0** | **100.6** | **101.2** | **100.0** | **100.1** | **100.5** | **100.8** | **101.8** | **100.5** | **100.0** |
| #轻工业 | 100.6 | 100.8 | 100.8 | 100.2 | 100.2 | 99.6 | 100.1 | 100.0 | 100.2 | 100.6 | 100.6 | 100.0 |
| 以农产品为原料 | 100.7 | 100.9 | 100.8 | 99.9 | 99.8 | 99.5 | 100.2 | 99.9 | 100.2 | 100.6 | 100.6 | 99.8 |
| 以非农产品为原料 | 100.5 | 100.4 | 100.9 | 100.8 | 101.1 | 99.8 | 99.9 | 100.3 | 100.2 | 100.5 | 100.7 | 100.4 |
| 重工业 | 101.1 | 100.9 | 101.1 | 100.8 | 101.7 | 100.2 | 100.1 | 100.7 | 101.1 | 102.4 | 100.5 | 100.0 |
| 采掘 | 101.8 | 101.2 | 100.5 | 99.0 | 103.1 | 102.6 | 100.3 | 101.3 | 102.7 | 102.5 | 103.7 | 101.5 |
| 原料 | 103.0 | 101.9 | 102.4 | 101.1 | 99.6 | 99.1 | 100.2 | 100.6 | 103.4 | 105.0 | 101.1 | 101.7 |
| 加工 | 100.5 | 100.5 | 100.7 | 100.9 | 102.2 | 100.4 | 100.0 | 100.7 | 100.3 | 101.6 | 99.9 | 99.2 |
| #生产资料 | 101.2 | 101.1 | 101.3 | 100.9 | 101.6 | 100.1 | 100.0 | 100.7 | 101.1 | 102.4 | 100.5 | 100.0 |
| 采掘 | 101.8 | 101.2 | 100.5 | 99.0 | 103.1 | 102.6 | 100.3 | 101.3 | 102.7 | 102.5 | 103.7 | 101.5 |
| 原料 | 103.2 | 102.4 | 102.5 | 101.2 | 99.6 | 98.7 | 100.2 | 100.6 | 103.2 | 104.6 | 100.8 | 101.8 |
| 加工 | 100.5 | 100.6 | 100.9 | 100.9 | 102.1 | 100.4 | 100.0 | 100.7 | 100.3 | 101.7 | 100.2 | 99.3 |
| 生活资料 | 100.4 | 100.0 | 100.2 | 99.9 | 100.1 | 99.8 | 100.3 | 100.0 | 100.1 | 100.3 | 100.5 | 100.0 |
| 食品 | 100.1 | 100.1 | 100.2 | 99.7 | 100.1 | 99.6 | 100.3 | 99.8 | 100.0 | 100.3 | 100.6 | 99.8 |
| 衣着 | 99.9 | 100.4 | 99.6 | 100.7 | 98.9 | 99.1 | 100.4 | 100.1 | 100.4 | 100.4 | 99.7 | 99.7 |
| 一般日用品 | 100.1 | 100.0 | 100.6 | 100.7 | 100.3 | 100.3 | 100.4 | 99.7 | 99.9 | 100.3 | 100.7 | 100.8 |
| 耐用消费品 | 101.6 | 99.9 | 99.6 | 99.7 | 100.3 | 99.8 | 100.0 | 100.8 | 100.6 | 100.3 | 100.1 | 99.7 |
| **按工业部门分** | | | | | | | | | | | | |
| 冶金工业 | 102.3 | 101.6 | 103.3 | 102.5 | 104.2 | 101.1 | 100.0 | 101.5 | 101.9 | 102.9 | 97.5 | 97.2 |
| 电力工业 | 103.3 | 101.3 | 99.6 | 99.8 | 95.5 | 93.6 | 97.2 | 98.8 | 99.2 | 101.0 | 102.8 | 108.8 |
| 煤炭及炼焦工业 | 103.6 | 106.2 | 100.2 | 100.4 | 104.4 | 105.9 | 101.6 | 103.0 | 109.0 | 111.5 | 108.7 | 99.5 |
| 石油工业 | 103.6 | 101.8 | 99.4 | 97.3 | 100.3 | 100.7 | 101.9 | 100.2 | 101.7 | 101.7 | 103.5 | 100.3 |
| 化学工业 | 101.2 | 101.5 | 102.7 | 101.6 | 101.1 | 100.7 | 101.2 | 101.0 | 102.4 | 104.0 | 100.8 | 100.2 |
| 机械工业 | 100.2 | 100.0 | 100.1 | 100.5 | 102.0 | 100.3 | 99.9 | 100.7 | 99.9 | 100.0 | 99.3 | 99.8 |
| 建筑材料工业 | 100.0 | 100.6 | 100.7 | 100.7 | 101.5 | 99.7 | 99.6 | 99.6 | 100.4 | 105.4 | 104.4 | 100.5 |
| 森林工业 | 100.1 | 99.9 | 100.3 | 99.8 | 99.1 | 100.1 | 100.1 | 99.8 | 100.2 | 101.3 | 100.8 | 99.6 |
| 食品工业 | 100.3 | 100.5 | 100.2 | 99.7 | 100.0 | 99.5 | 100.3 | 99.8 | 100.0 | 100.3 | 100.4 | 99.8 |
| 纺织工业 | 100.9 | 100.5 | 103.2 | 100.7 | 100.8 | 101.3 | 100.6 | 101.2 | 101.2 | 102.4 | 101.5 | 99.6 |
| 缝纫工业 | 99.8 | 100.4 | 99.8 | 101.0 | 98.9 | 98.6 | 100.4 | 100.0 | 99.8 | 100.7 | 99.9 | 100.2 |
| 皮革工业 | 100.1 | 100.1 | 100.4 | 100.2 | 99.2 | 99.5 | 100.1 | 100.5 | 100.3 | 100.1 | 100.0 | 99.0 |
| 造纸工业 | 101.3 | 102.7 | 101.6 | 101.3 | 98.1 | 98.1 | 99.6 | 99.7 | 100.7 | 100.8 | 101.6 | 99.9 |
| 文教艺术用品工业 | 99.5 | 100.5 | 100.6 | 100.9 | 100.4 | 99.6 | 99.9 | 99.8 | 99.9 | 99.6 | 100.0 | 102.6 |
| 其他工业 | 100.5 | 99.3 | 100.6 | 100.9 | 100.3 | 101.0 | 100.5 | 100.8 | 100.3 | 100.6 | 99.8 | 98.7 |

# 3-16 分行业工业生产者出厂价格指数(2021年)

(上年同月＝100)

| 类　　别 | 全年 | 1月 | 2月 | 3月 | 4月 | 5月 | 6月 |
|---|---|---|---|---|---|---|---|
| **总指数** | **105.9** | **101.1** | **102.1** | **103.3** | **104.3** | **106.1** | **106.4** |
| **煤炭开采和洗选业** | **126.3** | **101.2** | **106.1** | **105.8** | **107.8** | **114.4** | **123.0** |
| 烟煤和无烟煤开采洗选 | 126.3 | 101.2 | 106.1 | 105.8 | 107.8 | 114.4 | 123.0 |
| **石油和天然气开采业** | **97.9** | **100.2** | **99.6** | **100.2** | **95.4** | **95.8** | **95.8** |
| 天然气开采 | 97.9 | 100.2 | 99.6 | 100.2 | 95.4 | 95.8 | 95.8 |
| **黑色金属矿采选业** | **115.5** | **106.1** | **107.7** | **108.4** | **108.7** | **115.7** | **120.5** |
| 铁矿采选 | 115.5 | 106.1 | 107.7 | 108.4 | 108.7 | 115.7 | 120.5 |
| **有色金属矿采选业** | **133.2** | **122.2** | **122.2** | **125.1** | **128.9** | **140.4** | **146.1** |
| 常用有色金属矿采选 | 130.4 | 122.8 | 123.0 | 124.2 | 127.3 | 135.2 | 142.0 |
| 贵金属矿采选 | 97.0 | 114.8 | 108.9 | 96.2 | 99.2 | 101.0 | 95.9 |
| 稀有稀土金属矿采选 | 178.5 | 119.6 | 120.6 | 147.5 | 159.6 | 215.0 | 215.0 |
| **非金属矿采选业** | **104.9** | **101.1** | **101.1** | **100.5** | **101.5** | **102.8** | **104.7** |
| 土砂石开采 | 103.8 | 101.6 | 101.7 | 101.2 | 101.8 | 102.4 | 104.3 |
| 化学矿开采 | 106.6 | 99.8 | 100.0 | 96.9 | 103.1 | 107.4 | 110.1 |
| 采盐 | 111.3 | 98.5 | 98.0 | 97.6 | 98.8 | 103.3 | 104.2 |
| **农副食品加工业** | **104.0** | **105.1** | **105.9** | **106.2** | **105.9** | **105.9** | **103.8** |
| 谷物磨制 | 103.9 | 106.4 | 106.0 | 106.0 | 104.6 | 105.3 | 105.2 |
| 饲料加工 | 111.9 | 111.5 | 116.6 | 117.1 | 115.9 | 114.4 | 113.9 |
| 植物油加工 | 115.6 | 107.3 | 105.8 | 111.9 | 118.9 | 123.2 | 120.2 |
| 屠宰及肉类加工 | 95.4 | 103.2 | 101.6 | 101.0 | 99.2 | 98.2 | 93.0 |
| 蔬菜、菌类、水果和坚果加工 | 94.2 | 98.1 | 100.8 | 93.8 | 89.8 | 89.5 | 87.6 |
| 其他农副食品加工 | 102.9 | 100.0 | 101.1 | 103.4 | 102.8 | 102.9 | 102.9 |
| **食品制造业** | **100.9** | **98.4** | **98.0** | **97.6** | **98.7** | **99.6** | **100.5** |
| 焙烤食品制造 | 100.1 | 97.9 | 98.5 | 98.8 | 99.4 | 100.2 | 100.6 |
| 糖果、巧克力及蜜饯制造 | 99.9 | 100.2 | 100.1 | 100.1 | 99.3 | 100.8 | 100.3 |
| 方便食品制造 | 99.2 | 96.2 | 96.1 | 97.0 | 97.7 | 97.9 | 98.5 |
| 乳制品制造 | 103.7 | 101.9 | 102.2 | 102.7 | 105.0 | 105.0 | 104.5 |
| 罐头食品制造 | 96.0 | 96.7 | 96.7 | 92.8 | 93.2 | 93.2 | 93.2 |
| 调味品、发酵制品制造 | 101.3 | 100.1 | 99.0 | 98.9 | 100.6 | 101.5 | 101.8 |
| 其他食品制造 | 106.3 | 97.8 | 96.7 | 96.9 | 96.1 | 99.5 | 105.2 |
| **酒、饮料和精制茶制造业** | **102.2** | **105.8** | **106.4** | **106.2** | **103.1** | **103.0** | **101.9** |
| 酒的制造 | 102.6 | 107.3 | 107.8 | 107.5 | 104.0 | 103.6 | 102.2 |
| 饮料制造 | 100.7 | 99.6 | 100.0 | 99.9 | 100.0 | 100.3 | 100.2 |
| 精制茶加工 | 100.0 | 97.4 | 98.2 | 99.4 | 100.1 | 100.9 | 101.1 |
| **烟草制品业** | **100.0** | **99.7** | **99.7** | **100.3** | **100.0** | **100.0** | **100.0** |
| 卷烟制造 | 100.0 | 100.0 | 100.0 | 100.0 | 100.0 | 100.0 | 100.0 |
| 其他烟草制品制造 | 100.7 | 99.0 | 99.0 | 101.0 | 101.0 | 101.0 | 101.0 |
| **纺织业** | **106.9** | **97.1** | **97.8** | **101.3** | **103.3** | **105.5** | **107.2** |
| 棉纺织及印染精加工 | 107.3 | 97.8 | 98.5 | 102.4 | 104.2 | 106.0 | 106.4 |
| 麻纺织及染整精加工 | 98.6 | 95.8 | 96.3 | 96.1 | 96.6 | 97.8 | 98.4 |
| 丝绢纺织及印染精加工 | 110.1 | 98.0 | 98.8 | 102.7 | 105.6 | 107.6 | 112.8 |
| 家用纺织制成品制造 | 97.4 | 94.1 | 94.4 | 94.7 | 95.5 | 96.1 | 96.8 |
| 产业用纺织制成品制造 | 94.8 | 89.8 | 89.8 | 89.8 | 88.8 | 96.1 | 96.1 |
| **纺织服装、服饰业** | **97.0** | **95.6** | **96.2** | **96.5** | **97.1** | **97.6** | **95.9** |
| 机织服装制造 | 96.6 | 95.3 | 95.9 | 96.2 | 96.9 | 97.4 | 95.4 |
| 针织或钩针编织服装制造 | 100.3 | 99.2 | 99.2 | 99.2 | 99.2 | 100.0 | 100.3 |

3-16 续表 1

(上年同月＝100)

| 类　别 | 全年 | 1月 | 2月 | 3月 | 4月 | 5月 | 6月 |
|---|---|---|---|---|---|---|---|
| **皮革、毛皮、羽毛及其制品和制鞋业** | **99.4** | **97.8** | **98.0** | **99.0** | **100.3** | **99.1** | **99.0** |
| 皮革鞣制加工 | 99.5 | 98.2 | 98.2 | 98.2 | 98.2 | 98.2 | 100.9 |
| 皮革制品制造 | 96.8 | 94.1 | 94.2 | 95.2 | 97.4 | 96.2 | 95.5 |
| 羽毛(绒)加工及制品制造 | 97.3 | 95.3 | 94.1 | 94.5 | 97.6 | 97.4 | 96.2 |
| 制鞋业 | 100.5 | 99.3 | 99.7 | 101.4 | 102.3 | 100.6 | 100.2 |
| **木材加工和木、竹、藤、棕、草制品业** | **101.5** | **100.9** | **101.1** | **100.9** | **101.4** | **102.5** | **102.6** |
| 木材加工 | 101.0 | 100.2 | 100.1 | 100.2 | 101.2 | 102.3 | 102.5 |
| 人造板制造 | 101.2 | 99.5 | 100.0 | 99.1 | 100.3 | 101.1 | 101.5 |
| 木质制品制造 | 102.6 | 102.9 | 102.9 | 103.2 | 103.3 | 104.8 | 104.8 |
| 竹、藤、棕、草等制品制造 | 99.7 | 100.2 | 100.1 | 100.2 | 100.8 | 101.2 | 100.1 |
| **家具制造业** | **100.2** | **100.9** | **100.9** | **101.7** | **101.2** | **99.3** | **99.2** |
| 木质家具制造 | 100.1 | 101.1 | 101.0 | 101.7 | 101.2 | 99.0 | 99.0 |
| 其他家具制造 | 101.1 | 99.1 | 99.5 | 101.7 | 101.5 | 101.3 | 101.3 |
| **造纸和纸制品业** | **106.8** | **102.1** | **105.8** | **106.2** | **110.3** | **110.3** | **108.8** |
| 造纸 | 108.9 | 100.9 | 108.8 | 110.7 | 115.4 | 112.3 | 109.6 |
| 纸制品制造 | 105.1 | 103.2 | 103.3 | 102.3 | 106.1 | 108.6 | 108.1 |
| **印刷和记录媒介复制业** | **101.6** | **99.4** | **100.2** | **100.8** | **102.0** | **102.9** | **102.3** |
| 印刷 | 101.4 | 99.5 | 100.1 | 100.3 | 102.0 | 102.8 | 102.2 |
| 装订及印刷相关服务 | 108.4 | 99.3 | 100.3 | 102.7 | 101.6 | 104.0 | 105.3 |
| **文教、工美、体育和娱乐用品制造业** | **101.5** | **100.3** | **100.3** | **100.4** | **101.3** | **101.6** | **101.8** |
| 乐器制造 | 99.2 | 99.8 | 99.1 | 100.0 | 99.2 | 99.2 | 99.2 |
| 工艺美术及礼仪用品制造 | 101.6 | 100.3 | 100.3 | 100.4 | 101.4 | 101.7 | 101.9 |
| 游艺器材及娱乐用品制造 | 100.1 | 100.0 | 100.0 | 100.0 | 100.0 | 100.0 | 100.0 |
| **石油、煤炭及其他燃料加工业** | **123.8** | **91.0** | **99.0** | **109.9** | **115.8** | **120.6** | **125.0** |
| 精炼石油产品制造 | 114.5 | 80.1 | 87.8 | 105.2 | 114.9 | 118.9 | 121.5 |
| 煤炭加工 | 142.7 | 107.9 | 115.6 | 116.1 | 117.5 | 123.9 | 131.9 |
| **化学原料和化学制品制造业** | **118.9** | **100.6** | **102.0** | **105.4** | **110.1** | **114.0** | **117.2** |
| 基础化学原料制造 | 129.1 | 100.4 | 102.2 | 108.1 | 113.0 | 118.2 | 121.5 |
| 肥料制造 | 115.1 | 101.7 | 103.9 | 101.5 | 104.1 | 106.4 | 110.4 |
| 农药制造 | 133.8 | 107.8 | 110.9 | 110.2 | 115.4 | 121.5 | 130.1 |
| 涂料、油墨、颜料及类似产品制造 | 114.9 | 101.4 | 102.7 | 103.3 | 108.6 | 115.6 | 119.8 |
| 合成材料制造 | 113.8 | 96.0 | 95.3 | 105.4 | 117.8 | 119.0 | 118.4 |
| 专用化学产品制造 | 118.8 | 101.9 | 103.6 | 111.2 | 113.9 | 118.1 | 122.5 |
| 炸药、火工及焰火产品制造 | 100.7 | 99.8 | 100.1 | 100.1 | 100.2 | 100.0 | 100.2 |
| 日用化学产品制造 | 97.8 | 94.4 | 94.6 | 95.2 | 96.4 | 96.3 | 96.7 |
| **医药制造业** | **99.8** | **98.9** | **99.0** | **99.2** | **99.8** | **99.8** | **99.5** |
| 化学药品原料药制造 | 97.9 | 97.1 | 96.5 | 96.2 | 96.5 | 96.8 | 96.9 |
| 化学药品制剂制造 | 98.3 | 95.9 | 98.5 | 99.2 | 99.4 | 99.4 | 99.0 |
| 中药饮片加工 | 100.3 | 98.2 | 96.9 | 98.9 | 98.3 | 98.3 | 100.0 |
| 中成药生产 | 103.3 | 103.3 | 104.8 | 104.9 | 103.7 | 103.6 | 102.2 |
| 兽用药品制造 | 100.4 | 101.4 | 100.3 | 100.4 | 100.4 | 99.7 | 100.3 |
| 生物药品制品制造 | 97.1 | 100.4 | 100.6 | 98.9 | 98.8 | 98.3 | 96.8 |
| 卫生材料及医药用品制造 | 102.9 | 100.6 | 101.6 | 102.6 | 102.5 | 108.4 | 105.8 |
| **化学纤维制造业** | **110.4** | **93.8** | **97.0** | **112.8** | **118.0** | **118.5** | **109.4** |
| 纤维素纤维原料及纤维制造 | 110.3 | 94.4 | 97.9 | 115.6 | 118.7 | 120.5 | 109.3 |
| 合成纤维制造 | 110.8 | 92.5 | 95.0 | 106.9 | 115.4 | 111.3 | 109.7 |

## 3-16 续表 2

(上年同月=100)

| 类　　别 | 全年 | 1月 | 2月 | 3月 | 4月 | 5月 | 6月 |
|---|---|---|---|---|---|---|---|
| **橡胶和塑料制品业** | **104.7** | **100.2** | **101.9** | **103.7** | **105.2** | **105.6** | **105.4** |
| 橡胶制品业 | 105.8 | 102.6 | 103.1 | 102.8 | 105.8 | 107.3 | 106.8 |
| 塑料制品业 | 104.5 | 99.9 | 101.7 | 103.8 | 105.1 | 105.4 | 105.2 |
| **非金属矿物制品业** | **103.7** | **98.0** | **98.8** | **99.1** | **101.2** | **103.1** | **102.8** |
| 水泥、石灰和石膏制造 | 106.2 | 91.1 | 91.2 | 92.6 | 99.0 | 102.7 | 102.3 |
| 石膏、水泥制品及类似制品制造 | 100.2 | 98.0 | 98.7 | 99.0 | 98.6 | 100.2 | 98.0 |
| 砖瓦、石材等建筑材料制造 | 99.6 | 98.9 | 100.5 | 98.7 | 97.8 | 97.7 | 96.5 |
| 玻璃制造 | 125.4 | 114.1 | 111.1 | 117.6 | 134.6 | 141.9 | 144.7 |
| 玻璃制品制造 | 104.6 | 102.9 | 103.1 | 101.5 | 100.5 | 102.7 | 105.1 |
| 玻璃纤维和玻璃纤维增强塑料制品制造 | 153.3 | 124.2 | 129.2 | 143.0 | 154.3 | 168.7 | 172.8 |
| 陶瓷制品制造 | 95.1 | 92.9 | 93.0 | 93.6 | 95.3 | 94.9 | 95.0 |
| 耐火材料制品制造 | 99.1 | 95.0 | 98.1 | 98.5 | 98.9 | 98.6 | 98.3 |
| 石墨及其他非金属矿物制品制造 | 106.9 | 92.9 | 94.3 | 94.2 | 102.5 | 103.9 | 108.5 |
| **黑色金属冶炼和压延加工业** | **122.4** | **105.5** | **107.4** | **112.1** | **118.6** | **126.2** | **127.8** |
| 炼铁 | 128.4 | 113.1 | 111.7 | 114.5 | 122.4 | 130.5 | 133.3 |
| 炼钢 | 116.8 | 101.2 | 104.9 | 102.7 | 108.0 | 118.8 | 126.2 |
| 钢压延加工 | 123.8 | 106.0 | 108.9 | 115.6 | 123.9 | 130.7 | 130.2 |
| 铁合金冶炼 | 128.6 | 98.9 | 101.5 | 108.8 | 110.6 | 112.2 | 112.8 |
| **有色金属冶炼和压延加工业** | **124.3** | **110.0** | **116.5** | **127.5** | **130.7** | **134.2** | **129.6** |
| 常用有色金属冶炼 | 124.0 | 108.6 | 116.6 | 131.2 | 135.4 | 136.3 | 131.2 |
| 贵金属冶炼 | 98.6 | 104.3 | 103.0 | 102.1 | 101.1 | 102.1 | 102.4 |
| 稀有稀土金属冶炼 | 150.9 | 127.9 | 132.1 | 141.8 | 167.6 | 166.3 | 156.2 |
| 有色金属合金制造 | 109.3 | 101.3 | 105.0 | 103.9 | 110.0 | 111.8 | 111.0 |
| 有色金属压延加工 | 123.8 | 109.4 | 115.1 | 124.5 | 126.3 | 132.7 | 128.5 |
| **金属制品业** | **103.9** | **100.2** | **100.9** | **102.0** | **102.9** | **104.9** | **105.0** |
| 结构性金属制品制造 | 104.0 | 100.3 | 101.5 | 102.1 | 102.5 | 105.6 | 105.4 |
| 金属工具制造 | 101.7 | 101.0 | 101.0 | 100.9 | 100.7 | 100.8 | 102.1 |
| 集装箱及金属包装容器制造 | 102.7 | 101.0 | 101.6 | 101.6 | 102.1 | 101.8 | 101.9 |
| 金属表面处理及热处理加工 | 111.4 | 106.2 | 106.1 | 106.1 | 119.4 | 114.9 | 114.6 |
| 金属制日用品制造 | 104.5 | 100.2 | 98.0 | 104.8 | 105.4 | 107.0 | 106.5 |
| 铸造及其他金属制品制造 | 103.8 | 99.1 | 99.5 | 101.5 | 102.7 | 103.7 | 104.4 |
| **通用设备制造业** | **100.4** | **99.8** | **99.9** | **100.1** | **99.9** | **99.8** | **100.2** |
| 锅炉及原动设备制造 | 97.8 | 100.6 | 100.8 | 100.7 | 98.6 | 95.9 | 96.1 |
| 金属加工机械制造 | 100.9 | 96.9 | 97.7 | 97.2 | 96.8 | 99.1 | 100.5 |
| 物料搬运设备制造 | 101.4 | 100.1 | 100.0 | 100.1 | 100.5 | 100.3 | 100.6 |
| 泵、阀门、压缩机及类似机械制造 | 99.6 | 100.1 | 99.8 | 99.4 | 99.1 | 99.1 | 100.3 |
| 轴承、齿轮和传动部件制造 | 101.6 | 100.7 | 100.4 | 100.8 | 100.5 | 101.2 | 101.3 |
| 烘炉、风机、包装等设备制造 | 99.4 | 98.6 | 99.0 | 100.4 | 100.1 | 100.1 | 100.9 |
| 通用零部件制造 | 103.7 | 100.0 | 100.0 | 101.0 | 103.2 | 104.2 | 103.9 |
| **专用设备制造业** | **102.0** | **100.1** | **99.8** | **100.3** | **101.1** | **101.7** | **101.5** |
| 采矿、冶金、建筑专用设备制造 | 101.9 | 100.6 | 100.0 | 99.7 | 100.7 | 100.9 | 100.5 |
| 化工、木材、非金属加工专用设备制造 | 100.5 | 99.5 | 99.5 | 99.5 | 100.0 | 100.9 | 100.4 |
| 食品、饮料、烟草及饲料生产专用设备制造 | 103.6 | 99.5 | 99.5 | 100.6 | 102.5 | 103.6 | 107.2 |
| 印刷、制药、日化及日用品生产专用设备制造 | 110.4 | 100.9 | 101.1 | 102.4 | 105.7 | 107.2 | 109.5 |
| 电子和电工机械专用设备制造 | 97.8 | 101.1 | 96.8 | 96.8 | 96.8 | 96.6 | 97.2 |
| 农、林、牧、渔专用机械制造 | 100.9 | 92.8 | 95.9 | 101.1 | 100.8 | 103.7 | 102.7 |
| 医疗仪器设备及器械制造 | 104.7 | 107.8 | 105.7 | 104.7 | 106.0 | 106.8 | 103.5 |
| 环保、邮政、社会公共服务及其他专用设备制造 | 101.9 | 100.2 | 100.2 | 100.3 | 101.2 | 101.5 | 102.3 |

## 3-16 续表 3

(上年同月=100)

| 类　别 | 全年 | 1月 | 2月 | 3月 | 4月 | 5月 | 6月 |
|---|---|---|---|---|---|---|---|
| **汽车制造业** | **99.8** | **100.6** | **100.5** | **100.1** | **99.4** | **99.3** | **99.6** |
| 汽车整车制造 | 99.3 | 100.8 | 101.1 | 100.5 | 99.2 | 98.6 | 98.3 |
| 汽车用发动机制造 | 100.1 | 102.0 | 102.0 | 102.3 | 101.6 | 101.4 | 99.1 |
| 改装汽车制造 | 100.0 | 101.1 | 101.5 | 100.5 | 100.5 | 100.4 | 98.9 |
| 汽车零部件及配件制造 | 100.3 | 100.0 | 99.0 | 99.1 | 99.3 | 99.9 | 101.1 |
| **铁路、船舶、航空航天和其他运输设备制造业** | **101.1** | **102.1** | **101.6** | **101.7** | **100.2** | **100.9** | **100.7** |
| 铁路运输设备制造 | 104.3 | 103.4 | 103.8 | 103.8 | 104.3 | 104.8 | 104.6 |
| 城市轨道交通设备制造 | 100.0 | 100.0 | 100.0 | 100.0 | 100.0 | 100.0 | 100.0 |
| 摩托车制造 | 99.1 | 100.7 | 99.0 | 99.2 | 97.1 | 98.4 | 98.0 |
| **电气机械和器材制造业** | **106.2** | **98.7** | **100.5** | **102.0** | **104.3** | **106.4** | **107.6** |
| 电机制造 | 100.2 | 98.4 | 99.0 | 99.2 | 100.5 | 100.2 | 100.7 |
| 输配电及控制设备制造 | 103.8 | 98.7 | 99.4 | 100.8 | 102.9 | 104.5 | 106.6 |
| 电线、电缆、光缆及电工器材制造 | 110.3 | 100.8 | 101.8 | 104.9 | 107.9 | 111.8 | 113.9 |
| 电池制造 | 107.6 | 97.2 | 102.7 | 102.2 | 103.8 | 107.0 | 105.7 |
| 家用电力器具制造 | 101.1 | 84.0 | 92.4 | 94.5 | 96.2 | 96.7 | 93.1 |
| 非电力家用器具制造 | 107.1 | 102.1 | 107.6 | 107.6 | 107.6 | 107.6 | 107.6 |
| 照明器具制造 | 107.8 | 99.9 | 100.4 | 100.7 | 103.4 | 103.7 | 104.4 |
| **计算机、通信和其他电子设备制造业** | **104.1** | **101.5** | **101.3** | **100.7** | **101.4** | **106.5** | **106.7** |
| 计算机制造 | 93.4 | 96.0 | 94.2 | 92.0 | 92.4 | 92.8 | 93.2 |
| 通信设备制造 | 103.6 | 102.0 | 100.7 | 102.3 | 102.0 | 102.7 | 102.6 |
| 广播电视设备制造 | 100.0 | 100.0 | 100.0 | 100.0 | 100.0 | 100.0 | 100.0 |
| 雷达及配套设备制造 | 94.5 | 101.0 | 95.6 | 94.0 | 93.5 | 95.8 | 94.3 |
| 非专业视听设备制造 | 125.8 | 123.0 | 128.7 | 130.3 | 127.5 | 139.5 | 128.6 |
| 电子器件制造 | 114.7 | 104.4 | 105.4 | 105.5 | 107.9 | 123.0 | 125.2 |
| 电子元件及电子专用材料制造 | 104.7 | 97.7 | 98.3 | 99.2 | 100.9 | 102.4 | 104.0 |
| 其他电子设备制造 | 103.8 | 100.7 | 100.7 | 101.1 | 100.4 | 98.7 | 99.3 |
| **仪器仪表制造业** | **101.1** | **100.5** | **100.5** | **100.0** | **101.4** | **101.5** | **104.0** |
| 通用仪器仪表制造 | 101.2 | 100.9 | 100.9 | 100.5 | 101.9 | 101.6 | 104.2 |
| 专用仪器仪表制造 | 102.2 | 100.4 | 100.4 | 99.9 | 102.7 | 102.8 | 105.3 |
| 光学仪器制造 | 99.3 | 97.3 | 97.3 | 96.1 | 96.1 | 98.6 | 100.0 |
| **其他制造业** | **101.1** | **101.8** | **99.9** | **101.4** | **101.2** | **100.9** | **100.6** |
| 日用杂品制造 | 106.2 | 104.2 | 104.0 | 107.5 | 106.9 | 106.2 | 105.4 |
| 其他未列明制造业 | 97.0 | 100.0 | 96.8 | 96.8 | 96.8 | 96.8 | 96.8 |
| **废弃资源综合利用业** | **135.2** | **109.5** | **111.3** | **139.2** | **152.5** | **149.5** | **151.4** |
| 金属废料和碎屑加工处理 | 132.0 | 117.6 | 119.8 | 133.8 | 153.0 | 147.1 | 151.9 |
| 非金属废料和碎屑加工处理 | 140.8 | 96.1 | 97.4 | 147.5 | 151.7 | 153.2 | 150.6 |
| **金属制品、机械和设备修理业** | **99.2** | **100.0** | **96.3** | **96.7** | **97.1** | **97.4** | **97.4** |
| 铁路、船舶、航空航天等运输设备修理 | 99.2 | 100.0 | 96.3 | 96.7 | 97.1 | 97.4 | 97.4 |
| **电力、热力生产和供应业** | **98.4** | **99.2** | **100.0** | **100.3** | **100.2** | **98.4** | **97.1** |
| 电力生产 | 98.2 | 97.8 | 99.8 | 101.2 | 100.4 | 97.2 | 95.8 |
| 电力供应 | 98.6 | 100.4 | 100.3 | 99.5 | 100.0 | 99.4 | 98.0 |
| **燃气生产和供应业** | **108.4** | **108.7** | **110.7** | **101.9** | **103.8** | **104.6** | **104.4** |
| 燃气生产和供应业 | 108.4 | 108.7 | 110.7 | 101.9 | 103.8 | 104.6 | 104.4 |
| **水的生产和供应业** | **101.4** | **101.8** | **102.0** | **101.9** | **101.8** | **101.7** | **101.5** |
| 自来水生产和供应 | 100.4 | 99.7 | 100.2 | 100.4 | 100.4 | 100.6 | 100.6 |
| 污水处理及其再生利用 | 103.0 | 105.8 | 105.3 | 104.7 | 104.2 | 103.6 | 103.1 |

## 3-16 续表 4

(上年同月=100)

| 类　别 | 7月 | 8月 | 9月 | 10月 | 11月 | 12月 |
|---|---|---|---|---|---|---|
| **总指数** | **106.5** | **106.9** | **107.7** | **109.7** | **109.5** | **108.4** |
| **煤炭开采和洗选业** | **124.3** | **128.5** | **137.6** | **147.6** | **159.9** | **162.8** |
| 烟煤和无烟煤开采洗选 | 124.3 | 128.5 | 137.6 | 147.6 | 159.9 | 162.8 |
| **石油和天然气开采业** | **95.7** | **97.3** | **97.1** | **97.1** | **99.9** | **100.1** |
| 天然气开采 | 95.7 | 97.3 | 97.1 | 97.1 | 99.9 | 100.1 |
| **黑色金属矿采选业** | **123.3** | **123.4** | **125.4** | **120.3** | **115.1** | **111.6** |
| 铁矿采选 | 123.3 | 123.4 | 125.4 | 120.3 | 115.1 | 111.6 |
| **有色金属矿采选业** | **143.8** | **139.5** | **136.3** | **138.3** | **133.5** | **123.4** |
| 常用有色金属矿采选 | 142.2 | 137.6 | 134.4 | 132.7 | 128.2 | 117.5 |
| 贵金属矿采选 | 94.4 | 88.2 | 89.9 | 91.0 | 94.5 | 95.1 |
| 稀有稀土金属矿采选 | 185.9 | 189.0 | 177.8 | 215.5 | 200.4 | 195.4 |
| **非金属矿采选业** | **104.4** | **104.6** | **105.3** | **108.3** | **110.3** | **114.3** |
| 土砂石开采 | 103.8 | 104.1 | 104.4 | 105.8 | 107.1 | 107.2 |
| 化学矿开采 | 109.4 | 108.4 | 107.8 | 111.3 | 112.0 | 113.7 |
| 采盐 | 105.4 | 105.8 | 109.7 | 123.2 | 130.5 | 161.2 |
| **农副食品加工业** | **103.2** | **102.9** | **102.2** | **102.4** | **102.2** | **100.8** |
| 谷物磨制 | 104.1 | 104.3 | 102.6 | 101.4 | 100.5 | 100.4 |
| 饲料加工 | 112.6 | 110.0 | 109.6 | 109.1 | 107.0 | 106.6 |
| 植物油加工 | 117.7 | 118.5 | 115.5 | 116.9 | 113.8 | 110.0 |
| 屠宰及肉类加工 | 91.3 | 91.1 | 90.4 | 90.3 | 93.1 | 93.1 |
| 蔬菜、菌类、水果和坚果加工 | 93.5 | 95.4 | 96.1 | 98.4 | 98.7 | 91.2 |
| 其他农副食品加工 | 103.0 | 102.9 | 103.9 | 104.3 | 104.8 | 104.4 |
| **食品制造业** | **100.6** | **101.1** | **102.6** | **103.3** | **104.0** | **105.2** |
| 焙烤食品制造 | 100.4 | 100.7 | 100.7 | 101.1 | 101.3 | 101.8 |
| 糖果、巧克力及蜜饯制造 | 99.8 | 99.3 | 99.9 | 99.9 | 99.8 | 99.8 |
| 方便食品制造 | 99.2 | 100.0 | 100.6 | 101.3 | 102.9 | 104.3 |
| 乳制品制造 | 105.9 | 104.7 | 103.5 | 103.1 | 102.4 | 101.8 |
| 罐头食品制造 | 93.2 | 93.2 | 100.0 | 100.0 | 100.0 | 100.0 |
| 调味品、发酵制品制造 | 101.5 | 100.9 | 101.5 | 101.8 | 102.1 | 102.7 |
| 其他食品制造 | 105.4 | 110.0 | 113.3 | 116.3 | 119.4 | 124.3 |
| **酒、饮料和精制茶制造业** | **102.3** | **101.0** | **101.2** | **101.7** | **101.0** | **100.5** |
| 酒的制造 | 102.7 | 101.1 | 101.4 | 101.8 | 100.9 | 100.3 |
| 饮料制造 | 100.2 | 100.7 | 100.8 | 102.4 | 102.6 | 102.2 |
| 精制茶加工 | 101.1 | 100.5 | 100.6 | 100.1 | 100.3 | 100.5 |
| **烟草制品业** | **100.0** | **100.0** | **100.0** | **100.0** | **100.0** | **100.0** |
| 卷烟制造 | 100.0 | 100.0 | 100.0 | 100.0 | 100.0 | 100.0 |
| 其他烟草制品制造 | 101.0 | 101.0 | 101.0 | 101.0 | 101.0 | 101.0 |
| **纺织业** | **108.2** | **109.3** | **111.2** | **113.7** | **115.6** | **114.7** |
| 棉纺织及印染精加工 | 107.2 | 108.5 | 110.6 | 114.0 | 116.6 | 115.8 |
| 麻纺织及染整精加工 | 100.2 | 101.4 | 101.6 | 100.5 | 99.3 | 100.0 |
| 丝绢纺织及印染精加工 | 114.5 | 115.5 | 117.6 | 118.1 | 118.4 | 116.6 |
| 家用纺织制成品制造 | 97.6 | 96.7 | 97.2 | 97.6 | 102.1 | 105.9 |
| 产业用纺织制成品制造 | 96.1 | 96.1 | 96.1 | 100.0 | 100.0 | 100.0 |
| **纺织服装、服饰业** | **97.7** | **97.0** | **97.1** | **98.2** | **97.9** | **98.0** |
| 机织服装制造 | 97.3 | 96.5 | 96.7 | 97.9 | 97.6 | 97.7 |
| 针织或钩针编织服装制造 | 101.1 | 101.1 | 101.1 | 101.1 | 101.1 | 101.1 |

3-16 续表 5

(上年同月=100)

| 类　别 | 7月 | 8月 | 9月 | 10月 | 11月 | 12月 |
|---|---|---|---|---|---|---|
| **皮革、毛皮、羽毛及其制品和制鞋业** | **98.9** | **99.6** | **99.6** | **100.4** | **101.3** | **99.8** |
| 皮革鞣制加工 | 100.9 | 101.9 | 100.0 | 100.0 | 100.0 | 100.0 |
| 皮革制品制造 | 94.9 | 93.4 | 97.3 | 99.5 | 102.5 | 102.4 |
| 羽毛(绒)加工及制品制造 | 96.4 | 97.1 | 98.8 | 99.5 | 99.5 | 100.0 |
| 制鞋业 | 100.3 | 101.6 | 100.4 | 100.9 | 101.4 | 98.9 |
| **木材加工和木、竹、藤、棕、草制品业** | **101.5** | **101.7** | **101.2** | **101.3** | **101.9** | **101.5** |
| 木材加工 | 101.4 | 102.3 | 101.7 | 101.1 | 99.3 | 99.7 |
| 人造板制造 | 101.3 | 101.6 | 101.2 | 102.1 | 104.2 | 103.0 |
| 木质制品制造 | 102.4 | 102.2 | 101.6 | 101.1 | 101.1 | 101.2 |
| 竹、藤、棕、草等制品制造 | 99.5 | 99.7 | 99.1 | 98.8 | 98.6 | 98.7 |
| **家具制造业** | **99.8** | **98.8** | **98.8** | **100.5** | **100.9** | **100.4** |
| 木质家具制造 | 99.6 | 98.5 | 98.5 | 100.4 | 100.8 | 100.3 |
| 其他家具制造 | 101.7 | 101.4 | 101.4 | 101.1 | 101.4 | 101.6 |
| **造纸和纸制品业** | **107.3** | **106.0** | **105.8** | **105.7** | **106.3** | **105.8** |
| 造纸 | 107.5 | 106.5 | 106.1 | 108.2 | 109.9 | 109.1 |
| 纸制品制造 | 107.1 | 105.7 | 105.5 | 103.8 | 103.4 | 103.2 |
| **印刷和记录媒介复制业** | **102.1** | **101.6** | **101.7** | **101.0** | **100.8** | **103.6** |
| 印刷 | 101.9 | 101.3 | 101.3 | 100.5 | 100.4 | 103.3 |
| 装订及印刷相关服务 | 110.1 | 111.8 | 114.3 | 118.5 | 117.3 | 116.4 |
| **文教、工美、体育和娱乐用品制造业** | **101.9** | **101.9** | **101.9** | **101.7** | **101.9** | **102.3** |
| 乐器制造 | 98.8 | 98.8 | 98.8 | 99.0 | 99.2 | 99.0 |
| 工艺美术及礼仪用品制造 | 102.1 | 102.1 | 102.1 | 101.8 | 102.0 | 102.5 |
| 游艺器材及娱乐用品制造 | 100.0 | 100.0 | 100.0 | 100.0 | 100.8 | 100.7 |
| **石油、煤炭及其他燃料加工业** | **130.2** | **128.1** | **133.7** | **149.4** | **158.6** | **144.2** |
| 精炼石油产品制造 | 125.8 | 120.4 | 121.8 | 130.3 | 138.5 | 126.9 |
| 煤炭加工 | 138.9 | 143.7 | 157.3 | 186.1 | 196.0 | 175.9 |
| **化学原料和化学制品制造业** | **120.7** | **123.6** | **128.7** | **137.0** | **135.9** | **134.1** |
| 基础化学原料制造 | 126.5 | 134.4 | 149.0 | 168.4 | 157.3 | 157.7 |
| 肥料制造 | 118.4 | 123.9 | 124.3 | 129.3 | 131.9 | 129.0 |
| 农药制造 | 132.1 | 136.2 | 142.6 | 154.2 | 168.4 | 168.0 |
| 涂料、油墨、颜料及类似产品制造 | 121.8 | 119.8 | 119.6 | 123.2 | 121.9 | 118.5 |
| 合成材料制造 | 117.2 | 115.8 | 119.2 | 124.5 | 121.8 | 117.4 |
| 专用化学产品制造 | 124.6 | 122.2 | 123.3 | 122.8 | 132.0 | 127.6 |
| 炸药、火工及焰火产品制造 | 100.0 | 100.0 | 100.1 | 100.0 | 101.2 | 106.2 |
| 日用化学产品制造 | 98.9 | 100.5 | 98.9 | 99.5 | 102.1 | 102.4 |
| **医药制造业** | **99.5** | **99.2** | **99.2** | **99.6** | **100.6** | **101.0** |
| 化学药品原料药制造 | 99.1 | 98.1 | 98.0 | 98.2 | 100.2 | 101.1 |
| 化学药品制剂制造 | 98.9 | 98.0 | 98.0 | 97.5 | 97.5 | 98.7 |
| 中药饮片加工 | 99.3 | 99.4 | 99.4 | 102.0 | 106.6 | 107.0 |
| 中成药生产 | 102.6 | 103.1 | 103.5 | 102.9 | 102.8 | 102.6 |
| 兽用药品制造 | 100.5 | 100.6 | 100.5 | 100.4 | 100.4 | 100.1 |
| 生物药品制品制造 | 95.4 | 94.5 | 94.7 | 95.2 | 95.2 | 96.0 |
| 卫生材料及医药用品制造 | 102.6 | 106.5 | 104.2 | 103.5 | 101.6 | 95.8 |
| **化学纤维制造业** | **115.4** | **116.0** | **116.0** | **113.7** | **112.0** | **111.5** |
| 纤维素纤维原料及纤维制造 | 116.0 | 115.5 | 115.2 | 111.3 | 109.7 | 111.3 |
| 合成纤维制造 | 113.3 | 117.6 | 118.8 | 121.9 | 120.0 | 112.4 |

## 3-16 续表 6

（上年同月＝100）

| 类　　别 | 7月 | 8月 | 9月 | 10月 | 11月 | 12月 |
|---|---|---|---|---|---|---|
| **橡胶和塑料制品业** | **105.9** | **105.0** | **105.3** | **106.6** | **107.5** | **104.4** |
| 橡胶制品业 | 107.5 | 107.3 | 107.3 | 108.1 | 107.8 | 104.8 |
| 塑料制品业 | 105.7 | 104.7 | 105.1 | 106.4 | 107.4 | 104.4 |
| **非金属矿物制品业** | **102.5** | **102.9** | **103.6** | **109.3** | **113.1** | **112.7** |
| 水泥、石灰和石膏制造 | 97.3 | 96.5 | 101.7 | 123.8 | 141.7 | 142.9 |
| 石膏、水泥制品及类似制品制造 | 97.6 | 98.1 | 97.6 | 102.6 | 105.7 | 107.8 |
| 砖瓦、石材等建筑材料制造 | 98.9 | 99.2 | 99.4 | 101.7 | 104.0 | 103.6 |
| 玻璃制造 | 141.3 | 136.5 | 130.6 | 126.2 | 115.2 | 103.7 |
| 玻璃制品制造 | 106.8 | 108.3 | 108.5 | 109.0 | 107.0 | 105.3 |
| 玻璃纤维和玻璃纤维增强塑料制品制造 | 171.8 | 171.3 | 167.8 | 162.1 | 144.4 | 138.3 |
| 陶瓷制品制造 | 94.1 | 94.8 | 94.7 | 96.6 | 102.8 | 103.8 |
| 耐火材料制品制造 | 99.7 | 99.8 | 100.6 | 100.7 | 100.5 | 100.7 |
| 石墨及其他非金属矿物制品制造 | 112.0 | 113.6 | 115.4 | 116.1 | 114.2 | 106.3 |
| **黑色金属冶炼和压延加工业** | **127.8** | **129.4** | **131.1** | **136.4** | **129.5** | **120.8** |
| 炼铁 | 129.2 | 128.4 | 139.7 | 140.5 | 139.9 | 136.0 |
| 炼钢 | 124.5 | 124.0 | 126.8 | 126.5 | 123.1 | 119.1 |
| 钢压延加工 | 130.1 | 132.0 | 132.3 | 136.9 | 124.4 | 116.5 |
| 铁合金冶炼 | 118.7 | 124.9 | 134.0 | 164.8 | 196.1 | 165.3 |
| **有色金属冶炼和压延加工业** | **125.8** | **125.3** | **129.0** | **131.6** | **125.4** | **120.4** |
| 常用有色金属冶炼 | 127.7 | 125.4 | 126.0 | 129.8 | 123.3 | 114.9 |
| 贵金属冶炼 | 97.6 | 93.2 | 92.7 | 93.9 | 96.1 | 95.5 |
| 稀有稀土金属冶炼 | 143.1 | 144.0 | 157.2 | 160.2 | 157.0 | 156.8 |
| 有色金属合金制造 | 109.6 | 109.0 | 111.1 | 113.0 | 112.9 | 113.5 |
| 有色金属压延加工 | 125.4 | 126.2 | 131.2 | 132.8 | 125.0 | 121.0 |
| **金属制品业** | **104.3** | **104.6** | **104.4** | **105.8** | **106.0** | **105.3** |
| 结构性金属制品制造 | 104.8 | 105.2 | 104.2 | 105.3 | 105.3 | 104.9 |
| 金属工具制造 | 102.1 | 102.1 | 102.7 | 102.6 | 102.5 | 102.4 |
| 集装箱及金属包装容器制造 | 101.4 | 101.5 | 102.7 | 105.0 | 105.7 | 105.7 |
| 金属表面处理及热处理加工 | 117.7 | 111.2 | 111.3 | 111.3 | 114.6 | 105.4 |
| 金属制日用品制造 | 105.5 | 105.4 | 105.4 | 105.4 | 105.4 | 103.7 |
| 铸造及其他金属制品制造 | 103.2 | 104.1 | 104.8 | 107.2 | 107.6 | 106.6 |
| **通用设备制造业** | **100.4** | **100.8** | **100.6** | **101.1** | **101.2** | **101.0** |
| 锅炉及原动设备制造 | 96.2 | 96.2 | 96.3 | 97.9 | 97.7 | 97.2 |
| 金属加工机械制造 | 101.6 | 102.7 | 104.0 | 104.1 | 105.2 | 104.3 |
| 物料搬运设备制造 | 100.9 | 102.0 | 102.3 | 103.0 | 103.2 | 103.6 |
| 泵、阀门、压缩机及类似机械制造 | 100.0 | 101.1 | 99.7 | 99.5 | 98.8 | 98.9 |
| 轴承、齿轮和传动部件制造 | 101.6 | 102.6 | 102.9 | 102.8 | 103.1 | 102.9 |
| 烘炉、风机、包装等设备制造 | 100.9 | 99.5 | 98.5 | 98.5 | 98.1 | 99.2 |
| 通用零部件制造 | 104.3 | 104.5 | 104.3 | 105.2 | 105.8 | 105.4 |
| **专用设备制造业** | **102.3** | **103.1** | **102.9** | **103.0** | **103.0** | **103.8** |
| 采矿、冶金、建筑专用设备制造 | 102.8 | 104.1 | 102.7 | 102.5 | 102.6 | 104.3 |
| 化工、木材、非金属加工专用设备制造 | 100.4 | 101.6 | 102.0 | 100.9 | 101.5 | 99.6 |
| 食品、饮料、烟草及饲料生产专用设备制造 | 102.8 | 104.4 | 105.0 | 106.4 | 106.1 | 105.9 |
| 印刷、制药、日化及日用品生产专用设备制造 | 109.5 | 111.2 | 119.5 | 122.6 | 117.7 | 117.6 |
| 电子和电工机械专用设备制造 | 98.0 | 98.4 | 98.4 | 97.5 | 97.4 | 98.2 |
| 农、林、牧、渔专用机械制造 | 99.7 | 99.7 | 100.5 | 102.4 | 105.0 | 106.9 |
| 医疗仪器设备及器械制造 | 104.9 | 103.1 | 104.1 | 104.2 | 102.4 | 103.4 |
| 环保、邮政、社会公共服务及其他专用设备制造 | 102.6 | 102.6 | 102.6 | 102.6 | 102.6 | 102.6 |

3-16 续表 7

（上年同月＝100）

| 类 别 | 7月 | 8月 | 9月 | 10月 | 11月 | 12月 |
| --- | --- | --- | --- | --- | --- | --- |
| **汽车制造业** | **99.8** | **99.7** | **99.9** | **99.8** | **99.7** | **99.7** |
| 汽车整车制造 | 98.8 | 98.8 | 99.1 | 98.6 | 98.8 | 98.8 |
| 汽车用发动机制造 | 99.0 | 99.0 | 98.8 | 99.2 | 99.6 | 96.9 |
| 改装汽车制造 | 99.4 | 99.9 | 99.6 | 99.9 | 99.5 | 99.2 |
| 汽车零部件及配件制造 | 100.9 | 100.7 | 100.8 | 101.1 | 100.7 | 100.8 |
| **铁路、船舶、航空航天和其他运输设备制造业** | **99.8** | **100.6** | **100.6** | **101.5** | **103.4** | **102.3** |
| 铁路运输设备制造 | 104.6 | 104.8 | 103.8 | 105.2 | 105.2 | 104.2 |
| 城市轨道交通设备制造 | 100.0 | 100.0 | 100.0 | 100.0 | 100.0 | 100.0 |
| 摩托车制造 | 96.1 | 97.7 | 98.4 | 99.4 | 103.3 | 101.8 |
| **电气机械和器材制造业** | **107.1** | **108.8** | **108.4** | **110.5** | **110.4** | **109.8** |
| 电机制造 | 100.5 | 101.3 | 101.2 | 101.3 | 101.0 | 99.6 |
| 输配电及控制设备制造 | 107.3 | 106.4 | 105.3 | 105.6 | 104.8 | 103.4 |
| 电线、电缆、光缆及电工器材制造 | 110.6 | 112.3 | 112.5 | 117.4 | 116.6 | 113.7 |
| 电池制造 | 105.6 | 111.2 | 110.0 | 109.4 | 114.2 | 123.2 |
| 家用电力器具制造 | 94.4 | 112.6 | 113.8 | 115.5 | 115.0 | 112.9 |
| 非电力家用器具制造 | 107.6 | 107.8 | 107.4 | 107.4 | 107.4 | 107.6 |
| 照明器具制造 | 110.0 | 110.1 | 109.9 | 115.9 | 116.5 | 118.5 |
| **计算机、通信和其他电子设备制造业** | **106.1** | **106.9** | **107.0** | **106.4** | **103.2** | **102.1** |
| 计算机制造 | 92.4 | 93.7 | 93.3 | 94.0 | 93.9 | 93.3 |
| 通信设备制造 | 102.5 | 104.5 | 106.1 | 106.9 | 104.9 | 105.7 |
| 广播电视设备制造 | 100.0 | 100.0 | 100.0 | 100.0 | 100.0 | 100.0 |
| 雷达及配套设备制造 | 93.0 | 94.0 | 94.3 | 94.0 | 93.1 | 90.9 |
| 非专业视听设备制造 | 129.0 | 126.9 | 130.5 | 126.8 | 117.9 | 107.2 |
| 电子器件制造 | 123.6 | 122.8 | 121.6 | 118.3 | 109.1 | 109.4 |
| 电子元件及电子专用材料制造 | 104.3 | 107.7 | 108.5 | 110.4 | 112.3 | 111.1 |
| 其他电子设备制造 | 102.1 | 109.8 | 107.9 | 107.9 | 108.3 | 107.9 |
| **仪器仪表制造业** | **102.1** | **101.5** | **101.0** | **100.8** | **100.4** | **100.2** |
| 通用仪器仪表制造 | 101.9 | 101.1 | 100.5 | 100.6 | 100.2 | 100.0 |
| 专用仪器仪表制造 | 103.5 | 103.0 | 102.5 | 102.2 | 101.8 | 101.7 |
| 光学仪器制造 | 101.4 | 102.8 | 102.8 | 100.0 | 100.0 | 100.0 |
| **其他制造业** | **100.6** | **100.9** | **101.2** | **101.4** | **101.5** | **101.5** |
| 日用杂品制造 | 105.5 | 106.1 | 106.9 | 107.2 | 107.5 | 107.4 |
| 其他未列明制造业 | 96.8 | 96.8 | 96.8 | 96.8 | 96.8 | 96.8 |
| **废弃资源综合利用业** | **143.5** | **137.3** | **135.4** | **138.4** | **133.4** | **127.0** |
| 金属废料和碎屑加工处理 | 139.6 | 131.4 | 129.3 | 132.4 | 124.2 | 114.6 |
| 非金属废料和碎屑加工处理 | 150.2 | 148.3 | 147.0 | 149.7 | 150.8 | 152.6 |
| **金属制品、机械和设备修理业** | **96.9** | **99.8** | **103.5** | **102.8** | **102.4** | **100.0** |
| 铁路、船舶、航空航天等运输设备修理 | 96.9 | 99.8 | 103.5 | 102.8 | 102.4 | 100.0 |
| **电力、热力生产和供应业** | **96.6** | **96.8** | **96.3** | **97.2** | **97.5** | **100.7** |
| 电力生产 | 96.0 | 95.5 | 95.3 | 96.1 | 97.6 | 103.3 |
| 电力供应 | 97.1 | 97.8 | 97.0 | 98.0 | 97.4 | 98.5 |
| **燃气生产和供应业** | **105.3** | **107.6** | **112.2** | **114.0** | **113.0** | **114.1** |
| 燃气生产和供应业 | 105.3 | 107.6 | 112.2 | 114.0 | 113.0 | 114.1 |
| **水的生产和供应业** | **101.2** | **101.2** | **101.2** | **100.9** | **100.8** | **100.3** |
| 自来水生产和供应 | 100.5 | 100.5 | 100.7 | 100.6 | 100.6 | 100.5 |
| 污水处理及其再生利用 | 102.6 | 102.6 | 102.0 | 101.5 | 101.0 | 100.0 |

# 3-17 分行业工业生产者出厂价格环比指数(2021年)

(上月=100)

| 类 别 | 1月 | 2月 | 3月 | 4月 | 5月 | 6月 |
|---|---|---|---|---|---|---|
| **总指数** | **101.0** | **100.8** | **101.0** | **100.6** | **101.2** | **100.0** |
| **煤炭开采和洗选业** | **104.1** | **104.4** | **99.9** | **100.7** | **105.3** | **105.9** |
| 烟煤和无烟煤开采洗选 | 104.1 | 104.4 | 99.9 | 100.7 | 105.3 | 105.9 |
| **石油和天然气开采业** | **100.2** | **99.4** | **100.0** | **95.2** | **100.0** | **100.0** |
| 天然气开采 | 100.2 | 99.4 | 100.0 | 95.2 | 100.0 | 100.0 |
| **黑色金属矿采选业** | **101.2** | **101.6** | **101.2** | **100.8** | **106.2** | **102.9** |
| 铁矿采选 | 101.2 | 101.6 | 101.2 | 100.8 | 106.2 | 102.9 |
| **有色金属矿采选业** | **103.5** | **100.7** | **102.0** | **103.8** | **106.0** | **103.2** |
| 常用有色金属矿采选 | 103.5 | 100.9 | 100.7 | 103.1 | 103.6 | 103.9 |
| 贵金属矿采选 | 102.8 | 93.1 | 96.7 | 102.9 | 103.4 | 97.8 |
| 稀有稀土金属矿采选 | 104.5 | 101.2 | 116.7 | 110.2 | 126.1 | 100.2 |
| **非金属矿采选业** | **101.2** | **100.0** | **101.2** | **100.3** | **101.1** | **101.0** |
| 土砂石开采 | 101.4 | 100.0 | 101.5 | 100.3 | 100.8 | 100.7 |
| 化学矿开采 | 100.2 | 99.8 | 99.7 | 99.9 | 100.1 | 104.0 |
| 采盐 | 100.3 | 99.6 | 100.2 | 100.1 | 103.3 | 101.4 |
| **农副食品加工业** | **100.7** | **101.1** | **100.2** | **99.0** | **99.5** | **98.3** |
| 谷物磨制 | 100.7 | 100.5 | 100.4 | 100.1 | 100.3 | 99.8 |
| 饲料加工 | 102.5 | 104.9 | 100.5 | 99.6 | 99.0 | 99.6 |
| 植物油加工 | 101.5 | 98.2 | 106.1 | 98.9 | 102.1 | 99.4 |
| 屠宰及肉类加工 | 100.8 | 99.4 | 98.9 | 97.7 | 97.9 | 94.8 |
| 蔬菜、菌类、水果和坚果加工 | 96.9 | 102.7 | 92.5 | 98.3 | 98.8 | 98.0 |
| 其他农副食品加工 | 99.6 | 101.1 | 101.8 | 100.1 | 100.2 | 100.0 |
| **食品制造业** | **100.1** | **99.9** | **100.1** | **100.5** | **100.5** | **100.8** |
| 焙烤食品制造 | 99.7 | 100.1 | 100.0 | 100.2 | 100.1 | 100.3 |
| 糖果、巧克力及蜜饯制造 | 100.0 | 100.0 | 100.1 | 99.8 | 100.0 | 100.0 |
| 方便食品制造 | 99.9 | 99.9 | 101.0 | 100.9 | 99.8 | 100.2 |
| 乳制品制造 | 100.1 | 100.7 | 100.0 | 100.6 | 100.0 | 100.2 |
| 罐头食品制造 | 100.0 | 100.0 | 100.0 | 100.0 | 100.0 | 100.0 |
| 调味品、发酵制品制造 | 100.6 | 99.8 | 99.8 | 100.9 | 100.5 | 100.2 |
| 其他食品制造 | 99.7 | 99.4 | 99.7 | 100.1 | 103.2 | 105.1 |
| **酒、饮料和精制茶制造业** | **101.0** | **101.3** | **100.5** | **100.0** | **100.3** | **100.2** |
| 酒的制造 | 101.2 | 101.5 | 100.6 | 100.0 | 100.3 | 100.2 |
| 饮料制造 | 99.9 | 100.1 | 99.9 | 100.1 | 100.3 | 100.0 |
| 精制茶加工 | 100.1 | 100.0 | 100.1 | 100.0 | 100.2 | 100.0 |
| **烟草制品业** | **99.7** | **100.0** | **100.5** | **100.0** | **100.0** | **100.0** |
| 卷烟制造 | 100.0 | 100.0 | 100.0 | 100.0 | 100.0 | 100.0 |
| 其他烟草制品制造 | 99.0 | 100.0 | 102.0 | 100.0 | 100.0 | 100.0 |
| **纺织业** | **100.9** | **100.5** | **103.2** | **100.7** | **100.8** | **101.3** |
| 棉纺织及印染精加工 | 101.3 | 100.6 | 103.7 | 100.1 | 100.9 | 100.1 |
| 麻纺织及染整精加工 | 100.0 | 100.0 | 100.0 | 100.0 | 100.0 | 100.0 |
| 丝绢纺织及印染精加工 | 100.6 | 100.5 | 103.3 | 102.7 | 101.4 | 104.6 |
| 家用纺织制成品制造 | 97.4 | 100.1 | 100.0 | 99.3 | 99.6 | 100.4 |
| 产业用纺织制成品制造 | 100.0 | 100.0 | 100.0 | 98.7 | 97.4 | 100.0 |
| **纺织服装、服饰业** | **99.7** | **100.5** | **99.0** | **100.9** | **98.7** | **99.0** |
| 机织服装制造 | 99.6 | 100.6 | 98.8 | 101.0 | 98.5 | 98.8 |
| 针织或钩针编织服装制造 | 100.0 | 100.0 | 100.0 | 100.0 | 100.8 | 100.3 |

3-17 续表 1

(上月=100)

| 类 别 | 1月 | 2月 | 3月 | 4月 | 5月 | 6月 |
|---|---|---|---|---|---|---|
| **皮革、毛皮、羽毛及其制品和制鞋业** | **100.1** | **100.0** | **100.8** | **100.5** | **99.4** | **98.9** |
| 皮革鞣制加工 | 100.0 | 100.0 | 100.0 | 100.0 | 100.0 | 100.0 |
| 皮革制品制造 | 101.3 | 100.0 | 101.4 | 100.8 | 99.3 | 97.5 |
| 羽毛(绒)加工及制品制造 | 99.7 | 98.7 | 99.2 | 99.4 | 99.8 | 100.0 |
| 制鞋业 | 99.8 | 100.2 | 101.3 | 100.7 | 99.3 | 99.0 |
| **木材加工和木、竹、藤、棕、草制品业** | **100.2** | **100.2** | **99.7** | **100.3** | **100.7** | **100.0** |
| 木材加工 | 100.0 | 100.0 | 100.0 | 100.3 | 100.8 | 100.0 |
| 人造板制造 | 99.8 | 100.6 | 99.1 | 100.6 | 100.5 | 100.1 |
| 木质制品制造 | 100.7 | 100.0 | 100.1 | 100.1 | 101.3 | 100.3 |
| 竹、藤、棕、草等制品制造 | 100.0 | 100.0 | 100.0 | 100.0 | 100.0 | 98.7 |
| **家具制造业** | **100.0** | **99.7** | **100.7** | **99.5** | **97.9** | **100.2** |
| 木质家具制造 | 100.0 | 99.6 | 100.8 | 99.4 | 97.6 | 100.2 |
| 其他家具制造 | 99.8 | 100.5 | 100.0 | 100.2 | 99.4 | 100.0 |
| **造纸和纸制品业** | **101.3** | **102.7** | **101.6** | **101.3** | **98.1** | **98.1** |
| 造纸 | 102.8 | 106.0 | 103.3 | 101.2 | 96.0 | 96.4 |
| 纸制品制造 | 100.1 | 100.0 | 100.0 | 101.3 | 99.9 | 99.6 |
| **印刷和记录媒介复制业** | **99.4** | **100.6** | **100.7** | **101.0** | **100.5** | **99.6** |
| 印刷 | 98.8 | 100.5 | 100.3 | 101.1 | 100.5 | 99.5 |
| 装订及印刷相关服务 | 101.7 | 101.1 | 102.3 | 99.0 | 102.3 | 101.2 |
| **文教、工美、体育和娱乐用品制造业** | **100.2** | **100.0** | **100.1** | **100.7** | **100.3** | **100.3** |
| 乐器制造 | 99.8 | 99.4 | 100.9 | 99.2 | 100.0 | 100.0 |
| 工艺美术及礼仪用品制造 | 100.2 | 100.0 | 100.1 | 100.8 | 100.3 | 100.3 |
| 游艺器材及娱乐用品制造 | 100.0 | 100.0 | 100.0 | 100.0 | 100.0 | 100.0 |
| **石油、煤炭及其他燃料加工业** | **103.5** | **106.4** | **103.4** | **99.2** | **102.3** | **103.7** |
| 精炼石油产品制造 | 103.8 | 105.3 | 106.1 | 98.9 | 102.1 | 102.6 |
| 煤炭加工 | 103.2 | 107.8 | 100.4 | 99.8 | 102.7 | 105.8 |
| **化学原料和化学制品制造业** | **101.3** | **100.8** | **104.0** | **102.6** | **101.9** | **102.0** |
| 基础化学原料制造 | 102.0 | 101.8 | 104.8 | 104.6 | 103.0 | 102.1 |
| 肥料制造 | 101.6 | 100.8 | 100.6 | 101.1 | 101.4 | 102.7 |
| 农药制造 | 98.5 | 101.4 | 104.0 | 101.5 | 105.2 | 107.8 |
| 涂料、油墨、颜料及类似产品制造 | 102.2 | 101.1 | 100.7 | 103.3 | 105.1 | 102.7 |
| 合成材料制造 | 99.7 | 98.5 | 108.3 | 107.2 | 100.2 | 97.4 |
| 专用化学产品制造 | 101.8 | 100.7 | 109.9 | 98.9 | 98.8 | 102.8 |
| 炸药、火工及焰火产品制造 | 99.8 | 100.3 | 100.0 | 100.0 | 99.8 | 100.2 |
| 日用化学产品制造 | 100.6 | 100.2 | 100.7 | 98.6 | 97.6 | 100.0 |
| **医药制造业** | **99.8** | **100.1** | **100.5** | **99.5** | **100.0** | **100.2** |
| 化学药品原料药制造 | 99.9 | 99.5 | 100.9 | 99.0 | 100.0 | 100.1 |
| 化学药品制剂制造 | 99.6 | 99.8 | 100.1 | 100.0 | 100.0 | 99.9 |
| 中药饮片加工 | 99.5 | 99.7 | 101.6 | 99.3 | 100.0 | 101.9 |
| 中成药生产 | 100.2 | 101.9 | 100.2 | 99.1 | 99.9 | 100.2 |
| 兽用药品制造 | 100.0 | 100.0 | 100.0 | 100.0 | 99.4 | 100.6 |
| 生物药品制品制造 | 100.0 | 100.0 | 99.6 | 100.1 | 99.5 | 98.9 |
| 卫生材料及医药用品制造 | 99.4 | 101.0 | 100.1 | 99.0 | 104.4 | 97.9 |
| **化学纤维制造业** | **104.3** | **103.5** | **115.7** | **103.8** | **101.0** | **91.6** |
| 纤维素纤维原料及纤维制造 | 104.4 | 104.0 | 118.0 | 105.7 | 101.5 | 90.1 |
| 合成纤维制造 | 104.0 | 102.6 | 110.9 | 97.4 | 98.8 | 97.3 |

## 3-17 续表 2

(上月=100)

| 类　别 | 1月 | 2月 | 3月 | 4月 | 5月 | 6月 |
|---|---|---|---|---|---|---|
| **橡胶和塑料制品业** | **100.4** | **101.1** | **100.1** | **101.1** | **100.3** | **99.8** |
| 橡胶制品业 | 100.7 | 100.5 | 99.2 | 101.7 | 100.8 | 99.5 |
| 塑料制品业 | 100.4 | 101.2 | 100.2 | 101.1 | 100.3 | 99.8 |
| **非金属矿物制品业** | **100.0** | **100.6** | **100.4** | **100.9** | **101.4** | **99.9** |
| 水泥、石灰和石膏制造 | 99.7 | 99.7 | 101.2 | 103.0 | 103.0 | 99.9 |
| 石膏、水泥制品及类似制品制造 | 98.8 | 100.6 | 100.1 | 99.2 | 101.6 | 98.0 |
| 砖瓦、石材等建筑材料制造 | 100.2 | 101.9 | 99.6 | 100.1 | 99.6 | 98.8 |
| 玻璃制造 | 108.5 | 96.1 | 102.5 | 103.0 | 102.0 | 109.3 |
| 玻璃制品制造 | 100.6 | 100.1 | 98.6 | 101.1 | 101.7 | 102.4 |
| 玻璃纤维和玻璃纤维增强塑料制品制造 | 102.6 | 103.8 | 106.1 | 108.2 | 107.6 | 103.2 |
| 陶瓷制品制造 | 99.7 | 100.1 | 100.8 | 99.8 | 99.9 | 99.8 |
| 耐火材料制品制造 | 98.6 | 101.7 | 100.0 | 100.0 | 100.0 | 100.0 |
| 石墨及其他非金属矿物制品制造 | 100.6 | 101.4 | 100.1 | 102.5 | 99.4 | 100.5 |
| **黑色金属冶炼和压延加工业** | **103.9** | **101.8** | **104.1** | **103.4** | **105.2** | **101.7** |
| 炼铁 | 104.2 | 100.0 | 103.8 | 103.5 | 106.3 | 104.1 |
| 炼钢 | 106.5 | 101.2 | 100.2 | 102.5 | 103.3 | 104.9 |
| 钢压延加工 | 103.2 | 102.3 | 103.9 | 104.0 | 106.3 | 100.6 |
| 铁合金冶炼 | 103.1 | 103.3 | 106.9 | 100.0 | 101.1 | 100.6 |
| **有色金属冶炼和压延加工业** | **101.0** | **102.7** | **105.1** | **103.7** | **103.1** | **99.2** |
| 常用有色金属冶炼 | 98.9 | 102.4 | 105.4 | 103.3 | 104.1 | 98.8 |
| 贵金属冶炼 | 101.6 | 98.7 | 99.2 | 99.0 | 101.0 | 100.3 |
| 稀有稀土金属冶炼 | 109.6 | 103.0 | 107.3 | 113.6 | 97.4 | 94.8 |
| 有色金属合金制造 | 100.5 | 103.4 | 98.7 | 101.8 | 100.4 | 101.2 |
| 有色金属压延加工 | 101.5 | 103.0 | 105.0 | 102.8 | 103.9 | 100.1 |
| **金属制品业** | **100.3** | **100.3** | **100.8** | **100.3** | **102.1** | **100.5** |
| 结构性金属制品制造 | 100.4 | 100.6 | 100.6 | 100.2 | 103.0 | 100.3 |
| 金属工具制造 | 101.2 | 100.0 | 100.0 | 99.7 | 100.0 | 101.2 |
| 集装箱及金属包装容器制造 | 99.6 | 100.5 | 100.0 | 100.1 | 100.7 | 100.2 |
| 金属表面处理及热处理加工 | 101.6 | 100.0 | 100.0 | 100.5 | 100.0 | 99.7 |
| 金属制日用品制造 | 100.9 | 97.9 | 106.9 | 100.0 | 101.5 | 99.5 |
| 铸造及其他金属制品制造 | 100.1 | 99.8 | 101.1 | 100.7 | 101.4 | 101.1 |
| **通用设备制造业** | **100.4** | **100.0** | **100.2** | **99.6** | **99.8** | **100.2** |
| 锅炉及原动设备制造 | 100.5 | 100.2 | 99.9 | 98.0 | 97.3 | 100.1 |
| 金属加工机械制造 | 99.6 | 100.1 | 100.2 | 100.1 | 101.3 | 101.0 |
| 物料搬运设备制造 | 100.4 | 99.9 | 100.2 | 100.5 | 99.7 | 100.3 |
| 泵、阀门、压缩机及类似机械制造 | 100.5 | 99.8 | 99.6 | 99.5 | 100.3 | 100.3 |
| 轴承、齿轮和传动部件制造 | 100.2 | 100.0 | 100.3 | 100.1 | 100.1 | 100.2 |
| 烘炉、风机、包装等设备制造 | 100.7 | 100.5 | 100.4 | 99.7 | 100.0 | 100.1 |
| 通用零部件制造 | 100.2 | 100.0 | 101.3 | 100.9 | 101.0 | 100.0 |
| **专用设备制造业** | **99.8** | **99.6** | **100.7** | **100.6** | **100.6** | **100.7** |
| 采矿、冶金、建筑专用设备制造 | 98.4 | 99.9 | 100.7 | 100.8 | 100.9 | 100.8 |
| 化工、木材、非金属加工专用设备制造 | 100.0 | 100.0 | 100.0 | 100.6 | 100.4 | 99.4 |
| 食品、饮料、烟草及饲料生产专用设备制造 | 100.3 | 100.0 | 100.3 | 101.1 | 101.1 | 104.3 |
| 印刷、制药、日化及日用品生产专用设备制造 | 102.1 | 100.2 | 101.2 | 102.4 | 101.8 | 102.3 |
| 电子和电工机械专用设备制造 | 101.1 | 95.8 | 100.0 | 100.0 | 99.8 | 100.6 |
| 农、林、牧、渔专用机械制造 | 101.0 | 98.7 | 102.5 | 99.7 | 100.2 | 99.8 |
| 医疗仪器设备及器械制造 | 103.2 | 100.1 | 100.5 | 100.1 | 99.8 | 100.0 |
| 环保、邮政、社会公共服务及其他专用设备制造 | 100.2 | 100.0 | 100.1 | 100.4 | 100.3 | 100.8 |

3-17 续表 3

(上月=100)

| 类　　别 | 1月 | 2月 | 3月 | 4月 | 5月 | 6月 |
|---|---|---|---|---|---|---|
| **汽车制造业** | **100.9** | **99.9** | **99.3** | **99.5** | **99.9** | **100.0** |
| 汽车整车制造 | 101.3 | 100.1 | 98.9 | 99.0 | 99.3 | 99.6 |
| 汽车用发动机制造 | 100.0 | 99.8 | 99.9 | 100.0 | 99.5 | 97.7 |
| 改装汽车制造 | 100.4 | 100.4 | 99.5 | 99.8 | 100.1 | 98.6 |
| 汽车零部件及配件制造 | 100.4 | 99.4 | 100.0 | 100.1 | 100.5 | 100.6 |
| **铁路、船舶、航空航天和其他运输设备制造业** | **101.9** | **99.2** | **100.1** | **99.4** | **100.6** | **99.9** |
| 铁路运输设备制造 | 103.1 | 99.9 | 100.0 | 101.2 | 100.0 | 100.0 |
| 城市轨道交通设备制造 | 100.0 | 100.0 | 100.0 | 100.0 | 100.0 | 100.0 |
| 摩托车制造 | 100.6 | 98.2 | 100.3 | 97.9 | 101.3 | 99.7 |
| **电气机械和器材制造业** | **100.6** | **101.1** | **101.2** | **101.1** | **101.4** | **101.0** |
| 电机制造 | 100.0 | 100.3 | 100.1 | 100.1 | 100.1 | 100.7 |
| 输配电及控制设备制造 | 99.5 | 100.7 | 101.1 | 101.5 | 100.0 | 101.4 |
| 电线、电缆、光缆及电工器材制造 | 101.5 | 100.7 | 102.6 | 101.1 | 103.0 | 101.2 |
| 电池制造 | 100.7 | 104.3 | 99.6 | 101.2 | 103.1 | 100.1 |
| 家用电力器具制造 | 100.5 | 102.8 | 100.3 | 100.9 | 101.0 | 99.2 |
| 非电力家用器具制造 | 100.3 | 105.4 | 100.3 | 100.0 | 100.3 | 100.0 |
| 照明器具制造 | 101.7 | 100.0 | 99.8 | 101.1 | 99.7 | 100.5 |
| **计算机、通信和其他电子设备制造业** | **99.7** | **99.9** | **99.8** | **101.1** | **104.4** | **100.2** |
| 计算机制造 | 98.5 | 99.2 | 98.7 | 100.3 | 100.3 | 98.8 |
| 通信设备制造 | 100.8 | 99.7 | 101.7 | 100.4 | 100.6 | 100.6 |
| 广播电视设备制造 | 100.0 | 100.0 | 100.0 | 100.0 | 100.0 | 100.0 |
| 雷达及配套设备制造 | 98.3 | 94.3 | 98.8 | 100.2 | 101.3 | 98.9 |
| 非专业视听设备制造 | 101.1 | 100.1 | 100.5 | 101.6 | 103.6 | 99.3 |
| 电子器件制造 | 100.6 | 101.0 | 100.2 | 102.2 | 113.8 | 101.9 |
| 电子元件及电子专用材料制造 | 99.4 | 100.2 | 100.4 | 101.6 | 101.5 | 101.5 |
| 其他电子设备制造 | 100.0 | 100.0 | 100.0 | 100.0 | 99.6 | 100.0 |
| **仪器仪表制造业** | **100.0** | **100.0** | **100.0** | **100.2** | **100.0** | **100.0** |
| 通用仪器仪表制造 | 100.0 | 100.0 | 100.0 | 100.0 | 100.0 | 100.0 |
| 专用仪器仪表制造 | 100.0 | 100.0 | 100.0 | 101.7 | 100.0 | 100.0 |
| 光学仪器制造 | 100.0 | 100.0 | 100.0 | 100.0 | 100.0 | 100.0 |
| **其他制造业** | **99.5** | **98.1** | **101.5** | **100.4** | **100.3** | **100.1** |
| 日用杂品制造 | 98.9 | 99.8 | 103.4 | 100.9 | 100.6 | 100.1 |
| 其他未列明制造业 | 100.0 | 96.8 | 100.0 | 100.0 | 100.0 | 100.0 |
| **废弃资源综合利用业** | **101.9** | **101.9** | **120.2** | **99.6** | **102.7** | **102.3** |
| 金属废料和碎屑加工处理 | 101.3 | 101.9 | 104.8 | 101.0 | 104.6 | 105.2 |
| 非金属废料和碎屑加工处理 | 103.1 | 101.9 | 151.4 | 97.5 | 100.0 | 97.9 |
| **金属制品、机械和设备修理业** | **100.0** | **96.3** | **100.4** | **100.4** | **100.4** | **100.0** |
| 铁路、船舶、航空航天等运输设备修理 | 100.0 | 96.3 | 100.4 | 100.4 | 100.4 | 100.0 |
| **电力、热力生产和供应业** | **103.3** | **101.3** | **100.3** | **99.8** | **95.5** | **93.6** |
| 电力生产 | 105.5 | 102.4 | 101.3 | 99.4 | 92.2 | 87.9 |
| 电力供应 | 101.5 | 100.2 | 99.4 | 100.2 | 98.6 | 98.3 |
| **燃气生产和供应业** | **108.1** | **100.8** | **90.2** | **98.6** | **98.8** | **99.3** |
| 燃气生产和供应业 | 108.1 | 100.8 | 90.2 | 98.6 | 98.8 | 99.3 |
| **水的生产和供应业** | **100.0** | **100.3** | **100.1** | **100.0** | **100.0** | **100.0** |
| 自来水生产和供应 | 100.0 | 100.5 | 100.1 | 100.0 | 100.0 | 100.0 |
| 污水处理及其再生利用 | 100.0 | 100.0 | 100.0 | 100.0 | 100.0 | 100.0 |

## 3-17 续表 4

(上月＝100)

| 类　别 | 7月 | 8月 | 9月 | 10月 | 11月 | 12月 |
|---|---|---|---|---|---|---|
| **总指数** | **100.1** | **100.5** | **100.8** | **101.8** | **100.5** | **100.0** |
| **煤炭开采和洗选业** | **100.0** | **102.5** | **107.1** | **107.8** | **109.3** | **103.3** |
| 烟煤和无烟煤开采洗选 | 100.0 | 102.5 | 107.1 | 107.8 | 109.3 | 103.3 |
| **石油和天然气开采业** | **100.0** | **101.6** | **100.0** | **100.0** | **103.7** | **100.3** |
| 天然气开采 | 100.0 | 101.6 | 100.0 | 100.0 | 103.7 | 100.3 |
| **黑色金属矿采选业** | **102.2** | **100.5** | **102.6** | **96.7** | **96.7** | **98.8** |
| 铁矿采选 | 102.2 | 100.5 | 102.6 | 96.7 | 96.7 | 98.8 |
| **有色金属矿采选业** | **99.6** | **99.5** | **101.3** | **102.3** | **100.2** | **99.4** |
| 常用有色金属矿采选 | 101.2 | 99.4 | 100.7 | 99.9 | 100.1 | 99.3 |
| 贵金属矿采选 | 100.4 | 100.0 | 99.1 | 98.6 | 102.3 | 98.5 |
| 稀有稀土金属矿采选 | 88.0 | 100.0 | 106.7 | 121.2 | 100.0 | 100.0 |
| **非金属矿采选业** | **100.4** | **100.2** | **100.7** | **103.2** | **100.9** | **103.5** |
| 土砂石开采 | 100.2 | 100.2 | 100.1 | 101.7 | 100.1 | 99.8 |
| 化学矿开采 | 101.7 | 100.0 | 102.7 | 103.4 | 100.1 | 101.4 |
| 采盐 | 100.4 | 100.5 | 103.7 | 111.9 | 105.4 | 124.3 |
| **农副食品加工业** | **100.3** | **100.5** | **99.8** | **100.8** | **100.8** | **99.6** |
| 谷物磨制 | 98.7 | 100.1 | 99.2 | 99.6 | 101.1 | 100.2 |
| 饲料加工 | 99.6 | 99.5 | 100.2 | 100.4 | 99.9 | 100.7 |
| 植物油加工 | 99.3 | 101.2 | 99.9 | 103.6 | 99.5 | 99.1 |
| 屠宰及肉类加工 | 100.3 | 100.6 | 98.8 | 99.5 | 102.9 | 101.1 |
| 蔬菜、菌类、水果和坚果加工 | 106.7 | 102.8 | 100.9 | 103.4 | 100.0 | 92.5 |
| 其他农副食品加工 | 100.0 | 100.1 | 101.1 | 100.0 | 100.7 | 99.9 |
| **食品制造业** | **100.1** | **100.4** | **100.4** | **100.5** | **100.6** | **101.1** |
| 焙烤食品制造 | 99.9 | 100.6 | 100.2 | 100.2 | 100.0 | 100.4 |
| 糖果、巧克力及蜜饯制造 | 100.0 | 100.0 | 100.0 | 100.0 | 100.0 | 100.0 |
| 方便食品制造 | 100.2 | 100.2 | 100.1 | 100.1 | 101.2 | 100.6 |
| 乳制品制造 | 100.0 | 99.2 | 99.3 | 100.5 | 100.0 | 100.6 |
| 罐头食品制造 | 100.0 | 100.0 | 100.0 | 100.0 | 100.0 | 100.1 |
| 调味品、发酵制品制造 | 99.8 | 99.4 | 100.4 | 100.3 | 100.0 | 101.0 |
| 其他食品制造 | 100.9 | 103.6 | 102.0 | 102.0 | 102.9 | 104.0 |
| **酒、饮料和精制茶制造业** | **100.3** | **99.0** | **100.2** | **100.0** | **100.3** | **99.8** |
| 酒的制造 | 100.4 | 98.7 | 100.2 | 99.7 | 100.3 | 99.8 |
| 饮料制造 | 100.0 | 100.5 | 100.0 | 101.7 | 100.2 | 99.7 |
| 精制茶加工 | 99.9 | 100.0 | 100.0 | 100.0 | 100.1 | 100.0 |
| **烟草制品业** | **100.0** | **100.0** | **100.0** | **100.0** | **100.0** | **100.0** |
| 卷烟制造 | 100.0 | 100.0 | 100.0 | 100.0 | 100.0 | 100.0 |
| 其他烟草制品制造 | 100.0 | 100.0 | 100.0 | 100.0 | 100.0 | 100.0 |
| **纺织业** | **100.6** | **101.2** | **101.2** | **102.4** | **101.5** | **99.6** |
| 棉纺织及印染精加工 | 99.7 | 101.3 | 101.9 | 103.7 | 102.1 | 99.5 |
| 麻纺织及染整精加工 | 100.0 | 100.0 | 100.0 | 100.0 | 100.0 | 100.0 |
| 丝绢纺织及印染精加工 | 103.1 | 101.3 | 100.2 | 99.6 | 100.3 | 99.4 |
| 家用纺织制成品制造 | 100.5 | 99.7 | 100.0 | 100.2 | 104.6 | 104.2 |
| 产业用纺织制成品制造 | 100.0 | 100.0 | 100.0 | 104.1 | 100.0 | 100.0 |
| **纺织服装、服饰业** | **100.5** | **99.9** | **100.4** | **100.5** | **99.5** | **100.2** |
| 机织服装制造 | 100.6 | 99.9 | 100.5 | 100.6 | 99.4 | 100.2 |
| 针织或钩针编织服装制造 | 100.0 | 100.0 | 100.0 | 100.0 | 100.0 | 100.0 |

3-17 续表 5

(上月=100)

| 类　别 | 7月 | 8月 | 9月 | 10月 | 11月 | 12月 |
|---|---|---|---|---|---|---|
| **皮革、毛皮、羽毛及其制品和制鞋业** | **100.0** | **100.4** | **99.5** | **100.5** | **100.4** | **99.3** |
| 皮革鞣制加工 | 100.0 | 100.0 | 100.0 | 100.0 | 100.0 | 100.0 |
| 皮革制品制造 | 101.1 | 97.1 | 101.5 | 100.0 | 102.2 | 100.2 |
| 羽毛(绒)加工及制品制造 | 100.1 | 100.1 | 101.3 | 100.2 | 100.2 | 100.2 |
| 制鞋业 | 99.7 | 101.6 | 98.6 | 100.8 | 100.0 | 98.7 |
| **木材加工和木、竹、藤、棕、草制品业** | **99.6** | **100.1** | **100.0** | **100.3** | **100.9** | **99.5** |
| 木材加工 | 99.4 | 100.8 | 100.0 | 99.6 | 98.5 | 100.3 |
| 人造板制造 | 100.1 | 100.0 | 100.2 | 101.3 | 102.3 | 98.6 |
| 木质制品制造 | 99.0 | 100.1 | 99.7 | 99.4 | 100.4 | 100.2 |
| 竹、藤、棕、草等制品制造 | 100.0 | 100.0 | 100.0 | 100.0 | 100.0 | 100.0 |
| **家具制造业** | **100.4** | **99.5** | **100.4** | **101.9** | **100.6** | **99.9** |
| 木质家具制造 | 100.5 | 99.4 | 100.4 | 102.2 | 100.6 | 99.7 |
| 其他家具制造 | 100.0 | 100.0 | 100.0 | 100.1 | 100.7 | 101.0 |
| **造纸和纸制品业** | **99.6** | **99.7** | **100.7** | **100.8** | **101.6** | **99.9** |
| 造纸 | 99.1 | 99.0 | 100.2 | 101.8 | 102.6 | 100.0 |
| 纸制品制造 | 100.0 | 100.3 | 101.1 | 100.0 | 100.8 | 99.9 |
| **印刷和记录媒介复制业** | **99.9** | **99.7** | **99.9** | **99.5** | **100.0** | **102.8** |
| 印刷 | 99.8 | 99.8 | 99.8 | 99.4 | 100.0 | 102.9 |
| 装订及印刷相关服务 | 104.6 | 99.1 | 102.3 | 103.7 | 99.0 | 99.2 |
| **文教、工美、体育和娱乐用品制造业** | **100.1** | **100.0** | **100.0** | **99.8** | **100.2** | **100.4** |
| 乐器制造 | 99.7 | 99.9 | 100.0 | 100.2 | 100.1 | 99.9 |
| 工艺美术及礼仪用品制造 | 100.2 | 100.0 | 100.0 | 99.8 | 100.2 | 100.4 |
| 游艺器材及娱乐用品制造 | 100.0 | 100.0 | 100.0 | 100.0 | 100.8 | 99.9 |
| **石油、煤炭及其他燃料加工业** | **104.9** | **99.4** | **105.4** | **109.4** | **106.0** | **93.9** |
| 精炼石油产品制造 | 104.9 | 96.9 | 101.2 | 103.8 | 104.9 | 94.4 |
| 煤炭加工 | 104.8 | 104.0 | 112.6 | 118.0 | 107.6 | 93.3 |
| **化学原料和化学制品制造业** | **102.2** | **102.1** | **104.6** | **107.0** | **100.4** | **100.2** |
| 基础化学原料制造 | 102.6 | 105.5 | 111.6 | 114.3 | 94.1 | 100.3 |
| 肥料制造 | 105.1 | 104.3 | 100.1 | 103.4 | 103.9 | 100.5 |
| 农药制造 | 102.7 | 103.6 | 104.3 | 112.6 | 112.1 | 99.1 |
| 涂料、油墨、颜料及类似产品制造 | 100.8 | 98.1 | 100.1 | 103.1 | 100.6 | 97.8 |
| 合成材料制造 | 98.7 | 99.5 | 103.1 | 105.0 | 99.5 | 98.9 |
| 专用化学产品制造 | 102.1 | 98.3 | 102.5 | 99.7 | 108.1 | 101.1 |
| 炸药、火工及焰火产品制造 | 99.9 | 100.0 | 100.1 | 100.0 | 101.1 | 105.2 |
| 日用化学产品制造 | 102.6 | 100.1 | 98.4 | 101.0 | 102.7 | 100.3 |
| **医药制造业** | **100.0** | **99.5** | **100.0** | **100.1** | **100.8** | **100.4** |
| 化学药品原料药制造 | 100.6 | 98.4 | 100.0 | 100.0 | 101.9 | 100.8 |
| 化学药品制剂制造 | 99.8 | 99.1 | 99.9 | 99.6 | 100.0 | 100.9 |
| 中药饮片加工 | 100.3 | 99.5 | 99.8 | 101.0 | 103.0 | 101.2 |
| 中成药生产 | 100.8 | 100.4 | 100.3 | 99.7 | 100.0 | 99.9 |
| 兽用药品制造 | 100.2 | 100.0 | 100.0 | 100.0 | 100.0 | 99.9 |
| 生物药品制品制造 | 99.1 | 99.1 | 99.8 | 100.4 | 99.7 | 100.0 |
| 卫生材料及医药用品制造 | 96.6 | 102.3 | 99.4 | 99.8 | 100.2 | 96.0 |
| **化学纤维制造业** | **100.2** | **100.7** | **98.2** | **97.5** | **99.3** | **100.4** |
| 纤维素纤维原料及纤维制造 | 99.3 | 100.2 | 98.3 | 95.8 | 99.1 | 102.2 |
| 合成纤维制造 | 103.5 | 102.3 | 97.7 | 103.2 | 100.1 | 94.8 |

## 3-17 续表 6

(上月=100)

| 类　　别 | 7月 | 8月 | 9月 | 10月 | 11月 | 12月 |
|---|---|---|---|---|---|---|
| **橡胶和塑料制品业** | **100.4** | **100.1** | **100.4** | **101.4** | **101.6** | **97.9** |
| 橡胶制品业 | 100.7 | 100.0 | 100.0 | 100.4 | 101.3 | 100.2 |
| 塑料制品业 | 100.4 | 100.1 | 100.4 | 101.5 | 101.6 | 97.5 |
| **非金属矿物制品业** | **99.7** | **99.8** | **100.4** | **105.1** | **104.0** | **100.1** |
| 水泥、石灰和石膏制造 | 96.0 | 96.6 | 104.5 | 119.7 | 114.6 | 100.7 |
| 石膏、水泥制品及类似制品制造 | 99.9 | 100.3 | 99.5 | 104.4 | 103.7 | 101.6 |
| 砖瓦、石材等建筑材料制造 | 100.8 | 99.2 | 99.0 | 101.9 | 102.3 | 100.3 |
| 玻璃制造 | 101.6 | 101.5 | 100.4 | 97.4 | 90.7 | 93.0 |
| 玻璃制品制造 | 101.0 | 101.6 | 99.8 | 100.5 | 98.5 | 98.8 |
| 玻璃纤维和玻璃纤维增强塑料制品制造 | 99.2 | 100.1 | 99.9 | 101.5 | 101.2 | 100.0 |
| 陶瓷制品制造 | 99.9 | 100.2 | 99.9 | 100.9 | 103.2 | 100.5 |
| 耐火材料制品制造 | 100.5 | 100.0 | 100.0 | 99.8 | 100.1 | 100.0 |
| 石墨及其他非金属矿物制品制造 | 101.9 | 101.8 | 101.5 | 102.3 | 99.2 | 95.6 |
| **黑色金属冶炼和压延加工业** | **99.6** | **102.1** | **101.9** | **104.8** | **96.8** | **94.8** |
| 炼铁 | 97.8 | 100.3 | 110.0 | 99.2 | 102.9 | 99.6 |
| 炼钢 | 98.7 | 100.7 | 101.9 | 103.9 | 97.5 | 96.8 |
| 钢压延加工 | 99.7 | 102.3 | 101.2 | 103.1 | 93.5 | 95.9 |
| 铁合金冶炼 | 102.7 | 104.5 | 108.6 | 122.6 | 118.2 | 84.5 |
| **有色金属冶炼和压延加工业** | **100.7** | **101.9** | **104.5** | **102.5** | **96.6** | **99.6** |
| 常用有色金属冶炼 | 101.0 | 101.2 | 103.4 | 103.1 | 96.5 | 98.3 |
| 贵金属冶炼 | 99.3 | 99.6 | 98.0 | 99.6 | 101.5 | 97.7 |
| 稀有稀土金属冶炼 | 97.9 | 102.3 | 112.9 | 103.4 | 102.5 | 102.9 |
| 有色金属合金制造 | 100.4 | 101.8 | 101.5 | 101.6 | 100.1 | 101.5 |
| 有色金属压延加工 | 101.0 | 102.4 | 104.7 | 101.9 | 95.1 | 99.7 |
| **金属制品业** | **99.5** | **100.6** | **99.8** | **101.3** | **100.1** | **99.4** |
| 结构性金属制品制造 | 99.7 | 100.6 | 99.2 | 100.8 | 99.9 | 99.5 |
| 金属工具制造 | 100.0 | 100.0 | 100.6 | 99.9 | 100.0 | 99.8 |
| 集装箱及金属包装容器制造 | 100.0 | 100.3 | 101.1 | 102.2 | 101.0 | 99.9 |
| 金属表面处理及热处理加工 | 102.7 | 100.3 | 100.1 | 100.0 | 101.8 | 98.7 |
| 金属制日用品制造 | 98.5 | 100.0 | 100.0 | 100.0 | 100.0 | 98.4 |
| 铸造及其他金属制品制造 | 98.8 | 100.9 | 100.5 | 102.6 | 100.2 | 99.1 |
| **通用设备制造业** | **100.0** | **100.2** | **99.8** | **100.6** | **100.2** | **99.8** |
| 锅炉及原动设备制造 | 100.2 | 100.0 | 100.1 | 101.3 | 100.0 | 99.6 |
| 金属加工机械制造 | 100.3 | 100.3 | 100.5 | 99.9 | 100.4 | 100.3 |
| 物料搬运设备制造 | 100.3 | 101.0 | 99.8 | 100.8 | 100.3 | 100.4 |
| 泵、阀门、压缩机及类似机械制造 | 99.1 | 100.7 | 99.1 | 100.1 | 100.1 | 99.4 |
| 轴承、齿轮和传动部件制造 | 100.3 | 101.2 | 100.2 | 99.9 | 100.7 | 99.9 |
| 烘炉、风机、包装等设备制造 | 100.0 | 98.6 | 99.5 | 100.0 | 99.5 | 100.1 |
| 通用零部件制造 | 100.5 | 100.1 | 99.8 | 101.1 | 100.3 | 99.9 |
| **专用设备制造业** | **100.5** | **100.8** | **99.8** | **99.6** | **99.7** | **100.8** |
| 采矿、冶金、建筑专用设备制造 | 101.3 | 101.0 | 99.0 | 99.1 | 99.4 | 101.8 |
| 化工、木材、非金属加工专用设备制造 | 100.0 | 101.2 | 100.4 | 98.9 | 99.8 | 98.9 |
| 食品、饮料、烟草及饲料生产专用设备制造 | 95.9 | 101.6 | 100.5 | 101.3 | 99.7 | 99.8 |
| 印刷、制药、日化及日用品生产专用设备制造 | 99.3 | 101.3 | 106.7 | 103.4 | 96.1 | 100.0 |
| 电子和电工机械专用设备制造 | 100.9 | 100.4 | 100.0 | 99.1 | 99.9 | 100.9 |
| 农、林、牧、渔专用机械制造 | 100.3 | 100.8 | 99.7 | 99.5 | 102.6 | 101.9 |
| 医疗仪器设备及器械制造 | 100.0 | 99.8 | 100.0 | 100.1 | 100.3 | 99.2 |
| 环保、邮政、社会公共服务及其他专用设备制造 | 100.3 | 100.0 | 100.0 | 100.0 | 100.0 | 100.0 |

## 3-17 续表 7

（上月＝100）

| 类　　别 | 7月 | 8月 | 9月 | 10月 | 11月 | 12月 |
|---|---|---|---|---|---|---|
| **汽车制造业** | **100.2** | **99.9** | **100.2** | **99.8** | **100.2** | **100.0** |
| 汽车整车制造 | 100.6 | 100.0 | 100.4 | 99.5 | 100.3 | 100.1 |
| 汽车用发动机制造 | 100.0 | 100.0 | 99.8 | 100.0 | 100.0 | 100.0 |
| 改装汽车制造 | 100.5 | 100.1 | 100.0 | 100.7 | 99.4 | 99.8 |
| 汽车零部件及配件制造 | 99.7 | 99.8 | 100.1 | 100.1 | 100.0 | 100.0 |
| **铁路、船舶、航空航天和其他运输设备制造业** | **99.1** | **100.8** | **100.3** | **100.5** | **101.7** | **99.1** |
| 铁路运输设备制造 | 100.1 | 100.1 | 99.8 | 100.2 | 99.8 | 99.3 |
| 城市轨道交通设备制造 | 100.0 | 100.0 | 100.0 | 100.0 | 100.0 | 100.0 |
| 摩托车制造 | 98.1 | 101.7 | 100.7 | 101.0 | 103.9 | 98.6 |
| **电气机械和器材制造业** | **100.6** | **101.2** | **99.8** | **101.6** | **100.0** | **99.9** |
| 电机制造 | 100.0 | 100.4 | 100.0 | 99.7 | 99.8 | 98.4 |
| 输配电及控制设备制造 | 100.3 | 100.6 | 100.0 | 100.3 | 99.1 | 98.8 |
| 电线、电缆、光缆及电工器材制造 | 100.1 | 101.0 | 99.8 | 103.5 | 99.8 | 98.8 |
| 电池制造 | 99.4 | 104.8 | 98.1 | 99.3 | 103.8 | 107.0 |
| 家用电力器具制造 | 101.5 | 105.6 | 101.0 | 99.8 | 99.9 | 99.9 |
| 非电力家用器具制造 | 100.3 | 100.2 | 100.0 | 100.0 | 100.3 | 100.2 |
| 照明器具制造 | 106.7 | 100.1 | 100.0 | 105.2 | 100.0 | 102.5 |
| **计算机、通信和其他电子设备制造业** | **99.5** | **100.9** | **99.7** | **99.3** | **98.1** | **99.5** |
| 计算机制造 | 98.7 | 101.3 | 99.7 | 99.7 | 99.2 | 98.7 |
| 通信设备制造 | 99.7 | 101.1 | 100.3 | 100.2 | 100.6 | 100.0 |
| 广播电视设备制造 | 100.0 | 100.0 | 100.0 | 100.0 | 100.0 | 100.0 |
| 雷达及配套设备制造 | 98.0 | 101.6 | 100.0 | 100.0 | 100.0 | 99.3 |
| 非专业视听设备制造 | 98.2 | 101.9 | 101.6 | 100.6 | 99.6 | 99.0 |
| 电子器件制造 | 100.3 | 99.4 | 98.8 | 97.4 | 94.0 | 100.7 |
| 电子元件及电子专用材料制造 | 100.8 | 102.6 | 100.4 | 101.5 | 101.6 | 98.9 |
| 其他电子设备制造 | 102.8 | 107.3 | 98.3 | 100.0 | 100.4 | 99.6 |
| **仪器仪表制造业** | **100.0** | **100.0** | **100.0** | **100.0** | **100.0** | **100.0** |
| 通用仪器仪表制造 | 100.0 | 100.0 | 100.0 | 100.0 | 100.0 | 100.0 |
| 专用仪器仪表制造 | 100.0 | 100.0 | 100.0 | 100.0 | 100.0 | 100.0 |
| 光学仪器制造 | 100.0 | 100.0 | 100.0 | 100.0 | 100.0 | 100.0 |
| **其他制造业** | **100.2** | **100.5** | **100.9** | **100.0** | **99.9** | **100.1** |
| 日用杂品制造 | 100.4 | 101.1 | 101.9 | 100.0 | 99.9 | 100.2 |
| 其他未列明制造业 | 100.0 | 100.0 | 100.0 | 100.0 | 100.0 | 100.0 |
| **废弃资源综合利用业** | **98.7** | **99.2** | **99.8** | **101.7** | **96.5** | **101.6** |
| 金属废料和碎屑加工处理 | 98.3 | 99.9 | 100.4 | 101.7 | 93.9 | 101.3 |
| 非金属废料和碎屑加工处理 | 99.3 | 98.2 | 98.7 | 101.8 | 100.8 | 101.9 |
| **金属制品、机械和设备修理业** | **99.5** | **103.0** | **103.7** | **99.3** | **99.6** | **97.7** |
| 铁路、船舶、航空航天等运输设备修理 | 99.5 | 103.0 | 103.7 | 99.3 | 99.6 | 97.7 |
| **电力、热力生产和供应业** | **97.2** | **98.8** | **99.2** | **101.0** | **102.8** | **108.8** |
| 电力生产 | 95.1 | 97.7 | 99.0 | 100.8 | 107.5 | 117.7 |
| 电力供应 | 98.7 | 99.6 | 99.3 | 101.1 | 99.5 | 102.0 |
| **燃气生产和供应业** | **101.0** | **102.4** | **104.6** | **101.4** | **101.6** | **107.7** |
| 燃气生产和供应业 | 101.0 | 102.4 | 104.6 | 101.4 | 101.6 | 107.7 |
| **水的生产和供应业** | **99.9** | **100.0** | **100.1** | **100.0** | **100.0** | **99.9** |
| 自来水生产和供应 | 99.9 | 100.0 | 100.2 | 99.9 | 100.0 | 99.9 |
| 污水处理及其再生利用 | 100.0 | 100.0 | 100.0 | 100.0 | 100.0 | 100.0 |

## 3-18 工业生产者购进价格指数(2016-2021年)

(上年=100)

| 类　别 | 2016 | 2017 | 2018 | 2019 | 2020 | 2021 |
|---|---|---|---|---|---|---|
| **总指数** | **98.8** | **108.3** | **105.3** | **100.6** | **98.1** | **107.5** |
| 燃料、动力类 | 99.1 | 112.0 | 105.6 | 99.5 | 93.8 | 119.3 |
| 黑色金属材料类 | 99.0 | 116.6 | 110.2 | 100.7 | 98.4 | 115.7 |
| #钢材 | 99.8 | 118.6 | 110.9 | 99.9 | 97.6 | 115.1 |
| 其他 | 97.7 | 113.5 | 109.2 | 102.0 | 99.7 | 117.1 |
| 有色金属材料和电线类 | 99.0 | 117.7 | 105.8 | 99.0 | 97.3 | 118.2 |
| 化工原料类 | 96.5 | 107.7 | 107.4 | 97.1 | 94.1 | 111.7 |
| 木材及纸浆类 | 101.1 | 107.6 | 107.7 | 99.0 | 97.8 | 103.3 |
| 建筑材料及非金属矿类 | 97.2 | 109.3 | 113.6 | 108.4 | 96.8 | 101.5 |
| 其他工业原材料及半成品类 | 98.8 | 101.1 | 101.4 | 101.3 | 100.4 | 101.5 |
| 农副产品类 | 99.3 | 103.4 | 102.6 | 102.0 | 104.8 | 102.4 |
| 纺织原料类 | 100.0 | 109.3 | 100.2 | 98.0 | 97.0 | 109.2 |

## 3-19 分月工业生产者购进价格指数(2021年)

(上年同月=100)

| 类　别 | 1月 | 2月 | 3月 | 4月 | 5月 | 6月 | 7月 | 8月 | 9月 | 10月 | 11月 | 12月 |
|---|---|---|---|---|---|---|---|---|---|---|---|---|
| **总指数** | **99.8** | **101.0** | **103.3** | **105.1** | **107.9** | **107.8** | **108.0** | **108.8** | **110.3** | **112.7** | **114.1** | **111.9** |
| 燃料、动力类 | 96.1 | 100.0 | 106.8 | 110.2 | 117.9 | 116.4 | 118.4 | 121.4 | 124.8 | 133.9 | 147.6 | 141.4 |
| 黑色金属材料类 | 105.1 | 107.6 | 110.4 | 113.1 | 117.6 | 118.9 | 118.7 | 120.6 | 120.9 | 121.6 | 119.6 | 114.6 |
| #钢材 | 102.8 | 105.7 | 109.2 | 112.7 | 117.3 | 118.7 | 118.5 | 119.6 | 120.1 | 121.1 | 120.5 | 115.1 |
| 其他 | 110.4 | 111.8 | 113.2 | 113.9 | 118.2 | 119.3 | 119.1 | 122.7 | 122.7 | 122.7 | 117.6 | 113.5 |
| 有色金属材料和电线类 | 105.2 | 106.7 | 112.1 | 116.1 | 123.1 | 124.0 | 120.7 | 119.1 | 121.2 | 126.6 | 124.1 | 120.0 |
| 化工原料类 | 98.5 | 100.2 | 103.9 | 108.3 | 111.1 | 111.7 | 114.1 | 116.2 | 118.1 | 122.6 | 120.2 | 117.1 |
| 木材及纸浆类 | 99.2 | 99.9 | 101.1 | 101.9 | 103.7 | 104.6 | 104.7 | 106.1 | 105.8 | 103.7 | 104.0 | 105.4 |
| 建筑材料及非金属矿类 | 92.6 | 92.9 | 93.8 | 95.3 | 103.9 | 104.4 | 103.3 | 102.5 | 104.6 | 109.0 | 109.2 | 108.4 |
| 其他工业原材料及半成品类 | 99.1 | 99.7 | 100.0 | 100.6 | 101.1 | 101.1 | 101.0 | 101.7 | 103.5 | 103.8 | 104.1 | 103.0 |
| 农副产品类 | 104.2 | 103.6 | 104.2 | 104.3 | 104.4 | 102.1 | 101.2 | 100.7 | 100.2 | 100.8 | 102.2 | 101.0 |
| 纺织原料类 | 100.6 | 101.2 | 105.4 | 107.5 | 107.9 | 110.1 | 111.1 | 111.7 | 112.6 | 114.9 | 113.9 | 113.9 |

## 3-20 分月工业生产者购进价格环比指数(2021年)

(上月=100)

| 类　别 | 1月 | 2月 | 3月 | 4月 | 5月 | 6月 | 7月 | 8月 | 9月 | 10月 | 11月 | 12月 |
|---|---|---|---|---|---|---|---|---|---|---|---|---|
| **总指数** | **100.8** | **100.9** | **101.5** | **100.7** | **101.2** | **100.4** | **100.7** | **101.1** | **101.2** | **102.2** | **101.6** | **99.0** |
| 燃料、动力类 | 103.3 | 102.6 | 103.4 | 99.4 | 103.0 | 101.8 | 103.4 | 102.7 | 101.8 | 106.0 | 110.7 | 97.6 |
| 黑色金属材料类 | 102.2 | 102.3 | 102.3 | 101.6 | 103.8 | 101.3 | 100.6 | 101.8 | 101.1 | 100.8 | 98.5 | 97.7 |
| #钢材 | 101.7 | 102.8 | 102.6 | 102.0 | 103.7 | 101.1 | 100.4 | 101.1 | 101.3 | 100.9 | 99.7 | 97.1 |
| 其他 | 103.4 | 101.1 | 101.5 | 100.6 | 103.9 | 101.7 | 101.0 | 103.4 | 100.7 | 100.6 | 96.0 | 99.1 |
| 有色金属材料和电线类 | 101.6 | 100.9 | 103.4 | 102.2 | 103.7 | 101.9 | 99.8 | 100.3 | 102.1 | 104.3 | 99.1 | 99.3 |
| 化工原料类 | 100.7 | 101.3 | 102.4 | 102.3 | 101.1 | 100.1 | 101.2 | 101.6 | 102.3 | 104.7 | 99.3 | 98.9 |
| 木材及纸浆类 | 100.8 | 100.7 | 101.2 | 100.4 | 100.8 | 100.2 | 100.2 | 101.1 | 99.9 | 98.7 | 100.9 | 100.7 |
| 建筑材料及非金属矿类 | 97.8 | 100.3 | 100.4 | 101.0 | 101.4 | 100.6 | 99.7 | 100.1 | 101.6 | 104.8 | 101.5 | 99.1 |
| 其他工业原材料及半成品类 | 99.8 | 100.0 | 100.4 | 100.5 | 100.5 | 100.1 | 100.1 | 100.9 | 101.3 | 100.2 | 99.9 | 99.4 |
| 农副产品类 | 101.3 | 100.4 | 100.5 | 99.7 | 99.1 | 98.6 | 100.0 | 100.1 | 99.5 | 100.6 | 101.6 | 99.7 |
| 纺织原料类 | 101.1 | 100.7 | 102.2 | 100.9 | 99.5 | 101.2 | 100.7 | 100.6 | 101.3 | 103.1 | 101.4 | 100.4 |

# 3-21 分行业工业生产者购进价格指数(2021年)

(上年同月＝100)

| 类　别 | 全年 | 1月 | 2月 | 3月 | 4月 | 5月 | 6月 |
|---|---|---|---|---|---|---|---|
| **总指数** | **107.5** | **99.8** | **101.0** | **103.3** | **105.1** | **107.9** | **107.8** |
| **农业** | **107.2** | **107.7** | **107.7** | **108.9** | **109.5** | **109.0** | **108.6** |
| 谷物种植 | 109.9 | 113.9 | 114.4 | 115.1 | 116.1 | 114.3 | 112.8 |
| 豆类、油料和薯类种植 | 111.8 | 109.0 | 110.1 | 112.9 | 112.9 | 113.9 | 113.8 |
| 棉、麻、糖、烟草种植 | 121.8 | 105.6 | 105.3 | 109.7 | 112.6 | 114.7 | 116.8 |
| 蔬菜、食用菌及园艺作物种植 | 106.8 | 102.3 | 103.0 | 103.5 | 103.8 | 103.4 | 106.9 |
| 水果种植 | 101.5 | 94.6 | 96.7 | 99.1 | 100.1 | 101.3 | 102.3 |
| 坚果、含油果、香料和饮料作物种植 | 103.0 | 99.6 | 99.9 | 103.3 | 104.1 | 104.2 | 104.6 |
| 中药材种植 | 100.3 | 100.5 | 98.2 | 98.7 | 98.4 | 99.2 | 99.1 |
| 其他农业 | 107.5 | 102.6 | 106.5 | 105.8 | 101.8 | 103.7 | 102.9 |
| **林业** | **102.6** | **99.9** | **99.7** | **101.0** | **103.0** | **103.8** | **104.1** |
| 木材和竹材采运 | 102.3 | 99.8 | 99.6 | 100.9 | 102.0 | 102.5 | 103.3 |
| 林产品采集 | 103.9 | 100.4 | 99.8 | 101.8 | 107.5 | 109.2 | 107.4 |
| **畜牧业** | **88.4** | **99.6** | **96.2** | **94.5** | **91.2** | **91.6** | **82.2** |
| 牲畜饲养 | 86.0 | 99.6 | 95.6 | 93.8 | 89.9 | 89.8 | 78.9 |
| 家禽饲养 | 109.1 | 102.2 | 105.3 | 102.6 | 102.5 | 111.0 | 109.5 |
| 其他畜牧业 | 102.0 | 97.0 | 97.1 | 97.1 | 98.1 | 98.5 | 100.4 |
| **煤炭开采和洗选业** | **131.7** | **101.6** | **106.3** | **108.1** | **105.7** | **109.8** | **117.1** |
| 烟煤和无烟煤开采洗选 | 131.7 | 101.6 | 106.3 | 108.1 | 105.7 | 109.8 | 117.1 |
| **石油和天然气开采业** | **141.6** | **90.9** | **103.1** | **132.4** | **154.4** | **192.8** | **151.6** |
| 石油开采 | 143.2 | 90.6 | 103.2 | 133.7 | 157.0 | 198.1 | 154.0 |
| 天然气开采 | 101.0 | 98.7 | 99.4 | 102.4 | 100.4 | 97.7 | 96.8 |
| **黑色金属矿采选业** | **117.5** | **112.1** | **113.4** | **114.3** | **114.6** | **119.9** | **120.7** |
| 铁矿采选 | 117.8 | 112.4 | 113.7 | 114.5 | 114.9 | 120.3 | 121.2 |
| 锰矿、铬矿采选 | 105.3 | 100.0 | 103.9 | 103.1 | 104.4 | 103.1 | 101.4 |
| **有色金属矿采选业** | **117.6** | **104.6** | **106.8** | **111.4** | **114.9** | **119.4** | **120.0** |
| 常用有色金属矿采选 | 114.5 | 108.9 | 111.2 | 114.0 | 117.2 | 119.6 | 117.2 |
| 稀有稀土金属矿采选 | 126.1 | 93.4 | 95.7 | 104.5 | 109.2 | 118.9 | 127.0 |
| **非金属矿采选业** | **100.5** | **96.8** | **97.1** | **97.5** | **98.1** | **99.0** | **98.7** |
| 土砂石开采 | 99.0 | 97.0 | 96.9 | 97.4 | 97.7 | 98.3 | 97.1 |
| 化学矿开采 | 103.6 | 96.2 | 97.3 | 97.2 | 98.7 | 100.2 | 101.9 |
| 采盐 | 108.1 | 100.2 | 101.1 | 102.8 | 104.1 | 105.5 | 107.4 |
| **农副食品加工业** | **103.7** | **100.6** | **101.3** | **102.5** | **104.3** | **104.8** | **104.5** |
| 谷物磨制 | 105.8 | 106.5 | 107.2 | 106.8 | 108.0 | 108.1 | 106.5 |
| 植物油加工 | 114.1 | 103.5 | 106.5 | 110.0 | 111.9 | 112.3 | 116.0 |

3-21　续表 1

(上年同月=100)

| 类　　别 | 全年 | 1月 | 2月 | 3月 | 4月 | 5月 | 6月 |
|---|---|---|---|---|---|---|---|
| 制糖业 | 105.5 | 97.0 | 102.8 | 102.8 | 103.6 | 104.9 | 106.1 |
| 屠宰及肉类加工 | 96.7 | 92.7 | 92.2 | 94.5 | 97.1 | 98.2 | 97.6 |
| 蔬菜、菌类、水果和坚果加工 | 105.0 | 107.4 | 105.6 | 104.5 | 104.1 | 104.0 | 102.4 |
| 其他农副食品加工 | 100.5 | 96.3 | 97.5 | 99.1 | 102.5 | 99.6 | 101.1 |
| **食品制造业** | **103.9** | **100.9** | **101.7** | **104.0** | **103.8** | **104.5** | **103.0** |
| 乳制品制造 | 104.3 | 102.1 | 100.9 | 101.7 | 101.4 | 102.2 | 101.7 |
| 调味品、发酵制品制造 | 104.1 | 100.4 | 102.1 | 105.2 | 105.0 | 105.8 | 103.6 |
| 其他食品制造 | 102.6 | 100.8 | 100.9 | 102.9 | 103.2 | 103.8 | 103.0 |
| **酒、饮料和精制茶制造业** | **101.7** | **102.8** | **102.7** | **102.2** | **103.4** | **102.6** | **101.9** |
| 酒的制造 | 99.7 | 96.5 | 96.2 | 96.4 | 100.7 | 100.6 | 99.9 |
| 饮料制造 | 99.4 | 98.4 | 98.4 | 98.4 | 98.4 | 99.2 | 100.0 |
| 精制茶加工 | 103.6 | 108.3 | 108.4 | 107.3 | 106.4 | 104.7 | 103.7 |
| **烟草制品业** | **99.4** | **97.6** | **97.6** | **97.6** | **100.0** | **100.0** | **100.0** |
| 烟叶复烤 | 99.4 | 97.6 | 97.6 | 97.6 | 100.0 | 100.0 | 100.0 |
| **纺织业** | **109.2** | **100.6** | **101.2** | **105.4** | **107.5** | **107.9** | **110.1** |
| 棉纺织及印染精加工 | 108.2 | 104.1 | 104.0 | 106.4 | 107.5 | 105.9 | 106.9 |
| 丝绢纺织及印染精加工 | 111.5 | 93.0 | 94.9 | 103.2 | 107.5 | 112.7 | 118.0 |
| **皮革、毛皮、羽毛及其制品和制鞋业** | **99.7** | **97.2** | **96.4** | **96.8** | **96.8** | **99.1** | **100.2** |
| 皮革鞣制加工 | 99.7 | 97.2 | 96.4 | 96.8 | 96.8 | 99.1 | 100.2 |
| **木材加工和木、竹、藤、棕、草制品业** | **101.2** | **98.8** | **98.5** | **99.4** | **99.8** | **102.4** | **103.5** |
| 木材加工 | 100.2 | 100.6 | 99.0 | 100.5 | 99.9 | 101.5 | 100.3 |
| 人造板制造 | 101.7 | 98.4 | 98.5 | 99.3 | 100.8 | 103.0 | 105.1 |
| 竹、藤、棕、草等制品制造 | 100.2 | 97.9 | 98.0 | 98.4 | 95.3 | 101.1 | 100.8 |
| **造纸和纸制品业** | **106.5** | **100.3** | **101.8** | **103.5** | **104.7** | **106.8** | **107.4** |
| 纸浆制造 | 107.7 | 98.0 | 100.9 | 103.0 | 106.7 | 108.3 | 110.0 |
| 造纸 | 106.6 | 102.3 | 103.1 | 104.9 | 104.5 | 106.8 | 106.7 |
| 纸制品制造 | 101.6 | 97.9 | 98.8 | 98.6 | 99.4 | 101.4 | 102.0 |
| **印刷和记录媒介复制业** | **96.5** | **95.4** | **95.3** | **95.2** | **95.2** | **94.7** | **96.6** |
| 印刷 | 96.5 | 95.4 | 95.3 | 95.2 | 95.2 | 94.7 | 96.6 |
| **石油、煤炭及其他燃料加工业** | **120.7** | **98.1** | **98.8** | **102.8** | **108.8** | **113.5** | **115.4** |
| 精炼石油产品制造 | 111.2 | 92.9 | 94.4 | 99.0 | 107.5 | 110.7 | 113.0 |
| 煤炭加工 | 126.1 | 101.1 | 101.3 | 105.1 | 109.5 | 115.1 | 116.8 |
| **化学原料和化学制品制造业** | **113.9** | **99.1** | **100.5** | **103.8** | **108.2** | **110.9** | **112.6** |
| 基础化学原料制造 | 118.1 | 100.5 | 103.1 | 106.9 | 111.5 | 112.7 | 115.1 |
| 肥料制造 | 117.2 | 101.2 | 104.0 | 102.4 | 105.1 | 108.7 | 111.4 |
| 农药制造 | 110.8 | 101.0 | 103.3 | 101.8 | 104.1 | 105.3 | 110.2 |

3-21 续表 2

(上年同月＝100)

| 类　　别 | 全年 | 1月 | 2月 | 3月 | 4月 | 5月 | 6月 |
|---|---|---|---|---|---|---|---|
| 涂料、油墨、颜料及类似产品制造 | 96.5 | 92.7 | 93.5 | 92.8 | 92.3 | 96.1 | 97.0 |
| 合成材料制造 | 109.0 | 96.5 | 95.1 | 100.3 | 106.5 | 111.8 | 111.3 |
| 专用化学产品制造 | 136.9 | 120.8 | 129.3 | 135.8 | 136.0 | 133.6 | 148.1 |
| 炸药、火工及焰火产品制造 | 98.5 | 98.2 | 99.0 | 99.1 | 99.1 | 94.8 | 94.8 |
| **医药制造业** | **104.5** | **104.8** | **104.5** | **106.7** | **104.5** | **104.9** | **106.1** |
| 化学药品原料药制造 | 105.3 | 105.8 | 105.8 | 108.1 | 104.7 | 105.0 | 107.3 |
| 中成药生产 | 102.3 | 103.1 | 103.0 | 104.5 | 102.2 | 102.3 | 102.6 |
| 兽用药品制造 | 98.3 | 98.4 | 99.2 | 100.4 | 97.6 | 97.9 | 99.0 |
| 生物药品制品制造 | 103.5 | 103.5 | 102.7 | 104.6 | 104.9 | 105.4 | 104.7 |
| **化学纤维制造业** | **117.8** | **96.3** | **102.4** | **111.1** | **121.4** | **131.3** | **123.3** |
| 纤维素纤维原料及纤维制造 | 123.1 | 101.7 | 109.1 | 117.2 | 129.8 | 141.3 | 131.3 |
| 合成纤维制造 | 97.5 | 78.0 | 79.7 | 90.1 | 91.2 | 94.6 | 93.7 |
| **橡胶和塑料制品业** | **104.4** | **97.4** | **99.0** | **102.7** | **105.3** | **106.5** | **106.6** |
| 橡胶制品业 | 105.8 | 96.7 | 101.8 | 104.7 | 107.5 | 111.1 | 108.6 |
| 塑料制品业 | 104.4 | 97.4 | 99.0 | 102.6 | 105.2 | 106.4 | 106.6 |
| **非金属矿物制品业** | **101.7** | **91.7** | **92.1** | **93.0** | **94.7** | **105.1** | **105.8** |
| 水泥、石灰和石膏制造 | 107.3 | 92.4 | 92.1 | 93.8 | 100.0 | 102.9 | 103.4 |
| 玻璃制造 | 96.6 | 89.4 | 90.0 | 90.1 | 89.1 | 106.4 | 107.3 |
| 玻璃制品制造 | 96.2 | 93.1 | 93.0 | 92.9 | 92.9 | 96.8 | 96.8 |
| 玻璃纤维和玻璃纤维增强塑料制品制造 | 117.5 | 109.7 | 112.8 | 115.2 | 116.9 | 121.3 | 122.2 |
| 石墨及其他非金属矿物制品制造 | 109.3 | 98.3 | 98.9 | 102.2 | 102.8 | 111.5 | 111.9 |
| **黑色金属冶炼和压延加工业** | **115.8** | **103.0** | **105.9** | **109.7** | **113.1** | **117.5** | **119.2** |
| 炼铁 | 117.3 | 102.8 | 102.5 | 106.6 | 111.5 | 116.3 | 120.9 |
| 炼钢 | 112.3 | 101.7 | 103.2 | 106.6 | 110.5 | 112.8 | 113.6 |
| 钢压延加工 | 115.7 | 103.1 | 106.1 | 109.7 | 113.3 | 118.1 | 119.7 |
| 铁合金冶炼 | 119.2 | 102.6 | 107.3 | 113.5 | 112.6 | 108.4 | 111.3 |
| **有色金属冶炼和压延加工业** | **118.6** | **105.5** | **106.8** | **112.6** | **116.7** | **124.4** | **125.2** |
| 常用有色金属冶炼 | 116.4 | 104.2 | 104.9 | 108.9 | 112.9 | 116.8 | 118.1 |
| 有色金属合金制造 | 105.4 | 102.5 | 99.3 | 99.8 | 102.7 | 105.0 | 107.3 |
| 有色金属压延加工 | 120.7 | 106.7 | 108.4 | 115.8 | 119.9 | 130.9 | 131.0 |
| **金属制品业** | **106.5** | **101.3** | **101.9** | **103.5** | **105.3** | **106.5** | **107.4** |
| 结构性金属制品制造 | 101.1 | 96.1 | 97.3 | 97.5 | 98.6 | 100.9 | 99.4 |
| 金属工具制造 | 103.6 | 104.4 | 103.5 | 103.5 | 104.8 | 105.9 | 105.0 |
| 集装箱及金属包装容器制造 | 101.9 | 94.9 | 95.3 | 96.0 | 96.0 | 94.9 | 98.9 |
| 金属丝绳及其制品制造 | 115.0 | 107.5 | 110.2 | 114.1 | 119.0 | 123.1 | 122.1 |
| 铸造及其他金属制品制造 | 104.8 | 101.0 | 100.7 | 101.7 | 102.9 | 103.7 | 104.3 |

## 3-21 续表 3

(上年同月=100)

| 类　　别 | 全年 | 1月 | 2月 | 3月 | 4月 | 5月 | 6月 |
|---|---|---|---|---|---|---|---|
| **通用设备制造业** | **101.4** | **100.1** | **100.0** | **100.1** | **100.0** | **100.9** | **101.5** |
| 锅炉及原动设备制造 | 100.4 | 100.0 | 100.0 | 100.0 | 100.0 | 100.0 | 100.0 |
| 泵、阀门、压缩机及类似机械制造 | 100.7 | 99.5 | 99.6 | 99.4 | 99.3 | 101.7 | 101.7 |
| 轴承、齿轮和传动部件制造 | 101.7 | 97.7 | 97.4 | 98.6 | 98.6 | 99.1 | 101.4 |
| 烘炉、风机、包装等设备制造 | 107.6 | 100.5 | 100.4 | 105.2 | 105.2 | 110.1 | 110.1 |
| 通用零部件制造 | 103.9 | 103.0 | 102.6 | 102.1 | 101.6 | 101.6 | 102.9 |
| **专用设备制造业** | **102.9** | **100.2** | **103.3** | **103.2** | **103.3** | **103.2** | **103.2** |
| 环保、邮政、社会公共服务及其他专用设备制造 | 102.9 | 100.2 | 103.3 | 103.2 | 103.3 | 103.2 | 103.2 |
| **汽车制造业** | **100.8** | **99.8** | **100.0** | **100.3** | **100.5** | **100.8** | **100.7** |
| 汽车用发动机制造 | 99.5 | 99.0 | 99.0 | 99.7 | 99.2 | 99.6 | 99.7 |
| 汽车零部件及配件制造 | 101.0 | 100.0 | 100.2 | 100.4 | 100.8 | 101.1 | 101.0 |
| **铁路、船舶、航空航天和其他运输设备制造业** | **100.6** | **100.1** | **100.1** | **100.3** | **99.8** | **101.3** | **101.3** |
| 铁路运输设备制造 | 100.6 | 100.1 | 100.1 | 100.3 | 99.8 | 101.3 | 101.3 |
| **电气机械和器材制造业** | **100.9** | **101.9** | **100.9** | **99.6** | **100.9** | **102.2** | **101.8** |
| 电机制造 | 105.7 | 101.9 | 101.9 | 102.0 | 109.1 | 109.2 | 107.4 |
| 输配电及控制设备制造 | 102.8 | 104.2 | 104.2 | 102.6 | 102.5 | 104.1 | 104.0 |
| 电线、电缆、光缆及电工器材制造 | 89.6 | 96.0 | 90.7 | 89.2 | 87.9 | 89.2 | 88.4 |
| 电池制造 | 103.4 | 103.1 | 103.1 | 101.5 | 103.2 | 104.5 | 105.1 |
| **计算机、通信和其他电子设备制造业** | **97.0** | **93.5** | **94.6** | **94.3** | **94.7** | **94.3** | **93.9** |
| 计算机制造 | 95.6 | 91.2 | 92.6 | 91.8 | 91.6 | 91.0 | 90.1 |
| 通信设备制造 | 99.3 | 93.9 | 93.6 | 95.8 | 96.0 | 96.7 | 99.4 |
| 电子器件制造 | 99.2 | 99.2 | 99.6 | 100.6 | 101.9 | 102.0 | 102.7 |
| 电子元件及电子专用材料制造 | 123.6 | 100.8 | 101.4 | 102.7 | 110.7 | 115.1 | 117.7 |
| **仪器仪表制造业** | **99.2** | **97.0** | **97.1** | **99.6** | **100.1** | **100.1** | **99.4** |
| 通用仪器仪表制造 | 99.2 | 97.0 | 97.1 | 99.6 | 100.1 | 100.1 | 99.4 |
| **废弃资源综合利用业** | **124.1** | **109.5** | **111.8** | **116.8** | **123.2** | **128.8** | **128.3** |
| 金属废料和碎屑加工处理 | 124.7 | 109.7 | 112.0 | 116.9 | 123.9 | 129.4 | 128.6 |
| 非金属废料和碎屑加工处理 | 117.1 | 106.9 | 110.0 | 115.0 | 114.0 | 120.4 | 124.0 |
| **电力、热力生产和供应业** | **93.4** | **94.2** | **93.2** | **91.4** | **89.6** | **90.5** | **93.7** |
| 电力供应 | 93.4 | 94.2 | 93.2 | 91.4 | 89.6 | 90.5 | 93.7 |
| **燃气生产和供应业** | **99.8** | **99.8** | **100.1** | **96.5** | **101.9** | **100.5** | **98.2** |
| 燃气生产和供应业 | 99.8 | 99.8 | 100.1 | 96.5 | 101.9 | 100.5 | 98.2 |
| **水的生产和供应业** | **100.1** | **100.0** | **100.0** | **100.0** | **100.1** | **100.1** | **100.2** |
| 自来水生产和供应 | 100.1 | 100.0 | 100.0 | 100.0 | 100.1 | 100.1 | 100.2 |

3-21 续表 4

（上年同月＝100）

| 类　别 | 7月 | 8月 | 9月 | 10月 | 11月 | 12月 |
|---|---|---|---|---|---|---|
| **总指数** | **108.0** | **108.8** | **110.3** | **112.7** | **114.1** | **111.9** |
| **农业** | **107.8** | **107.0** | **105.9** | **105.6** | **105.1** | **104.3** |
| 谷物种植 | 110.9 | 109.4 | 106.6 | 104.6 | 102.6 | 100.3 |
| 豆类、油料和薯类种植 | 112.9 | 111.6 | 111.6 | 110.9 | 112.0 | 110.0 |
| 棉、麻、糖、烟草种植 | 121.7 | 126.0 | 132.9 | 139.5 | 137.4 | 139.9 |
| 蔬菜、食用菌及园艺作物种植 | 108.1 | 108.7 | 109.7 | 110.5 | 110.8 | 110.5 |
| 水果种植 | 103.5 | 103.7 | 87.6 | 105.4 | 118.5 | 106.1 |
| 坚果、含油果、香料和饮料作物种植 | 104.1 | 103.3 | 103.2 | 103.4 | 103.1 | 102.8 |
| 中药材种植 | 99.2 | 99.4 | 99.9 | 101.6 | 103.2 | 106.5 |
| 其他农业 | 103.0 | 107.2 | 112.5 | 114.8 | 114.8 | 114.8 |
| **林业** | **104.0** | **103.7** | **103.5** | **103.2** | **103.0** | **102.2** |
| 木材和竹材采运 | 103.4 | 103.9 | 103.9 | 103.6 | 103.1 | 101.7 |
| 林产品采集 | 106.5 | 102.8 | 101.9 | 101.6 | 102.8 | 104.7 |
| **畜牧业** | **80.9** | **80.4** | **80.9** | **84.1** | **91.0** | **88.2** |
| 牲畜饲养 | 77.4 | 76.3 | 76.8 | 80.3 | 88.1 | 85.1 |
| 家禽饲养 | 107.9 | 113.3 | 112.9 | 113.2 | 115.6 | 113.1 |
| 其他畜牧业 | 102.6 | 106.6 | 106.7 | 107.3 | 106.7 | 106.7 |
| **煤炭开采和洗选业** | **128.2** | **132.9** | **141.6** | **161.3** | **191.3** | **178.6** |
| 烟煤和无烟煤开采洗选 | 128.2 | 132.9 | 141.6 | 161.3 | 191.3 | 178.6 |
| **石油和天然气开采业** | **138.4** | **142.2** | **143.9** | **156.1** | **170.5** | **155.8** |
| 石油开采 | 139.9 | 143.8 | 145.6 | 158.5 | 173.3 | 157.4 |
| 天然气开采 | 98.6 | 99.2 | 98.8 | 99.2 | 105.0 | 116.1 |
| **黑色金属矿采选业** | **119.9** | **123.9** | **123.7** | **121.0** | **115.3** | **111.1** |
| 铁矿采选 | 120.1 | 124.2 | 124.1 | 121.3 | 115.5 | 111.3 |
| 锰矿、铬矿采选 | 109.7 | 112.1 | 107.2 | 108.3 | 104.9 | 105.9 |
| **有色金属矿采选业** | **121.6** | **119.6** | **121.5** | **125.2** | **125.3** | **120.9** |
| 常用有色金属矿采选 | 118.5 | 114.8 | 114.8 | 114.4 | 113.1 | 110.2 |
| 稀有稀土金属矿采选 | 129.7 | 132.2 | 139.7 | 155.1 | 161.0 | 153.3 |
| **非金属矿采选业** | **98.8** | **101.2** | **102.4** | **104.3** | **105.6** | **107.1** |
| 土砂石开采 | 97.5 | 99.7 | 99.6 | 101.2 | 102.2 | 103.8 |
| 化学矿开采 | 101.5 | 104.1 | 108.1 | 110.7 | 113.0 | 115.4 |
| 采盐 | 105.7 | 108.1 | 118.3 | 119.1 | 118.9 | 106.9 |
| **农副食品加工业** | **104.1** | **104.5** | **104.3** | **104.4** | **105.0** | **104.1** |
| 谷物磨制 | 105.7 | 104.9 | 104.0 | 104.1 | 103.7 | 103.8 |
| 植物油加工 | 114.5 | 114.7 | 117.6 | 121.4 | 121.8 | 119.3 |

## 3-21 续表 5

(上年同月＝100)

| 类　别 | 7月 | 8月 | 9月 | 10月 | 11月 | 12月 |
|---|---|---|---|---|---|---|
| 制糖业 | 106.7 | 107.3 | 107.8 | 108.3 | 108.9 | 109.8 |
| 屠宰及肉类加工 | 97.8 | 99.9 | 98.7 | 97.3 | 99.0 | 96.1 |
| 蔬菜、菌类、水果和坚果加工 | 102.9 | 103.9 | 104.7 | 105.8 | 105.4 | 109.0 |
| 其他农副食品加工 | 100.3 | 100.1 | 101.9 | 100.1 | 102.3 | 106.0 |
| **食品制造业** | **101.9** | **104.2** | **104.8** | **104.7** | **105.9** | **107.7** |
| 乳制品制造 | 102.2 | 106.1 | 107.7 | 107.4 | 108.6 | 109.4 |
| 调味品、发酵制品制造 | 101.9 | 104.2 | 104.3 | 104.1 | 105.4 | 107.2 |
| 其他食品制造 | 101.6 | 101.1 | 101.3 | 102.5 | 103.5 | 106.8 |
| **酒、饮料和精制茶制造业** | **100.8** | **100.3** | **101.2** | **101.3** | **101.2** | **100.6** |
| 酒的制造 | 98.9 | 98.4 | 101.7 | 103.0 | 102.7 | 102.3 |
| 饮料制造 | 100.0 | 100.0 | 100.0 | 100.0 | 100.0 | 100.0 |
| 精制茶加工 | 102.3 | 101.6 | 101.2 | 100.5 | 100.6 | 99.6 |
| **烟草制品业** | **100.0** | **100.0** | **100.0** | **100.0** | **100.0** | **100.0** |
| 烟叶复烤 | 100.0 | 100.0 | 100.0 | 100.0 | 100.0 | 100.0 |
| **纺织业** | **111.1** | **111.7** | **112.6** | **114.9** | **113.9** | **113.9** |
| 棉纺织及印染精加工 | 107.7 | 108.3 | 109.8 | 112.4 | 112.7 | 112.6 |
| 丝绢纺织及印染精加工 | 119.7 | 120.0 | 119.5 | 121.2 | 116.8 | 116.9 |
| **皮革、毛皮、羽毛及其制品和制鞋业** | **98.8** | **101.1** | **100.8** | **102.3** | **104.0** | **102.7** |
| 皮革鞣制加工 | 98.8 | 101.1 | 100.8 | 102.3 | 104.0 | 102.7 |
| **木材加工和木、竹、藤、棕、草制品业** | **102.9** | **103.2** | **102.8** | **100.7** | **99.6** | **102.5** |
| 木材加工 | 100.0 | 100.6 | 99.7 | 100.1 | 100.0 | 100.1 |
| 人造板制造 | 103.8 | 104.0 | 103.8 | 100.9 | 99.4 | 103.5 |
| 竹、藤、棕、草等制品制造 | 103.2 | 103.3 | 102.8 | 100.9 | 100.3 | 101.1 |
| **造纸和纸制品业** | **107.9** | **110.6** | **110.1** | **106.7** | **108.2** | **109.7** |
| 纸浆制造 | 112.4 | 115.9 | 115.0 | 105.4 | 106.5 | 111.0 |
| 造纸 | 105.8 | 108.6 | 108.1 | 108.2 | 110.3 | 109.9 |
| 纸制品制造 | 102.5 | 102.7 | 103.6 | 103.7 | 104.0 | 104.6 |
| **印刷和记录媒介复制业** | **96.8** | **96.5** | **96.6** | **99.0** | **98.7** | **98.4** |
| 印刷 | 96.8 | 96.5 | 96.6 | 99.0 | 98.7 | 98.4 |
| **石油、煤炭及其他燃料加工业** | **120.0** | **124.7** | **129.3** | **137.7** | **151.6** | **150.3** |
| 精炼石油产品制造 | 114.0 | 114.1 | 114.2 | 120.8 | 127.9 | 129.3 |
| 煤炭加工 | 123.4 | 130.8 | 137.9 | 147.2 | 164.9 | 161.7 |
| **化学原料和化学制品制造业** | **116.2** | **119.5** | **122.1** | **128.9** | **125.4** | **121.5** |
| 基础化学原料制造 | 119.3 | 124.3 | 127.0 | 136.8 | 131.6 | 129.1 |
| 肥料制造 | 118.8 | 125.4 | 127.9 | 133.3 | 134.9 | 134.9 |
| 农药制造 | 115.0 | 115.8 | 116.3 | 119.0 | 120.2 | 118.2 |

3-21 续表 6

(上年同月＝100)

| 类　　别 | 7月 | 8月 | 9月 | 10月 | 11月 | 12月 |
|---|---|---|---|---|---|---|
| 涂料、油墨、颜料及类似产品制造 | 98.0 | 98.7 | 100.0 | 99.5 | 99.9 | 98.8 |
| 合成材料制造 | 113.2 | 113.5 | 117.0 | 120.6 | 116.9 | 108.7 |
| 专用化学产品制造 | 153.0 | 152.2 | 137.5 | 136.4 | 134.4 | 130.9 |
| 炸药、火工及焰火产品制造 | 94.9 | 96.0 | 95.8 | 98.9 | 105.3 | 105.5 |
| **医药制造业** | **105.2** | **104.5** | **104.5** | **103.0** | **102.9** | **102.5** |
| 化学药品原料药制造 | 106.9 | 106.2 | 106.0 | 103.1 | 102.9 | 102.5 |
| 中成药生产 | 102.5 | 102.3 | 102.0 | 101.7 | 101.5 | 100.0 |
| 兽用药品制造 | 94.1 | 90.9 | 89.9 | 105.4 | 101.0 | 105.2 |
| 生物药品制品制造 | 103.0 | 102.6 | 102.9 | 102.6 | 103.0 | 102.3 |
| **化学纤维制造业** | **123.0** | **122.7** | **124.3** | **121.4** | **120.3** | **118.9** |
| 纤维素纤维原料及纤维制造 | 128.1 | 126.0 | 127.5 | 124.3 | 121.6 | 121.0 |
| 合成纤维制造 | 102.8 | 108.9 | 110.9 | 109.7 | 114.6 | 109.7 |
| **橡胶和塑料制品业** | **106.4** | **105.9** | **106.1** | **106.6** | **106.4** | **104.6** |
| 橡胶制品业 | 107.8 | 106.6 | 106.6 | 107.0 | 106.7 | 105.3 |
| 塑料制品业 | 106.4 | 105.8 | 106.1 | 106.6 | 106.3 | 104.6 |
| **非金属矿物制品业** | **104.3** | **102.9** | **105.1** | **110.1** | **110.0** | **108.7** |
| 水泥、石灰和石膏制造 | 100.9 | 99.9 | 106.5 | 124.7 | 137.3 | 136.9 |
| 玻璃制造 | 106.0 | 103.6 | 103.5 | 99.5 | 91.3 | 88.0 |
| 玻璃制品制造 | 96.8 | 96.7 | 96.7 | 99.8 | 99.8 | 100.4 |
| 玻璃纤维和玻璃纤维增强塑料制品制造 | 123.6 | 124.0 | 123.3 | 123.5 | 111.9 | 108.4 |
| 石墨及其他非金属矿物制品制造 | 113.0 | 112.7 | 111.8 | 114.3 | 114.4 | 121.7 |
| **黑色金属冶炼和压延加工业** | **119.0** | **120.2** | **120.8** | **122.8** | **121.8** | **116.3** |
| 炼铁 | 123.4 | 124.1 | 125.4 | 127.8 | 126.2 | 120.5 |
| 炼钢 | 112.5 | 112.8 | 117.0 | 120.0 | 120.7 | 116.5 |
| 钢压延加工 | 119.4 | 120.5 | 120.9 | 121.8 | 121.0 | 115.3 |
| 铁合金冶炼 | 114.2 | 118.8 | 119.5 | 145.8 | 140.6 | 137.1 |
| **有色金属冶炼和压延加工业** | **120.7** | **119.0** | **121.3** | **127.3** | **124.2** | **120.0** |
| 常用有色金属冶炼 | 116.2 | 115.0 | 119.1 | 132.6 | 126.3 | 121.2 |
| 有色金属合金制造 | 107.6 | 109.9 | 110.4 | 108.9 | 107.4 | 104.7 |
| 有色金属压延加工 | 124.4 | 122.2 | 123.3 | 124.2 | 123.2 | 119.7 |
| **金属制品业** | **107.9** | **107.5** | **108.7** | **108.7** | **110.0** | **109.8** |
| 结构性金属制品制造 | 102.4 | 102.4 | 102.4 | 103.3 | 106.9 | 106.4 |
| 金属工具制造 | 104.2 | 101.7 | 101.0 | 100.9 | 104.1 | 104.1 |
| 集装箱及金属包装容器制造 | 102.0 | 102.3 | 108.3 | 109.2 | 112.8 | 114.2 |
| 金属丝绳及其制品制造 | 117.8 | 115.1 | 113.2 | 112.5 | 114.0 | 112.0 |
| 铸造及其他金属制品制造 | 106.0 | 106.3 | 107.7 | 107.6 | 107.7 | 107.9 |

## 3-21 续表 7

（上年同月＝100）

| 类别 | 7月 | 8月 | 9月 | 10月 | 11月 | 12月 |
|---|---|---|---|---|---|---|
| **通用设备制造业** | **102.1** | **102.4** | **102.6** | **102.7** | **102.8** | **102.3** |
| 锅炉及原动设备制造 | 100.4 | 100.3 | 101.1 | 101.1 | 101.0 | 101.0 |
| 泵、阀门、压缩机及类似机械制造 | 101.7 | 101.6 | 101.4 | 101.1 | 101.3 | 100.1 |
| 轴承、齿轮和传动部件制造 | 103.6 | 104.0 | 103.4 | 105.3 | 105.6 | 105.7 |
| 烘炉、风机、包装等设备制造 | 110.5 | 110.4 | 110.3 | 109.7 | 109.6 | 109.5 |
| 通用零部件制造 | 104.2 | 105.7 | 105.9 | 105.8 | 106.1 | 105.3 |
| **专用设备制造业** | **103.2** | **103.2** | **103.1** | **103.1** | **103.1** | **103.1** |
| 环保、邮政、社会公共服务及其他专用设备制造 | 103.2 | 103.2 | 103.1 | 103.1 | 103.1 | 103.1 |
| **汽车制造业** | **101.2** | **101.2** | **101.4** | **101.2** | **101.0** | **100.9** |
| 汽车用发动机制造 | 100.0 | 99.7 | 99.8 | 99.8 | 99.5 | 99.5 |
| 汽车零部件及配件制造 | 101.4 | 101.6 | 101.8 | 101.5 | 101.4 | 101.3 |
| **铁路、船舶、航空航天和其他运输设备制造业** | **100.7** | **100.7** | **100.7** | **100.7** | **100.7** | **100.7** |
| 铁路运输设备制造 | 100.7 | 100.7 | 100.7 | 100.7 | 100.7 | 100.7 |
| **电气机械和器材制造业** | **101.0** | **100.6** | **100.7** | **100.4** | **100.9** | **100.3** |
| 电机制造 | 108.5 | 105.5 | 106.2 | 106.2 | 105.7 | 105.9 |
| 输配电及控制设备制造 | 101.9 | 101.5 | 102.2 | 102.2 | 102.3 | 102.0 |
| 电线、电缆、光缆及电工器材制造 | 88.8 | 89.4 | 89.0 | 88.2 | 89.5 | 89.3 |
| 电池制造 | 104.1 | 104.4 | 103.4 | 102.6 | 103.9 | 101.5 |
| **计算机、通信和其他电子设备制造业** | **93.6** | **95.9** | **101.8** | **103.1** | **103.8** | **101.4** |
| 计算机制造 | 90.1 | 94.7 | 102.0 | 104.1 | 105.4 | 104.8 |
| 通信设备制造 | 100.8 | 101.2 | 103.0 | 103.5 | 104.1 | 104.8 |
| 电子器件制造 | 100.8 | 97.4 | 99.7 | 98.3 | 98.1 | 90.9 |
| 电子元件及电子专用材料制造 | 120.9 | 123.1 | 142.3 | 152.4 | 148.2 | 147.6 |
| **仪器仪表制造业** | **99.6** | **99.8** | **99.7** | **99.5** | **99.5** | **99.1** |
| 通用仪器仪表制造 | 99.6 | 99.8 | 99.7 | 99.5 | 99.5 | 99.1 |
| **废弃资源综合利用业** | **131.1** | **131.4** | **129.8** | **131.8** | **127.8** | **119.7** |
| 金属废料和碎屑加工处理 | 131.9 | 132.2 | 130.7 | 132.8 | 128.3 | 120.0 |
| 非金属废料和碎屑加工处理 | 120.1 | 120.8 | 118.2 | 119.1 | 121.2 | 115.7 |
| **电力、热力生产和供应业** | **94.8** | **94.8** | **94.9** | **94.4** | **94.8** | **95.6** |
| 电力供应 | 94.8 | 94.8 | 94.9 | 94.4 | 94.8 | 95.6 |
| **燃气生产和供应业** | **98.4** | **99.2** | **100.1** | **100.1** | **98.8** | **103.6** |
| 燃气生产和供应业 | 98.4 | 99.2 | 100.1 | 100.1 | 98.8 | 103.6 |
| **水的生产和供应业** | **100.2** | **100.3** | **100.1** | **100.0** | **100.1** | **100.1** |
| 自来水生产和供应 | 100.2 | 100.3 | 100.1 | 100.0 | 100.1 | 100.1 |

# 3-22 分行业工业生产者购进价格环比指数(2021年)

(上月=100)

| 类　别 | 1月 | 2月 | 3月 | 4月 | 5月 | 6月 |
|---|---|---|---|---|---|---|
| **总指数** | **100.8** | **100.9** | **101.5** | **100.7** | **101.2** | **100.4** |
| **农业** | **101.2** | **101.0** | **101.6** | **100.6** | **99.7** | **100.5** |
| 谷物种植 | 101.8 | 101.2 | 101.0 | 101.0 | 99.0 | 100.5 |
| 豆类、油料和薯类种植 | 101.0 | 101.0 | 102.5 | 101.8 | 100.7 | 100.2 |
| 棉、麻、糖、烟草种植 | 100.9 | 103.4 | 102.3 | 100.5 | 102.5 | 101.6 |
| 蔬菜、食用菌及园艺作物种植 | 101.6 | 100.6 | 101.4 | 100.4 | 100.2 | 102.8 |
| 水果种植 | 100.0 | 100.8 | 101.5 | 100.6 | 100.9 | 100.7 |
| 坚果、含油果、香料和饮料作物种植 | 100.1 | 100.1 | 104.7 | 99.2 | 100.0 | 100.0 |
| 中药材种植 | 100.0 | 100.6 | 100.6 | 99.8 | 100.4 | 100.1 |
| 其他农业 | 102.0 | 104.0 | 101.3 | 97.1 | 101.4 | 100.2 |
| **林业** | **99.9** | **99.9** | **101.1** | **101.1** | **100.4** | **100.4** |
| 木材和竹材采运 | 99.7 | 100.0 | 100.9 | 100.0 | 100.1 | 100.9 |
| 林产品采集 | 100.4 | 99.4 | 101.9 | 105.6 | 101.6 | 98.4 |
| **畜牧业** | **101.4** | **98.5** | **96.8** | **96.0** | **96.0** | **90.5** |
| 牲畜饲养 | 101.3 | 98.2 | 96.5 | 95.4 | 94.8 | 88.9 |
| 家禽饲养 | 103.6 | 102.1 | 97.0 | 99.2 | 107.4 | 99.2 |
| 其他畜牧业 | 100.2 | 100.0 | 100.0 | 100.2 | 100.4 | 99.9 |
| **煤炭开采和洗选业** | **103.8** | **104.1** | **100.9** | **97.1** | **102.7** | **106.2** |
| 烟煤和无烟煤开采洗选 | 103.8 | 104.1 | 100.9 | 97.1 | 102.7 | 106.2 |
| **石油和天然气开采业** | **108.4** | **107.0** | **112.8** | **99.8** | **106.9** | **101.0** |
| 石油开采 | 108.8 | 107.3 | 113.2 | 99.8 | 107.3 | 101.1 |
| 天然气开采 | 100.0 | 100.5 | 101.2 | 98.0 | 96.4 | 99.4 |
| **黑色金属矿采选业** | **103.6** | **101.0** | **100.8** | **100.2** | **104.7** | **101.5** |
| 铁矿采选 | 103.7 | 101.0 | 100.9 | 100.2 | 104.9 | 101.6 |
| 锰矿、铬矿采选 | 100.6 | 103.3 | 99.0 | 100.6 | 98.5 | 97.9 |
| **有色金属矿采选业** | **101.0** | **102.0** | **103.0** | **103.8** | **103.9** | **101.1** |
| 常用有色金属矿采选 | 101.0 | 101.7 | 102.3 | 102.3 | 102.3 | 98.7 |
| 稀有稀土金属矿采选 | 100.9 | 102.9 | 105.2 | 108.2 | 108.3 | 107.2 |
| **非金属矿采选业** | **99.7** | **99.9** | **99.2** | **100.6** | **100.7** | **100.3** |
| 土砂石开采 | 99.6 | 99.5 | 98.9 | 100.4 | 100.6 | 99.8 |
| 化学矿开采 | 99.9 | 100.9 | 99.7 | 101.0 | 100.9 | 101.4 |
| 采盐 | 101.2 | 100.8 | 100.9 | 101.4 | 101.8 | 101.5 |
| **农副食品加工业** | **101.4** | **100.8** | **101.1** | **100.6** | **99.9** | **100.0** |
| 谷物磨制 | 101.4 | 100.7 | 100.2 | 100.8 | 100.7 | 100.1 |
| 植物油加工 | 103.8 | 102.0 | 102.5 | 100.8 | 100.4 | 103.7 |

## 3-22 续表 1

(上月=100)

| 类　别 | 1月 | 2月 | 3月 | 4月 | 5月 | 6月 |
|---|---|---|---|---|---|---|
| 制糖业 | 99.2 | 107.4 | 100.2 | 100.4 | 100.1 | 100.7 |
| 屠宰及肉类加工 | 101.3 | 99.5 | 101.8 | 100.3 | 98.3 | 97.9 |
| 蔬菜、菌类、水果和坚果加工 | 99.2 | 99.5 | 99.1 | 100.5 | 100.7 | 100.9 |
| 其他农副食品加工 | 100.4 | 100.8 | 103.3 | 99.5 | 100.1 | 100.3 |
| **食品制造业** | **101.3** | **99.8** | **101.0** | **100.1** | **101.0** | **98.2** |
| 乳制品制造 | 103.3 | 98.4 | 100.9 | 99.9 | 101.2 | 98.5 |
| 调味品、发酵制品制造 | 100.8 | 100.4 | 100.8 | 100.1 | 101.0 | 97.7 |
| 其他食品制造 | 100.1 | 100.2 | 101.8 | 100.4 | 100.5 | 99.9 |
| **酒、饮料和精制茶制造业** | **100.0** | **100.2** | **100.4** | **100.1** | **99.8** | **100.0** |
| 酒的制造 | 101.3 | 100.0 | 101.1 | 99.8 | 99.9 | 99.9 |
| 饮料制造 | 100.0 | 100.0 | 100.0 | 100.0 | 100.0 | 100.0 |
| 精制茶加工 | 99.2 | 100.3 | 100.1 | 100.3 | 99.7 | 100.1 |
| **烟草制品业** | **100.0** | **100.0** | **100.0** | **100.0** | **100.0** | **100.0** |
| 烟叶复烤 | 100.0 | 100.0 | 100.0 | 100.0 | 100.0 | 100.0 |
| **纺织业** | **101.1** | **100.7** | **102.2** | **100.9** | **99.5** | **101.2** |
| 棉纺织及印染精加工 | 101.0 | 100.1 | 101.8 | 100.4 | 98.6 | 100.3 |
| 丝绢纺织及印染精加工 | 101.4 | 102.1 | 103.3 | 102.1 | 101.6 | 103.3 |
| **皮革、毛皮、羽毛及其制品和制鞋业** | **99.8** | **99.2** | **101.2** | **99.9** | **100.4** | **101.0** |
| 皮革鞣制加工 | 99.8 | 99.2 | 101.2 | 99.9 | 100.4 | 101.0 |
| **木材加工和木、竹、藤、棕、草制品业** | **100.3** | **99.8** | **100.2** | **100.5** | **101.2** | **99.5** |
| 木材加工 | 99.5 | 98.4 | 101.7 | 99.7 | 101.4 | 99.0 |
| 人造板制造 | 100.7 | 100.1 | 99.8 | 101.2 | 100.7 | 99.8 |
| 竹、藤、棕、草等制品制造 | 99.8 | 100.2 | 100.1 | 98.3 | 103.5 | 99.3 |
| **造纸和纸制品业** | **101.5** | **101.6** | **102.1** | **100.5** | **100.8** | **100.5** |
| 纸浆制造 | 101.5 | 103.2 | 101.6 | 100.9 | 101.6 | 102.5 |
| 造纸 | 101.8 | 100.8 | 102.7 | 100.2 | 100.0 | 99.2 |
| 纸制品制造 | 99.8 | 100.5 | 100.3 | 100.6 | 101.9 | 100.0 |
| **印刷和记录媒介复制业** | **99.9** | **99.8** | **100.0** | **99.9** | **99.9** | **99.9** |
| 印刷 | 99.9 | 99.8 | 100.0 | 99.9 | 99.9 | 99.9 |
| **石油、煤炭及其他燃料加工业** | **101.4** | **100.5** | **101.9** | **102.9** | **104.2** | **101.2** |
| 精炼石油产品制造 | 100.9 | 101.8 | 102.7 | 103.1 | 101.7 | 101.8 |
| 煤炭加工 | 101.7 | 99.9 | 101.5 | 102.7 | 105.6 | 101.0 |
| **化学原料和化学制品制造业** | **100.9** | **101.1** | **102.0** | **102.5** | **101.2** | **100.8** |
| 基础化学原料制造 | 100.7 | 102.2 | 102.6 | 101.6 | 101.5 | 101.2 |
| 肥料制造 | 105.0 | 102.5 | 97.1 | 102.6 | 101.8 | 101.6 |
| 农药制造 | 101.0 | 102.4 | 100.3 | 102.2 | 100.8 | 104.8 |

3-22 续表 2

(上月=100)

| 类　别 | 1月 | 2月 | 3月 | 4月 | 5月 | 6月 |
|---|---|---|---|---|---|---|
| 涂料、油墨、颜料及类似产品制造 | 100.1 | 100.1 | 98.4 | 98.9 | 102.7 | 99.7 |
| 合成材料制造 | 99.8 | 98.5 | 103.4 | 104.8 | 100.8 | 99.5 |
| 专用化学产品制造 | 108.8 | 107.1 | 104.1 | 100.4 | 96.7 | 98.2 |
| 炸药、火工及焰火产品制造 | 100.0 | 100.8 | 100.3 | 99.7 | 95.0 | 99.8 |
| **医药制造业** | **100.3** | **100.2** | **101.6** | **100.5** | **100.1** | **101.0** |
| 化学药品原料药制造 | 100.5 | 100.4 | 101.9 | 100.3 | 100.2 | 101.6 |
| 中成药生产 | 100.0 | 100.0 | 100.0 | 100.0 | 100.0 | 100.0 |
| 兽用药品制造 | 100.0 | 100.8 | 100.9 | 96.9 | 100.0 | 101.2 |
| 生物药品制品制造 | 100.0 | 99.7 | 101.1 | 101.3 | 99.9 | 99.7 |
| **化学纤维制造业** | **102.0** | **106.1** | **107.1** | **106.3** | **105.7** | **93.9** |
| 纤维素纤维原料及纤维制造 | 102.2 | 107.2 | 106.3 | 108.6 | 106.9 | 92.9 |
| 合成纤维制造 | 101.3 | 101.3 | 110.4 | 95.8 | 99.7 | 99.0 |
| **橡胶和塑料制品业** | **100.0** | **100.8** | **102.2** | **100.6** | **99.5** | **100.3** |
| 橡胶制品业 | 100.0 | 105.3 | 100.0 | 100.0 | 100.0 | 100.0 |
| 塑料制品业 | 100.0 | 100.8 | 102.2 | 100.6 | 99.5 | 100.3 |
| **非金属矿物制品业** | **97.4** | **100.4** | **100.6** | **101.1** | **101.5** | **100.6** |
| 水泥、石灰和石膏制造 | 99.0 | 99.9 | 100.7 | 104.6 | 101.0 | 100.8 |
| 玻璃制造 | 94.8 | 100.7 | 100.2 | 98.9 | 101.5 | 100.8 |
| 玻璃制品制造 | 99.9 | 99.8 | 99.9 | 100.0 | 99.9 | 100.0 |
| 玻璃纤维和玻璃纤维增强塑料制品制造 | 101.0 | 101.2 | 102.1 | 101.5 | 102.1 | 100.2 |
| 石墨及其他非金属矿物制品制造 | 103.7 | 100.8 | 103.5 | 100.3 | 105.4 | 99.7 |
| **黑色金属冶炼和压延加工业** | **101.8** | **102.8** | **102.9** | **102.1** | **103.5** | **101.3** |
| 炼铁 | 103.1 | 99.7 | 102.5 | 102.9 | 104.0 | 103.8 |
| 炼钢 | 101.4 | 100.8 | 102.4 | 103.4 | 102.0 | 101.1 |
| 钢压延加工 | 101.7 | 103.0 | 102.7 | 102.0 | 103.8 | 101.1 |
| 铁合金冶炼 | 102.6 | 104.6 | 107.9 | 101.9 | 97.3 | 102.7 |
| **有色金属冶炼和压延加工业** | **101.7** | **100.7** | **103.6** | **101.9** | **103.6** | **102.0** |
| 常用有色金属冶炼 | 101.6 | 100.0 | 102.3 | 101.7 | 102.4 | 100.6 |
| 有色金属合金制造 | 101.1 | 96.8 | 99.9 | 101.6 | 101.4 | 102.7 |
| 有色金属压延加工 | 101.9 | 101.3 | 104.6 | 102.0 | 104.5 | 102.9 |
| **金属制品业** | **100.2** | **100.7** | **101.5** | **101.2** | **101.2** | **100.8** |
| 结构性金属制品制造 | 101.8 | 101.2 | 100.3 | 101.1 | 102.4 | 98.4 |
| 金属工具制造 | 100.6 | 99.0 | 100.0 | 100.3 | 100.6 | 100.0 |
| 集装箱及金属包装容器制造 | 100.1 | 100.4 | 100.2 | 100.0 | 100.0 | 101.2 |
| 金属丝绳及其制品制造 | 100.6 | 102.2 | 103.8 | 102.0 | 102.5 | 101.4 |
| 铸造及其他金属制品制造 | 99.8 | 100.1 | 101.1 | 101.3 | 100.7 | 100.6 |

## 3-22 续表 3

(上月=100)

| 类　　别 | 1月 | 2月 | 3月 | 4月 | 5月 | 6月 |
| --- | --- | --- | --- | --- | --- | --- |
| **通用设备制造业** | **100.2** | **99.9** | **100.1** | **100.0** | **100.2** | **100.5** |
| 锅炉及原动设备制造 | 100.1 | 100.0 | 100.0 | 100.0 | 100.0 | 100.0 |
| 泵、阀门、压缩机及类似机械制造 | 100.1 | 100.1 | 99.7 | 99.8 | 100.1 | 100.0 |
| 轴承、齿轮和传动部件制造 | 100.0 | 100.0 | 100.8 | 99.8 | 100.3 | 101.9 |
| 烘炉、风机、包装等设备制造 | 100.0 | 100.0 | 104.8 | 100.0 | 104.5 | 100.0 |
| 通用零部件制造 | 100.4 | 99.4 | 100.1 | 100.3 | 100.0 | 101.4 |
| **专用设备制造业** | **100.0** | **103.1** | **100.0** | **100.0** | **100.0** | **100.0** |
| 环保、邮政、社会公共服务及其他专用设备制造 | 100.0 | 103.1 | 100.0 | 100.0 | 100.0 | 100.0 |
| **汽车制造业** | **99.9** | **100.1** | **100.1** | **100.1** | **100.3** | **100.0** |
| 汽车用发动机制造 | 99.9 | 100.0 | 100.0 | 99.5 | 100.0 | 100.1 |
| 汽车零部件及配件制造 | 99.9 | 100.1 | 100.1 | 100.2 | 100.3 | 100.0 |
| **铁路、船舶、航空航天和其他运输设备制造业** | **99.7** | **100.0** | **100.2** | **100.6** | **99.9** | **100.0** |
| 铁路运输设备制造 | 99.7 | 100.0 | 100.2 | 100.6 | 99.9 | 100.0 |
| **电气机械和器材制造业** | **100.1** | **98.9** | **99.6** | **100.2** | **100.7** | **100.3** |
| 电机制造 | 99.8 | 100.0 | 100.0 | 100.5 | 102.2 | 100.1 |
| 输配电及控制设备制造 | 100.3 | 100.0 | 99.6 | 101.0 | 100.3 | 100.5 |
| 电线、电缆、光缆及电工器材制造 | 100.0 | 94.4 | 98.3 | 98.1 | 100.4 | 98.8 |
| 电池制造 | 100.0 | 100.0 | 100.0 | 100.0 | 100.3 | 101.3 |
| **计算机、通信和其他电子设备制造业** | **98.5** | **99.1** | **100.1** | **100.7** | **100.2** | **99.7** |
| 计算机制造 | 99.1 | 98.6 | 99.9 | 100.4 | 99.6 | 99.5 |
| 通信设备制造 | 100.4 | 99.4 | 100.2 | 100.6 | 102.4 | 100.6 |
| 电子器件制造 | 96.7 | 100.0 | 100.3 | 101.3 | 101.1 | 99.9 |
| 电子元件及电子专用材料制造 | 100.8 | 100.6 | 101.3 | 107.7 | 104.0 | 102.3 |
| **仪器仪表制造业** | **100.0** | **100.1** | **99.5** | **100.6** | **100.0** | **99.3** |
| 通用仪器仪表制造 | 100.0 | 100.1 | 99.5 | 100.6 | 100.0 | 99.3 |
| **废弃资源综合利用业** | **103.7** | **101.9** | **102.6** | **103.8** | **104.6** | **100.4** |
| 金属废料和碎屑加工处理 | 103.8 | 101.9 | 102.5 | 104.6 | 104.6 | 100.2 |
| 非金属废料和碎屑加工处理 | 102.5 | 101.7 | 104.5 | 93.9 | 104.6 | 103.0 |
| **电力、热力生产和供应业** | **100.3** | **99.1** | **99.2** | **99.1** | **98.9** | **99.2** |
| 电力供应 | 100.3 | 99.1 | 99.2 | 99.1 | 98.9 | 99.2 |
| **燃气生产和供应业** | **105.0** | **100.9** | **94.8** | **98.2** | **96.0** | **98.3** |
| 燃气生产和供应业 | 105.0 | 100.9 | 94.8 | 98.2 | 96.0 | 98.3 |
| **水的生产和供应业** | **100.1** | **100.0** | **100.0** | **100.0** | **100.0** | **100.0** |
| 自来水生产和供应 | 100.1 | 100.0 | 100.0 | 100.0 | 100.0 | 100.0 |

3-22 续表 4

(上月=100)

| 类别 | 7月 | 8月 | 9月 | 10月 | 11月 | 12月 |
|---|---|---|---|---|---|---|
| **总指数** | **100.7** | **101.1** | **101.2** | **102.2** | **101.6** | **99.0** |
| **农业** | **99.8** | **99.7** | **99.5** | **100.4** | **100.7** | **99.7** |
| 谷物种植 | 99.3 | 99.4 | 98.7 | 99.7 | 99.9 | 98.7 |
| 豆类、油料和薯类种植 | 100.3 | 99.6 | 100.1 | 100.6 | 102.4 | 99.6 |
| 棉、麻、糖、烟草种植 | 101.5 | 103.1 | 104.6 | 104.9 | 104.4 | 104.5 |
| 蔬菜、食用菌及园艺作物种植 | 101.0 | 100.4 | 101.0 | 100.5 | 100.2 | 100.1 |
| 水果种植 | 100.0 | 101.4 | 85.0 | 118.5 | 111.7 | 88.9 |
| 坚果、含油果、香料和饮料作物种植 | 100.0 | 99.1 | 100.0 | 100.0 | 99.9 | 99.8 |
| 中药材种植 | 99.9 | 100.1 | 100.2 | 100.9 | 101.6 | 102.0 |
| 其他农业 | 98.7 | 102.7 | 105.0 | 101.8 | 100.0 | 100.0 |
| **林业** | **100.2** | **99.7** | **99.8** | **100.1** | **100.3** | **99.4** |
| 木材和竹材采运 | 100.4 | 100.5 | 100.1 | 100.2 | 100.0 | 98.9 |
| 林产品采集 | 99.2 | 96.5 | 98.6 | 99.7 | 101.9 | 101.9 |
| **畜牧业** | **101.2** | **101.5** | **99.2** | **101.8** | **106.3** | **99.3** |
| 牲畜饲养 | 101.4 | 100.9 | 99.0 | 102.2 | 107.2 | 99.3 |
| 家禽饲养 | 98.0 | 106.0 | 99.7 | 97.9 | 104.2 | 98.6 |
| 其他畜牧业 | 101.6 | 103.4 | 100.1 | 100.7 | 99.8 | 100.2 |
| **煤炭开采和洗选业** | **108.5** | **103.3** | **107.1** | **113.8** | **119.4** | **94.8** |
| 烟煤和无烟煤开采洗选 | 108.5 | 103.3 | 107.1 | 113.8 | 119.4 | 94.8 |
| **石油和天然气开采业** | **102.8** | **104.6** | **96.7** | **102.4** | **108.3** | **95.8** |
| 石油开采 | 102.8 | 104.7 | 96.7 | 102.5 | 108.3 | 95.4 |
| 天然气开采 | 101.2 | 100.8 | 100.0 | 100.4 | 106.9 | 111.0 |
| **黑色金属矿采选业** | **101.0** | **103.8** | **100.6** | **98.6** | **95.5** | **99.5** |
| 铁矿采选 | 100.9 | 103.9 | 100.6 | 98.5 | 95.5 | 99.5 |
| 锰矿、铬矿采选 | 107.5 | 100.4 | 99.4 | 101.1 | 96.8 | 101.0 |
| **有色金属矿采选业** | **100.5** | **100.5** | **100.8** | **102.8** | **100.3** | **99.6** |
| 常用有色金属矿采选 | 100.0 | 99.6 | 100.4 | 99.7 | 100.6 | 101.3 |
| 稀有稀土金属矿采选 | 101.7 | 102.5 | 101.7 | 109.9 | 99.8 | 96.2 |
| **非金属矿采选业** | **100.1** | **101.3** | **101.1** | **101.3** | **101.6** | **101.2** |
| 土砂石开采 | 100.2 | 100.7 | 99.8 | 101.3 | 101.7 | 101.3 |
| 化学矿开采 | 100.0 | 102.5 | 103.7 | 101.5 | 101.5 | 101.6 |
| 采盐 | 98.1 | 102.4 | 108.8 | 99.0 | 99.0 | 92.4 |
| **农副食品加工业** | **99.9** | **100.3** | **99.7** | **100.3** | **100.2** | **99.8** |
| 谷物磨制 | 100.0 | 99.6 | 99.3 | 100.1 | 100.5 | 100.4 |
| 植物油加工 | 98.8 | 100.6 | 102.6 | 102.9 | 100.7 | 99.3 |

3-22 续表 5

(上月＝100)

| 类　别 | 7月 | 8月 | 9月 | 10月 | 11月 | 12月 |
|---|---|---|---|---|---|---|
| 制糖业 | 99.9 | 100.2 | 100.6 | 100.5 | 100.5 | 100.0 |
| 屠宰及肉类加工 | 100.3 | 101.2 | 98.7 | 99.4 | 99.3 | 98.1 |
| 蔬菜、菌类、水果和坚果加工 | 100.3 | 101.3 | 100.7 | 100.7 | 101.6 | 104.2 |
| 其他农副食品加工 | 99.6 | 99.3 | 99.8 | 99.8 | 100.4 | 102.7 |
| **食品制造业** | **99.3** | **101.5** | **100.3** | **100.9** | **101.0** | **103.2** |
| 乳制品制造 | 100.7 | 103.9 | 100.6 | 99.7 | 100.2 | 101.9 |
| 调味品、发酵制品制造 | 98.7 | 100.8 | 100.3 | 101.3 | 101.3 | 103.9 |
| 其他食品制造 | 99.1 | 99.6 | 99.7 | 101.0 | 101.4 | 102.8 |
| **酒、饮料和精制茶制造业** | **99.9** | **99.9** | **100.2** | **99.8** | **100.0** | **100.4** |
| 酒的制造 | 99.8 | 99.7 | 100.5 | 99.4 | 99.9 | 101.1 |
| 饮料制造 | 100.0 | 100.0 | 100.0 | 100.0 | 100.0 | 100.0 |
| 精制茶加工 | 99.9 | 100.0 | 100.0 | 100.0 | 100.0 | 100.0 |
| **烟草制品业** | **100.0** | **100.0** | **100.0** | **100.0** | **100.0** | **100.0** |
| 烟叶复烤 | 100.0 | 100.0 | 100.0 | 100.0 | 100.0 | 100.0 |
| **纺织业** | **100.7** | **100.6** | **101.3** | **103.1** | **101.4** | **100.4** |
| 棉纺织及印染精加工 | 100.6 | 100.7 | 101.8 | 104.2 | 101.8 | 100.7 |
| 丝绢纺织及印染精加工 | 100.9 | 100.2 | 100.2 | 100.9 | 100.3 | 99.6 |
| **皮革、毛皮、羽毛及其制品和制鞋业** | **98.2** | **102.4** | **99.8** | **101.4** | **101.3** | **98.3** |
| 皮革鞣制加工 | 98.2 | 102.4 | 99.8 | 101.4 | 101.3 | 98.3 |
| **木材加工和木、竹、藤、棕、草制品业** | **99.8** | **100.3** | **99.6** | **100.2** | **100.8** | **100.2** |
| 木材加工 | 99.7 | 100.6 | 99.1 | 100.3 | 100.5 | 100.3 |
| 人造板制造 | 99.5 | 100.2 | 99.8 | 100.5 | 101.1 | 100.2 |
| 竹、藤、棕、草等制品制造 | 101.2 | 100.5 | 99.6 | 98.9 | 99.6 | 100.4 |
| **造纸和纸制品业** | **100.3** | **102.1** | **99.9** | **97.2** | **101.4** | **101.5** |
| 纸浆制造 | 101.2 | 103.9 | 99.5 | 91.9 | 99.9 | 103.3 |
| 造纸 | 99.7 | 101.1 | 100.1 | 100.8 | 102.6 | 100.5 |
| 纸制品制造 | 100.1 | 100.2 | 100.9 | 99.2 | 100.3 | 100.7 |
| **印刷和记录媒介复制业** | **100.1** | **99.8** | **100.0** | **99.8** | **99.6** | **99.7** |
| 印刷 | 100.1 | 99.8 | 100.0 | 99.8 | 99.6 | 99.7 |
| **石油、煤炭及其他燃料加工业** | **103.1** | **103.0** | **103.9** | **107.4** | **112.0** | **100.4** |
| 精炼石油产品制造 | 100.5 | 99.9 | 100.2 | 105.5 | 107.0 | 101.2 |
| 煤炭加工 | 104.6 | 104.7 | 105.8 | 108.2 | 114.3 | 100.0 |
| **化学原料和化学制品制造业** | **101.8** | **102.5** | **102.9** | **106.3** | **99.0** | **99.0** |
| 基础化学原料制造 | 101.8 | 103.5 | 103.9 | 109.2 | 98.0 | 100.1 |
| 肥料制造 | 105.5 | 106.1 | 102.5 | 103.3 | 101.6 | 101.1 |
| 农药制造 | 104.4 | 100.3 | 100.4 | 102.3 | 100.0 | 98.1 |

## 3-22 续表 6

（上月＝100）

| 类别 | 7月 | 8月 | 9月 | 10月 | 11月 | 12月 |
|---|---|---|---|---|---|---|
| 涂料、油墨、颜料及类似产品制造 | 100.3 | 100.1 | 100.0 | 99.2 | 99.8 | 99.6 |
| 合成材料制造 | 100.4 | 100.4 | 102.1 | 103.6 | 99.6 | 95.8 |
| 专用化学产品制造 | 106.7 | 100.0 | 96.9 | 98.5 | 105.9 | 104.9 |
| 炸药、火工及焰火产品制造 | 100.1 | 101.1 | 100.1 | 102.7 | 106.0 | 100.1 |
| **医药制造业** | **99.8** | **99.5** | **100.1** | **99.0** | **99.9** | **100.6** |
| 化学药品原料药制造 | 99.9 | 99.4 | 100.2 | 97.7 | 99.9 | 100.5 |
| 中成药生产 | 100.0 | 100.0 | 100.0 | 100.0 | 100.0 | 100.0 |
| 兽用药品制造 | 95.1 | 96.6 | 98.9 | 116.2 | 100.0 | 100.0 |
| 生物药品制品制造 | 100.2 | 99.9 | 100.0 | 100.0 | 99.9 | 100.7 |
| **化学纤维制造业** | **98.1** | **99.9** | **100.3** | **99.4** | **98.8** | **100.7** |
| 纤维素纤维原料及纤维制造 | 97.5 | 99.5 | 100.6 | 98.4 | 98.2 | 102.2 |
| 合成纤维制造 | 101.1 | 102.3 | 99.1 | 104.3 | 101.7 | 94.1 |
| **橡胶和塑料制品业** | **100.5** | **99.4** | **101.2** | **101.4** | **100.4** | **98.4** |
| 橡胶制品业 | 100.0 | 100.0 | 100.0 | 100.0 | 100.0 | 100.0 |
| 塑料制品业 | 100.5 | 99.4 | 101.2 | 101.4 | 100.4 | 98.4 |
| **非金属矿物制品业** | **99.6** | **99.8** | **101.7** | **105.6** | **101.5** | **98.7** |
| 水泥、石灰和石膏制造 | 97.5 | 98.9 | 105.4 | 116.7 | 109.8 | 99.1 |
| 玻璃制造 | 101.0 | 100.6 | 99.8 | 98.7 | 94.3 | 96.5 |
| 玻璃制品制造 | 100.0 | 100.0 | 99.9 | 100.1 | 100.2 | 100.6 |
| 玻璃纤维和玻璃纤维增强塑料制品制造 | 100.4 | 100.3 | 99.9 | 99.9 | 100.0 | 99.5 |
| 石墨及其他非金属矿物制品制造 | 100.9 | 98.7 | 99.1 | 101.4 | 100.5 | 106.1 |
| **黑色金属冶炼和压延加工业** | **100.4** | **101.2** | **101.3** | **101.6** | **99.4** | **97.0** |
| 炼铁 | 101.7 | 100.9 | 101.6 | 102.0 | 99.3 | 97.5 |
| 炼钢 | 99.6 | 100.8 | 103.9 | 102.2 | 100.2 | 97.7 |
| 钢压延加工 | 100.4 | 101.1 | 101.2 | 100.8 | 99.6 | 97.0 |
| 铁合金冶炼 | 101.0 | 103.5 | 101.3 | 119.5 | 95.2 | 96.5 |
| **有色金属冶炼和压延加工业** | **99.6** | **100.3** | **102.4** | **104.8** | **98.8** | **99.2** |
| 常用有色金属冶炼 | 100.9 | 100.9 | 104.6 | 110.4 | 96.3 | 98.4 |
| 有色金属合金制造 | 100.4 | 102.3 | 100.9 | 98.5 | 99.8 | 99.3 |
| 有色金属压延加工 | 98.7 | 99.8 | 101.0 | 101.1 | 100.6 | 99.8 |
| **金属制品业** | **100.5** | **100.8** | **101.5** | **100.2** | **101.0** | **100.0** |
| 结构性金属制品制造 | 100.4 | 100.0 | 100.0 | 100.9 | 100.3 | 99.5 |
| 金属工具制造 | 100.6 | 99.4 | 100.0 | 100.2 | 103.0 | 100.4 |
| 集装箱及金属包装容器制造 | 100.0 | 100.3 | 105.9 | 100.9 | 103.3 | 101.2 |
| 金属丝绳及其制品制造 | 99.0 | 101.0 | 99.5 | 100.0 | 100.9 | 98.7 |
| 铸造及其他金属制品制造 | 101.5 | 101.0 | 101.3 | 100.0 | 100.1 | 100.2 |

3-22 续表 7

(上月=100)

| 类　别 | 7月 | 8月 | 9月 | 10月 | 11月 | 12月 |
|---|---|---|---|---|---|---|
| **通用设备制造业** | **100.4** | **100.2** | **100.3** | **100.2** | **100.2** | **100.0** |
| 锅炉及原动设备制造 | 100.0 | 100.0 | 100.8 | 100.0 | 100.1 | 100.0 |
| 泵、阀门、压缩机及类似机械制造 | 100.0 | 100.0 | 100.1 | 100.0 | 100.2 | 100.0 |
| 轴承、齿轮和传动部件制造 | 101.5 | 100.3 | 99.1 | 101.7 | 100.3 | 100.0 |
| 烘炉、风机、包装等设备制造 | 100.0 | 100.0 | 100.0 | 100.0 | 100.0 | 100.0 |
| 通用零部件制造 | 101.3 | 101.1 | 100.8 | 100.0 | 100.3 | 100.2 |
| **专用设备制造业** | **100.0** | **100.0** | **100.0** | **100.0** | **100.0** | **100.0** |
| 环保、邮政、社会公共服务及其他专用设备制造 | 100.0 | 100.0 | 100.0 | 100.0 | 100.0 | 100.0 |
| **汽车制造业** | **100.4** | **100.1** | **100.2** | **100.0** | **100.0** | **100.0** |
| 汽车用发动机制造 | 100.3 | 99.8 | 100.0 | 100.0 | 99.9 | 100.0 |
| 汽车零部件及配件制造 | 100.5 | 100.1 | 100.2 | 100.0 | 100.0 | 100.0 |
| **铁路、船舶、航空航天和其他运输设备制造业** | **100.3** | **100.0** | **100.0** | **100.0** | **100.0** | **100.0** |
| 铁路运输设备制造 | 100.3 | 100.0 | 100.0 | 100.0 | 100.0 | 100.0 |
| **电气机械和器材制造业** | **100.2** | **99.6** | **100.3** | **99.7** | **100.8** | **99.8** |
| 电机制造 | 101.0 | 100.2 | 100.7 | 100.0 | 99.5 | 101.7 |
| 输配电及控制设备制造 | 100.1 | 99.3 | 100.5 | 99.9 | 100.5 | 100.0 |
| 电线、电缆、光缆及电工器材制造 | 99.8 | 99.2 | 99.9 | 98.7 | 101.3 | 100.0 |
| 电池制造 | 100.0 | 100.0 | 100.0 | 100.0 | 102.1 | 97.8 |
| **计算机、通信和其他电子设备制造业** | **99.6** | **102.7** | **103.9** | **100.5** | **99.0** | **97.8** |
| 计算机制造 | 99.6 | 105.4 | 104.6 | 100.3 | 98.8 | 99.1 |
| 通信设备制造 | 100.5 | 99.8 | 100.5 | 100.0 | 100.0 | 100.5 |
| 电子器件制造 | 99.2 | 96.5 | 101.8 | 100.4 | 99.4 | 94.2 |
| 电子元件及电子专用材料制造 | 102.7 | 101.8 | 115.5 | 107.1 | 97.3 | 99.6 |
| **仪器仪表制造业** | **100.2** | **100.2** | **99.9** | **99.8** | **100.0** | **99.7** |
| 通用仪器仪表制造 | 100.2 | 100.2 | 99.9 | 99.8 | 100.0 | 99.7 |
| **废弃资源综合利用业** | **103.0** | **101.5** | **101.0** | **101.5** | **97.9** | **96.5** |
| 金属废料和碎屑加工处理 | 103.1 | 101.5 | 101.0 | 101.6 | 97.5 | 96.4 |
| 非金属废料和碎屑加工处理 | 101.4 | 100.5 | 101.4 | 100.7 | 103.4 | 97.7 |
| **电力、热力生产和供应业** | **99.3** | **99.7** | **99.8** | **99.4** | **100.4** | **101.2** |
| 电力供应 | 99.3 | 99.7 | 99.8 | 99.4 | 100.4 | 101.2 |
| **燃气生产和供应业** | **100.1** | **100.7** | **101.0** | **100.2** | **100.6** | **108.3** |
| 燃气生产和供应业 | 100.1 | 100.7 | 101.0 | 100.2 | 100.6 | 108.3 |
| **水的生产和供应业** | **100.0** | **100.0** | **100.0** | **100.0** | **100.0** | **100.0** |
| 自来水生产和供应 | 100.0 | 100.0 | 100.0 | 100.0 | 100.0 | 100.0 |

## 3-23 分月新建商品住宅销售价格指数(2021年)

| 城市 | 同比(上年同月=100) | | | | | | | | | | | |
|---|---|---|---|---|---|---|---|---|---|---|---|---|
| | 1月 | 2月 | 3月 | 4月 | 5月 | 6月 | 7月 | 8月 | 9月 | 10月 | 11月 | 12月 |
| 成都 | 106.9 | 106.5 | 106.5 | 106.6 | 106.2 | 105.7 | 104.8 | 104.2 | 103.6 | 102.8 | 102.6 | 102.4 |
| 泸州 | 99.4 | 99.8 | 100.8 | 100.5 | 100.6 | 99.9 | 99.7 | 99.1 | 97.8 | 97.3 | 96.7 | 96.8 |
| 南充 | 99.4 | 100.8 | 100.8 | 100.0 | 98.5 | 99.0 | 99.0 | 98.9 | 98.8 | 98.7 | 98.4 | 97.8 |

### 3-23 续表

| 城市 | 环比(上月=100) | | | | | | | | | | | |
|---|---|---|---|---|---|---|---|---|---|---|---|---|
| | 1月 | 2月 | 3月 | 4月 | 5月 | 6月 | 7月 | 8月 | 9月 | 10月 | 11月 | 12月 |
| 成都 | 100.8 | 100.7 | 100.5 | 100.5 | 100.4 | 100.3 | 100.4 | 100.3 | 99.8 | 99.4 | 99.8 | 99.6 |
| 泸州 | 99.4 | 99.6 | 100.8 | 99.7 | 100.5 | 99.9 | 99.8 | 99.9 | 99.0 | 99.1 | 99.3 | 100.0 |
| 南充 | 99.7 | 100.8 | 100.5 | 100.4 | 99.8 | 99.6 | 99.7 | 99.5 | 99.9 | 99.5 | 99.3 | 99.3 |

## 3-24 分月二手住宅销售价格指数(2021年)

| 城市 | 同比(上年同月=100) | | | | | | | | | | | |
|---|---|---|---|---|---|---|---|---|---|---|---|---|
| | 1月 | 2月 | 3月 | 4月 | 5月 | 6月 | 7月 | 8月 | 9月 | 10月 | 11月 | 12月 |
| 成都 | 109.3 | 109.3 | 109.3 | 107.4 | 106.8 | 106.7 | 106.0 | 105.3 | 105.1 | 104.8 | 103.7 | 103.8 |
| 泸州 | 97.3 | 98.4 | 98.5 | 99.2 | 100.1 | 100.2 | 100.6 | 101.6 | 101.5 | 100.8 | 100.0 | 99.9 |
| 南充 | 94.4 | 95.1 | 94.7 | 95.5 | 95.6 | 95.5 | 95.0 | 95.0 | 95.1 | 94.8 | 94.8 | 94.7 |

### 3-24 续表

| 城市 | 环比(上月=100) | | | | | | | | | | | |
|---|---|---|---|---|---|---|---|---|---|---|---|---|
| | 1月 | 2月 | 3月 | 4月 | 5月 | 6月 | 7月 | 8月 | 9月 | 10月 | 11月 | 12月 |
| 成都 | 101.0 | 100.8 | 100.7 | 100.3 | 100.7 | 100.5 | 100.0 | 100.5 | 100.1 | 100.0 | 99.4 | 99.7 |
| 泸州 | 100.1 | 100.4 | 99.7 | 100.4 | 100.5 | 100.0 | 100.2 | 100.5 | 100.1 | 99.2 | 99.1 | 99.7 |
| 南充 | 99.7 | 99.8 | 99.5 | 100.4 | 99.7 | 99.5 | 99.3 | 99.4 | 99.5 | 99.1 | 99.2 | 99.5 |

## 3-25 成都市新建商品住宅销售环比价格指数(2021年)

(上月=100)

| 指　　标 | 1月 | 2月 | 3月 | 4月 | 5月 | 6月 | 7月 | 8月 | 9月 | 10月 | 11月 | 12月 |
|---|---|---|---|---|---|---|---|---|---|---|---|---|
| **新建商品住宅** | **100.8** | **100.7** | **100.5** | **100.5** | **100.4** | **100.3** | **100.4** | **100.3** | **99.8** | **99.4** | **99.8** | **99.6** |
| (一)90平方米以下 | 100.8 | 100.6 | 100.5 | 100.5 | 100.0 | 100.3 | 100.4 | 100.3 | 99.9 | 99.3 | 100.0 | 99.9 |
| (二)90-144平方米 | 100.9 | 100.7 | 100.9 | 100.7 | 100.1 | 100.3 | 100.5 | 100.2 | 99.7 | 99.2 | 99.6 | 99.2 |
| (三)144平方米以上 | 100.6 | 100.9 | 100.0 | 100.4 | 100.9 | 100.1 | 100.1 | 100.4 | 99.9 | 99.9 | 100.0 | 100.0 |

## 3-26 泸州市新建商品住宅销售环比价格指数(2021年)

(上月=100)

| 指　　标 | 1月 | 2月 | 3月 | 4月 | 5月 | 6月 | 7月 | 8月 | 9月 | 10月 | 11月 | 12月 |
|---|---|---|---|---|---|---|---|---|---|---|---|---|
| **新建商品住宅** | **99.4** | **99.6** | **100.8** | **99.7** | **100.5** | **99.9** | **99.8** | **99.9** | **99.0** | **99.1** | **99.3** | **100.0** |
| (一)90平方米以下 | 99.2 | 99.9 | 100.3 | 100.1 | 100.3 | 99.4 | 99.7 | 99.5 | 98.5 | 99.2 | 98.2 | 100.5 |
| (二)90-144平方米 | 99.4 | 99.7 | 101.0 | 99.6 | 100.5 | 100.0 | 99.9 | 99.9 | 98.9 | 99.0 | 99.5 | 99.9 |
| (三)144平方米以上 | 99.2 | 98.3 | 100.6 | 99.7 | 100.8 | 99.6 | 99.8 | 100.2 | 99.9 | 99.1 | 99.6 | 99.9 |

## 3-27 南充市新建商品住宅销售环比价格指数(2021年)

(上月=100)

| 指　　标 | 1月 | 2月 | 3月 | 4月 | 5月 | 6月 | 7月 | 8月 | 9月 | 10月 | 11月 | 12月 |
|---|---|---|---|---|---|---|---|---|---|---|---|---|
| **新建商品住宅** | **99.7** | **100.8** | **100.5** | **100.4** | **99.8** | **99.6** | **99.7** | **99.5** | **99.9** | **99.5** | **99.3** | **99.3** |
| (一)90平方米以下 | 99.1 | 100.8 | 100.2 | 100.6 | 99.6 | 99.3 | 99.6 | 99.6 | 99.3 | 99.3 | 99.1 | 99.0 |
| (二)90-144平方米 | 100.0 | 101.0 | 100.6 | 100.3 | 99.9 | 99.6 | 99.7 | 99.3 | 100.2 | 99.6 | 99.4 | 99.4 |
| (三)144平方米以上 | 99.5 | 100.3 | 100.4 | 100.4 | 99.9 | 100.6 | 99.6 | 99.8 | 99.8 | 99.6 | 99.1 | 99.5 |

# 3-28 农产品生产价格总指数(2021年)

(上年同期=100)

| 农产品名称 | 全年 | 1季度 | 2季度 | 3季度 | 4季度 |
|---|---|---|---|---|---|
| **全省总指数** | **94.3** | **99.7** | **96.9** | **90.0** | **91.6** |
| **农业产品** | **104.6** | **102.9** | **106.7** | **102.8** | **101.6** |
| 谷物 | 106.5 | 110.9 | 106.9 | 107.0 | 99.7 |
| 稻谷 | 102.7 | 105.2 | 105.7 | 102.8 | 97.2 |
| 晚籼稻 | 101.8 | 104.1 | 104.7 | 102.8 | 95.8 |
| 中籼稻 | 103.6 | 106.4 | 106.6 | 102.9 | 98.6 |
| 小麦 | 111.0 | 113.4 | 106.1 | 115.0 | 109.5 |
| 玉米 | 115.4 | 130.6 | 111.2 | 114.9 | 106.7 |
| 薯类 | 102.7 | 106.2 | 105.4 | 100.7 | 88.4 |
| 马铃薯 | 106.8 | 0.0 | 100.7 | 100.7 | 115.1 |
| 甘薯 | 101.3 | 106.2 | 111.1 |  | 75.5 |
| 油料 | 99.4 | 100.2 | 106.1 | 85.9 | 94.7 |
| 花生 | 96.3 | 100.9 | 106.6 | 85.1 | 89.4 |
| 油菜籽 | 100.7 | 98.7 | 105.9 | 98.0 | 100.4 |
| 豆类 | 104.3 | 109.1 | 101.8 | 101.4 | 104.0 |
| 大豆 | 105.1 | 112.2 | 103.0 | 101.5 | 103.8 |
| 绿豆 | 104.5 | 102.9 | 100.0 | 107.7 | 107.7 |
| 干豌豆 | 99.6 | 100.6 | 100.2 | 98.0 |  |
| 生麻 | 104.2 | 108.7 | 99.3 | 99.0 | 108.1 |
| 糖料 | 104.4 | 104.9 | 104.5 |  |  |
| 未加工烟草 | 113.2 | 0.0 |  | 119.7 | 107.1 |
| 未去梗烤烟叶 | 113.2 | 0.0 |  | 119.7 | 107.1 |
| 蔬菜及食用菌 | 103.1 | 104.0 | 101.1 | 97.8 | 111.9 |
| 蔬菜 | 103.1 | 104.3 | 101.1 | 96.5 | 112.2 |
| 叶菜类蔬菜 | 108.0 | 104.9 | 104.7 | 101.0 | 112.5 |
| 芹菜 | 105.8 | 105.7 | 113.7 | 95.9 | 107.9 |
| 油菜 | 103.2 | 101.0 | 107.4 |  | 100.2 |
| 菠菜 | 115.1 | 105.5 | 99.1 | 121.5 | 128.5 |
| 空心菜 | 95.3 | 100.0 | 81.9 | 98.0 | 106.2 |
| 香菜 | 111.1 | 130.2 | 110.1 | 99.3 | 105.6 |
| 小白菜 | 108.4 | 103.7 | 108.3 | 101.5 | 119.1 |
| 冬寒菜 | 107.3 | 110.1 | 102.9 |  | 107.4 |
| 白菜类蔬菜 | 105.3 | 104.7 | 96.1 | 101.6 | 113.5 |
| 大白菜 | 105.6 | 107.9 | 100.0 | 101.6 | 113.5 |
| 紫菜薹 | 109.5 | 112.2 | 89.3 |  | 122.1 |
| 芥菜类蔬菜 | 109.2 | 108.7 | 112.2 | 107.4 | 109.6 |
| 叶用芥菜 | 104.6 | 99.3 | 105.5 | 107.4 | 105.8 |
| 茎用芥菜 | 113.1 | 118.5 | 111.9 |  | 110.2 |
| 甘蓝类蔬菜 | 110.8 | 104.6 | 105.5 | 88.3 | 135.8 |
| 结球甘蓝 | 112.7 | 112.8 | 97.6 | 94.8 | 136.7 |
| 花椰菜 | 105.7 | 95.4 | 118.6 | 80.0 | 133.3 |
| 青花菜 | 104.7 | 101.3 | 90.5 |  | 122.5 |
| 根茎类蔬菜 | 102.6 | 109.1 | 103.0 | 89.7 | 114.4 |
| 白萝卜 | 102.3 | 111.5 | 98.7 | 88.9 | 115.5 |
| 红萝卜 | 99.0 | 101.5 | 107.0 | 67.7 | 119.5 |
| 胡萝卜 | 103.9 | 98.3 | 108.0 | 100.0 | 109.5 |
| 生姜 | 102.2 | 113.5 | 108.4 | 71.5 | 117.4 |
| 芋头 | 103.9 | 100.0 |  |  | 110.2 |

## 3-28 续表 1

(上年同期=100)

| 农产品名称 | 全年 | 1季度 | 2季度 | 3季度 | 4季度 |
|---|---|---|---|---|---|
| 瓜菜类蔬菜 | 97.6 | 93.7 | 96.1 | 93.9 | 108.5 |
| 黄瓜 | 101.9 | 93.6 | 94.1 | 93.5 | 133.7 |
| 冬瓜 | 97.8 | 100.7 | 111.9 | 89.1 | 90.3 |
| 西葫芦 | 72.8 | 62.2 | 60.3 | 100.0 | 80.2 |
| 苦瓜 | 100.5 | 102.7 | 100.9 | 96.0 | 100.5 |
| 南瓜 | 91.1 | 90.9 | 88.5 | 93.7 | 91.8 |
| 丝瓜 | 98.4 | 100.0 | 92.5 | 103.0 | 100.2 |
| 豆类蔬菜 | 105.4 | 102.1 | 102.8 | 100.8 | 112.0 |
| 豇豆 | 120.9 | 150.0 | 106.4 | 106.4 | 136.7 |
| 豌豆 | 100.0 | 106.7 | 93.8 | | 100.0 |
| 四季豆 | 99.4 | 101.7 | 95.1 | 98.5 | 101.0 |
| 毛豆 | 120.2 | 0.0 | 151.5 | 90.2 | 119.2 |
| 茄果类蔬菜 | 94.4 | 94.2 | 96.4 | 93.7 | 92.8 |
| 茄子 | 97.3 | 100.0 | 92.7 | 98.9 | 96.5 |
| 青椒 | 95.8 | 100.0 | 93.8 | 102.0 | 87.1 |
| 辣椒 | 93.4 | 82.1 | 104.0 | 83.5 | 108.8 |
| 西红柿 | 74.3 | 50.8 | 91.4 | 91.9 | 73.3 |
| 莴苣及菊苣类蔬菜 | 106.8 | 103.1 | 100.8 | 98.1 | 122.7 |
| 莴笋 | 104.5 | 104.0 | 100.7 | 97.2 | 115.5 |
| 葱蒜类蔬菜 | 107.0 | 111.6 | 112.4 | 101.3 | 107.4 |
| 洋葱 | 95.6 | 95.2 | 96.3 | | |
| 大葱 | 107.8 | 129.2 | 105.8 | 110.1 | 91.5 |
| 细香葱 | 103.2 | 102.7 | 123.8 | 108.3 | 85.1 |
| 大蒜 | 93.7 | 0.0 | 94.6 | 81.6 | 102.4 |
| 蒜苗 | 125.0 | 123.3 | 131.2 | 100.0 | 130.9 |
| 蒜苔 | 109.0 | 104.2 | 118.3 | | |
| 韭菜 | 105.2 | 95.9 | 107.1 | 103.9 | 115.9 |
| 水生蔬菜 | 109.5 | 124.4 | 100.0 | 104.0 | 103.1 |
| 莲藕 | 109.5 | 124.4 | 100.0 | 104.0 | 103.1 |
| 养植蔬菜 | 102.4 | 108.3 | 100.0 | 100.0 | 107.6 |
| 豌豆苗 | 104.8 | 108.4 | 100.0 | 100.0 | 115.2 |
| 食用菌 | 103.2 | 101.1 | 101.3 | 106.6 | 105.7 |
| 平菇 | 99.4 | 100.8 | 101.6 | 98.7 | 96.8 |
| 金针菇 | 105.6 | 99.2 | 101.8 | 113.8 | 107.9 |
| 香菇 | 102.0 | 101.2 | 101.2 | 102.5 | 103.1 |
| 黑木耳 | 103.0 | 102.5 | 104.1 | | |
| 水果及坚果 | 104.1 | 88.9 | 128.8 | 101.0 | 91.6 |
| 水果(园林水果) | 105.8 | 88.9 | 128.8 | 101.3 | 94.8 |
| 梨 | 108.7 | 0.0 | | 108.7 | |
| 柑橘类水果 | 102.1 | 88.1 | 112.5 | 109.2 | 94.6 |
| 柑橘 | 102.9 | 77.5 | 121.6 | | 93.8 |
| 橙 | 102.2 | 103.5 | 101.3 | 109.2 | 95.2 |
| 柚类 | 98.0 | 93.4 | | | 103.9 |
| 葡萄 | 92.2 | 0.0 | | 92.2 | |
| 瓜类水果 | 128.6 | 0.0 | 188.4 | 84.7 | |
| 其他水果 | 105.8 | 101.1 | 111.9 | 103.8 | 96.4 |
| 桃 | 107.4 | 0.0 | 111.9 | 104.1 | |
| 猕猴桃 | 100.3 | 101.1 | | 102.8 | 96.4 |

3-28 续表 2

(上年同期=100)

| 农产品名称 | 全年 | 1季度 | 2季度 | 3季度 | 4季度 |
|---|---|---|---|---|---|
| 食用坚果 | 87.6 | 0.0 | | 96.2 | 84.4 |
| 核桃 | 83.3 | 0.0 | | 80.1 | 84.4 |
| 板栗 | 116.9 | 0.0 | | 116.9 | |
| 茶及饮料原料 | 92.3 | 115.6 | 95.5 | 78.8 | 86.4 |
| 茶叶 | 92.3 | 115.6 | 95.5 | 78.8 | 86.4 |
| 绿茶 | 92.3 | 115.6 | 95.5 | 78.8 | 86.4 |
| 中草药材 | 100.7 | 100.2 | 93.9 | 108.1 | 104.1 |
| **林业产品** | **102.3** | **100.3** | **99.2** | **105.2** | **105.5** |
| 木材采伐产品 | 105.8 | 100.8 | 99.9 | 111.7 | 113.3 |
| 原木 | 105.8 | 100.8 | 99.9 | 111.7 | 113.3 |
| 针叶原木 | 105.8 | 100.8 | 99.9 | 111.7 | 113.3 |
| 竹材采伐产品 | 99.2 | 99.7 | 98.4 | 99.3 | 99.2 |
| 竹材 | 99.2 | 99.7 | 98.4 | 99.3 | 99.2 |
| 毛竹 | 100.0 | 100.0 | 100.0 | 100.0 | 100.0 |
| 慈竹 | 98.7 | 99.4 | 96.7 | 98.8 | 99.5 |
| 其他竹材 | 99.4 | 99.1 | 100.8 | 98.7 | 99.0 |
| 林产品 | 101.6 | 102.2 | 101.1 | | |
| 其他林产品 | 101.6 | 102.2 | 101.1 | | |
| 竹笋干 | 101.6 | 102.2 | 101.1 | | |
| **饲养动物及其产品** | **83.7** | **96.7** | **86.1** | **73.2** | **79.8** |
| 活牲畜 | 72.9 | 95.1 | 71.9 | 55.5 | 66.6 |
| 猪 | 68.5 | 93.9 | 66.7 | 47.4 | 60.9 |
| 牛 | 105.4 | 107.2 | 114.7 | 99.5 | 101.2 |
| 羊 | 106.5 | 106.2 | 108.4 | 108.3 | 103.4 |
| 山羊 | 106.5 | 106.2 | 108.4 | 108.3 | 103.4 |
| 活家禽 | 101.5 | 96.9 | 115.8 | 96.5 | 99.9 |
| 活鸡 | 98.8 | 93.2 | 114.0 | 95.3 | 93.9 |
| 活鸭 | 106.3 | 102.1 | 120.2 | 99.3 | 108.2 |
| 畜禽产品 | 106.3 | 107.3 | 110.6 | 100.7 | 108.6 |
| 生奶 | 100.6 | 102.0 | 99.6 | 99.3 | 101.6 |
| 禽蛋 | 107.1 | 106.2 | 111.6 | 100.9 | 109.9 |
| 动物毛类 | 104.5 | 116.0 | 113.2 | 100.6 | 103.5 |
| 绵羊毛 | 97.8 | 0.0 | 92.7 | 92.5 | 103.6 |
| 兔毛 | 111.0 | 116.0 | 117.0 | 108.6 | 103.0 |
| **渔业产品** | **110.0** | **102.9** | **124.4** | **113.1** | **103.0** |
| 淡水养殖产品 | 110.0 | 102.9 | 124.4 | 113.1 | 103.0 |
| 养殖淡水鱼 | 110.0 | 102.9 | 124.4 | 113.1 | 103.0 |
| 养殖淡水鲤鱼 | 111.9 | 106.9 | 125.9 | 110.0 | 105.4 |
| 养殖淡水草鱼 | 108.6 | 103.0 | 119.8 | 113.1 | 100.4 |
| 养殖淡水鳙鱼(胖头鱼) | 110.3 | 94.0 | 134.9 | 113.8 | 102.2 |
| 养殖淡水罗非鱼 | 100.1 | 0.0 | | 100.0 | 100.3 |
| 养殖淡水鲢鱼 | 110.0 | 100.6 | 114.7 | 118.3 | 104.9 |
| 养殖淡水鲫鱼 | 112.1 | 105.3 | 129.8 | 112.1 | 101.5 |
| 养殖淡水鳊鲂 | | 0.0 | | | |
| 养殖淡水鲶鱼 | 114.4 | 103.5 | 143.4 | 113.4 | 107.5 |
| 养殖淡水鮰鱼 | 100.0 | 0.0 | | | 100.0 |

# 3-29 农产品集贸市场价格(2021年)

单位：元/公斤

| 指　标 | 1月 | 2月 | 3月 | 4月 | 5月 | 6月 | 7月 | 8月 | 9月 | 10月 | 11月 | 12月 |
|---|---|---|---|---|---|---|---|---|---|---|---|---|
| **粮食类** | | | | | | | | | | | | |
| 籼稻 | 2.9 | 2.9 | 2.9 | 2.9 | 2.9 | 2.8 | 2.9 | 2.9 | 2.8 | 2.8 | 2.8 | 2.8 |
| 粳稻 | 3.0 | 3.0 | 3.0 | 3.0 | 3.0 | 3.0 | 3.0 | 3.0 | 3.0 | 3.0 | 3.0 | 3.0 |
| 小麦 | 2.6 | 2.7 | 2.7 | 2.7 | 2.7 | 2.7 | 2.7 | 2.8 | 2.8 | 2.7 | 2.8 | 2.8 |
| 玉米 | 2.9 | 2.9 | 3.0 | 3.0 | 3.1 | 3.1 | 3.1 | 2.9 | 2.9 | 2.9 | 2.9 | 2.9 |
| 大豆 | 7.9 | 8.1 | 7.9 | 7.7 | 7.7 | 7.5 | 7.5 | 7.6 | 7.5 | 7.5 | 7.8 | 8.0 |
| 籼米 | 4.9 | 5.0 | 5.0 | 5.1 | 5.1 | 5.0 | 4.9 | 5.0 | 5.0 | 5.0 | 5.1 | 5.1 |
| 粳米 | 5.8 | 5.8 | 5.8 | 5.8 | 5.8 | 5.8 | 5.8 | 5.8 | 5.8 | 5.8 | 5.8 | 5.8 |
| **经济作物类** | | | | | | | | | | | | |
| 棉花(籽棉) | | | | | | | | | | | | |
| 花生仁 | 14.5 | 14.6 | 14.4 | 14.5 | 14.4 | 14.5 | 14.5 | 14.6 | 14.8 | 14.7 | 14.8 | 14.8 |
| 油菜籽 | 5.9 | 5.9 | 5.9 | 5.9 | 6.0 | 5.9 | 5.9 | 5.9 | 5.9 | 5.9 | 5.9 | 5.9 |
| **畜产品类** | | | | | | | | | | | | |
| 活猪 | 36.5 | 33.0 | 29.4 | 24.7 | 19.4 | 15.3 | 16.4 | 15.4 | 14.3 | 16.4 | 19.4 | 19.0 |
| 仔猪 | 71.9 | 70.9 | 69.9 | 68.2 | 60.8 | 51.7 | 44.2 | 41.1 | 38.4 | 35.9 | 33.7 | 32.5 |
| 猪肉 | 53.4 | 49.9 | 45.0 | 37.5 | 30.0 | 24.7 | 25.3 | 25.5 | 23.8 | 26.9 | 31.3 | 31.6 |
| 活牛 | 36.2 | 36.7 | 36.9 | 37.3 | 37.1 | 37.0 | 37.0 | 36.8 | 36.8 | 37.0 | 38.2 | 39.1 |
| 牛肉 | 85.8 | 86.9 | 86.5 | 85.6 | 85.2 | 85.3 | 85.3 | 84.8 | 84.6 | 85.6 | 86.8 | 88.0 |
| 活羊 | 44.3 | 43.8 | 43.2 | 42.4 | 41.3 | 42.2 | 42.2 | 42.3 | 41.8 | 41.0 | 42.3 | 43.4 |
| 羊肉 | 82.4 | 81.8 | 81.9 | 81.1 | 80.8 | 80.0 | 80.1 | 80.0 | 79.8 | 77.8 | 77.9 | 80.1 |
| 活鸡 | 29.3 | 30.1 | 29.6 | 29.2 | 28.8 | 29.1 | 27.8 | 28.5 | 28.3 | 29.3 | 30.3 | 29.4 |
| 鸡蛋 | 12.5 | 11.5 | 11.1 | 11.2 | 11.2 | 11.1 | 11.8 | 12.6 | 12.6 | 12.7 | 13.3 | 13.0 |
| **水产品类** | | | | | | | | | | | | |
| 草鱼 | 19.1 | 20.4 | 21.5 | 23.2 | 25.1 | 25.2 | 25.9 | 25.3 | 23.9 | 23.3 | 21.9 | 21.6 |
| 鲤鱼 | 19.4 | 20.0 | 20.7 | 22.9 | 24.3 | 24.4 | 25.1 | 25.0 | 23.7 | 22.3 | 21.1 | 20.8 |
| 鲢鱼 | 20.4 | 21.0 | 20.7 | 21.4 | 22.6 | 23.0 | 23.3 | 23.0 | 22.0 | 21.1 | 20.8 | 20.0 |
| 带鱼 | 28.1 | 28.7 | 28.3 | 28.7 | 29.5 | 33.7 | 33.7 | 33.7 | 33.7 | 34.2 | 32.4 | 32.4 |
| **蔬菜类** | | | | | | | | | | | | |
| 大白菜 | 4.8 | 3.8 | 3.6 | 3.4 | 3.5 | 3.7 | 3.9 | 3.8 | 3.8 | 4.8 | 5.6 | 4.0 |
| 黄瓜 | 8.2 | 6.8 | 6.8 | 5.7 | 5.2 | 5.1 | 5.6 | 6.1 | 7.0 | 10.1 | 9.6 | 8.4 |
| 西红柿 | 8.1 | 6.6 | 6.1 | 6.5 | 6.0 | 5.6 | 5.7 | 7.0 | 7.5 | 8.4 | 8.6 | 9.1 |
| 菜椒 | 15.1 | 11.7 | 9.3 | 8.1 | 7.1 | 6.0 | 6.2 | 6.7 | 7.8 | 8.7 | 10.6 | 10.3 |
| 四季豆 | 11.3 | 12.3 | 11.1 | 8.8 | 7.3 | 5.9 | 8.0 | 8.9 | 9.1 | 10.3 | 11.4 | 10.8 |
| **水果类** | | | | | | | | | | | | |
| 红富士苹果 | 12.0 | 12.2 | 12.1 | 12.0 | 11.9 | 11.6 | 11.5 | 11.4 | 11.3 | 11.2 | 11.5 | 11.7 |
| 香蕉 | 7.2 | 8.4 | 8.4 | 8.4 | 8.2 | 7.8 | 7.7 | 7.6 | 7.3 | 7.3 | 7.6 | 8.3 |
| 橙子 | 6.9 | 7.0 | 6.9 | 6.9 | 7.4 | 7.5 | 8.0 | 8.4 | 8.5 | 8.7 | 8.7 | 8.7 |

# 3-30 农产品集贸市场价格同比指数(2021年)

(上年同期=100)

| 指　标 | 1月 | 2月 | 3月 | 4月 | 5月 | 6月 | 7月 | 8月 | 9月 | 10月 | 11月 | 12月 |
|---|---|---|---|---|---|---|---|---|---|---|---|---|
| **粮食类** | | | | | | | | | | | | |
| 籼稻 | 112.1 | 111.3 | 111.3 | 109.5 | 109.6 | 108.8 | 109.6 | 109.2 | 106.0 | 101.8 | 100.4 | 100.0 |
| 粳稻 | 100.0 | 100.0 | 100.0 | 100.0 | 100.0 | 100.0 | 100.0 | 100.0 | 98.3 | 111.1 | 100.0 | 100.0 |
| 小麦 | 106.5 | 106.9 | 108.9 | 108.9 | 108.0 | 107.2 | 107.6 | 109.8 | 107.8 | 105.0 | 106.5 | 106.1 |
| 玉米 | 121.1 | 123.0 | 124.2 | 124.0 | 127.7 | 125.2 | 122.5 | 115.3 | 112.6 | 106.7 | 104.0 | 104.7 |
| 大豆 | 118.5 | 121.1 | 117.2 | 113.0 | 112.3 | 107.9 | 103.4 | 104.0 | 101.5 | 101.3 | 104.6 | 107.9 |
| 籼米 | 102.9 | 105.2 | 105.9 | 105.9 | 105.9 | 105.0 | 103.2 | 104.8 | 106.8 | 103.9 | 103.9 | 103.9 |
| 粳米 | 97.8 | 97.8 | 97.8 | 97.8 | 97.8 | 97.8 | 97.8 | 97.8 | 99.5 | 98.3 | 98.3 | 100.0 |
| **经济作物类** | | | | | | | | | | | | |
| 棉花(籽棉) | | | | | | | | | | | | |
| 花生仁 | 104.0 | 104.7 | 102.7 | 97.8 | 97.2 | 99.2 | 99.2 | 97.8 | 105.5 | 102.0 | 102.6 | 102.9 |
| 油菜籽 | 111.7 | 110.2 | 108.7 | 108.3 | 108.9 | 105.1 | 105.1 | 103.3 | 104.6 | 100.3 | 100.0 | 100.8 |
| **畜产品类** | | | | | | | | | | | | |
| 活猪 | 102.1 | 88.5 | 84.7 | 73.1 | 63.5 | 45.9 | 45.1 | 40.8 | 39.9 | 50.2 | 59.5 | 53.8 |
| 仔猪 | 135.0 | 122.7 | 108.7 | 97.6 | 89.4 | 73.4 | 61.7 | 55.8 | 50.2 | 50.5 | 49.0 | 46.6 |
| 猪肉 | 96.0 | 79.5 | 81.8 | 73.0 | 63.5 | 47.2 | 44.0 | 43.0 | 42.8 | 53.9 | 64.3 | 61.4 |
| 活牛 | 109.7 | 109.9 | 112.6 | 113.2 | 112.9 | 111.3 | 109.3 | 106.9 | 105.7 | 106.6 | 108.2 | 108.6 |
| 牛肉 | 107.1 | 106.1 | 110.2 | 109.1 | 109.3 | 106.3 | 106.2 | 101.9 | 103.3 | 103.3 | 103.3 | 103.8 |
| 活羊 | 110.9 | 106.2 | 108.9 | 107.4 | 112.1 | 116.4 | 114.1 | 114.0 | 104.1 | 102.2 | 104.6 | 101.2 |
| 羊肉 | 105.6 | 99.9 | 103.2 | 103.4 | 104.4 | 104.7 | 103.7 | 103.2 | 100.7 | 99.7 | 99.0 | 98.0 |
| 活鸡 | 102.9 | 92.2 | 99.5 | 110.3 | 108.4 | 112.9 | 102.1 | 101.8 | 95.0 | 101.1 | 107.8 | 103.0 |
| 鸡蛋 | 104.8 | 101.9 | 101.8 | 106.7 | 114.3 | 114.4 | 109.4 | 108.5 | 111.9 | 114.8 | 125.3 | 114.4 |
| **水产品类** | | | | | | | | | | | | |
| 草鱼 | 103.6 | 102.5 | 113.8 | 123.7 | 132.5 | 133.8 | 137.1 | 133.7 | 127.6 | 123.2 | 114.4 | 114.3 |
| 鲤鱼 | 105.4 | 102.8 | 111.9 | 122.5 | 131.7 | 132.2 | 135.7 | 135.6 | 129.5 | 121.1 | 111.1 | 109.5 |
| 鲢鱼 | 100.0 | 96.4 | 97.9 | 101.6 | 106.9 | 109.0 | 109.4 | 107.8 | 100.5 | 103.3 | 103.9 | 103.0 |
| 带鱼 | 123.8 | 125.3 | 123.6 | 125.3 | 128.8 | 146.8 | 146.8 | 146.8 | 146.8 | 145.2 | 135.5 | 133.2 |
| **蔬菜类** | | | | | | | | | | | | |
| 大白菜 | 141.7 | 93.8 | 90.5 | 85.3 | 94.6 | 92.2 | 97.0 | 72.0 | 88.2 | 109.0 | 144.0 | 102.8 |
| 黄瓜 | 92.6 | 75.4 | 88.2 | 94.0 | 86.6 | 87.8 | 100.7 | 81.3 | 107.0 | 135.3 | 133.1 | 119.4 |
| 西红柿 | 84.8 | 63.2 | 67.3 | 67.8 | 82.6 | 89.2 | 81.4 | 93.3 | 91.1 | 98.1 | 111.8 | 111.1 |
| 菜椒 | 178.9 | 131.5 | 105.9 | 84.1 | 87.7 | 94.0 | 98.9 | 84.2 | 90.4 | 92.7 | 105.2 | 87.8 |
| 四季豆 | 98.2 | 106.8 | 112.5 | 93.3 | 98.1 | 92.1 | 115.3 | 99.3 | 105.1 | 120.7 | 146.2 | 123.2 |
| **水果类** | | | | | | | | | | | | |
| 红富士苹果 | 102.2 | 104.5 | 104.9 | 105.3 | 103.0 | 102.2 | 102.3 | 100.8 | 102.5 | 100.0 | 101.1 | 99.3 |
| 香蕉 | 100.4 | 92.9 | 94.7 | 98.1 | 101.4 | 108.5 | 109.7 | 114.2 | 103.4 | 104.6 | 109.3 | 118.5 |
| 橙子 | 104.1 | 106.6 | 103.3 | 105.8 | 118.1 | 122.2 | 118.4 | 123.7 | 123.2 | 127.9 | 132.5 | 132.3 |

# 3-31 农产品集贸市场价格环比指数(2021年)

(上月同期=100)

| 指 标 | 1月 | 2月 | 3月 | 4月 | 5月 | 6月 | 7月 | 8月 | 9月 | 10月 | 11月 | 12月 |
|---|---|---|---|---|---|---|---|---|---|---|---|---|
| **粮食类** | | | | | | | | | | | | |
| 籼稻 | 104.0 | 99.3 | 100.0 | 100.7 | 99.3 | 99.3 | 100.7 | 100.0 | 98.6 | 99.3 | 98.9 | 100.0 |
| 粳稻 | 100.0 | 100.0 | 100.0 | 100.0 | 100.0 | 100.0 | 100.0 | 100.0 | 98.3 | 101.7 | 100.0 | 100.0 |
| 小麦 | 100.8 | 100.4 | 101.9 | 100.0 | 99.6 | 100.0 | 100.4 | 103.3 | 98.9 | 98.9 | 102.2 | 99.6 |
| 玉米 | 104.7 | 102.4 | 101.4 | 100.7 | 103.0 | 99.7 | 99.0 | 96.4 | 97.3 | 100.0 | 100.7 | 99.7 |
| 大豆 | 105.9 | 102.5 | 97.0 | 97.5 | 100.0 | 98.4 | 100.0 | 100.5 | 99.5 | 100.0 | 103.5 | 103.2 |
| 籼米 | 100.8 | 102.2 | 100.2 | 100.4 | 100.0 | 99.2 | 98.0 | 101.6 | 100.4 | 100.0 | 101.0 | 100.0 |
| 粳米 | 100.0 | 100.0 | 100.0 | 100.0 | 100.0 | 100.0 | 100.0 | 100.0 | 100.0 | 100.0 | 100.0 | 100.0 |
| **经济作物类** | | | | | | | | | | | | |
| 棉花(籽棉) | | | | | | | | | | | | |
| 花生仁 | 101.0 | 100.7 | 98.6 | 100.7 | 99.3 | 100.7 | 100.1 | 100.7 | 101.4 | 99.3 | 100.5 | 100.0 |
| 油菜籽 | 100.7 | 99.8 | 99.7 | 99.7 | 101.7 | 99.3 | 100.0 | 99.3 | 99.8 | 99.7 | 100.9 | 100.3 |
| **畜产品类** | | | | | | | | | | | | |
| 活猪 | 103.1 | 90.4 | 89.2 | 83.9 | 78.5 | 79.0 | 107.0 | 93.9 | 93.2 | 114.7 | 117.8 | 98.3 |
| 仔猪 | 103.2 | 98.6 | 98.5 | 97.6 | 89.1 | 85.0 | 85.5 | 93.0 | 93.3 | 93.5 | 94.0 | 96.4 |
| 猪肉 | 103.8 | 93.4 | 90.1 | 83.4 | 80.0 | 82.4 | 102.3 | 100.8 | 93.5 | 113.1 | 116.4 | 100.9 |
| 活牛 | 100.6 | 101.4 | 100.5 | 101.2 | 99.4 | 99.7 | 100.0 | 99.5 | 100.0 | 100.6 | 103.2 | 102.3 |
| 牛肉 | 101.2 | 101.3 | 99.5 | 99.0 | 99.5 | 100.1 | 100.0 | 99.4 | 99.9 | 101.1 | 101.4 | 101.4 |
| 活羊 | 103.3 | 98.9 | 98.6 | 98.2 | 97.4 | 102.1 | 100.0 | 100.3 | 98.7 | 98.2 | 103.2 | 102.7 |
| 羊肉 | 100.7 | 99.3 | 100.1 | 99.1 | 99.6 | 99.0 | 100.1 | 99.9 | 99.7 | 97.5 | 100.2 | 102.8 |
| 活鸡 | 102.7 | 102.7 | 98.2 | 98.8 | 98.5 | 101.0 | 95.7 | 102.5 | 99.3 | 103.6 | 103.3 | 97.0 |
| 鸡蛋 | 109.8 | 92.5 | 96.0 | 101.3 | 100.2 | 98.5 | 106.1 | 107.0 | 100.0 | 100.6 | 105.3 | 97.6 |
| **水产品类** | | | | | | | | | | | | |
| 草鱼 | 101.2 | 106.7 | 105.4 | 107.9 | 108.2 | 100.4 | 102.8 | 97.5 | 94.8 | 97.3 | 93.9 | 98.9 |
| 鲤鱼 | 102.1 | 103.1 | 103.5 | 110.6 | 106.1 | 100.4 | 102.9 | 99.4 | 95.1 | 93.9 | 94.5 | 98.8 |
| 鲢鱼 | 105.1 | 102.7 | 98.4 | 103.7 | 105.2 | 102.0 | 101.4 | 98.6 | 95.7 | 96.0 | 98.4 | 96.4 |
| 带鱼 | 115.6 | 102.1 | 98.6 | 101.4 | 102.8 | 114.0 | 100.0 | 100.0 | 100.0 | 101.5 | 94.9 | 100.0 |
| **蔬菜类** | | | | | | | | | | | | |
| 大白菜 | 122.4 | 80.0 | 95.0 | 92.8 | 104.2 | 104.3 | 105.8 | 98.4 | 100.5 | 126.7 | 115.7 | 71.4 |
| 黄瓜 | 117.1 | 83.0 | 99.6 | 83.2 | 91.2 | 99.0 | 109.2 | 109.5 | 114.6 | 144.6 | 94.8 | 87.5 |
| 西红柿 | 98.8 | 81.8 | 91.9 | 105.7 | 92.2 | 94.1 | 101.8 | 122.8 | 107.1 | 111.3 | 102.4 | 106.8 |
| 菜椒 | 128.9 | 77.2 | 79.5 | 86.9 | 88.2 | 83.8 | 104.7 | 106.7 | 117.7 | 110.7 | 122.0 | 97.2 |
| 四季豆 | 128.8 | 108.9 | 90.2 | 79.7 | 82.8 | 80.1 | 136.8 | 111.3 | 102.4 | 112.5 | 111.5 | 94.3 |
| **水果类** | | | | | | | | | | | | |
| 红富士苹果 | 101.7 | 101.2 | 99.6 | 99.0 | 99.6 | 97.5 | 99.1 | 99.1 | 99.0 | 99.1 | 102.9 | 101.7 |
| 香蕉 | 103.9 | 115.9 | 100.0 | 100.1 | 97.9 | 95.1 | 98.1 | 99.6 | 96.1 | 99.3 | 103.7 | 109.3 |
| 橙子 | 105.2 | 100.7 | 98.6 | 100.7 | 107.5 | 101.3 | 106.8 | 104.5 | 101.7 | 102.0 | 99.8 | 100.0 |

# 主要统计指标解释

**居民消费价格指数** 是度量一定时期内居民消费商品和服务价格水平变动的相对数，综合反映居民消费商品和服务价格水平的变动趋势和变动程度。

**城市居民消费价格指数** 是度量一定时期内城市居民消费商品和服务价格水平变动的相对数，综合反映居民消费商品和服务价格水平的变动趋势和变动程度。

**农村居民消费价格指数** 是度量一定时期内农村居民消费商品和服务价格水平变动的相对数，综合反映居民消费商品和服务价格水平的变动趋势和变动程度。

**商品零售价格指数** 是反映一定时期内城乡商品零售价格变动趋势和程度的相对数。商品零售价格的变动直接影响到城乡居民的生活支出和国家的财政收入，影响居民购买力和市场供需的平衡，影响到消费与积累的比例关系。

**农业生产资料价格指数** 指反映一定时期内农业生产资料价格变动趋势和程度的相对数。农业生产资料价格指数分为小农具、饲料、产品畜、役畜、半机械化农具、机械化农具、化学肥料、农药及农药械、农机用油、其他农业生产资料十大类。

**代表规格品** 选择用来反映某个基本分类价格变化的具有特定产地、规格、等级、牌号、花色等特征的具体商品和服务，称为代表规格品。

**价格调查点** 抽选一部分有代表性的商业业态、农贸市场以及服务类单位实施抽样调查。选取用来采集计算 CPI 的原始价格的地点和场所称为价格调查点。

**工业生产者价格** 包括工业企业产品第一次出售时的出厂价格和企业作为中间投入的原材料、燃料、动力购进价格。工业生产者价格调查的目的在于及时、准确、科学地反映全国及各地区的各工业行业产品价格水平和各种工业产品价格的变动趋势及幅度，为国民经济核算、计算工业发展速度、宏观经济分析和调控、理顺价格体系提供科学、准确的依据。

**房地产价格指数** 70 个大中城市的新建住宅销售价格、面积、金额等资料直接采用当地房地产管理部门的网签数据。二手住宅销售价格调查为非全面调查，采用重点调查和典型调查相结合的方法，按照房地产经纪机构上报、房地产管理部门提供与调查员实地采价相结合的方式收集基础数据。

**农产品生产价格** 是指农产品生产者第一手(直接)出售其产品时实际获得的单位产品价格。

**农产品生产价格指数** 是反映一定时期内，农产品生产者出售的农产品价格水平变动趋势及幅度的相对数。

**农产品集贸市场价格** 是指全国农产品主产区集贸市场主要农产品的成交价格。

# 四　农业调查

# 4-1 粮食生产情况(2021年)

单位：千公顷、公斤/公顷、万吨

| 指标 | 播种面积 | 单位面积产量 | 总产量 |
|---|---|---|---|
| **粮食** | **6357.7** | **5634** | **3582.1** |
| 其中：夏收粮食 | 1090.4 | 3936 | 429.2 |
| 秋收粮食 | 5267.3 | 5986 | 3152.9 |
| **一、谷物** | **4463.3** | **6451** | **2879.4** |
| (一)稻谷 | 1875.0 | 7965 | 1493.4 |
| (二)小麦 | 582.9 | 4208 | 245.3 |
| (三)玉米 | 1849.4 | 5865 | 1084.7 |
| (四)其他谷物 | 156.0 | 3591 | 56.0 |
| 其中：高粱 | 64.0 | 4965 | 31.8 |
| **二、豆类** | **615.2** | **2333** | **143.5** |
| 其中：大豆 | 443.4 | 2355 | 104.4 |
| **三、薯类(折粮)** | **1279.3** | **4371** | **559.2** |
| 马铃薯 | 688.3 | 4248 | 292.4 |
| 红　苕 | 591.0 | 4515 | 266.8 |

说明：计算机小数点自动收舍，分项有微小出入(下同)。

# 4-2 粮食作物播种面积(2020-2021年)

单位：千公顷

| 指标 | 2021 | 2020 | 增长(%) |
|---|---|---|---|
| **粮食** | **6357.7** | **6312.6** | **0.7** |
| 其中：夏收粮食 | 1090.4 | 1095.0 | -0.4 |
| 秋收粮食 | 5267.3 | 5217.6 | 1.0 |
| **一、谷物** | **4463.3** | **4444.3** | **0.4** |
| (一)稻谷 | 1875.0 | 1866.3 | 0.5 |
| (二)小麦 | 582.9 | 596.8 | -2.3 |
| (三)玉米 | 1849.4 | 1839.4 | 0.5 |
| (四)其他谷物 | 156.0 | 141.8 | 10.0 |
| 其中：高粱 | 64.0 | 54.9 | 16.6 |
| **二、豆类** | **615.2** | **599.5** | **2.6** |
| 其中：大豆 | 443.4 | 432.7 | 2.5 |
| **三、薯类(折粮)** | **1279.3** | **1268.9** | **0.8** |
| 马铃薯 | 688.3 | 683.6 | 0.7 |
| 红　苕 | 591.0 | 585.3 | 1.0 |

## 4-3 粮食作物单位面积产量(2020-2021年)

单位：公斤/公顷

| 指　　标 | 2021 | 2020 | 增长(%) |
|---|---|---|---|
| **粮食** | **5634** | **5588** | **0.8** |
| 其中：夏收粮食 | 3936 | 3893 | 1.1 |
| 秋收粮食 | 5986 | 5944 | 0.7 |
| **一、谷物** | **6451** | **6383** | **1.1** |
| (一)稻谷 | 7965 | 7905 | 0.8 |
| (二)小麦 | 4208 | 4134 | 1.8 |
| (三)玉米 | 5865 | 5790 | 1.3 |
| (四)其他谷物 | 3591 | 3512 | 2.2 |
| 其中：高粱 | 4965 | 4970 | -0.1 |
| **二、豆类** | **2333** | **2316** | **0.7** |
| 其中：大豆 | 2355 | 2339 | 0.7 |
| **三、薯类(折粮)** | **4371** | **4349** | **0.5** |
| 马铃薯 | 4248 | 4226 | 0.5 |
| 红　苕 | 4515 | 4493 | 0.5 |

## 4-4 粮食作物产量(2020-2021年)

单位：万吨

| 指　　标 | 2021 | 2020 | 增长(%) |
|---|---|---|---|
| **粮食** | **3582.1** | **3527.4** | **1.6** |
| 其中：夏收粮食 | 429.2 | 426.3 | 0.7 |
| 秋收粮食 | 3152.9 | 3101.1 | 1.7 |
| **一、谷物** | **2879.4** | **2836.8** | **1.5** |
| (一)稻谷 | 1493.4 | 1475.3 | 1.2 |
| (二)小麦 | 245.3 | 246.7 | -0.6 |
| (三)玉米 | 1084.7 | 1065.0 | 1.8 |
| (四)其他谷物 | 56.0 | 49.8 | 12.4 |
| 其中：高粱 | 31.8 | 27.3 | 16.4 |
| **二、豆类** | **143.5** | **138.8** | **3.4** |
| 其中：大豆 | 104.4 | 101.3 | 3.1 |
| **三、薯类(折粮)** | **559.2** | **551.8** | **1.3** |
| 马铃薯 | 292.4 | 288.8 | 1.2 |
| 红　苕 | 266.8 | 262.9 | 1.5 |

# 4-5 粮食生产情况(1985-2021年)

单位：千公顷、公斤/公顷、万吨

| 年 份 | 全年粮食 | | | 夏收粮食 | | | 小 麦 | | |
|---|---|---|---|---|---|---|---|---|---|
| | 播种面积 | 单位面积产量 | 总产量 | 播种面积 | 单位面积产量 | 总产量 | 播种面积 | 单位面积产量 | 总产量 |
| 1985 | 6636.0 | 4392 | 2914.6 | 2069.7 | 3077 | 636.8 | 1516.0 | 3344 | 507.0 |
| 1986 | 6678.0 | 4411 | 2945.5 | 2056.1 | 3113 | 640.1 | 1511.0 | 3319 | 501.5 |
| 1987 | 6715.0 | 4331 | 2908.6 | 2078.1 | 3105 | 645.2 | 1545.0 | 3367 | 520.2 |
| 1988 | 6798.0 | 4219 | 2868.0 | 2046.9 | 2767 | 566.3 | 1597.0 | 2948 | 470.8 |
| 1989 | 6887.0 | 4442 | 3058.9 | 2078.9 | 2861 | 594.7 | 1638.0 | 3059 | 501.1 |
| 1990 | 6985.0 | 4717 | 3294.8 | 2176.9 | 3154 | 686.7 | 1680.0 | 3349 | 562.7 |
| 1991 | 7048.0 | 4727 | 3331.5 | 2146.6 | 3244 | 696.4 | 1716.0 | 3433 | 589.1 |
| 1992 | 7029.0 | 4791 | 3367.4 | 2163.3 | 3248 | 702.7 | 1734.0 | 3443 | 597.0 |
| 1993 | 7050.3 | 4411 | 3110.1 | 2228.5 | 2839 | 632.6 | 1779.0 | 3023 | 537.8 |
| 1994 | 7015.0 | 4319 | 3029.9 | 2187.1 | 3202 | 700.4 | 1768.0 | 3394 | 600.0 |
| 1995 | 7055.0 | 4659 | 3286.8 | 2198.8 | 3283 | 721.8 | 1780.0 | 3490 | 621.3 |
| 1996 | 7138.0 | 4760 | 3398.0 | 2225.6 | 3131 | 696.8 | 1810.0 | 3310 | 599.1 |
| 1997 | 7214.0 | 4798 | 3461.3 | 2272.7 | 3186 | 724.1 | 1826.0 | 3347 | 611.1 |
| 1998 | 7337.7 | 4797 | 3519.7 | 2315.5 | 3064 | 709.5 | 1864.6 | 3224 | 601.2 |
| 1999 | 7296.7 | 4867 | 3551.4 | 2264.4 | 2853 | 646.0 | 1818.3 | 2986 | 543.0 |
| 2000 | 6854.5 | 4920 | 3372.4 | 2060.3 | 3101 | 638.8 | 1604.9 | 3315 | 532.0 |
| 2001 | 6702.4 | 4354 | 2918.5 | 1965.2 | 2781 | 546.6 | 1499.3 | 2971 | 445.5 |
| 2002 | 6645.9 | 4713 | 3132.4 | 1937.6 | 2961 | 573.8 | 1456.9 | 3151 | 459.0 |
| 2003 | 6387.2 | 4782 | 3054.1 | 1772.9 | 3009 | 533.5 | 1319.1 | 3231 | 426.2 |
| 2004 | 6476.5 | 4859 | 3146.7 | 1798.7 | 3048 | 548.2 | 1255.8 | 3310 | 415.7 |
| 2005 | 6564.9 | 4891 | 3211.1 | 1803.1 | 3134 | 565.0 | 1262.3 | 3386 | 427.4 |
| 2006 | 6455.5 | 4430 | 2859.7 | 1803.0 | 3206 | 578.0 | 1287.2 | 3446 | 443.6 |
| 2007 | 6434.6 | 4713 | 3032.7 | 1712.8 | 3306 | 566.2 | 1257.1 | 3440 | 432.5 |
| 2008 | 6408.8 | 4854 | 3111.0 | 1626.1 | 3285 | 534.1 | 1172.5 | 3400 | 398.7 |
| 2009 | 6213.0 | 5022 | 3120.4 | 1537.3 | 3250 | 499.6 | 1111.4 | 3295 | 366.2 |
| 2010 | 6195.1 | 5138 | 3182.8 | 1470.8 | 3357 | 493.7 | 1051.2 | 3386 | 355.9 |
| 2011 | 6196.7 | 5244 | 3249.5 | 1419.4 | 3399 | 482.4 | 998.5 | 3469 | 346.4 |
| 2012 | 6255.6 | 5229 | 3271.3 | 1369.7 | 3443 | 471.6 | 934.1 | 3549 | 331.5 |
| 2013 | 6269.9 | 5321 | 3336.1 | 1333.6 | 3448 | 459.8 | 878.7 | 3539 | 311.0 |
| 2014 | 6249.6 | 5320 | 3324.6 | 1274.8 | 3546 | 452.1 | 814.3 | 3660 | 298.0 |
| 2015 | 6286.1 | 5400 | 3394.6 | 1199.8 | 3682 | 441.8 | 746.9 | 3809 | 284.5 |
| 2016 | 6291.3 | 5515 | 3469.9 | 1147.8 | 3705 | 425.3 | 684.0 | 3795 | 259.6 |
| 2017 | 6292.0 | 5545 | 3488.9 | 1135.3 | 3722 | 422.6 | 652.7 | 3855 | 251.6 |
| 2018 | 6265.6 | 5576 | 3493.7 | 1113.2 | 3768 | 419.5 | 635.0 | 3895 | 247.3 |
| 2019 | 6279.3 | 5571 | 3498.5 | 1103.4 | 3833 | 422.9 | 611.1 | 4035 | 246.2 |
| 2020 | 6312.6 | 5588 | 3527.4 | 1095.0 | 3893 | 426.3 | 596.8 | 4134 | 246.7 |
| 2021 | 6357.7 | 5634 | 3582.1 | 1090.4 | 3936 | 429.2 | 582.9 | 4208 | 245.3 |

4-5 续表

单位：千公顷、公斤/公顷、万吨

| 年份 | 秋收粮食 | | | 稻谷(2005年前为中稻) | | | 玉米 | | |
|---|---|---|---|---|---|---|---|---|---|
| | 播种面积 | 单位面积产量 | 总产量 | 播种面积 | 单位面积产量 | 总产量 | 播种面积 | 单位面积产量 | 总产量 |
| 1985 | 4566.3 | 4988 | 2277.8 | 2308.0 | 6609 | 1525.3 | 1072.0 | 3894 | 417.4 |
| 1986 | 4621.9 | 4988 | 2305.3 | 2292.0 | 6639 | 1521.7 | 1120.0 | 3970 | 444.6 |
| 1987 | 4636.9 | 4881 | 2263.4 | 2222.0 | 6688 | 1486.1 | 1154.0 | 3362 | 388.0 |
| 1988 | 4751.1 | 4845 | 2301.7 | 2255.0 | 6698 | 1510.4 | 1158.0 | 3565 | 412.8 |
| 1989 | 4808.1 | 5125 | 2464.2 | 2292.0 | 7014 | 1607.6 | 1166.0 | 3682 | 429.3 |
| 1990 | 4808.1 | 5424 | 2608.1 | 2300.0 | 6688 | 1538.3 | 1199.0 | 4150 | 497.6 |
| 1991 | 4901.4 | 5376 | 2635.1 | 2293.0 | 7158 | 1641.4 | 1228.0 | 4023 | 494.0 |
| 1992 | 4865.7 | 5476 | 2664.7 | 2298.0 | 7435 | 1708.6 | 1211.0 | 3902 | 472.5 |
| 1993 | 4821.8 | 5138 | 2477.5 | 2237.0 | 6889 | 1541.0 | 1200.0 | 3688 | 442.5 |
| 1994 | 4827.9 | 4825 | 2329.5 | 2184.0 | 6751 | 1474.4 | 1198.0 | 3336 | 399.6 |
| 1995 | 4856.2 | 5282 | 2565.0 | 2203.0 | 7330 | 1614.9 | 1202.0 | 3759 | 451.8 |
| 1996 | 4912.4 | 5499 | 2701.2 | 2218.0 | 7596 | 1684.9 | 1247.0 | 4260 | 531.2 |
| 1997 | 4941.3 | 5539 | 2737.2 | 2185.5 | 7559 | 1651.9 | 1288.3 | 4508 | 580.7 |
| 1998 | 5022.3 | 5595 | 2810.1 | 2150.0 | 7599 | 1633.8 | 1364.8 | 4566 | 623.1 |
| 1999 | 5032.3 | 5773 | 2905.4 | 2163.5 | 7769 | 1680.7 | 1359.2 | 4709 | 640.0 |
| 2000 | 4794.2 | 5702 | 2733.6 | 2115.9 | 7661 | 1620.9 | 1235.5 | 4413 | 545.2 |
| 2001 | 4737.2 | 5007 | 2371.9 | 2087.0 | 6828 | 1425.0 | 1200.8 | 3767 | 452.3 |
| 2002 | 4708.3 | 5434 | 2558.7 | 2070.7 | 7246 | 1500.5 | 1207.9 | 4347 | 525.1 |
| 2003 | 4614.4 | 5462 | 2520.6 | 2036.4 | 7214 | 1469.1 | 1161.3 | 4454 | 517.3 |
| 2004 | 4677.8 | 5555 | 2598.5 | 2059.1 | 7367 | 1516.9 | 1172.6 | 4750 | 557.0 |
| 2005 | 4761.8 | 5557 | 2646.1 | 2083.1 | 7215 | 1503.0 | 1196.6 | 4854 | 580.8 |
| 2006 | 4652.5 | 4904 | 2281.7 | 2081.9 | 6421 | 1336.7 | 1291.7 | 4282 | 553.1 |
| 2007 | 4721.8 | 5224 | 2466.6 | 2024.0 | 6974 | 1411.6 | 1369.4 | 4755 | 651.2 |
| 2008 | 4782.7 | 5388 | 2576.9 | 2011.6 | 7358 | 1480.1 | 1402.3 | 4812 | 674.8 |
| 2009 | 4675.7 | 5605 | 2620.8 | 1990.9 | 7501 | 1493.3 | 1454.8 | 4819 | 701.0 |
| 2010 | 4724.3 | 5692 | 2689.1 | 1966.9 | 7545 | 1484.1 | 1520.9 | 4936 | 750.7 |
| 2011 | 4777.3 | 5792 | 2767.1 | 1943.2 | 7607 | 1478.1 | 1574.3 | 5147 | 810.3 |
| 2012 | 4885.9 | 5730 | 2799.6 | 1929.8 | 7690 | 1484.0 | 1629.8 | 5115 | 833.6 |
| 2013 | 4936.4 | 5827 | 2876.2 | 1905.4 | 7785 | 1483.4 | 1685.8 | 5458 | 920.1 |
| 2014 | 4974.9 | 5774 | 2872.5 | 1892.4 | 7665 | 1450.5 | 1739.1 | 5444 | 946.7 |
| 2015 | 5086.3 | 5805 | 2952.8 | 1878.7 | 7799 | 1465.2 | 1816.9 | 5462 | 992.3 |
| 2016 | 5143.5 | 5919 | 3044.6 | 1874.0 | 7830 | 1467.3 | 1866.0 | 5670 | 1058.0 |
| 2017 | 5156.7 | 5946 | 3066.3 | 1874.9 | 7860 | 1473.7 | 1863.9 | 5730 | 1068.0 |
| 2018 | 5152.4 | 5967 | 3074.2 | 1874.0 | 7890 | 1478.6 | 1856.0 | 5745 | 1066.3 |
| 2019 | 5175.9 | 5942 | 3075.6 | 1870.0 | 7860 | 1469.8 | 1844.0 | 5760 | 1062.1 |
| 2020 | 5217.6 | 5944 | 3101.1 | 1866.3 | 7905 | 1475.3 | 1839.4 | 5790 | 1065.0 |
| 2021 | 5267.3 | 5986 | 3152.9 | 1875.0 | 7965 | 1493.4 | 1849.4 | 5865 | 1084.7 |

# 4-6 全省及各市(州)粮食作物播种面积(2021年)

单位：千公顷

| 地区 | 粮食作物播种面积 | 谷物 | #稻谷 | #小麦 | #玉米 | 豆类 | 薯类 |
|---|---|---|---|---|---|---|---|
| **全省** | **6357.7** | **4463.3** | **1875.0** | **582.9** | **1849.4** | **615.2** | **1279.3** |
| 成都市 | 381.9 | 280.4 | 149.0 | 34.6 | 96.6 | 42.5 | 58.9 |
| 自贡市 | 235.2 | 137.8 | 81.8 | 0.5 | 40.3 | 53.4 | 43.9 |
| 攀枝花市 | 45.5 | 37.3 | 8.7 | 2.0 | 25.8 | 4.9 | 3.4 |
| 泸州市 | 402.1 | 275.8 | 134.8 | 3.4 | 114.6 | 28.1 | 98.2 |
| 德阳市 | 312.7 | 261.2 | 120.0 | 79.4 | 61.1 | 24.7 | 26.9 |
| 绵阳市 | 403.0 | 349.8 | 118.6 | 81.5 | 149.1 | 22.2 | 31.0 |
| 广元市 | 314.8 | 244.7 | 65.6 | 73.4 | 105.4 | 32.8 | 37.3 |
| 遂宁市 | 273.4 | 204.0 | 56.6 | 54.5 | 92.4 | 26.0 | 43.5 |
| 内江市 | 312.9 | 182.1 | 81.6 | 0.2 | 100.3 | 51.0 | 79.8 |
| 乐山市 | 222.7 | 156.7 | 84.5 | 0.2 | 72.0 | 24.8 | 41.2 |
| 南充市 | 566.4 | 419.9 | 152.8 | 113.8 | 150.1 | 41.2 | 105.3 |
| 眉山市 | 198.3 | 157.5 | 98.8 | 6.8 | 51.8 | 20.2 | 20.6 |
| 宜宾市 | 431.5 | 300.2 | 154.8 | 0.6 | 128.7 | 35.8 | 95.5 |
| 广安市 | 292.1 | 208.8 | 131.7 | 5.6 | 71.0 | 25.8 | 57.6 |
| 达州市 | 564.7 | 344.7 | 191.6 | 10.2 | 137.9 | 55.6 | 164.4 |
| 雅安市 | 69.7 | 51.8 | 16.4 | 0.1 | 35.2 | 4.1 | 13.8 |
| 巴中市 | 340.8 | 238.5 | 96.6 | 51.9 | 89.6 | 19.0 | 83.3 |
| 资阳市 | 336.1 | 189.0 | 70.9 | 7.8 | 110.2 | 67.8 | 79.4 |
| 阿坝州 | 49.9 | 28.7 | 0.0 | 3.3 | 16.7 | 5.5 | 15.7 |
| 甘孜州 | 68.6 | 52.7 | 0.2 | 8.1 | 11.6 | 4.7 | 11.2 |
| 凉山州 | 535.4 | 341.7 | 59.9 | 44.9 | 189.0 | 25.3 | 168.4 |

# 4-7 全省及各市(州)粮食作物播种面积(2020年)

单位：千公顷

| 地 区 | 粮食作物播种面积 | 谷 物 | | | | 豆 类 | 薯 类 |
|---|---|---|---|---|---|---|---|
| | | | #稻 谷 | #小 麦 | #玉 米 | | |
| **全 省** | **6312.6** | **4444.3** | **1866.3** | **596.8** | **1839.4** | **599.5** | **1268.9** |
| 成都市 | 379.0 | 279.4 | 148.6 | 34.6 | 96.2 | 41.5 | 58.1 |
| 自贡市 | 233.8 | 137.0 | 81.4 | 0.6 | 42.6 | 52.9 | 44.0 |
| 攀枝花市 | 45.1 | 36.9 | 9.2 | 2.4 | 24.5 | 4.8 | 3.5 |
| 泸州市 | 399.3 | 274.3 | 134.0 | 4.0 | 117.0 | 27.4 | 97.6 |
| 德阳市 | 310.5 | 259.5 | 119.5 | 79.3 | 60.2 | 24.5 | 26.5 |
| 绵阳市 | 401.5 | 348.8 | 118.2 | 81.6 | 148.3 | 21.9 | 30.8 |
| 广元市 | 312.8 | 244.6 | 65.0 | 74.1 | 105.3 | 31.3 | 36.9 |
| 遂宁市 | 271.7 | 202.9 | 56.1 | 54.7 | 91.7 | 25.7 | 43.1 |
| 内江市 | 311.3 | 181.8 | 81.4 | 0.5 | 99.9 | 49.9 | 79.6 |
| 乐山市 | 220.6 | 156.1 | 84.4 | 0.3 | 71.3 | 23.3 | 41.2 |
| 南充市 | 561.8 | 416.9 | 151.9 | 114.8 | 148.8 | 40.4 | 104.5 |
| 眉山市 | 197.3 | 157.6 | 98.8 | 7.0 | 51.7 | 19.4 | 20.3 |
| 宜宾市 | 426.9 | 297.0 | 153.5 | 0.8 | 126.7 | 34.7 | 95.2 |
| 广安市 | 288.4 | 207.6 | 130.6 | 6.5 | 70.1 | 24.2 | 56.5 |
| 达州市 | 560.1 | 343.5 | 191.0 | 10.8 | 137.4 | 53.3 | 163.3 |
| 雅安市 | 69.3 | 51.5 | 16.5 | 0.1 | 34.9 | 4.0 | 13.8 |
| 巴中市 | 338.9 | 237.5 | 96.0 | 52.0 | 89 | 18.4 | 83.1 |
| 资阳市 | 336.2 | 192.9 | 69.6 | 13.9 | 109.1 | 66.7 | 76.7 |
| 阿坝州 | 49.3 | 28.8 | | 3.6 | 16.5 | 5.3 | 15.3 |
| 甘孜州 | 68.1 | 51.8 | 0.2 | 9.0 | 11.6 | 4.6 | 11.7 |
| 凉山州 | 530.5 | 337.9 | 60.3 | 46.2 | 186.6 | 25.4 | 167.2 |

# 4-8 全省及各市(州)主要粮食产量(2021年)

单位：万吨

| 地区 | 粮食 | 谷物 | #稻谷 | #小麦 | #玉米 | 豆类 | 薯类 |
|---|---|---|---|---|---|---|---|
| **全省** | **3582.1** | **2879.4** | **1493.4** | **245.4** | **1084.7** | **143.5** | **559.2** |
| 成都市 | 230.6 | 194.3 | 120.2 | 16.4 | 57.7 | 10.0 | 26.3 |
| 自贡市 | 143.0 | 107.9 | 75.4 | 0.2 | 24.5 | 14.6 | 20.6 |
| 攀枝花市 | 26.3 | 23.9 | 7.3 | 0.7 | 15.7 | 1.0 | 1.4 |
| 泸州市 | 235.6 | 188.0 | 111.4 | 0.9 | 64.2 | 6.4 | 41.2 |
| 德阳市 | 199.4 | 181.0 | 101.1 | 40.2 | 39.4 | 6.2 | 12.2 |
| 绵阳市 | 235.2 | 216.0 | 94.3 | 37.3 | 84.2 | 5.7 | 13.4 |
| 广元市 | 161.3 | 138.3 | 50.8 | 29.2 | 58.3 | 6.8 | 16.2 |
| 遂宁市 | 146.8 | 121.1 | 45.3 | 22.3 | 53.4 | 5.9 | 19.8 |
| 内江市 | 174.6 | 125.4 | 65.6 | 0.0 | 59.7 | 13.6 | 35.6 |
| 乐山市 | 125.7 | 103.6 | 66.1 | 0.1 | 37.5 | 4.9 | 17.1 |
| 南充市 | 317.1 | 259.6 | 121.4 | 48.9 | 87.9 | 10.9 | 46.5 |
| 眉山市 | 127.5 | 114.1 | 80.1 | 2.7 | 31.3 | 4.5 | 9.0 |
| 宜宾市 | 259.8 | 208.7 | 125.6 | 0.1 | 74.8 | 9.5 | 41.6 |
| 广安市 | 183.7 | 153.8 | 106.2 | 1.8 | 45.7 | 5.1 | 24.8 |
| 达州市 | 324.2 | 242.7 | 141.1 | 3.2 | 96.2 | 11.7 | 69.8 |
| 雅安市 | 36.7 | 31.0 | 12.1 | 0.0 | 18.9 | 0.7 | 5.0 |
| 巴中市 | 195.8 | 154.4 | 71.6 | 21.2 | 61.5 | 4.4 | 37.1 |
| 资阳市 | 168.1 | 119.8 | 53.0 | 2.4 | 64.3 | 14.3 | 34.1 |
| 阿坝州 | 16.4 | 9.5 | 0.0 | 0.8 | 7.1 | 1.1 | 5.7 |
| 甘孜州 | 23.3 | 17.5 | 0.1 | 2.5 | 5.4 | 1.2 | 4.7 |
| 凉山州 | 250.8 | 168.7 | 44.8 | 14.6 | 97.1 | 5.0 | 77.1 |

# 4-9 全省及各市(州)主要粮食产量(2020年)

单位：万吨

| 地区 | 粮食 | 谷物 | #稻谷 | #小麦 | #玉米 | 豆类 | 薯类 |
|---|---|---|---|---|---|---|---|
| **全省** | **3527.4** | **2836.8** | **1475.3** | **246.7** | **1065.0** | **138.8** | **551.8** |
| 成都市 | 227.9 | 192.4 | 119.3 | 16.2 | 57.0 | 9.6 | 25.8 |
| 自贡市 | 140.8 | 105.9 | 74.2 | 0.2 | 25.2 | 14.5 | 20.4 |
| 攀枝花市 | 25.9 | 23.4 | 7.6 | 0.8 | 14.9 | 0.9 | 1.5 |
| 泸州市 | 231.6 | 184.5 | 109.8 | 1.1 | 64.1 | 6.1 | 40.9 |
| 德阳市 | 196.4 | 178.4 | 99.9 | 39.9 | 38.4 | 6.0 | 12.0 |
| 绵阳市 | 231.1 | 212.2 | 93.3 | 36.9 | 81.7 | 5.7 | 13.37 |
| 广元市 | 159.4 | 137.0 | 50.1 | 29.1 | 57.7 | 6.5 | 15.9 |
| 遂宁市 | 144.3 | 119.0 | 44.4 | 22.1 | 52.3 | 5.8 | 19.5 |
| 内江市 | 172.2 | 123.8 | 65.1 | 0.2 | 58.5 | 13.2 | 35.2 |
| 乐山市 | 123.5 | 101.9 | 65.4 | 0.1 | 36.4 | 4.6 | 17.0 |
| 南充市 | 311.6 | 255.1 | 120.0 | 48.8 | 85.6 | 10.6 | 45.9 |
| 眉山市 | 125.9 | 112.8 | 79.2 | 2.7 | 30.9 | 4.3 | 8.8 |
| 宜宾市 | 255.3 | 205.0 | 123.5 | 0.2 | 73.1 | 9.2 | 41.2 |
| 广安市 | 181.1 | 152.1 | 104.9 | 2.0 | 45.0 | 4.8 | 24.2 |
| 达州市 | 319.4 | 239.3 | 139.4 | 3.3 | 94.6 | 11.1 | 68.9 |
| 雅安市 | 36.2 | 30.6 | 12.1 | 0.0 | 18.5 | 0.6 | 5.0 |
| 巴中市 | 192.8 | 151.8 | 70.1 | 20.9 | 60.7 | 4.2 | 36.8 |
| 资阳市 | 166.1 | 119.2 | 52.0 | 4 | 63.1 | 13.9 | 33.0 |
| 阿坝州 | 16.0 | 9.7 |  | 0.9 | 7.0 | 1.0 | 5.3 |
| 甘孜州 | 23.1 | 17.2 | 0.1 | 2.8 | 5.3 | 1.2 | 4.7 |
| 凉山州 | 247.0 | 165.5 | 44.7 | 14.7 | 95.1 | 5.0 | 76.5 |

# 4-10 分县粮食产量抽样调查数据(2021年)

单位：千公顷、公斤/公顷、万吨

| 县名 | 全年粮食 | | | 夏收粮食 | | | 秋收粮食 | | |
|---|---|---|---|---|---|---|---|---|---|
| | 播种面积 | 单位面积产量 | 总产量 | 播种面积 | 单位面积产量 | 总产量 | 播种面积 | 单位面积产量 | 总产量 |
| 锦江区 | | | | | | | | | |
| 青羊区 | | | | | | | | | |
| 金牛区 | | | | | | | | | |
| 武侯区 | | | | | | | | | |
| 成华区 | | | | | | | | | |
| 龙泉驿区 | 2.8 | 4973 | 1.4 | 0.7 | 3343 | 0.2 | 2.1 | 5489 | 1.2 |
| 青白江区 | 11.2 | 5788 | 6.5 | 2.6 | 4219 | 1.1 | 8.6 | 6262 | 5.4 |
| 新都区 | 19.6 | 7151 | 14.0 | 4.8 | 4882 | 2.3 | 14.8 | 7888 | 11.7 |
| 温江区 | 1.2 | 7614 | 0.9 | 0.1 | 4251 | 0.0 | 1.1 | 7851 | 0.9 |
| 双流区 | 17.4 | 6481 | 11.3 | 1.9 | 4047 | 0.7 | 15.6 | 6770 | 10.5 |
| 金堂县 | 49.5 | 5361 | 26.5 | 9.0 | 3946 | 3.5 | 40.5 | 5675 | 23.0 |
| 郫都区 | 6.7 | 7402 | 5.0 | 0.5 | 4649 | 0.2 | 6.2 | 7634 | 4.7 |
| 大邑县 | 25.7 | 6442 | 16.5 | 7.6 | 4802 | 3.7 | 18.0 | 7136 | 12.9 |
| 蒲江县 | 9.1 | 5329 | 4.8 | 1.9 | 3961 | 0.8 | 7.2 | 5697 | 4.1 |
| 新津区 | 8.9 | 7082 | 6.3 | 2.0 | 4555 | 0.9 | 6.9 | 7819 | 5.4 |
| 都江堰市 | 14.7 | 7453 | 10.9 | 0.4 | 4746 | 0.2 | 14.3 | 7525 | 10.8 |
| 彭州市 | 36.6 | 6876 | 25.1 | 4.9 | 4375 | 2.1 | 31.7 | 7262 | 23.0 |
| 邛崃市 | 37.8 | 6443 | 24.3 | 7.8 | 4597 | 3.6 | 30.0 | 6923 | 20.8 |
| 崇州市 | 31.6 | 7072 | 22.3 | 7.5 | 4654 | 3.5 | 24.1 | 7830 | 18.8 |
| 简阳市 | 109.1 | 4996 | 54.5 | 15.2 | 2321 | 3.5 | 93.9 | 5428 | 51.0 |
| 自流井区 | 5.8 | 5368 | 3.1 | 0.5 | 3194 | 0.2 | 5.3 | 5562 | 3.0 |
| 贡井区 | 23.6 | 5141 | 12.1 | 2.1 | 3820 | 0.8 | 21.5 | 5269 | 11.3 |
| 大安区 | 21.5 | 5291 | 11 | 2 | 3521 | 1 | 20 | 5446 | 10.8 |
| 沿滩区 | 27.3 | 6128 | 17 | 3 | 3495 | 1 | 25 | 6401 | 15.8 |
| 荣县 | 69.1 | 6339 | 44 | 6 | 3474 | 2 | 63 | 6616 | 41.7 |
| 富顺县 | 87.8 | 6362 | 56 | 10 | 3577 | 4 | 78 | 6728 | 52.2 |
| 攀枝花市东区 | 0.2 | 5794 | 0 | 0 | 3489 | 0 | 0 | 5940 | 0.1 |
| 攀枝花市西区 | 0.3 | 5785 | 0 | 0 | 2325 | 0 | 0 | 5846 | 0.2 |
| 仁和区 | 8.0 | 5493 | 4 | 2 | 2226 | 0 | 7 | 6262 | 4.1 |
| 米易县 | 17.8 | 6600 | 12 | 2 | 2702 | 0 | 16 | 6980 | 11.3 |
| 盐边县 | 19.2 | 5123 | 10 | 4 | 3016 | 1 | 15 | 5688 | 8.6 |
| 江阳区 | 32.4 | 6411 | 21 | 3 | 3308 | 1 | 29 | 6750 | 19.7 |
| 纳溪区 | 46.1 | 6168 | 28 | 4 | 3608 | 1 | 42 | 6401 | 27.0 |
| 龙马潭区 | 11.2 | 6210 | 7 | 1 | 3826 | 0 | 10 | 6378 | 6.7 |
| 泸县 | 83.7 | 6604 | 55.2 | 4.7 | 3242 | 1.5 | 79.0 | 6803 | 53.7 |
| 合江县 | 80.0 | 6482 | 51.8 | 8.0 | 3591 | 2.9 | 71.9 | 6805 | 49.0 |
| 叙永县 | 74.3 | 4917 | 36.6 | 9.9 | 3573 | 3.5 | 64.4 | 5124 | 33.0 |
| 古蔺县 | 74.4 | 4805 | 35.7 | 8.4 | 3456 | 2.9 | 65.9 | 4978 | 32.8 |
| 旌阳区 | 34.9 | 6816 | 23.8 | 12.3 | 5097 | 6.3 | 22.6 | 7747 | 17.5 |
| 中江县 | 144.5 | 5698 | 82.3 | 31.1 | 4692 | 14.6 | 113.4 | 5975 | 67.7 |
| 罗江区 | 18.5 | 7351 | 13.6 | 2.9 | 4646 | 1.4 | 15.6 | 7861 | 12.2 |
| 广汉市 | 43.9 | 7236 | 31.8 | 18.2 | 5566 | 10.1 | 25.7 | 8422 | 21.6 |
| 什邡市 | 26.2 | 7434 | 19.5 | 5.5 | 5311 | 2.9 | 20.7 | 8002 | 16.5 |
| 绵竹市 | 44.7 | 6367 | 28.5 | 19.1 | 4601 | 8.8 | 25.6 | 7681 | 19.7 |
| 涪城区 | 13.8 | 6343 | 8.8 | 2.9 | 4430 | 1.3 | 10.9 | 6846 | 7.5 |

注：部分县播种面积、粮食总产量小数点保留1位后为0，用0.0表示。

4-10 续表 1

单位：千公顷、公斤/公顷、万吨

| 县　名 | 全年粮食 | | | 夏收粮食 | | | 秋收粮食 | | |
|---|---|---|---|---|---|---|---|---|---|
| | 播种面积 | 单位面积产量 | 总产量 | 播种面积 | 单位面积产量 | 总产量 | 播种面积 | 单位面积产量 | 总产量 |
| 游仙区 | 38.7 | 6307 | 24.4 | 11.8 | 4569 | 5.4 | 26.9 | 7066 | 19.0 |
| 安州区 | 38.4 | 6900 | 26.5 | 9.1 | 4729 | 4.3 | 29.3 | 7574 | 22.2 |
| 三台县 | 118.6 | 5670 | 67.3 | 25.9 | 4404 | 11.4 | 92.7 | 6024 | 55.8 |
| 盐亭县 | 52.5 | 5724 | 30.0 | 16.2 | 4556 | 7.4 | 36.3 | 6244 | 22.7 |
| 梓潼县 | 50.9 | 5876 | 29.9 | 16.7 | 4468 | 7.4 | 34.2 | 6562 | 22.4 |
| 北川县 | 18.8 | 4673 | 8.8 | 5.0 | 4057 | 2.0 | 13.8 | 4895 | 6.8 |
| 平武县 | 25.3 | 4065 | 10.3 | 6.0 | 3707 | 2.2 | 19.3 | 4176 | 8.1 |
| 江油市 | 46.0 | 6361 | 29.2 | 9.9 | 4504 | 4.5 | 36.1 | 6871 | 24.8 |
| 利州区 | 17.8 | 4549 | 8.1 | 6.9 | 2823 | 2.0 | 10.9 | 5650 | 6.1 |
| 昭化区 | 24.9 | 5147 | 12.8 | 6.1 | 3011 | 1.8 | 18.8 | 5844 | 11.0 |
| 朝天区 | 28.6 | 4249 | 12.2 | 11.3 | 3325 | 3.8 | 17.2 | 4858 | 8.4 |
| 旺苍县 | 44.0 | 5435 | 23.9 | 14.4 | 4341 | 6.2 | 29.6 | 5967 | 17.7 |
| 青川县 | 29.7 | 4344 | 12.9 | 7.5 | 3425 | 2.6 | 22.2 | 4655 | 10.3 |
| 剑阁县 | 89.7 | 5234 | 46.9 | 28.8 | 4351 | 12.5 | 60.8 | 5653 | 34.4 |
| 苍溪县 | 80.2 | 5554 | 44.5 | 24.9 | 4338 | 10.8 | 55.3 | 6101 | 33.7 |
| 船山区 | 23.8 | 5255 | 12.5 | 4.5 | 3776 | 1.7 | 19.3 | 5600 | 10.8 |
| 安居区 | 77.5 | 5259 | 40.8 | 20.2 | 3947 | 8.0 | 57.3 | 5722 | 32.8 |
| 蓬溪县 | 59.0 | 5586 | 33.0 | 15.7 | 4082 | 6.4 | 43.3 | 6133 | 26.5 |
| 射洪市 | 73.8 | 5352 | 39.5 | 16.8 | 4241 | 7.1 | 56.9 | 5680 | 32.3 |
| 大英县 | 39.4 | 5372 | 21.1 | 7.4 | 4148 | 3.1 | 32.0 | 5655 | 18.1 |
| 内江市市中区 | 22.7 | 5280 | 12.0 | 1.4 | 3149 | 0.5 | 21.2 | 5426 | 11.5 |
| 东兴区 | 68.2 | 5517 | 37.6 | 6.2 | 3320 | 2.0 | 62.0 | 5735 | 35.6 |
| 威远县 | 62.9 | 5463 | 34.4 | 5.3 | 3696 | 2.0 | 57.6 | 5625 | 32.4 |
| 资中县 | 108.0 | 5314 | 57.4 | 7.6 | 3118 | 2.4 | 100.4 | 5482 | 55.0 |
| 隆昌县 | 51.1 | 6508 | 33.3 | 2.2 | 3125 | 0.7 | 49.0 | 6658 | 32.6 |
| 乐山市市中区 | 16.0 | 6831 | 10.9 | 1.4 | 4127 | 0.6 | 14.6 | 7087 | 10.3 |
| 沙湾区 | 9.7 | 5428 | 5.3 | 0.8 | 3882 | 0.3 | 8.9 | 5566 | 5.0 |
| 五通桥区 | 12.8 | 6386 | 8.2 | 0.8 | 3989 | 0.3 | 12.0 | 6539 | 7.9 |
| 金口河区 | 5.3 | 3926 | 2.1 | 2.0 | 3720 | 0.7 | 3.3 | 4051 | 1.3 |
| 犍为县 | 44.1 | 6350 | 28.0 | 1.5 | 3984 | 0.6 | 42.6 | 6435 | 27.4 |
| 井研县 | 43.9 | 5590 | 24.6 | 1.3 | 2698 | 0.4 | 42.6 | 5680 | 24.2 |
| 夹江县 | 16.8 | 6787 | 11.4 | 1.3 | 3788 | 0.5 | 15.5 | 7036 | 10.9 |
| 沐川县 | 20.5 | 5045 | 10.3 | 1.8 | 3760 | 0.7 | 18.7 | 5167 | 9.7 |
| 峨边县 | 12.5 | 4075 | 5.1 | 3.1 | 3744 | 1.1 | 9.5 | 4181 | 4.0 |
| 马边县 | 22.9 | 4200 | 9.6 | 4.0 | 3556 | 1.4 | 18.9 | 4336 | 8.2 |
| 峨眉山市 | 18.2 | 5631 | 10.2 | 2.5 | 3632 | 0.9 | 15.6 | 5952 | 9.3 |
| 顺庆区 | 26.2 | 5699 | 14.9 | 5.7 | 3982 | 2.3 | 20.5 | 6173 | 12.7 |
| 高坪区 | 36.3 | 5844 | 21.2 | 8.3 | 4308 | 3.6 | 28.0 | 6297 | 17.6 |
| 嘉陵区 | 67.2 | 5343 | 35.9 | 16.9 | 4035 | 6.8 | 50.3 | 5783 | 29.1 |
| 南部县 | 96.0 | 5506 | 52.9 | 29.9 | 4239 | 12.7 | 66.1 | 6078 | 40.2 |
| 营山县 | 69.1 | 5823 | 40.3 | 17.5 | 4214 | 7.4 | 51.7 | 6367 | 32.9 |
| 蓬安县 | 54.3 | 5738 | 31.2 | 12.1 | 4354 | 5.3 | 42.2 | 6136 | 25.9 |
| 仪陇县 | 76.4 | 5730 | 43.8 | 16.4 | 4033 | 6.6 | 60.0 | 6193 | 37.2 |
| 西充县 | 56.1 | 5700 | 32.0 | 13.8 | 4319 | 6.0 | 42.2 | 6152 | 26.0 |
| 阆中市 | 84.8 | 5315 | 45.1 | 22.5 | 4360 | 9.8 | 62.3 | 5660 | 35.3 |
| 东坡区 | 38.1 | 7900 | 30.1 | 0.7 | 4157 | 0.3 | 37.5 | 7966 | 29.9 |
| 彭山区 | 12.5 | 7742 | 9.7 | 0.6 | 3945 | 0.2 | 11.9 | 7943 | 9.5 |

## 4-10 续表 2

单位：千公顷、公斤/公顷、万吨

| 县　名 | 全年粮食 | | | 夏收粮食 | | | 秋收粮食 | | |
|---|---|---|---|---|---|---|---|---|---|
| | 播种面积 | 单位面积产　　量 | 总产量 | 播种面积 | 单位面积产　　量 | 总产量 | 播种面积 | 单位面积产　　量 | 总产量 |
| 仁寿县 | 116.0 | 5638 | 65.4 | 14.8 | 3850 | 5.7 | 101.3 | 5899 | 59.7 |
| 洪雅县 | 14.3 | 7221 | 10.4 | 0.5 | 4055 | 0.2 | 13.8 | 7338 | 10.1 |
| 丹棱县 | 7.9 | 6877 | 5.5 | 0.1 | 3842 | 0.0 | 7.8 | 6911 | 5.4 |
| 青神县 | 9.3 | 6922 | 6.5 | 0.3 | 3721 | 0.1 | 9.0 | 7034 | 6.4 |
| 翠屏区 | 53.6 | 6533 | 35.0 | 2.5 | 3903 | 1.0 | 51.1 | 6661 | 34.1 |
| 南溪区 | 28.3 | 6892 | 19.5 | 0.7 | 4002 | 0.3 | 27.6 | 6965 | 19.2 |
| 叙州区 | 101.0 | 5695 | 57.5 | 10.5 | 4023 | 4.2 | 90.5 | 5888 | 53.3 |
| 江安县 | 41.0 | 6726 | 27.6 | 2.1 | 3723 | 0.8 | 39.0 | 6884 | 26.8 |
| 长宁县 | 33.6 | 6364 | 21.4 | 1.2 | 3442 | 0.4 | 32.4 | 6473 | 21.0 |
| 高县 | 46.2 | 5811 | 26.9 | 2.7 | 3605 | 1.0 | 43.6 | 5946 | 25.9 |
| 珙县 | 35.9 | 5433 | 19.5 | 2.2 | 3913 | 0.9 | 33.7 | 5533 | 18.6 |
| 筠连县 | 34.7 | 5245 | 18.2 | 4.4 | 4126 | 1.8 | 30.3 | 5406 | 16.4 |
| 兴文县 | 40.5 | 6111 | 24.7 | 4.2 | 3965 | 1.7 | 36.3 | 6360 | 23.1 |
| 屏山县 | 16.7 | 5676 | 9.5 | 1.4 | 3380 | 0.5 | 15.3 | 5886 | 9.0 |
| 广安区 | 55.1 | 6087 | 33.6 | 9.2 | 3659 | 3.4 | 46.0 | 6572 | 30.2 |
| 前锋区 | 16.4 | 6746 | 11.0 | 1.2 | 3414 | 0.4 | 15.1 | 7015 | 10.6 |
| 岳池县 | 73.3 | 6708 | 49.2 | 6.8 | 3893 | 2.7 | 66.5 | 6997 | 46.5 |
| 武胜县 | 51.5 | 6437 | 33.1 | 4.2 | 3539 | 1.5 | 47.2 | 6697 | 31.6 |
| 邻水县 | 78.2 | 5934 | 46.4 | 9.3 | 2995 | 2.8 | 68.9 | 6329 | 43.6 |
| 华蓥市 | 17.7 | 5897 | 10.5 | 2.6 | 3837 | 1.0 | 15.1 | 6259 | 9.4 |
| 通川区 | 32.2 | 5778 | 18.6 | 5.4 | 3493 | 1.9 | 26.8 | 6237 | 16.7 |
| 达川区 | 89.5 | 6072 | 54.3 | 12.4 | 3454 | 4.3 | 77.1 | 6492 | 50.1 |
| 宣汉县 | 97.6 | 6143 | 60.0 | 15.8 | 3705 | 5.9 | 81.8 | 6614 | 54.1 |
| 开江县 | 52.4 | 5839 | 30.6 | 8.5 | 3298 | 2.8 | 43.9 | 6330 | 27.8 |
| 大竹县 | 112.7 | 5486 | 61.8 | 25.0 | 3129 | 7.8 | 87.6 | 6159 | 54.0 |
| 渠县 | 119.2 | 5546 | 66.1 | 19.3 | 3460 | 6.7 | 99.9 | 5950 | 59.4 |
| 万源市 | 61.0 | 5370 | 32.8 | 11.5 | 3832 | 4.4 | 49.5 | 5727 | 28.4 |
| 雨城区 | 9.9 | 5016 | 5.0 | 1.4 | 3331 | 0.5 | 8.5 | 5301 | 4.5 |
| 名山区 | 10.9 | 6306 | 6.9 | 0.3 | 3285 | 0.1 | 10.6 | 6400 | 6.8 |
| 荥经县 | 6.2 | 5885 | 3.7 | 0.1 | 3266 | 0.0 | 6.1 | 5932 | 3.6 |
| 汉源县 | 19.3 | 4891 | 9.4 | 2.4 | 3407 | 0.8 | 16.9 | 5103 | 8.6 |
| 石棉县 | 4.6 | 4743 | 2.2 | 0.6 | 3407 | 0.2 | 4.0 | 4931 | 2.0 |
| 天全县 | 8.2 | 5485 | 4.5 | 0.2 | 3061 | 0.1 | 8.0 | 5546 | 4.5 |
| 芦山县 | 4.9 | 5467 | 2.7 | 0.4 | 2969 | 0.1 | 4.5 | 5685 | 2.6 |
| 宝兴县 | 5.6 | 4286 | 2.4 | 1.8 | 3306 | 0.6 | 3.8 | 4766 | 1.8 |
| 巴州区 | 60.0 | 5721 | 34.3 | 18.9 | 4277 | 8.1 | 41.1 | 6384 | 26.2 |
| 恩阳区 | 60.6 | 5716 | 34.6 | 17.9 | 4182 | 7.5 | 42.7 | 6358 | 27.1 |
| 通江县 | 82.9 | 5690 | 47.1 | 18.9 | 4150 | 7.8 | 64.0 | 6146 | 39.3 |
| 南江县 | 69.6 | 5723 | 39.8 | 19.1 | 4087 | 7.8 | 50.5 | 6342 | 32.0 |
| 平昌县 | 67.9 | 5882 | 39.9 | 17.7 | 4175 | 7.4 | 50.1 | 6485 | 32.5 |
| 雁江区 | 108.2 | 4830 | 52.3 | 14.9 | 3052 | 4.6 | 93.3 | 5114 | 47.7 |
| 安岳县 | 143.6 | 5188 | 74.5 | 12.7 | 2984 | 3.8 | 130.9 | 5401 | 70.7 |
| 乐至县 | 84.3 | 4908 | 41.4 | 8.5 | 2297 | 1.9 | 75.9 | 5200 | 39.5 |
| 马尔康市 | 4.0 | 2440 | 1.0 | 0.0 | 3231 | 0.0 | 3.9 | 2434 | 1.0 |
| 汶川县 | 3.1 | 3658 | 1.1 | 0.6 | 3620 | 0.2 | 2.6 | 3667 | 0.9 |
| 理县 | 1.6 | 4644 | 0.8 | 0.0 | 3621 | 0.0 | 1.6 | 4662 | 0.7 |
| 茂县 | 7.0 | 3865 | 2.7 | 0.5 | 3609 | 0.2 | 6.5 | 3886 | 2.5 |

4-10　续表 3

单位：千公顷、公斤/公顷、万吨

| 县　名 | 全年粮食 | | | 夏收粮食 | | | 秋收粮食 | | |
|---|---|---|---|---|---|---|---|---|---|
| | 播种面积 | 单位面积产　量 | 总产量 | 播种面积 | 单位面积产　量 | 总产量 | 播种面积 | 单位面积产　量 | 总产量 |
| 松潘县 | 4.1 | 3262 | 1.3 | | | | 4.1 | 3262 | 1.3 |
| 九寨沟县 | 3.0 | 3757 | 1.1 | 0.0 | 2115 | 0.0 | 3.0 | 3771 | 1.1 |
| 金川县 | 5.9 | 3923 | 2.3 | 1.4 | 3196 | 0.4 | 4.5 | 4141 | 1.9 |
| 小金县 | 6.3 | 3345 | 2.1 | | | | 6.3 | 3345 | 2.1 |
| 黑水县 | 6.1 | 2969 | 1.8 | 0.1 | 2996 | 0.0 | 6.0 | 2969 | 1.8 |
| 壤塘县 | 2.0 | 2122 | 0.4 | | | | 2.0 | 2122 | 0.4 |
| 阿坝县 | 4.6 | 2295 | 1.1 | | | | 4.6 | 2295 | 1.1 |
| 若尔盖县 | 2.2 | 2921 | 0.6 | 0.0 | 2089 | 0.0 | 2.2 | 2927 | 0.6 |
| 红原县 | | | | | | | | | |
| 康定市 | 5.1 | 3317 | 1.7 | 0.1 | 3785 | 0.0 | 5.0 | 3305 | 1.6 |
| 泸定县 | 3.6 | 3444 | 1.2 | 0.5 | 3266 | 0.2 | 3.1 | 3473 | 1.1 |
| 丹巴县 | 2.9 | 3585 | 1.0 | 0.6 | 3235 | 0.2 | 2.2 | 3685 | 0.8 |
| 九龙县 | 4.4 | 4688 | 2.1 | 0.4 | 2843 | 0.1 | 3.9 | 4898 | 1.9 |
| 雅江县 | 2.6 | 3807 | 1.0 | 0.1 | 3083 | 0.0 | 2.6 | 3827 | 1.0 |
| 道孚县 | 5.0 | 2924 | 1.5 | | | | 5.0 | 2924 | 1.5 |
| 炉霍县 | 3.6 | 2830 | 1.0 | | | | 3.6 | 2830 | 1.0 |
| 甘孜县 | 11.2 | 3177 | 3.6 | | | | 11.2 | 3177 | 3.6 |
| 新龙县 | 3.3 | 3083 | 1.0 | | | | 3.3 | 3083 | 1.0 |
| 德格县 | 3.6 | 2909 | 1.0 | | | | 3.6 | 2909 | 1.0 |
| 白玉县 | 3.4 | 3120 | 1.1 | | | | 3.4 | 3120 | 1.1 |
| 石渠县 | 2.5 | 2773 | 0.7 | | | | 2.5 | 2773 | 0.7 |
| 色达县 | 0.9 | 2786 | 0.2 | | | | 0.9 | 2786 | 0.2 |
| 理塘县 | 3.5 | 3788 | 1.3 | | | | 3.5 | 3788 | 1.3 |
| 巴塘县 | 4.1 | 3851 | 1.6 | 0.7 | 3354 | 0.2 | 3.3 | 3960 | 1.3 |
| 乡城县 | 2.6 | 3729 | 1.0 | 0.7 | 3247 | 0.2 | 1.9 | 3900 | 0.7 |
| 稻城县 | 2.8 | 3439 | 1.0 | 0.2 | 3805 | 0.1 | 2.6 | 3411 | 0.9 |
| 得荣县 | 3.4 | 3882 | 1.3 | 0.7 | 3287 | 0.2 | 2.7 | 4045 | 1.1 |
| 西昌市 | 41.8 | 5871 | 24.5 | 10.9 | 3779 | 4.1 | 30.9 | 6612 | 20.4 |
| 木里县 | 17.7 | 4081 | 7.2 | 3.5 | 2913 | 1.0 | 14.2 | 4373 | 6.2 |
| 盐源县 | 50.8 | 4656 | 23.7 | 3.9 | 3728 | 1.4 | 47.0 | 4732 | 22.2 |
| 德昌县 | 18.5 | 5610 | 10.4 | 3.3 | 3240 | 1.1 | 15.2 | 6129 | 9.3 |
| 会理县 | 68.5 | 5131 | 35.1 | 16.9 | 3457 | 5.9 | 51.5 | 5682 | 29.3 |
| 会东县 | 56.5 | 4581 | 25.9 | 15.1 | 3165 | 4.8 | 41.4 | 5097 | 21.1 |
| 宁南县 | 25.0 | 4251 | 10.6 | 5.7 | 2480 | 1.4 | 19.3 | 4776 | 9.2 |
| 普格县 | 18.5 | 4373 | 8.1 | 2.0 | 2721 | 0.5 | 16.5 | 4573 | 7.5 |
| 布拖县 | 26.3 | 4176 | 11.0 | 2.4 | 1899 | 0.5 | 23.9 | 4403 | 10.5 |
| 金阳县 | 16.3 | 4440 | 7.3 | 1.7 | 3032 | 0.5 | 14.6 | 4607 | 6.7 |
| 昭觉县 | 27.6 | 4227 | 11.7 | 0.5 | 1485 | 0.1 | 27.1 | 4274 | 11.6 |
| 喜德县 | 20.6 | 4035 | 8.3 | 2.0 | 3736 | 0.7 | 18.6 | 4067 | 7.6 |
| 冕宁县 | 44.6 | 4999 | 22.3 | 12.5 | 4055 | 5.0 | 32.1 | 5365 | 17.2 |
| 越西县 | 32.2 | 4281 | 13.8 | 2.5 | 3824 | 1.0 | 29.7 | 4320 | 12.8 |
| 甘洛县 | 25.2 | 4522 | 11.4 | 3.1 | 2837 | 0.9 | 22.2 | 4754 | 10.5 |
| 美姑县 | 25.1 | 4014 | 10.1 | 1.2 | 1766 | 0.2 | 23.9 | 4129 | 9.9 |
| 雷波县 | 20.2 | 4700 | 9.5 | 0.9 | 3307 | 0.3 | 19.2 | 4767 | 9.2 |

# 4-11 主要畜禽生产情况(2020-2021年)

| 指标名称 | 单位 | 2021 | 2020 | 增长(%) |
|---|---|---|---|---|
| **一、畜禽存栏** | | | | |
| 1.猪 | 万头 | 4255.1 | 3875.4 | 9.8 |
| 其中：能繁殖母猪 | 万头 | 405.2 | 372.1 | 8.9 |
| 2.牛 | 万头 | 830.5 | 880.3 | -5.7 |
| 其中：肉牛 | 万头 | 524.8 | 547.8 | -4.2 |
| 奶牛 | 万头 | 78.3 | 78.9 | -0.6 |
| 役用牛 | 万头 | 227.3 | 253.6 | -10.3 |
| 3.羊 | 万只 | 1511.7 | 1524.8 | -0.9 |
| 其中：山羊 | 万只 | 1342.9 | 1353.9 | -0.8 |
| 绵羊 | 万只 | 168.8 | 170.9 | -1.2 |
| 4.活家禽 | 万只 | 45682.6 | 43406.2 | 5.2 |
| 其中：活鸡 | 万只 | 31475.3 | 31022.7 | 1.5 |
| 其中：肉鸡 | 万只 | 17298.6 | 17694.3 | -2.2 |
| 蛋鸡 | 万只 | 14176.7 | 13328.5 | 6.4 |
| **二、畜禽出栏** | | | | |
| 1.猪 | 万头 | 6314.8 | 5614.4 | 12.5 |
| 2.牛 | 万头 | 293.1 | 296.4 | -1.1 |
| 3.羊 | 万只 | 1766.2 | 1792.1 | -1.4 |
| 4.活家禽 | 万只 | 77467.3 | 77444.5 | 0.0 |
| **三、畜禽产品产量** | | | | |
| 1.猪肉 | 万吨 | 460.5 | 394.8 | 16.6 |
| 2.牛肉 | 万吨 | 36.9 | 37.0 | -0.5 |
| 3.羊肉 | 万吨 | 27.1 | 27.3 | -0.8 |
| 4.禽肉 | 万吨 | 116.0 | 115.8 | 0.2 |
| 5.禽蛋 | 万吨 | 169.2 | 167.9 | 0.8 |
| 6.生牛奶 | 万吨 | 68.3 | 68.0 | 0.5 |

## 4-12 生猪生产情况(2012-2021年)

单位：万头、万吨

| 年份 | 出栏头数 | 存栏头数 | #能繁母猪 | 猪肉产量 |
|---|---|---|---|---|
| 2012 | 7170.7 | 4718.5 | 468.5 | 496.4 |
| 2013 | 7314.1 | 4507.7 | 470.0 | 510.8 |
| 2014 | 7445.0 | 4510.2 | 455.3 | 527.2 |
| 2015 | 7236.5 | 4288.4 | 427.2 | 512.4 |
| 2016 | 6907.8 | 4078.8 | 400.3 | 492.3 |
| 2017 | 6579.1 | 4376.6 | 430.0 | 472.2 |
| 2018 | 6638.3 | 4258.5 | 402.9 | 481.2 |
| 2019 | 4852.6 | 2870.7 | 274.0 | 353.4 |
| 2020 | 5614.4 | 3875.4 | 372.1 | 394.8 |
| 2021 | 6314.8 | 4255.1 | 405.2 | 460.5 |

说明：根据第三次全国农业普查情况对2012-2017年数据重新核定修订。

## 4-13 牛生产情况(2012-2021年)

单位：万头、万吨

| 年份 | 出栏头数 | 存栏头数 | 牛肉产量 |
|---|---|---|---|
| 2012 | 238.2 | 857.2 | 27.2 |
| 2013 | 242.0 | 858.7 | 28.4 |
| 2014 | 251.6 | 869.9 | 30.2 |
| 2015 | 263.3 | 857.8 | 31.5 |
| 2016 | 268.6 | 831.2 | 32.4 |
| 2017 | 267.3 | 853.2 | 33.3 |
| 2018 | 276.2 | 824.3 | 34.5 |
| 2019 | 291.7 | 851.7 | 36.4 |
| 2020 | 296.4 | 880.3 | 37.0 |
| 2021 | 293.1 | 830.5 | 36.9 |

说明：根据第三次全国农业普查情况对2012-2017年数据重新核定修订。

## 4-14 羊生产情况(2012-2021年)

单位：万只、万吨

| 年份 | 出栏只数 | 存栏只数 | 羊肉产量 |
|---|---|---|---|
| 2012 | 1562.7 | 1390.8 | 24.0 |
| 2013 | 1583.6 | 1362.8 | 24.5 |
| 2014 | 1632.7 | 1369.7 | 25.3 |
| 2015 | 1698.0 | 1352.3 | 26.3 |
| 2016 | 1739.2 | 1296.0 | 26.8 |
| 2017 | 1780.4 | 1599.3 | 27.2 |
| 2018 | 1740.9 | 1462.9 | 26.3 |
| 2019 | 1780.2 | 1504.1 | 27.1 |
| 2020 | 1792.1 | 1524.8 | 27.3 |
| 2021 | 1766.2 | 1511.7 | 27.1 |

说明：根据第三次全国农业普查情况对2012-2017年数据重新核定修订。

## 4-15 家禽生产情况(2012-2021年)

单位：万只、万吨

| 年份 | 出栏只数 | 存栏只数 | 禽肉产量 |
|---|---|---|---|
| 2012 | 61999.6 | 36245.8 | 93.0 |
| 2013 | 63774.7 | 36052.6 | 95.6 |
| 2014 | 64667.6 | 37353.5 | 97.4 |
| 2015 | 66154.9 | 39869.8 | 99.7 |
| 2016 | 68489.7 | 38754.1 | 103.1 |
| 2017 | 65259.8 | 36619.2 | 99.0 |
| 2018 | 66071.0 | 38440.7 | 100.6 |
| 2019 | 78756.6 | 43949.4 | 119.7 |
| 2020 | 77444.5 | 43406.2 | 115.8 |
| 2021 | 77467.3 | 45682.6 | 116.0 |

说明：根据第三次全国农业普查情况对2012-2017年数据重新核定修订。

## 4-16 蛋奶生产情况(2012-2021年)

单位：万吨

| 年份 | 牛奶 | 禽蛋 |
|---|---|---|
| 2012 | 71.7 | 146.4 |
| 2013 | 70.6 | 145.2 |
| 2014 | 70.8 | 145.3 |
| 2015 | 67.5 | 146.7 |
| 2016 | 62.8 | 149.7 |
| 2017 | 63.7 | 144.5 |
| 2018 | 64.2 | 148.8 |
| 2019 | 66.7 | 161.7 |
| 2020 | 68.0 | 167.9 |
| 2021 | 68.3 | 169.2 |

说明：根据第三次全国农业普查情况对2012-2017年数据重新核定修订。

# 4-17 全省及各市(州)生猪生产情况(2020-2021年)

单位：万头、万吨

| 地　区 | 2020 | | | 2021 | | |
|---|---|---|---|---|---|---|
| | 生猪存栏 | 生猪出栏 | 猪肉产量 | 生猪存栏 | 生猪出栏 | 猪肉产量 |
| **全　省** | **3875.4** | **5614.4** | **394.8** | **4255.1** | **6314.8** | **460.5** |
| 成都市 | 260.0 | 400.4 | 28.1 | 278.8 | 416.9 | 30.2 |
| 自贡市 | 109.5 | 160.5 | 11.4 | 116.3 | 181.4 | 12.9 |
| 攀枝花市 | 38.6 | 51.2 | 3.7 | 42.1 | 58.9 | 4.2 |
| 泸州市 | 245.6 | 355.1 | 25.4 | 266.8 | 399.9 | 29.6 |
| 德阳市 | 153.2 | 237.0 | 16.8 | 163.4 | 270.4 | 19.6 |
| 绵阳市 | 227.1 | 324.3 | 22.7 | 253.4 | 362.0 | 26.1 |
| 广元市 | 235.1 | 334.5 | 23.6 | 255.7 | 369.6 | 27.1 |
| 遂宁市 | 209.3 | 321.2 | 23.1 | 225.3 | 359.4 | 26.1 |
| 内江市 | 143.2 | 225.6 | 15.6 | 153.2 | 250.6 | 18.1 |
| 乐山市 | 152.9 | 245.2 | 16.9 | 174.8 | 263.3 | 19.2 |
| 南充市 | 380.3 | 521.7 | 36.7 | 414.7 | 591.4 | 43.6 |
| 眉山市 | 139.1 | 190.4 | 13.4 | 150.0 | 211.8 | 15.6 |
| 宜宾市 | 318.4 | 437.0 | 31.6 | 337.8 | 501.5 | 37.1 |
| 广安市 | 208.6 | 324.2 | 22.5 | 245.1 | 364.1 | 26.6 |
| 达州市 | 255.0 | 370.2 | 26.0 | 283.2 | 434.1 | 31.6 |
| 雅安市 | 78.2 | 108.4 | 7.9 | 97.0 | 131.3 | 9.6 |
| 巴中市 | 205.8 | 294.3 | 20.7 | 217.3 | 333.3 | 24.3 |
| 资阳市 | 160.0 | 243.1 | 16.8 | 185.5 | 274.9 | 20.1 |
| 阿坝州 | 35.6 | 33.0 | 2.3 | 39.1 | 38.7 | 2.9 |
| 甘孜州 | 18.8 | 21.0 | 1.5 | 20.0 | 22.1 | 1.6 |
| 凉山州 | 301.1 | 416.2 | 28.5 | 335.8 | 479.6 | 34.4 |

# 4-18 全省及各市(州)牛生产情况(2020-2021年)

单位：万头、万吨

| 地区 | 2020 | | | 2021 | | |
|---|---|---|---|---|---|---|
| | 牛存栏 | 牛出栏 | 牛肉产量 | 牛存栏 | 牛出栏 | 牛肉产量 |
| **全省** | **880.3** | **296.4** | **37.0** | **830.5** | **293.1** | **36.9** |
| 成都市 | 7.5 | 3.8 | 0.5 | 6.6 | 3.9 | 0.5 |
| 自贡市 | 5.7 | 2.8 | 0.4 | 5.7 | 2.8 | 0.4 |
| 攀枝花市 | 8.9 | 3.6 | 0.5 | 8.7 | 3.6 | 0.5 |
| 泸州市 | 19.5 | 7.5 | 0.9 | 18.2 | 7.6 | 0.9 |
| 德阳市 | 12.2 | 6.7 | 0.8 | 12.6 | 6.7 | 0.9 |
| 绵阳市 | 24.2 | 11.8 | 1.5 | 26.1 | 12.0 | 1.5 |
| 广元市 | 25.1 | 8.9 | 1.1 | 24.8 | 9.5 | 1.2 |
| 遂宁市 | 7.2 | 3.4 | 0.4 | 8.0 | 3.7 | 0.5 |
| 内江市 | 4.6 | 2.1 | 0.3 | 4.6 | 2.2 | 0.3 |
| 乐山市 | 6.4 | 3.4 | 0.4 | 6.1 | 3.4 | 0.4 |
| 南充市 | 30.0 | 12.9 | 1.5 | 30.3 | 13.1 | 1.6 |
| 眉山市 | 5.5 | 2.3 | 0.3 | 5.6 | 2.5 | 0.3 |
| 宜宾市 | 32.4 | 14.1 | 1.8 | 31.1 | 14.7 | 1.9 |
| 广安市 | 7.0 | 2.6 | 0.3 | 7.9 | 2.6 | 0.3 |
| 达州市 | 59.1 | 33.5 | 4.2 | 60.2 | 34.1 | 4.4 |
| 雅安市 | 12.2 | 5.7 | 0.7 | 11.0 | 5.5 | 0.7 |
| 巴中市 | 38.0 | 18.3 | 2.1 | 40.1 | 18.1 | 2.2 |
| 资阳市 | 3.6 | 1.9 | 0.2 | 3.8 | 1.9 | 0.3 |
| 阿坝州 | 231.7 | 57.4 | 7.5 | 209.2 | 54.9 | 6.9 |
| 甘孜州 | 223.5 | 55.2 | 7.0 | 201.5 | 51.5 | 6.5 |
| 凉山州 | 116.0 | 38.7 | 4.8 | 108.3 | 38.9 | 4.7 |

# 4-19 全省及各市(州)羊生产情况(2020-2021年)

单位：万只、万吨

| 地区 | 2020 | | | 2021 | | |
|---|---|---|---|---|---|---|
| | 羊存栏 | 羊出栏 | 羊肉产量 | 羊存栏 | 羊出栏 | 羊肉产量 |
| **全 省** | **1524.8** | **1792.1** | **27.3** | **1511.7** | **1766.2** | **27.1** |
| 成都市 | 41.1 | 83.0 | 1.2 | 37.7 | 74.6 | 1.1 |
| 自贡市 | 50.2 | 94.4 | 1.4 | 52.3 | 97.9 | 1.4 |
| 攀枝花市 | 44.1 | 49.5 | 0.8 | 44.6 | 50.2 | 0.8 |
| 泸州市 | 39.0 | 53.0 | 0.8 | 39.4 | 53.8 | 0.8 |
| 德阳市 | 18.6 | 22.6 | 0.4 | 19.6 | 22.8 | 0.4 |
| 绵阳市 | 69.2 | 95.5 | 1.4 | 68.3 | 93.4 | 1.4 |
| 广元市 | 40.1 | 63.4 | 1.0 | 48.0 | 67.6 | 1.0 |
| 遂宁市 | 24.6 | 38.1 | 0.5 | 27.0 | 38.7 | 0.6 |
| 内江市 | 36.0 | 54.1 | 0.8 | 45.8 | 60.2 | 0.8 |
| 乐山市 | 24.1 | 33.5 | 0.5 | 24.2 | 34.1 | 0.5 |
| 南充市 | 137.0 | 201.4 | 3.1 | 149.3 | 199.0 | 3.1 |
| 眉山市 | 34.7 | 42.6 | 0.6 | 33.2 | 42.6 | 0.6 |
| 宜宾市 | 30.3 | 43.3 | 0.6 | 33.0 | 45.4 | 0.7 |
| 广安市 | 16.1 | 23.8 | 0.3 | 16.5 | 24.8 | 0.4 |
| 达州市 | 90.0 | 124.3 | 1.9 | 94.6 | 126.6 | 2.0 |
| 雅安市 | 17.6 | 23.1 | 0.3 | 17.3 | 22.8 | 0.3 |
| 巴中市 | 73.8 | 77.1 | 1.1 | 73.7 | 75.4 | 1.1 |
| 资阳市 | 68.1 | 130.4 | 1.9 | 65.0 | 130.3 | 1.9 |
| 阿坝州 | 95.7 | 48.1 | 0.8 | 79.7 | 43.7 | 0.7 |
| 甘孜州 | 65.3 | 41.3 | 0.7 | 50.6 | 34.7 | 0.6 |
| 凉山州 | 509.0 | 449.7 | 7.2 | 491.7 | 427.6 | 6.8 |

# 4-20 全省及各市(州)家禽生产情况(2020-2021年)

单位：万只、万吨

| 地区 | 2020 | | | 2021 | | |
|---|---|---|---|---|---|---|
| | 禽存栏 | 禽出栏 | 禽肉产量 | 禽存栏 | 禽出栏 | 禽肉产量 |
| **全省** | **43406.2** | **77444.5** | **115.8** | **45682.6** | **77467.3** | **116.0** |
| 成都市 | 3387.0 | 7651.1 | 12.3 | 3218.2 | 7319.2 | 11.3 |
| 自贡市 | 1691.0 | 3174.8 | 4.8 | 1896.8 | 3418.7 | 5.1 |
| 攀枝花市 | 359.4 | 455.6 | 0.7 | 360.8 | 456.2 | 0.7 |
| 泸州市 | 2503.3 | 4100.5 | 6.1 | 2956.2 | 4073.8 | 5.9 |
| 德阳市 | 3087.0 | 7181.8 | 11.0 | 3160.5 | 6963.2 | 11.3 |
| 绵阳市 | 3570.6 | 7430.0 | 11.6 | 3795.7 | 7324.4 | 11.1 |
| 广元市 | 2444.5 | 3468.3 | 4.7 | 2792.2 | 3764.1 | 5.3 |
| 遂宁市 | 1568.3 | 2352.2 | 3.9 | 1787.3 | 2612.9 | 4.3 |
| 内江市 | 2030.7 | 3348.9 | 4.8 | 2027.7 | 3384.8 | 4.9 |
| 乐山市 | 2326.0 | 4468.8 | 6.7 | 2517.8 | 4413.5 | 6.7 |
| 南充市 | 5164.9 | 7405.8 | 10.2 | 4927.0 | 7375.1 | 10.2 |
| 眉山市 | 1682.3 | 3955.3 | 5.5 | 1851.1 | 3802.5 | 5.6 |
| 宜宾市 | 2900.6 | 4724.9 | 7.1 | 3048.9 | 4865.6 | 7.2 |
| 广安市 | 2291.7 | 3516.5 | 4.8 | 2316.2 | 3523.4 | 4.9 |
| 达州市 | 3491.7 | 7721.7 | 11.6 | 3921.2 | 7631.6 | 11.5 |
| 雅安市 | 673.8 | 730.9 | 1.6 | 776.6 | 730.0 | 1.4 |
| 巴中市 | 876.1 | 1183.5 | 1.8 | 888.7 | 1197.5 | 1.8 |
| 资阳市 | 1704.5 | 2511.1 | 3.7 | 1739.5 | 2434.6 | 3.7 |
| 阿坝州 | 48.6 | 69.5 | 0.1 | 49.0 | 67.0 | 0.1 |
| 甘孜州 | 29.0 | 24.2 | 0.0 | 27.1 | 23.7 | 0.0 |
| 凉山州 | 1575.2 | 2069.2 | 3.1 | 1624.0 | 2085.6 | 3.1 |

# 4-21 全省及各市(州)蛋奶生产情况(2020-2021年)

单位：万吨

| 地区 | 2020 | | 2021 | |
|---|---|---|---|---|
| | 牛奶 | 禽蛋 | 牛奶 | 禽蛋 |
| **全省** | **68.0** | **167.9** | **68.3** | **169.2** |
| 成都市 | 8.0 | 18.4 | 7.9 | 18.0 |
| 自贡市 | 1.6 | 6.5 | 1.7 | 6.5 |
| 攀枝花市 | 0.0 | 1.1 | 0.0 | 1.1 |
| 泸州市 | 0.1 | 4.7 | 0.1 | 4.9 |
| 德阳市 | 1.1 | 12.8 | 1.2 | 12.6 |
| 绵阳市 | 1.7 | 15.9 | 1.4 | 15.9 |
| 广元市 | | 5.0 | 0.0 | 5.4 |
| 遂宁市 | 0.1 | 9.6 | 0.1 | 9.4 |
| 内江市 | 0.8 | 5.2 | 0.9 | 5.1 |
| 乐山市 | 0.1 | 14.6 | 0.1 | 15.3 |
| 南充市 | 2.7 | 23.6 | 2.8 | 23.9 |
| 眉山市 | 13.9 | 5.3 | 14.9 | 5.4 |
| 宜宾市 | 0.3 | 4.8 | 0.3 | 5.0 |
| 广安市 | 0.3 | 7.9 | 0.3 | 7.9 |
| 达州市 | 1.8 | 11.4 | 2.0 | 11.2 |
| 雅安市 | 3.6 | 2.6 | 3.4 | 2.7 |
| 巴中市 | | 7.0 | 0.0 | 6.9 |
| 资阳市 | 1.4 | 8.6 | 1.4 | 8.8 |
| 阿坝州 | 14.0 | 0.2 | 14.0 | 0.2 |
| 甘孜州 | 11.6 | 0.1 | 11.2 | 0.1 |
| 凉山州 | 5.1 | 2.9 | 4.6 | 2.8 |

# 4-22 各生猪调出大县生猪生产情况(2021年)

单位：万头、万吨

| 县 名 | 生猪存栏 | #能繁母猪存栏 | 生猪出栏 | 猪肉产量 |
|---|---|---|---|---|
| 金堂县 | 32.8 | 3.2 | 53.9 | 3.7 |
| 大邑县 | 32.3 | 2.8 | 46.4 | 3.4 |
| 蒲江县 | 28.5 | 2.7 | 39.0 | 2.8 |
| 彭州市 | 26.4 | 2.4 | 39.0 | 2.8 |
| 邛崃市 | 48.4 | 4.9 | 73.5 | 5.3 |
| 崇州市 | 31.7 | 2.8 | 45.7 | 3.3 |
| 简阳市 | 51.6 | 4.9 | 73.5 | 5.4 |
| 荣 县 | 43.7 | 4.3 | 65.9 | 4.8 |
| 富顺县 | 43.5 | 4.0 | 61.8 | 4.4 |
| 江阳区 | 17.6 | 1.7 | 27.0 | 1.9 |
| 纳溪区 | 35.7 | 3.3 | 54.9 | 4.0 |
| 泸 县 | 66.4 | 6.6 | 100.7 | 7.4 |
| 合江县 | 53.8 | 5.1 | 80.6 | 6.0 |
| 叙永县 | 44.2 | 4.7 | 67.8 | 5.1 |
| 古蔺县 | 42.4 | 4.9 | 63.8 | 4.7 |
| 旌阳区 | 21.8 | 1.7 | 34.0 | 2.5 |
| 罗江区 | 24.8 | 2.7 | 39.3 | 2.9 |
| 中江县 | 64.4 | 6.7 | 109.3 | 7.9 |
| 广汉市 | 13.2 | 1.1 | 22.0 | 1.6 |
| 什邡市 | 12.6 | 1.1 | 21.2 | 1.5 |
| 绵竹市 | 26.4 | 2.1 | 42.9 | 3.1 |
| 三台县 | 72.2 | 7.0 | 113.0 | 8.1 |
| 盐亭县 | 38.7 | 3.4 | 53.3 | 3.9 |
| 梓潼县 | 38.5 | 3.7 | 58.0 | 4.3 |
| 江油市 | 41.8 | 4.1 | 60.6 | 4.5 |
| 昭化区 | 42.0 | 4.5 | 61.6 | 4.4 |
| 旺苍县 | 39.1 | 3.6 | 55.5 | 4.2 |
| 剑阁县 | 62.7 | 5.4 | 99.1 | 7.2 |
| 苍溪县 | 72.3 | 6.6 | 106.5 | 7.8 |
| 船山区 | 38.1 | 3.3 | 57.0 | 4.3 |
| 安居区 | 48.9 | 4.8 | 90.8 | 6.5 |
| 蓬溪县 | 46.9 | 4.1 | 69.7 | 5.1 |
| 射洪县 | 54.5 | 4.8 | 92.0 | 6.6 |
| 大英县 | 35.7 | 3.3 | 57.1 | 4.1 |
| 东兴区 | 33.5 | 3.0 | 59.2 | 4.2 |
| 威远县 | 30.5 | 2.8 | 51.6 | 3.7 |
| 资中县 | 47.2 | 4.6 | 72.9 | 5.2 |
| 隆昌市 | 28.3 | 2.6 | 42.0 | 3.1 |
| 乐山市中区 | 19.9 | 2.0 | 30.7 | 2.2 |
| 犍为县 | 34.7 | 3.5 | 53.2 | 4.0 |
| 井研县 | 43.2 | 3.9 | 62.4 | 4.5 |
| 高坪区 | 40.7 | 4.4 | 54.6 | 3.9 |

4-22 续表

单位：万头、万吨

| 县　名 | 生猪存栏 | #能繁母猪存栏 | 生猪出栏 | 猪肉产量 |
|---|---|---|---|---|
| 嘉陵区 | 44.7 | 4.6 | 63.6 | 4.5 |
| 南部县 | 57.2 | 4.9 | 86.9 | 6.3 |
| 营山县 | 55.1 | 5.6 | 76.2 | 5.7 |
| 蓬安县 | 43.5 | 4.4 | 57.2 | 4.1 |
| 仪陇县 | 62.4 | 5.9 | 85.4 | 6.3 |
| 西充县 | 45.4 | 3.7 | 64.7 | 4.7 |
| 阆中市 | 51.6 | 5.2 | 75.7 | 5.5 |
| 东坡区 | 37.0 | 3.7 | 50.0 | 3.6 |
| 仁寿县 | 68.0 | 6.6 | 101.2 | 7.2 |
| 翠屏区 | 34.3 | 3.1 | 49.4 | 3.6 |
| 南溪区 | 24.8 | 1.9 | 37.5 | 2.8 |
| 宜宾县 | 53.2 | 5.2 | 81.6 | 6.1 |
| 江安县 | 34.5 | 2.9 | 55.7 | 4.2 |
| 长宁县 | 35.2 | 3.2 | 49.8 | 3.7 |
| 高　县 | 30.5 | 3.4 | 47.7 | 3.5 |
| 珙　县 | 34.6 | 3.6 | 50.8 | 3.8 |
| 筠连县 | 35.5 | 3.6 | 51.6 | 4.0 |
| 兴文县 | 37.0 | 3.7 | 54.3 | 4.1 |
| 广安区 | 52.4 | 4.7 | 77.4 | 5.5 |
| 岳池县 | 56.1 | 5.3 | 84.7 | 5.9 |
| 武胜县 | 56.2 | 5.0 | 90.7 | 6.4 |
| 邻水县 | 56.2 | 5.6 | 79.4 | 5.7 |
| 达川区 | 51.5 | 5.1 | 76.4 | 5.5 |
| 宣汉县 | 51.5 | 4.9 | 76.3 | 5.7 |
| 大竹县 | 50.8 | 5.1 | 75.2 | 5.7 |
| 渠　县 | 50.8 | 4.8 | 86.5 | 6.5 |
| 万源市 | 26.4 | 2.5 | 37.5 | 2.7 |
| 名山区 | 44.4 | 3.9 | 56.6 | 4.2 |
| 巴州区 | 37.2 | 3.5 | 54.6 | 4.1 |
| 恩阳区 | 34.4 | 3.1 | 50.6 | 3.6 |
| 通江县 | 52.1 | 5.0 | 79.7 | 5.8 |
| 南江县 | 46.3 | 4.4 | 70.5 | 5.1 |
| 平昌县 | 47.2 | 4.8 | 81.4 | 5.8 |
| 雁江区 | 63.9 | 5.7 | 85.9 | 6.1 |
| 安岳县 | 71.0 | 6.6 | 111.9 | 8.0 |
| 乐至县 | 50.6 | 4.4 | 73.9 | 5.3 |
| 西昌市 | 20.1 | 2.2 | 33.3 | 2.3 |
| 盐源县 | 33.6 | 3.1 | 38.2 | 2.8 |
| 会理县 | 56.3 | 5.8 | 84.7 | 6.3 |
| 会东县 | 39.6 | 4.1 | 51.5 | 3.8 |
| 冕宁县 | 26.9 | 2.6 | 37.2 | 2.7 |

# 主要统计指标解释

**粮食** 按收获季节分包括夏粮、早稻、秋粮；按作物品种分包括谷物、薯类、豆类。

**夏收粮食** 指上年秋、冬季和本年春季播种、夏季收获的全部粮食作物，如冬小麦、夏收春小麦、大麦、元麦、蚕豆、豌豆、夏收马铃薯等。

**早稻** 指早籼稻。

**秋收粮食** 指本年春、夏季播种，秋季收获的粮食作物。如：中稻、晚稻、玉米、高粱、谷子、甘薯、大豆等。

**谷物** 指禾本科和蓼科粮食作物。这类作物具体包括稻谷、小麦、玉米、谷子、高粱和其他谷物。其他谷物包括大麦、燕麦、荞麦等，其中西藏、青海、甘肃等地种植的青稞是大麦中的裸麦，按大麦统计。

**薯类** 包括甘薯和马铃薯。不包括芋头、木薯等。芋头作为蔬菜统计，木薯作为其他作物统计。

**豆类** 是以食用种籽及其制成品为主的一类豆科植物，包括大豆、绿豆、红小豆、杂豆等。

**粮食播种面积** 指农业生产经营者应在日历年度内收获的粮食作物在全部土地（耕地或非耕地）上的播种或移植面积。凡是本年内收获的粮食作物，无论是本年还是上年播种，都算为当年播种面积，但不包括本年播种，下年收获的粮食作物面积。移植的粮食作物面积按移植后的面积计算，不计算移植前的秧田面积。如果因灾害等原因，应该收获却未能收获，也要按原播种面积计算，新补或改种，并在本年收获的，也要按复种作物计算面积。间种、混种的作物面积按比例折算各个作物的面积，如果完全混合、同步生长、收获的作物，按混合面积平均分配。复种、套种的作物，按次数计算面积，每种一次计算一次。再生稻、再生高粱等，因其没有经过播种或移植，不计入播种面积。

**粮食产量** 指稻谷、小麦、玉米、高粱等谷物及薯类和豆类的全社会的产量。包括国有经济经营的、集体统一经营的和农民家庭经营的粮食产量，还包括工矿企业办的农场和其他生产单位的产量。其产量计算方法，豆类按去荚后的干豆计算；薯类（包括甘薯和马铃薯，不包括芋头和木薯），按每5公斤鲜薯折1公斤粮食计算。城市效区作为蔬菜的薯类（如马铃薯等）不作粮食统计。其他粮食一律按脱粒后的原粮计算。

**生猪期（年）末存栏** 指本调查期末饲养生猪的总量，包括15公斤以下仔猪、待育肥猪（架子猪）和种猪等数量之和。

**能繁母猪** 是指猪龄约在9个月（包括9个月）以上的、具备繁殖能力的母猪。

**生猪期内增加头数** 指本调查期内以各种形式增加的生猪总量。增加的方式主要有自繁、购进、他人赠送等。

**生猪期内减少头数** 指本调查期内以各种形式减少的生猪总量。减少方式主要有自宰活肥猪、出售活肥猪、出售仔猪、待育肥猪（架子猪）、种猪等，以及赠送、丢失、死亡、疫病捕杀等。

**猪肉产量** 指本调查期内出栏肥猪头数折算出的鲜、冷鲜、冷冻猪肉总量，按胴体重计算。

**牛总量** 指肉牛、奶牛、役用牛的合计数量。

**牛期（年）末存栏** 指本调查期末饲养各类型的牛总量，包括牛犊、待育肥牛（架子牛）、奶牛和种牛等数量之和。

**牛期内增加头数** 指本调查期内以各种形式增加的牛犊、架子牛、成年牛等数量。增加的方式主要有自行繁殖、购进、他人赠送等。

**牛期内减少头数** 指本调查期内以各种形式减少的牛数量。减少的方式主要有自宰育肥肉牛、出售育肥肉牛、出售牛犊、架子牛、奶牛、种牛，赠送他人、丢失、死亡、疫病捕杀等。

**牛肉产量** 指本调查期内出栏肉牛头数折算出的鲜、冷鲜、冷冻牛肉产量，按胴体重计算。

**生牛奶产量** 指本调查期内奶牛所生产的牛奶总产量。

**羊期末存栏** 指本调查期末饲养各种羊只总量。包括羊羔、待育肥羊（架子羊）、奶羊和种羊等数量之和。

**羊期内增加头数** 指本调查期内以各种形式增加的羊只总量，增加的方式主要有自行繁殖、购进、他人赠送等。

**羊期内减少头数** 指本调查期内因各种原因减少的羊只数量。减少的方式主要有自宰肥羊、出售肥羊、出售羊羔或待育肥羊、出售种羊，赠送他人、丢失、死亡、疫病捕杀等。

**羊肉产量** 指本调查期内出栏肥羊头数折算出的鲜、冷鲜、冷冻羊肉产量，按胴体重计算。

**绵羊毛产量** 指本调查期内绵羊所生产的羊毛总量。

**山羊绒产量** 指本调查期内山羊所生产的羊绒总量。

**家禽种类** 主要包括鸡、鸭、鹅三个种类。

**家禽期末存栏** 指本调查期末饲养家禽的总量，包括幼禽、肉用家禽、蛋用家禽和种家禽等。

**家禽期内减少只数** 指本调查期内以各种形式减少的家禽总量。减少的方式主要有自宰活家禽、出售活家禽、出售幼禽、赠送他人、丢失、死亡、疫病捕杀等。

**禽肉产量** 指本调查期内出栏肉用家禽产出的禽肉总量。

**禽蛋产量** 指本调查期内饲养的蛋用家禽生产的禽蛋总重量。包括出售的和农民自产自用的部分。品种主要为鸡鸭鹅。

**肉类总产量** 指调查期内各种牲畜及家禽、兔等动物肉产量总计。猪、牛、羊、马、驴、骡、骆驼肉产量按去掉头蹄下水后带骨肉的胴体重量计算，兔禽肉产量按屠宰后去毛和内脏后的重量计算。猪牛羊禽四个品种肉产量由主要畜禽监测抽样调查获得，马、驴、骡、骆驼、兔肉产量由全面统计获得，其他特种养殖肉产量可用住户调查资料推算获得。

# 五　附　录

# 5-1　全国及各省(自治区、直辖市)农产品生产价格总指数(2021年)

(上年同期=100)

| 地　区 | 全　年 | | | | |
|---|---|---|---|---|---|
| | | 1季度 | 2季度 | 3季度 | 4季度 |
| **全国总计** | | **107.8** | | | |
| 北　京 | 98.2 | 101.6 | 94.6 | 96.1 | 100.6 |
| 天　津 | 109.8 | 109.6 | 103.7 | 102.9 | 120.0 |
| 河　北 | 108.1 | 109.7 | 110.2 | 106.9 | 102.6 |
| 山　西 | 104.8 | 114.2 | 103.7 | 100.1 | 103.6 |
| 内蒙古 | 107.6 | 116.6 | 118.3 | 101.8 | 98.5 |
| 辽　宁 | 105.1 | 114.7 | 106.0 | 97.3 | 99.4 |
| 吉　林 | 109.3 | 135.8 | 116.6 | 95.6 | 94.2 |
| 黑龙江 | 111.1 | 134.4 | 126.4 | 100.7 | 97.8 |
| 上　海 | 104.4 | 106.5 | 102.7 | 100.9 | 105.9 |
| 江　苏 | 100.3 | 105.1 | 106.3 | 91.8 | 95.5 |
| 浙　江 | 99.3 | 98.9 | 98.4 | 98.9 | 101.2 |
| 安　徽 | 95.9 | 105.2 | 101.7 | 98.8 | 92.9 |
| 福　建 | 104.5 | 105.0 | 108.8 | 102.6 | 99.2 |
| 江　西 | 96.1 | 101.5 | 97.1 | 96.2 | 94.1 |
| 山　东 | 104.2 | 110.4 | 107.4 | 101.6 | 104.4 |
| 河　南 | 98.0 | 108.7 | 105.0 | 97.1 | 96.7 |
| 湖　北 | 101.0 | 109.0 | 98.7 | 100.3 | 100.4 |
| 湖　南 | 90.1 | 95.4 | 88.4 | 85.4 | 94.3 |
| 广　东 | 98.8 | 101.2 | 99.1 | 95.5 | 101.4 |
| 广　西 | 94.9 | 102.1 | 95.5 | 85.8 | 93.6 |
| 海　南 | 106.3 | 121.7 | 95.2 | 105.7 | 105.5 |
| 重　庆 | 98.4 | 109.0 | 97.6 | 97.3 | 91.2 |
| **四　川** | **94.3** | **99.7** | **96.9** | **90.0** | **91.6** |
| 贵　州 | 86.4 | 104.6 | 83.2 | 78.9 | 88.4 |
| 云　南 | 96.8 | 107.8 | 99.3 | 93.3 | 92.8 |
| 西　藏 | | | | | |
| 陕　西 | 99.3 | 104.8 | 102.8 | 97.9 | 95.3 |
| 甘　肃 | 101.9 | 106.8 | 101.1 | 107.4 | 104.1 |
| 青　海 | 104.1 | 111.3 | 94.4 | 90.4 | 106.5 |
| 宁　夏 | 106.5 | 114.5 | 96.4 | 106.1 | 101.0 |
| 新　疆 | 114.2 | 113.6 | 115.9 | 103.5 | 115.4 |

注：西藏未开展农产品生产价格调查。

# 5-2 全国及各省(自治区、直辖市)城镇居民人均可支配收入(2016-2021年)

单位：元/人

| 地　区 | 2016 | 2017 | 2018 | 2019 | 2020 | 2021 |
|---|---|---|---|---|---|---|
| **全　国** | **33616** | **36396** | **39251** | **42359** | **43834** | **47412** |
| 北　京 | 57275 | 62406 | 67990 | 73849 | 75602 | 81518 |
| 天　津 | 37110 | 40278 | 42976 | 46119 | 47659 | 51486 |
| 河　北 | 28249 | 30548 | 32977 | 35738 | 37286 | 39791 |
| 山　西 | 27352 | 29132 | 31035 | 33262 | 34793 | 37433 |
| 内蒙古 | 32975 | 35670 | 38305 | 40782 | 41353 | 44377 |
| 辽　宁 | 32876 | 34993 | 37342 | 39777 | 40376 | 43051 |
| 吉　林 | 26530 | 28319 | 30172 | 32299 | 33396 | 35646 |
| 黑龙江 | 25736 | 27446 | 29191 | 30945 | 31115 | 33646 |
| 上　海 | 57692 | 62596 | 68034 | 73615 | 76437 | 82429 |
| 江　苏 | 40152 | 43622 | 47200 | 51056 | 53102 | 57743 |
| 浙　江 | 47237 | 51261 | 55574 | 60182 | 62699 | 68487 |
| 安　徽 | 29156 | 31640 | 34393 | 37540 | 39442 | 43009 |
| 福　建 | 36014 | 39001 | 42121 | 45620 | 47160 | 51140 |
| 江　西 | 28673 | 31198 | 33819 | 36546 | 38556 | 41684 |
| 山　东 | 34012 | 36789 | 39549 | 42329 | 43726 | 47066 |
| 河　南 | 27233 | 29558 | 31874 | 34201 | 34750 | 37095 |
| 湖　北 | 29386 | 31889 | 34455 | 37601 | 36706 | 40278 |
| 湖　南 | 31284 | 33948 | 36698 | 39842 | 41698 | 44866 |
| 广　东 | 37684 | 40975 | 44341 | 48118 | 50257 | 54854 |
| 广　西 | 28324 | 30502 | 32436 | 34745 | 35859 | 38530 |
| 海　南 | 28453 | 30817 | 33349 | 36017 | 37097 | 40213 |
| 重　庆 | 29610 | 32193 | 34889 | 37939 | 40006 | 43502 |
| **四　川** | **28335** | **30727** | **33216** | **36154** | **38253** | **41444** |
| 贵　州 | 26743 | 29080 | 31592 | 34404 | 36096 | 39211 |
| 云　南 | 28611 | 30996 | 33488 | 36238 | 37500 | 40905 |
| 西　藏 | 27802 | 30671 | 33797 | 37410 | 41156 | 46503 |
| 陕　西 | 28440 | 30810 | 33319 | 36098 | 37868 | 40713 |
| 甘　肃 | 25693 | 27763 | 29957 | 32323 | 33822 | 36187 |
| 青　海 | 26757 | 29169 | 31515 | 33830 | 35506 | 37745 |
| 宁　夏 | 27153 | 29472 | 31895 | 34328 | 35720 | 38291 |
| 新　疆 | 28463 | 30775 | 32764 | 34664 | 34838 | 37642 |

# 5-3　全国及各省(自治区、直辖市)农村居民人均可支配收入(2016-2021年)

单位：元/人

| 地　区 | 2016 | 2017 | 2018 | 2019 | 2020 | 2021 |
|---|---|---|---|---|---|---|
| **全　国** | **12363** | **13432** | **14617** | **16021** | **17131** | **18931** |
| 北　京 | 22310 | 24240 |  | 28928 | 30126 | 33303 |
| 天　津 | 20076 | 21754 | 23065 | 24804 | 25691 | 27955 |
| 河　北 | 11919 | 12881 | 14031 | 15373 | 16467 | 18179 |
| 山　西 | 10082 | 10788 | 11750 | 12902 | 13878 | 15308 |
| 内蒙古 | 11609 | 12584 | 13803 | 15283 | 16567 | 18337 |
| 辽　宁 | 12881 | 13747 | 14656 | 16108 | 17450 | 19217 |
| 吉　林 | 12123 | 12950 | 13748 | 14936 | 16067 | 17642 |
| 黑龙江 | 11832 | 12665 | 13804 | 14982 | 16168 | 17888 |
| 上　海 | 25520 | 27825 | 30375 | 33195 | 34911 | 38521 |
| 江　苏 | 17606 | 19158 | 20845 | 22675 | 24198 | 26791 |
| 浙　江 | 22866 | 24956 | 27302 | 29876 | 31930 | 35247 |
| 安　徽 | 11720 | 12758 | 13996 | 15416 | 16620 | 18368 |
| 福　建 | 14999 | 16335 | 17821 | 19568 | 20880 | 23229 |
| 江　西 | 12138 | 13242 | 14460 | 15796 | 16981 | 18684 |
| 山　东 | 13954 | 15118 | 16297 | 17775 | 18753 | 20794 |
| 河　南 | 11697 | 12719 | 13831 | 15164 | 16108 | 17533 |
| 湖　北 | 12725 | 13812 | 14978 | 16391 | 16306 | 18259 |
| 湖　南 | 11930 | 12936 | 14093 | 15395 | 16585 | 18295 |
| 广　东 | 14512 | 15780 | 17168 | 18818 | 20143 | 22306 |
| 广　西 | 10359 | 11325 | 12435 | 13676 | 14815 | 16363 |
| 海　南 | 11843 | 12902 | 13989 | 15113 | 16279 | 18076 |
| 重　庆 | 11549 | 12638 | 13781 | 15133 | 16361 | 18100 |
| **四　川** | **11203** | **12227** | **13331** | **14670** | **15929** | **17575** |
| 贵　州 | 8090 | 8869 | 9716 | 10756 | 11642 | 12856 |
| 云　南 | 9020 | 9862 | 10768 | 11902 | 12842 | 14197 |
| 西　藏 | 9094 | 10330 | 11450 | 12951 | 14598 | 16935 |
| 陕　西 | 9396 | 10265 | 11213 | 12326 | 13316 | 40713 |
| 甘　肃 | 7457 | 8076 | 8804 | 9629 | 10344 | 36187 |
| 青　海 | 8664 | 9462 | 10393 | 11499 | 12342 | 37745 |
| 宁　夏 | 9852 | 10738 | 11708 | 12858 | 13889 | 38291 |
| 新　疆 | 10183 | 11045 | 11975 | 13122 | 14056 | 37642 |

# 5-4 全国及各省(自治区、直辖市)全体居民人均可支配收入(2016-2021年)

单位：元/人

| 地　区 | 2016 | 2017 | 2018 | 2019 | 2020 | 2021 |
|---|---|---|---|---|---|---|
| **全　国** | **23821** | **25974** | **28228** | **30733** | **32189** | **35128** |
| 北　京 | 52530 | 57230 | 62361 | 67756 | 69434 | 75002 |
| 天　津 | 34074 | 37022 | 39506 | 42404 | 43854 | 47449 |
| 河　北 | 19725 | 21484 | 23446 | 25665 | 27136 | 29383 |
| 山　西 | 19049 | 20420 | 21990 | 23828 | 25214 | 27426 |
| 内蒙古 | 24127 | 26212 | 28376 | 30555 | 31497 | 34108 |
| 辽　宁 | 26040 | 27835 | 29701 | 31820 | 32738 | 35112 |
| 吉　林 | 19967 | 21368 | 22798 | 24563 | 25751 | 27770 |
| 黑龙江 | 19838 | 21206 | 22726 | 24254 | 24902 | 27159 |
| 上　海 | 54305 | 58988 | 64183 | 69442 | 72232 | 78027 |
| 江　苏 | 32070 | 35024 | 38096 | 41400 | 43390 | 47498 |
| 浙　江 | 38529 | 42046 | 45840 | 49899 | 52397 | 57541 |
| 安　徽 | 19998 | 21863 | 23984 | 26415 | 28103 | 30904 |
| 福　建 | 27608 | 30048 | 32644 | 35616 | 37202 | 40659 |
| 江　西 | 20110 | 22031 | 24080 | 26262 | 28017 | 30610 |
| 山　东 | 24685 | 26930 | 29205 | 31597 | 32886 | 35705 |
| 河　南 | 18443 | 20170 | 21964 | 23903 | 24810 | 26811 |
| 湖　北 | 21787 | 23757 | 25815 | 28319 | 27881 | 30829 |
| 湖　南 | 21115 | 23103 | 25241 | 27680 | 29380 | 31993 |
| 广　东 | 30296 | 33003 | 35810 | 39014 | 41029 | 44993 |
| 广　西 | 18305 | 19905 | 21485 | 23328 | 24562 | 26727 |
| 海　南 | 20653 | 22553 | 24579 | 26679 | 27904 | 30457 |
| 重　庆 | 22034 | 24153 | 26386 | 28920 | 30824 | 33803 |
| **四　川** | **18808** | **20580** | **22461** | **24703** | **26522** | **29080** |
| 贵　州 | 15121 | 16704 | 18430 | 20397 | 21795 | 23996 |
| 云　南 | 16720 | 18348 | 20084 | 22082 | 23295 | 25666 |
| 西　藏 | 13639 | 15457 | 17286 | 19501 | 21744 | 24950 |
| 陕　西 | 18874 | 20635 | 22528 | 24666 | 26226 | 28568 |
| 甘　肃 | 14670 | 16011 | 17488 | 19139 | 20335 | 22066 |
| 青　海 | 17302 | 19001 | 20757 | 22618 | 24037 | 25919 |
| 宁　夏 | 18832 | 20562 | 22400 | 24412 | 25735 | 27904 |
| 新　疆 | 18355 | 19975 | 21500 | 23103 | 23845 | 26075 |

# 5-5　全国与四川主要价格分类指数(2017-2021年)

(上年=100)

| 指　标 | 2017 | | 2018 | | 2019 | | 2020 | | 2021 | |
|---|---|---|---|---|---|---|---|---|---|---|
| | 全国平均 | 四川 | 全国平均 | 四川 | 全国平均 | 四川 | 全国平均 | 四川 | 全国平均 | 四川 |
| **居民消费价格总指数** | **101.6** | **101.4** | **102.1** | **101.7** | **102.9** | **103.2** | **102.5** | **103.2** | **100.9** | **100.3** |
| 一、食品烟酒 | 99.6 | 98.6 | 101.9 | 101.3 | 107.0 | 108.9 | 108.3 | 111.0 | 99.7 | 98.0 |
| 粮　食 | 101.5 | 101.0 | 100.8 | 100.3 | 100.5 | 100.3 | 101.2 | 100.7 | 101.1 | 101.6 |
| 鲜　菜 | 91.9 | 93.5 | 107.1 | 109.2 | 104.1 | 102.2 | 107.1 | 110.4 | 105.6 | 103.2 |
| 畜　肉 | 95.0 | 92.2 | 96.2 | 96.0 | 129.1 | 137.0 | 138.4 | 139.3 | 82.8 | 79.1 |
| 水产品 | 104.4 | 104.0 | 102.3 | 100.9 | 100.3 | 100.8 | 103.0 | 103.8 | 109.4 | 110.5 |
| 蛋 | 96.0 | 97.8 | 112.0 | 109.6 | 105.1 | 103.5 | 90.6 | 94.9 | 110.8 | 102.5 |
| 鲜　果 | 103.8 | 104.0 | 105.6 | 104.5 | 112.3 | 110.5 | 88.9 | 91.6 | 102.8 | 102.1 |
| 二、衣着 | 101.3 | 102.5 | 101.2 | 101.1 | 101.6 | 101.2 | 99.8 | 99.7 | 100.3 | 99.8 |
| 三、居住 | 102.6 | 102.4 | 102.4 | 102.6 | 101.4 | 101.5 | 99.6 | 98.9 | 100.8 | 100.3 |
| 四、生活用品及服务 | 101.1 | 101.2 | 101.6 | 101.5 | 100.9 | 100.2 | 100.0 | 99.9 | 100.4 | 100.6 |
| 五、交通通信 | 101.1 | 101.6 | 101.7 | 101.2 | 98.3 | 97.1 | 96.5 | 96.4 | 104.1 | 104.1 |
| 六、教育文化娱乐 | 102.4 | 104.1 | 102.2 | 101.5 | 102.2 | 100.8 | 101.3 | 101.2 | 101.9 | 100.9 |
| 七、医疗保健 | 106.0 | 104.2 | 104.3 | 102.8 | 102.4 | 102.8 | 101.8 | 100.7 | 100.4 | 101.9 |
| 八、其他用品及服务 | 102.4 | 103.7 | 101.2 | 102.4 | 103.4 | 103.2 | 104.3 | 103.1 | 98.7 | 100.1 |
| **商品零售价格总指数** | **101.1** | **100.5** | **101.9** | **101.4** | **102.0** | **102.7** | **101.4** | **102.7** | **101.6** | **101.4** |
| 一、食品 | 99.4 | 98.3 | 102.1 | 101.5 | 107.8 | 110.6 | 109.0 | 112.5 | 99.7 | 99.0 |
| 二、饮料、烟酒 | 100.9 | 101.4 | 101.5 | 101.6 | 101.3 | 101.6 | 101.2 | 101.5 | 101.5 | 101.9 |
| 三、服装、鞋帽 | 101.1 | 101.6 | 101.3 | 100.9 | 101.6 | 101.4 | 99.7 | 99.6 | 100.3 | 99.1 |
| 四、纺织品 | 100.4 | 100.6 | 100.8 | 100.6 | 100.7 | 101.3 | 99.8 | 99.4 | 100.4 | 99.0 |
| 五、家用电器及音像器材 | 99.8 | 100.1 | 99.5 | 98.7 | 98.8 | 97.5 | 98.0 | 96.4 | 101.1 | 100.5 |
| 六、文化办公用品 | 99.6 | 94.7 | 100.0 | 99.4 | 99.9 | 99.2 | 100.2 | 98.9 | 101.5 | 103.3 |
| 七、日用品 | 100.5 | 99.7 | 101.1 | 100.9 | 100.7 | 101.1 | 100.2 | 100.0 | 99.8 | 99.6 |
| 八、体育娱乐用品 | 100.6 | 100.3 | 100.8 | 103.8 | 100.3 | 100.8 | 99.8 | 99.2 | 100.8 | 100.6 |
| 九、交通、通信用品 | 98.5 | 99.0 | 98.6 | 96.4 | 98.4 | 96.0 | 98.6 | 98.9 | 100.5 | 100.1 |
| 十、家具 | 102.0 | 103.0 | 102.5 | 103.8 | 101.1 | 101.8 | 99.8 | 102.2 | 101.3 | 103.2 |
| 十一、化妆品 | 101.2 | 101.2 | 101.0 | 99.7 | 101.5 | 100.1 | 101.3 | 101.9 | 98.7 | 99.7 |
| 十二、金银珠宝 | 101.9 | 102.3 | 97.9 | 98.5 | 108.3 | 107.8 | 117.0 | 113.7 | 99.5 | 101.4 |
| 十三、中西药品及医疗保健用品 | 105.4 | 102.6 | 104.5 | 104.9 | 103.9 | 103.7 | 100.9 | 100.9 | 99.6 | 99.9 |
| 十四、书报杂志及电子出版物 | 101.7 | 101.4 | 103.5 | 102.8 | 104.6 | 102.7 | 101.5 | 100.5 | 100.6 | 100.4 |
| 十五、燃料 | 108.4 | 108.1 | 109.7 | 109.1 | 97.0 | 99.4 | 91.1 | 92.7 | 114.3 | 110.4 |
| 十六、建筑材料及五金电料 | 102.1 | 102.0 | 102.8 | 102.8 | 101.0 | 100.7 | 100.3 | 100.0 | 101.8 | 101.2 |
| **农业生产资料价格指数** | **100.6** | **99.8** | **103.1** | **101.8** | **104.6** | **109.0** | **106.1** | **120.9** | / | / |

# 5-6 全国及各省(自治区、直辖市)居民消费价格指数(2017-2021年)

(上年＝100)

| 地　区 | 2017 | 2018 | 2019 | 2020 | 2021 |
|---|---|---|---|---|---|
| **全国平均** | **101.6** | **102.1** | **102.9** | **102.5** | **100.9** |
| 北　京 | 101.9 | 102.5 | 102.3 | 101.7 | 101.1 |
| 天　津 | 102.1 | 102.0 | 102.7 | 102.0 | 101.3 |
| 河　北 | 101.7 | 102.4 | 103.0 | 102.1 | 101.0 |
| 山　西 | 101.1 | 101.8 | 102.7 | 102.9 | 101.0 |
| 内蒙古 | 101.7 | 101.8 | 102.4 | 101.9 | 100.9 |
| 辽　宁 | 101.4 | 102.5 | 102.4 | 102.4 | 101.1 |
| 吉　林 | 101.6 | 102.1 | 103.0 | 102.3 | 100.6 |
| 黑龙江 | 101.3 | 102.0 | 102.8 | 102.3 | 100.6 |
| 上　海 | 101.7 | 101.6 | 102.5 | 101.7 | 101.2 |
| 江　苏 | 101.7 | 102.3 | 103.1 | 102.5 | 101.6 |
| 浙　江 | 102.1 | 102.3 | 102.9 | 102.3 | 101.5 |
| 安　徽 | 101.2 | 102.0 | 102.7 | 102.7 | 100.9 |
| 福　建 | 101.2 | 101.5 | 102.6 | 102.2 | 100.7 |
| 江　西 | 102.0 | 102.1 | 102.9 | 102.6 | 100.9 |
| 山　东 | 101.5 | 102.5 | 103.2 | 102.8 | 101.2 |
| 河　南 | 101.4 | 102.3 | 103.0 | 102.8 | 100.9 |
| 湖　北 | 101.5 | 101.9 | 103.1 | 102.7 | 100.3 |
| 湖　南 | 101.4 | 102.0 | 102.9 | 102.3 | 100.5 |
| 广　东 | 101.5 | 102.2 | 103.4 | 102.6 | 100.8 |
| 广　西 | 101.6 | 102.3 | 103.7 | 102.8 | 100.9 |
| 海　南 | 102.8 | 102.5 | 103.4 | 102.3 | 100.3 |
| 重　庆 | 101.0 | 102.0 | 102.7 | 102.3 | 100.3 |
| **四　川** | **101.4** | **101.7** | **103.2** | **103.2** | **100.3** |
| 贵　州 | 100.9 | 101.8 | 102.4 | 102.6 | 100.1 |
| 云　南 | 100.9 | 101.6 | 102.5 | 103.6 | 100.2 |
| 西　藏 | 101.6 | 101.7 | 102.3 | 102.2 | 100.9 |
| 陕　西 | 101.6 | 102.1 | 102.9 | 102.5 | 101.5 |
| 甘　肃 | 101.4 | 102.0 | 102.3 | 102.0 | 100.9 |
| 青　海 | 101.5 | 102.5 | 102.5 | 102.6 | 101.3 |
| 宁　夏 | 101.6 | 102.3 | 102.1 | 101.5 | 101.4 |
| 新　疆 | 102.2 | 102.0 | 101.9 | 101.5 | 101.2 |

# 5-7 全国及各省(自治区、直辖市)商品零售价格指数(2017-2021年)

(上年=100)

| 地 区 | 2017 | 2018 | 2019 | 2020 | 2021 |
|---|---|---|---|---|---|
| **全国平均** | **101.1** | **101.9** | **102.0** | **101.4** | **101.6** |
| 北 京 | 99.2 | 101.1 | 100.5 | 101.0 | 101.7 |
| 天 津 | 100.8 | 101.6 | 101.7 | 101.0 | 101.5 |
| 河 北 | 101.4 | 102.2 | 101.8 | 101.4 | 101.9 |
| 山 西 | 101.3 | 101.7 | 101.8 | 100.9 | 102.7 |
| 内 蒙 古 | 101.2 | 101.6 | 101.5 | 100.5 | 103.8 |
| 辽 宁 | 100.7 | 101.4 | 101.7 | 101.1 | 101.9 |
| 吉 林 | 101.4 | 102.4 | 102.1 | 100.7 | 101.8 |
| 黑 龙 江 | 99.9 | 101.1 | 102.1 | 101.5 | 101.6 |
| 上 海 | 100.9 | 101.6 | 100.4 | 100.9 | 101.3 |
| 江 苏 | 101.9 | 102.6 | 102.6 | 101.8 | 102.3 |
| 浙 江 | 101.4 | 102.1 | 102.5 | 101.2 | 102.2 |
| 安 徽 | 101.7 | 101.9 | 101.9 | 101.6 | 101.6 |
| 福 建 | 100.6 | 101.5 | 101.9 | 101.3 | 101.1 |
| 江 西 | 101.0 | 101.0 | 101.9 | 101.6 | 101.2 |
| 山 东 | 100.8 | 102.2 | 102.2 | 102.0 | 101.4 |
| 河 南 | 101.3 | 102.9 | 102.4 | 100.9 | 101.5 |
| 湖 北 | 100.3 | 101.2 | 102.6 | 102.2 | 101.2 |
| 湖 南 | 101.3 | 102.3 | 102.3 | 101.3 | 101.6 |
| 广 东 | 101.6 | 102.1 | 101.4 | 100.8 | 101.4 |
| 广 西 | 101.2 | 101.6 | 103.2 | 101.4 | 101.1 |
| 海 南 | 102.0 | 102.5 | 102.5 | 101.6 | 101.3 |
| 重 庆 | 100.8 | 101.2 | 101.6 | 102.2 | 101.4 |
| **四 川** | **100.5** | **101.4** | **102.7** | **102.7** | **101.4** |
| 贵 州 | 100.9 | 101.8 | 101.7 | 101.6 | 101.2 |
| 云 南 | 101.3 | 101.5 | 101.5 | 102.4 | 101.4 |
| 西 藏 | 101.4 | 101.5 | 102.0 | 102.0 | 101.5 |
| 陕 西 | 101.3 | 102.1 | 102.4 | 101.9 | 101.6 |
| 甘 肃 | 101.4 | 101.7 | 101.9 | 101.3 | 102.0 |
| 青 海 | 101.2 | 102.1 | 102.0 | 102.4 | 101.5 |
| 宁 夏 | 101.8 | 102.9 | 101.1 | 100.6 | 102.0 |
| 新 疆 | 100.9 | 100.9 | 101.3 | 100.6 | 102.0 |

## 5-8 全国及36个大中城市居民消费价格指数(2017-2021年)

(上年＝100)

| 地　区 | 2017 | 2018 | 2019 | 2020 | 2021 |
|---|---|---|---|---|---|
| **平均指数** | **101.8** | **102.2** | **102.8** | **102.1** | **101.1** |
| 北　京 | 101.9 | 102.5 | 102.3 | 101.7 | 101.1 |
| 天　津 | 102.1 | 102.0 | 102.7 | 102.0 | 101.3 |
| 石家庄 | 101.4 | 102.3 | 102.7 | 102.3 | 100.9 |
| 太　原 | 101.8 | 101.8 | 102.7 | 102.6 | 101.0 |
| 呼和浩特 | 101.4 | 102.1 | 102.6 | 102.0 | 100.9 |
| 沈　阳 | 101.4 | 103.0 | 102.4 | 102.3 | 101.3 |
| 大　连 | 102.1 | 103.0 | 102.4 | 102.1 | 101.4 |
| 长　春 | 101.3 | 102.0 | 102.9 | 101.9 | 100.5 |
| 哈尔滨 | 101.6 | 102.5 | 102.6 | 101.4 | 100.6 |
| 上　海 | 101.7 | 101.6 | 102.5 | 101.7 | 101.2 |
| 南　京 | 101.9 | 102.4 | 103.1 | 102.4 | 101.5 |
| 杭　州 | 102.5 | 102.3 | 103.1 | 102.1 | 101.3 |
| 宁　波 | 101.8 | 102.2 | 103.0 | 101.9 | 102.1 |
| 合　肥 | 101.4 | 102.0 | 102.9 | 102.3 | 101.7 |
| 福　州 | 101.4 | 101.5 | 102.5 | 102.4 | 100.6 |
| 厦　门 | 102.0 | 101.8 | 103.0 | 102.5 | 101.2 |
| 南　昌 | 102.1 | 102.3 | 102.8 | 102.5 | 101.0 |
| 济　南 | 102.0 | 102.6 | 103.3 | 102.4 | 101.5 |
| 青　岛 | 102.0 | 102.1 | 103.3 | 102.4 | 101.5 |
| 郑　州 | 101.8 | 102.4 | 103.1 | 102.3 | 101.1 |
| 武　汉 | 101.9 | 101.9 | 103.2 | 102.4 | 100.6 |
| 长　沙 | 101.3 | 102.0 | 102.9 | 101.8 | 101.1 |
| 广　州 | 102.3 | 102.4 | 103.0 | 102.6 | 101.1 |
| 深　圳 | 101.4 | 102.8 | 103.4 | 102.3 | 100.9 |
| 南　宁 | 102.3 | 102.5 | 103.4 | 102.3 | 101.4 |
| 海　口 | 103.3 | 102.4 | 103.3 | 101.6 | 100.5 |
| 重　庆 | 101.0 | 102.0 | 102.7 | 102.3 | 100.3 |
| 成　都 | 102.0 | 101.4 | 102.8 | 102.5 | 100.5 |
| 贵　阳 | 101.0 | 101.7 | 102.7 | 102.4 | 100.5 |
| 昆　明 | 100.5 | 101.7 | 102.3 | 103.1 | 100.2 |
| 拉　萨 | 101.4 | 101.1 | 102.2 | 102.0 | 100.5 |
| 西　安 | 102.0 | 101.9 | 102.7 | 102.1 | 101.7 |
| 兰　州 | 101.5 | 101.7 | 102.2 | 102.0 | 101.3 |
| 西　宁 | 101.8 | 102.7 | 102.5 | 102.7 | 101.3 |
| 银　川 | 101.7 | 102.2 | 102.2 | 101.8 | 101.4 |
| 乌鲁木齐 | 102.8 | 102.2 | 102.0 | 100.9 | 101.3 |

# 5-9　全国及36个大中城市商品零售价格指数(2017-2021年)

(上年=100)

| 地　区 | 2017 | 2018 | 2019 | 2020 | 2021 |
|---|---|---|---|---|---|
| **平均指数** | **100.9** | **101.7** | **101.6** | **101.2** | **101.6** |
| 北　京 | 99.2 | 101.1 | 100.5 | 101.0 | 101.7 |
| 天　津 | 100.8 | 101.6 | 101.7 | 101.0 | 101.5 |
| 石家庄 | 100.9 | 101.9 | 101.6 | 101.3 | 101.7 |
| 太　原 | 101.7 | 101.7 | 101.5 | 100.5 | 102.8 |
| 呼和浩特 | 101.2 | 101.6 | 101.3 | 99.9 | 105.3 |
| 沈　阳 | 101.0 | 101.7 | 101.4 | 100.8 | 102.5 |
| 大　连 | 101.5 | 101.5 | 102.1 | 101.4 | 102.0 |
| 长　春 | 101.2 | 102.9 | 102.2 | 100.0 | 101.8 |
| 哈尔滨 | 99.7 | 100.7 | 102.2 | 101.5 | 101.8 |
| 上　海 | 100.9 | 101.6 | 100.4 | 100.9 | 101.3 |
| 南　京 | 101.6 | 102.8 | 102.1 | 101.4 | 102.1 |
| 杭　州 | 101.0 | 102.0 | 103.1 | 100.9 | 101.6 |
| 宁　波 | 101.1 | 102.1 | 102.3 | 100.2 | 103.3 |
| 合　肥 | 102.3 | 101.7 | 101.6 | 101.3 | 101.9 |
| 福　州 | 100.3 | 101.5 | 101.8 | 100.8 | 100.9 |
| 厦　门 | 100.8 | 101.8 | 102.5 | 102.1 | 101.5 |
| 南　昌 | 101.0 | 100.8 | 101.3 | 101.5 | 101.6 |
| 济　南 | 101.0 | 102.6 | 102.5 | 101.9 | 101.3 |
| 青　岛 | 100.8 | 101.8 | 102.4 | 101.5 | 101.4 |
| 郑　州 | 101.7 | 103.6 | 103.0 | 100.8 | 101.3 |
| 武　汉 | 100.1 | 101.4 | 102.5 | 102.2 | 101.3 |
| 长　沙 | 101.4 | 102.5 | 102.2 | 100.8 | 102.0 |
| 广　州 | 102.0 | 102.2 | 100.6 | 100.6 | 101.3 |
| 深　圳 | 101.5 | 102.0 | 101.3 | 100.5 | 101.8 |
| 南　宁 | 100.9 | 101.1 | 103.1 | 100.9 | 101.1 |
| 海　口 | 101.7 | 102.4 | 102.4 | 101.3 | 101.4 |
| 重　庆 | 100.8 | 101.2 | 101.6 | 102.2 | 101.4 |
| 成　都 | 99.4 | 100.7 | 101.9 | 102.2 | 101.1 |
| 贵　阳 | 101.4 | 102.3 | 102.3 | 101.2 | 101.7 |
| 昆　明 | 101.3 | 101.1 | 101.5 | 102.3 | 101.5 |
| 拉　萨 | 101.2 | 101.1 | 102.3 | 102.1 | 101.4 |
| 西　安 | 101.7 | 102.2 | 102.1 | 101.5 | 101.4 |
| 兰　州 | 101.8 | 101.7 | 102.0 | 101.4 | 102.0 |
| 西　宁 | 101.4 | 102.0 | 101.9 | 102.4 | 101.3 |
| 银　川 | 101.5 | 102.7 | 101.1 | 100.5 | 102.0 |
| 乌鲁木齐 | 100.7 | 100.5 | 101.2 | 100.7 | 102.2 |

# 5-10 全国及各省(自治区、直辖市)工业生产者出厂价格指数(2016-2021年)

(上年＝100)

| 地　区 | 2016 | 2017 | 2018 | 2019 | 2020 | 2021 |
|---|---|---|---|---|---|---|
| **全　国** | **98.6** | **106.3** | **103.5** | **99.7** | **98.2** | **108.1** |
| 北　京 | 98.1 | 100.7 | 100.0 | 99.6 | 99.1 | 101.1 |
| 天　津 | 97.9 | 108.4 | 105.4 | 99.3 | 97.1 | 110.9 |
| 河　北 | 99.9 | 115.0 | 106.2 | 100.2 | 98.5 | 116.4 |
| 山　西 | 96.8 | 119.4 | 106.7 | 99.7 | 96.7 | 130.2 |
| 内蒙古 | 98.9 | 110.6 | 103.2 | 102.1 | 99.7 | 128.5 |
| 辽　宁 | 98.8 | 108.1 | 104.8 | 99.5 | 97.0 | 113.6 |
| 吉　林 | 98.4 | 103.1 | 102.8 | 98.9 | 98.6 | 105.1 |
| 黑龙江 | 95.1 | 109.3 | 109.0 | 98.2 | 93.4 | 112.3 |
| 上　海 | 98.8 | 103.5 | 101.7 | 98.8 | 98.3 | 102.1 |
| 江　苏 | 98.1 | 104.8 | 102.8 | 98.9 | 97.8 | 106.3 |
| 浙　江 | 98.3 | 104.8 | 103.4 | 98.9 | 96.9 | 106.3 |
| 安　徽 | 98.5 | 108.0 | 103.0 | 100.3 | 99.1 | 107.7 |
| 福　建 | 99.1 | 104.1 | 102.8 | 100.6 | 98.4 | 104.9 |
| 江　西 | 98.6 | 107.9 | 104.2 | 98.9 | 98.3 | 110.5 |
| 山　东 | 98.5 | 105.5 | 103.7 | 99.7 | 98.1 | 110.3 |
| 河　南 | 99.0 | 106.8 | 103.6 | 100.2 | 99.2 | 107.8 |
| 湖　北 | 99.0 | 105.6 | 104.2 | 100.2 | 99.1 | 104.1 |
| 湖　南 | 98.9 | 105.8 | 103.2 | 99.6 | 99.0 | 105.9 |
| 广　东 | 99.4 | 103.3 | 101.8 | 100.2 | 99.0 | 103.4 |
| 广　西 | 99.1 | 107.6 | 103.2 | 99.3 | 99.4 | 108.9 |
| 海　南 | 96.0 | 108.8 | 108.2 | 97.4 | 93.8 | 113.5 |
| 重　庆 | 98.6 | 104.1 | 102.1 | 99.8 | 99.1 | 103.2 |
| **四　川** | **98.9** | **106.5** | **103.6** | **100.4** | **98.8** | **105.9** |
| 贵　州 | 97.9 | 107.2 | 101.8 | 99.8 | 98.3 | 106.5 |
| 云　南 | 97.6 | 105.2 | 102.4 | 100.0 | 98.6 | 110.0 |
| 西　藏 | 102.9 | 110.0 | 100.1 | 98.9 | 99.4 | 101.5 |
| 陕　西 | 97.6 | 110.8 | 105.4 | 100.8 | 95.1 | 116.9 |
| 甘　肃 | 94.9 | 114.5 | 109.5 | 98.3 | 93.9 | 116.4 |
| 青　海 | 98.5 | 116.7 | 104.8 | 98.5 | 96.6 | 114.5 |
| 宁　夏 | 99.1 | 112.1 | 107.3 | 99.4 | 96.9 | 119.9 |
| 新　疆 | 94.5 | 113.7 | 111.2 | 98.5 | 91.6 | 119.4 |

# 5-11 全国及各省(自治区、直辖市)工业生产者出厂价格指数(2021年)

(上年同月=100)

| 地区 | 1月 | 2月 | 3月 | 4月 | 5月 | 6月 |
|---|---|---|---|---|---|---|
| **全国** | **100.3** | **101.7** | **104.4** | **106.8** | **109.0** | **108.8** |
| 北京 | 98.8 | 99.4 | 99.8 | 101.3 | 101.8 | 101.8 |
| 天津 | 98.8 | 101.7 | 107.8 | 113.8 | 115.0 | 112.7 |
| 河北 | 104.1 | 107.9 | 112.9 | 117.9 | 121.7 | 119.5 |
| 山西 | 107.2 | 110.3 | 110.5 | 114.1 | 124.8 | 127.7 |
| 内蒙古 | 107.2 | 107.8 | 110.6 | 117.2 | 125.2 | 127.8 |
| 辽宁 | 101.2 | 104.1 | 110.0 | 112.3 | 115.5 | 115.9 |
| 吉林 | 100.9 | 101.5 | 103.3 | 106.2 | 106.9 | 105.8 |
| 黑龙江 | 94.5 | 100.1 | 108.2 | 115.5 | 119.1 | 115.3 |
| 上海 | 98.3 | 98.8 | 100.4 | 101.7 | 102.6 | 102.8 |
| 江苏 | 99.9 | 100.8 | 103.1 | 105.4 | 107.2 | 107.3 |
| 浙江 | 98.9 | 99.9 | 103.3 | 105.6 | 107.2 | 107.2 |
| 安徽 | 101.2 | 102.4 | 104.9 | 106.7 | 108.5 | 109.1 |
| 福建 | 99.2 | 100.3 | 102.5 | 104.4 | 105.7 | 105.4 |
| 江西 | 102.4 | 104.1 | 108.1 | 111.0 | 113.6 | 112.7 |
| 山东 | 100.6 | 103.1 | 106.3 | 109.6 | 112.5 | 112.0 |
| 河南 | 100.6 | 101.2 | 103.5 | 105.7 | 108.9 | 108.4 |
| 湖北 | 100.0 | 100.5 | 101.7 | 103.0 | 104.0 | 104.3 |
| 湖南 | 101.1 | 102.2 | 104.1 | 105.0 | 106.4 | 106.2 |
| 广东 | 99.1 | 99.7 | 101.4 | 102.8 | 103.8 | 103.5 |
| 广西 | 101.3 | 102.7 | 106.3 | 108.1 | 109.8 | 108.9 |
| 海南 | 96.2 | 100.7 | 107.4 | 111.8 | 114.0 | 116.0 |
| 重庆 | 99.8 | 100.2 | 101.1 | 102.2 | 102.8 | 103.0 |
| **四川** | **101.1** | **102.1** | **103.3** | **104.3** | **106.1** | **106.4** |
| 贵州 | 100.4 | 101.1 | 102.5 | 103.8 | 104.6 | 105.7 |
| 云南 | 100.7 | 103.1 | 105.8 | 108.2 | 109.9 | 110.1 |
| 西藏 | 100.1 | 100.2 | 103.6 | 105.3 | 105.5 | 105.2 |
| 陕西 | 99.7 | 101.9 | 105.5 | 111.4 | 117.5 | 117.0 |
| 甘肃 | 97.2 | 102.8 | 111.0 | 117.7 | 122.3 | 119.4 |
| 青海 | 98.6 | 101.1 | 106.8 | 112.1 | 116.8 | 115.9 |
| 宁夏 | 105.5 | 108.0 | 110.1 | 112.1 | 116.1 | 117.1 |
| 新疆 | 97.1 | 100.7 | 109.1 | 117.6 | 122.9 | 121.4 |

5-11 续表

(上年同月=100)

| 地区 | 7月 | 8月 | 9月 | 10月 | 11月 | 12月 |
|---|---|---|---|---|---|---|
| **全国** | **109.0** | **109.5** | **110.7** | **113.5** | **112.9** | **110.3** |
| 北京 | 101.9 | 101.8 | 101.6 | 101.5 | 102.0 | 102.2 |
| 天津 | 112.3 | 112.7 | 113.5 | 116.9 | 115.5 | 111.6 |
| 河北 | 118.9 | 119.2 | 120.2 | 122.4 | 118.8 | 113.5 |
| 山西 | 130.7 | 137.4 | 147.2 | 160.4 | 153.2 | 138.5 |
| 内蒙古 | 129.6 | 135.1 | 141.7 | 158.2 | 146.8 | 134.1 |
| 辽宁 | 116.0 | 116.5 | 116.3 | 118.9 | 120.7 | 116.5 |
| 吉林 | 105.0 | 105.9 | 106.2 | 107.3 | 106.8 | 105.8 |
| 黑龙江 | 115.2 | 114.3 | 114.1 | 118.7 | 120.8 | 114.7 |
| 上海 | 102.5 | 102.7 | 103.2 | 104.2 | 104.2 | 103.6 |
| 江苏 | 107.4 | 107.7 | 108.2 | 110.2 | 110.4 | 108.7 |
| 浙江 | 107.5 | 107.7 | 108.2 | 110.2 | 111.0 | 109.2 |
| 安徽 | 108.8 | 108.8 | 109.5 | 111.5 | 111.6 | 109.9 |
| 福建 | 105.7 | 106.1 | 106.7 | 108.0 | 108.2 | 106.7 |
| 江西 | 111.4 | 111.3 | 112.0 | 114.0 | 113.7 | 111.4 |
| 山东 | 111.9 | 111.8 | 112.9 | 116.5 | 115.4 | 111.6 |
| 河南 | 108.0 | 108.9 | 110.6 | 114.1 | 113.8 | 110.3 |
| 湖北 | 104.8 | 104.9 | 105.6 | 106.9 | 107.3 | 106.8 |
| 湖南 | 106.5 | 106.5 | 107.5 | 109.6 | 108.5 | 107.0 |
| 广东 | 104.0 | 104.2 | 104.9 | 105.8 | 106.3 | 105.5 |
| 广西 | 108.6 | 109.4 | 111.8 | 115.3 | 113.8 | 110.4 |
| 海南 | 117.1 | 117.4 | 116.7 | 122.4 | 125.0 | 119.8 |
| 重庆 | 103.3 | 104.0 | 104.5 | 106.0 | 106.0 | 105.4 |
| **四川** | **106.5** | **106.9** | **107.7** | **109.7** | **109.5** | **108.4** |
| 贵州 | 105.8 | 106.8 | 109.1 | 111.8 | 114.7 | 111.7 |
| 云南 | 110.3 | 110.5 | 113.1 | 118.8 | 116.5 | 113.4 |
| 西藏 | 100.8 | 97.1 | 98.6 | 101.3 | 99.7 | 101.3 |
| 陕西 | 119.6 | 120.5 | 125.9 | 136.0 | 127.6 | 121.4 |
| 甘肃 | 119.2 | 119.0 | 120.6 | 125.7 | 125.6 | 118.8 |
| 青海 | 116.2 | 117.3 | 120.9 | 125.4 | 123.9 | 119.9 |
| 宁夏 | 119.1 | 122.9 | 130.5 | 139.6 | 133.1 | 125.3 |
| 新疆 | 120.9 | 122.5 | 126.0 | 134.8 | 135.8 | 126.8 |

# 5-12　全国及各省(自治区、直辖市)工业生产者购进价格指数(2021年)

(上年同月=100)

| 地　区 | 全年 | 1月 | 2月 | 3月 | 4月 | 5月 | 6月 |
|---|---|---|---|---|---|---|---|
| **全　国** | **111.0** | **100.9** | **102.4** | **105.2** | **109.0** | **112.5** | **113.1** |
| 北　京 | 103.7 | 97.1 | 97.8 | 98.6 | 103.5 | 106.1 | 105.0 |
| 天　津 | 114.7 | 102.6 | 104.6 | 109.1 | 116.4 | 121.3 | 120.0 |
| 河　北 | 119.8 | 104.0 | 107.7 | 111.8 | 117.3 | 123.8 | 124.9 |
| 山　西 | 116.3 | 101.4 | 102.3 | 104.2 | 106.6 | 112.0 | 113.8 |
| 内蒙古 | 128.0 | 106.6 | 109.6 | 111.4 | 116.5 | 124.6 | 126.8 |
| 辽　宁 | 115.0 | 102.1 | 103.9 | 108.7 | 113.2 | 117.5 | 117.2 |
| 吉　林 | 106.2 | 102.5 | 103.2 | 105.4 | 106.7 | 108.2 | 106.5 |
| 黑龙江 | 110.5 | 99.8 | 101.8 | 106.4 | 110.9 | 113.4 | 111.2 |
| 上　海 | 107.3 | 98.4 | 99.6 | 101.8 | 105.8 | 109.6 | 109.3 |
| 江　苏 | 113.8 | 102.1 | 104.1 | 107.7 | 112.0 | 115.8 | 116.8 |
| 浙　江 | 114.5 | 100.5 | 102.6 | 107.5 | 113.3 | 118.3 | 118.7 |
| 安　徽 | 111.5 | 102.6 | 104.0 | 106.8 | 109.9 | 112.8 | 113.9 |
| 福　建 | 109.2 | 99.9 | 100.9 | 104.2 | 108.2 | 111.5 | 111.8 |
| 江　西 | 112.3 | 101.2 | 103.3 | 106.2 | 108.9 | 111.9 | 113.5 |
| 山　东 | 109.5 | 100.9 | 102.7 | 106.0 | 109.0 | 111.5 | 111.5 |
| 河　南 | 109.5 | 101.5 | 102.5 | 104.2 | 107.8 | 110.6 | 110.7 |
| 湖　北 | 108.5 | 100.0 | 100.4 | 102.6 | 105.7 | 108.6 | 109.3 |
| 湖　南 | 108.1 | 102.6 | 103.5 | 105.6 | 107.4 | 109.2 | 109.0 |
| 广　东 | 108.0 | 100.2 | 101.2 | 102.4 | 106.0 | 108.8 | 110.6 |
| 广　西 | 110.7 | 102.2 | 103.3 | 105.9 | 109.3 | 111.4 | 111.3 |
| 海　南 | 116.5 | 90.2 | 92.4 | 102.0 | 114.7 | 125.1 | 121.6 |
| 重　庆 | 107.2 | 99.9 | 101.1 | 103.1 | 105.1 | 107.4 | 107.4 |
| **四　川** | **107.5** | **99.8** | **101.0** | **103.3** | **105.1** | **107.9** | **107.8** |
| 贵　州 | 112.0 | 101.3 | 102.4 | 105.3 | 108.1 | 111.4 | 111.9 |
| 云　南 | 108.9 | 100.6 | 101.5 | 104.1 | 107.1 | 110.2 | 110.5 |
| 西　藏 | | | | | | | |
| 陕　西 | 116.3 | 102.2 | 103.2 | 105.3 | 109.2 | 116.2 | 116.8 |
| 甘　肃 | 118.1 | 99.2 | 103.8 | 110.6 | 118.3 | 122.6 | 118.6 |
| 青　海 | 111.5 | 99.1 | 100.4 | 104.0 | 106.7 | 109.6 | 110.4 |
| 宁　夏 | 120.8 | 98.9 | 103.2 | 109.3 | 115.2 | 120.1 | 121.3 |
| 新　疆 | 115.0 | 97.6 | 99.4 | 103.3 | 110.7 | 115.4 | 117.0 |

## 5-12 续表

(上年同月=100)

| 地 区 | 7月 | 8月 | 9月 | 10月 | 11月 | 12月 |
|---|---|---|---|---|---|---|
| **全 国** | **113.1** | **113.6** | **114.3** | **117.1** | **117.4** | **114.2** |
| 北 京 | 105.1 | 105.0 | 106.0 | 106.1 | 106.8 | 107.5 |
| 天 津 | 118.3 | 118.0 | 116.9 | 118.9 | 118.5 | 113.4 |
| 河 北 | 124.0 | 123.2 | 125.0 | 128.9 | 127.6 | 119.6 |
| 山 西 | 117.0 | 121.2 | 127.1 | 134.3 | 131.4 | 126.0 |
| 内蒙古 | 128.8 | 130.4 | 136.0 | 151.3 | 151.9 | 141.3 |
| 辽 宁 | 118.6 | 118.9 | 119.0 | 121.1 | 122.1 | 118.0 |
| 吉 林 | 106.4 | 106.3 | 106.1 | 107.5 | 108.9 | 107.2 |
| 黑龙江 | 111.3 | 111.2 | 113.2 | 116.1 | 117.7 | 113.7 |
| 上 海 | 109.6 | 109.5 | 109.7 | 112.3 | 112.9 | 109.5 |
| 江 苏 | 116.8 | 117.4 | 117.7 | 119.2 | 120.3 | 116.6 |
| 浙 江 | 118.2 | 118.0 | 117.6 | 120.9 | 122.2 | 117.7 |
| 安 徽 | 113.8 | 113.6 | 114.0 | 116.4 | 116.8 | 113.9 |
| 福 建 | 111.8 | 111.2 | 111.4 | 113.4 | 115.0 | 112.0 |
| 江 西 | 113.5 | 114.1 | 114.8 | 118.7 | 122.3 | 118.9 |
| 山 东 | 111.2 | 111.3 | 111.8 | 113.8 | 113.7 | 111.4 |
| 河 南 | 110.5 | 111.1 | 112.3 | 115.6 | 115.4 | 111.9 |
| 湖 北 | 109.4 | 111.1 | 110.8 | 113.7 | 115.4 | 115.3 |
| 湖 南 | 109.4 | 108.9 | 109.8 | 111.2 | 111.3 | 109.7 |
| 广 东 | 110.2 | 111.5 | 111.6 | 113.1 | 111.6 | 109.4 |
| 广 西 | 111.8 | 112.1 | 113.5 | 116.2 | 117.0 | 114.1 |
| 海 南 | 126.4 | 123.1 | 121.0 | 126.1 | 132.1 | 134.1 |
| 重 庆 | 107.7 | 108.7 | 110.1 | 112.2 | 112.8 | 111.1 |
| **四 川** | **108.0** | **108.8** | **110.3** | **112.7** | **114.1** | **111.9** |
| 贵 州 | 113.0 | 113.9 | 115.1 | 118.7 | 121.7 | 121.2 |
| 云 南 | 110.7 | 110.1 | 110.6 | 113.7 | 115.1 | 113.0 |
| 西 藏 | | | | | | |
| 陕 西 | 118.1 | 120.5 | 124.8 | 135.1 | 126.1 | 118.4 |
| 甘 肃 | 118.7 | 119.3 | 121.6 | 129.0 | 131.6 | 126.0 |
| 青 海 | 110.0 | 111.1 | 114.3 | 123.1 | 126.2 | 123.6 |
| 宁 夏 | 123.8 | 126.2 | 129.5 | 136.1 | 137.4 | 131.0 |
| 新 疆 | 117.1 | 118.3 | 120.3 | 125.3 | 129.7 | 127.8 |

# 5-13　全国70个大中城市二手住宅同比价格指数(2021年)

(上年同月=100)

| 城　市 | 1月 | 2月 | 3月 | 4月 | 5月 | 6月 |
|---|---|---|---|---|---|---|
| 北　京 | 106.9 | 108.5 | 109.9 | 110.1 | 109.3 | 109.9 |
| 天　津 | 96.6 | 97.1 | 98.0 | 98.5 | 99.4 | 100.0 |
| 石家庄 | 97.9 | 97.7 | 97.8 | 98.4 | 98.7 | 98.4 |
| 太　原 | 97.1 | 97.4 | 96.0 | 96.3 | 96.9 | 97.9 |
| 呼和浩特 | 99.1 | 99.3 | 100.1 | 100.1 | 100.4 | 100.0 |
| 沈　阳 | 107.2 | 107.4 | 107.6 | 106.3 | 105.9 | 105.5 |
| 大　连 | 106.5 | 107.0 | 107.2 | 106.8 | 106.5 | 106.3 |
| 长　春 | 98.9 | 98.3 | 97.8 | 97.3 | 97.6 | 97.5 |
| 哈尔滨 | 96.0 | 96.3 | 96.5 | 96.5 | 96.9 | 98.1 |
| 上　海 | 107.6 | 108.8 | 109.7 | 109.3 | 109.4 | 110.1 |
| 南　京 | 104.7 | 105.2 | 105.9 | 106.1 | 106.2 | 106.4 |
| 杭　州 | 107.7 | 108.2 | 108.7 | 108.7 | 108.7 | 108.6 |
| 宁　波 | 108.8 | 110.1 | 110.5 | 110.4 | 109.7 | 109.0 |
| 合　肥 | 105.0 | 105.8 | 106.3 | 106.3 | 106.1 | 106.3 |
| 福　州 | 103.4 | 104.1 | 105.2 | 105.1 | 104.6 | 105.0 |
| 厦　门 | 105.1 | 105.6 | 105.9 | 105.8 | 104.9 | 104.4 |
| 南　昌 | 100.2 | 100.1 | 100.7 | 100.9 | 100.2 | 100.2 |
| 济　南 | 97.7 | 98.0 | 98.2 | 98.9 | 99.2 | 100.0 |
| 青　岛 | 97.9 | 98.8 | 99.7 | 100.2 | 100.7 | 100.8 |
| 郑　州 | 97.0 | 97.2 | 98.3 | 99.3 | 100.6 | 101.3 |
| 武　汉 | 101.1 | 101.6 | 102.0 | 102.8 | 103.1 | 104.2 |
| 长　沙 | 102.0 | 102.7 | 103.5 | 104.4 | 104.7 | 104.9 |
| 广　州 | 108.7 | 109.8 | 111.5 | 112.9 | 113.5 | 113.2 |
| 深　圳 | 115.3 | 116.0 | 114.6 | 112.9 | 110.9 | 108.7 |
| 南　宁 | 103.2 | 103.3 | 103.1 | 102.6 | 102.5 | 102.4 |
| 海　口 | 102.6 | 103.2 | 104.5 | 105.6 | 106.7 | 107.4 |
| 重　庆 | 100.1 | 100.7 | 102.3 | 103.7 | 104.8 | 105.5 |
| 成　都 | 109.3 | 109.3 | 109.3 | 107.4 | 106.8 | 106.7 |
| 贵　阳 | 96.7 | 96.8 | 97.3 | 98.0 | 98.4 | 98.5 |
| 昆　明 | 103.9 | 104.4 | 104.2 | 104.2 | 104.1 | 103.1 |
| 西　安 | 103.8 | 104.7 | 105.6 | 106.6 | 107.4 | 107.8 |
| 兰　州 | 103.9 | 104.4 | 105.3 | 105.2 | 105.3 | 105.0 |
| 西　宁 | 108.6 | 108.7 | 108.6 | 108.1 | 107.7 | 106.8 |
| 银　川 | 109.7 | 110.0 | 110.4 | 109.8 | 109.3 | 108.4 |
| 乌鲁木齐 | 106.1 | 107.2 | 106.3 | 106.0 | 104.8 | 103.5 |

5-13 续表 1

(上年同月=100)

| 城　市 | 1月 | 2月 | 3月 | 4月 | 5月 | 6月 |
|---|---|---|---|---|---|---|
| 唐　山 | 107.8 | 107.7 | 106.8 | 105.5 | 104.3 | 103.5 |
| 秦皇岛 | 103.0 | 103.3 | 103.6 | 103.2 | 102.4 | 101.4 |
| 包　头 | 101.8 | 102.0 | 102.7 | 103.9 | 103.3 | 102.8 |
| 丹　东 | 104.6 | 104.5 | 104.6 | 104.6 | 104.7 | 104.6 |
| 锦　州 | 99.4 | 99.6 | 99.4 | 99.6 | 99.8 | 99.4 |
| 吉　林 | 98.2 | 98.4 | 98.6 | 98.7 | 98.7 | 98.6 |
| 牡丹江 | 90.0 | 90.1 | 90.6 | 91.7 | 92.9 | 94.0 |
| 无　锡 | 107.9 | 108.5 | 109.0 | 108.7 | 108.2 | 107.5 |
| 扬　州 | 109.1 | 108.8 | 109.8 | 110.6 | 110.9 | 110.4 |
| 徐　州 | 105.0 | 105.5 | 106.1 | 106.5 | 107.1 | 107.8 |
| 温　州 | 105.8 | 106.6 | 107.5 | 107.3 | 107.4 | 107.2 |
| 金　华 | 106.2 | 107.0 | 107.3 | 107.5 | 108.1 | 108.4 |
| 蚌　埠 | 103.9 | 104.2 | 105.0 | 104.8 | 104.6 | 104.9 |
| 安　庆 | 98.4 | 98.4 | 98.0 | 97.4 | 97.3 | 97.2 |
| 泉　州 | 105.0 | 106.1 | 107.1 | 108.2 | 108.2 | 108.3 |
| 九　江 | 102.0 | 102.4 | 103.0 | 103.4 | 103.1 | 103.0 |
| 赣　州 | 102.4 | 102.5 | 102.8 | 102.6 | 101.9 | 101.8 |
| 烟　台 | 99.6 | 100.6 | 101.5 | 102.3 | 102.8 | 103.3 |
| 济　宁 | 105.4 | 106.0 | 106.3 | 106.3 | 106.9 | 106.8 |
| 洛　阳 | 102.9 | 102.8 | 102.9 | 103.8 | 104.1 | 104.2 |
| 平顶山 | 103.4 | 103.7 | 103.6 | 103.5 | 103.4 | 103.1 |
| 宜　昌 | 99.3 | 99.1 | 99.9 | 99.9 | 100.0 | 99.9 |
| 襄　阳 | 98.8 | 98.6 | 99.1 | 99.6 | 99.7 | 100.0 |
| 岳　阳 | 100.9 | 101.1 | 100.6 | 99.9 | 99.3 | 98.8 |
| 常　德 | 98.2 | 98.2 | 98.9 | 99.2 | 99.3 | 99.7 |
| 惠　州 | 99.8 | 100.3 | 100.7 | 101.7 | 102.5 | 101.7 |
| 湛　江 | 98.1 | 98.8 | 100.0 | 101.1 | 101.4 | 102.1 |
| 韶　关 | 103.9 | 104.5 | 105.0 | 105.5 | 105.4 | 105.6 |
| 桂　林 | 102.6 | 102.6 | 102.6 | 102.1 | 101.7 | 101.8 |
| 北　海 | 96.6 | 96.7 | 96.6 | 96.7 | 97.3 | 98.1 |
| 三　亚 | 100.6 | 101.3 | 102.5 | 103.5 | 105.1 | 105.3 |
| 泸　州 | 97.3 | 98.4 | 98.5 | 99.2 | 100.1 | 100.2 |
| 南　充 | 94.4 | 95.1 | 94.7 | 95.5 | 95.6 | 95.5 |
| 遵　义 | 99.9 | 100.9 | 101.2 | 101.2 | 100.8 | 100.6 |
| 大　理 | 102.0 | 102.6 | 102.6 | 102.7 | 102.5 | 102.3 |

# 5-13　续表 2

(上年同月=100)

| 城　市 | 7月 | 8月 | 9月 | 10月 | 11月 | 12月 |
|---|---|---|---|---|---|---|
| 北　京 | 110.7 | 110.4 | 109.7 | 108.8 | 108.1 | 108.5 |
| 天　津 | 100.1 | 100.9 | 101.7 | 101.6 | 101.5 | 101.3 |
| 石家庄 | 98.5 | 98.4 | 98.1 | 97.9 | 97.3 | 96.6 |
| 太　原 | 98.6 | 97.8 | 97.9 | 97.9 | 97.3 | 96.2 |
| 呼和浩特 | 99.1 | 99.0 | 98.4 | 98.1 | 98.0 | 98.3 |
| 沈　阳 | 105.2 | 104.5 | 104.2 | 103.3 | 102.4 | 101.8 |
| 大　连 | 106.0 | 105.7 | 105.5 | 105.3 | 104.9 | 104.1 |
| 长　春 | 98.1 | 98.3 | 98.7 | 99.0 | 99.0 | 99.3 |
| 哈尔滨 | 99.0 | 99.4 | 99.4 | 99.3 | 98.8 | 98.4 |
| 上　海 | 110.3 | 109.7 | 108.0 | 107.0 | 106.7 | 106.5 |
| 南　京 | 106.5 | 106.4 | 106.1 | 105.4 | 104.5 | 103.8 |
| 杭　州 | 107.8 | 107.3 | 106.6 | 105.7 | 105.5 | 105.2 |
| 宁　波 | 108.1 | 107.1 | 105.9 | 104.8 | 104.0 | 103.2 |
| 合　肥 | 106.1 | 105.6 | 105.0 | 104.3 | 103.5 | 102.5 |
| 福　州 | 105.7 | 105.6 | 105.1 | 104.3 | 104.2 | 103.1 |
| 厦　门 | 104.2 | 104.2 | 104.0 | 103.3 | 102.5 | 101.4 |
| 南　昌 | 100.6 | 101.0 | 101.0 | 101.0 | 100.4 | 99.6 |
| 济　南 | 100.2 | 100.9 | 101.0 | 101.1 | 101.1 | 101.5 |
| 青　岛 | 101.3 | 101.0 | 101.2 | 101.5 | 101.4 | 101.2 |
| 郑　州 | 101.8 | 101.7 | 102.0 | 101.7 | 101.3 | 100.9 |
| 武　汉 | 104.1 | 103.3 | 102.8 | 102.5 | 102.3 | 102.2 |
| 长　沙 | 105.7 | 106.0 | 106.2 | 105.7 | 105.5 | 105.1 |
| 广　州 | 112.2 | 110.9 | 109.6 | 108.3 | 106.9 | 105.8 |
| 深　圳 | 107.0 | 105.4 | 103.6 | 102.5 | 101.7 | 100.6 |
| 南　宁 | 101.5 | 101.0 | 100.5 | 99.8 | 98.8 | 98.1 |
| 海　口 | 108.1 | 107.8 | 108.0 | 107.5 | 107.4 | 107.2 |
| 重　庆 | 105.6 | 105.0 | 104.9 | 105.0 | 104.7 | 104.4 |
| 成　都 | 106.0 | 105.3 | 105.1 | 104.8 | 103.7 | 103.8 |
| 贵　阳 | 99.3 | 99.1 | 98.7 | 98.7 | 98.2 | 97.9 |
| 昆　明 | 102.6 | 102.4 | 101.3 | 100.6 | 100.1 | 100.5 |
| 西　安 | 107.9 | 107.3 | 106.8 | 106.2 | 106.0 | 105.6 |
| 兰　州 | 104.6 | 104.2 | 103.4 | 102.6 | 101.9 | 101.2 |
| 西　宁 | 106.2 | 105.8 | 105.5 | 104.4 | 103.1 | 102.1 |
| 银　川 | 107.4 | 106.1 | 105.4 | 104.3 | 103.5 | 103.0 |
| 乌鲁木齐 | 102.8 | 102.4 | 101.1 | 99.9 | 99.3 | 98.5 |

5-13 续表 3

(上年同月=100)

| 城市 | 7月 | 8月 | 9月 | 10月 | 11月 | 12月 |
|---|---|---|---|---|---|---|
| 唐山 | 102.2 | 100.8 | 99.7 | 99.5 | 99.4 | 98.8 |
| 秦皇岛 | 99.9 | 98.8 | 98.1 | 97.8 | 97.3 | 97.1 |
| 包头 | 102.3 | 102.0 | 101.4 | 101.5 | 101.1 | 100.5 |
| 丹东 | 104.4 | 103.6 | 103.1 | 102.6 | 101.8 | 100.6 |
| 锦州 | 99.3 | 98.9 | 98.5 | 98.3 | 97.5 | 97.4 |
| 吉林 | 99.4 | 99.5 | 99.3 | 99.2 | 99.3 | 99.4 |
| 牡丹江 | 94.6 | 95.7 | 95.4 | 95.2 | 95.3 | 94.3 |
| 无锡 | 106.7 | 105.7 | 104.9 | 104.5 | 104.0 | 103.4 |
| 扬州 | 109.4 | 108.1 | 106.4 | 105.4 | 104.1 | 103.2 |
| 徐州 | 108.0 | 107.1 | 106.1 | 104.9 | 104.2 | 102.6 |
| 温州 | 106.5 | 105.6 | 104.7 | 104.2 | 103.6 | 103.0 |
| 金华 | 107.9 | 106.4 | 105.5 | 104.9 | 104.3 | 103.2 |
| 蚌埠 | 105.0 | 104.6 | 104.2 | 103.7 | 102.7 | 101.9 |
| 安庆 | 97.3 | 97.2 | 96.8 | 96.5 | 96.3 | 96.2 |
| 泉州 | 108.4 | 107.7 | 106.9 | 106.0 | 104.8 | 103.6 |
| 九江 | 103.2 | 103.3 | 103.2 | 103.1 | 102.0 | 101.4 |
| 赣州 | 101.2 | 100.7 | 100.3 | 100.8 | 100.8 | 100.9 |
| 烟台 | 104.2 | 104.2 | 103.7 | 103.1 | 102.6 | 102.4 |
| 济宁 | 105.9 | 104.6 | 104.2 | 103.6 | 103.2 | 101.9 |
| 洛阳 | 103.7 | 103.3 | 103.3 | 103.2 | 102.5 | 101.5 |
| 平顶山 | 102.7 | 102.1 | 101.3 | 100.8 | 100.5 | 100.3 |
| 宜昌 | 98.9 | 98.9 | 98.4 | 98.1 | 97.7 | 97.5 |
| 襄阳 | 100.5 | 100.1 | 100.1 | 99.7 | 99.7 | 99.5 |
| 岳阳 | 98.1 | 98.2 | 97.6 | 97.8 | 97.3 | 96.8 |
| 常德 | 99.4 | 98.8 | 99.0 | 99.0 | 98.4 | 97.8 |
| 惠州 | 101.4 | 101.3 | 101.4 | 100.8 | 99.9 | 99.9 |
| 湛江 | 102.2 | 101.9 | 100.9 | 100.4 | 100.2 | 100.0 |
| 韶关 | 104.8 | 103.6 | 102.4 | 101.6 | 101.2 | 100.6 |
| 桂林 | 101.8 | 101.5 | 100.7 | 99.9 | 99.0 | 99.0 |
| 北海 | 98.7 | 98.6 | 98.7 | 98.9 | 98.9 | 98.3 |
| 三亚 | 105.4 | 106.3 | 105.9 | 106.3 | 106.0 | 104.7 |
| 泸州 | 100.6 | 101.6 | 101.5 | 100.8 | 100.0 | 99.9 |
| 南充 | 95.0 | 95.0 | 95.1 | 94.8 | 94.8 | 94.7 |
| 遵义 | 100.4 | 99.7 | 99.3 | 99.0 | 98.7 | 98.6 |
| 大理 | 101.5 | 100.4 | 99.6 | 98.9 | 98.1 | 97.6 |

# 5-14　全国70个大中城市二手住宅环比价格指数(2021年)

(上月=100)

| 城　市 | 1月 | 2月 | 3月 | 4月 | 5月 | 6月 |
|---|---|---|---|---|---|---|
| 北　京 | 100.9 | 101.2 | 101.4 | 101.2 | 101.1 | 101.3 |
| 天　津 | 100.0 | 100.1 | 100.4 | 100.3 | 100.4 | 100.3 |
| 石家庄 | 100.0 | 99.8 | 100.0 | 100.3 | 100.1 | 99.6 |
| 太　原 | 99.9 | 99.8 | 99.9 | 99.7 | 99.7 | 100.0 |
| 呼和浩特 | 99.9 | 100.2 | 100.2 | 99.9 | 99.8 | 100.0 |
| 沈　阳 | 100.0 | 100.4 | 100.5 | 100.6 | 100.5 | 100.4 |
| 大　连 | 100.3 | 100.5 | 100.6 | 100.7 | 100.6 | 100.5 |
| 长　春 | 99.6 | 99.6 | 99.8 | 99.8 | 100.4 | 100.4 |
| 哈尔滨 | 99.8 | 100.4 | 100.4 | 100.5 | 100.4 | 100.3 |
| 上　海 | 101.3 | 101.3 | 101.1 | 100.9 | 100.7 | 101.0 |
| 南　京 | 100.5 | 100.6 | 100.9 | 100.7 | 100.6 | 100.7 |
| 杭　州 | 100.7 | 100.4 | 101.2 | 101.0 | 100.9 | 100.8 |
| 宁　波 | 100.9 | 100.7 | 100.8 | 100.7 | 100.4 | 100.5 |
| 合　肥 | 100.6 | 100.8 | 100.8 | 100.5 | 100.3 | 100.3 |
| 福　州 | 100.8 | 100.6 | 100.7 | 100.7 | 100.6 | 100.6 |
| 厦　门 | 100.6 | 100.5 | 100.4 | 100.4 | 100.1 | 100.3 |
| 南　昌 | 100.5 | 99.9 | 100.1 | 100.1 | 99.8 | 99.9 |
| 济　南 | 100.4 | 99.8 | 100.1 | 100.6 | 100.5 | 100.5 |
| 青　岛 | 99.9 | 100.3 | 100.4 | 100.5 | 100.4 | 100.3 |
| 郑　州 | 100.1 | 100.3 | 100.5 | 100.5 | 100.6 | 100.5 |
| 武　汉 | 100.5 | 100.5 | 100.4 | 100.7 | 100.3 | 100.7 |
| 长　沙 | 100.6 | 100.5 | 100.7 | 100.5 | 100.3 | 100.7 |
| 广　州 | 101.4 | 101.0 | 101.4 | 101.2 | 100.9 | 100.6 |
| 深　圳 | 101.7 | 100.9 | 100.4 | 100.0 | 99.9 | 99.8 |
| 南　宁 | 100.2 | 100.2 | 99.9 | 99.8 | 99.9 | 100.1 |
| 海　口 | 100.4 | 100.5 | 100.6 | 100.8 | 100.5 | 100.8 |
| 重　庆 | 100.3 | 100.2 | 100.8 | 101.3 | 101.0 | 100.9 |
| 成　都 | 101.0 | 100.8 | 100.7 | 100.3 | 100.7 | 100.5 |
| 贵　阳 | 99.8 | 100.1 | 100.2 | 100.4 | 100.3 | 99.8 |
| 昆　明 | 100.8 | 100.8 | 100.3 | 100.5 | 100.2 | 99.4 |
| 西　安 | 101.0 | 100.9 | 100.6 | 100.8 | 101.0 | 100.9 |
| 兰　州 | 100.4 | 100.6 | 100.4 | 100.6 | 100.3 | 100.1 |
| 西　宁 | 100.8 | 100.4 | 100.3 | 100.4 | 100.4 | 100.6 |
| 银　川 | 100.7 | 100.5 | 100.7 | 100.6 | 100.8 | 100.5 |
| 乌鲁木齐 | 100.3 | 100.5 | 99.9 | 100.5 | 99.8 | 99.7 |

5-14 续表 1

(上月=100)

| 城市 | 1月 | 2月 | 3月 | 4月 | 5月 | 6月 |
|---|---|---|---|---|---|---|
| 唐山 | 100.4 | 100.6 | 100.1 | 99.6 | 99.5 | 100.2 |
| 秦皇岛 | 99.9 | 99.8 | 100.2 | 99.8 | 99.9 | 99.5 |
| 包头 | 100.2 | 100.2 | 100.3 | 100.5 | 100.5 | 100.2 |
| 丹东 | 100.3 | 100.2 | 100.2 | 100.3 | 100.4 | 100.2 |
| 锦州 | 99.6 | 100.2 | 100.2 | 99.5 | 99.9 | 99.7 |
| 吉林 | 100.1 | 100.1 | 100.3 | 100.1 | 100.0 | 99.9 |
| 牡丹江 | 99.7 | 99.8 | 100.0 | 99.9 | 99.7 | 99.3 |
| 无锡 | 100.8 | 100.3 | 100.9 | 100.7 | 100.4 | 100.9 |
| 扬州 | 101.0 | 100.3 | 101.3 | 101.4 | 101.1 | 100.5 |
| 徐州 | 100.5 | 100.5 | 100.8 | 100.8 | 100.7 | 100.7 |
| 温州 | 100.5 | 100.8 | 100.6 | 100.8 | 100.7 | 100.6 |
| 金华 | 101.3 | 100.5 | 100.5 | 100.4 | 100.6 | 101.0 |
| 蚌埠 | 100.4 | 100.3 | 100.6 | 100.3 | 100.3 | 100.7 |
| 安庆 | 99.9 | 99.6 | 99.9 | 99.8 | 99.7 | 99.8 |
| 泉州 | 100.9 | 100.8 | 100.7 | 101.0 | 100.7 | 100.6 |
| 九江 | 100.7 | 100.5 | 100.6 | 100.3 | 100.2 | 100.4 |
| 赣州 | 100.0 | 100.3 | 100.0 | 100.0 | 99.8 | 100.2 |
| 烟台 | 100.4 | 100.3 | 100.5 | 100.5 | 100.3 | 100.3 |
| 济宁 | 100.6 | 100.5 | 100.3 | 100.4 | 100.6 | 100.5 |
| 洛阳 | 100.2 | 99.9 | 100.5 | 100.9 | 100.6 | 100.3 |
| 平顶山 | 100.3 | 100.4 | 100.2 | 100.2 | 100.1 | 100.0 |
| 宜昌 | 99.7 | 99.8 | 100.2 | 99.8 | 99.9 | 99.9 |
| 襄阳 | 100.0 | 99.8 | 100.3 | 100.3 | 100.2 | 100.2 |
| 岳阳 | 99.8 | 99.7 | 99.7 | 99.8 | 99.7 | 99.9 |
| 常德 | 100.0 | 100.0 | 100.1 | 100.1 | 99.8 | 100.0 |
| 惠州 | 100.3 | 100.1 | 100.4 | 100.5 | 100.4 | 99.7 |
| 湛江 | 99.9 | 100.3 | 100.5 | 100.7 | 100.0 | 100.3 |
| 韶关 | 100.7 | 100.6 | 100.4 | 100.2 | 100.2 | 100.4 |
| 桂林 | 100.5 | 100.2 | 100.1 | 99.8 | 100.1 | 100.2 |
| 北海 | 99.9 | 99.8 | 99.8 | 99.7 | 100.0 | 100.5 |
| 三亚 | 100.6 | 100.7 | 100.7 | 100.8 | 100.7 | 100.5 |
| 泸州 | 100.1 | 100.4 | 99.7 | 100.4 | 100.5 | 100.0 |
| 南充 | 99.7 | 99.8 | 99.5 | 100.4 | 99.7 | 99.5 |
| 遵义 | 100.5 | 100.2 | 100.3 | 99.8 | 99.5 | 100.0 |
| 大理 | 100.2 | 100.6 | 100.2 | 100.2 | 100.1 | 99.9 |

# 5-14 续表 2

(上月=100)

| 城市 | 7月 | 8月 | 9月 | 10月 | 11月 | 12月 |
|---|---|---|---|---|---|---|
| 北京 | 100.7 | 100.4 | 99.8 | 99.5 | 99.8 | 100.8 |
| 天津 | 100.2 | 100.0 | 100.6 | 99.9 | 99.7 | 99.6 |
| 石家庄 | 99.8 | 99.5 | 99.7 | 99.4 | 99.2 | 99.0 |
| 太原 | 100.4 | 99.6 | 99.5 | 99.6 | 99.2 | 98.8 |
| 呼和浩特 | 99.5 | 100.4 | 99.4 | 99.5 | 99.6 | 99.9 |
| 沈阳 | 100.3 | 100.2 | 99.9 | 99.8 | 99.7 | 99.5 |
| 大连 | 100.4 | 100.4 | 100.2 | 100.1 | 99.9 | 99.8 |
| 长春 | 100.2 | 100.4 | 100.1 | 99.9 | 99.6 | 99.6 |
| 哈尔滨 | 100.2 | 99.8 | 99.3 | 99.5 | 99.0 | 99.0 |
| 上海 | 100.7 | 100.2 | 99.4 | 99.6 | 99.9 | 100.4 |
| 南京 | 100.4 | 100.4 | 100.1 | 99.7 | 99.5 | 99.7 |
| 杭州 | 100.5 | 100.2 | 99.6 | 99.5 | 99.9 | 100.3 |
| 宁波 | 100.3 | 99.9 | 99.8 | 99.6 | 99.7 | 99.8 |
| 合肥 | 100.1 | 100.0 | 99.8 | 99.8 | 99.9 | 99.7 |
| 福州 | 100.2 | 99.7 | 99.9 | 99.6 | 99.9 | 99.8 |
| 厦门 | 100.3 | 100.0 | 99.8 | 99.7 | 99.8 | 99.6 |
| 南昌 | 100.0 | 100.0 | 99.9 | 99.8 | 99.9 | 99.7 |
| 济南 | 100.4 | 100.2 | 99.7 | 99.8 | 99.5 | 99.9 |
| 青岛 | 100.3 | 100.1 | 99.9 | 99.9 | 99.6 | 99.7 |
| 郑州 | 100.3 | 99.8 | 99.7 | 99.5 | 99.3 | 99.5 |
| 武汉 | 100.4 | 100.0 | 99.8 | 99.8 | 99.7 | 99.5 |
| 长沙 | 101.2 | 100.4 | 100.2 | 99.7 | 100.0 | 100.2 |
| 广州 | 100.6 | 100.5 | 99.6 | 99.4 | 99.5 | 99.7 |
| 深圳 | 99.6 | 99.6 | 99.5 | 99.8 | 99.8 | 99.6 |
| 南宁 | 99.9 | 99.7 | 99.8 | 99.7 | 99.4 | 99.6 |
| 海口 | 101.3 | 100.8 | 100.5 | 100.3 | 100.3 | 100.1 |
| 重庆 | 100.2 | 100.0 | 100.3 | 99.8 | 100.0 | 99.6 |
| 成都 | 100.0 | 100.5 | 100.1 | 100.0 | 99.4 | 99.7 |
| 贵阳 | 99.9 | 99.6 | 99.4 | 99.7 | 99.3 | 99.4 |
| 昆明 | 99.6 | 99.4 | 99.5 | 99.7 | 99.7 | 100.5 |
| 西安 | 100.6 | 100.3 | 100.2 | 99.8 | 99.5 | 99.7 |
| 兰州 | 100.2 | 99.9 | 99.7 | 99.6 | 99.7 | 99.8 |
| 西宁 | 100.4 | 100.3 | 100.1 | 99.4 | 99.3 | 99.5 |
| 银川 | 100.2 | 99.9 | 99.8 | 99.8 | 99.7 | 99.8 |
| 乌鲁木齐 | 99.8 | 99.7 | 99.5 | 99.5 | 99.6 | 99.7 |

5-14 续表 3

(上月=100)

| 城市 | 7月 | 8月 | 9月 | 10月 | 11月 | 12月 |
|---|---|---|---|---|---|---|
| 唐山 | 99.5 | 99.7 | 99.4 | 99.9 | 100.2 | 99.6 |
| 秦皇岛 | 99.5 | 99.8 | 99.7 | 99.8 | 99.7 | 99.5 |
| 包头 | 99.8 | 99.8 | 99.7 | 99.9 | 99.6 | 99.6 |
| 丹东 | 100.1 | 100.0 | 100.1 | 99.9 | 99.7 | 99.2 |
| 锦州 | 99.9 | 100.2 | 99.7 | 99.5 | 99.3 | 99.7 |
| 吉林 | 100.2 | 99.8 | 99.6 | 99.6 | 99.9 | 99.6 |
| 牡丹江 | 99.4 | 99.5 | 99.2 | 99.2 | 99.6 | 98.7 |
| 无锡 | 100.5 | 100.2 | 100.1 | 99.6 | 99.6 | 99.4 |
| 扬州 | 99.8 | 99.7 | 99.7 | 99.5 | 99.4 | 99.5 |
| 徐州 | 100.3 | 100.0 | 99.7 | 99.6 | 99.5 | 99.3 |
| 温州 | 100.3 | 100.1 | 99.6 | 99.5 | 99.8 | 99.7 |
| 金华 | 100.4 | 99.7 | 99.8 | 99.7 | 99.6 | 99.8 |
| 蚌埠 | 100.3 | 100.2 | 99.8 | 99.6 | 99.5 | 99.6 |
| 安庆 | 99.6 | 99.7 | 99.6 | 99.5 | 99.4 | 99.5 |
| 泉州 | 100.3 | 100.2 | 99.9 | 99.6 | 99.3 | 99.5 |
| 九江 | 100.2 | 99.8 | 99.9 | 99.6 | 99.5 | 99.7 |
| 赣州 | 99.7 | 99.9 | 100.1 | 100.5 | 100.4 | 100.0 |
| 烟台 | 100.6 | 100.1 | 99.9 | 99.8 | 99.8 | 99.9 |
| 济宁 | 99.8 | 99.8 | 100.2 | 99.8 | 100.0 | 99.3 |
| 洛阳 | 100.4 | 100.1 | 100.1 | 100.0 | 99.2 | 99.4 |
| 平顶山 | 99.9 | 100.0 | 99.8 | 99.9 | 99.7 | 99.9 |
| 宜昌 | 99.8 | 99.7 | 99.8 | 99.8 | 99.5 | 99.5 |
| 襄阳 | 99.9 | 99.8 | 100.0 | 99.5 | 99.8 | 99.7 |
| 岳阳 | 99.4 | 100.1 | 99.7 | 99.7 | 99.8 | 99.5 |
| 常德 | 99.5 | 99.7 | 99.9 | 99.7 | 99.7 | 99.4 |
| 惠州 | 99.9 | 100.3 | 99.9 | 99.2 | 99.5 | 99.7 |
| 湛江 | 100.0 | 99.7 | 99.6 | 99.6 | 99.8 | 99.6 |
| 韶关 | 99.8 | 99.7 | 99.7 | 99.5 | 99.6 | 99.8 |
| 桂林 | 100.3 | 99.8 | 99.6 | 99.4 | 99.3 | 99.8 |
| 北海 | 100.1 | 99.9 | 99.8 | 99.8 | 99.6 | 99.4 |
| 三亚 | 100.4 | 100.3 | 100.2 | 100.4 | 100.0 | 99.4 |
| 泸州 | 100.2 | 100.5 | 100.1 | 99.2 | 99.1 | 99.7 |
| 南充 | 99.3 | 99.4 | 99.5 | 99.1 | 99.2 | 99.5 |
| 遵义 | 99.9 | 99.8 | 99.6 | 99.5 | 99.8 | 99.7 |
| 大理 | 99.5 | 99.8 | 99.6 | 99.2 | 99.0 | 99.2 |

# 5-15 全国70个大中城市新建商品住宅同比价格指数(2021年)

(上年同月=100)

| 城市 | 1月 | 2月 | 3月 | 4月 | 5月 | 6月 |
|---|---|---|---|---|---|---|
| 北京 | 102.9 | 103.4 | 103.6 | 104.5 | 104.3 | 104.9 |
| 天津 | 101.5 | 102.3 | 103.2 | 103.6 | 103.9 | 104.2 |
| 石家庄 | 102.9 | 102.7 | 103.0 | 102.8 | 103.1 | 102.9 |
| 太原 | 99.2 | 99.2 | 98.9 | 98.9 | 98.7 | 97.9 |
| 呼和浩特 | 104.7 | 104.5 | 104.1 | 103.6 | 103.1 | 103.1 |
| 沈阳 | 105.8 | 105.1 | 105.1 | 104.9 | 104.7 | 104.5 |
| 大连 | 104.7 | 104.5 | 105.2 | 105.4 | 105.8 | 106.0 |
| 长春 | 102.7 | 102.6 | 102.1 | 101.8 | 101.7 | 101.2 |
| 哈尔滨 | 99.9 | 100.3 | 100.3 | 99.6 | 99.9 | 99.8 |
| 上海 | 104.4 | 105.0 | 105.3 | 104.9 | 104.5 | 104.6 |
| 南京 | 105.0 | 105.7 | 106.3 | 105.1 | 104.6 | 104.4 |
| 杭州 | 104.2 | 104.5 | 103.5 | 103.3 | 103.2 | 102.6 |
| 宁波 | 104.3 | 104.9 | 105.4 | 105.9 | 105.0 | 104.8 |
| 合肥 | 104.3 | 105.0 | 105.6 | 106.8 | 107.1 | 106.4 |
| 福州 | 105.4 | 105.1 | 105.7 | 105.7 | 105.8 | 105.8 |
| 厦门 | 104.7 | 105.1 | 105.5 | 105.6 | 106.1 | 105.8 |
| 南昌 | 100.8 | 100.9 | 101.6 | 101.6 | 101.2 | 100.9 |
| 济南 | 99.6 | 100.2 | 101.1 | 101.9 | 102.4 | 103.6 |
| 青岛 | 102.9 | 103.4 | 104.4 | 104.6 | 105.1 | 105.1 |
| 郑州 | 99.4 | 100.3 | 101.2 | 101.8 | 102.7 | 103.2 |
| 武汉 | 104.6 | 105.0 | 105.5 | 106.7 | 107.3 | 106.7 |
| 长沙 | 104.9 | 105.6 | 105.9 | 106.3 | 106.7 | 106.7 |
| 广州 | 105.9 | 106.9 | 108.6 | 109.9 | 111.2 | 111.6 |
| 深圳 | 103.7 | 103.8 | 103.4 | 103.9 | 103.7 | 103.5 |
| 南宁 | 105.0 | 105.5 | 106.1 | 106.0 | 105.9 | 105.4 |
| 海口 | 103.2 | 103.8 | 104.1 | 104.6 | 105.4 | 105.8 |
| 重庆 | 104.9 | 105.7 | 106.2 | 106.7 | 108.0 | 108.0 |
| 成都 | 106.9 | 106.5 | 106.5 | 106.6 | 106.2 | 105.7 |
| 贵阳 | 103.4 | 103.2 | 103.7 | 105.0 | 105.2 | 104.7 |
| 昆明 | 105.6 | 106.5 | 107.5 | 107.5 | 106.8 | 104.7 |
| 西安 | 106.5 | 107.4 | 107.8 | 108.0 | 108.0 | 108.2 |
| 兰州 | 104.9 | 105.6 | 106.6 | 106.7 | 106.6 | 106.7 |
| 西宁 | 109.0 | 109.1 | 108.2 | 108.0 | 107.9 | 107.8 |
| 银川 | 113.9 | 114.9 | 114.1 | 113.7 | 112.4 | 111.2 |
| 乌鲁木齐 | 103.4 | 104.6 | 105.1 | 104.5 | 104.7 | 103.7 |

## 5-15 续表 1

(上年同月=100)

| 城市 | 1月 | 2月 | 3月 | 4月 | 5月 | 6月 |
|---|---|---|---|---|---|---|
| 唐山 | 109.8 | 109.2 | 108.3 | 106.9 | 105.9 | 104.7 |
| 秦皇岛 | 103.1 | 103.3 | 103.3 | 102.5 | 101.7 | 100.6 |
| 包头 | 102.6 | 102.5 | 102.9 | 103.4 | 103.3 | 103.3 |
| 丹东 | 106.2 | 106.3 | 105.9 | 105.6 | 105.5 | 105.8 |
| 锦州 | 106.4 | 106.9 | 106.7 | 106.0 | 105.7 | 105.6 |
| 吉林 | 103.0 | 103.4 | 103.2 | 103.2 | 103.4 | 103.4 |
| 牡丹江 | 98.0 | 97.6 | 97.6 | 98.7 | 99.3 | 99.6 |
| 无锡 | 105.6 | 105.6 | 105.8 | 105.9 | 105.7 | 105.9 |
| 扬州 | 110.0 | 110.3 | 110.1 | 109.9 | 109.7 | 109.2 |
| 徐州 | 107.0 | 107.7 | 108.0 | 108.5 | 108.8 | 109.3 |
| 温州 | 104.3 | 104.9 | 105.5 | 105.2 | 105.2 | 104.6 |
| 金华 | 105.9 | 106.3 | 107.0 | 106.9 | 106.6 | 106.3 |
| 蚌埠 | 105.6 | 105.8 | 105.5 | 104.8 | 104.0 | 103.5 |
| 安庆 | 98.6 | 98.5 | 98.8 | 98.8 | 98.7 | 99.1 |
| 泉州 | 106.0 | 107.1 | 107.4 | 108.0 | 107.7 | 107.2 |
| 九江 | 103.2 | 103.6 | 104.3 | 104.0 | 103.8 | 103.3 |
| 赣州 | 104.8 | 105.1 | 105.5 | 105.2 | 105.3 | 105.2 |
| 烟台 | 105.0 | 104.6 | 104.8 | 105.1 | 105.2 | 104.9 |
| 济宁 | 108.8 | 109.4 | 109.9 | 110.0 | 110.4 | 110.6 |
| 洛阳 | 102.3 | 102.2 | 102.4 | 102.9 | 103.5 | 103.8 |
| 平顶山 | 103.3 | 103.6 | 103.8 | 104.0 | 103.8 | 103.3 |
| 宜昌 | 102.9 | 103.3 | 104.1 | 104.6 | 104.9 | 105.0 |
| 襄阳 | 103.6 | 103.7 | 104.1 | 105.0 | 105.4 | 105.2 |
| 岳阳 | 101.0 | 101.8 | 101.3 | 100.9 | 100.9 | 99.9 |
| 常德 | 98.5 | 98.3 | 99.0 | 99.2 | 98.6 | 98.3 |
| 惠州 | 100.0 | 101.2 | 101.8 | 102.3 | 102.9 | 103.5 |
| 湛江 | 101.1 | 102.1 | 103.3 | 103.9 | 104.8 | 104.6 |
| 韶关 | 107.1 | 107.4 | 107.9 | 108.0 | 107.5 | 106.3 |
| 桂林 | 100.3 | 101.2 | 102.0 | 101.8 | 101.8 | 101.8 |
| 北海 | 96.3 | 95.8 | 95.6 | 95.5 | 96.3 | 97.1 |
| 三亚 | 104.6 | 104.8 | 106.3 | 106.0 | 106.8 | 107.3 |
| 泸州 | 99.4 | 99.8 | 100.8 | 100.5 | 100.6 | 99.9 |
| 南充 | 99.4 | 100.8 | 100.8 | 100.0 | 98.5 | 99.0 |
| 遵义 | 100.4 | 101.4 | 101.4 | 101.5 | 102.2 | 102.3 |
| 大理 | 100.4 | 100.2 | 100.3 | 100.1 | 99.8 | 99.5 |

# 5-15　续表 2

(上年同月=100)

| 城　市 | 7月 | 8月 | 9月 | 10月 | 11月 | 12月 |
|---|---|---|---|---|---|---|
| 北　京 | 105.4 | 104.9 | 104.5 | 104.9 | 105.4 | 105.1 |
| 天　津 | 104.3 | 104.3 | 104.1 | 104.0 | 103.0 | 102.4 |
| 石家庄 | 102.8 | 102.4 | 102.1 | 100.8 | 99.2 | 98.5 |
| 太　原 | 98.0 | 98.0 | 97.8 | 97.9 | 97.7 | 97.1 |
| 呼和浩特 | 102.3 | 102.1 | 101.2 | 100.1 | 99.3 | 99.1 |
| 沈　阳 | 104.2 | 103.4 | 103.3 | 103.1 | 102.8 | 102.7 |
| 大　连 | 106.1 | 106.5 | 106.1 | 105.5 | 105.3 | 104.7 |
| 长　春 | 100.9 | 100.6 | 100.7 | 100.9 | 100.9 | 101.0 |
| 哈尔滨 | 99.9 | 99.4 | 99.3 | 98.7 | 98.3 | 98.2 |
| 上　海 | 104.5 | 104.3 | 104.0 | 103.8 | 104.0 | 104.2 |
| 南　京 | 104.6 | 104.8 | 105.0 | 104.5 | 103.9 | 104.1 |
| 杭　州 | 102.8 | 103.0 | 103.4 | 103.9 | 104.7 | 105.5 |
| 宁　波 | 104.7 | 104.2 | 103.9 | 103.7 | 103.5 | 103.3 |
| 合　肥 | 106.1 | 106.0 | 105.7 | 104.9 | 104.0 | 103.5 |
| 福　州 | 105.7 | 105.7 | 105.4 | 105.1 | 104.2 | 103.4 |
| 厦　门 | 105.5 | 105.6 | 105.3 | 105.4 | 104.3 | 103.9 |
| 南　昌 | 101.0 | 101.3 | 101.1 | 101.2 | 101.2 | 100.6 |
| 济　南 | 104.2 | 105.2 | 105.5 | 105.2 | 105.0 | 105.1 |
| 青　岛 | 105.4 | 105.4 | 104.9 | 105.0 | 104.7 | 104.4 |
| 郑　州 | 103.7 | 103.1 | 102.8 | 102.6 | 102.4 | 101.9 |
| 武　汉 | 106.5 | 106.4 | 106.0 | 105.3 | 104.3 | 103.7 |
| 长　沙 | 107.1 | 106.8 | 106.9 | 107.1 | 107.5 | 107.5 |
| 广　州 | 110.9 | 109.8 | 109.0 | 107.9 | 106.3 | 105.0 |
| 深　圳 | 103.3 | 103.9 | 103.8 | 103.4 | 103.4 | 103.3 |
| 南　宁 | 104.9 | 103.7 | 102.7 | 102.1 | 102.1 | 101.7 |
| 海　口 | 106.5 | 105.8 | 105.6 | 105.4 | 104.5 | 104.0 |
| 重　庆 | 108.3 | 108.8 | 108.3 | 108.0 | 108.0 | 107.9 |
| 成　都 | 104.8 | 104.2 | 103.6 | 102.8 | 102.6 | 102.4 |
| 贵　阳 | 104.9 | 104.2 | 103.7 | 102.9 | 101.1 | 100.2 |
| 昆　明 | 103.8 | 102.4 | 101.5 | 100.0 | 99.8 | 99.4 |
| 西　安 | 108.1 | 107.7 | 107.5 | 107.4 | 107.4 | 106.3 |
| 兰　州 | 106.7 | 105.9 | 105.1 | 104.5 | 103.5 | 102.6 |
| 西　宁 | 108.6 | 108.0 | 107.6 | 106.6 | 105.5 | 103.7 |
| 银　川 | 110.0 | 108.5 | 108.0 | 107.9 | 107.7 | 106.7 |
| 乌鲁木齐 | 103.5 | 104.3 | 104.2 | 103.3 | 102.6 | 102.8 |

## 5-15 续表 3

(上年同月=100)

| 城　　市 | 7月 | 8月 | 9月 | 10月 | 11月 | 12月 |
|---|---|---|---|---|---|---|
| 唐　山 | 103.1 | 101.2 | 99.8 | 99.1 | 98.6 | 98.3 |
| 秦皇岛 | 100.3 | 99.2 | 98.2 | 97.8 | 97.3 | 96.3 |
| 包　头 | 103.0 | 102.3 | 101.6 | 101.2 | 101.0 | 100.2 |
| 丹　东 | 105.1 | 104.6 | 103.9 | 103.7 | 102.7 | 101.7 |
| 锦　州 | 104.8 | 103.7 | 104.4 | 104.6 | 103.7 | 103.2 |
| 吉　林 | 103.5 | 102.9 | 101.8 | 101.8 | 101.7 | 102.2 |
| 牡丹江 | 99.9 | 99.4 | 98.7 | 98.7 | 98.5 | 98.5 |
| 无　锡 | 105.4 | 104.5 | 104.7 | 104.6 | 104.4 | 104.2 |
| 扬　州 | 107.9 | 107.2 | 105.5 | 104.5 | 104.3 | 103.9 |
| 徐　州 | 109.0 | 108.1 | 107.3 | 106.0 | 105.1 | 104.2 |
| 温　州 | 104.4 | 103.2 | 103.7 | 103.4 | 103.7 | 104.0 |
| 金　华 | 106.1 | 105.3 | 105.2 | 105.2 | 104.8 | 104.1 |
| 蚌　埠 | 103.6 | 103.4 | 102.8 | 102.2 | 101.7 | 101.3 |
| 安　庆 | 99.2 | 100.0 | 100.2 | 99.6 | 99.1 | 98.7 |
| 泉　州 | 107.2 | 106.6 | 106.1 | 105.7 | 105.0 | 103.7 |
| 九　江 | 103.4 | 103.8 | 103.1 | 102.6 | 102.5 | 101.8 |
| 赣　州 | 104.3 | 103.7 | 103.5 | 102.9 | 102.3 | 102.5 |
| 烟　台 | 105.0 | 103.6 | 102.8 | 101.8 | 101.3 | 100.9 |
| 济　宁 | 110.2 | 109.0 | 108.4 | 107.6 | 105.9 | 104.9 |
| 洛　阳 | 103.6 | 103.7 | 103.7 | 103.9 | 103.5 | 102.8 |
| 平顶山 | 102.7 | 102.9 | 102.8 | 103.0 | 102.1 | 101.7 |
| 宜　昌 | 104.8 | 104.7 | 104.2 | 103.2 | 102.6 | 102.2 |
| 襄　阳 | 105.0 | 104.7 | 104.1 | 103.5 | 102.3 | 101.1 |
| 岳　阳 | 99.1 | 98.3 | 97.6 | 97.6 | 98.0 | 97.6 |
| 常　德 | 97.9 | 97.6 | 97.5 | 97.7 | 97.8 | 97.5 |
| 惠　州 | 103.0 | 103.1 | 102.6 | 101.2 | 100.9 | 100.5 |
| 湛　江 | 104.7 | 104.0 | 102.5 | 101.4 | 100.6 | 99.6 |
| 韶　关 | 105.1 | 102.8 | 101.8 | 100.9 | 101.4 | 100.9 |
| 桂　林 | 101.6 | 102.3 | 101.1 | 100.0 | 99.8 | 99.9 |
| 北　海 | 97.7 | 98.4 | 98.4 | 98.8 | 98.5 | 98.4 |
| 三　亚 | 106.6 | 105.9 | 105.1 | 105.1 | 105.3 | 105.0 |
| 泸　州 | 99.7 | 99.1 | 97.8 | 97.3 | 96.7 | 96.8 |
| 南　充 | 99.0 | 98.9 | 98.8 | 98.7 | 98.4 | 97.8 |
| 遵　义 | 102.1 | 101.8 | 101.7 | 101.2 | 100.3 | 100.4 |
| 大　理 | 98.8 | 98.3 | 97.6 | 96.8 | 95.8 | 95.7 |

# 5-16 全国70个大中城市新建商品住宅环比价格指数(2021年)

(上月=100)

| 城 市 | 1月 | 2月 | 3月 | 4月 | 5月 | 6月 |
|---|---|---|---|---|---|---|
| 北 京 | 100.5 | 100.7 | 100.2 | 100.6 | 100.3 | 100.9 |
| 天 津 | 100.3 | 100.4 | 100.6 | 100.7 | 100.6 | 100.9 |
| 石家庄 | 100.0 | 99.8 | 100.6 | 100.5 | 100.4 | 100.0 |
| 太 原 | 99.6 | 99.9 | 99.9 | 100.2 | 100.3 | 99.8 |
| 呼和浩特 | 100.1 | 99.8 | 99.7 | 100.0 | 100.5 | 100.2 |
| 沈 阳 | 100.8 | 100.0 | 100.3 | 100.6 | 100.9 | 100.7 |
| 大 连 | 100.1 | 100.2 | 100.8 | 100.7 | 101.2 | 101.0 |
| 长 春 | 100.4 | 99.8 | 99.9 | 100.3 | 100.3 | 100.2 |
| 哈尔滨 | 99.5 | 100.4 | 100.3 | 100.2 | 100.4 | 99.9 |
| 上 海 | 100.6 | 100.5 | 100.3 | 100.3 | 100.4 | 100.5 |
| 南 京 | 100.2 | 100.5 | 100.8 | 100.6 | 100.8 | 100.8 |
| 杭 州 | 100.1 | 100.2 | 100.5 | 100.5 | 100.6 | 100.8 |
| 宁 波 | 100.5 | 100.5 | 100.8 | 100.6 | 100.4 | 100.6 |
| 合 肥 | 100.9 | 100.6 | 100.7 | 100.5 | 100.2 | 100.2 |
| 福 州 | 100.6 | 100.3 | 101.0 | 100.6 | 100.5 | 100.5 |
| 厦 门 | 100.3 | 100.4 | 100.3 | 100.2 | 100.9 | 100.7 |
| 南 昌 | 100.3 | 100.1 | 100.4 | 100.5 | 100.0 | 100.0 |
| 济 南 | 100.2 | 100.4 | 100.5 | 100.8 | 101.0 | 101.5 |
| 青 岛 | 100.2 | 100.3 | 100.5 | 100.7 | 100.8 | 100.7 |
| 郑 州 | 100.2 | 100.5 | 100.8 | 100.7 | 100.8 | 100.8 |
| 武 汉 | 100.7 | 100.4 | 100.4 | 101.0 | 100.9 | 100.7 |
| 长 沙 | 100.6 | 101.0 | 100.5 | 100.7 | 100.8 | 101.3 |
| 广 州 | 101.0 | 100.9 | 101.0 | 101.1 | 101.5 | 101.0 |
| 深 圳 | 100.3 | 100.1 | 100.1 | 100.5 | 100.6 | 100.5 |
| 南 宁 | 100.3 | 100.5 | 100.6 | 100.4 | 100.6 | 100.5 |
| 海 口 | 100.3 | 100.6 | 100.3 | 101.0 | 100.4 | 100.8 |
| 重 庆 | 100.5 | 100.4 | 100.9 | 101.4 | 101.9 | 101.0 |
| 成 都 | 100.8 | 100.7 | 100.5 | 100.5 | 100.4 | 100.3 |
| 贵 阳 | 100.2 | 100.4 | 100.4 | 100.8 | 100.3 | 99.8 |
| 昆 明 | 100.4 | 100.7 | 100.8 | 101.0 | 100.0 | 99.2 |
| 西 安 | 100.4 | 100.8 | 100.9 | 100.6 | 100.5 | 101.0 |
| 兰 州 | 100.8 | 100.7 | 100.5 | 100.7 | 100.4 | 100.5 |
| 西 宁 | 100.7 | 100.6 | 100.5 | 100.6 | 100.8 | 100.9 |
| 银 川 | 100.6 | 100.8 | 100.5 | 100.6 | 101.0 | 100.8 |
| 乌鲁木齐 | 100.5 | 100.9 | 100.4 | 100.3 | 100.7 | 100.1 |

5-16 续表 1

(上月=100)

| 城　　市 | 1月 | 2月 | 3月 | 4月 | 5月 | 6月 |
|---|---|---|---|---|---|---|
| 唐　　山 | 100.0 | 99.8 | 100.2 | 100.3 | 100.1 | 100.4 |
| 秦 皇 岛 | 99.7 | 99.8 | 100.4 | 100.0 | 100.0 | 99.7 |
| 包　　头 | 100.2 | 99.7 | 100.5 | 100.3 | 100.7 | 100.0 |
| 丹　　东 | 100.1 | 100.5 | 100.1 | 100.2 | 100.2 | 100.1 |
| 锦　　州 | 100.5 | 100.5 | 100.0 | 100.2 | 100.7 | 100.5 |
| 吉　　林 | 99.8 | 100.6 | 100.3 | 100.8 | 100.4 | 100.4 |
| 牡 丹 江 | 99.9 | 99.8 | 100.0 | 100.4 | 100.3 | 100.2 |
| 无　　锡 | 100.0 | 100.2 | 100.7 | 100.6 | 100.8 | 101.2 |
| 扬　　州 | 100.7 | 101.2 | 100.3 | 100.9 | 100.7 | 100.7 |
| 徐　　州 | 100.9 | 100.7 | 100.7 | 100.9 | 101.0 | 101.1 |
| 温　　州 | 100.4 | 100.2 | 100.1 | 100.6 | 100.7 | 100.5 |
| 金　　华 | 101.2 | 100.4 | 100.7 | 100.4 | 100.5 | 100.6 |
| 蚌　　埠 | 100.7 | 100.3 | 100.3 | 99.8 | 99.7 | 100.5 |
| 安　　庆 | 100.2 | 99.6 | 99.7 | 99.7 | 99.8 | 99.7 |
| 泉　　州 | 100.8 | 100.7 | 100.8 | 100.7 | 100.6 | 100.4 |
| 九　　江 | 100.3 | 100.8 | 100.4 | 100.4 | 100.3 | 100.3 |
| 赣　　州 | 100.6 | 100.6 | 100.3 | 100.2 | 100.4 | 100.4 |
| 烟　　台 | 99.8 | 100.3 | 100.5 | 100.6 | 100.4 | 100.3 |
| 济　　宁 | 100.7 | 100.6 | 100.8 | 100.7 | 101.0 | 100.8 |
| 洛　　阳 | 100.3 | 100.0 | 100.1 | 100.6 | 100.8 | 100.4 |
| 平 顶 山 | 100.2 | 100.3 | 100.3 | 100.2 | 100.2 | 100.1 |
| 宜　　昌 | 99.9 | 100.4 | 100.5 | 100.8 | 100.7 | 100.5 |
| 襄　　阳 | 100.3 | 100.2 | 100.4 | 100.7 | 100.4 | 100.3 |
| 岳　　阳 | 99.7 | 100.4 | 99.6 | 100.2 | 100.5 | 99.6 |
| 常　　德 | 99.9 | 100.2 | 100.3 | 100.0 | 99.7 | 99.5 |
| 惠　　州 | 100.1 | 100.6 | 100.5 | 100.5 | 100.3 | 100.8 |
| 湛　　江 | 100.2 | 100.8 | 100.3 | 100.7 | 100.6 | 99.8 |
| 韶　　关 | 100.3 | 100.2 | 100.2 | 100.4 | 100.7 | 100.5 |
| 桂　　林 | 99.9 | 100.5 | 100.4 | 100.4 | 100.5 | 100.3 |
| 北　　海 | 99.7 | 99.7 | 99.9 | 99.7 | 100.6 | 100.3 |
| 三　　亚 | 100.3 | 100.2 | 100.7 | 100.2 | 100.3 | 100.6 |
| 泸　　州 | 99.4 | 99.6 | 100.8 | 99.7 | 100.5 | 99.9 |
| 南　　充 | 99.7 | 100.8 | 100.5 | 100.4 | 99.8 | 99.6 |
| 遵　　义 | 100.4 | 100.6 | 100.2 | 100.3 | 100.6 | 100.2 |
| 大　　理 | 99.6 | 99.8 | 100.3 | 99.8 | 99.6 | 99.4 |

## 5-16　续表 2

(上月=100)

| 城　市 | 7月 | 8月 | 9月 | 10月 | 11月 | 12月 |
|---|---|---|---|---|---|---|
| 北　京 | 100.8 | 100.2 | 100.0 | 100.6 | 100.3 | 100.0 |
| 天　津 | 100.6 | 100.3 | 99.9 | 99.5 | 99.4 | 99.3 |
| 石家庄 | 100.2 | 99.7 | 100.4 | 98.9 | 98.8 | 99.1 |
| 太　原 | 100.0 | 99.8 | 99.3 | 99.7 | 99.5 | 99.1 |
| 呼和浩特 | 99.9 | 100.2 | 99.7 | 99.5 | 99.5 | 100.0 |
| 沈　阳 | 100.5 | 100.3 | 99.9 | 99.7 | 99.6 | 99.5 |
| 大　连 | 100.6 | 100.6 | 100.1 | 99.8 | 99.8 | 99.6 |
| 长　春 | 100.1 | 100.3 | 100.4 | 100.1 | 99.7 | 99.7 |
| 哈尔滨 | 100.0 | 99.7 | 99.5 | 99.7 | 99.3 | 99.2 |
| 上　海 | 100.4 | 100.4 | 100.2 | 100.1 | 100.2 | 100.4 |
| 南　京 | 100.4 | 100.1 | 100.2 | 100.0 | 99.5 | 100.3 |
| 杭　州 | 100.5 | 100.6 | 100.4 | 100.4 | 100.5 | 100.5 |
| 宁　波 | 100.4 | 100.3 | 100.0 | 99.9 | 99.7 | 99.6 |
| 合　肥 | 100.1 | 100.2 | 100.4 | 99.9 | 99.7 | 100.2 |
| 福　州 | 100.3 | 100.2 | 100.0 | 99.8 | 99.6 | 100.1 |
| 厦　门 | 100.4 | 100.4 | 100.3 | 100.2 | 99.4 | 100.2 |
| 南　昌 | 100.3 | 100.1 | 99.9 | 99.7 | 99.6 | 99.9 |
| 济　南 | 100.7 | 100.6 | 100.4 | 99.6 | 99.5 | 100.0 |
| 青　岛 | 101.0 | 100.8 | 100.0 | 99.8 | 99.7 | 99.9 |
| 郑　州 | 100.4 | 99.9 | 99.7 | 99.5 | 99.4 | 99.3 |
| 武　汉 | 100.6 | 100.4 | 100.0 | 99.6 | 99.2 | 99.7 |
| 长　沙 | 100.8 | 100.5 | 100.3 | 100.2 | 100.2 | 100.3 |
| 广　州 | 100.2 | 99.9 | 99.9 | 99.7 | 99.4 | 99.4 |
| 深　圳 | 100.5 | 101.0 | 100.2 | 99.8 | 100.0 | 99.9 |
| 南　宁 | 100.3 | 99.7 | 99.6 | 99.5 | 99.9 | 99.8 |
| 海　口 | 101.0 | 100.3 | 100.3 | 100.0 | 99.5 | 99.7 |
| 重　庆 | 100.7 | 100.8 | 100.1 | 100.0 | 99.8 | 100.3 |
| 成　都 | 100.4 | 100.3 | 99.8 | 99.4 | 99.8 | 99.6 |
| 贵　阳 | 100.5 | 100.0 | 99.7 | 99.6 | 98.9 | 99.5 |
| 昆　明 | 99.5 | 99.6 | 99.3 | 99.2 | 100.0 | 99.8 |
| 西　安 | 100.7 | 100.7 | 100.6 | 100.4 | 100.2 | 99.5 |
| 兰　州 | 100.4 | 99.8 | 99.7 | 99.9 | 99.6 | 99.6 |
| 西　宁 | 100.7 | 100.5 | 100.2 | 99.7 | 99.5 | 99.0 |
| 银　川 | 101.0 | 100.4 | 100.6 | 100.6 | 100.3 | 99.6 |
| 乌鲁木齐 | 100.4 | 100.8 | 100.0 | 99.7 | 99.5 | 99.6 |

5-16 续表 3

(上月=100)

| 城市 | 7月 | 8月 | 9月 | 10月 | 11月 | 12月 |
|---|---|---|---|---|---|---|
| 唐山 | 99.6 | 99.4 | 99.2 | 99.3 | 99.7 | 100.2 |
| 秦皇岛 | 99.8 | 99.4 | 99.5 | 99.2 | 99.6 | 99.0 |
| 包头 | 100.2 | 100.1 | 99.8 | 99.7 | 99.5 | 99.4 |
| 丹东 | 100.4 | 100.3 | 100.1 | 100.2 | 99.8 | 99.6 |
| 锦州 | 100.3 | 100.2 | 100.5 | 100.3 | 99.5 | 99.8 |
| 吉林 | 100.5 | 100.2 | 99.8 | 99.7 | 99.6 | 100.1 |
| 牡丹江 | 99.9 | 100.4 | 99.3 | 99.5 | 99.5 | 99.3 |
| 无锡 | 100.9 | 100.3 | 100.5 | 100.0 | 99.7 | 99.5 |
| 扬州 | 100.3 | 100.1 | 99.7 | 99.7 | 99.8 | 99.6 |
| 徐州 | 100.6 | 100.0 | 99.6 | 99.6 | 99.2 | 99.9 |
| 温州 | 100.5 | 100.2 | 100.4 | 100.0 | 99.9 | 100.3 |
| 金华 | 100.3 | 100.4 | 100.1 | 99.8 | 99.7 | 99.9 |
| 蚌埠 | 100.5 | 100.4 | 99.9 | 99.8 | 99.7 | 99.8 |
| 安庆 | 99.9 | 100.0 | 100.4 | 99.9 | 99.8 | 100.0 |
| 泉州 | 100.6 | 100.3 | 100.1 | 99.9 | 99.5 | 99.2 |
| 九江 | 100.5 | 100.2 | 99.8 | 99.6 | 99.6 | 99.5 |
| 赣州 | 99.9 | 99.9 | 100.0 | 99.7 | 99.9 | 100.4 |
| 烟台 | 100.6 | 99.9 | 99.8 | 99.5 | 99.7 | 99.7 |
| 济宁 | 100.7 | 100.1 | 100.4 | 99.9 | 99.6 | 99.5 |
| 洛阳 | 100.6 | 100.5 | 100.3 | 100.2 | 99.8 | 99.3 |
| 平顶山 | 99.9 | 100.4 | 100.2 | 100.3 | 99.6 | 99.9 |
| 宜昌 | 100.6 | 100.0 | 99.7 | 99.7 | 99.8 | 99.6 |
| 襄阳 | 100.5 | 100.4 | 99.9 | 99.8 | 99.3 | 99.0 |
| 岳阳 | 99.3 | 99.7 | 99.5 | 99.3 | 100.3 | 99.6 |
| 常德 | 99.9 | 99.7 | 99.3 | 99.5 | 99.8 | 99.7 |
| 惠州 | 99.5 | 100.4 | 99.5 | 98.9 | 99.8 | 99.5 |
| 湛江 | 100.4 | 99.8 | 99.0 | 99.3 | 99.6 | 98.9 |
| 韶关 | 100.0 | 99.6 | 99.7 | 99.4 | 100.1 | 99.7 |
| 桂林 | 99.7 | 99.6 | 99.4 | 99.3 | 99.5 | 100.4 |
| 北海 | 100.3 | 100.1 | 99.6 | 99.7 | 99.5 | 99.4 |
| 三亚 | 100.5 | 100.2 | 100.1 | 100.8 | 100.7 | 100.2 |
| 泸州 | 99.8 | 99.9 | 99.0 | 99.1 | 99.3 | 100.0 |
| 南充 | 99.7 | 99.5 | 99.9 | 99.5 | 99.3 | 99.3 |
| 遵义 | 99.4 | 99.9 | 99.7 | 99.4 | 99.5 | 100.1 |
| 大理 | 99.5 | 100.1 | 99.5 | 99.1 | 99.0 | 99.6 |

# 5-17　全国与四川农民工总量(2013-2021年)

单位：万人

| 年　份 | 总　量 | | 外出农民工 | | 本地农民工 | |
|---|---|---|---|---|---|---|
| | 全国 | 四川 | 全国 | 四川 | 全国 | 四川 |
| 2013 | 26894 | 2049.7 | 16610 | 1521.3 | 10284 | 528.4 |
| 2014 | 27395 | 2061.4 | 16821 | 1535.6 | 10574 | 525.8 |
| 2015 | 27747 | 2110.3 | 16884 | 1569.4 | 10863 | 540.9 |
| 2016 | 28171 | 2116.7 | 16934 | 1531.4 | 11237 | 585.3 |
| 2017 | 28652 | 2162.8 | 17185 | 1539.4 | 11467 | 623.4 |
| 2018 | 28836 | 2163.0 | 17266 | 1552.7 | 11570 | 610.3 |
| 2019 | 29077 | 2165.6 | 17425 | 1578.4 | 11652 | 587.2 |
| 2020 | 28560 | 2117.6 | 16959 | 1537.9 | 11601 | 579.7 |
| 2021 | 29251 | 2119.7 | 17172 | 1541.4 | 12079 | 578.3 |

# 主要统计指标解释

**就业人员** 是指在一定年龄以上，有劳动能力，为取得劳动报酬或经营收入而从事一定社会劳动的人员。具体指年满16周岁，为取得报酬或经营利润，在调查周内从事了1小时（含1小时）以上劳动的人员；或由于学习、休假等原因在调查周内暂时处于未工作状态，但有工作单位或场所的人员；或由于临时停工放假、单位不景气放假等原因在调查周内暂时处于未工作状态，但不满一个月的人员。